黃宗樂教授　玉照

左起：坐者家父黃胡先生、家母黃陳彩鸞女士，立者黃宗樂、王阿蘭（1972 年暑假回國省親時攝）

左起：坐者家父、家母，立者黃宗樂、兄黃南、弟黃景春（1972 年暑假回國省親時攝）

家族合照（1976 年農曆春節於彰化故鄉老家新建房屋前攝）

家父為勤樸農夫，畢生與田園為伍，熱愛土地

下水埔溪底颱風過後的景觀，家母置身其中，回味早年清貧聊可糊口之往事

台灣大學法律系法學組五十六年畢業同學尊師宴（1984 年 8 月，於台北來來大飯店）

1993 年台大法律系法學組五十六年畢業同學同學會合影（1993 年 10 月，於陽明山）

1999 年同學會黃宗樂開講（左起：黃國瑞、王阿蘭、黃宗樂、張繁彥、周國榮、鐘勝次，
1999 年 9 月，於中興大學惠蓀農場）

黃宗樂刻苦力學、挑燈夜讀（於關西留學生會館）

1971 年 5 月底，洪遜欣教授蒞訪大阪大學法學部（左起：坐者洪遜欣教授、田中整爾學部長、立者黃宗樂、國井和郎）

1972 年 10 月 9 日，王阿蘭赴日本留學（左起：郭以德、陳碧嬌、王阿蘭、母親王林鳳、
大姊王招治、舍妹黃碧琴，於松山機場）

1973 年 3 月 8 日，黃宗樂與王阿蘭於大阪大學待兼山會館舉行結婚典禮，恭請指導教授
田中整爾先生福證，黃慶連先生、張溪塗先生代表男女雙方家長，諸多台灣留學生蒞臨參
加

於加賀山茂君家合影（左起：加賀山茂、茂之妹、茂之母親、黃宗樂）

黃宗樂與王阿蘭攝於児玉家前

於児玉家合影（左起：坐者三木夫人、児玉マツエ樣、王阿蘭、梶尾さかえ，立者黃宗樂、土田豐治、西田敏幸、三木四郎、隈部发生）

1975 年 11 月學成歸國，故鄉父老兄弟姊妹列隊迎接（1975 年 11 月 9 日，於田中車站前廣場）

1975 年 11 月學成歸國，故鄉父老兄弟姊妹列隊迎接（1975 年 11 月 9 日，於田中車站前廣場）

1989 年 3 月，田中整爾教授與夫人應輔仁大學校長羅光總主教之邀請來台灣訪問一週（左起：坐者田中夫人、田中先生，立者陳榮隆、王阿蘭、黃宗樂、魏大喨，於挹翠山莊自宅）

田中教授蒞臨輔仁大學法律系演講（左起：黃宗樂、王阿蘭、田中夫人、田中先生、吳英哲老師、金世鼎老師、王麗玉老師）

田中教授於輔仁大學法律系演講之盛況

田中先生伉儷與羅校長合影（左起：田中夫人、田中教授、羅校長、袁廷棟神父、黃宗樂，於輔大野聲樓前）

1992 年 10 月，赴日本東京參加日本加除出版株式會社創立 50 周年慶（左起：許澍林、陳棋炎教授、黃宗樂、郭振恭、林秀雄，於ホテルオークラ）

第 15 屆亞洲家族法三國會議歡迎晚宴（左起：黃宗樂教授、尾中哲夫社長、孫森焱先生、翁岳生院長、金容漢先生、廖義男先生、中川淳先生，2001 年 11 月 9 日，於來來大飯店）

2001 年 11 月 10 日，第 15 屆亞洲家族法三國會議假台灣大學法學院舉行（前座左起：金容漢教授、加藤美穗子教授、朴秉濠教授、主持人黃宗樂教授、宮田加奈子樣、鄧學仁教授，於台大法學院第一會議室）

2004 年 11 月 21 日，第 18 屆亞洲家族法三國會議假行政院公平交易委員會舉行（前座左起：中川淳教授、小川富之教授、主持人黃宗樂教授、金容旭教授、鄧學仁教授；左排前起：林菊枝教授、加藤美穗子教授、木棚照一教授；右排前起：朴秉濠教授、崔達坤教授、金容漢教授）

韓國朴秉濠教授惠贈還曆祝壽墨寶（2004 年 11 月 21 日，於公平會主委辦公室）

小女黃淨愉獲頒第 12 回尾中郁夫家族法新人獎勵賞，後與指導教授鈴木賢先生合影（左起：王阿蘭、黃淨愉、鈴木賢先生、黃宗樂，2011 年 5 月 27 日，於日本法曹會館）

黃宗樂教授擔任主題演講：「環境法體系與展望」（前座右一理事長陳榮宗教授、右二黃宗樂教授，1999 年 9 月 15 日於陳林法學基金會會議室）

2002 年黃宗樂六十歲生日，學界出版七冊論文集祝賀，黃宗樂特於生日前夕 5 月 4 日假凱悅大飯店舉行「黃宗樂教授感恩宴」，黃宗樂教授伉儷合影

黃宗樂教授全家福合影

彭明敏教授爭取民主進步黨總統候選人提名，1995 年 9 月 25 日，黨內選舉勝出

左起：王塗發教授、陳少廷教授、李鴻禧教授、會長彭明敏教授、執行長黃宗樂教授、詩人李敏勇先生、邱垂亮教授（1996 年 12 月 13 日，於 TIPLO 台灣國際會館）

左起：秘書長石豐宇教授、呂秀蓮副總統、會長黃宗樂教授、副會長蔡丁貴教授

左起：陳水扁總統、黃宗樂會長、蔡丁貴副會長

前座左起：李筱峰教授、鄭欽仁教授、主持人黃宗樂會長、李永熾教授、陳儀深教授

黃宗樂會長（居台字樣之後）帶領「非核家園，安居台灣」大遊行（2000 年 11 月 12 日，於總統府廣場前）

後座左起：廖中山、張炎憲、鄭仰恩、李川信、沈長庚、主持人黃宗樂、羅榮光、鄭欽仁、陳進中、黃伯和、莊萬壽、李永熾

理事長黃宗樂教授主持民間司法改革會議綜合討論（左起：黃主文先生、城仲模先生、黃宗樂、翟宗泉先生、蘇永欽先生，於台大法學院國際會議廳）

左起：陳儀深教授、陳少廷教授、主持人黃宗樂會長、鄭欽仁教授、尤英夫教授

台灣教授協會會長黃宗樂致詞（1999年4月11日於立法院廣場）

黃宗樂會長帶領「立委減半，國家不亂」大遊行（前排左起：施信民教授、黃宗樂會長、楊維哲教授、高成炎教授，2000 年 12 月 25 日，於台北市金山南路口）

陳水扁先生「學習之旅」，首站蒞臨台灣教授協會，由會長黃宗樂主持座談（1999 年 1 月 30 日，於台灣教授協會會議室）

台上坐者左起：李界木、王愛蘭、陳儀深、羅榮光、主持人黃宗樂、李鎮源、楊基銓、陳少廷、王塗發、鄭欽仁

左起：陳儀深教授、辜寬敏先生、主持人黃宗樂會長、吳樹民先生、陳少廷教授

左起：蔡丁貴、林文欽社長（立者）、張正修、戴寶村、陳儀深、黃宗樂、李筱峰、林向愷

黃主委全家福合影（2004年2月28日於守護台灣大聯盟主辦之「二二八百萬人手護台灣」活動，苗栗全國總指揮中心廣場）

黃宗樂教授就任公平會主委後批示公文（2001 年 1 月 27 日，於公平會主委室）

公平會同仁歡欣鼓舞恭迎黃主委伉儷（2002 年 1 月 25 日，於台北市來來大飯店金龍廳）

坐者左起：鄭優、廖義男、王志剛、彭明敏、黃宗樂、趙揚清、賴源河、蘇永欽

921 大地震公平會認養竹山鎮，黃主委率公平會處室主管等前往關懷（2001 年 8 月 4 日，於竹山鎮，左七許文欽鎮長、左八黃主委、左九主委夫人、左十鄭優副主委）

2001 年 8 月 3 日，行政院長張俊雄先生蒞臨公平會巡視

2002 年農曆新春，行政院長游錫堃先生蒞臨公平會拜年（左起：黃主委、游院長、林信義副院長、鄭優副主委）

黃主委主持公平會年終業務檢討會

公平會第 500 次委員會議（2001 年 6 月 7 日）

左起：王文宇委員、張麗卿委員、蔡讚雄委員、陳紀元副主委、黃宗樂主委、余朝權委員、柯菊委員、徐火明委員、陳榮隆委員

黃主委主持聽證會，台上左起：周雅淑委員、張麗卿委員、蔡讚雄委員、黃主委、柯菊委員、黃美瑛委員、陳榮隆委員

黃主委主持公平會與地方主管機關業務協調會報會議,左起:柯菊委員、余朝權副主委、黃主委、蔡讚雄委員、黃美瑛委員

我國 OECD 競爭委員會觀察員審查會結束後,拜會 OCED 副秘書長 Mr.S.Kondo(左起:羅昌發顧問、黃主委、副秘書長、劉連煜委員,2001 年 10 月)

簽署台澳紐三邊競爭法合作協議（坐者左一黃主委、右一澳大利亞競爭暨消費者委員會主委 Prof. Dr. Allan Fels，後排左一劉連煜委員、左二楊進添駐澳代表，2002 年 7 月）

簽署台澳紐三邊競爭法合作協議（左起：劉連煜委員、黃主委、紐西蘭商業委員會主委 Mr. John Belgrave、徐宗佑視察，2002 年 7 月）

簽署台法競爭法合作協議後舉杯慶祝（左一黃宗樂主委、右一 Ms. Marie-Domingue
Hagelsteen 主委，2004 年 1 月 5 日，於台灣公平交易委員會委員會議室）

左起：李鴻禧教授伉儷、Mr.&Mrs. Hagelsteen、黃主委伉儷、陳繼盛資政伉儷（2004 年
1 月 5 日，於晶華酒店金樽廳）

簽署台蒙競爭法合作備忘錄後合影（坐者左一黃主委、右一蒙古公平交易局局長 B. Jartgalsaikhan，2006 年 11 月，於蒙古公平交易局）

台灣公平交易委員會與美國聯邦交易委員會、司法部反托拉斯署舉行高峰會議（2003 年 9 月，於美國聯邦交易委員會會議室）

台美競爭法機關高峰會議後合影（2003 年 9 月，於美國聯邦交易委員會會議室）

黃主委敬贈《台灣生態之美》給美國聯邦交易委員會及司法部反托拉斯署（左起：聯邦交易委員會法律總顧問 Mr. William E. Kovacic、司法部反托拉斯署署長 Mr. R. Hewitt Pate、黃主委，2003 年 9 月）

OECD「全球競爭論壇」七十多個國家國家代表對我國競爭法與政策進行同儕檢視（2006年 2 月，於 OECD 總部）

同儕檢視後，公平會於 OECD 總部大廳舉行酒會答謝各國代表及 OECD 相關官員（2006年 2 月）

左起：羅昌發教授、劉紹樑教授、單驥教授、王文宇委員、共同主持人黃主委、Dr. Frédéric Jenny、Mr. Bernard J. Phillips、Mr. Michael Wise（2006 年 6 月 22 日）

訪問澳大利亞競爭暨消費者委員會（左起：坐者左一黃主委、右一澳新任主委 Mr. Graeme Samuel，立者左四起王文宇委員、楊進添駐澳代表、經濟組長朱曦、杜幸峰視察、葉寧科長，2005 年 4 月）

訪問德國卡特爾署（左起：一葉寧科長、三王文宇委員、四陳盈儒視察、五徐火明委員、
六黃主委、七 Dr. Ulf Böge 署長、右一杜幸峰視察，2004 年 11 月，於德國卡特爾署）

法國競爭審議委員會新任主委 Mr. Bruno Lasserre 來台訪問（2005 年 10 月，於公平會貴
賓室）

台灣公平交易委員會與日本公正取引委員會舉行雙邊會談（左一黃主委、右一竹島一彥委員長，2005 年 5 月，於印尼茂物）

黃主委主持「台灣 2006 年競爭法及競爭政策國際研討會」綜合討論（2006 年 6 月 21 日，於福華國際文教會館）

公平會舉辦「台灣 2006 年競爭法及競爭政策國際研討會」，會後於圓山大飯店設宴款待與會各國代表，黃主委與夫人舉杯向大家敬酒（2006 年 6 月 21 日）

黃主委接受自由時報記者丁勻婷小姐專訪

黃主委獲頒「一等功勳獎章」，與行政院長蘇貞昌合影

凱達格蘭學校第八期國策班開學典禮（左起：陳繼盛前資政、張忠謀董事長、陳水扁總統、李鴻禧董事長、黃宗樂校長）

凱達格蘭會訊第 14 期，凱校校長黃宗樂專訪 2008 年民進黨總統候選人謝長廷先生（2007 年 6 月 5 日，於長工辦公室）

凱校校長黃宗樂（右二）介紹楊南郡老師（右一）主講「玉山學」（2007 年 7 月 1 日，於排雲山莊。翌日清晨黃校長與凱校第八期國策班全體學員登上玉山主峰頂）

2007 年 9 月 26 日，凱校姊妹會成立，部分成員合影（於行政院長官邸）

凱達格蘭論壇「返聯公投 V.S. 入聯公投」（左起：徐永明、徐國勇、許慶雄、主持人黃校長、陸以正、周守訓、湯紹成諸專家學者，2007 年 10 月 25 日，於凱校會議室）

黃信介先生紀念講座，吳澧培前資政主講「如何突破美國一中政策？」（左起：李鴻禧董事長、吳澧培前資政、黃宗樂校長，於凱校演講廳）

1973 年 3 月 8 日，黃宗樂與王阿蘭於大阪大學待兼山會館舉行結婚典禮，恭請指導教授田中整爾先生福證，師母一同蒞臨

結婚典禮後茶敘（左起：田中整爾先生、黃宗樂、王阿蘭、田中夫人、國井和郎先生）

黃宗樂教授全家福（慶生會，於挹翠山莊自宅）

與母親合影（左起：前排黃淳鈺、黃國瑞，後排黃淨愉、王阿蘭、家母、黃宗樂，1985 年夏，
於挹翠山莊自宅庭院）

黃宗樂教授全家福（左起：黃宗樂、王阿蘭、黃國瑞、黃淨愉、黃淳鈺，1998 年 10 月，
於挹翠山莊自宅庭院）

黃宗樂教授全家福（左起：黃宗樂、王阿蘭、黃淳鈺、黃淨愉、黃國瑞，於陽明山蘭園九
德居）

李鴻禧先生伉儷、張俊雄先生伉儷光臨陽明山蘭園九德居

公平會同仁光臨陽明山蘭園九德居行春合影留念

長女黃淳鈺榮獲輔仁大學法學博士學位（2009 年 6 月，於輔大中美堂內）

2007 年 10 月 6 日，黃國瑞與林盈秀於台北圓山大飯店敦睦廳舉行結婚典禮全家福合影（左起：黃淨愉、王阿蘭、林盈秀、黃國瑞、黃淳鈺、黃宗樂）

長子黃國瑞榮獲輔仁大學法學博士學位（左起：王阿蘭、林盈秀、黃國瑞、黃宗樂，愛孫黃千薰、黃靖雯，2015 年 6 月，於輔大中美堂前）

黃宗樂 著

天公疼戇人

七十三自述

推薦序一

堅苦奮鬥的精彩人生　絕對值得一讀的傳記

楊　維　哲

2016 年 1 月 24 日

　　去年（2015 年）10 月中旬我收到知友黃宗樂教授的《天公疼憨人 七十三自述》初稿，我馬上認真地一口氣地讀完一遍，並不是他寫了‘敬請斧正’四個字，而是內容吸引了我。

　　我的牽手問我：「黃教授與你那麼熟悉嗎，好像他只來過我們家兩次？或者你們個性遭遇非常類似？那這本自述非常有趣嗎，讓你覺得津津有味？」

　　書中當然提到許多的法學界人士，其中，法律系的那些老教授，我腦中，（主要是由於摯友林正弘的緣故，）本來已經形成了一些圖像；次一世代的，與我同輩，好幾位都（曾經）是我們舟山路巷子裡的鄰居，交談應接過。於是乎，書中提到他們的地方，我當然倍感有趣[1]，也有些感受[2]。

1　宗樂說：韓忠謨先生，‘莊嚴肅穆，不苟言笑。我們幾個同學私下暱稱老師包公’。 韓先生曾經到我家一次：這是因為韓教務長是聯招會的當然總幹事，他拿了一份（發生了什麼問題的）聯考的答案卷，找我（數學科閱卷主持人）評閱。當然那個暱稱還有一個理由是韓先生面龐黝黑。我也贊成稱呼他包公，出之於尊敬！包公也會‘開懷大笑，對著師母！’讀者一定也大笑！

2　書中提到黃清溪先生，是正弘兄大學時的好朋友，與我也很熟。‘已辭去日本

宗樂與我雖然個性遭遇不是‘非常類似’，不過，他的家比我的家稍微‘鄉下’一點，以至於，他家附近社區的變化，比起我家附近社區的變化，遲了三、四年，差不多就是他少了我的歲數。他在 x 歲時，家附近的氛圍，就差不多是我同樣年紀 x 歲時，家附近的氛圍。所以我讀到他的描述，足可引起我的‘鄉愁’，雖然是時間的，而非空間的。

棄取有格

第一次宗樂來我家，是 1995 年度台灣教授協會會員大會的前一天，素不相識！他是因為將卸任的林逢慶會長，拜託他接棒，‘法科的教授出來領導，會比較像林山田當會長時一樣，虎虎生風’，他決定不推辭，‘那麼副會長最好是找個理工科的朋友來搭配’，就找上我了。

‘副會長實在比較是儀式性的，調和性的位置，就拜託楊老師勉為其難吧！’

結果，第二天開會時，很快就有林建隆與游盈隆兩位教授的對嗆，氣氛變得尷尬，似乎成為政治上的流派之爭的餘波。休息過後，接下來要選舉會長。宗樂就舉手說請讓他先講幾句話，他說：連署出來的另一位會長候選人鄭教授是他留日的前輩，人非常值得尊敬！他也推舉鄭教授，宣布退出選舉。他把（圈好的）選票交給林

的教職，行李都打包了，歡送會也舉行了’，快要飛回台灣任教輔仁大學時，系主任金世鼎教授卻得到特務機構轉來的意見，因而取消這個聘任案，黃清溪教授‘進退維谷，狼狽不堪’。啊！這個民族救星的特務國家！

國慶教授，就離開會場了。

宗樂的棄選[3]就是這麼清清楚楚。

鄭欽仁之後，是張國龍、沈長庚、黃昭淵，接連三位台大理學院的教授擔任會長（一年一任）。1999 年就推舉黃宗樂當會長了！而且他是林山田教授之後，第一個被要求連任的會長！他卸任的前一天，二次來我家，而結果就是我接下他的棒[4]。

書中提到他出任公平交易委員會主委的一段，特別讓我稱讚。他知道閣揆的主委人選（之一）就是他，（才會要他推薦委員的人選！）即使他的人生規劃中，本來沒有做官的這件事。不過，朋友老師顯然是贊成的，最後（但是！）決定性的因素則是‘妻子的鼓勵’。既然決定接受，他就請彭明敏先生推薦。這種作法，正是他對於責任的尊重，也顯現了對於自己的信心。

3　幾乎只有我，可以回味這裡的戲劇性：1. 主席說：沒辦法，還是照程序走完才對。結果是以微差選出鄭教授。 可見得協會的會員，彼此並不熟識！參加協會，可能只是有共同的台灣意識。 2. 緊接著就選舉副會長，就選上楊維哲了。這真是有趣！鄭欽仁教授搭配的副會長人選是台南水產試驗所的林明男博士。（我相信鄭教授與林博士之間的熟悉度，就等於黃教授與楊教授的。）我們協會的選舉卻不是將搭配的一組會長副會長寫在一張票上。這等於說：協會的選舉，不承認搭配！
鄭欽仁與我本來是很不熟的！但是，同住舟山路 30 巷，他家到我家，騎腳踏車是算秒的。我經常接受他的‘指導’，（其實是因為意見幾乎完全一致），變成莫逆之交。

4　張、沈兩位教授鐵定對我做過同樣的要求。但是他們與我極熟極要好。我一句No，就結束了話題。

一件事，既然答應了，就一定要認真努力做好，我相信宗樂是經過一番思考：彭先生大公無私，如果認為我不合適，我什麼也不用煩惱；如果彭先生認為我合適，推薦我，這就解消了總統與閣揆的煩惱了，因為，同一時刻，應該已經有許多人的名字出現在總統與閣揆的桌子上了。

書花淳淨蘭園
把翠瑞築樂居

顯然宗樂是一個感情醇厚的人，上天也給他那麼大的幸運，
不但有這麼善良正直勤勉智慧的農家父母，
又讓他找到相扶相勉的配偶，
調教出這麼優秀的子女。

書中描寫的家庭生活，我讀起來，會感受到兩點：
第一：這是用第九德的‘愛’建築起來的家；
第二：男主人具有的農骨，讓這個家瀰漫了臺灣古有的桃花源的氣息！

戇人立大志

宗樂以戇人自況，我想簡單解釋為：‘少無大志’。國校時立志做老師，大學時憧憬當教授。他很幸福地‘作為大學教授’。

大學教授大概有兩三種面向的責任。一是學術研究，二是啓迪後學，跟我一樣的外行的讀者們，只能皮毛地，來了解宗樂的貢獻。關於前者，他開始的研究方向在物權法，然後是家族法，而主持的研究計畫則擴大到整個民法。我念完他的還曆祝賀論文集 79+3 篇論

文的標題，（這些是門生故舊的敬獻，與他的研究當然有牽連，）就可以知道宗樂在這方面的工作了！至於後者，外行的讀書人如我，更容易判斷出宗樂在這個面向的非凡成就了！與他最有關連的兩家書局是三民書局與保成文化機構。宗樂在後者編輯了為法律人在不同的場合所需的工具書，一套一套又一套。深受喜愛（＝那麼暢銷），對法界立了大功！在三民書局，他修訂[5]了鄭玉波老師的名著，也和師兄弟郭振恭與陳棋炎老師共著，陳老師逝世後共同負責修訂。

教授的社會服務

教授通常會由學術研究的責任，衍生出為社會服務的責任。間接一點的是提出意見，擔任評議，進一步是參與社會運動，最後，最直接的，就是‘做官’！

關於前兩者，本書寫在第四章。只要（通常地）走馬看花地讀過去，任何人都會清楚這位黃教授，是有心人，是‘入世的’學者：

廢核電，廢惡法，救母語，改造媒體，清算黨產，他無役不與！

我特別注意到的是出現於第三章他擔任比較法學會理事長時的‘重要記事’之一：

在 1994. 07. 08 晚，長、扁、鵬三人的政見會上，觀眾（我是其

---

5 在科學界來說，名師的名著，常常是一再地修訂，暢銷了十年二十年；然後，來個大修訂。名著暢銷必定是有‘特色優點’，而不論怎麼修訂，都一定要保持那個‘特色優點’通常就是找名師的名徒（不止是高徒，而且要也很出名！）來修訂。

中之一）目睹了精彩的演出：以江鵬堅豪爽的演講開始，最後是主持人鏗鏘有力（台語）的鼓勵作結，讓‘椪柑’左右手牽著長 扁對觀眾敬禮。全場起立歡呼，那場面那氣勢，讓全部在場的台灣人，猛然知道：‘台灣會站起來了！’時間超過二十年了，不論長 扁是否失足，當日在場的觀眾，絕大部分，一定還是保持著這個信念！

我當時對於主持人，那樣美妙的安排，非常敬佩。讀這本書時，才又回憶起：那位（後半場的）主持人[6]，‘中國’比較法學會的理事長，就是宗樂啊！

尚書公平交易，年度最佳團隊！

本書的第五章描述了戇人黃宗樂，怎麼做官。

公平會辦理的重大事件，書中舉了五個例子。‘台中港案’，施以‘不處分’；其他，‘瓦斯案’，‘石油案’，‘水泥案’三件，都有處分並罰鍰；而對於涉外的‘微軟案’，以誠懇的談判，得到‘行政和解’，實質達成公平會所要的‘合理的規範化’，並獲得國際間高度的評價。

宗樂的六年為官，可以說是政績輝煌！能夠在國際的同儕間得到‘年度最佳團隊’的肯定，絕對是難得的殊榮，何況是幾年間的‘唯二’！

我們台灣人讀到書中‘參與國際事務舉隅’這一大段，（共有

---

6 所以我豁然貫通了！前半場的主持人是台教會的會長林逢慶，就由於這一晚的共事，他才會誠懇拜託宗樂接棒台教會！流派的牽連，完全無稽！

24頁！）心中特別有感受！我不禁這樣想：<u>黃宗樂</u>一定有資格，在這六年間的某一年，由總統頒給他‘年度最佳外交官’！

對於<u>越南</u>、<u>泰國</u>、<u>蒙古</u>、<u>印尼</u>這樣的（文化上的）發展中國家，在許多方面，‘<u>台灣</u>是最好的模特兒！’本來就應該是我國外交宣傳的重點！

書中我們讀到：<u>黃宗樂</u>主委率團赴巴黎，出席 OECD 的全球競爭論壇，並申請成為其‘<u>競爭</u>’委員會的觀察員，當然他向資格審查會議報告‘我國競爭法及政策發展現況’，然後，他要求：「答詢時由我教過的學生也是敝會的顧問<u>羅昌發</u>博士主答。」代表們都發出會心的笑聲[7]。

其實，戀人只有一招：處事篤敬！接受到任務，就是認真思考：如何做好這個工作。於是乎就有‘神來之筆’，或者‘應對機智’。

黃霸，W. Douglas 之匹亞！

<u>宗樂</u>說：<u>中國</u>歷史書上他印象特別深刻的<u>漢代</u>名臣有兩位，<u>黃霸</u>、<u>龔遂</u>。我讀了書中的引述，說<u>黃霸</u>‘少修律令，廉明有德，政尚寬和；明察內敏，然溫良有讓，足知，善御眾，處議當於法，合人心……。’

我想：應該很有一些人認為可以把名字‘<u>霸</u>’改為‘<u>宗樂</u>’。

其實，我讀到書中第五章（參與政事）將近末了的時候，寫了：

7　雖然<u>宗樂</u>精通漢文、英文、日文，（還閱讀法學德文、法文，）但若是要講華語，美語，或日語，<u>宗樂</u>當然輸給兒子與兩個女兒！

被關注的若干議題[8] 19 項。

　　第三項是他 2001 年新任時，強調（2 月 2 日）執法將獨立於黨派之外，（雖則他與陳總統素有交情）；第四項（2 月 21 日）是說他將參加反核遊行；第五項（3 月 12 日）是說他參加反核遊行，多位立委不滿。

　　我馬上回想到，1966 年我（由參觀變成）參加紐約反（越）戰大示威的一景。（台灣來的留學生，可以參加這種聚會嗎？我心裡還是怕怕的。）但是由擴音器傳來：聯邦最高法院法官 William Or·ville Douglas[9] 也來參加示威！

　　旁邊的美國同學跟我說：法官必須秉持超然獨立，客觀公正的立場，不受到黨派的影響。法官必須‘維護法律’。但是，如果說，當了法官就喪失了公民藉示威來表達意見的自由，那麼，你是在維護怎麼樣的法律呢？（這是我留美之後的第一堂公民課。）我就此特別尊敬這位 Douglas 法官！黃宗樂，我尊敬你！

　　這本書是一本自傳，是一本，「當你讀完了之後，會要你的家人妻子兒女也讀完的傳記」！

8　這是說在吳榮義擔任董事長的新台灣國策智庫，影印了有一份資料是關於黃宗樂在主委任期中（被）關注的議題。

9　道格拉斯（1898-1980），出身貧寒。1925 年哥倫比亞大學畢業後不久，加入華爾街的一家法律事務所。後來在哥倫比亞大學和耶魯大學任教。1934 年，進入商業部研究破產問題。1937 年任證券匯兌委員會主席，成為羅斯福總統的朋友和顧問。1939 年任聯邦最高法院法官（迄 1975 年）。以支持人權、個人自由與自然資源保護聞名。主要著作有《人與山》（1950 年）、《雜亂無章的人權法案》（1965 年）等。

推薦序二
黄 宗樂 先生との切磋琢磨の思い出

加賀山　茂
2016 年 1 月 15 日

　黄宗樂先生が，自伝をご出版されるとお聞きし，先生の恩恵を受けた日本人の一人として，一文を献呈させていただきたいと思う。

　黄宗樂先生は，1970 年から 1975 年の間，日本に留学された。そして，当時，留学生としては，学位の取得が最も困難と思われていた大阪大学のような国立大学（特に七つの旧帝国大学）において，1975 年に法学博士の学位を取得された。このことは，わが国とくに関西地方の課程博士の授与の歴史にとって，画期的な出来事であったように思う。

　今では，博士の学位は，留学生に対して，国立大学においても以前よりも緩やかに与えられるようになった。しかし，当時（1970 年代）は，留学生はおろか，日本人でも，博士課程修了と同時に学位を取得することは，ほとんど不可能であった。わずかに，民法学の泰斗である京都大学の北川善太郎博士が，1962 年に，例外的にその偉業を成し遂げられたことが，尊敬の念を持って語り継がれているほどであった。

　したがって，その当時は，学位を取得することを希望して日本に留学して，優秀な成績を収めても，学位には手が届かないのが通常であって，日本の国立大学とくに関西地方の国立大学における，このような意固地な教授陣の態度は，留学生にとって，突破することが不可能に近い障害となって立ちふさがっていたのである。

＊＊＊

　黄宗樂先生が日本に留学された時代（1970 年代）には，先に述べたように，留学生は，たとえ博士課程は修了できても，博士の学位をとることができずに，本国に帰国せざるを得なかったのである。そのような時代背景の中にあって，1975 年に，黄宗樂先生が留学生として博士の学位を取得されたことは，その後の日本に来る留学生にとって，大きな希望を与えることになった。

　現に，黄宗樂先生が学位を取得された後は，何人もの留学生が，国立大学で学位をとることに成功している。その意味で，黄宗樂先生は，新しい時代を切り開き，後輩たちに希望の光を与えた，日本における学位取得のパイオニアということができよう。

　したがって，黄宗樂先生が，そのような高い壁をどのようにして越えることができたのかを明らかにされることは，困難に立ち向かおうとしているすべての人々にとって，とくに，弱い立場を跳ね返そうとしている人々にとって，福音となると思われる。この意味でも，黄宗樂先生が自伝を執筆され，出版されることには大きな意味がある。

＊＊＊

　私は，黄宗樂先生が，日本に留学され，博士論文を執筆される過程で，日本語の適切さのチェックをするお手伝いをさせていただいたのであるが，その過程で，黄宗樂先生から多くのことを学ぶことができた。

　第1は，目標を定めたら，どんな困難に遭遇しても，あきらめずに，初志を貫徹するという強い意志に心を打たれた。実は，私も，目上の人に対して，遠慮なくものを言うタイプだったため，結局，母校に残ることができずに，1979年に，大学ではなく，消費者保護機関である国民生活センターに就職することになるのだが，黄宗樂先生の生き方から多くを学んでいたため，あきらめることなく勉学を継続し，4年半をへて，1984年に大学の研究職へと復帰することができたのである。

　第2に，黄宗樂先生の読書量の多さと，読解の質の高さに多くを学んだ。黄宗樂先生の研究テーマは，「イギリスの浮動担保（floating charge）の研究」であったが，イギリスの判決を丹念に読み込み，しかも，関連する日本の図書・論文をすべて読み込んだ上で，原稿を執筆されており，私が直した日本語の方が，むしろ，誤りであったこともたびたびであった。

　たとえば，私が，黄宗樂先生の原稿を校正していて，日本語の表現がおかしいと思う箇所を見つけて，黄宗樂先生に，「この表現は，日本語としては，よくないと思います。」と申し上げると，黄宗樂先生は，「いや，我妻榮先生も，その表現を使われていま

すよ。」といって，我妻先生の教科書を開きながら，該当箇所を
見せられたときは，逆に，私の方が日本語の適切な使い方を学ぶ
ことになった。

　また，原稿が完成に近づき，黄宗樂先生が，「不敏な私を両親
が励ましてくれた。」という趣旨のことを書かれているのを見て，
私が，「不敏という言葉は，他人が使うのはよいが，自分に使う
のはよくないと思います。」と指摘すると，黄宗樂先生が，「加
賀山さん，中野先生も，この表現を使われていますよ。」といい
つつ，私の恩師でもある中野貞一郎先生の著書を開きながら，該
当箇所を示されたときは，これまた，一本とられたと思った。

　そんなわけで，黄宗樂先生の膨大で質の高い原稿を読んで，日
本語のチェックをするのは大変だったが，私の勉強にもなり，研
究のはげみともなった。今となっては，とても懐かしい思い出で
ある。

＊＊＊

　黄宗樂先生との交流を通じて私が得たものは計り知れないが，
勉学の間に交わした会話の中で，特に強い印象を受けたことがあ
る。私は，背が低く貫禄がある風貌ではない。しかし，黄宗樂先
生が「加賀山さんは，学者らしい風貌を備えている。私は，その
ような風貌は備えていない。だから，立派な学者になるためには，
みんなが納得せざるをえないように，人一倍努力しなければなら
ない。」とおっしゃられたことを思い出す。

　黃宗樂先生は，両親が大富豪だったり，政界の大立者だったりしたわけではない。いわゆる生まれながらのコネは持っていない。顔立ちも，いかにも学者というタイプではない。それにもかかわらず，人一倍の努力をして，学力を身つけ，誰もが羨む才色兼備の女性を伴侶とし，しかも，博士号を取得するのが最も難しいといわれていた日本に留学して，博士号を取得された。そして，帰国後も，人一倍の努力をして，台湾大学法律学院教授・公平取引委員会主任委員・KETAGALAN 学校校長など，立身出世を果たされた立志伝中の人物である。そこに至るまでの人生の苦のプロセスを公開されることは，何のコネもないが，大志を抱いている若い人々にとって，大きな希望を与えることになると思われる。

　私は，中国語を読むことができないので，黃宗樂先生のこの書物をつぶさに読んだわけではないが，この本の趣旨のひとつは，若い人々に対して，コネがなくても，努力の仕方によっては，自分の夢をかなえることはできるのだということを示すものとなっていると考えている。

　若い人々が，自らの夢を実現するために，この書を熟読し，参考になる点を糧として，黃宗樂先生が実践されたように，信念をもって，さまざまな壁を乗り越えることを願っている。

自　序

我從來不曾想也不敢想出傳記或回憶錄之類的書，直到離開公職後，有幾位同道對我說：「新政府被指責八年空轉，沒有政績，其實有很多政績，但有的是對方故意視而不見，有的是沒好好宣傳。像你在公平會六年可說是政績斐然，你應該抽出時間，好好的寫成書，作歷史見證。」使我有點心癢。又有幾位好友對我說：「你來自貧困的農村，拼到今天，不論在學界、社運界或政界，都有一定的成就，閱歷之豐富，實非一般學者所能及，你如果能把你的奮鬥歷程、經驗、心得，寫成傳記或回憶錄，應該是蠻有意義的。」讓我更加心動。

不過，我並沒忘掉我是誰，「四兩笐仔無除」（沒認清本分、自不量力）是會貽笑大方的。的確，我出身勤樸農家，自幼養成勤勉、儉樸、刻苦的習慣，一向腳踏實地，實幹苦幹，力爭上游，努力不懈。但是，像我這樣既沒有顯赫身世又沒有特殊背景的人，在生命中的每個階段，如果沒有「貴人」教導、提掖、扶助，我想，是很難在芸芸衆生、人才濟濟中出人頭地的。

抑且，果眞有政績或成就，亦多爲所屬團隊或團體共同努力的成果，既不可獨吞，亦不能往自己臉上貼金。而所謂政績，有些是處分案件，雖然是依法行政，懲處不法，但總是會令人難過，雅不欲說是政績。

更何況，寫自傳或回憶錄，一則不免會藏拙，並美化甚至膨脹自己；二則有些時候據實直言，又恐得罪人；三則有些事情年代久遠，

記憶模糊，難保不致錯誤，因此要拿揑得宜，恰到好處，殊非易事。

　　撰寫與否正在猶豫之際，一股驅動力已然形成。我身體一向健康、硬朗，詎知 2009 年 3 月竟罹患淋巴瘤，在臺大醫院接受標靶化學治療，驚愕之餘，切身體會到人生無常，何時離開世間，殊難逆料，如欲留下生涯一些紀錄，必須及時為之，以免抱憾以終；而在療養期間，雖然身體虛弱，化療副作用令人不舒服，但心靈平靜，思緒雲騫，往事一幕一幕在腦海中浮現，歷歷清晰，終於促使我決定不揣固陋，撰寫這本自傳。為避免寫自傳或回憶錄一般容易犯的毛病，我謹以謙卑、感恩的心，如實地、素樸地敍述。若遇到記憶模糊時，只好承擔錯誤之危險。尤其像我不是每件資料都妥為保存而又沒寫日記習慣的人，大半祇能依憑記憶，有時確實很難下筆。因此緣故，不少人、事、時、地、物必須仔細回想，思索再三，才能定稿，真的很費時間。行文時依照需要，或純用「臺文」或混用「臺文」，讀起來，也許不大順暢，甚至不大容易了解，但既以臺灣為本土，為了反應斯土斯民的語言文化，某些部分用臺文寫成，才足以存真傳神。

　　本書由八章所構成：

　　第一章「成長時期」敍述身家背景、國校、初中、高中求學過程、當時農村生活及個人經歷的點點滴滴。本章依傳統習慣述及年齡均指虛歲數。

　　第二章「昇華時期」敍述臺灣大學法律學系本科、研究所求學過程、暑期集訓及軍中生活體驗、考取日本政府獎學金赴大阪大學留學始末、獲得博士學位經過及留學生活之點點滴滴。

　　第三章「學術生涯」敍述學成歸國及謀職經過、進輔仁大學服務及轉任臺灣大學教職經緯、教學及與學生互動、行政參與、學術研究、學術活動及指導研究生、擔任中國比較法學會、臺灣法學會、臺灣法律史學會理事長努力之成果。

　　第四章「投入社運」敍述以追隨彭明敏教授、擔任中國比較法學會理事長、臺灣教授協會會長為契機，積極投入民主運動與社會運動之心路歷程及躬親參與、推動之重要運動、訴求與主張。

　　第五章「參與政事」敍述擔任總統府國策顧問所扮演之角色、出任行政院公平交易委員會主任委員之心路歷程、自我期許、重要施政及其成果。

　　第六章「老而彌堅」敍述離開公職後歷任中國文化大學教授、臺灣國際法學會理事長、民主進步黨廉政委員會主任委員、凱達格蘭學校校長等職及其建樹、淋巴瘤治療過程及痊癒後之調適奮進。

　　第七章「家庭生活」敍述與牽手的羅曼史、勤儉立家、置產安居、養育子女及夫妻互動與夫崇拜祖先、慎終追遠等。

　　第八章「人生偶得」敍述人生旅程中不期然而然的特殊經驗或心得，以「一枝草，一點露」為始，而以「死生有命，生死如一」為終。

　　書末選載數篇曾經公開之短論及演講詞，俾使本書內容更臻充實。

　　我讀國校時就嚮往擔任教師，上大學後更憧憬將來能當大學教

授，幸美夢成眞，我遂以從事法學教育與法學研究爲終身職志，孜孜不倦，樂在其中。其間，在臺灣特殊的時空背景下，毅然站出來，投入民主運動與社會運動，關心國事，關懷社會，尤其是關心臺灣前途，希望臺灣成爲獨立自主的現代民主國家，但我對「政治」並不熱中，亦無意仕途，家父更再三告誡我不可碰「政治」。因此，我從未加入任何政黨。曾經有人開玩笑說我是中國國民黨祕密黨員；民主進步黨成立後，許多人以爲我是該黨黨員，其實都不是。從讀高中以來，遇到中國國民黨吸收黨員，我都加以婉拒，成功嶺受訓時，連輔導長開明，並未強迫我入黨；擔任教職後，我始終認爲，忝爲一介學者、知識人，必須保持客觀、超然的立場，來看待每件事物，實事求是，服膺眞理，維護正義。

　　近世西風東漸，東方國家在西方強勢文化的衝擊之下，爲變法圖強，莫不遵行泰西主義，移植西方近代法律與法律學，就中，日本移植最早也最成功，甚至有超越之勢，值得東方諸國借鏡。例如，1898 年施行的日本明治民法（前三編財產法）即係融合法國民法與德國民法而成的東方第一部民法典。清末及民國，不論立法事業、法律學或司法實務，均深受日本影響。而臺灣被日本統治五十年，日本將明治維新西化成功的經驗引進臺灣，臺灣法制之近代化因而超前中國數十年。吾人不得不承認日本近代法律與法律學遠比民國進步發達。我醉心日本法學與法律文化，有幸考取日本政府獎學金留學日本，並榮獲法學博士學位，回國後能依個人志趣，獻身學界，終生研究法學，安貧樂道，精進不已，感到很充實、很幸福，切望臺灣早日迎頭趕上，成爲法學發達、法治昌明的先進國家。教育乃百年大計，第二次世界大戰前，日本奉行明治天皇之「教育敕語」

爲教育指針，戰後，則基於民主主義，於 1947 年制定「教育基本
法」，施行五十八年後於 2006 年全面修正。教育基本法規定教育之
目的、理念及其基本方針等，亦稱爲教育憲法。日本教育基本法體
現現代民主國家教育之崇高目的與根本原理，具有普遍性與理想性。
我從事教育工作，一向服膺日本的教育理念，始終以日本教育基本
法爲圭臬，身體力行。民國遲至 1999 年才仿傚日本，制定「教育基
本法」，整整落後日本五十二年。而兩相比較，民國教育基本法，
不論立法技術或實質內容均不如日本教育基本法之周密、完善，格
局、境界更差一大截，根本沒學到眞髓，實有必要以 2006 年日本教
育基本法爲藍本，徹底的予以修正，付諸施行，以培育優良資質的
現代國民。

　　我生於太平洋戰爭爆發不久的 1942 年 5 月，歷經日本與民國的
統治。第二次世界大戰前，國際間盛行國家主義、帝國主義，國權
高漲，列強爭相擁有殖民地；戰後民主主義、人民自決原則抬頭，
各國殖民地紛紛陸續獨立，保障人權蔚爲至上命題。綜觀日本與民
國在臺的治績，吾人不得不對戰前帝國主義時代，日本以先進國的
架勢，將臺灣當作永久的領土，努力經營，把臺灣帶向近代化，奠
定了臺灣進步發展的基礎，予以相當的評價；而對於戰後民主主義
時代，民國一黨專政，陳儀「劫收」臺灣，馴致爆發二二八大屠殺
事件，以及長期實施戒嚴軍事統治，予以應有的批判。此乃根據史
實就事論事之當然歸結。展望未來，臺灣是臺灣人的臺灣，建立臺
灣體制、締造現代國家、以臺灣名義加入聯合國，乃臺灣應走也是
必走之路。同時，有必要如歐洲文藝復興或日本明治維新，徹底進
行心靈改革，使臺灣人脫胎換骨，廣植優質的文化，打造一流的國

家。我深信，國家之尊榮，未必在領土廣大、人口衆多，而在文明進步、快樂幸福。

「家庭生活」涉及個人私事甚至隱私，是否適宜列入，躊躇者再。不過，家庭生活既爲人生旅程之重大部分，而現代家庭生活又離不開現代家庭倫理，將之公開，應無傷大雅。

我生於濁水溪北岸俗稱「下水埔溪底」的窮鄉僻壤，父母親當時住的是孤塊厝的簡陋草厝仔，周圍荒涼，出生時，家父在外工作，家母勇敢家己劗臍（tng cai，斷臍），佳哉順序平安。家母嘗說：「人生（sinn）天成（siann）的，宗樂仔是天公仔囝。」我國校晚一、二年才入學，父母親讓我就學，目的是家裡需要有人識字，看得懂「租仔單」，沒想到無心插柳柳成蔭，居然一直讀到博士，從此走出世世代代終生務農的窠臼，而迎向爲法學教授、爲社團負責人、意外地爲國策顧問、爲內閣閣員、爲凱校校長，拳拳奉獻於學界、社運界與政界之豐富多彩的人生，並被列入大阪大學著名校友：國際名人錄，而與手塚治蟲、司馬遼太郎等九位名賢同榮。每當想起父母親在惡劣、困苦的環境中，贌耕他人土地，邊開墾邊耕種，胼手胝足，勞心苦戰；家境清寒，猶縮衣節食，儉腸勒肚，養育我、栽培我，恩德昊天罔極，卻未能好好的服侍奉養，而今風樹興悲，「嚨喉管着淀（tinn）起來」。堪可安慰的是，父母親生前曾說：「囝仔會曉想，知上進，行正道，有出擢，爸母無比這（che）佫較歡喜的。」尤其是，祖德福蔭，貴人牽成，三個子女皆獲有法學博士學位，並在大學法律學系任教，克紹箕裘，抑且均頗知孝悌，三代同堂，其樂融融。而老來與牽手蟄居陽明山，回歸田園，擁抱大自然，霑體塗足，親近泥土的芬芳，彷彿回到少年時跟著父母親到田裡工

作的情境，令人懷念不已。

我六十五歲時曾經作了一首打油詩自況，詩云：「寒微激發向上心，堅苦奮鬥勤打拼。回首崎嶇來時路，幸蒙天公疼戇人。」戇人，戇直，老實，善良，昧敲蹺（bue khi khiau），昧計較，恬恬仔做，戇戇仔拼，毋驚艱難，毋驚辛苦，昧白賊虛偽，昧投機取巧，天公上疼惜，本書遂以《天公疼戇人 七十三自述》為書名。孔子在世七十三年（虛歲七十四歲），我適於滿七十三歲中完成此自述，倍加感恩與惜福。此後天假之年，自當順應自然造化，清淨無為矣！

除渥蒙天公疼惜呵護、父母親鞠養栽培外，我一生受過很多人的教誨、愛護、關懷、照顧、支持、鼓勵、幫助和提攜，我時時感念在心，不敢或忘。如今，我生命中的恩人大半已不在世間，令人不勝欷吁！

本書初稿完成部分時，我擬請人打字，內子卻再怎麼繁忙也要幫我打字，並幫我校訂，不畏勞苦，真是好箇賢內助；初稿排版後，為慎重起見，我寄給幾位摯友及舍弟景春、舍姪士剛，請其斧正，他們很仔細幫我修改、訂正，使得本書更臻完善，並對本書予以高度評價，增益我的信心和勇氣（謹揭載呂圭詮、吳鴻徹、陳文雄、莊福松等四位斧正者的回響於次）；臺灣良知、學界耆宿、高潔的人格者、臺灣大學名譽教授、前臺灣大學數學系教授 楊維哲先生，我留學時的大恩人、日本明治學院大學法學部教授兼大學院法與經營學研究科委員長、名古屋大學名譽教授、元大阪大學、名古屋大學法學部教授 加賀山茂先生賜推薦序；我大學同班同學、長年學術伙伴、法界典型人物、中原大學名譽教授、客座教授、前中原大

學法學院院長　郭振恭先生寫讀後感，金言、美言皆鼓勵有加；本書之刊行，承蒙前衛出版社社長、出版總監　林文欽先生特別關照，謹此一併申致謝忱。

　　提及林文欽先生，不禁使我想起：林文欽先生為凱達格蘭學校「第八期國家領導與發展策略班」學員時，我正好擔任校長，有幸參加該班「登山、愛山、淨山」玉山戶外教學活動，與諸學員一起登上玉山主峰頂，完成畢生引以為傲的壯舉，留下美好的回憶。巍巍玉山，永聖永王，將永遠受臺灣子民的景仰和禮讚。

　　　　　　　　　　　黃　宗　樂　2016年3月15日
　　　　　　　　　　　　　　　　　序於陽明山蘭園九德居

斧正者回響一

呂圭詮（大學同學。雕塑家、大墩工藝師；曾任公司負責人），
2015、11、6：

賀喜天公仔囝　生活成功生命圓滿！

拜讀宗樂兄七十三自述大作處處會心，無限喜愛。

博學多能之大學者終生愛鄉奉獻、生活成功、生命圓滿，令人
由衷敬羨。

臺語誠美，諺語尤其傳神又充滿智慧，由大作傳述，由同代臺
灣人讀來，真有聽咱的話講咱的生命故事的親切。

承贈初稿得享先讀之快，太受惠愛了，感動又感恩。

承囑檢誤，敢不覆命？能力所及發現數字誤植：

（以下略）

補記：承蒙在大作中大時代的故事裡記上一筆老妻作畫的小事，老
妻既驚奇又開懷。

斧正者回響二

吳鴻徹（大學同學。曾任企業法務主管），2015、11、19：

承蒙吾兄寄來「天公疼戇人　七十三自述」初稿，讓弟先睹為快，實感萬分榮幸，名為初稿，實已臻完美。

弟敬謹拜讀，內心讚美莫名，竟無白玉之瑕。雖然，仍不揣淺陋，提出下略各點，以供參酌：

（中略）

宗樂兄文如其人，樸實、博達、豐富、詼諧，用字遣詞精準，邏輯嚴謹，內容有趣，字字珠璣，識見卓越超群，如甘露垂注，令人欲罷不能。宗樂兄以學者本色，為文自述，若烹小鮮，雖是小事一樁，但處處用心，詳述如何開拓精彩人生大道的過程和成果，鴻文濤濤，並旁徵博引，有別於一般自述、傳記。因此，特具磁吸之功力，引人入勝，堪為典範，和年青人追求學習的標竿，大有益世道人心，積極鼓舞入世、救世精神，這一部典範必將永存，垂範臺灣人心。

宗樂兄是道地的勤樸農家子弟，從小就習於土地的芬芳，所作山歌——作穡歌：「我愛田庄卡樸素，人講作穡有前途；百般千般生理路，攏總毋值翻田土。」「毋驚日頭毋驚雨，毋驚水冷毋驚苦；作穡種作着認路，美麗田園着照顧。」既寫實，又活潑、快樂，充分表現作穡人的認真、認分、認土地。作穡人與土地的感情是濃密

而深厚的，此從宗樂兄描述令尊、令堂在病勢沉重時，仍拖著病軀，巡迴一生為伍、賴以為生的土地，滿懷感恩，依依不捨的情景，表露無遺，讓同是在農村長大的我，感動不已。

每個國家，遇憲政改革、政治、社會改革時，各個角落無不充滿仁人志士，憑藉真知灼見，堅持理念，敢於衝撞體制而獲致改革的成果。宗樂兄乃其中佼佼者，常為許多議題之主導者，一路走來始終如一，參與議題廣泛，成果亦極為豐碩，在臺灣改革運動史上留下輝煌的記錄。宗樂兄曾路過仁愛路聆聽張清溪教授言辭慷慨，抗議中國國民黨不當黨產，驚為義士。如宗樂兄之有為者、之為大丈夫者，亦若是也。

宗樂兄氣吞山河，淡水河漫漫流水，正如當代史實，改革的波湧，緩緩前行，時而聚集人心，波濤洶湧，得以完成階段性改革，洶湧也罷，波湧也罷，宗樂兄常在浪頭上與諸民主前輩偕行，共同奮鬥；與諸法學先進，共同發光；與社會改革先行者，一起發聲，喚起民眾。因此，宗樂兄的七十三自述，即是一部臺灣的民主改革、學術活動、社會運動的忠實史跡，也是一部融合家事、國事、天下事的黃氏物語。

（中略）

宗樂兄的「人生偶得」，弟玩味再三，引發共鳴。來自長輩流傳下來，代代相傳教誡子孫的俗語、諺語，可謂句句是寶，如能如是知，如是行，則不走歪路，行一直心，自可得香甜的果實。宗樂兄對「求教、請託，適當處理」，因此幫助了很多不認識，受苦受難，受煎熬的人，毫不居功，行布施，無畏心而不著於心，仁心仁德，

誠功德無量。「不怕挫折，只怕氣餒」是很好的勵志篇，是闇淡中的光芒，所有灰心失意中者的強心劑，挫折中人更應該藉著勵志事迹，自勵自強，灰心喪志，於事無補，天助自助之人，只有自立自強，才能走出陰霾，步上坦途。北宋學者，汪洙的訓蒙幼學詩云：「將相本無種，男兒當自強。」宗樂兄出身鄉下農家，毫無背景，完全是刻苦勵學、自愛、愛鄉土、愛國家的心志，以致於無論學術研究、教學，政治社會改革運動、政務等均獲得輝煌的成就，於國家社會作出重大貢獻，宗樂兄的一生行誼就是一部勵志的活教材，弟忝為同學之列，實與有榮焉！

（以下略）

斧正者回響三

陳文雄（大學同學。曾任銀行經理），2015、12、15：

拜讀大作，受益良多，敬佩之情，油然而生。

弟與吾兄出生時代背景近似，俱皆貧寒出身，惟宗樂兄一路奮發，發揮我台灣人的戇牛精神，紮實努力，終能出類拔萃，而於學界、社運界與政界，皆有輝煌的成就，洵堪為勵志者之楷模。

大作記事，鉅細靡遺，敘述翔實，映顯學者作學問功夫之紮實。吾兄學貫中西，台灣禮俗、諺語、佛家經典等等，無所不通，引經據典，文筆洗練，引人入勝，欲窮究竟。

大作拜讀一遍，間有疑似錯漏處，弟在相關頁次註記、摺疊，敬請參考。

（以下略）

斧正者者回響四

莊福松（國校同學。台灣區蜜餞工業同業公會理事長；曾任原公會
　　　總幹事），2015、12、23：

　　接奉《天公疼戇人 七十三自述》，雖然視力不佳，還是仔細恭
讀，有如醍醐灌頂，欲罷不能。宗樂兄擅長用台文表達，尤其引用
許多台灣諺語，讀起來有特別的親切感。

　　弟和宗樂兄的成長背景幾乎完全相同，只是弟家住西畔村石塔，
屬於村落，宗樂兄家住下水埔溪底，比較荒涼。

　　我們從國校五年級認識到今天，往來頻繁，交情深厚，我常以
宗樂兄的成就感到光榮。

　　宗樂兄出自清寒的農家，赤手空拳，堅苦奮鬥，從獲得日本政
府獎學金赴日本留學榮獲法學博士學位，經歷任輔仁大學，臺灣大
學等校教授，到膺任總統府國策顧問、行政院公平交易委員會主任
委員、凱達格蘭學校校長，並榮登大阪大學著名校友：國際名人錄，
又曾擔任台灣法學會、台灣法律史學會、台灣國際法學會等學會理
事長、台灣教授協會會長，允為學界龍頭，如此輝煌的成就，實為
弟所望塵莫及。不過，服務崗位固然不同，但為台灣打拼的立意則
無二致。如宗樂兄所知，弟擔任中國國民黨南投縣黨部視導、編審
時，負責人民團體之聯繫與服務工作，盡心盡力，頗受好評；退休
後擔任台灣區蜜餞工業同業公會總幹事，對於行銷及擴展國外蜜餞

市場，不遺餘力，因而獲致相當成果，也因此總幹事卸任後，被推選為理事長。

宗樂兄說：「福松是我的知己益友。」這句話對弟也完全適用。我這輩子有您這位知己益友，是我莫大的福氣。

弟常常懷念，您帶給家母溫暖、家兄弟歡樂，內子與大嫂情若金蘭。

宗樂兄的《七十三自述》，內容豐富，字字珠璣，恰似一部我們這個年代的歷史、共同記憶，將來出版，必定會受到廣大的回響，茲拭目以待。

弟因視力衰退，不克從命「斧正」，茲謹綴數語，聊表敬意與謝意。

黃宗樂教授「天公疼戇人　七十三自述」讀後感

郭 振 恭

2016 年 2 月 18 日

　　宗樂兄與我為臺大法律系（學士班及碩士班）之同學，其後又同以民法身分法為主要之研究領域，並與陳棋炎老師共著民法親屬新論及民法繼承新論。長久以來，深知　宗樂兄敬業樂群、個性溫和、重情義、講誠信，與之為同學、為朋友，實為榮幸之事。

　　拜讀　宗樂兄所撰「天公疼戇人　七十三自述」初稿，記錄自小到大、到現在之成長時期、昇華時期、學術生涯、投入社運、參與政事、老而彌堅、家庭生活、人生偶得，甚為詳實。許多情景，不斷浮現，歷歷在眼前。　宗樂兄之努力向上、堅持原則、與人為善、處事圓融，令人感佩，其成就絕非偶然。

　　宗樂兄考取日本政府獎學金，留學日本，榮獲日本大阪大學法學博士，為日本關西地區外國學生第一位，至為不易。　宗樂兄回國後，先任教輔仁大學法律系，並曾兼任系所主管，其後再轉至臺灣大學法律系任教。　宗樂兄之教學熱忱及研究之勤奮，為大家所欽佩；其所著之專書親子法之研究，期刊論文多篇，例如：浮動擔保之研究、論占有制度之機能、物權的請求權、協議離婚制度之比較研究、繼承回復請求權等，甚具份量，常為其他學者之著作所引用。因　宗樂兄學術上之聲譽，常被邀請擔任學術會議之主持人或報告人或與談人，並受邀監修編輯六法全書；又被推選為臺灣法學會理事長及臺灣國際法學會理事長。此外，　宗樂兄應三民書局之

邀，修訂鄭玉波老師所遺之法學緒論、民法概要、民法總則、民法物權等大作。　宗樂兄學術上之重大成就，由此可見。

　　宗樂兄於 2001 年至 2007 年之六年間，經總統特任爲行政院公平交易委員會主任委員，由於全力以赴及處事之明快，其任內完備公平交易法規、鬆綁事業結合管制、遏止不法聯合行爲、整頓不實廣告行爲、有效管理傳銷事業等具體作爲，尤其以行政和解之方法，處理臺灣微軟公司壟斷軟體市場，出席或列席有關競爭法之會議，拓展國際交流合作。　宗樂兄任內維護交易秩序與消費者利益、確保自由與公平競爭之成果，至爲明瞭，其以學者從政之優良表現，足爲典範，令人敬佩。

　　宗樂兄胸襟開闊、態度誠懇、幽默風趣，各種聚會之場合，因其參與，總是笑聲不斷、氣氛熱絡。宗樂兄對人生，亦充滿智慧。有一次與宗樂兄同赴日本東京開會，坐計程車自成田機塲至市區途中有說有笑，進東京市區後，看見高樓林立，宗樂兄對我說：「如果其中一棟給我們，即開始煩惱，笑聲可能不再。」的確，果眞有該棟大樓，即思考如何保有之、如何用益、稅負如何，難以自在，有得不免有失。1999 年 9 月 21 日大地震後，不少建物受損或倒塌，寺廟亦難以完全避免，不免疑惑，　宗樂兄謂：「神仙亦有刧數」，則凡人受有災難，亦在所難免。與　宗樂兄相處，總是有說不完的話，心情愉快。

　　宗樂兄於學術上及工作上之卓越表現，固爲其自己之能力及努力，惟　黃大嫂王阿蘭教授之全力支持、操持家務、照顧子女，使　宗樂兄無後顧之憂，亦爲重要助力。　黃大嫂任教輔仁大學，教

學研究已甚忙碌，又不計辛苦投入家務，令人欽佩。

　　宗樂兄之大作，記錄其一生之求學過程、研究法學、獻身教育、家庭生活、投入社運、擔任閣員、戮力從公之情形、事跡與心得。細讀之，對於待人處世之道、學習法律之方法、世事有時複雜，頗多啓發及領悟。　宗樂兄之卓越表現，精彩人生，經其母校日本大阪大學列爲國際名人之著名校友，實至名歸。有幸與　宗樂兄爲同學，實爲光榮之事。

天公疼戇人　七十三自述　黃宗樂

目　　次

第一章
成長時期

左　黃宗樂讀北斗中學初級部時之學生照
右　黃宗樂讀精誠中學高級部時之學生照

一、　祖先

　　每個人追溯其祖先無不源遠流長。不過，我對祖先所知極其有限，因為無文字記載可稽。我衹知道，祖先[1]來自中國福建省泉州府安溪縣，福佬人（鶴佬人、河洛人），但何時來台灣，並不清楚，與原鄉亦早已失去聯繫，沒有往來。祖先所以冒著生命危險，橫渡黑水溝，唐山過台灣，主要是為了擺脫唐山的貧苦生活。到台灣後，篳路藍縷，歷盡艱辛，到我祖父一代依舊很窮窘。不過，在當時，「唐山過台灣，心肝結歸丸」、「勸君莫過台灣，台灣恰似鬼門關」、「十去六死三留一回頭」的情況下，我祖先能存活下來，在台灣拓荒墾殖，安身立命，生湠發展，算是很幸運的。

二、　祖父、祖母

　　祖父，姓黃諱排（1885-1948）；祖母，姓顏諱治（1887-1958）。祖父在我六歲時過世，享年六十四歲；祖母在我十六歲時往生，享壽七十二歲。祖父，身高五尺，結實勇壯，練過功夫。家父嘗說，祖父忠直硬氣，做代誌頂眞，一生勞碌。祖父是從當時台中州田尾庄（今彰化縣田尾鄉）竹仔腳入贅於同庄溪仔頂顏家的，後來「序大人看伊無」，祖母遂跟著祖父出來吃苦，一人一塊碗一雙箸，搬到溪仔頂三十張犁定居。祖母生做大範（辨）（tua pan）、端莊，個子與祖父差不多，縛腳（纏足）。夫妻感情不錯，祖父歹性地，刺瘍（chiah yah，刺癢、煩燥、焦燥）時會罵祖母，祖母攏會吞忍。祖父與祖母做無五分地，頭喙佫濟（食指繁多），俗語講：「濟囝餓死父」，日子過得很艱苦。為了讓兒子各自發展，於參子結婚後，在家父三十一歲時，就樹大分椏（分家），「隨人食」。果然，「濟

囝不認窮」，分家後，一家一業，生活逐漸改善，而子女都很孝順，祖父母晚年可說苦盡甘來。祖父與祖母傳六男四女，後代子孫繁盛，雖無顯赫身世，但都是樸實勤奮的良民。

家父曾說：「當時家庭眞散赤，有一擺，無米也無錢，恁阿公去米店糴一斗米，已經袋入米袋仔，恁阿公懇求錢欠幾工仔，米店老闆竟然將米倒倒轉去；佫有一擺，厝頂漏水，無錢修補，恁阿公拜託隔壁先撥寡蔗籗，採收時才還，隔壁竟然講會使先借給你，不過蓋好就要付清。」家父講起這種怨嘆事，都一再鼓勵我們兄弟必須認眞打拼。我長大後，特別勤奮、節儉、有同情心，不是沒有原因的。

三、 父親、母親

父親，姓黃諱胡[2]（1909-1978），乃我祖父母黃排與黃顏治之次子；母親，姓陳諱彩鸞冠夫姓（1912-1999），爲我外祖父母陳孟樹[3]與陳張忞之次女。父親，身高五尺二，結實健壯；母親，身高五尺，秀慧端莊，兩人純依當時習俗，奉父母之命、憑媒妁之言而結婚的。我祖母將女方生辰八字（庚帖）供在廳頭神明、公媽牌位前，用一碗清水壓在上面，三日內，無蚊蟲灰塵掉入，家內平安無事，表示「清白」、「好吉兆」，才去「合婚」的。結婚前互不認識，沒見過面，也不曾相親，只知住在隔壁村。結婚後，闔家住在一起，過著大家庭生活。

家父不識字，稍長後，即出外打工，幫助家計，結婚後更加勤勉。家母幫忙作穡，輪到火闆，則在家煮飯，做家事。家父三十一歲時，分家，和家母帶著長女長子和六弟[4]到溪州庄下水埔（今溪

州鄉大庄村嗣榮光村）俗稱「溪底」的地方定居[5]，搭三間簡陋的草厝仔遮蔽風雨，贌耕近三甲土地，一面開墾，一面耕種[6]，希望能拼出一片天地。當時，下水埔溪底十分偏僻荒涼，方圓偌大的地方只有家父等從田尾搬來的幾戶人家。[7]

家父贌耕的土地有二：最初贌耕緊臨厝後壁俗稱墾地面積一甲五分多的土地；後來又贌耕離厝較遠的三號圳彼邊俗稱望寮面積一甲三分多的土地。當時土地貧瘠，尤其是墾地的土地盡是砂礫地，無法耕種，家父家母將較粗的石頭搬走，再一擔一擔挑淤積於三號圳的濁水溪肥沃黑土來填蓋。起初砂礫多土壤少，只能種蕃薯，但蕃薯又瘦又小，難有收成，為了生活，父親經常一大早就得走一、二小時的路到十數里外的他鄉做長工，母親負責田裡工作，如同男人，勤勞做活，小孩則由六叔帶著在田埂、路邊玩耍。幾年後，砂礫地慢慢變成沃土，母親遂變賣嫁粧金飾（用母親和外祖母儲蓄的私房錢買的），給父親買水牛和犁耙，父親才辭去他鄉的長工工作，安心在自己的田園辛勤耕耘，生活才慢慢地改善。不過由於圳水不足，往往須看天吃飯，直到我讀初三時，溪底「牽電火」，家父與田邊共同鑿井引用地下水灌溉，方有穩定的收成。我家在家父五十歲以後始逐漸進入小康的局面，而在溪底算是生活比較過得去的。有這樣的結果，應歸功於我家土地較多，家父母工作勤奮又得要領。大概是 1977 年，家父種了五、六分地的山藥薯，既豐收，價格又高，賣了四十多萬元。這是我家種植經濟作物賺最多錢的一次，家父母不禁笑逐顏開，高興得不得了。

家父和家母在困苦的環境中打拼半世人，歷經如同家父所說的「想著會鬖毛管（chang mng kng，毛骨悚然）」的歲月後，幸而

有我大哥、大嫂幫忙。我大哥、大嫂工作勤勉，昧傾分（bue kheng hun，不會計較），對家產的維持與增殖貢獻很大。正因如此，而家兄又作穡，我和舍弟均有教職，後來（1978 年 9 月 28 日）家產分析，我和舍弟都主動建議將大部分土地（即墾地面積約一甲五分七厘全部土地）分給家兄，不用拈鬮，五叔、六叔和家父起初有點疑慮，但經熟思後，都莞爾贊許。其餘土地（即望寮土地面積約一甲三分三厘的土地）分給家父母、舍弟和我各三分之一。分析完畢，祭告祖靈，立下書契，皆大歡喜。1978 年 10 月 25 日家父過世後，望寮土地均請林春萬先生照顧。他辛勤耕耘，收穫良好。

小時候，經常看到家父走路碰到小石子時，總是把它踢到路邊；發現田園邊的路上有牛糞時，都會把它弄到園裡。有一次，隔壁火燒厝，家父急速從田裡跑回家中抱缸食鹽到現場滅火；又有一次，家父看到一位陌生人開的貨物仔車停在厝後的路上，貨物疊得很高，而未用繩子綁住，行駛時搖搖欲墜，即主動拿家中兩條全新的長繩幫他綁緊，以免行駛中貨物掉下來發生危險……事例很多。我長大後，讀到蜀漢劉備的名言：「勿以善小而不為，勿以惡小而為之。」原來，家父是實踐者。我讀國校四年級時，有一天中午放學回家，天氣炎熱，途中口渴，進入路旁他人園裡採了一粒「香瓜」（黃色的）解渴，回家後告訴父母親，母親說：「細漢偷挽匏，大漢偷牽牛。」父親更告誡說：「無得着人的允准，就挽人的香瓜，是賊仔行為，雖然是小小一粒香瓜，亦絕對昧使得。」讓我從小便知道：「即使幹的祇是小小一件壞事，也是要不得的。」

家父為人正直，做事實在，自奉甚儉，樂善好施；畢生與田園為伍，不辭勞苦，打拼作穡，直到罹患重病為止。家父注意衛生，

生活規律，飲食節制，不吸煙，不喝酒，練過功夫[8]，身體勇健，除了閃著、感冒，從不生病。詎近七十歲時，感到身體不適，到台北長庚紀念醫院檢查結果，不幸罹患與孫中山先生同樣的絕症，四個月後溘然與世長辭，享壽七十歲。家父臨終前曾說：「咱隨人食時，無牛無犁，若無恁老母變賣嫁粧，買牛犁耙，是無法度好好耕作的。咱即久有寡家業，恁老母功勞眞大。我若萬一離開去，我欲將我的福氣全部留給恁老母。」「咱較早家庭散赤，爲著欲成五個囡仔，尤其是栽培恁讀大學，我注意身體，勤儉打拼，攏毋曾你兄我弟，食啉開博（吃喝嫖賭）。」家父確實是一位偉大的父親。

家母三歲時，被出養給姑丈姑母做養女，養父很疼愛她，可惜早逝，養母動輒加以虐待，迫不得已十多歲時外出流浪，飽嘗辛酸，有一段時間，夜半偷偷回到本生家屋簷下過夜，侵晨才黯然離去。十六歲時，伯父看她可憐，送一分田給後父，後父才讓她入門。回本生家後，在生母調教下，煮飯、裁衣、針繡、炊糕、縛粽……樣樣都會。由於年輕時命運坎坷，家母遂養成了堅強、勤儉、不怕吃苦的個性，嫁給家父後很珍惜這個家庭，除了照顧子女、操持家務外，也到田裡幫忙工作，一生將食苦當作食補。她年老時，可以好好享受清福，但仍克勤克儉，有時還會去拾稻穗。她擅長作粿縛粽，煮大鍋飯，炒大鼎麵，也擅長裁剪衣褲，因此厝邊隔壁有喜事或喪事，她都會主動去幫忙，擔當重要角色。家母也好幾次被請去「牽新娘」，因爲很多人認爲家母「好命」、「齊全」。家母好行善，善行之一就是天氣熱時，準備茶水放在路旁供行人自由飲用。家母曾經獲頒彰化縣政府「實踐國民禮儀模範家庭」獎狀（不過何謂實踐國民禮儀？我並不清楚）。我倒認爲家母是不折不扣

的模範母親。

　　家母生我時，不幸罹患胃病[9]，經常溢赤酸、嘔吐，有時會臥病呻吟，服用各種藥物都無效，拖十幾年後才去沙鹿光田醫院開刀治癒。家父在家母病痛時，擔心家母會較早離去，沒想到家母活到八十八歲，在九二一大地震後不久才離開，足足比家父多活了十八年。

　　當時的人攏真閉思（pi su，害羞、含蓄），尤其是婦女，有一次家父直呼家母「鶯仔」，家母羞赧得無地自容，從此家父不再叫家母名字，家母當然不曾叫過家父名字。家父母互稱「汝」，對第三人稱「實仔（大查某团）的老爸」、「實仔的老母」，家母也稱家父「脺（ham）目仔」。家父母年老時提起此事，感覺真心適（有趣）。

　　家父母一年通天忙著工作，幾乎都沒有休閒，在我的記憶中，僅各出門旅行一次。大概是在我十幾歲時家母參加旅行團去遊日月潭，可惜家母會暈車，尤其遊覽車顛簸行駛在蜿蜒的山路上，更暈得厲害，到達目的地遊潭時還覺得昏昏沉沉。大概也是在我十幾歲時，有人來寒舍招攬旅遊，非常誠懇，家裡的人都希望家父參加，家母因為會暈車，無法同行。旅行團去台南、高雄、澎湖。去澎湖來回坐飛機，這是家父一生唯一一次坐飛機，聽說機內很悶熱。家父看到澎湖土壤貧瘠，「真歹種作」，回來後一再說：「比起澎湖人，咱好命濟咧。」

　　家父家母不識字卻懂很多諺語，不知是如何學來的。小時候就常聽母親說：「做人着反（音炳，勤勞謀生），做雞着筅」、「甘

願做牛，驚無犁當拖」、「東港無魚，西港拋」、「一句話三尖六角，角角傷人」、「食人飯，犯人問」、「一時風，駛一時帆」、「一枝草，一點露」、「圓人會扁，扁人會圓」、「有量才有福」、「也着箠，也着糜」、「雞屎落土嘛有三寸煙」、「緊紡無好紗，緊嫁無好姑家」、「指頭咬着逐支痛」、「扑（打）虎掠賊也着親兄弟」、「兄弟若共心，烏土變成金」、「喉是無底深坑」、「勤儉，有所補」……；稍長後常聽父親說：「直草無拈，橫草無捻」、「凡事着存後步」、「好天，着存雨來糧」、「百般生理路，毋值翻田土」、「耕作着認路，田園着照顧」、「有工，有所望」、「溜溜鬚鬚，食兩蕊目睭」、「食果子，拜樹頭」、「食人一口，報人一斗」、「三項烏[10]，毋通摸」、「心肝若好，風水免討」……。因為這樣，我從小就懂得許多台灣諺語。諺語是一個族群年深日久慢慢形成的行為規範，積極的指示人的行為模式；消極的對人的行為有勸阻作用。家父家母講的諺語，可說是他們的行為準則，也帶有作為「家訓」的意味。

　　家父家母在日常生活中，會藉機告誡子女說：「咱祖先雖然攏是作穡人又佫散赤，毋拘眞誠扑拼，直草無拈，橫草無捻，條直，認分。」、「咱做人着該（tioh ai）實在、正直、照紀綱，做代誌着該棉爛、頂眞、一點一拄。」、「我無希望恁追求若濟的金錢，若懸的地位，會當（e tang）平平安安、快快樂樂過日子上重要。」我想，這是家父母留給子孫最珍貴的資產。

　　家父家母育有三男兩女。根據習俗，育有三男兩女是最合宜的。我們子女稱呼父母「烏多桑（オトウサン，o tō san）」、「姨仔（i a）」。長女黃實嫁給同鄉潮洋村包明寶，作穡；長子黃南（偏名聰富）作穡，娶埤頭人林愛吟；次子黃宗樂擔任大學教授，娶台北市人王

阿蘭；參子黃景春也擔任大學教授，娶朴子人沈春靜；次女黃碧琴（後來改名美蒔）專科畢業，做單身貴族。子孫繁盛，各人士農工商，在各行各業都有一席之地。家父母從無到有，除了養育五個子女外，留下近三甲的土地，三合院加強磚造正身及龍爿護龍，實在眞無簡單。家父母一生追求「做會親像人」、「囝孫會出脫」、「後來會大葩尾」，可說全部做到了。

四、　我的出生

　　我在昭和 17 年（1942 年）5 月 5 日（壬午年 3 月 21 日）上午9 點多於自宅草厝仔出生。當天天氣晴朗，氣候温暖，父親一大早就忙著出外工作，母親到附近古井（鼓井）[11]打水洗衣，突然感到陣痛，即回家中，備好剪刀、麻油及絲線，過一會兒胎兒呱呱落地，母親勇敢地爲嬰兒「剷臍」，幸而母子均安，嬰兒啼聲宏亮。這個嬰兒，後來命名：「宗樂」[12]。因爲生產過程驚險，母親嘗說：「人生天成的（lang sinn thinn siann e），宗樂仔是天公仔囝。」

　　我出生時正值太平洋戰爭爆發不久，戰雲瀰漫，時局緊張。依稀記得，四歲時常有空襲警報，曾目睹日本軍機和美國軍機低空追擊飛過厝頂，也曾看見溪州糖廠被美國軍機轟炸燃燒及美國軍機被擊落煙火熊熊。1945 年 8 月 6 日、9 日美國先後以原子彈轟炸日本廣島、長崎，8 日蘇聯對日本宣戰，日本看大勢已去，15 日日本裕仁天皇玉音宣布接受菠茨坦宣言無條件投降，9 月 2 日盟軍最高司令部佔領日本，盟軍最高司令官麥克阿瑟發布一般命令第一號，其中命令：法屬印度支那北緯十六度以北包括中國戰區（滿洲除外）及台灣、澎湖的所有日軍應向蔣介石大元帥投降。中國戰區最高統

帥蔣介石委員長派陳儀將軍到台灣，於 10 月 25 日在台北公會堂（今中山堂）代表盟軍接受日軍投降，當時大多數台灣人都歡天喜地迎接「祖國」的到來。詎料，陳儀及其部屬以征服者、勝利者的姿態君臨台灣，貪污腐敗，橫行霸道，壟斷資源，搜括民財，濫發鈔票，物價暴漲，治安惡化，造成經濟恐慌與社會動亂，終於在接收不到一年半就爆發二二八事件。因著環境關係，我六、七歲時就會幫忙做點灑掃、洗碗、餵雞鴨、攄（hianh）草絪之類的簡單家事。父母親還說我「做甲有條有段」。

五、 入學田中第一國校

由於住處偏僻，距離學校遙遠，加以家庭困難，人手不足，大姊自始留在家裡幫忙，從未上過學；大兄學歷記載為國校二年級，其實時值二次大戰，為防避美軍空襲，以及遷居下水埔溪底關係，幾乎呈輟學狀態，戰後又未復學，因此家中無人識字。1950 年，我九歲（滿八歲）時，父親希望家中有人看得懂「租仔單」，免得動輒需走好遠的路去請人看租仔單，又需牢記腦裡，大姊遂帶我去田中第一國民學校辦理入學。我的學區不在田中，但因買賣出入都在田中，乃帶到田中第一國校，那時已是九月中旬，幸蒙學校（校長黃龍江，田中人）准許，順利入學。入學讀書，是我人生第一個轉捩點。記得第一天到校上課，坐在最後一排，老師依序揭示繪有動物的圖片，問這是什麼？同學們答這是兔子、這是公雞，我不懂「國語」[13]，當然是鴨仔聽雷，一方面覺得很不自在，一方面覺得很有趣。在學校，受到老師的關愛，同學們友善的對待，每天又能學到很多新的東西，讓我很喜歡上學。我用心學習，一學期下來，成績不錯，以後更加進步（一年級就榮獲學行俱優獎），還擔任班上重要幹部，

和同學們相處愉快，交了不少朋友[14]。級任老師許金葉（田中人），年輕美麗，和祥親切，很有愛心，有一次，騎腳踏車（我們習慣稱鐵馬）到我家「家庭訪問」，她不惜路途遙遠，砂礫路難行，到偏僻的草地作家庭訪問，讓我父母親非常感動，我父母親對許老師的誠摯關愛、認真盡責，永遠懷念。

三年級上學期期中，田中做醮，家住梅州里的同班同學蕭義雄邀請我到他家做客，父母親高興讓我去，我是小朋友，竟然受到熱烈的招待，料理十分豐盛。初次看到做醮大拜拜、大請客的盛況，印象非常深刻。我曾駐足觀看道士們於醮壇念經祈禱，請求神靈降福免災，儀式莊嚴肅穆。

六、　轉學下壩（成功）國校

我的學區是在下壩國民學校（嗣於民國44年11月改稱為成功國民學校），每年都會送來入學通知單，而三年級下學期不知何故我突然散漫好玩，成績大為退步，因此我在四年級時逐轉到下壩國校就讀。離開田中第一國校，難免會思念，而初到下壩國校，難免會感到生疏。我調適心理，試圖早日融入新環境。無可諱言的，下壩國校是鄉下學校，學生素質較差，我在田中第一國校成績本來就不錯，到下壩國校後，重新出發，簡直是「水裡無魚，三界娘仔為大」，因此老師特垂青眼，同學們更不敢小看我。

四年級下學期，學校調查「是否要參加升學班」，我回家問父母，父母親說，輸人毋輸陣，就讓我參加升學班。升學班僅一班，由陳泄卿老師（北斗人，後來改名為陳世卿）負責，每天課後補習到太陽下山。陳老師長相威嚴，教學認真得法，要求非常嚴格。他

依學生程度，各別要求每次考試須達幾分，否則依未達之分數數打手心或臀部，學生都很害怕。升學班定期舉行家長會，家父僅六年級上學期出席一次[15]。在正式開會前，大家閱覽班上學生成績紀錄，家父不識字，但聽其他家長說，黃宗樂的成績眞優秀，不知是誰的因？家父說宗樂仔是我的因仔，其他家長都向他恭喜；開會時，陳老師也特別介紹家父，家父覺得很有面子，不久就買了一輛腳踏車給我，讓我興奮不已。參加升學班，每位學生每個月致送「先生禮」好像是十元還是十五元，家父認爲對老師絕對不可失禮，所以都事先準備好，如期（農曆每月 15 日）讓我帶到學校，陳老師很感動。

當時每學年好像縣督學（被稱爲毒蛇）都會蒞校視察。督學要來之前，師長們會特別叮嚀：「督學如果問到有沒有課外補習？一定要說沒有。」並指示同學：「督學來校當天不可把補習書本、作業簿帶到學校。」我覺得很奇怪，好像每個學校都有開辦升學班，爲什麼教育當局會禁止課外補習？既然教育當局禁止學校課外補習，爲什麼每個學校都沒有把它當一回事？我當時認爲學校辦升學班，爲學生作課外補習是對的，教育當局禁止是錯的。因爲我參加升學班，雖然很辛苦，但是學到很多東西。今日想來，我當時如果沒有參加升學班的話，一定是不一樣的人生，總不會比現在更好吧！

在田中第一國校時，同學之間男女無猜，有說有笑，和樂相處，但在成功國校，同學之間男女不交談、不授受，偶爾碰到異性同學的東西包括書桌，都馬上用嘴往手指呼呼吹風，表示消毒，這種怪現象不知是何時、如何形成的？兩相對照，顯現街市比較開放、進步，而鄉村則比較閉塞、保守。

　　我家到田中第一國校和到成功國校距離差不多，步行往返都需要兩個多鐘頭，是所有同學中離校最遠的，又沒有同伴同行。不過，單獨一個人通學走慣了，倒不覺得孤單、辛苦。

　　畢業時，六年總成績，第一名是林淳忠，第二名是莊福松，我是第三名還是第四名，已記不清楚。我和其他同學一樣，報考北斗中學初中部，陳老師認爲我很有實力，期待我能名列前十名之內。放榜結果，在錄取的近四百名中好像排第三十三名，辜負了老師的期望，感到十分愧疚，也因爲這樣，我就讀北中時，勤學向上，成績優異。

　　清晰記得，畢業典禮最後唱畢業歌時，林祚興校長（北斗人）站在台上，面對著同學，表情嚴肅，「青青校樹，萋萋庭草⋯⋯奈何離別今朝，世路多歧，人海遼潤，揚帆待發清曉⋯⋯」，同學們泣不成聲，初次嚐到離別的痛苦。我四年級才轉學過來，爲了融入新環境，三年間我去過許多同學的家，像莊福松、莊蒼源、鄭宗吉、鄭山林、鄭文雅、鄭宗禮、鄭本智、鄭慶芳、鄭四是、鄭法海、鄭福涼、低我一屆的吳勝雄、鄭文祥的家，我都去過，彼此感情很好，真令人依依不捨。吳勝雄，該屆第一名，非常優秀，他就是日後聞名全國的詩人、作家吳晟。

　　隔壁班詹炳山、鄭敏春，後來成爲很要好的朋友。他們沒繼續升學，生性健談、風趣，來我家時，談天說地，詼諧百出，帶給家父母很多快樂。

七、 考上北斗中學初中部

考上北斗中學初級部，是我人生第二個轉捩點。我們這一屆，共八班，男生六班，女生二班，我被編入己班，三年級時，己班解散，學生分編入甲、乙、丙、丁、戊各班，我被編入乙班。讀初中，最感新鮮也最頭痛的是英語。開學後，我用了兩個星期日在厝後壁「田菁仔園」內拼命背誦英語字母Ａ、Ｂ、Ｃ、Ｄ……；ａ、ｂ、ｃ、ｄ……，以後騎腳踏車上學，總是邊騎邊記英語單字和成語，效果良好。英語這一關克服了，可說已成功一半。我三年間，在班上成績均名列前茅，也曾幾學期拿第一名。最讓我感到光榮的是，二年級下學期曾全年級唯一獲得學業、操行、體育成績均在八十五分以上的全能獎，得到楊杏林校長（北斗人）特別的嘉許。畢業時，學業總成績，乙班第一名，榮獲縣長獎；全年級第六名，直升高級部第一名（前五名保送師範學校）。全年級第一名為林道平，他留在母校讀高中部，三年後應屆考上台大醫科，創下紀錄，造成轟動。

初中三年間，我認識很多同學，也有很多同學認識我，大家相處融洽。但每人來自各地，放學就回家，交情較深的知己倒是很少。記得初一、初二在己班時，有位洪堯本，來自芳苑，眉清目秀，品學兼優，我和他感情很好，去過他家，吃蚵仔，第一次看見大海。初三在乙班時，有位洪東魯，來自二林，相貌不凡，品學兼優，我們一見如故，我去過他家，受到熱情的款待。我每學期都申請清寒獎學金，須到溪州鄉公所拿清寒證明書，戊班的劉永泉也會去拿，我們彼此惺惺相惜。不過，好像不曾有同學到過我家。一起考上北中的國校同窗莊福松（以及其大侄子莊蒼源）家住西畔石塔仔，我偶爾會到他家玩，也因此後來與他的四哥莊賜福兄成為莫逆之交。

福松很有教養，我從未聽他罵三字經。父母親有訓：朋友要交，但要交益友，不可交損友。福松一直是我的知己益友。福松出社會後常到我家，帶給家父母許多溫暖。

八、　行著空亡運

　　早年在鄉下，能够當國校老師，兼顧農耕，是人人稱羨的。我讀國校六年級時，就立志將來考師範學校，畢業後當國校老師。這也是父母親的期望。但進初中後，眼界擴大，知道將來讀高中，考大學，前途將更爲遠大，於是嚮往讀大學，而父母親也認爲如子女能讀大學是光宗耀祖的事，再辛苦，也值得栽培。因此我準備留在母校北中讀高中部，將來考大學，去向初三導師楊禎祥老師（外省人）請教。楊老師對我說，以你的實力，報考北區高中聯考，考取建國中學應該沒有問題，考上是北中的光榮，值得試試。我聽得躍躍欲試，問父母親的意見，父母親也贊成。可能由於北上赴考前夕，吃了不少煤（sah）熟的土豆（花生），和緊張的關係，肚子不舒服，偶爾腹瀉，結果考取省立復興中學 [16]。我沒對父母親明講，父母親似乎始終以爲我考上建國中學。

　　我初次遠離家門，到外地讀書，母親再三叮嚀說：「三頓着食乎飽，衫着穿乎燒（sio，溫暖），出門着注意安全，朋友毋通黑白交……」；父親用腳踏車載我到田中車站坐早班五點多的普通車，臨別時，父親掛心和期待的表情流露臉上，我提早進月台候車，東方漸白，晨星稀疏，大地寂靜，突然聽到月台上有人唱歌，是日本流行歌曲〈おさらば東京〉，「死ぬ程つらい　恋に破れた　この心　泣き泣き行くんだ　ただ一人　想い出消える　ところまで　あ

ばよ東京　おさらばだ……」歌聲劃破天空，淒涼、哀怨。雖然是失戀分離的歌，但對即將離鄉背井的我，不知增添多少離愁。我上火車後，種種感觸湧上心頭，不知不覺淚流滿面。

復興中學在北投，我住在台北市赤峰街，坐淡水線火車通學。我住的房子是鄰居福仁仔伯大女婿許飛祥的鐵路局宿舍，免費給我住 [17]，和同樣來自故鄉的陳義男住在一起。我們自己煮飯、洗衣。不知何故，負笈台北，老是意氣懶散，提不起勁好好讀書，讀了一學期，就回母校北中寄讀，但已不像讀初中時那麼認真好學，學期結束，參加北中轉學考試，竟然名落孫山。想起一年前直升第一名，一年後竟然連轉學考試都考不上，真是情何以堪！我心灰意冷，悵然若失，留在家裡作穡。有天晚上睡覺時，聽到父母親唉聲嘆氣地說：「這個囡仔本底真恔（gau、賢）讀冊，那知即久行着空亡運，煞有學校讀甲無學校，到底是自按呢留咧作穡，抑是揣（chue）看有另外的發展無？」輟學在家，當然給父母親很沒面子，而父母親一點也沒有責備我，更讓我愧怍不安。

後來，我寫信給搬到台東的二姑丈，問他台東有無發展機會。他回信說，他有一位朋友當土地代書，正好要收學徒，不知我有無意願。父母親和我都認為這是一個機會，豈知到台東後，那位代書根本沒說要收學徒，不得已滯在台東，受雇放甘蔗園水和做一些雜工，孤單一人工作。思及未來，前途茫茫，不禁黯然淚下。

九、　插班精誠中學高二

尼采（Nietzsche）說：「痛苦的人沒有悲觀的權利。」果然，天無絕人之路，幾個月後，我有一位故鄉好友鄭春義在彰化縣私

立精誠中學讀高二，他寫信給我，希望我去插班。我寫信給校長畢靜子女士，畢校長親筆來信表示歡迎，還說我信寫得很好。於是我就回故鄉準備插班考試[18]。考試當天畢校長還特別召見我，說了許多鼓勵和期許的話。我順利插班精中高二，是我人生第三個轉捩點。我嘗過輟學的辛酸，順利插班後，我拾回信心，倍加用功，成績日益進步。高三開學時，洪敏麟老師對校長說，黃宗樂再認真一點，很有希望考上台大。有一天，校長要我到校長室，她告訴我說，她曾公開表示精誠中學會有人考上台大，她寄望在我身上。當時恰巧又遇到兵役問題，幸蒙畢校長鼎力幫忙，才獲准緩召，我切身感受到能讀完高中得來不易，更激發我力學向上。當時精誠中學，人稱「腐（au）精誠」，畢業生要考上台大，談何容易！畢校長辦學的苦心，令我心生敬佩。不論如何，我不能辜負畢校長的期望。

　　高中終於要畢業了，大專聯考我報考乙組，填志願時我將台大相關科系填滿後才填其他學校。由於小時候，不止一次聽到長輩談起日本時代的「判官」、「檢察官」、「辯護士」，好像都很稱讚；讀初三時偶然在書店看到六法全書，閱讀之下覺得很有趣也很實用，就買了一本，隨時翻閱；我又認為在民主法治國家，讀法律，將來路會比較寬廣，至少可以保護自己，不致被人欺壓，因此我將台大法律學系填在前面。考試前夕，我向故鄉遙拜祖先，祈求保佑。考試期間，我一大早從居住處平和里步行到彰化車站坐火車到台中車站，再赴考場（台中女中）。乙組考試科目為三民主義、國文、英文、數學、歷史、地理。一天半下來，覺得考題不難，考得不錯。考完試後，我即回家幫忙農事，辛勤工作，等待放榜。放榜日，中午我

騎腳踏車到大同農場辦公室，問辦事人員有沒有報紙，他說什麼報紙，我脫口說 newspaper，他說 newspaper 有，就拿給一份報紙，是中央日報，我急著翻閱，一看，黃宗樂三字很快就映在眼簾，我怕看錯，再仔細一看，千眞萬確，黃宗樂錄取國立台灣大學法律學系法學組，我欣喜欲狂，馬上趕回家中向父母親稟告好消息，父母親當然高興萬分。

　　我考上台大法律系，在我鄉成功國校學區尤其我村還造成轟動，因爲史無前例。我從輟學微頧（bih chiu，難爲情、抬不起頭）到考上台大光宗耀祖確實是一大轉折，家母逐拿我的生辰八字去「過工夫」，她沒向相命師說我考上大學，相命師問她：「汝這個後生在讀册的過程中，是順利，抑是曾挫折過，譬喻曾經輟學。」家母問：「順利佮挫折，會有啥無共款？」相命師說：「若讀册過程順利，這個囝仔將來平平；若有受過挫折，前途就無可限量。」家母回家後談起，當然我不知道相命師有何命理根據，不過倒是給我莫大的啟示：人生不怕挫折，只怕受到挫折就餒志；人生遇到挫折，必須振作起來；人生受過挫折，才會更加堅強。

　　我考上台大法律系，完成畢校長的心願，開精誠中學畢業生考上台大之首例，而且是應屆考上的，考上的又是法律系，當然是精誠中學一大喜事。畢校長大喜過望，贈給我一筆獎學金；學校特別登報祝賀，又在彰化市內鹿鳴村餐廳舉行慶功宴。我受寵若驚，同時警惕自己以後更應努力不懈，絕不可得意忘形。我上台大後不久，畢校長生病到台北鐵路醫院入院治療，我去探視，當擔架被推入病房時，畢校長希望由她的長子（讀台大外文系）和我一同抱她上病床，我印象至爲深刻。詎料，畢校長竟一病不起，幾個月後永訣而

去，令人悼念不已[19]。

　　在精誠二年，畢校長禮聘名師教導我們，王煥文老師、熊彙宣老師、邱仕榮老師、洪敏麟老師、黃衡舟老師……等，幾乎都是從彰化中學、彰化女中延請兼任的。當時「補習班」很流行，彰化市也有補習班，除本地名師外，還定期從台北建國補習班、志成補習班延聘名師南下授課，「生意興隆」，但我始終沒去補習。

　　在精誠二年，為免通學往返勞累，俾得集中火力，專心讀書，父母親特別讓我住校，一學期後，我搬出宿舍，和低我一年級的蘇久雄、鐘守德到平和里民宅租居並包飯，房東姓陳，是典型的大家庭，全家人都很和善親切，其間，房東長孫女出嫁，花轎起行時，我偶然看到新娘的父親在厝後涕泗縱橫，真摯的父愛表露無遺，家姊出嫁時，我年紀還小，家父肯定是依依不捨！鄉下人情味重，我們也常去隔壁梁金鶯小妹妹家、曾錦章先生家和陳秀貲小姐家玩，留下甜蜜的回憶，她／他們都暱稱我「阿桑」，在刻苦力學的歲月，平添了不少生活樂趣。租居處附近有一塊樹林，隱蔽幽靜，假日我都獨自去那裡複習功課，效率頗高。每個月生活費用，大都由就讀彰化中學、每天通學的舍弟拿到彰化車站交給我。有好幾次，當我見到舍弟，不禁百感交集，潸潸淚下。學校會計吳美代，大村人，與我同年（大我幾個月），生性善良，為人誠懇，對我們這些遊子，如大姊般地鼓勵照顧，我一直感念在心。我很慶幸在精誠交了不少朋友，高三時農曆過年，洪勇雄、吳景文、蘇久雄、鐘守德、卓萬得、黃良松、李榮華、郭英信等多位前後期同學，到我家行春，讓家父母高興得很。

十、 成長時期生活回憶

（一） 時代背景

臺灣固爲閩、粵移民的新天地，然至清治末期，依舊相當落後，住民普遍貧窮，生活困苦。1895 年，依據馬關條約，日本領有臺灣後，用心經營，積極開發，戮力建設，促使臺灣邁向近代化——行政組織、司法制度、醫療衛生、教育、交通、通信、電氣、土木、建築、水利、產業、金融等全面的近代化，情況才全面改觀（推行臺灣近代化最力者爲臺灣總督府民政長官後藤新平，其後被譽爲「臺灣現代化奠基者」、「臺灣近代化之父」）。到了 1930 年代，臺灣的文明發展、人民的生活水準在亞洲地區已躍居第二，僅次於日本內地。1935 年 10 月 10 日至 11 月 28 日五十日間，臺灣總督府假臺北舉辦始政四十周年記念臺灣博覽會，國民政府派遣福建省主席陳儀率領考察團參觀一星期，陳儀目睹臺灣之進步發展，曾公開演說，慶賀臺灣人在日本統治下過著富裕幸福的生活。爲期作爲施政之借鏡，陳儀回國後特派遣廈門市長李時霖等十一人，組福建省「臺灣考察團」，於 1936 年 12 月來臺灣前後十一天，考察日本治臺施政狀況，歸國後撰成《臺灣考察團報告書》（1937 年），極盡肯定、讚美日本的治績，並將之奉爲「萬般施政的鏡子」。1945 年 2 月，國民政府準備戰後接管臺灣，於重慶成立「臺灣省行政幹部訓練班」，在成立大會上，蔣介石委員長致詞說：「日人治臺多年，成績甚佳，吾人接管之後的治績，若不能超過日人，甚或不及日人，皆爲莫大之恥辱……。」

戰後，國民政府接管臺灣，臺灣人在陳儀政府惡政下，從「盟

軍轟炸，驚天動地；臺灣光復，歡天喜地」馬上陷入「貪官污吏，花天酒地；政治混亂，烏天暗地；人民痛苦，呼天搶地」之慘境。1949 年 12 月，「大陸淪陷」，國民黨政府播遷臺北，為反攻復國，長期實施動員戡亂體制。蔣經國先生上臺後，為往下紮根，才展開十大建設，發展經濟。所幸，臺灣在日本統治下已奠定了堅實的現代化基礎，臺灣人民又非常勤奮，終能隨著諸先進國家的腳步不斷進步發展，而有今日之生活水準。當然相較於所謂戰敗國之日本，仍相差一大截，也是不可否認的客觀事實[20]。例如，平均每人國民所得，日本均比民國高出許多，以 1999 年為例，日本為 33,536 美元，民國為 13,235 美元；又，1977 年，日本人之平均壽命，男 72.69 歲，女 77.95 歲，成為世界上最長壽的國家，自此以來一直保持世界第一的記錄。僅此二例，則思過半矣！

　　日本領臺後，積極引進近代西方文明，水道水（自來水）、電話、電火（電燈）到 1930 年代市街地區已相當普及，甚且，前揭「臺灣考察團」，12 月 5 日考察「桃園柑橘茶園、新竹工商獎勵館、新竹藺草會社」，記載：「本日參觀所經之地，均係偏僻之鄉，但經日人積極經營，電燈電話自來水，無不普及，駸駸乎與西洋並駕齊驅，觀此可知臺灣建設之一斑矣。」我家住在極其偏僻的鄉下，開發較晚。與我小時候相比較，我家住的地方從窮鄉僻壤，人煙稀少，沒電燈，沒電話，沒自來水，到逐漸形成聚落，住戶增多，有電燈、有電話、有自來水；從盡是砂礫路到都是柏油路；我家從佃農到自耕農；從草厝仔經竹管仔厝到紅磚仔瓦厝；從三餐無魚無肉到三餐有魚有肉；從沒有腳踏車到有腳踏車、有機車、有自用轎車；從沒電冰箱到有電冰箱；從沒收音機到有收音機、有電視機；從沒電風

扇到有電風扇、有冷氣機；從沒有電話到有電話、有行動電話、有電腦、有網路網站……，變化之大，實出乎意料之外。想來，自產業革命尤其是二次世界大戰結束以來，人類的總財富不知激增了幾百倍。

（二） 住的回憶

我出生時，住的是草厝仔，是用刺竹仔管簡單搭建，周圍圍田菁仔稿作為牆壁，厝頂蓋甘蔗葉的草厝仔，共三間。下雨時，常常會漏水；颱風來襲時，搖搖欲墜。除了門口埕填些土外，草厝仔四周都是砂石地，只長些含羞草、埔姜之類的草賤植物。家父在住家四周種植木麻黃，用以防風、防砂並區隔內外。木麻黃耐旱又耐潮，生命力強，對防風、防砂有卓越的功效，日治時期 1910 年到 1913 年間將 20 多種木麻黃引進臺灣，獎勵、協助民眾種植木麻黃。當時我家附近的道路兩旁都是木麻黃。住草厝仔極不安全，我六歲時，才改建用刺竹管仔起的，牆壁為混合攪拌石灰泥土糊成的竹編牆壁，厝頂蓋瓦，厝內地面坔土的竹管仔厝，共五間。其後為了防颱，用田菁仔稿將前面及左右的牆壁圍起來。不過遇到了強颱，還曾倉皇趕去田中鎮內避難。門口埕擴大並填土，俾便曬稻穀。我和家兄在厝後壁種土拔仔（番石榴），其後也曾種茱瓜（絲瓜）。直到我去日本留學時，考慮到我將來娶某總要有個像樣的房子，父母親才殘殘（chan chan，毅然下定決定、下大決心）改建五間起的加強磚造、厝頂蓋瓦的紅磚仔瓦厝，並在正身的左側後方建浴室、右側後方建廁所，原來的竹管仔厝移到後壁，同時完成父母親多年來安神明、祀公媽的心願。門口埕也鋪上點仔膠（瀝青），平坦乾淨實用。我學成歸國數年後，父母親

又起龍爿護龍，同樣是加強磚造、厝頂蓋瓦，我恰巧獲得十五萬元三民書局預付的稿費，乃將它拿出來相添。正身五間及龍爿護龍三間，均爲堂姊夫魏和進工作團隊的傑作。1999年家慈過世後，內子企望起虎爿護龍的時機到來，同樣是加強磚造、厝頂蓋瓦；數年後，內子又邀同家嫂將正身後壁破舊的竹管仔厝拆除，合起後落五間起的加強磚造、厝頂蓋瓦的紅磚仔瓦厝。此虎爿護龍三間及後落五間乃堂弟黃健生工作團隊的傑作。至此，故鄉祖厝臻於完整（標準農村三合院又加後落）。

滯（tua，住）竹管仔厝彼當時，阮四個查甫的睏五間尾簡陋的總舖（木板床），冬天寒人，棉被蓋都蓋無够了，當然攏無墼（chū，墊）被，阮將稻草墼在草蓆下面，阮老父叫阮尻脊骿拄尻脊骿才（ciah）會燒（sio，溫暖），雖然按呢，半暝猶原定定寒到精神（醒）起來。後來我結婚，爸母專工訂做兩領大領被送給阮翁仔某，就是不甘（m kam）我少年時冬天棉被蓋無够、蓋昧燒的緣故。我對父母疼囝的苦心，永遠感激。

在我讀初三上學期以前，尚未「牽電火」，夜晚用番仔油點燈火，也尚無水道水（自來水），用古井水和溝仔水。初三下學期，才「牽電火」，有電燈，我留學時，才有水道水。有四、五年間，我負責挑古井水或溝仔水蓄在灶腳的水缸，以供家用，倘水污濁，則用明礬澄清。當時沒浴室，都在臥房或屋外用面桶水洗（擦、拭）身軀。那一段歲月，生活雖然困苦、不方便，但空氣新鮮，自然純樸，怡然自樂，住都市久了，反而越加懷念。

（三）　食的回憶

　　小時候，正值戰中戰後物資匱乏，父母親瞨耕的土地收成又不好，家境清寒，常常吃用曬乾的蕃薯簽（多含臭蕃薯簽）煮的蕃薯簽飯或蕃薯簽麋，配醃瓜和菜脯。能吃蕃薯塊加白米煮的飯就算不錯，吃純白米飯簡直太奢侈了。當時家裡吃的菜都是自己種的，父親偶爾會買魚脯、魚或豬肉回家加菜。至於殺雞宰鴨、大魚大肉，只有「傍年傍節」了。由於飲食不好，營養不够，每年冬天，父母親會為全家人補冬，用紅面鴨觴或鵓雞觴，燉補藥，每人一大碗，是當時最大的享受。

　　細漢時，阮兜每年至少攏豉（sinn，加鹽防腐）一大甕醃瓜，曝（pak）一大甕菜脯。爸母儉，用醃瓜仔汁代替豆油（醬油），雖然較無好食。阮老母對人刁持（tiau ti）講：「阮囡仔無愛攪（kiau）豆油。」食飯、食麋配醃瓜仔、菜脯，叫做配鹹儕（kiam zua）。鹹儕配久會孱（sian，疲倦，討厭），我有定仔會嫌，阮老母就講：「嫌罔嫌，菜脯根仔罔咬鹹。」

　　當時，食油（花生油、麻油，花生油台語叫做火油、土豆油）都是用自家種的土豆（花生）、麻仔，去請油車行挵（搾）的。每年土豆、麻仔收成後，家父、阿林仔叔、阿扁伯（有時）合車用阿林仔叔的牛車載去北斗街油車行挵。早上八點多出門，約兩個小時才能抵達北斗街。挵好，隔天再載油回家。我細漢時有幾年坐牛車綴去迌迌，夜宿油車行二樓。家父（有去時）、阿林仔叔會帶我去吃肉丸、肉焿抑是踋仔麵（chhek a mi），早頓食豆乳配油炙餜，留下甜蜜的回憶。

　　我家和台灣一般農家一樣,是不吃牛肉的,家父嘗說:「牛對咱作穡人功勞誠大,咱感恩都來不及了,那有佫食伊的肉的道理。」受父母親的影響,我即使在外也不吃牛肉。高二下學期某日,與高我一屆的陳姓學長到台中辦事,他請我吃午飯,問我吃不吃牛肉?我說我家向來不吃牛肉。他點了三道菜,其中一道他說是赤肉炒甕菜。飯後,他問我那道菜好吃不好吃?我說很好吃。他問我你知道那是什麼肉嗎?我答不是豬肉嗎?他笑著說,不是,是牛肉。我頓時覺得有點反胃,並有罪惡感。他說這是肉牛的肉,不是役牛的肉,反正以後當兵一定會吃牛肉的,不妨現在先破戒。我當兵後,真的就跟著吃牛肉了,但我在家裡絕口不提吃牛肉的事。後來,我在公平會任職期間,新聞記者知道這件事,還把它當作趣聞,報導過幾次,並揶揄說我被騙失身。

　　農家每日三頓(三餐)都是自家的灶炊的。依民間信仰,灶有灶君公,袘地位與土地公相當,尤其像我家當時尚未安神明時,灶君公便是最大了。家父母改建竹管仔厝時,建造磚造的雙連灶,對灶君公至為恭敬,逢年過節必虔誠禮拜。當時燃料大都是用稻草、甘蔗葉等打束而成的「草絪」。焚草絪,需用到火鋏和火管。小時候,經常幫母親把她絪好的草絪搬到灶腳,也幫忙焚火。天氣冷時,灶前便成為最好的取暖的地方。

　　長大後到台北讀大學時,經濟情況已較好,可是飼雞飼鴨還是要賣的或年節要用的,生蛋是要孵的,只在我從台北回來時,家母才會殺隻雞或宰隻鴨。雞肉或鴨肉,我當然喜歡吃,不過想到我回家時,雞會對我「咯咯咯」,鴨會對我「哈哈哈」,似乎在歡迎我,我就請家母以後我回來時,不要再殺雞或宰鴨了,更何況我在台北

時吃的比家裡好。我對家禽、家畜產生感情，好像是生性。小時候，家裡養豬，養大後賣出去，我會感到不捨；家父依習俗，買賣出去的豬的肉回來拜豬稠（稠）腳，我總是不忍吃。不過，我的體質較適合肉食，長期無食油腥，腹肚就會感覺懵懵（cho cho）、礙謔（礙逆，gai gioh，不舒服、不舒暢），讀大二時，曾一度嘗試吃素，但不到三個月，就忍不住而開葷了。小時候遇到有魚有肉時，我會少吃菜（蔬菜），我母親就會講：「食魚食肉，嘛着菜介（kah）。」

我回國服務後，住在台北，每餐差不多都有魚有肉，曾有幾次想起小時候父母親「儉腸勒肚」、「做粗重閣食穗」的情形，「嚨喉管煞淀（tinn，滇）起來」。父母親知道後說：「一時昧（bue，不會、不能，亦有用未、獪、袂、袜）比得一時，毋通掛在心上。」不過我一直保持儉約、不浪費的習慣，我亦因此更懂得感恩、惜福。

（四）　穿的回憶

在窮鄉僻壤，小時候穿著簡單、粗陋，衣服都一補再補。國校四年級以前，天氣熱時常常只穿內衣、內褲，其中也有用肥料袋布裁製的。上初中以前，都打赤腳，不曾穿鞋子。上初中以後，上學都穿卡其布制服。穿制服在鄉下是一種榮耀。上大學以前，都留光頭。我頭大面方，留光頭蠻性格的。小時候一年中最期待的是農曆過年。農曆過年，食腥臊（ce cau），穿新衣，（上初中後）穿新鞋，又有壓歲錢，說多高興就多高興。可能由於年輕時候穿著簡樸養成了習慣，我一向都不太講究穿著。當然，在正式場合，我會穿西裝，免得失禮。

（五） 住居環境

1. 下水埔

　　過去，下水埔人民風強悍，蠻橫壓霸，惡名昭彰，我們從田尾庄（田尾鄉）遷來下水埔溪底的住戶，被視為是外來者，經常被欺壓。小時候，好幾次看到親戚、鄰居無緣無故被村裡的惡徒辱罵、毆打。其實村裡的人彼此打架滋事，更為常見。我父親練過功夫，小有名氣，可能因為這樣，他們才不敢鬥鬚（chang chiu，逞能）。不過，有一次，「暗時放田水」，因為對方（靠仔）「吃水頭夠」，家父和他理論，隔天早上他就帶來三個人，身藏凶器到田裡準備毆打家父。家父想到一家幼小，遂忍下來，再三講情理，最後才沒動武。由於從田尾搬來的住戶都有被欺侮的不愉快經驗，在我留學歸國時，庄裡父老出動獅陣到田中車站迎接，省議員、縣議員、鄉長、鄉民代表會主席等都到我家道賀，同是從田尾搬來的阿扁伯、阿林仔叔感慨地說：「我看，恫以後不敢了，咱會當放心了。」我回國不久，住在台北市忠孝東路六段，有一次坐計程車，聊起天來，運將問我是那裡人，我說故鄉是彰化縣溪州鄉下水埔，沒想到他竟然說：「您敢說出是下水埔人，我非常欽佩。我出外向來不敢說我是下水埔人，因為怕被誤以為我是野蠻、愛打架、不講理的人。」我對伊講：「現在情況已經無共款（不一樣）了，毋免佫（不用再）恇心了。」

　　可不是，儘管有種種不愉快的事件，不過總的來說，我家和庄裡的人的互動是良好的。該興師問罪的事件發生後，當天下午靠仔的大兄海仔就親自來到我家向家父道歉，他說靠仔衝碰真不應該，川連仔是來做公親的。後來，靠仔和川連仔從村裡搬來住在我家隔

壁，大家相處融洽，很有往來。我自己，在讀國校、中學時，和村裡的同輩、長輩，就相處愉快。我偶爾到村裡，都會被留下來吃飯，村裡的人經常會到我家聊天，大家打成一片。當時，村長萬戶仔伯，村幹事文典先，村賢家權仔伯、座仔伯、土牛仔伯、三國仔伯、四是仔叔等對家父都很敬重，從村裡搬來溪底定居的福仁仔伯、阿寶仔伯等，更不在話下。我學成歸國時，村裡父老出動獅陣，鑼鼓喧天到田中車站迎接；家嚴、家慈辭世時，村裡很多人前來弔唁，足證鄉親、土親，近鄰之可貴。

2. 榮光村

大約民國40年代初，政府在我村（溪州鄉大庄村）設榮民農場，不久又設榮民工廠，安置榮民。剛開始時，在地本省人難免會排斥外來的外省籍榮民，尤其是占有地被強制交給榮民的在地本省人對政府心中非常不滿。後來在地本省人與榮民逐漸有來往，進而「人情世事相纏逮」，甚至通婚，相互間的隔閡在不知不覺中慢慢消失。在地本省人背地裡漸次不再譬相「阿山豬」、「外省豬」、「阿山」、「豬仔」，而稱呼「榮民仔」、「榮民」。像我家，和榮民之間就一直保持良好的互動關係。民國 57 年 7 月，政府將榮民農場、榮民工廠及附近在地住戶劃分爲「榮光村」，而自「大庄村」分離，我家歸屬榮光村。民國 67 年 10 月家父逝世時，出殯日村長馬玉金（榮民）還帶七、八位榮民前來幫忙。落戶我村之榮民非「外省權貴」，亦不以「高級外省人」自居，自然容易融入當地社會，而所謂省籍矛盾、族群對立問題，也就不致發生。

3. 礮場

我家近旁設有礮場，在我成長時期，礮兵部隊經常前來演習，偶爾會駐紮在我家，晚上在厝內及庭院打地鋪，並利用我家廚房料理伙食，他們很親切，早上會把蒸好的饅頭送給我們吃，我們吃得津津有味。我讀國小四年級時，有一次某礮兵部隊駐紮了約一個月，我放學在家時，有幾位老鄉阿兵哥會講他們過去抗日、剿匪的英勇事蹟給我聽。某天我從學校回來，發現部隊已不在（部隊調動是極機密的），母親拿一張留言條給我，上面寫著：「宗樂小弟弟，這段時間，受到你爸媽的照顧，你又聰明活潑，讓我們有回到家的感覺，非常感謝。今天忽忽不告而別，期待將來能够再相會，再見！一群阿兵哥留筆。」我看完後不覺淚流滿面。

住家附近有礮場，當然極不安寧，演習往往不是夜晚就是在凌晨，礮聲隆隆，震耳欲聾，附近的人都睡不著覺，但一想到阿兵哥的辛苦，也就沒有怨言了。

礮兵演習將實彈射擊到濁水溪溪埔（靶場），有時失誤，礮彈在空中爆炸或掉入村內（有幾次落到村裡，幸而都未爆炸），真令人心驚膽戰。在我高一放暑假時，有一次從離我家較遠的礮場發射的礮彈在空中爆炸，有一塊碎片就射在我的腳邊，「若被射着，無死嘛半條命」，現在回想起來仍心有餘悸。家兄說他也有同樣經驗，驚險萬分。又，當時軍車，鄉間譏為霸王車，路上行人，不論步行或騎腳踏車，遇到軍車時，莫不迅速閃開，以免被撞到。

爆炸過的彈殼含銅很值錢，有商人專門收購，有些村民冒著生命危險，在射擊演習中藏在礮彈爆炸的濁水溪溪埔靶場隱密處搶先

撿彈殼，因而被炸死傷的消息，時有所聞。不過當時生活困苦，而撿彈殼又有厚利，聽說有人撿到「起瓦厝」，難怪有些人要錢不要命了，說來也蠻可憐的。大概是在我升國校五年級時的暑假某日，村裡有位啞吧的年青人中午在樹蔭下拆礮彈，一堆人好奇圍觀，結果不幸爆炸，死傷十餘人，釀成慘痛的悲劇，是當時最轟動也最令人難過的新聞。從村裡搬來溪底定居的福仁仔伯在事件發生十幾年後談起他九歲大聰明伶俐的長孫在該事件不幸罹難的痛心事就老淚橫流，眞是讓人心酸。

4. 圳溝

日治時代，殖民地政府對於荒地開墾、水利灌溉，至爲重視。我家周圍（溪州、田中、二水交界處）千百甲土地當時都是荒地，殖民地政府爲將該廣大荒地闢成良田，規劃開設圳溝、產業道路網。首先由二八水（今二水鄉）八堡圳延伸開設一條向下水埔的大圳（南北走向），再由大圳開設十條圳仔（稱一號圳、二號圳、三號圳……）[21]到中西路爲止（東西走向），復由大圳尾沿田中路開設一條補給線接一號圳尾（東南西北走向），圳仔與圳仔的距離約五百公尺，中間開設一條大馬路，路的兩旁設排水溝，並種植木麻黃；橫的約二百五十公尺開設一條產業道路；圳溝、道路、瓲孔、橋梁齊全。規劃之周密、建設之完整，令人讚嘆！可惜國民黨政府接收後，竟然「放外外」，非但不予維護，抑且任其荒廢，而有些人「猾貪」、「無公德心」，不僅「毋知好寶」，甚而恣意占有、破壞，讓我深深感到確實有什麼樣的政府就有什麼樣的人民！

八堡圳從二八水（今二水鄉）鼻仔頭附近引取濁水溪水，爲彰

化縣灌漑面積最廣的大圳，相關介紹頗多，我們出入田中，都須經過八堡圳。另有一條大圳，叫莿仔埤圳，於清朝乾隆時期，由民間開挖而成型，同樣引取濁水溪水，1910 年，台灣總督府將之歸入公共埤圳，成爲台灣最初的公共埤圳，主渠道與網絡狀的分支相當完整，一百一十多年來灌漑南彰化平原 18,850 公頃農田，生產優質的濁水溪米、蔬果，讓南彰化平原成爲得天獨厚的富庶糧倉。莿仔埤圳源頭就在我村下水埔。我會騎腳踏車後，往返我家與成功國校或溪州鄉公所之間，經常騎經沿著莿仔埤圳岸的道路，與沿著濁水溪的隄防行走一樣，有種探險尋幽的感覺。我小時候對於濁水溪高峻的隄防和遼闊的水路、八堡圳與莿仔埤圳滾滾濁水，洶湧奔流，感到十分敬畏。

（六）　幫忙家事、農事

1. 工作多種多樣

身爲農家子弟，我從小時候到讀大學，都得幫忙家裡和田裡的工作，諸如摒掃、洗衫、煮飯、洗碗、飼豬、飼鷄仔鴨、放牛、擔水、放田水、擔秧仔、擔點心、抄田草、拌肥料、疊稻草、曝稻穀、鼓風鼓、剝蔗籜、培甘蔗、摒蕃薯、捻土豆、搵洋麻、打索仔……樣樣都來。因此養成刻苦耐勞的習慣，也練就能操耐操的體魄。夏天炎熱，冬天寒冷，工作最是辛苦。讓我欣慰的是，我工作勤快，還被稱讚說：「宗樂仔做工課眞猛醒（me chenn，勤奮，敏捷）、眞揀打（sak phah，要領好，效率高）。」

2. 放牛、飼牛

我家長期飼養水牛，水牛是專門用來犁田園、拖牛車（我家早期沒牛車，我讀大學後才購買）。牛是農家的重要財產，也是重要幫手；牛對於墾殖耕作，功勞甚大。牛又忠又認分，力氣又大，拖犁、拖手耙、拖牛車，刻苦賣力。我家役使牛，但愛護牛、照顧牛、感謝牛。

我八、九歲後，假日或放學回家，常常牽牛去草埔食草，烏秋、白鴿鷥最喜歡息在牛背上，我有時興起也會騎上牛背兜風，我覺得都蠻詩情畫意的；天氣炎熱時，牽牛去水溝或水窟仔膏浴（ko ik，浯浴，牛臥水取涼），水少時，牛會反覆翻身，非常生動。每年臘月底，準備過年，我負責「款牛草」，通常到我家及他人的甘蔗園割取牛最愛吃的甘蔗芛（inn，甘蔗長成後會再生出很多芛，依習慣，他人的這種甘蔗芛，不妨進入割取），至少準備五天份。閒時拿甘蔗芛一枝一枝餵牛，牛都安適地吃得津津有味。牛會生牛蜱（gu pi），我會幫牛抓牛蜱，很好玩。夏天蚊子特別多，晚上或燃燒稻草或點蚊香驅蚊，好讓牛好好地休息睡覺。牛糞是天然肥料，我時常幫忙清理牛稠，把牛糞堆積一塊，叫做「牛屎肥」。

牛性情溫馴聽話，動作沈穩緩慢，但偶爾也會發脾氣。曾有幾次，我家的牛遇到他人的牛竟然彼此看不順眼，「相觸」起來，牛互鬥猛烈的場面，令人驚心動魄。有一次，不知是何故，我家的牛午後突然扯斷「牛杙仔（gu khik a）」，用「霸（pa）」的跑到數里外，好在路上無行人，家父追去把牠牽回時，倒是乖乖的。

我放牛、飼牛、照顧牛十幾年，對牛有特別濃厚的感情，我家

幾乎把牛當作家庭的一份子看待，牛食未？有啉水無？會給蚊叮昧？樣樣關心。

耕牛不是飼到老死的，牛販會來慫慂「換牛」，家父依習慣與需要，把牛賣出去，買新的牛進來。牛販來牽牛的日子，家父會準備豐富的牛草餵牠，並說些感謝、祝福的話；牛很有靈性，當牛販要牽走時，牛會顯得依依不捨的樣子，而我更是感到惆悵、不捨與落寞，持續好久好久。我看家父家兄不捨的心情也寫在面（臉）上。

牛隻交易是在「牛墟」定期進行的，當時我縣北斗牛墟小有名氣，交易日如同趕集，眾多牛販、牛隻、買主會集於牛墟，熱鬧非凡。我小時候曾經幾度身歷其境，感受牛墟的榮景。

曾幾何時，物換星移，牛在台灣早已功成身退，有關牛的種種，今日已成追憶。惟不論如何，台灣牛壯碩、堅毅、忠誠、認分、刻苦、勤勞、從容、穩重、樸拙、憨厚的特質、精神和美德，已成為台灣重要的資產，肯定將永遠受到歌頌和讚揚。

3. 放田水

播田（種稻）需要灌溉，早年吃圳水，但圳水不足，既須到圳頭截水，又須與人爭水，放水又要顧水。插秧時節，必須夜間放水，漫漫長夜，就心水放不夠，無法插秧或插後秧苗枯萎；為提防他人奪水，往往徹夜不眠；怕被毒蛇咬到，須格外小心。由於家父、家兄白天要工作，暗時放水顧水，往往落在我身上，但我甘之如飴，通常也不辱使命。後來「公家（kong ke，共同、共有）撞古井」吃井水，大家輪流灌溉，縱使在夜間也輕鬆多了。

　　某夏日傍晚，有位田邊的年青農夫獨自去圳頭截水，不知怎樣哭著回來，家父問他：「是按怎？」他說：「看着鬼，誠可怕。」家父不信他看到鬼，叫他帶去看個究竟。到了圳頭，果然看見甘蔗園裡有兩點紅亮的東西在晃動，家父蹲下去看個仔細，結果發現是一隻兔子，那有鬼。家父以此爲例，告誡我說：「拄着講是出現鬼即落代誌，着該鎮定，找出眞相，以免謠傳，製造恐怖。」坦白講，我不否定鬼的存在，但我不怕鬼，夜間放田水或走路，即使單獨一個人也不害怕。因此，有人譽勞（o lo，呵咾）：「宗樂仔膽頭眞在。」

4. 抄草

　　插秧後，在稻子成長過程中，通常須「抄草」（除草）三遍。抄草時跪在稻行間用雙手左右除去雜草，在天氣燠熱的時候，雙腿浸在燙熱的水中，背脊又遭赤熱的太陽照射，汗流浹背，眞是辛苦。除草後施肥，施肥是家父、家兄專屬的工作。

5. 剝蔗籜

　　我家長期種甘蔗，不論種白甘蔗或紅甘蔗，都必須定期剝蔗籜（剝除蔗葉），讓甘蔗長得高大。我有時也要幫忙剝蔗籜。蔗園不太通風，天氣悶熱的時候，渾身流汗，而蔗葉芒又利，會割傷皮膚，尤其乾的蔗葉會散發粉末，黏在流汗的皮膚上，會使皮膚發癢難當。

6. 清屎礐仔

　　早年住居非常簡陋，連厠所也沒有，要方便都到野外去，有甘蔗園最好。後來起竹管仔厝時，家父在房屋右側約七丈處弄了一個「屎礐仔」，四周用田菁仔槁圍起來，留一個出入口，沒有門板，

上面也未蓋遮雨蓬，鄰居婦女也常來使用。

當時沒衛生紙，用田菁仔稿或麻仔稿之類做的屎篦。下大雨後，如未先放些樹葉之類的東西在糞池上面，大便時噗通一聲，屎水會濺到屁股，不知如何是好。

屎礐仔須定期清理，將糞便挑去園裡作肥料。種菜，沃屎尿，菜會特別好吃。挑糞之後，渾身臭味，必須馬上洗澡，並把衣服洗乾淨。一般讀書人是不願意清理屎礐仔的，但我不嫌汙穢，認真清理，因此備受鄰居的稱讚。孔子說：「吾少也賤，故多能鄙事。」我不清理，家兄、家父必須清理。我家直到我留學時才有新式的廁所。

7. 農忙時節花絮

農忙時節（例如，播田、抄草、培甘蔗、割稻仔），鄰居或附近的人會來幫忙，通常是「倩工」（chiann kang），有時是「相放伴」（sio pang puann，互相輪流幫忙），因爲逐家無閒，時間着先測好勢。大夥兒在一起工作，偶爾會說說笑話──大都是黃色笑話，紓解疲勞。講着彼味的，無人無愛聽。茲拾八則如下（台文）：

一、有一個學仔（oh a、私塾、學校）生早起時欲去學仔，拄（tu，遇）着一個十五、六歲的媠姑娘仔，姑娘仔共（ka）擋咧，將裙掀起來，講：「聽講恁讀書人攏眞佼（gau）作詩對，請你對來。」學仔生姑不將跔（khu）落去看許（hia），然後共（ka）對：「身穿白裙白波波，可惜年少無奈何，世間無物當可比，可比仙桃割一刀。」伊去學仔煞傷晏（siunn wan），學仔先問伊：「你那即

晏來？」學仔生只好將路裡拄着的代誌共講分明，學仔先感覺對了真通，放學了後轉去厝裡，雙手揜（iap）後，行來行去，唸：「通！通！通！」。老某聽着共問：「無是咧通甚物？」學仔先將學仔生拄着的代誌講一遍，老某聽了後也將裙掀起來，講：「老猴，對來。」學仔先踞（ku）落去，目睭微微（vui vui）瞤（jiin）彼跡（hit jiah），然後笑笑仔講：「嗄嗄，身穿烏裙烏縷縷，可惜年老無能為，世間無物通可比，可比烏獅嘴開開。」

二、有一個人，大漢查某囝做月內，小漢查某囝去伊囝婿兜湊相共（tau sann kang），轉來講起給姊夫強去，聽着真受氣，出門欲去參伊的囝婿理論。行到芉仔園邊，忽然間屎緊，落芉仔園放屎，放好用芉仔葉拭尻川，然後繼續行，那知愈（na）行尻川煞愈癢（chiunn），伊着驚，心想：「今（dan）死了！我囝婿膦鳥神當旺，我去犯勢連尻川伊都創落。」自按呢不敢去，趕緊拐（uat）倒轉來。

三、親姆，尫過身幾若年了，有欠用，向親家撥一條錢，幾個月後，親家有需要用着彼條錢，去親姆兜，想欲提彼條錢轉來。看着親姆，親家問：「親姆我彼條（hit tiau）安怎？有拄好（tuh ho）用無？」親姆應講：「有拄好用啦！毋拘我最近有較絚（kha an，手頭較緊），你彼條給我佫轉踅（tng she，周轉）幾工仔，不知會使得昧？」親家講：「若安爾，汝就免客氣，等汝較冗（kha leng，手頭較寬裕）的時，才講啦。」

四、一個田庄親家有一工透早去街裡拄着街裡人的親姆，親姆歡喜打招呼：「親家你佼早！」親家應講：「我膦鳥佼早。」親姆聽着驚一下講：「親家你那即土（ciah tho）！」親家應講：「我膦

鳥唎土。」親姆眞歹勢共（ka）親家講：「親家你那好按呢講？」親家竟然應講：「妳講欲給我姦（kan）！」這個親家講話即呢粗魯，其實是伊的「話母」（口頭禪），伊並無惡意。台灣過去這款極端不雅的話母現在會使得講攏無了。

　　五、客運汽車過站，有一位男乘客質問車掌：「小姐，汝那無啡（pi）？」車掌講：「我有啡啊！」乘客佫講：「汝無啡，講有啡。」車掌應講：「我明明有啡，你講我無啡。」車內的其他乘客煞笑出來。原來，乘客佮車掌所講的 pi，攏是啡，也就是歕啡仔（吹笛子）抑是啡仔聲（小笛聲）的啡，毋拘車掌小姐講：「我有 pi」，給人連想到北京語的屁（pi），車掌小姐當然有屁（pi）。

　　六、小弟去學仔學漢文，讀《論語》，大姊不識字，聽小弟定定念「之」（ji, chi），親像，子路曰：「願聞子之志。」子曰：「老者安之，朋友信之，少者懷之。」子曰：「知之者，不如好之者；好之者，不如樂之者。」聽着眞礙謔（gai gioh，不舒服），就問小弟：「恁孔子公的門生，開喙念書就之之叫（ji ji kio），孔子公那即呢（cia ni，即爾）不上算（put siong suan，無體統）、即呢不四鬼（put su kui，不要臉、好色鬼）？攏咧講膣（ji, chi，司、芝）？」小弟應講：「阿姊，汝誤會了，我念的是孔子公的 ji，不是查某人的 ji。」「之」，漢文（台語）發音 ji，女性許（hia），台語也叫做 ji（膣、司、芝），莫怪不識字的大姊會感覺怪奇。毋拘膣嘛有人寫作之。小弟的回答嘛眞不結（put kiat，不點，怪，奇妙）。國文「鷄」參漢文「之」音共（kang，同），孔子公的之（ji）？抑是孔子公的「鷄」（ji）？實在烏毛詩羅伊（おもしろい）。

　　七、有一位唐山人（清國人）初次來台灣，經過鹽水港，看着一支大支煙筒寫著「鹽水製糖」四大字，叫是鹽水會當製糖咧，忍不住感嘆講：「台灣實在有够厲害，連鹽水着會當製糖，莫怪人講台灣錢淹腳目，台灣眞正是好所在。」

　　八、水道水，北京話講自來水，戰後，外省人來台灣，眞濟不曾看過水道水，曾經有人去水電行買水道嘴（水龍頭），將壁挖一孔，然後將水道嘴插入去，叫是按呢水自然着會流出來。伊看無水，風火頭夯起來，走（chau）去水電行詛譙：「幹你媽個屄，你賣給我的水龍頭是壞的，根本沒有自來水。」

　　倩工幫忙時，一般攏提供三頓正頓佮二頓點心。工人少時三、四個，濟時十幾個。作穡工課攏眞粗重，一定要給工人食有够。父親除了無閒田（園）裡的工課，佫要去田中街仔買菜。母親負責款三頓佮點心。三頓通常在厝裡食，要有魚、有肉（豬肉），昧使失禮；點心擔去田（園）裡食，通常煮糜，配醃瓜、魚脯佮炒土豆、炒菜，有定仔會煮米糕糜。此外，也提供煙佮茶。煙，通常是香蕉的、嘉禾的，有定仔是新樂園；茶攏是大鈷茶米茶，茶米用普通的。當時，工人攏「輸人不輸陣」，工作效率眞懸。

　　全部工課完成彼工的暗頓，會準備較腥臊，除了要有魚、有肉（豬肉），猶佫會刣鷄抑是刣鴨；也會準備酒，通常是捾米酒頭仔，亦曾照工人的喜愛捾太白仔。酒啉落，神經線冗（leng，放鬆）去，話題就來了，續落當然是鬧熱滾滾，幾工來的疲勞那親像乎酒精蒸發掉了。食飽後，若當場致送工資，逐家會客氣講：「貪財」，在笑聲中歡喜告辭轉去。

（七）　賣農產品經驗

早年，我家經常種蕃薯，蕃薯葉都長得很茂盛。蕃薯葉是餵豬的好飼料。家裡沒養豬時，我們會採割由我用腳踏車載到田中鎮內去賣，價格相當便宜，但對家用不無小補。今日，蕃薯葉人也在吃，而且被認為頗有益健康，甚至能够防癌抗癌，備受歡迎。早知如此，在食物匱乏當時，正可多多享用。可惜當時的觀念，蕃薯葉是給豬吃的，不是給人吃的。

我家向來不種金瓜（南瓜），我讀初三時，在厝邊廢圳中種了兩行大粒品種的金瓜，沒想到十分豐收，我用腳踏車載了一百多斤到社頭批發市場去賣，抵達時已近十一點，人已很少，我擔憂無人問津，如果沒人買又載回家，將多難堪！我等了半個多小時，正焦慮不安時，看見有位四十多歲的人走過來，問我：「金瓜是欲賣的？」「是」，我答道。他又問我：「一斤欲賣若濟錢？」我說：「我不曾賣過，不知一斤會當賣若濟錢。」他竟主動以超出我預期的價格全買下，我高興得不得了。最後他說：「你囡仔人老實、打拚，讚！你的金瓜是大粒的，較無市場，拄好我要配去台北給大工廠伙食團用，真適合。」這是一件小事，卻讓我領悟到：「只要卜振動，毋驚無貴人。」並體驗到「山窮水盡疑無路，柳暗花明又一村」的寶貴經驗。

（八）　不愉快經驗

1. 長蟲

早年，下水埔溪底盡是荒僻野地，雜草叢生，長蟲時常出沒，

草尾蛇、臭腥母、過山刀、飯匙銃、雨傘節、龜殼花、百步蛇等有毒的無毒的，種類繁多。小時候，在水邊、路上、田裡常常會碰見，厝內偶爾也會遇到。六歲時，某夏日清晨我到簷前腳攄（hianh）草綑，赫然發現一條蛇盤踞草綑堆中，驚叫一聲，家父飛速跑過來，看是龜殼花，遂用鋤頭送牠去投胎。初中畢業後的暑期，有天下午，在「中間（king）仔」，家嫂拿起畚箕，驟然有三條蛇旋出來，迅速逃出屋外，令人觸目驚心。高一暑假時，有天中午午餐後，穿著內褲，光著上身，坐在庭院樹蔭底下的石堆上看小說，正看得入迷時忽然覺有東西碰觸下顎，涼涼的，往下一瞧，原來是從石堆中鑽出的過山刀蛇頭，嚇了一大跳，那條蛇也驚慌往草埔逃竄，我情急之下，亂棒把牠打死，事後有點餘悸也有點不忍。通常，蛇是不會主動攻擊人的，我們從來非不得已也絕不打蛇，而我和家人都不曾被蛇咬過。

早年偶爾會看見以捕蛇為生的人拿著器具，來溪底僻地捕蛇，越毒的蛇越值錢。他仔細尋找蛇穴，捕蛇技術純熟，又快又準。無論什麼蛇，遇到他都得乖乖就範。

今日重視生態保育，保育類野生動物：例如，(1) 瀕臨絕種的台灣雲豹、台灣黑熊、黑面琵鷺等；(2) 珍貴稀有的台灣野山羊、穿山甲（鯪鯉）、百步蛇（山古鼊）等；(3) 其他應予保育之野生動物的台灣彌猴、台灣藍鵲、雨傘節、眼鏡蛇（飯匙銃）、龜殼花等，原則上，皆不得獵捕。

2. 風颱、大水

台灣厚風颱（多颱風）。每次颱風來襲時，父母親都憂容滿面。

一則草厝仔（其後竹管仔厝）難禁颱風吹打，如果被吹倒了，一家大小安全堪虞；二則農作物被颱風肆虐，善後工作繁重，收成又會大幅減少。如果颱風挾帶豪雨，做大水，那就更慘了。最擔心是，濁水溪堤防萬一潰決，後果將不堪設想。我小時候，遇過好幾次颱風，有幾次厝內淹水盈尺。記得不止一次，風雨實在太大了，房屋搖搖欲墜，父母親趕緊準備簡單衣物，趁著颱風回南之前，全家倉皇趕到（用步行的）田中鎮內簡土先生家中避難，真是狼狽不堪。沒想到有一次晚上，村裡有幾戶人家駕著牛車，也要趕到田中鎮內避難，途中因風雨交加，無法前進，不得已進入我家避難，大夥肚子餓，把家中現成可吃的東西，幾乎全部吃光。颱風過後，我們回家，獲悉此事，父母親說，有房子供人避難又有東西給避難的人吃是功德一樁，同情心、同理心溢於言表。

每次颱風過後，厝內淹水要清理，房子壞了要修補，甘蔗倒了要扶正，還有……，大家都忙得團團轉。

做大水時，村裡善於泅水的人都會冒著大風雨，腋下夾著用麻竹管作成的「浮筒」，到水勢洶湧的濁水溪中打撈「大水柴」（漂流木），有時驚險萬分。大水過後，村裡的男女老幼會爭先恐後到濁水溪溪埔撿大水柴或其他漂流物，更不在話下。不過田尾搬來的這幾戶例外。

3. 打雷

彈（tan）雷公真恐怖。夏天下雷雨，雷公爍吶（sih nah，閃電），令人心驚肉跳。我暑假在田裡幫忙，不止一次被雷嚇殺了。後來下雷雨，就馬上放下工作，跑回家裡。有一次，在家中歇雨（hioh hoo，避雨），忽然聽到一聲霹靂巨響，隨即看見隔壁阿扁伯疾走路上驚慌舉手指頭示意只差一點點。後來發現厝邊路旁一棵木麻黃遭電擊而枯萎。鄰居福仁仔伯最怕雷公，遇到天要下雷雨時，他就立刻上床避雷，因爲他曾經二次目睹在田裡工作的農夫被雷擊當場死亡。說來造化弄人，福仁仔伯次女婿，下雷雨還在田裡趕工作，不幸慘遭雷殛，讓他又傷心又感歎。我讀國小三年級時，某一日下午放學回家途中，聽說有一對父女在甘蔗園工作，不幸被雷劈，我好奇跟著人群去看，父親不到四十歲，女兒約十五、六歲，雙雙躺在甘蔗園中，眞可憐啊！

曩昔科學不發達，迷信歹心、作惡、不孝父母或不愛惜五穀的人才會被雷公打死。有句咒罵人話：「雷公仔點心」；有句詛咒人的話：「你着乎雷公摃死」。可是，事實上被雷公摃死的幾乎都是下雷雨時還在田裡工作的勤勞農夫。被雷公摃死已够可憐了，還要背負歹心、作惡、不孝父母、不愛惜五穀的罪名，實在太不公平了。

4.野狗、陋俗

讀國校時，不論是田中第一國校或是下壩國校（成功國校），從我家到學校，步行來回需要兩個多小時，而一半以上的路程四周荒涼，幾乎遇不到行人，我又單獨一個，沒有同伴同行。當時野狗很多，在路上偶爾會被叫吠、追逐，我心裡雖然很害怕，但都保持鎭定，放慢腳步徐徐前行，野狗自然就跑開了。

台灣有「死猫吊樹頭，死狗放水流」的壞習俗，通學途中，有時會遇到「死猫吊樹頭」，見其形狀、聞其臭味，感到很難受。鄉下人迷信，生病時會製作稻草人（替身）連同冥紙放在路旁，陰森

森的，我傍晚放學回家途中曾經遇過幾次，真叫人心裡發毛。至於「死狗放水流」，我放田水時，就在圳溝遇到幾次，也曾經不意觸到卡在瓴孔的死體，真令人噁心。流水不限於灌溉用，有時也有人洗濯、飲用，丟進死狗，實在太不衛生了。從這些事以後，我對迷信、不良習俗，甚難苟同。

先民來台，從中國原鄉帶來許多陋俗、惡習，最嚴重的是纏足、溺嬰（女嬰）、分類械鬥、吸食鴉片、骯髒汙穢、迷信，所幸日治時期在台灣總督府勸導、糾正、禁止、取締、管制下悉被消弭或改善。

5. 見殺生

六歲的時候偶然看見殺豬，鮮血噴出，豬嚎啕哀號，我感到非常難過，從此不敢再看殺豬，也怕看血，連殺雞也不敢看。過年過節母親殺雞宰鴨時，會念念有辭地說：「做雞做鴨無了時，早刣早出世，出世富家人囝兒」，為雞鴨禱祝，頗有惻隱之心。我喜歡看武俠電影，但偏愛拳腳打鬥，因為它是力與美的表現，見到刀劍刺殺，我眼睛就馬上閉起來。戰爭片當然也看，但廝殺場面，我視線還是儘量避開。我一直憧憬著「沒有殺戮的世界」，不過我知道，現實世界是絕對不可能的。

6. 見人被鞭打

國校四年級下學期某天中午下課，回家途中經過下壩派出所，看見派出所圍了一堆人，我好奇走過去觀看，原來是一位三十多歲婦人被控偷東西，但不承認，而兩位警察輪流逼供，並用藤條打婦

人的雙手，婦人哀號，非常可憐。這一幕，在我小小的心湖中激起了連漪。我當時直覺不可以偷東西，偷東西如不承認就會被鞭打。但我也想到要逼人承認偷東西，竟濫加鞭打，對嗎？一位三十幾歲的婦人被鞭打得陣陣哀號，不會太過分嗎？而據稱被偷的東西只不過是一隻雞。小時候常常聽說，一旦被控犯法，必定會遭警察痛打刑求。我當時還不知道「人權」，但總覺得刑求逼供很不人道。

7. 打架

讀國校時，有些同學很愛打架。三年級時，有一次放學回家途中在離鎮街不遠處，有位大我一歲個子比我高、喜歡打架的同學無故推打我，我很生氣立刻還手，結果他不敵。鄰居阿寶仔伯在場目睹，回家後笑著告訴家母說：「我在路裡看着有一個較大漢的學生出手扑宗樂仔，我本來想欲共（ka）圍開，結果看宗樂仔扑贏，我就假做無看見。」家母說：「您參囡仔共款，以後看着即落代誌，應該馬上共扭開。」又有一次，是在五年級時，放學後就在成功村內，突然遭到四、五位狐群狗黨的同學圍毆，我奮力抵抗，結果有兩位被我打倒在地上，他們才一鬨而散。我也被打得滿頭包，晚上回到家裡，怕被父母責罵，設法掩飾，以免父母發現。隔天到學校，才知道村裡有人向學校報案。參加圍毆的同學被校長、老師叫去訓了一頓，我則被安慰一番。從這件事以後，我就不曾再有打架了。

8. 被騙

高一暑假，某天中午有兩個人騎腳踏車載「蠶絲被」來賣，賣價不貴。他們拿一本名簿，表示有許多人購買，因為是新產品上市，算比較便宜，所以要求買的人寫下住址並蓋章，好拿回公司報帳。

名簿中有好幾位是我知曉的地方仕紳，當時家裡又需要棉被，因此我買了兩件，也留下住址蓋了章。事後才聽說，他們是詐騙集團，專門用這種手法兜售「假蠶絲被」。冬天到了，打開使用，沒幾天就證實果然是假的，「被騙」真的不是味道。俗語說：「賊仔狀元才」、「賊是小人，智過君子」，此後我就常存戒心。

9. 賭博（博傲）

春節期間，鄉間習慣玩賭博（博傲），博十八仔（puah sip pat a），鎮撚骰（teh lian tau），或者博十湖仔（puah chap ho a），警察也放任不取締，好箇賭博假期。我讀初二時的正月初一，看大人圍著鎮撚骰，好奇跟著玩，鎮了幾次，把口袋裡的十五元壓歲錢全部輸光光，我不信邪，向同行的鄰居借了十塊錢，想要撈本兒，結果還是輸掉了，讓我深深體會到「十賭九輸」，賭博不是好玩的，絕不可沾染，從此我不曾再玩賭博。

10. 難忘的教訓

（1）孽詨（giat siau）的代價（台文）

囡仔未免會賤（chian，恣肆）、會孽（giat，頑皮），有的真恔賤、真誠孽。我細漢時，被認做佇囡仔內底算較謹慎、穩重的。其實我有定仔嘛會賤、會孽。庄腳囡仔愛賤火──大人無佇咧時要（sng）番仔火──，五、六歲時有一擺賤番仔火，拄好給老母看着，老母起惡將番仔火提去，大聲講：「水火無情，若燒着身軀，甚至火燒厝，欲按怎？以後若佫賤火，就要拍（打）。」了後，我就不曾佫賤火了。七、八歲時，庄內新搬來的鄰居起竹管仔厝，我感覺好要（sng），

用雙手吊竹管仔挍來挍去（hainn lai hainn khi），結果倒爿目眉撞一下，破一孔，現在疤迹猶伫咧；八、九歲時，隔壁有一隻四、五個月的牛仔囝，我儑儑（gam gam）看有法度共（ka）偃（eng）倒無？我抱牛仔囝的後腳，出力一揀（sak），結果胸坎煞乎踢一下，不止仔痛。有此二擺的教訓了後，我就不敢亂賤、不敢佮孽，無論做甚麼代誌，攏會考慮着是不是有危險性。

我活骨，昧死痠，佫有江湖氣，有人講我將來會大好大歹，也有人講我將來會是了尾仔囝，我暗中聽着，警覺家己：「一定要奮發向上，昧使落人的嘴。」

（2）擅提錢的代價

國校四、五年級時，我迷上陳定國繪圖的新編《西遊記》，記得好像有十多集，文圖並茂。有一次也只這麼一次，我未向家父要，就直接從家父掛在牆壁上的褲袋仔內拿了幾塊錢去買，放學回家後也不敢對家父說。家父發現後，非常生氣，就在五間尾將門關起來，用掃梳芩仔（sau sue gim a）把我痛打一頓，家母與鄰居都來到門外勸家父不要再打，但家父還是不停的打。家父通常不大管子女，但子女一旦犯錯，他會毫不留情地教訓、懲戒，當然這種情形很少發生。我們做子女的，都很怕父親，偶爾被責打，一點也不會反抗，心裡也不會不平衡，反而會認錯改過，不再讓父母親生氣。這件事，我本想存而不提，恰好 2011 年 10 月 20 日郭振恭教授蒞訪蘭園九德居，我帶他看，為了促使楊梅樹開花結果，而把接近樹頭的樹幹鋸裂並用鐵絲綁緊的情狀，隨而談起我們這個年代，父母對子女管教方式以及學校老師對學生可以適度體罰的用意，正如同用鋸綁方式

促使果樹結果，感慨今昔變化實在太大了。我在此場合，說起這件被家父痛打的往事，內子希望我能將它記載下來。

（九）　練武、運動

我身材結實，又有尚武精神，讀初中時，曾經將稻草綁在樹頭，早晚擊打，也曾經製作一雙二十多斤的水泥鞋，每天晚上穿著走二十幾分鐘。家父因練過功夫，對我這些行為並不禁止，不過一再訓示：「練功夫是欲強身佮防衛的，挂着糾紛着冷靜、忍耐，水無激到鼻孔，絕對昧使得出手。」讀初二時，有位唐山先（榮民工廠榮民），目光炯炯，滿頭白髮，聽說身懷絕技，到我家作客，說我是練武的材料，希望收我為徒，教我功夫。我當時曾經心動，但嗣後一想，時代不同了，練了功夫，了不起當個國術師或接骨師，但接受國家正規教育，未來道路將更為寬廣，應該把寶貴時間放在正規教育上，因而未結師徒之緣。大一時，體育老師見我身材結實，動作敏捷，說我適合體操，鼓勵我加入校隊，但我一直沒加入。我喜歡運動，國校及初中時參加過好幾次運動會（校運、鄉運、縣運），擅長田徑，尤其是一百公尺與跳遠，也幾度得過獎，不過我一直認為，運動的目的是在強健身體、增加活力，對於準備比賽的運動，倒是不熱中。

（十）　啉青草仔茶、用寄藥包（台文）

細漢時，熱著（中暑）、寒著（感冒）、頭疼（頭痛）、腹肚疼（肚子痛），阮老母就去野外搵茅仔草、蚶殼草、臭臊草、雞屎藤、掇鼻草、狗尾草、鴨舌癀、車前草、炮仔草之類的青草仔轉來煎，啉了有效。啉無效時，才會焄我去田中街內看醫生，注射、食藥仔。

若發燒、咳嗽，有咧賣柑仔時，母親會買給我食。破病才有當（u
tang）食柑仔，我看這是當時庄腳囡仔共同的經驗。有眞長的一段
期間，藥商派業務員來庄腳「寄藥包」，縒（tsau・差不多）每半
個月業務員會騎著腳踏車來補貨，收回過期的藥品，用掉的部分才
收錢。寄藥包的攏會詳細交待這是食按怎，彼是食按怎，按怎食，
眞親切。我身體無爽快的時陣，有定仔會食寄的藥包仔，上習（ciap）
用的是萬金油。會記得，寄藥包的，倚（ua）三十歲人，生做清秀，
穿插整齊，通常食晝後來到阮兜，伊會歇睏一下，參阮老爸開講。
我攏恬恬仔聽，得到昧少的知識。

（十一）　為人治病

　　由於小時候感冒發燒都喝母親煎的青草仔湯，父親又嘗說：「未
學功夫就得先學藥，功夫好不如藥好」，因而引起我對漢藥的興趣。
初中時，我買了《本草綱目》和漢藥驗方的書，仔細閱讀。鄉下婦
女攏眞閉思（pi su，害羞、含蓄），患婦女病都隱忍著不好意思說
出口。我有了一點醫藥知識後，到田裡工作就和鄰近前來幫忙的婦
女聊起月經不順、十女九帶之類的婦女病，先後有幾位要我開藥方
給她，我「戇膽戇膽」就照症狀抄驗方給她，她們吃了都說很有效，
還稱讚我「無師自通」。我在一次偶然的機會得到一帖專治久年瘀
傷痠痛的秘方，免費醫過幾個人，效果奇佳。上大學時，還醫過同
班同學陳三貴，四十年後他人在美國，寫文章回憶說：「有一次，
黃宗樂知道我腳踝扭傷，他竟然開藥方買藥來為我治療。一面把藥
放在小爐子上炊煮，一面推拿我的腳踝。然後拿著紗布，連指頭一
起在小鍋裡攪和湯藥，沾滿熱燙的藥湯醫治我的傷痛。這樣反覆許
多次沾著藥來塗敷受傷的地方，可以想見，當時最令人擔心的是他

的手指會被燙熟。後來我的腳傷也好了，也沒有再向他答謝。至今，念念不忘，不只是感謝他，我佩服他的功力和他的醫藥知識與經驗，更羨慕他的俠腸義氣，瀟灑一生。好奇他的鐵指神功，可有傳人何方？」[22] 三貴兄記憶力、表達力之佳及感念、懷舊之深，令人敬佩。這件事，我早已不記得，至於現在藥方也不知道放到那裡去了，遑言可有傳人！其實，從那次以後我就不再「懸壺」了，免得被人說是「赤腳仙仔」、「密醫」。

（十二）　祖父、祖母、外祖母過世

我六歲時，祖父過世，安置在正廳，前來幫忙的鄰居阿姆對我說：「恁阿公咧睏」，不過我知道祖父已永眠了，再也不會醒起來了。我年紀雖小，但看到大人慟哭，也感染到悲傷。記得家父和伯叔父正在躊躇大厝（棺木）到底要去何處購買時，忽然有一隻密婆（蝙蝠）從屋簷飛出，頓時給了到何處購買的靈感。過幾年，外祖母過世，母親帶我回娘家奔喪，在接近門口埕時跪下放聲哀號，爬著進去。家祭時跪拜，我好像拜得中規中矩，聽長輩說：「這個囡仔真識代誌。」祖母在我讀初三時過世，臨終前對周邊的人說：「我即個孫，真恔（gau，賢），將來會真出脫（出人頭地）。」祖母生前曾教我四句聯，也唱過傳統台灣民謠給我聽，祖孫之間有濃厚的感情，祖母的離去，我真正嚐到死別的悲痛。

台灣傳統習俗，對於喪葬極為慎重，我印象中，祖父、祖母、外祖母過世時，悉遵循台灣禮俗，按部就班，一點都不馬虎。

祖父、祖母都是在溪仔頂老家壽終正寢。分家時四叔留在老家，其他住在各地子女孫子女外孫子女都趕回奔喪。一家一業之後，各

住一方，在這種場合，大家才齊聚見面，而依習俗，喪葬完後，各自返家時，不可互道再見。在悲戚中更增添寂寞！

（十三） 清明掃墓

在我上初中以後，每年清明節我都跟著大人去掃墓。清明節一到，以我祖父母為中心的各地子孫都會（大都騎腳踏車）回到田尾鄉新厝村老家（分家後四叔住家，但公媽仍共同祭祀）會合，準備牲禮、菜碗拜公媽。共進午餐後隨即出發到溪仔頂及竹仔腳公墓掃墓。一行十多人，最多時二十多人，浩浩蕩蕩，蠻熱鬧的。依一般習俗，掃墓的人都會準備牲禮、紅龜粿、發粿等到墓地去拜祭（俗稱培墓，尤其是有新婚或生男兒時）。我們從來則只打掃墳墓、燒香、燒銀紙，然後掛紙（砝墓紙）而已，並不携帶牲禮等到墓地拜祭。據說是因為祖上有發願，後代子孫也就依祖訓行事了。但我覺得這樣反而方便、衛生。

唐代杜牧有首詩云：「清明時節雨紛紛，路上行人欲斷魂。借問酒家何處有？牧童遙指杏花村。」這首詩的背景是唐代中原。我們清明掃墓，大都是風和日麗，沒遇過「雨紛紛」。掃墓，追念祖先，悠悠哀思在所難免，但總不到「欲斷魂」的地步。我們親族幾乎都不喝酒，清明節聚餐也一樣與酒無緣。

（十四） 娛樂、愛好

1. 草地生活樂趣多

從小長在偏僻的草地，自然而然與大自然為伍。掩田嬰（捉蜻蜓）、掠蝶仔（捉蝴蝶）、掠火金姑（捉螢火蟲）、灌杜猴（蟋蟀），

緊張、浪漫、有趣。還有「戽魚仔」，當時耕作不用農藥，水溝裡常有魚蝦可捉，土鯽仔、吳郭魚、溪哥仔、鰗鰡（泥鰍）、草蝦、毛蟹，有時也有鱔魚、土虱、鰻。我三不五時就去戽魚仔，好回家補養，在生活貧苦的當時，的確是一大享受。不過，我從不釣水蛙（青蛙）。當時流行釣青蛙，經常看到有人持釣杆在稻田裡或水溝邊走動垂釣。由於國校課本說，青蛙會捕食害蟲，有益農作物，我就沒興趣釣了。

有時和舍弟、鄰居小朋友掩咯鷄（捉迷藏）、耍板仔車、打干祿（陀螺）、放風吹（風箏）、捨碦（khiok kok）[23]、跳索仔，玩得興高采烈。到野外放牛時，偶爾會和同伴烤蕃薯[24]，好玩又好吃。

2. 看布袋戲、歌仔戲、電影

鄉下的娛樂，首推看布袋戲和歌仔戲，我都很喜愛。武林恩仇，正邪決鬥；忠孝節義，人情義理，演得出神入化，讓人看得如醉如痴，同時我也獲得許多啓示。也愛看電影，台片、國片、日片、洋片，通通喜歡，但不沈迷也不常看。通常是在晚上與鄰居同伴到田中鎮內的戲院、電影院去看。當時外國影片放映中都置有稱爲「辯士」的解說人，我覺得都解說得既貼切又生動。幼小時，每年多尾都會跟母親回田尾娘家看平安戲，食腥臊。往返有一段路坐糖鐵二林線「五分仔車」[25]（田中站－田尾站），是我兒時的最愛。布袋戲台語發音精確，抑揚頓挫分明，我學了很多。到戲院看戲，要早到才能佔到好坐位。起初用步行，必須趕路，我走路很快[26]，大概是這樣練出來的。後來有腳踏車，就方便多了。說實在的，當時父母親給我零用錢不多，我很節用又不亂用。

3. 看章回小說、武俠小說

　　小時候，母親會講（片段的）薛仁貴征東、薛丁山征西的故事給我聽；國校四年級時，偶然在書店看到《薛仁貴征東》的書，我很高興向父親要錢買了一本，從此迷上了古典章回小說。適巧，當時風行陳定國繪圖的新編《西遊記》，我更是愛不釋手，每一集都先睹為快。我在讀初中前，除《薛仁貴征東》、新編《西遊記》外，還看過《薛丁山征西》、《五虎平西》、《平閩十八洞》等書。讀這些小說不知不覺中增強了「國文」的能力。上初中時又迷上武俠小說，看過好幾部，部部離奇曲折，引人入勝。記得有一次，一大早到學校看《荒江女俠》，有位老師走進來，不由分說，拿起來撕破，然後一聲不響走出教室。我起初很不服氣，但深思之後很感謝這位老師，因為清晨大好時光就在看武俠小說是不對的，應該溫習課業才對。以後我就不在早晨看小說了。看古典章回小說和武俠小說一直是我的嗜好。

4. 唱歌、聽音樂

　　我從小就喜歡唱歌、聽音樂。最初聽大人唱山歌、流行歌，覺得很好聽，後來又聽大人唱日本歌，也覺很好聽，因此都愛上了。恰巧，有人送我台灣歌謠的小冊子，也有人送我日本歌曲的小冊子，其中也有日本軍歌。鄰居福仁仔伯教我日文片假名與平假名，也教我唱日本歌。結果，我會唱的歌很多。我在路上走路或騎腳踏車，或在田裡工作時，經常都會開懷大聲唱歌。當時日本歌中最令我好奇的是〈サヨンの鐘〉和〈台灣軍の歌〉。我也喜歡吹口哨，不過父母親告誡我說：「暗時毋通呼噱仔（kho sut a，吹口哨），暗時

呼嗺仔會引來魍魎的（mng sng e）。」「牽電火」了後，我向父親要錢買了一台收音機，播放歌唱、音樂節目，供大家欣賞，中午播放歌仔戲，母親和鄰居常常聽得恍如身臨其境。我日後讀書或寫作時，習慣邊聽音樂，可說其來有自。我總覺得聽音樂，反而能集中精神，提高工作效率。

（十五）　家有喜事

1952 年底（我讀國校三年級時）大姊出嫁，才十八歲；1958 年底（我讀初三時）大哥結婚，二十二歲，為溪底僻地帶來熱鬧和喜氣。厝邊隔壁沒幾戶，都主動來幫忙，有的將家裡的桌（方桌）椅（椅條）抬來，有的到鄰近人家借桌椅。

大姊出嫁，男家在同鄉潮洋村，由媒人領新娘轎步行來迎娶，隊伍前面是「竹簑」，後面是「鼓吹」，魚貫而進。大姊上轎時放聲哭泣（哭好命），我是大姊帶大的，不禁感到依依不捨。隔日，我去男家毛大姊、姊夫回娘家做「頭轉客」（歸寧），姊夫騎腳踏車載我。歸寧宴客，好不熱鬧。鄉下「嫁查某囝」一般比較簡單，不像「娶新婦」那樣舖張，不過大姊出嫁，還是有夆（hong，給人）「添粧」。

大哥結婚前，父母親沐浴齋戒，拜天公，禮儀繁瑣慎重，從酉時末拜到翌日子時末。新娘娘家在坤頭鄉陸嘉村，路途較遠，乃租用一輛轎車、一輛卡車去迎娶。大哥結婚有夆「鬧熱」（賀禮），當天中午在自宅備喜筵宴客，厝邊隔壁親朋好友都來吃喜酒，喜氣洋洋。鄉間在厝裡辦喜筵，賓客人數不容易掌握，若無量（liong）幾桌仔（增留幾桌），有時會「漏氣」。家父為慎重起見，量三桌，

結果食有偆，母親將「菜尾（殘肴）」送給厝邊頭尾分享。菜尾是
將各種食偆的菜濫濫合合唎（lam lam kap kap le），滋味眞讚！

　　兄姊婚嫁，讓我見識到台灣婚嫁的禮俗，也對「婚姻是終身大
事」有了初步的了解。

（十六）　與兄弟姊妹間的互動

　　我有一個姊姊，大我七歲；一個哥哥，大我近五歲；一個弟弟，
小我四歲多；一個妹妹，小我近九歲。我想，世界上各有一位兄、弟、
姊、妹的人，應該不多，我一向感到很得意。

　　我嬰孩時，是姊姊帶大的，我入學讀書，也是姊姊帶去的。姊
姊稍長後，幫忙家事、農事，認眞勤快。父母親希望姊姊有個良好
的歸宿，十八歲時就把她嫁人了。出嫁前半年，她去（用步行）田
中鎮內學裁縫，初次試作內褲，在家裡臥房試穿，因爲太緊，蹲下
去就破裂了，大家哄堂大笑。做新娘要穿高跟鞋，姊姊買了一雙不
大高的高跟鞋，也在家裡臥房學穿，那知沒走幾步就跌倒了，大家
又哄堂大笑。兩次姊姊都笑不可抑。姊姊出嫁僅依父母之命、憑媒
妁之言，虛歲十八歲就要出嫁，離開父母親，進入陌生的環境，面
對不可知的未來，姊姊心情好像很複雜－不捨、不安、歡喜與期待。
姊姊出嫁後，父母親少了一個好幫手，工作量又加重了。

　　哥哥生性木訥寡言、忠厚老實，稍長幫忙農事，總是恬恬仔做、
戇戇仔拼。他吃苦耐勞，疼愛弟妹。我和弟弟、妹妹上學讀書，他
留在家裡作穡，但他從不計較，毫無怨言。他結婚後，依舊勤勉工
作，默默耕耘，嫂嫂除煮飯洗衣外，也投入作穡行列。民國 54 年

10 月至 56 年 2 月間，哥哥入伍服兵役，家裡少一人做工課，我和弟弟又都在學肄業中，父親不得不在種作上作了適當調整，以渡過難關。訓練中心結訓後，哥哥被分發到金門，退伍時買了一打金門高粱酒回來做紀念，他暗埋在後院，打算十幾年後挖出來共享，可惜後來他溘然長逝，酒也就永埋土中了，不喝酒的人終究與酒無緣。我有定仔會「激悾激戇」、「愛講笑詼」，他暱稱我：「悾仙」。哥哥作穡而我與弟弟都讀到博士，我們對哥哥更加尊敬，並不忘回報。哥哥嫂嫂和父母親一樣，勤勞儉樸，愛護子女，愛護家庭。

　　弟弟出生時比一般嬰兒小，用破布包著，「一粒仔」，父母親笑著說：「恰若人撿偆的」，逐取名「king chun」，戶籍吏寫成「景春」。他長相酷似父親，個子也相當。他是我小時候的良伴，一起玩，一起戽魚仔。他天資聰明，又好學向上，成功國校畢業時，一考就考上省立彰化中學初中部，是應屆唯一的，可說是成功之光。他在彰中讀初、高中六年，前五年每天上學，從「溪底」家裡騎腳踏車到田中，再從田中坐火車到彰化，下車後步行上學校；放學後，照原路回家。每天早出晚歸，備極辛勞。高中畢業後，參加大學聯考，能考上中國醫藥學院醫科，但他選擇中興大學水土保持學系，有人說有點可惜，惟考慮到家庭經濟狀況，又是志趣之所在，可說率性而為。他大學畢業後就考上高考。後來棄官從學，在職中獲得台灣大學農學博士學位，當到嘉義大學土木與水資源工程學系教授，畢生研究學術，作育英才，樂在其中。他生性溫良、恭謹、謙虛、穩重，屬於「暖暖內含光」型的。我們兄弟感情一直都很好。 舍弟在家父逝世後百日內與嘉義高工教師沈春靜結婚，婚後設籍嘉義市，在嘉義置產、在嘉義發展，嘉義遂成為他的第二故鄉。

　　妹妹嬰孩時，是我帶大的。滿月時，我背著去「喊鷗鴉」，後來帶她學講話、學走路，逗著她玩。她第一次說話是叫：「阿兄、阿兄」。她長得活潑可愛，眞得人疼。

（十七）　有人行腳到（台文）

　　阮厝周圍數里內，遮（cia，者）一戶、迄（hia，許）一戶，零零散散，無廟寺，嘛無店仔，欲破䶩（逗）（pho tau，開講、聊天）着（tioh）去人兜。阮兜定定有人來坐，阮爸母攏眞歡迎。俗語講：「人腳跡有肥」，有人欲來坐，上好。有人來坐，阮老母攏會泡茶夆（hong）啉，茶愈啉愈有精神。逐家作伙，談天說地，唱歌講笑，在草地所在，嘛是一種娛樂。有定仔也會比氣力，比功夫，互相漏氣。有一擺，熱人暗時，幾若人來坐，天南地北，講甲喙角全波。講來講去講着讀册，我講將來想欲考大學。阿寶仔伯講：「咱遮幾庄頭若親像猶無人讀大學，汝若考會着，就是頭一個。」黑面分仔（分仔叔）講：「庄腳囡仔欲參人考啥大學？汝若考會着，我共（ka）汝捾巧網（カバン、kha bang，皮包）。」凸頭枝仔（枝仔叔）問伊是講眞的抑是講假的？伊講當然是講眞的。後來，我考着台大法律系，拄着，伊顚倒講：「你會考着大學，着該感謝我，若無我共（ka）汝刺激，你考會着!?」庄腳人就是即爾心適（有趣）。

　　福仁仔伯定定來坐，伊教我用台語速念：「樹頂一隻猴，樹腳一隻狗，狗吠猴也吠，猴走狗也走，毋知是狗驚猴抑是猴驚狗。」佫教我日本時代形成的俗語：「第一戇，替人選舉運動；第二戇，種甘蔗給會社磅；第三戇，食煙歕風；第四戇，哺檳榔吐紅。」我感覺眞有意思，攏暗記起來。

（十八）　爸母特別的教示（台文）

　　細漢時，阮爸母特別有教示：（1）食飯着（tioh）食乎清氣（乾淨），碗裡若（na）留飯粒仔，將來會娶「猫仔某」、嫁「猫仔尪」。（2）會食得、會用得的物件着扱拾（khioh sip，珍惜、收存），昧使討債（浪費、遭蹋）。（3）門有門神，毋當腳踏戶碇（hou teng，門檻）。（4）新年頭舊年尾，昧使講無吉利的話，昧使損破物件。（5）囡仔人有耳無喙。（6）飯會使濫糝食，話昧使濫糝講。（7）樹頭企得在（chai，穩），毋驚樹尾做風颱。（8）好田地，不如好子弟。（9）兄弟若共心，烏土變成金。責備的時會講：「倖豬夯灶，倖囝不孝」、「芥菜無剝毋成欉，囡仔無教毋成人」、「菜無打腳毋成欉，人無彫琢毋成人」。我攏記在心內，不敢放昧記。

1　依傳統，指男系祖先。
2　本意命名爲湖（我伯父名清江），但以口頭陳述，戶籍吏登記爲胡。
3　聽家母說，我外祖父陳孟樹是北斗陳舉人的後代。
4　聽家母說，我六叔黃輪是我祖父交代家父照顧的。
5　俗稱「溪底」的地方不限於下水埔溪底，包括周圍偌大的地方都稱爲「溪底」。所以稱「溪底」，因爲曩昔濁水溪改道前之河床也。
6　聽家母說，家父原本準備搬到雲林虎尾，後來經北斗士紳林生財安排，才遷來下水埔溪底開墾荒地。開墾荒地是當時日本殖民地政府特別獎勵的。
7　當時從田尾搬來的還有黃清江（我伯父，搬到當時的第二農場，即後來的大同農場，離我家較遠）、謝清桂（偏名阿扁）、陳清波（偏名阿林仔）（住我家隔壁）等。另有一家，但因「作無當（tang）食」，不久就遷往他處。
8　家父功夫如何，我並不清楚，但很多人都稱他「湖仔仙」。在那個年代，爲保

身衛家，很多男子都多少有學點功夫。

9 依家母的說法，她在「做月內」（坐月子）時吃了甘蔗，才患胃病。

10 三項鳥指博傲、食阿片、做賊。

11 我家附近的「古井」，是日治時代為墾荒需要而開鑿的，在今大同北路與我家左側巷道交义處，二十多年前已被填平。當時溪底偌大地方只有兩個古井，另一個在第二農場（現在大同農場辦事處）。

12 家父不識字，以口頭說要命名為「zong gak」，戶籍吏登記為「宗樂」，家父母都叫我「zong gak」。樂除了音樂的樂外，還有快樂的樂（lok）和愛好的樂（iau），我用 lok，但叫 gak、iau，我都接受。

13 日本時代，日本語是國語；民國時代，北京語（Mandarin）是國語。

14 當時比較親近的小朋友，例如張正男、林淑琴、陳國夫等。

15 家父不是不關心，而是因為農事繁忙，如出席家長會，來回步行需二小時以上，所以除準時將「先生禮」，交給我外，他都不曾去參加家長會。這次他會出席，還是陳老師特別騎腳踏車到我家邀請的。

16 同班同學洪東魯與我同行，他報考台北師範學校，因為睡過頭，起床後即簡單穿著奔往考場，遲到十分鐘，但他高分錄取。

17 我回母校北中寄讀時，母親說，「做人該（ai）會記得人的恩情」，他專程挑了兩大袋花生去許飛祥社頭老家送給許先生，表示感謝。

18 我在台東住二姑丈家（在 saruha）。二姑對我很好，我和表弟楊深達很合得來，也曾多次到附近表姊表姊夫家玩。我離開台東前，家父寄給我一筆錢，特別交代我買二石米送給二姑，聊表感謝之意。

19 畢靜子校長為中國國民黨黨國要員畢鼎鼐的女公子，夫壻為省立彰化中學校長翁慨，翁慨則為精誠中學創辦人。

20 戰後，在以美軍為主的聯合國軍占領體制下，日本開始邁向自由化、民主化，並迅速從戰敗中復興，成為僅次於美國之經濟大國，1980 年，美國哈佛大學教授、日本問題專家傅高義（Prof. Dr. Ezra F. Vogel）著《日本第一》（Japan as Number 1）一書（蕭長風譯《日本第一》，民國 70 年 9 月初版，名遠出版社）出版，興起了世界性的「日本熱」，各國爭相以日本為模範。反觀台灣，在國民黨政府統治下，各方面均大倒退，樣樣落後日本，尤其在長期戒嚴、恐怖統治之下，人性被嚴重扭曲，精神生活憂鬱、苦悶，後來創造經濟奇蹟，成為亞洲四小龍之一，但終究趕不上日本。我只是描述事實，沒有褒貶的意思。

21 我們稱「一號仔、二號仔、三號仔⋯⋯」，我家住在三號仔和四號仔中間道路南側，在今田中路與大同北路交义處；農地則在三號仔兩側，南側的稱「墾地」，北側的稱「望寮」。

22 《台大法律學系法學組 1967 年畢業班 40 週年專輯》第 29 頁。

23 撿五個手掌能把握的小石子，用手反復拋擲上下拾取之。玩法即把小石子握在掌中，擲其其中一個，同時其餘四個擲下地上，依序二、三；四、一；五、○擲上擲下之遊戲，以承受高者爲贏。吳瀛濤著《台灣民俗》第二五五頁有詳細介紹。鄉間小石子俯拾即是，小時候常玩這種遊戲。

24 通常是在割稻後的田裡，撿取經太陽曬乾的土确，圍成塔型洞窟，留一個門口，將乾樹枝、木片放進洞內燃燒，俟土确燒到通紅後，再將蕃薯放進去，隨即把土确窯夷平，經過一個多小時，蕃薯就熟了，挖起來吃，香噴噴的。

25 日治時期田中二林間有糖業鐵道「五分車」，也經營載客業務，戰後也是，我讀北斗中學初中部時，有許多同學坐「五分車」通學，但後來鐵道被廢棄了。

26 我和阿蘭交往後，走路時我走得快，她老是跟在後面，所以我們揶揄說：「不是我追她，而是她追我。」

第二章
昇華時期

左　黃宗樂台大法學士照
右　黃宗樂台大法學碩士照

一、　考進台大法律系

（一）　群英薈萃

考進台大法律系，是我人生第四個轉捩點。本來父母親讓我入學讀書，只希望我學會看「租仔單」，沒想到居然讀到大學。回首父母親在惡劣、困苦的環境中，贌耕他人土地，邊開墾邊耕種，胼手胝足，「勞心苦戰」；家境清寒，猶縮衣節食，「儉腸勒肚」，讓我讀書，直到受大學教育，父母之恩，如山如海，無論如何，我都不可辜負父母親的栽培和期望。

1963 年 9 月我從彰化縣溪州鄉偏僻鄉下負笈北上，到全國最高學府辦理入學註冊手續，心裡既興奮又惶恐。開學上課[1]，看到同學們幾乎都來自一流的省立中學或女中，建國中學、北一女中、台中一中、台南一中、高雄中學……，讓我這個來自彰化縣私立中學的草地學生未免有點自卑和畏怯。更不自在的是，我整個暑假都到田裡工作，皮膚曬得黑黑的，像個莊稼漢，看起來「一簏槌槌，戇俕戇俕」（chit ko tui tui，gong song gong song），當時不覺自慚形穢。開學後舉辦迎新晚會，同學們莫不興高采烈，林美紗同學帶動大夥兒跳美國土風舞……。我從來不曾跳過土風舞，也笨拙地跟著胡亂跳了一陣，難為情中帶著幾分興致。大部分時間我都坐在會場的角落當觀眾，宛若是他者，有種自我放逐的孤寂感。

為了激勵自己，我以最通俗的八個字「積極進取，樂觀奮鬥」作為座右銘。也許是「天公疼戇人」，楊民皓教授擔任法學組大一英文，他每學期有二次利用上課時間要求學生當場寫一篇英文作文，他閱畢後選出三篇佳作在課堂上公佈，第一次就有我，以後也是，

這給我莫大的鼓舞。其實，我英語聽、說都不行，但文法還算可以，或許是文法錯誤很少，才被選爲佳作吧！第一學期結束，成績尙差強人意，從此堅定了我力爭上游的信心和鬥志。

（二）　帝大改制

　　國立臺灣大學前身爲臺北帝國大學。日治時代，臺灣總督府依昭和 3 年 3 月 17 日敕令第 30 號「臺北帝國大學令」，於昭和 3 年（1928 年）3 月設立「臺北帝國大學」[2]，文政學部設政學科，內設講座，當時法學教授均來自日本內地，例如土橋友三郎、井上孚麿、安平政吉、坂義彦、杉山茂顯、宮崎孝治郎、菅原春雄、中川正、園部敏、中村哲、中井淳、後藤清、山下康雄、西村信雄、植松正、明石三郎等（均爲專任），而筧克彦、田中耕太郎、立作太郎、恒藤恭、烏賀陽然良等大師亦曾來台任教（兼任的，均稱講師）；又，臺灣總督府法院判官後藤和佐二、中野峰夫、高等法院判官姊齒松平、中口卯吉等先後兼任講師，講授民事訴訟法。[3] 二次大戰後，日本人法學教授悉被遣送回日本，臺北帝國大學改制爲國立臺灣大學，設法律學系，當初擔當法學教育工作的第一代學者，有一小股係從日本內地回台，投入學術界的「本省人」法學者，例如蔡章麟、陳茂源、戴炎輝、洪遜欣；另一大股係從中國大陸來台，進大學任教的「外省人」法學者，例如洪應灶、梅仲協、林紀東、金世鼎、查良鑑、林彬、劉鴻漸、安裕琨、曾伯猷、陳樸生、張國鍵、陳顧遠、孫嘉時（其中高官兼任者占大半，顯現「以吏爲師」的中國傳統）。又，從日本內地回台或從中國大陸來台，就讀台大法律系，畢業後留校任教的早期法學者，有劉甲一、陳棋炎、馬漢寶等。

（三）　教授群像

我們1963年考進當時，法律學系分法學組（原來的法律學系）與司法組（法律專修科併入法律學系後改稱之），教師都是一時之選。在排課上，原則上法學組、司法組分班上課，但有時兩組合班上課，有時兩組分成三班上課。當時教過我（法學組，學號523130）的老師，例如韓忠謨教授（法學緒論）、梅仲協教授（民法總則）、金世鼎教授（羅馬法）、鄭玉波教授（民法債編總論）、蔡章麟教授（民法債編各論、民事訴訟法）、陳棋炎教授（民法物權）、戴炎輝教授（民法親屬、民法繼承、中國法制史）、陳顧遠教授（公司法、票據法）、桂裕教授（海商法、保險法）、劉甲一教授（國際私法）、周冶平教授（刑法總論）、趙琛教授（刑法各論）、洪應灶教授（憲法）、林紀東教授（行政法）、洪遜欣教授（法理學）……都是名重當時的法學碩彥。

老師教學都很認真，講解扼要中肯，頗能引人入勝。當然，大學教授也各有其風格，上課也有許多趣聞，舉幾個例子：

韓忠謨教授都站著講課，神情嚴肅，口若懸河，侃侃而談，幾乎沒有一句贅言。

梅仲協教授都坐著上課，講課如行雲流水，滔滔不絕，講到興奮處，整排假牙就脫落到前排學生的桌上。

鄭玉波教授文學造詣湛深，講課時喜歡講春風「風」人、夏雨「雨」人、春風又「綠」江南岸之類的中華文字的奧妙。有一次問道：「最簡潔貼切的輓聯怎麼寫？」同學們面面相覷，老師說：「就是『你

死我哭』。」

蔡章麟教授留「翹嘴鬚」，每次上課都遲到七、八分鐘，然後慢條斯理地放好拐杖、皮包，才笑呵呵地說：「這是教授時間」。有一次他告訴我們：他曾應邀到德國訪問，他講的是古典德語，結果德國女士回以傳統敬禮，並示範給我們看，他的動作甚是滑稽，惹得大家哄堂大笑，老師也很得意。

陳棋炎教授使用講義，油印的，約六、七百頁，老師經常叼著「煙斗」，如同韓忠謨教授，看起來很有權威。大概是擔任「民法物權」這門課不久，講課時有點生硬，但他偶爾會穿插笑話，蠻幽默的。

戴炎輝教授很嚴肅，但講到「去勢」，怕我們不懂，特別用手勢往那話兒處劈下去，動作很逼真。

陳顧遠教授使用講義，薄薄的十幾頁，盡是精華，我們邊聽講邊抄寫。老師年事已高，講課多在談「師母」、「平劇」，有一次問我們：「你們知道嗎？我太太昨天晚上又有新的發現。」我們面面相覷，老師說：「昨晚我太太發現我頭上又長出新頭髮。」大家哄堂大笑，老師也樂不可支。

劉甲一教授每次上課都昂首走進教室，講課時看著天花板，娓娓道來，下課後又昂首走出教室。

桂裕教授寧波鄉音很重，他講國語很難聽得懂，他教海商法，講了半天，才聽懂原來他說海上有一條船。有一次問我們：「書要怎麼讀？」同學無人回答，他說：「要先假設作者所寫的都是錯的，

然後找出錯在那裡，找不出時才消化吸收。」

趙琛教授長相莊嚴，講課很嚴肅，講到妨害風化罪，講得深入生動，同學們覺得有點臉紅，他依舊詳細自在地講解。

林紀東教授上課，會先叫同學輪流念一段，他才講解。他脾氣很大，有一次坐在後面的同學在講話，他馬上大聲叫他出去，大家嚇了一跳。

洪遜欣教授的法理學深奧難懂，他很認真講解，但國語不很流利，有時越講越聽不懂，他自己也揶揄說有如天書。

教授們都很重視儀表，大都穿西裝、打領帶，很紳士，也有穿長袍馬褂的，像金世鼎教授、林紀東教授，頗有古風。

（四） 師道山高

我們對老師們都「仰之彌高、鑽之彌堅」，必恭必敬。當時無教師評鑑制度，教授有十足的權威和尊嚴。教學，大部分老師都有指定「教科書」，少數老師發「講義」或口述、寫黑板而由學生作筆記。當時沒有電腦，也沒有影印機，學校置專人負責用鋼板刻蠟紙油印講義。今昔比較，確實相差很大。

同學很少問老師問題。就我而言，終四年，我只問過一次，是在中間休息時間的，老師說：「這樣的問題不必問老師，多看幾本書，自然就會瞭解。」當時我很不以為然，但當我參考了幾本書，略加思索後，就得到了正確的答案。後來我當老師時，都會教導同學在學習過程中，如何發掘問題，如何解決問題，至為重要。

　　導師是陳棋炎教授，當時導師好像僅與導生聚會一次，記得是在二年級時，老師選在法學院第一會議室。老師很親切，首先要我們一一自我介紹，然後大家隨意交談。老師勉勵我們要好好地把握黃金歲月，認眞學習，並選定未來發展的方向。

（五）　力爭上游

　　大學教育與中學教育不同，尤其是台大，學生很自由，上課從不點名，我偶爾也會蹺課。不過，「自由」恒與「自律」相伴，越自由越須自律，我每次蹺課，都是有正當理由的，並非去嬉戲玩樂。我上課都全神貫注，認眞聽講，並注目老師的表情、舉止；讀教科書或講義，但求理解，很少背誦，對於爭議問題，總會仔細思考，並略加探討。我研讀法律的八字眞言是「聚精會神，愼思明辨」。英國哲學家、近代經驗主義之始祖培根（Francis Bacon）說得好：「學習法律使人思維縝密。」我進而體驗到：「學習法律使人富公平心與正義感。」因此，我導出一個命題：法律人遇到不公不義必然會加以抨擊或抗議；若對不公不義視若無睹甚或附和呼應，那就不是眞正的法律人。這樣，在學習法律的過程中潛移默化，形塑了我作爲法律人的價值觀。

　　做學生，當然重視學業成績，我亦不例外，不過若一味爲得高分而讀書，似亦不足取。當時，法律科目，幾乎都是每學期只在期末考一次，上課既不點名，平時、期中又不考試，期末一試決定學期成績。有些科目，我認眞上課，又認眞複習，考試成績卻不佳，其中「民法親屬」最慘，41分死當（大學四年唯一不及格的一科），翌年重修才高分及格。不過沒想到，「民法親屬」一科成爲我日後

的「賺食碗」。「國際公法」，丘宏達老師（回國客座一年，恰巧被教到），要求學期末繳一篇報告，我正黔驢技窮之際，幸得陳榮傑兄臨危幫我操刀，趕出一篇，才能如期繳出去（我向來考試絕不作弊，這篇報告不知是否算是作弊？），結果剛好得六十分（第一學期），好佳哉！真的要是沒有榮傑兄情義相挺、拔刀相助的話，我想，穩死的，因此我一直感念在心。不過，我並沒有讓榮傑兄漏氣，我日後曾繼國際法大師陳隆志教授之後膺任「臺灣國際法學會」理事長。有趣的是，榮傑兄晚年自爆：「大學四年經常蹺課，其中民法親屬、民法繼承等幾乎沒有上過課。」但他都漂亮過關了。榮傑兄日後進外交界發展，歷任外交部及外館要職，也曾任海基會秘書長、自立晚報社長、僑務委員會副委員長，最後出任駐俄羅斯代表，閱歷豐富，功績卓著，「國際公法」增添了他一生的榮耀。

我生性喜歡看書，除法律書外，其他文學、歷史、宗教之類的書，都曾涉覽，讀書遂成為一種嗜好。有時也會看武俠小說或去看武俠電影，我覺得好的武俠小說或武俠影片能激發鬥志和俠氣。不過，我很少出去旅遊，大學四年間好像祇去過臺北新公園（今二二八和平公園）、圓山動物園、植物園、艋舺龍山寺、陽明山、景美仙跡岩、新店碧潭、木柵指南宮、永和圓通寺、基隆港等地遊覽。

（六）　拆字趣事

大二上學期，某日與好友蘇久雄、鐘守德穿著輕便服裝到臺北新公園遊玩。一進大門，便見博物館前右側有位五十多歲的人擺地攤為人「拆字」，我們好奇走過去觀看。拆字仙問我們要不要參考

看覓（mai）？測一字五元，他說可由自己寫一個字或者從他的字袋內取出一個字。我想花個五塊錢拆個字看看也蠻有趣的，隨即取出一個字，是「襺」字。他問我要問什麼？我說想問前途、職業。他沒問我任何出身背景，就開始解說：「『襺』字兩邊衣、頁，暗示『領袖』，也就是暗示你將來是領袖人物，所謂領袖不是領袖、主義的領袖，而是擔任機關單位的首長或主管、團體組織的領導人或負責人。而中間是『吉』字，暗示你將來做頭兒會做得很順利、很成功。再來，吉字是士加口，『士』暗示你是讀書人，是知識份子，是有學問的人。『口』字暗示你有口才，將來會靠口才吃飯，因此將來以當教師或律師最適當，當教師教人、誨人，當律師為人辯護，都需要口才。」說得天花亂墜，讓我聽得醺醺然。江湖一點訣，到底拆字仙是否就這個字已準備了一套說詞，對任何人都適用？還是根據當時各種情況，針對各個人而有不同說法？又字袋裡同一個字是否放好幾個？均不得而知。這是我唯一一次給拆字仙拆字，雖然「看命無褒，食水都無」，且姑妄聽之。不過拆字仙的解說對我確實有很大的鼓舞作用，也帶給我信心。

（七）　嚮往杏壇

歷來，讀書人勤學苦讀之目的主要在追求功名利祿，現今讀法律系，畢業後走上仕途亦是順理成章，尤其出身寒微，而能做官，更是光宗耀祖的事。不過，家父母對於中國官似乎評價不高，但對老師則十分尊敬[4]，因此家父母都希望我將來能當老師最好。受到父母親的影響，並出於向來對老師的景仰，我升大三時便選擇將來當老師，要是能當大學教授更好。記得大三暑期在成功嶺受訓時，我在調查問卷上就將來最大的願望填入「當台大教授」、「反攻大陸

後當北京大學教授」。

　　決定走「教育」、「學術」路線後，就不必爲準備國家考試而勞心傷神，因此使得讀書有更自由、更寬廣的空間。我素對日文甚感興趣，初中時就學了些許，大二選修第二外國語文時，毫不猶豫地選修日文，共修了三年，課餘更下了不少的工夫[5]。大三下學期，任課老師便聘我去他夫人（師母）主持的補習班教初級日語，對象都是大專院校學生，學生們反應還不錯，我教了一年，的確是教學相長，獲益良多。對第一外國語文之英文，我也沒因學日文而疏遠，大四時每週總有幾天都用了一個小時研讀。國文，我則特別愛讀《古文觀止》，每篇我都仔細欣賞、吟味。至於法律科目中，我對民法最感興趣，雖然成績不是最好。民法爲私法的基本法，規律自由、平等、獨立的私人間對等的經濟生活及親屬生活關係，與每一個人的日常生活息息相關，適用之廣，非其他法律所能及。現代民法，係發展羅馬法而來，最先確立權利義務體系[6]，其他法律無不受民法之影響，　Civil Law 與 Common Law 相對稱時，即指大陸法而言，難怪有人稱民法爲萬法之母。現代民法與民法學，乃人類思想、經驗與智慧的結晶；民法學係一切法律學之基礎。我在大學四年間，讀了不少民法書，引導我日後走上研究民法的道路。

（八）　簡樸生活

　　我家住彰化縣，可以申請學校宿舍，但因僧多粥少，必須抽籤。大一入學註册時，我參加抽籤但沒抽中，大學四年期間都租居校外民宅（後來聽說並證實有許多學生大二時沒抽籤就可住進學校宿舍，其中的奧妙，不可思議），新生南路三段巷內、寧波西街、龍泉街（今

師大路）、新店大豐路等處均租居過，僦屋時悉以便宜、安全為首要考慮。

　　大一租居在台大校園對面新生南路巷內，房間小，僅放一張矮桌[7]，我晚上大多到校園路燈下看書，效果不錯。某晚十點多，忽然從僑生宿舍傳來小喇叭吹奏 Tennessee Waltz，聲調清脆淒涼，動人心扉，使我想起「誰家玉笛暗回聲？散入東風滿洛城。此夜曲中聞折柳，何人不起故園情？」這首詩，不禁生起思鄉之情，久久不能自已。

　　大一時，在校總區上課，距離師範大學不遠。當時師大生全部公費，連三餐都有餐券，伙食較差但較便宜，為了節儉，有一段時間，我跟張繁彥、吳鴻徹向師大生購買午餐券，中午下課後就一起騎腳踏車到師大餐廳用餐。我們都來自農村，淳樸、溫良，彼此很談得來。我們曾談起交女朋友，我說：「像我們庄腳囡仔，還是識相一點好。」鴻徹兄則說：「不入虎穴，焉得虎子？」我和繁彥兄遂暱稱他「虎子」。不過也因為鴻徹兄這一番話，後來我曾經吃了豹膽似的去追求可望而不可即的窈窕淑女，結果是自討沒趣。還好，我抱著一切隨緣的心理，用情真但不深，不必「食芎蕉皮」。

　　大三租居龍泉街專門為出租而建造的、頗具規模的連棟式二樓起的房子，我曾邀請班上同學陳麗慧、陳映雪、李鎰智、李文雄、常華安、張繁彥、謝康雄等光臨小聚，大家談得很愉快。李鎰智和陳映雪是班對，互動親密，真叫人羨慕。管理員（女性）對我說：「好像還沒有男朋友的那位小姐，氣質高雅，端莊清純，你應該好好把握。」她的話觸到了我的心坎，只是祇修三百年，未成正果，修千

年的，五年後才相會而圓了此世姻緣。

　　租居龍泉街期間，認識就讀師大數學系的黃憲忠，他來自南部農村，樸實、謙厚，很好相處，彼此一見如故。後來我留學歸國重逢時，他已輾轉改行當中醫師，是一位典型的良醫，夫人賢慧有德、開朗親切，我和內人受他們夫婦照顧頗多。人生的緣分，說來够奧妙的。

　　我習慣獨往獨來，與班上同學互動不多。班上舉辦舞會或郊遊等活動，我幾乎都不曾參加，連畢業旅行也缺席，學校社團更不用說了。不過，別誤以為我孤僻不合群，而是因為寒暑假我都必須回家幫忙農事，在時間上必要作適當安排。實際上也沒心情參與課外活動。

　　當時父親給我的生活費用包括房租在內，每個月都不超過新臺幣五百元，「儉儉仔用」是足夠的。為了節省，我搭乘火車，都坐普通車，好像連快車都不曾坐過，遑論對號特快、觀光號（當時最高級的火車）。不過，我重視三餐，父母親特別叮嚀：「出外三頓著該（tioh ai）食乎飽。」我在臺北吃的遠比故鄉家裡吃的好，「不曾乏著（m bat hat tioh）」。衣服雖沒幾件，但穿著還算整齊。大一時曾有一次，洗頭後未梳理，翌日一大早就趕去上第一節的體育課，體育老師看我頭髮散亂，說道：「黃宗樂，你是讀法律系，不是讀哲學系。」同學們都笑了。大二暑假，父母親想到我已要升三年級了，叫我去訂作一套（春、秋季適穿的）西裝。第一次擁有西裝，很高興，但穿起西裝來有點不自在，平常很少穿。

　　記得班上同學，只有陳達雄和李文雄曾騎機車來學校，好像都

是鈴木 50 CC 機車，大家都很羨慕。可能由於我和李文雄是班上唯二來自私立中學，比較有往來，我被載過好幾次。李文雄令尊陳新田先生住淡水鎮內老街，是地方聞人，有「今之小孟嘗」美稱，有一次淡水「迎鬧熱」，班上好多同學受邀一起去作客，席設媽祖宮，大家吃得很開心。這是大學四年間，我唯一一次到同學家「食腥臊」，迄今印象仍十分深刻。

（九）　幫忙農事

我家耕種近三甲土地，人手不足，雇工幫忙又不合算，我寒暑假都得回家幫忙（大三暑假上成功嶺、軍法學校受訓除外），分擔父、母、兄、嫂的辛勞。冬天天氣寒冷，下田工作，既不戴手套又打赤腳，手腳經常會凍傷。夏天烈日炎炎，我去田裡工作，通常又只穿短衣短褲，有時還光著上身，皮膚曬得黑黑的。大一暑假班上同學李文雄、常華安先後來訪，見此情狀，異口同聲說：「作農實在太辛苦了。」臺灣歌謠〈農村曲〉（陳達儒作詞、蘇桐作曲）道盡了作農的辛苦！新學年開學時，由於皮膚黝黑，又會逐漸脫落，上課時我都坐在教室後面，下課後馬上離開，不好意思被看到。現在回想起來，煞是有趣。

李文雄、常華安不期來訪，帶給我家意外的驚喜。偏僻的庄腳所在，有遠方貴客光臨，又是我的大學同學，家父母非常高興。當時我家住的是蓋瓦的竹管仔厝，設備簡陋，買賣又不方便，招待不周，但文雄兄、華安兄看來頗為自在，與家父母話家常，也談論農事，不覺打成一片，家父母在世時一直懷念在心，也因為這樣，我一直把文雄兄、華安兄當作一生的知己。

華安兄胸懷壯志，好讀《三國志》、《資治通鑑》，我在班上毫不醒眼，生平亦無大志，他竟然說我：「終非池中物」，我說：「老兄是在說您自己吧！」不過，倒讓我想起昔日本札幌農業學校（北海道大學的最前身）教頭（首席教師）William Smith Clark（美國人）的名言：Boys, be ambitious.（少年よ，大志を抱け。）

（十） 關心民主

考取大學後，父親一再告誡我說：「好好仔讀冊，毋當插政治，昧使批評政府。」我謹記在心，儘量不談政治。不過我想，總可以看別人碰政治，聽別人批評政府吧！當時，戒嚴時期，高玉樹、黃信介、康寧祥等競選公職，抨擊中國國民黨，句句切中要害，振奮人心，大型演講會，都是人山人海，我有空也會去聽。有幾次，好友張繁彥和我一起去，每當有人照相，他就馬上蹲下去，怕被照到。我開玩笑說：「敢會按怎？即呢驚死！」他正色的說：「以前就有情治單位用這落相片做證據，誣賴人叛亂、思想有問題，毋是滾耍笑的。」原來，在戒嚴統治、白色恐怖下，看別人碰政治、聽別人批評政府也有坐黑牢的可能，真的很恐怖。

（十一） 重大啓示

第二次世界大戰後，人類兩度身歷慘烈的戰爭得到慘痛的教訓，告別帝國主義、極端的國家主義、全體主義，擁抱自由主義、民主主義、個人主義，邁向和平主義、國際主義，遂成爲世界主流思想與行動，特別是發動大戰的軸心國德（西德）、義、日一百八十度的轉變，最引人注目。

　　不過，中華民國情況非常特殊，可說與世界主流價值背道而馳。國民政府接管臺灣後，不到一年半就發生二二八大屠殺事件；國民黨政府退據臺灣後，爲維繫其政權及反攻大陸，實施動員戡亂體制，長期厲行戒嚴、專制統治，「領袖至上」、「國家至上」蔚爲教條，人民之自由及權利被嚴重剝奪，排除、壓迫政治異己更無所不用其極。在此情況下，國民黨黨國體制之「法內在的正義」受到嚴厲批判與挑戰，「法超越的正義」洶湧澎湃，反對勢力顯得理直氣壯，國民黨政府越干涉壓制、越臨之以嚴刑峻罰，越尖銳對立、越招致抵抗，臺灣因此產生了許多「政治的確信犯」與「海外異議份子」。大一時，修習韓忠謨教授「法學緒論」，研讀大著《法學緒論》，其後延伸研讀田中耕太郎著《法律學概論》、尾高朝雄著《法哲學概論》；大四時，修習洪遜欣教授「法理學」，研讀大著《法理學講義》（油印本），得到莫大的啓發，使我嚮往自由主義、民主主義、個人主義、和平主義、國際主義，埋下了日後投入臺灣民主運動與社會運動的種子。

（十二） 順利畢業

　　大學四年轉眼間就要過去，本來我準備報考法律學研究所，詎料大四下學期開學不久，某天晚餐吃了鍋仔菜後，覺得胃不舒服，「欲吐欲吐」，整夜輾轉難眠，翌日早晨吐了一堆深褐色的血，到醫院照X光檢查結果，幸好無胃穿孔或其他症狀，吃了胃乳液，休息五、六天就沒事了。不過，醫師交代：「要注意飲食，多休息，不要熬夜。」由於這個緣故，報考研究所乙事，祇好作罷，畢業旅行、畢業典禮，也都無心參加。當然我也不曾留下穿著學士服在台大校園留影的鏡頭。

　　還好，四年大學總算順利畢業，畢業成績又八十分弱（除了選修科目外，當時教授打分數都很嚴格），堪以告慰。我在畢業同學紀念冊留下感言謂：「四年如夢，夢中茫然，但覺大學＝狂人國＋修道院＋幼稚園。」我的意思是說，大學四年很快就過去了，作為大學生，我意氣奔放，積極進取，又有如修道士，敦品勵學，惟學而後知不足，有時未免感到還很幼稚。我想其他同學也有同感吧！

　　大學四年確實是人生的黃金歲月，我曾回憶說：「回想大學同窗四年，筆硯相親，晨昏歡笑，互相切磋，互相勉勵。在幽雅寧靜的椰林道上，在詩情畫意的弄春池旁，都有我們的足跡和形影；美麗的晚霞、燦爛的晨曦，照耀在我們明朗、自信的臉上，我們充滿著夢和希望！」我們能讀臺大法律系可說都是英才，未來社會中堅，我們各有各的抱負、各有各的目標、各有各的理想，畢業後，大家分道揚鑣，踏著穩健的腳步，去實現夢想、迎接希望。數十年後，大家都闖出一片天地，各有成就，各有千秋，真不愧是臺大法律人。

（十三）　猇同學會

　　大學畢業後，大家各奔前程，一向獨往獨來的我，除了張繁彥、郭振恭、李文雄等人外，很少和同學聯絡。我出國留學學成歸國於1976年8月進輔仁大學服務後不久，陳達雄特地設宴邀請幾位同學作陪，歡迎我和內子回國服務，大家談得很愉快，記得有一道菜是燒雞，我說我很喜歡吃ㄙㄠ雞，把ㄕㄠ唸成ㄙㄠ，大家都笑翻了。爾後，三不五時會有小型的聚餐，氣氛都很好，於是進而自1979年起，除不定期的小型聚餐外，擴大到全班，每年舉辦兩天一夜的「同學會」，從未間斷，迄於2015年已舉辦了37次，遊遍全台灣許多

名勝、觀光景點，甚至曾遠赴越南（越南僑生梁一立安排）。

1984 年同學會由我主辦，最重要的活動是 8 月 4 日晚上假來來大飯店舉行同學們期待已久的「尊師宴」，郭振恭、張繁彥、林瑞惠、張宏信、呂圭詮、吳鴻徹、李鎗智等 28 位同學出席，大都攜眷參加；韓忠謨老師、鄭玉波老師、戴炎輝老師（及師母）、陳棋炎老師（及師母）、桂裕老師、姚瑞光老師、錢國成老師、翁岳生老師（及師母）、馬漢寶老師（及師母）、何尚先老師、蔡墩銘老師，還有查良鑑老師等 12 位老師光臨，畢業後 17 年，師生歡聚一堂，興高采烈。韓老師（在學時系主任）致詞時表示：尊師宴極富創意，作為老師感到十分滿足，尤其看到同學們都有驚人的成就，今晚踴躍攜眷參加，其樂融融，更是感到無限的欣慰。

2007 年 9 月底，在高雄舉辦三天兩夜的畢業四十週年同學會，由班隊陳映雪、李鎗智主辦，住宿高雄國賓大飯店，國內呂圭詮、邱雅文、陳達雄、謝康雄、周國榮、陳慈乾、蔡明欽、黃裕文、鐘勝次等 30 位同學、寶眷 25 人踴躍出席；國外旅美同學符文強、簡鐵城、劉振世、孫勝時、蘇秀華、張士芬、香港李偉鈞 7 位同學、寶眷 3 人專程回國參加盛會，大家相見，歡喜無限。主辦人很用心，除每餐敘舊、享受各種美食外，特安排同學論壇，遊鼓山英國領事館、愛河、澄清湖等名勝，參訪佛光山，行程緊湊，但大家興致勃勃，忘卻勞累。最後，互道珍重再見，載興而歸。

同學會先後出版了畢業三十二週年專輯（《心心相愛——台大法律學系法學組 56 年畢業 32 週年紀念專輯》，1999 年 9 月）與畢業四十週年專輯（《心心相愛——台大法律學系法學組 1967 年畢業

班 40 週年專輯》，2007 年 9 月），內容豐富，印刷精美。我也不
落人後，踴躍投稿，還受到編輯的稱讚。例如，主編李中玲〈編後
語〉謂：「最正式的是黃宗樂同學，文稿、照片齊備專封面交本人，
還體貼地附上給我的致謝函。為人周到念舊的他，為先行者陳麗慧、
張繁彥等同學撰寫追悼文，情深意切，不愧是同窗四載的知交。」
我在四十週年專輯寫了一篇長文〈行動的法律人──笛卡兒：我思，
故我在；黃宗樂：我行動，故我成長〉，扼要報告結緣以來至今我
的奮鬥歷程，並簡單介紹家庭狀況，最後以三首打油詩，作總結，
其中一首云：「同窗四年真有緣，情誼連綿四十年；互祈安康修福
慧，心心相愛勝神仙。」同學會的盛況，平面媒體還多次作了報導。
的確，大學畢業後像我班持續每年舉辦一次兩天一夜的同學會，從
未間斷，應不多見。這是值得我班同學驕傲的。

　　同學會之能持之以恆，永遠的班長、同學會的「桶箍」陳達雄，
功勞最大。他是北祥公司董事長，富而好禮，幽默風趣，對同學會
出錢出力；夫人陸淑華，賢淑美麗，對同學會相當支持。謝康雄夫
婦、周國榮夫婦、邱雅文夫婦、班對陳映雪與李鎗智、蔡明欽夫婦、
呂圭詮夫婦、班友李健政、旅美的林美紗、陳三貴、簡鐵城等都非
常熱心。林瑞惠與林文豐、蘇光志夫婦、吳鴻徹夫婦、林瑞龍夫婦、
黃哲東夫婦、羅紹仁夫婦、張繁彥（已故）與夫人楊瓊姿等都踴躍
參加。又，楊耀雄、郭振恭、侯重信、鐘勝次、王彩雲與夫婿沈義
方也曾主辦活動。班對李辰雄與蔣維瀾、陳榮傑，大使卸任後，也
都積極參與……。總而言之，我班舉辦同學會時，同學與寶眷率皆
踴躍參加，我想，用台語「猄」（siáu，對…狂熱、熱狂於…）同
學會表達，才能盡意。

　　2009 年，依陳達雄的提議，自同年 5 月起由同學輪流舉辦「養生會」，每兩個月一次，由兩位同學主辦，費用大家均攤。2012 年 5 月 19 日第十一次養生會由我主辦，場所我選在陽明山自宅，內子請總庖師來辦桌，有 23 位同學、17 位寶眷蒞臨參加，尤其吳望久與夫人適巧自美回國省親、陳映雪從高雄、郭振恭與夫人從台中特地趕來參加，更是難得；陳文雄、陳榮傑、蔡明欽、郭振恭、謝康雄還帶來禮物；我特別邀請近鄰陳繼盛老師與林菊枝老師伉儷當貴賓，熱鬧非凡。我一時興起，作了一首打油詩：「蘭園雅集談養生，愛好自然心善良；親情友情常滋潤，恬澹寡欲壽綿長。」此次養生會，邱雅文另有要公，不克參加，事先派人送來一瓶名貴的 NIKKA WHISKY（余市，20 Years Old），供大家品嚐，但未被打開，我乃暫為保管，待下次養生會再拿出來分享。適巧，NIKKA WHISKY 創辦人、日本 WHISKY 之父竹鶴政孝（1894-1979，曾留學格拉斯哥大學，夫人愛莉係蘇格蘭人）的一生奮鬥事蹟及與夫人的愛情故事 2014 年 9 月至 2015 年 3 月間被 NHK 拍成連續電視小說（片名「マッサン」（MASSAN））播放，造成 NIKKA WHISKY 被搶購風潮，導致日本國內外普遍缺貨。2015 年中期，緯來日本台以「阿政與愛莉」之譯名連續播放，我與內子看了都很感動。竹鶴政孝和我一樣都榮登大阪大學著名校友：國際名人錄。有這層關係，該瓶具有特殊意義的威士忌，我就自己保存下來，作為永久的紀念。2014 年 4 月 3 日養生會由邱雅文和我主辦，場所邱雅文指定在陽明山寒舍，佳肴邱雅文與夫人蔡玉琴從專賣店買來，很豐盛。席間，邱雅文擔任主持人，每位同學都上台あいさつ（aisatsu，寒喧、致詞），場面熱絡，大家都很開心。

　　我班同學情如手足，沒有族群的隔閡，也沒有統獨的對立，彼此尊重對方的國家認同與政治理念，非常難得。像我和陳長文看似兩極，其實不然。《超國界法律論集——陳長文教授六秩華誕祝壽論文集》，三民書局，2004 年 11 月），我有榮幸於〈第一部分陳長文教授點滴〉（執筆者施啓揚、馬英九、高希均、胡志強等七人）獻上拙文〈長風破浪　文采風流〉，以資祝賀。他在送給我的祝壽論文集中題字謂：「宗樂兄：讀了您的鼓勵的話，既是感謝也是感動。令先祖所說：『……日久他鄉即故鄉』，對長文而言，只有多不會少的。謝謝　吾兄之勉勵。」

　　現在，我班同學都已登杖國之齡矣！不過，今日人生七十才開始，理應老當益壯，迎向美好的時光。同學會、養生會賡續辦下去乃預防失智及延年益壽之良方。老來，順應天命，自求多福，福慧自然相伴而至，我咸作如是觀。

二、　暑期受訓

同學會扯得太遠了，茲回頭述說大三暑期受訓。

（一）　成功嶺集訓

　　大三暑假一開始就上成功嶺接受大專院校學生暑期集訓，為期八週。成功嶺集訓與訓練中心受訓無異，訓練嚴格，時間緊湊，有的班長會刁難，並不好受。尤其暑期炎熱，在烈日底下操練、演習、行軍，更是辛苦。不過，我做過農事，耐苦耐操，倒不畏懼，惟受訓期間軍事管理，極不自由，則較難適應，八個星期感覺過得很慢。集訓期間，一放假，我就回老家探望父母，準時回營。當兵會想家、

會特別思念父母，我想是每位當過兵的人共同的經驗。我伯父曾對我說：「囡仔若攏以佇軍中受訓抑是去外島做兵時思念爸母的心情對待爸母，一定是有孝爸母的。」

　　記得入營二週後，連輔導長交下一張調查表，一問曾否入黨，二問若不曾入黨，是否希望入黨。我答以一不曾，二否。所謂「黨」當然是指中國國民黨。他中午叫我到他的房間，問道：「這是你的真意嗎？」，我說：「是」。他就叫我回床午睡，並未強迫我入黨。[8] 五週後，暑訓班擬以全體學員名義上書蔣總統，稿中寫道：「……總統豐功偉業，罄竹難書」，我提醒：「罄竹難書比喻罪狀多得寫不完，是負面的用語。」並建議：「如要歌頌，可用『……總統豐功偉業，多如繁星，無法盡述』」。結訓前，某星期日在台中縣政府大禮堂舉行抽籤，決定受訓學員將來服預備軍官役時之軍種兵科，我未到現場而由兵役科長代抽，結果抽中為數不多的上上籤[9]──陸軍軍法，真是幸運，消息傳來，讓我欣喜欲狂。

　　八週屆滿，順利結訓，頗有解放感。結訓典禮，蔣中正總統親臨訓話，這是一件大事，氣氛緊張凝重，隊伍整齊全程肅立，即使昏厥亦須就地休息，不可移動，我看很多人心中不爽。我倒認為，蔣總統親臨訓話表示對全體學員的重視，而能近距離目睹「民族的救星、時代的舵手、世界的偉人」的風采，更是三生有幸，再怎麼受拘束也值得。只是訓話的內容有點雜亂，好像未準備講稿。最後大家高呼「蔣總統萬歲、蔣總統萬歲……」，才進入高潮。

（二）軍法學校分科教育

　　成功嶺結訓，緊接著是分科教育。我抽到的軍種兵科為陸軍軍

法，須到矗立新店秀朗橋旁的軍法學校接受為期八週的分科教育。軍法教育，大都在室內上課，法律課程均與軍法有關，例如陸海空軍刑法、戰時軍律、妨害軍機治罪條例、軍事審判法、軍事審判實務等。軍法教育可說是法律學系課程的延長，接受軍法教育，擴大法律專業的領域，除軍事管理、行動不自由外，與法律學系教育並無不同，而任課教官，都學有專長，講課認真，一點都不枯燥，因此八週的分科教育，過得很愜意。依稀記得，曾參觀警備總部軍事法庭普通覆判庭開庭，被告是「外省人」，被控犯叛亂罪，他慷慨陳詞，理直氣壯，毫不畏懼，令人動容。我想，當時戡亂、戒嚴時期，嚴刑峻罰（例如，懲治叛亂條例、戡亂時期檢肅匪諜條例）、軍事審判之下，冤獄恐怕不少。嚴懲政治犯、思想犯、良心犯乃極權專制國家執政者對付政治異己之利器，在自由民主國家實不足取。

當時，領袖（蔣中正總統）是至高無上的（領袖在主義、國家、責任、榮譽之前），幾乎每天早晨都得讀訓（恭讀　總統訓詞）。開卷有益，我喜歡閱讀，說實在的，對恭讀總統訓詞，並不排斥，還仔細研讀。試想，不必出操，而在室內閱讀，何樂不為？

本屆軍法學校預備軍官班第十六期同學分別來自台大、政大、中興、東吳、輔仁等大學法律學系。台大法律系法學組同班同學符文強、黃哲東、陳文雄、陳維垣、楊勝宗、呂圭詮、謝康雄、黃崇銘、侯重信、曾柏晑、郭振恭、黃裕文等也都在一起受訓，有伴並不寂寞。除我班以外，郭吉仁、林文豐、黃榮作、林誠二、賴建男、謝清彥、吳久雄、洪玉欽、黃武次等也都成為朋友。

三、　服預備軍官役

（一）　預官職前訓練

1967 年 6 月大學畢業，旋即入伍服役──第十六期預備軍官役，先到台中車籠埔訓練中心接受預官職前訓練，為期八週，訓練內容與成功嶺暑期集訓，並無多大差別。為何安排此項訓練，意義何在？我始終不明白。結訓後，我獨自一人到高雄壽山預備師報到，擔任少尉軍法官[10]。

（二）　幸上壽山

預備師師本部在壽山上，其下緊臨壽山公園，草木青翠，房舍整齊，空氣清新，環境幽美，視野遼闊，景物壯麗，有如仙境，在這裡服役，真是幸福。

預備師軍法室人員只有三人，中校主任、上尉書記官和我，兩位對我都很好；軍法業務很少，十個月間，我只辦過兩個案件：一是有位營長圖利他人；他是有位老士官長侵佔公款。當時軍中加強英語教育，參謀長命我教師本部全體軍官英語，我硬著頭皮接下此任務，認真準備講義。也許因為都是軍官，上課秩序良好，態度認真。不過，下課後大都將講義束之高閣，有位憲兵中校主任甚至當著我的面將講義丟進垃圾桶，並說：「這把年紀了，還學什麼英語。」另一個差事是擔任「文膽」，師長重要講話、致詞多交由我操刀。我行禮如儀，大量引用總統訓詞，英明領袖、萬惡共匪、反共必勝、復國必成……氣盛言宜，鏗鏘有力，萬無一失。政戰官稱讚我是領袖的忠誠信徒，但沒有要求我入黨。還有，預備師某營區建造房舍，

申請經費須將所有建材名稱、價格、數量譯成英文，參謀長責成我
翻譯，我查閱相關辭典，勉強完成任務。

（三）　軍中生活點滴

　　預備師人事單純，工作輕鬆，大家相處和睦，生活愉快。師長
謝枝青少將對我又特垂青眼，他曾把讀初三的兒子帶來，請我到師
長辦公室，介紹說：「這是小犬，請軍法官調教調教。」我遵命檢
查其功課，覺得孺子可教，互動良好。師長問我：「小犬如何？」
我說：「報告師長，龍生龍子，虎生豹兒。」他面露笑容，頗為欣慰。
參謀長陳上校一表人才，學識豐富，愛護袍澤，每次星期五晚集合，
他都會說：「放假要儘量放輕鬆，有需要就得去消腫。」有天早上
到壽山公園跑步、早操後，陪參謀長散步，他問我：「每次星期五
晚集合我都會鼓勵單身袍澤去消腫，你覺得很奇怪嗎？」我笑笑的，
他說：「袍澤性的問題解決了，就好帶了。」

　　放假時，有家眷的官兵都回家去了，留在營區的都是十一哥，
每個月領軍餉時，我會利用星期六晚上在福利社請客，通常都有七、
八位光臨，大家邊吃邊喝邊談，興高采烈，熱鬧異常。有一次大家
喝了幾瓶金門高粱，幾乎都醉了，有幾位翌日早晨沒起來吃早餐，
午餐時說他不知道昨晚是怎樣回宿舍的，有人告訴他說：「你不知
道嗎？你是用爬的回宿舍的。」大家聽得哈哈大笑。以後餐敘，大
家都還津津樂道。

　　軍中生活，吃、住、穿都是公家的，我服役期間薪餉調高很多，
好像每個月領六百二十多元，此外又配售免稅香煙，福利不錯。
六百多元比我讀大學時每個月生活費還多，我留用部分外，其餘都

交給父母親，香煙則買下來一部分自用，一部分贈送給袍澤，可說皆大歡喜。當然父母親希望我自己儲蓄，但我認為孝敬父母親，比較恰當。假日我大都留在營裡看書，偶爾到壽山公園散步。有一次和徐醫官去大新百貨公司，我不會坐電梯，他很訝異，真是土包子。無獨有偶，後來我讀研究所，和指導教授陳棋炎先生閒聊時，他說：他初次赴美國芝加哥大學研究，隻身到下榻飯店，但不得其門而入，正在徘徊時，恰好有位印度來的學者向他打招呼，說也在找飯店，後來一起去詢問，原來飯店在樓上，必須坐電梯上去，老師說他當時不會坐電梯有點難為情。

（四）　考上研究所

　　壽山營區是個讀書的好地方。我就緒後，就利用公餘、假日準備研究所考試。當時法律學研究所只台大一家，僅設碩士班，每學年招研究生好像是十四名還是十五名，競爭激烈。考試科目是：共同科目為國文、英文；專業科目為民法、刑法、民事訴訟法。這幾科都是我的拿手科目，準備起來頗感隨心應手。不過是否能考取，任誰都不敢說一定有把握。為未雨綢繆，有必要事先找好頭路，因此我寫信給精誠中學，表示退伍後回母校任教的意願，我收到回信說：「目前無教師缺額，但會儘量想辦法安排，歡迎你回母校任教。」我如吃下定心丸，更能安心讀書。後來參加研究所考試，放榜結果如願高中，我選擇讀研究所，寫信給母校精誠中學，說明原委，並申謝忱。

　　考上研究所，知道的同仁都向我道賀，並在福利社辦桌慶賀。

（五）　光榮退伍

我在 1968 年 7 月 3 日服役期滿退伍，退伍前夕，師長特別設宴歡送，參謀長、各單位主管作陪，讓我受寵若驚。我也一一去向熟識的同仁道別。最後在大家的祝福中，坐著專車到高雄車站，告別了我永遠懷念的壽山。

四、　進台大法律研究所

（一）　步上學問大道

考上台大法律研究所，是我人生第五個轉捩點。1968 年 9 月到校註冊，從此邁向學術的康莊大道。當時研究生領有行政院國家科學發展委員會獎助金，每月六百元，撙節一點，足夠生活費用，可安心研究。我租居在新店大豐路，坐公共汽車 40 路通學，租居處到江陵里站、南門市場站到法學院用步行，有益健康。租居處在郊外，相當安靜，是讀書、寫作的好地方。研一下學期曾到喬治中學兼課，教「歷史」；研二上學期曾到中國海事專科學校代課，教「國文」。洪勇雄的長兄洪炳賢恰好租居在我租居處的隔壁，我在他家包飯，受他和大嫂的照顧。他經營一輛中型貨車，研一暑假我曾隨車當苦力（ku lih），半個多月，搬運舊料，工作粗重，天氣炎熱，非常辛苦，是很難得的體驗。

我選修洪遜欣老師「法理學史」、楊日然老師「中國法律思想專題研究」、施啓揚老師「財產法專題研究」、陳棋炎老師「身分法專題研究」、梅仲協老師「比較民法」（下學期由王澤鑑老師代課）等科目。我大學部沒修過德文，必修蕭亞麟老師「德文」，第一學

年每星期每天上課二小時（即每週 12 小時），蠻累的[11]。

　　楊日然老師的課有十幾位同學選修，他對呂秀蓮（大學部與我同屆不同班）的學期報告讚賞有加，說他讀得欲罷不能。我報告題目為〈試論韓非子法、術、勢之關係〉，也得了高分。楊老師留學日本東京大學，臺灣獨立建國聯盟主席黃昭堂晚年透露說：「楊日然，於留日期間也秘密加入臺灣青年社，我們也是多方地為他保密，返台後他也順利地擔任了大法官。」惟徵諸楊老師回國後的言行及師母的出身背景，我直覺那有可能。呂秀蓮研究所讀了一年後，獲得台大李氏獎學金赴美國伊利諾大學留學，後來成為叱吒風雲的新女性主義倡導者、黨外運動健將、美麗島事件要角，歷任立法委員、桃園縣長、副總統等要職，對臺灣的自由、民主、人權、主權作出貢獻，真是了不起。

　　法理學史，第一次上課學生只我一人（後來包括我在內有三位選修）[12]，洪遜欣老師笑著說：「你勇氣可嘉。」我直言道：「大學部上老師的法理學，確實有如天書，深邃難懂，我想在研究所時多親近老師看看能否入其堂奧。」一學年下來，深深感受到洪老師不只學問淵博，而且人格高潔[13]，因此，我決定請洪老師擔任指導教授，也談到碩士論文想寫民法方面的問題，洪老師也曾提示比較民國民法與日本民法是相當有趣、有意義的問題，不過當時洪老師準備到日本擔任訪問教授一年，恐怕影響到我畢業的時程，結果婉拒了。正巧大學部與研究所同班同學郭振恭想請陳棋炎教授指導，他說如果一同請陳老師指導，就有伴了。陳老師大學部教過我「民法物權」，研究所我又修他的「身分法專題研究」，他相當認真負責又和藹親切。我和郭振恭去請他擔任指導教授，他很高興，一口

就答應了。陳老師的專業領域是身分法，因此我就從陳老師研究身分法，我的碩士論文題目是〈論親屬的身分行爲〉。

洪遜欣老師擔任我們的導師，曾到陽明山供台大師生使用的設施舉辦導生活動。老師以簡餐、甜點招待，大家自由交談，氣氛很好。老師隨宜教誨，談及自由權、freedom 與 liberty 的涵義以及美國羅斯福總統所提倡的 the four freedoms（四大自由：言論自由、信仰自由、免于恐懼的自由、不虞匱乏的自由），也談到法律人爲人處世應外圓內方、耿介、富正義感。

（二） 考取日本政府獎學金

我要走教育、學術路線，當時國內大學法律學研究所還未設博士班，當然很想出國留學，但以我的家境狀況，實在不敢奢望。然而事有湊巧，研一暑假，考取 1969 年日本政府獎學金赴京都大學留學的大學同班摯友李文雄回國省親，到我新店大豐路儉居處看我，他鼓勵我報考 1970 年日本政府獎學金留學考試。我對日本事物原本就很感興趣，日文已打下良好基礎，也研讀了好幾本日文法律書，而日本近代法律與法律學遠比中國進步，讓我頗爲嚮往，如果要留學，日本當然是首選，因此我欣然照他的建議，進行準備。筆試科目好像是國文、日文、本國史地、民法，可說駕輕就熟。放榜時，錄取十五名中第一個就看到我的名字，我當然喜不自勝。第二關面試，我日語不流利，回答有點結結巴巴，但仍輕易過關。我選擇在取得碩士學位後的 1970 年 10 月赴日本留學。我沒預先申請日本大學入學許可證，日本文部省將我分發到大阪大學。從此，我與大阪大學結下了不解之緣。

（三） 順利取得碩士學位

在決定碩士班畢業後才赴日本留學，馬上一鼓作氣，搜集文獻資料，詳加研讀。當時沒有影印機，參考文獻資料得一一購買或向圖書館借用，當然頗不方便。我集中火力，夙興夜寐，埋首鑽研，振筆疾書。遇到關鍵性或爭議性問題，必旁徵博引，反復思考，務求確切允當。從著手撰寫到完稿，我只用了二個月，但接著打字、校對、印刷、裝釘，花了一個多月。論文考試委員為所長劉甲一教授、指導老師陳棋炎教授、與陳顧遠教授。陳顧遠教授問得很深入，有些問題甚難作答，例如你的論文有無參雜唯物論的觀點？我雖未語塞，但不得不婉轉說明[14]。當然最後還是高分通過。我碩士班讀了兩年，順利畢業。我在畢業同學紀念冊留下「漸入佳境」四字感言。

（四） 準備赴日留學

和大學畢業時一樣，研究所畢業，我只辦理離校手續，並未參加畢業典禮。出國前三個多月，我臺北、彰化故鄉兩邊跑。當時戒嚴時期，出入境管制非常嚴格，出國留學須參加教育部留學講習會、須檢附警察機關安全資料、須提出保證書……不一而足。安全資料，我到轄區成功派出所辦理，承辦人員記入：「查無不良紀錄」，主管並向我恭喜，祝我鵬程萬里。但保證書就不容易取得了。因為保證人資格限制相當嚴格，而且非有特殊關係，任誰都不願意做保證人。我左思右想，最後硬著頭皮去拜託指導教授陳棋炎先生，我說明來意，並誠摯表示老師如有不方便，也絕不會影響師生情誼。老師聽完後一口就拒絕了。他說：「你出國後會做什麼事，會不會回國，

我怎麼知道，我那敢保證。」說的也是，更何況正處於戒嚴恐怖統治時期！拜謝老師後，我立即回故鄉，家父說要找人作保確實困難，父母親都很著急。佳哉！天無絕人之路，我去拜訪國校同窗好友莊福松，他很高興我即將出國留學，我把保證乙事告訴他，沒想到他自告奮勇主動說：「我家新開機車行，執照剛下來，如果符合保證人資格的話，樂意爲你保證。」經查符合資格，終於完成具保、對保手續（店保、鋪保）。福松兄的大恩大德，我畢生難忘。

（五）　負笈東瀛

1970 年 10 月 1 日，我從臺北松山機場搭機飛往日本。父母親、大姊由舍弟陪同，前一天一道北上，到機場送行，夜宿瑞士賓館。第一次出國又是第一次坐飛機，非常興奮，但想到要負笈異國遠離父母親，不禁依依不捨。當時出國很稀罕，送行的人大都會買項圈掛在被送行的人的項上，舍弟也沒免俗。我入關及登機時兩度揮手道別，當飛機起飛時離情一時湧上心頭眼眶都濕了。我想父母親一定是看到飛機飛入雲端才離開機場吧！

五、　赴日本留學

考取日本政府獎學金赴日本留學，是我人生第六個轉捩點。在過去的歲月，我壓根兒沒想到我會出國留學。

（一）　日本近代法律與法律學之先進性

1. 西方列強帝國主義入侵

近世西風東漸、西力東來，西方國家認爲東方國家都不符合「文

明國」標準。因爲東方國家均未如西方國家，遵守得以滿足資本主
義經濟需求的國際法秩序，具備足以保障人、商品、及資本能夠跨
越國界之最低限度秩序、預測可能性及安全性的社會體制、法律制
度。西方列強遂以此爲藉口，對東方國家肆行侵略，殖民地、被保
護國即其戰利品，而對於具有一定強固的國家組織之中國、日本等，
則強制締結不平等條約，領事裁判權、否定關稅自主權、片面最惠
國條款等，不一而足，對中國更強迫賠款割地，使中國淪爲孫中山
先生所稱的「次殖民地」。

2. 日本明治維新與日本民法之施行

受到西方強勢文化的衝擊，日本明治維新政府對內爲富國強兵，
對外爲廢除不平等條約，銳意變法圖強，斷然「脫亞入歐」，遵行
泰西主義，大力改革。而民法典的編纂與廢除不平等條約及殖產興
業有直接密切的關係，因此民法典之編纂尤爲明治維新政府致力之
所在，1870 年 3 月即著手進行民法典編纂工作，民法一詞，出自津
田眞道將 Burgerlyk Regt（荷蘭語）、droit civil 譯成民法，從此東方
始有民法的概念，編輯工作幾經周折，歷時二十八載，日本民法（通
稱明治民法）終於搶先德國民法於 1898 年制定施行（BGB 於 1900
年施行）。明治民法前三編即財產法，除修正寶索納德（Boissonade）
所起草的舊民法（以法國民法爲藍本）外，進而以當時最新最進步
的立法之德國民法第一次草案（1887 年）爲範本，而由以自由、平
等、獨立之市民爲基本的近代市民法原理所構成，個人的自由所有
權觀念、私法自治原則貫穿整部財產法，可謂完全符合泰西主義。[15]
日本自 1894 年起陸續廢除不平等條約，重新締結平等條約，而於明
治民法施行之翌年即 1899 年完全實現（完全廢除領事裁判權，1911

年完全恢復關稅自主權）。

3. 日本躋身世界強國

日本明治維新，「脫亞入歐」，積極西化，使日本脫胎換骨，不但建造了近代國家，而且國力日益強大。甲午之役，中國戰敗，與日本議和，簽訂馬關條約，中國將臺灣、澎湖永遠割讓與日本。1895 年 6 月 17 日，臺灣總督府在臺北舉行始政式，開啓對於臺灣、澎湖之殖民統治。1904~05 年日俄戰爭，俄國戰敗，在美國調停下，於美國朴資茅斯訂立和約，俄國承認日本爲朝鮮之宗主國，及對旅順、大連之租借權、對長春以南之鐵路及其附屬地之權利等。1910 年 8 月 29 日，依日韓合併條約，日本合併韓國，改稱朝鮮，設朝鮮總督府，殖民統治整個朝鮮半島。日本遂成爲東方唯一擁有廣大殖民地的強大帝國。

4. 臺灣法制之近代化

日本領台後，乘明治維新繼受近代西方法成功之勢，積極推動臺灣法制的近代化 [16]，並導入西方式的法院制度 [17]。日本統治臺灣前半期二十五年間，除領台之初實施軍政外，悉採委任立法制度，以臺灣總督發布的律令爲中心（律令優先主義），逐漸將明治維新實行近代西方法制的經驗引進臺灣 [18]，後半期二十五年間則改採「內地法律延長主義」，而以日本內地法律爲中心（法律優先主義），次第以敕令將日本內地法律施行於臺灣。依大正 11 年 9 月 18 日敕令第 406 號「關於民事之法律施行於臺灣之件」，自大正 12 年（1923 年）1 月 1 日起，臺灣施行內地之民法、商法、民事訴訟法等民事法律。[19] 日本明治民法、商法施行於臺灣，對於臺灣市民社會之形

成、資本主義之發達，裨益甚大。1928 年 3 月臺北帝國大學創立，政學科法學教育與法學研究，與日本內地帝國大學並無不同，師資陣容相當堅強，學術水準頗高。日本殖民地政府厲行「法治」，政府本身遵守法律，臺灣人（當時稱爲本島人）也養成「守法的精神」，向爲人所稱道。這正意味著日治時期日本法在臺灣落地生根。

5. 中國西化緩慢

中國爲東方歷史悠久的大帝國，但自鴉片戰爭後，國際地位頹退，尤其經甲午戰爭一役，國運一蹶不振。滿清政府專制腐敗，未能如日本明治政府，積極推動近代化，變法圖強，結果非但淪爲黃昏帝國，最後甚至走上滅亡的命運。

甲午戰爭、日俄戰爭後，中國士大夫咸認日本以蕞爾小國竟能戰勝大國，應歸功於日本繼受近代西方法、變法圖強之結果。清廷未能及時實行立憲主義，已坐失先機，光緒 32 年（1906 年），清廷聘請日本法學博士岡田朝太郎起草刑律；同年又延聘日本大審院判事法學士松岡義正起草民律；光緒 34 年（1908 年）復聘請日本法學博士志田鉀太郎起草商律，但未幾清室已覆亡。1911 年辛亥革命成功，翌年元旦中華民國開國。民國法律亦率皆繼受歐陸、日本之近代法律。民國民法於 1929 -31 年陸續制定公布施行。民國民法之編纂、學說及實務均深受日本民法之影響。由於民國肇建後，內憂外患交加，國家動盪不安，以致各種典章制度未能及時實行泰西主義，使符合「文明國」標準，因此中國遲至 1943 年始廢除不平等條約，簽訂平等新約，整整晚了日本四十三年。這也意味著中國西化至少晚日本四十年。

6. 中國學習日本近代法

　　自 1868 年以來，日本逐步採用近代西方歐陸法，積極建立獨立自足的法律體系，一躍而成為法文化先進國家，連千餘年來一直為日本法的原鄉之中國也反過來向她取經、學習。關於近代中國法與日本法之關係，除清末延聘日人起草民、刑、商律外，大理院判決直接間接受到日本法的影響；中國大批留學生湧到日本讀法律；國民政府編纂法典，雖謂以三民主義為最高指導原理，實則大多是仿照歐陸、日本最新立法例而制定者，尤其關於法律用語，多從日本之迻譯，而法律學之研究，受日本影響亦最深。日本明治法學界最閃亮的明星、對民法典編纂事業著有偉大功績的梅謙次郎先生於明治 36 年（1903 年）就任法政大學（和佛法律學校改制）總理，特別致力於中國的留學生教育，他訓示中國留學生道：「日支兩國從來有同文同教的關係，根本的道德觀念一致。而日本先於支那研究泰西之文物制度，採其長而補我之短，比較研究東西之得失利弊，調和折衷之而編成法典。故支那於編制新法典之際，以依據日本之法典為便。諸君應當體會斯意認真學習，為本國貢獻。」又，後起之秀民法學大師我妻榮先生在二次大戰期間昭和 17 年（民國 31 年）秋到北京大學（當時屬南京中華民國維新政府）法學院講學，嗣後出版《中華民國民法總則》（昭和 21 年 7 月 30 日第一版第一刷發行，日本評論社）一書，在序文中謂：「中國學生諸君目前也許對研究日本法律學不感興趣，不過不久的將來必會體會到為闡明將使中國發展的近代法律學之精神，研究日本近代法律學乃其捷徑。」（出書時剛剛是戰後一年，日本與中國正處於微妙關係），我想都是肺腑之言，誠諦之語。日本近代法律與法律學和包括中國在內的東方

諸國一樣都是移植近代西方法律與法律學而來，但日本移植最早也最成功，實在值得東方諸國借鏡。

7. 戰後臺灣法治、法學倒退

　　第二次世界大戰，日本戰敗，接受波茨坦宣言無條件投降，中國戰區盟軍最高統帥蔣介石委員長派陳儀到臺北於 1945 年 10 月 25 日代表盟軍接受臺灣區第十方面軍投降（日軍向盟軍投降），接管臺灣，中華民國法律自是日施行於臺灣。當時臺灣，市民社會已然形成，法治建設超前中國約三十年，對於同屬繼受近代西方法制的國民政府法律，提供了肥沃的土壤。詎料陳儀政府不但以征服者、勝利者姿態君臨臺灣，輕蔑臺灣人，而且落後顢頇，貪污腐敗，橫行霸道，軍人、官員打家劫舍，搜括民財，臺灣法治一夕之間倒退三十年。不久即發生二二八事件，臺灣陷入空前的大浩劫。

　　國民政府接管臺灣後，立即屬行「去日本化」，把日治時期施行於臺灣的法律悉予廢除，而把國民政府在中國制定的法律施行於臺灣。或許這是改朝換代必須採取的措施，問題是，前者遠比後者進步、完備[20]。例如，日本「刑事補償法」早在 1933 年已施行於臺灣，但民國「冤獄賠償法」到 1959 年才制定施行，其間空白了二十六年。日本「國立公園法」早在 1935 年已施行於臺灣，但民國「國家公園法」到 1972 年才制定施行，其間空白達三十七年。又例如，傳染病預防法、家畜傳染病預防法、畜牛結核病預防法、污物掃除法、種痘法、癩預防法、精神病者監護法、精神病院法、結核病預防法、花柳病預防法、國民醫療法、保健所法等法律在 1923 年以後均次第施行於臺灣。[21] 例子很多，不勝枚舉。無可諱言的，國民政府接管

臺灣，顯然是法文化落後的國家統治法文化進步的地域，而與日本領有臺灣，係法文化進步的國家統治法文化落後的地域，恰好形成強烈的對比。二二八事件之所以發生，我想，這是主要原因之一。

1949 年，國共內戰勝負已定，中共廢除國民黨政府的六法全書及一切法律，「大陸淪陷」，國民黨政府遷占臺灣，中華民國法律在中國走入歷史，而在臺灣延續其生命。國民黨政府退據臺灣後，仍不改中國傳統人治專制之本質，尤其長期實施戒嚴軍事統治，人民之自由權利被剝奪殆盡。所幸，國民黨政府在一黨專政下，仍實行近代西方個人主義、資本主義法制。歷史證明，近代西方個人主義、資本主義法制切合臺灣的需要，乃臺灣進步發展的基礎。又事實顯示，戰後，臺灣法律，不論是修正或制定，大都仿傚日本相關法律，而著書論文亦率皆參考日本文獻資料，受日本近代法律學的影響甚深。

8. 赴日留學時之心境

日本「脫亞入歐」，也學習西方帝國主義，積極擴張勢力，而領有臺灣、朝鮮等殖民地，其後更發展軍國主義，侵略中國、東南亞各國，甚至發動太平洋戰爭（當時稱大東亞戰爭）。我深感疑惑，難道強國、大國欺侮、吞食弱國、小國是歷史的鐵則？我多麼希望未來的世界是不再弱肉強食、沒有戰爭、和平相處的世界。

我曾經是日本帝國的臣民，現在是中華民國國民，同時是道地的臺灣人，我到曾經為臺灣的母國、法文化發達的日本留學，研究法學，感到十分興奮。我又想，我不能僅以修得博士學位後回國謀得一份大學教職，過著安定的生活為滿足，而應該進一步以法學教

育與法學研究爲志業，並負起法律人宏揚法治、伸張正義的使命。這是我赴日本留學時的心境。

（二）　進大阪大學

　　1970 年 10 月 1 日飛抵東京羽田機場。初次到東京，但見高樓大廈林立，交通四通八達，熙熙攘攘，盡是動的狀態；街道整潔，行道樹青翠，公園綠地到處可見，繁華熱鬧中帶著幾分幽靜。祇是東京烏鴉很多，一大早就聽到「啞啞」叫聲，剛開始覺得有點不舒服。我們這梯次的各國日本國費留學生有二十幾位，依例先在東京會合，住宿駒場留學生會館數日，參加講習、參觀活動，[22] 然後分道揚鑣，到各大學報到。早稻田大學博士生吳英哲陪我坐專車到東京駅。他是我台大法律系的大學長，温文儒雅、和悅親切。我從東京駅坐新幹線ひかり号到新大阪駅，初次坐新幹線覺得很新奇。我照事先安排，住進位於吹田市津雲台的關西留學生會館，就緒後再到大阪大學法學部報到。

　　大阪大學舊制爲大阪帝國大學，我留學時，設有文學部、人間科學部（1972 年文學部教育學科改制）、法學部、經濟學部、理學部、醫學部、齒學部、藥學部、工學部、基礎工學部等十個學部，爲典型的綜合大學，共有四個校區，法學部在豐中校區。豐中校區在豐中市待兼山町，除法學部外，文、人、經、理、基各學部及教養部都在此校區。校園廣闊，氣勢磅礴；校舍多爲四層新式建築（亦有八層新式建築），樸實堅固；環境優美，草木青翠，空氣清新，中山池、上山池、乳母谷池、二尾池、金坂池散佈周圍，池中有天鵝、鴛鴦、錦鯉，幽靜、脫俗，有如仙境。搭乘阪急寶塚線在石橋駅下車，

步行約十五分鐘即可抵達。途經中山池、上山池，但見天鵝、鴛鴦悠遊其間，繪畫般的校園就呈現在眼前。

出國前，我曾詳閱大阪大學大學院法學研究科的介紹資料，由於想研究民法，因此我決定請民法第一講座田中整爾先生擔任指導教授。我胸有成竹，法學部長（院長）中野貞一郎教授接見我時，問我想請那位老師擔任指導教授，我明白表示：「想請田中先生擔任指導教授。」中野學部長說：「跟田中先生研究民法很適切，要好好用功。」他問我是否認識蔡章麟先生？我說：「蔡先生是我的恩師。」他表示蔡先生是他尊敬的前輩。翌年我回國省親，他特別托我帶一份禮物送給蔡老師，蔡老師非常高興。

數日後拜見田中教授。田中教授在研究室接見我，他問我留學的目的，我率直說：「我要研究民法，希望拿博士學位，想請老師指導。」田中教授表示關西地方的大學授與外國留學生法學博士學位的態度一向較為保守，迄今好像還沒有例子，他特別鼓勵我說：「衹要有心，總有破例的可能。」田中教授，1927 年生，英挺俊秀，和藹可親，是十足的紳士美男子，我慶幸自己跟對了指導教授。果然，日後田中教授對我呵護備至，鞭策有加。

1970 年年底，田中教授邀請我到府上作客，師母料理すきやき（sukiyaki）招待，真是美味。師母依日本傳統禮節，陪在旁邊服侍，我覺得很不自在，要求師母一起用餐，老師、師母都莞爾而笑了。以後到老師家作客，師母都一起用餐。師母雍容華貴，慈祥優雅，和藹親切。她父親是白雪清酒會社的「重役」，但田中教授滴酒不沾，師母還透露，老師連早上吃「漬物」（tsukemono），有時也會

微醺。我開玩笑問老師：「是不是因為老師不喝酒，師母才嫁給老師？」老師哈哈大笑。來年夏天，我到府上，老師、師母送我一打冰的白雪清酒，第一次嚐到冰的清酒，好喝極了，永遠難忘。

（三）　考進博士課程

我進大阪大學是依一般規定以「研究生」身分入學的，我請示田中教授，我是否可直接報考博士課程（當時區分修士課程與博士課程）？田中教授將此問題提交教授會討論，結果教授會以臺灣的學制與日本相同，臺灣大學前身又是臺北帝國大學，而無條件承認我的碩士學位，准許我直接考博士課程。

田中教授囑我把碩士論文譯成日文。我的碩士論文《論親屬的身分行為》，主要是參考日文文獻資料撰成的，要譯成日文，並不困難。我斷斷續續用了兩個多月的時間譯成後，田中教授交待博士課程學生國井和郎（後來成為田中教授的接班人）幫我看看。一日，國井師兄到我的住處關西留學生會館抽樣審閱，他驚訝我日文寫的比說的好幾十倍。

博士課程入學考試，只考第二外國語文（將一篇英文法律文章譯成日文，可參考辭典）、民法（可參考六法全書）及碩士論文。碩士論文審查委員有三位：田中教授、民法第二講座濱上則雄教授、民法第三講座久貴忠彥助教授，主席為田中教授。三位都很客氣，顯然有意促成我進博士課程。放榜結果，果然被錄取，我就在 1971年 4 月 1 日成為大阪大學大學院法學研究科民事法學專攻博士課程學生（日本稱院生）。

　　進博士課程未幾，即 1971 年 5 月底 6 月初，恩師洪遜欣教授蒞臨關西地方訪問，與田中教授（當時擔任法學部長）、中野教授、矢崎光圀教授（法哲學）等相談甚歡，我都跟隨左右。洪老師在戰前東京帝國大學在學中就高中高等試驗司法科，是當時僅少在日本內地擔任「判事補」、「判事」的臺灣人中的一位，而且又是最年輕的，因此頗受日本法學界與司法界的敬重。洪老師的蒞訪，無疑地對我日後的學業、學位，都有很大幫助。

（四）　刻苦力學

　　我當「研究生」的一學期期間，除將碩士論文譯成日文外，參加田中教授、濱上教授、久貴助教授大學院 Seminar，有時也去大學部聽課。考進博士課程後，我陸續選修：「財產法專題研究」、「家族法專題研究」、「比較民法」、「比較法特殊講義」、「私法特殊講義」、「英美法特殊講義」、「文獻講讀」等，受教於田中教授、濱上教授、久貴教授、非常勤講師早川武夫教授（神戶大學）。又常承民事訴訟法第一講座中野貞一郎教授的鼓勵。

　　大學院上課，不論是專題或判例，也不論是用日文文獻或外文文獻，都輪流由學生報告，然後共同討論，教授於必要時才作提示，當然也有由教授主導的。我每門課程每學期輪到一次，時間由我選擇，我日語不流利，每次報告及討論都很辛苦。好在教授都體諒我，讓我慢慢報告，被詢問時慢慢回答。我日文下了很深的工夫，但一直講不好，聽也有問題，英語更是。田中教授要求我會看、會譯、會寫，對聽和說並不苛求。田中教授認為，我又不是要在日本就業，外文訓練應當置重在是要用來吸收外國的學術、文化和思想的，能

參考外文文獻資料最為重要。日語說、聽能力不好，上課更須聚精
會神，每次上課，我都很認眞聽同學報告、彼此的討論、學長的看
法、老師的提示，有時也會發問或提出個人見解，一點一滴累積下
來，收穫很多。

（五）　完成博士論文之過程

　　博一下學期開學不久，田中教授對我說：「關東地方像東京大
學迄今授與包括臺灣留學生在內的外國留學生法學博士學位已有好
幾位，我趁國立九大大學[23]法學部部長會議之便和東大法學部長星
野英一教授談起你，星野教授說你如果想轉到東大，他願意收你。」
我直覺的反應是：在阪大建立的師生關係非常珍貴，田中教授既然
這麼關心我的學位，在他門下，必有希望；到東大一切須重頭開始，
必然相當艱辛，而星野教授研究法國法，在他門下若須學法文，負
荷太大，因此我堅決表示要留在阪大。田中教授微笑著說：「難道
這是緣分！」

　　博一下學期期中，田中教授主動問我博士論文要寫什麼？我說：
「原想研究誠實信用原則，但涉及範圍太廣，恐非我能力所能及。」
他要我再找找看有沒適當的題目。一個月後，他又主動問我題目找
好了沒有？我答以尙未找到。於是他說：「浮動擔保如何？浮動擔
保是英國衡平法發展出來的以企業本身為擔保標的的制度，日本仿
傚此制度制定了企業擔保法，日本有位水島廣雄先生也因研究浮動
擔保而獲得博士學位。不過這個題目還有很大的研究空間，而你英
文又比德文好，參考英文文獻比較容易。」於是我就決定以英國浮
動擔保為研究對象，隨即著手搜集有關文獻資料，進行研讀、翻譯、

分析、整理。其中最得意的是，我參考了二百多件相關英國判例，雖然其中有的未加引用。

博三開學不久，我向田中教授表示有關浮動擔保的研究，已快完成了，他問我說：「眞的確實瞭解嗎？」我答是。田中教授鄭重的訓道：「學問那有這麼簡單！谷口知平先生就曾說，他研究不當得利研究了二十年才搞通。你必須虛心。」

不過，幾個月後，田中教授指示我論文撰好後拿給他。我精神爲之一振，快馬加鞭，夙夜匪懈，埋頭撰寫，終於在 1974 年暑假期間完成了。我先請畏友博一學生加賀山茂（濱上教授得意門生）幫我修改。加賀山君聚精會神，逐字逐句仔細審閱、修改並討論，讓我獲益良多。順便一提，加賀山君如同第四任臺灣總督児玉源太郎，在胎中八個月就出生，可能這個緣故，身材比較矮小；但精神飽滿，渾身有勁。他博一時整理碩士論文發表，就被ジュリスト列爲年度民法類最具代表性論文，獲得鈴木祿彌教授高度的評價，其優秀可見一斑，他確實對我幫忙很大。我把原稿謄清後呈給田中教授，田中教授審閱後，尚覺滿意，乃提請教授會討論是否准我提出申請授與博士學位？結果商法第一講座山口幸五郎教授表示反對，並要求我要去修他的課。我當時感到十分失望，一度想束裝回國，但想到「爲山九仞」、「必須虛心」、「小不忍則亂大謀」，衝動的想法馬上消失，很快就回復信心和鬥志。

日本在 1958 年仿傚英國浮動擔保制度制定「企業擔保法」，明定：「股份有限公司之總財產，爲擔保其公司發行之公司債，得作爲一體，爲企業擔保權之標的。」因此浮動擔保與股份有限公司、

公司債有關，山口教授是商法第一講座，我原先曾請示田中教授是否應該去修山口教授的課？田中教授說：「山口教授大學院的課使用法文文獻，你不懂法文，沒選修應該沒關係。」我想，我沒修他的課，他很在意。我曾幾度請教山口教授，我的論文那些地方需要修改或補充？他都沒明白指示，只說修了他的課再說。後來我去修他在大學院開的「商法特殊講義」，題目為「歐洲經濟共同體公司法」，使用法文文獻，為此我開始學法文，一學年下來，有點心得，最後一次由我報告，我參閱英文文獻，山口教授很滿意。山口教授嚴謹木訥、溫良和善，對學生很照顧。他胃寒，喜歡喝洋酒和日本酒，每週下課後都會請學生小酌。他把我當作入門子弟。有次師生聚會餐敘，請老師講話，老師慢慢站起來，環視學生，頻頻點頭，最後說一聲「ありがとう」，就慢慢坐下來了，讓我印象至為深刻。

在日本取得法學博士學位的外國留學生論文大都未在日本公表，田中教授特別囑我把論文稍作整理後，在《阪大法學》發表，廣求教益。我整理後以〈イギリス浮動担保に関する研究〉為題，刊載於《阪大法學》第 91 期（共 151 頁），結果有日本駐外商社來函索取論文。接著，在田中教授指導下，進一步就英國浮動担保之實行作深入研究，脫稿後接獲新資料，立即日以繼夜，補論蘇格蘭最新導入的收益管理人制度，而以〈イギリス浮動担保の実行について〉為題，發表在《阪大法學》第 96 期（共 76 頁），結果獲得ジェリスト的好評（第 609 期第 156 頁）。

1975 年 5 月底，我將前揭兩篇論文合併，以《英國浮動擔保之研究》名稱提出申請授與博士學位，教授會將它公開在法學部研究圖書室，讓大家閱讀評判。當時中野貞一郎教授將赴德國三個月，

特別撥冗審閱，並向教授會表示他贊成授與我法學博士學位。公開三週，結果大家評價都很不錯。

（六）　榮獲法學博士學位

　　教授會無異議接受我的博士學位申請案，論文審查委員為田中（主查）、濱上、久貴（副查）三位教授。口試時間兩個小時，我回答得不甚理想，主要原因還是日語不流利。口試後，審查委員向教授會提出報告，事後聽說教授會花了兩個多小時討論我的學位案，山口教授（當時擔任法學部長）也相當肯定我的研究成果，最後全員投票一致通過。當天晚上八點多，田中教授打電話到我寄宿處（我1973年3月8日在大阪結婚，婚後不久搬到池田市神田兒玉家寄宿，後詳）簡短地說：「恭喜你，教授會已通過你的學位案。」我聽了之後，喜極而泣，高興萬分。十分鐘後，我打電話給田中老師表示深摯的謝意，師母向我賀喜，並說老師已睡著了。是日教授會從下午二點開到七點，田中教授開完會後回到家已很疲憊，可想而知。隔天早上我以航空快遞向父母和妻報喜。妻回信說：「你博士學位案通過的那天晚上家裡的曇花盛開，我便預感可能你的博士學位已確定了。」弟來信說：「你榮獲法學博士學位，開家鄉未曾有之奇，家鄉父老準備你回國時要盛大歡迎。」我想婉拒，又恐失禮，祇好順其自然了。

　　我獲得博士學位，有許多人向我道賀，在賀函中，早川武夫教授（我修過他的「英美法特殊講義」）寫道：「你榮獲法學博士學位，真恭喜！而且是關西地方外國留學生第一位，彌足珍貴。」予我印象最為深刻。在我獲得博士學位之後，京都大學、神戶大學也開始

授與外國留學生法學博士學位。我頂著 pioneer 的榮光，對於未來學術上表現也承受很大的壓力。我自己十分明白，我根性愚鈍、資質平庸，將來要在學界有傑出的成就，必須比別人加倍努力。法律學難嗎？難，尤其傳統法學更難。我妻先生曾經告白，他一生研究民法，確實融會貫通的只有三分之一，另三分之一看別人的著作能夠瞭解，有三分之一仍似懂非懂。田中先生出版《占有論の研究》（有斐閣，昭和 59 年 10 月 20 日初版第一刷發行）時，對我說：「占有論是民法學上的一大迷宮，我投入研究二十餘年，才稍微走出迷宮，有點心得。民法學博大精深，要得其奧義，殊不容易。」當然，我妻先生、田中先生謙虛，不過給我莫大的鼓勵和啓示。

田中教授等三位論文審查委員對我的論文予以極高的評價，論文審查之要旨稱：「在全體的評價上，可認為迄今我國所無的，就浮動擔保全般為周詳縝密之研究，其集大成之成果，對學界貢獻重大。」

我的學位記（博士學位證書）內容如下：

　学位記　中国　黄宗樂　昭和十七年五月五日生　本学大学院法学研究科民事法学専攻の博士課程において所定の単位を修得しかつ必要な研究指導を受けた上左記博士論文の審査及び最終試験に合格したので法学博士の学位を授与する　博士論文名　イギリス浮動担保の研究　　昭和五十年十月十五日　大阪大学総長　若槻哲雄　第三四七一号

於「イギリス浮動担保の研究」處蓋「大阪大学」大印；於「大

阪大学総長　若槻哲雄」下蓋「大阪大学総長」之印。當時日本政府就台灣留学生之國籍均寫「中国」。我的学位記係舊制的学位記，新制的学位記，其格式內容遠較簡化。

（七）　博士論文之影響

我回國後在當時台大法律學系系主任王澤鑑教授鼓勵下在《台大法學論叢》發表〈浮動擔保之研究－以蘇格蘭法爲中心〉（6 卷 2 期 283-327 頁），供我國立法之參考，惟因客觀條件不足，浮動擔保制度似乎很難引進臺灣，作爲浮動擔保的研究者，難免感到空虛、寂寞。三十年後，中華人民共和國於 2007 年制定「物權法」，明定：「經當事人書面協議，企業、個體工商戶、農業生產經營者可以將現有的以及將有的生產設備、原料、半成品、產品抵押，債務人不履行到期債務或者發生當事人約定的實現抵押權的情形，債權人有權就實現抵押權時的動產優先受償。」承認「浮動抵押」（第 181 條），雖未承認以企業之總財產爲抵押標的，但仍令人激賞。當然，在社會主義公有制下，承認企業總財產之抵押，不無困難。

根據瞭解，後來前揭日文論文成爲日本學者涉及浮動擔保時必讀必引之文獻；而中文論文則成爲中國學者研究浮動擔保之重要參考文獻，還可聊以爲慰。我回國服務後，1989 年赴東京開會，首次遇見東京大學教授米倉明先生，米倉教授看到我的名字馬上對我說：「我拜讀過黃先生（sensei）浮動擔保的論文，詳細、深入，我印象還很深刻。」2006 年日本小林秀年教授來台訪問，贈我大作〈スコットランドにおける浮動担保の素描〉《比較法第 25 號。東洋大學創立一〇〇周年紀念號》（1988 年 3 月），他說：「小著有負於黃

先生（sensei）的論文地方頗多，一直希望能有機會當面呈給您。」
2010年中國學者伍治良副教授伊媚兒到文大法律系辦公室向我索取
前揭中文論文，他說：「我人在美國研究，亟需參考黃教授的論文，
懇請撥冗伊媚兒一份給我，先此致謝。黃教授的論文是經典之作，
大陸學者的著作及論文中引用黃教授該論文非常之多。」讓我感到
非常溫馨。我請巫助教伊媚兒過去後數日又收到伍教授的伊媚兒稱：
「近十幾年來，可阻止啓動破產管理人的接管人制度，已遭到很多
人的反對，因而英國2002年《企業法》對浮動擔保接管人制度限
制較多；且因浮動擔保公示制度和優先權制度的不成文性，蘇格蘭
與英格蘭呼籲廢除浮動擔保制度的學者也不少，英國法律委員會與
蘇格蘭法律委員會對浮動擔保制度保留與否的態度也搖擺不定。」
伍教授又提到：「大陸2007年通過的《物權法》，規定了浮動抵
押，我認爲沒有吃透英國浮動擔保的精髓，存在一些問題，研究心
得出來後，還祈請黃教授給予指導。」我對浮動擔保制度何去何從，
十分關心；對伍教授勤於治學勇於求眞的精神，深感敬佩。中國自
1980年代改革開放以來，法學教育與法學研究日益蓬勃發展，今日
法學者之多、法學生之眾，已居世界之冠。我想，法律的完備、法
學的發達是中國和平崛起、邁向富強的保證，吾人欣見中國能夠成
爲法學先進國家，尤其成爲強大的法治國家。

（八）　留學生活回憶

1. 備受照顧

留學期間，平時上課，老師嚴格，學生認眞，但也有輕鬆的一
面。久貴先生、山口先生seminar課，每學期學生都會辦一次konpa

（コンパ，company 日文略語），田中先生、濱上先生 seminar 學生偶爾也會辦。konpa，學生分擔費用，師生歡聚一堂，邊吃喝邊聯誼，有唱歌，有搞笑，大家打成一片。

留學期間，田中先生、濱上先生、久貴先生、中野先生、山口先生對我都很照顧。我（結婚後和妻）不止一次被招待到府上餐敘，吃道地的日本料理，老師、師母都很親切，讓人賓至如歸。久貴先生當時未婚，我和妻參加研修旅行到過他故鄉出雲的老家。

田中先生住池田市、濱上先生住箕面市、中野先生住東大阪市、早川先生與山口先生住神戶市。田中、濱上、中野、早川宅第都是獨棟日式木造建築，皆有庭院，幽靜高雅；山口宅第在大廈中，日式裝潢，寬闊明亮。日本教授生活品質之優良，可見一斑。

早川先生特別帶我和妻參觀他的書房，書房大，藏書多，光是工具書就不下五百本，語文、法律、政治、社會、經濟、哲學，日文、英文、法文、德文、拉丁文都有。他對我說：「做學問，工具書很重要，購置越齊全越好。」我本來對工具書就很重視，經老師再強調，我留學期間買了不少工具書。

其他教授，例如矢崎光圀、木村愼一、高田敏、松島諄吉、川島慶雄、松岡博諸先生都曾垂問、關心。

院生中，幫忙我、照顧我最多的是加賀山茂君（濱上先生指導學生）；國井和郎大師兄也隨時惠賜指教；二宮周平（久貴先生指導學生）、吉本健一（山口先生指導學生）、千藤洋三（中野先生指導學生）、松浦好治（矢崎先生指導學生）、小杉茂雄（田中先

生指導學生）（以上七人後來都成爲知名的法學教授），還有高田
昇治（山口先生指導學生，後來當辯護士）、望田耕作（田中先生
指導學生，後來當判事）諸君也都多方關懷。

　我回國後，1987 年 3 月中旬，田中整爾教授與夫人曾應輔仁大
學校長羅光總主教的邀請來台訪問一週。林志剛律師與武田美紀子
樣締結良緣，武田樣的指導教授川島慶雄先生專程來台擔任女方介
紹人，我則擔任男方介紹人，而由彭明敏教授福證。加賀山茂樣、
松浦好治樣擔任名古屋大學法學部教授時，曾先後來台參加學術研
討會。久別重逢，頗有「一期一會」的感受。

　田中先生與夫人訪台期間，最重要的行程是，在輔大法律學
系系週會作專題演講（有師生七百多人參加），講題爲「近時に
おける日本民法學の發展の樣相—その概観と不當利得論につい
て—」（近時日本民法學之發展情況—其概觀及不當得利論—），
吳英哲老師即席翻譯（原文及譯文刊載於《輔仁法學》第八期）。
歡迎會在挹翠山莊寒舍舉行，陳榮隆老師的岳母及阿姨特地來幫
忙辦臺灣料理；回國前夕，安排住在陳榮隆老師的天母宅第，讓
田中先生與師母體驗臺灣人的家居生活。在東海大學法律學系陳
文政系主任、郭振恭教授、溫豐文教授邀宴的席上，我開懷清唱
〈學園廣場〉：

　　　　　　　空に向かって上げた手に
　　　　　　　若さが一杯飛んでいた
　　　　　　　学園広場で肩組み合って
　　　　　　　友と歌った若い歌

> 僕が卒業してからも
> 忘れはしないよ何時までも
> 学園広場は青春広場
> 夢と希望がある広場

田中先生非常感動，一再要求アンコール（法 encore）。

2. 日本國民性、法學界特色

留學外國的目的，不應限於研究學問、取得學位，而須進而觀察、瞭解留學國國民性（民族性）尤其其優點，以作爲借鏡。我留學日本五年間，深刻體會到日本人，一般而言，正直、誠實、有禮；勤勉、認眞、嚴謹；守時、守法、守紀律、守秩序、守規矩；深具責任心、有使命感；富公德心、樂於助人；愛好潔淨、注意衛生、注重環保；愛智、學習能力強、擅於超越創新；群體意識強烈、富團隊精神、重視總體美。日本有如此優秀的國民性（民族性），難怪明治維新，一舉躋身世界強國；戰後迅速從廢墟復興，一躍成爲傲視全球的經濟大國。1977 年，日本人之平均壽命，男性爲 72.69 歲，女性爲 77.95 歲，成爲世界第一長壽的國家，更令人刮目相看。日本之能成爲世界第一長壽的國家，當然與生活環境、飲食習慣、衛生醫療等，有必然的關係。

在法學專業領域，我看，對學者的評價標準有二：學問與人格（淵博的學問、高潔的人格）。一位良師必須是學問上要求嚴格，而待人和祥懇切。我發現日本法學界有下列幾點特色：

（1）近代日本法學主要是繼受西方法國法學、德國法學以及英

美法學融合而成，並力求超越創新。徵諸佛教創立於印度而盛行於東亞、東南亞，基督教起源於近東而光大於西方，羅馬法發祥於羅馬而傳揚於德、法，我看，日本法學在眾多學者辛勤耕耘，不斷推陳出新之下，隱然有青出於藍、大放異彩之勢。[24]

（2）日本學者注重實力，不重文憑，縱使獲有博士學位，名片上通常亦不標明，論文如具學術價值，即使是大學院學生發表的，依舊會受到重視。

（3）日本大學採「講座制」，一講座置教授一人或（及）助教授一人，有時配置助手或講師一人。同一講座教授退休前，助教授不得升任教授，不論該助教授學術多有成就。從而，大學教師大都是專任的，兼任的很少。兼任的稱為「非常勤講師」，悉由別的大學專任教師兼任之，由官吏兼任者幾稀。至所謂學官兩棲或官學兩棲則未之見也。

（4）大學院學生入學與畢業，主要取決於指導教授，論文審查委員均為本校相關講座，並以指導教授為召集人，不假校外，完全尊重、信任指導教授；法學博士（不論是課程博士或論文博士）學位大都是日本本國大學授與的，到外國拿博士甚為罕見，我想，日本法學界自始即樹立了學術自信心與自尊心。

（5）日本學術自由，學者眾多，學會、研究會亦多，有全國性的，有地方性的，有跨越校際的，有各大學專屬的，成員參與積極，研究風氣極盛。

（6）除法解釋學（解釋法學）外，日本對於基礎法學，不論法

哲學、法史學、法社會學、比較法學，都非常重視，研究成果亦相當驚人。

（7）日本對於判例之研究，極爲盛行，其數量之多可能位列世界第一，不僅本國判例，即英、美、法、德等外國判例亦爲研究對象。

（8）各大學法學部均有刊行法學雜誌，用供本校教師或大學院學生發表論文園地，展現並代表該校法學研究的成果與特色。跨校際的法學雜誌則有ジュリスト、法律時報、法學新報、民商法雜誌、金融法務事情、判例時報、判例タイムズ、判例評論等多種。

（9）日本法學固爲輸入法學，但學者最關心的是如何吸取西方法學醇化爲日本文化，因此最致力之所在還是闡述日本法律學，建立日本獨自的法律體系，注釋民法、注釋刑法、注釋會社法等（均係有斐閣出版），即其具體成果。此等注釋法律書，乃出版界結合學界發揮總體力量共同完成者，把「總體美」發揮得淋漓盡致。

3. 參加學會、與我妻先生之緣

我進博士課程後陸續加入日本私法學會、比較法學會及日本法社會學會。通常，學會大會，春季在關東舉行，秋季則在關西召開。在關西召開時，只要有空我都會出席。1972 年，日本私法學會假甲南大學舉行秋季大會，一大早在前往會場的山坡路上巧遇我妻榮先生，他腳有宿疾，撐著拐杖，加賀山茂君介紹我是臺灣來的留學生，他面露爽朗慈祥的笑容，親切地勉勵我。我妻先生對臺灣很友善、對臺灣留學生很照顧，向爲老一輩的臺灣留學生所津津樂道。我進阪大不久，田中教授拿給我我妻先生的《民法大意》上中下三

卷，要我好好研讀。其實留學前，我已讀過我妻先生的《新訂民法總則》、《親屬法》及《中華民國民法總則》。我對我妻先生的學問、人格都非常崇拜，留學期間，我妻先生的著書我幾乎全部都購買了。我妻先生在其巨著《近代法における債權の優越的地位》（有斐閣、學術選書Ⅰ、昭和28年1月30日初版第一刷發行）序文中謂：「とはいえ、私は、いまだに、本務以外のいろいろの仕事から解放されずに苦んでいる。この論文と、さらに『民法講義』の殘された三册の重荷を負背い、暮れよぅとする夕陽を仰ぎながら、險しくて遠い學問の道を、私はあえぎながら、歩み續けることであろう。」我深受感動和啓發。我妻先生於翌年10月急逝，享壽七十六歲，一代法學宗師就此與世長辭，令人悼念不已。

4. 大阪印象、記趣

　　日本地方行政區畫有一都二府一道四十三縣，大阪與京都同爲府，京都爲日本古都，大阪則爲日本工商業大都市。出國前以爲大阪空氣很差，沒想到在臺北時鼻孔會有塵垢，但到了大阪鼻孔竟日乾乾淨淨；又以爲大阪河川污染嚴重，沒想到淀川河水清澈，魚蝦悠遊其間。大阪工商業發達，進步繁榮，高樓大廈林立，交通四通八達。國鐵、私鐵（阪神電鐵、阪急、京急、南海、近鐵）、地下鐵、市巴士、道路、航空（大阪國際空港、八尾飛行場）、海運（大阪港），構成綿密、便捷的交通網。市內有阪急、阪神、松坡屋、三越、Sogo、大丸、高島屋、近鐵等百貨店，皆與地下鐵車站相連繫，購物極爲方便。阪急百貨於昭和4年（1929年）4月15日在大阪梅田開店，首創 terminal department store，標誌著大眾化社會的到來。至於名勝古跡則有大阪城、住吉大社、四天王寺、天滿宮、通天閣、

造幣局等，其中以大阪城最負盛名，天守閣爲大阪之象徵。1970年，日本萬國博覽會（EXPO'70）在大阪・千里丘陵舉行，主題爲「人類之進步與調和」，風靡全世界，帶給大阪絕對的利多。開幕前三年，阪急千里線北千里駅日本最初之自動改札機（自動剪票機）開始使用。

梅田有一家名叫新桃源的臺灣料理店，規模不大，但口味甚佳，是臺灣留學生常去的地方，我和妻當然也不例外；洪遜欣教授蒞臨關西訪問時，又陳棋炎教授與夫人蒞臨關西旅遊時，我招待到此用餐，都吃得津津有味。道頓堀的蟹料理很出名，我和妻去品嘗過幾次，果然名不虛傳。我留學時，與大阪有關的流行歌曲有「王將」、「道頓堀行進曲」、「大阪しぐれ」、「雨の御道筋」等，我都很喜愛。當時大阪脫衣舞秀（ストリップ（ショ_）），大東洋座最有名，外國觀光客最愛。有一次，我帶朋友去，找不到地方，問路旁一位老人家：「ちょっと伺います。大東洋はどこにありますか。」那位老人家精神一振說：「大東洋ですか。それは日本一だ。すぐ前ですよ。」當時流行三温暖（sauna），我剛到大阪時朋友帶去體驗。三溫暖忽熱忽冷，我很不習慣，以後再也不去了。成功大學黃慶連副教授、王世雄講師來大阪大學研究，有一天我們一起去大阪市內逛街，路過私娼館（日本禁止賣春），我們邊走邊用台語交談，突然有位五十多歲的婦女用台語打招呼：「姦恁娘，敢是臺灣來的？」[25] 我們嚇了一跳，問她是臺灣人嗎？她說是日本人，那句台語是特別學來的。我們好奇的問她怎麼收費？她說：「一發三千圓」，她（老鴇）看我們的樣子，知道不是嫖客，就說：「御大事に」（o-daiji-ni，請多保重），蠻有人情味的。

大阪有大阪腔（大阪辯），我日語說、聽能力本來就不好，初次遇到大阪腔，窘態畢露。大阪腔很多，例如，おまんねん（あります、有）、おまへん（ありません、沒有）、さよか（そですかう、是嗎？）、ごきげんさん（ご無沙汰してます、久違了）、たのんまつせ（おねがいします、拜託）、おおきに（ありがとう、謝謝）、よろしゅうに（よろしく、請多關照）、しんどい（疲れている、むずかしい、好累、眞難），不勝枚舉，我悉心學習，很快就進入狀況。

5. 關西留學生會館生活點滴

留學期間，前半期住在吹田市津雲台的關西留學生會館。通學，從會館步行到南千里駅，搭乘阪急千里線到梅田駅轉寶塚線在石橋駅下車，再步行到豐中校區，需時一個多小時。

關西留學生會館是專供關西地方來自各國的日本國費留學生居住的，是一棟ㄇ字型四樓層的洋式建築，環境優美，住居舒適，伙食良好。記得第一次在餐廳點餐，服務小姐問我貴姓，我答說：「黃樣です。」在場的人都笑了，因爲我居然自稱「さん」這個表示尊敬的用語。當時臺灣來的留學生，魏美月、陳政雄、吳福安、張隆義、陳信宏、王耀鐘、李勝彥、黃友輔、賴玉山、廖德章、陳偉識等都曾住過這裡，「有伴有陣」，不會寂寞。週末或假日晚上，偶爾幾位好友來我房間，弄點故鄉味，大家邊吃邊喝邊談天說地，一時忘卻異國遊子的鄉愁（nostalgia），有時合唱〈黃昏的故鄉〉、〈媽媽請妳也保重〉之類的歌曲，益增思鄉、憶親之情。福安兄的房間就在我的隔壁，他研究經濟學，但買了許多日本文學名著，人很性

格、豪爽。德章兄初到日本，我陪他一起去謁見指導教授野櫻俊一先生，野櫻先生樸實和祥親切，後來他曾招待我同德章到他家餐敘。耀鐘兄弄璋之喜，請我幫寶寶想個好名字，我很慎重起了一個，後來他說，他父親「眞博」，也爲愛孫命名，但最後還是採用我起的名字，他和他父親都很佩服我。我也結識了在關西臺灣留學生同學會很活躍的張雅孝（京都大學大學院法學研究科），而在一次同學會舉辦的伊勢志摩之旅，認識了剛到京都大學留學不久的謝長廷。

我不曾看過下雪，到日本不久，嚴冬來臨，一夜寒風凜凜，彤雲密佈，翌日清晨瑞雪紛紛，大地一片銀白。曩昔看《三國演義》，劉備冒著風雪再度往訪孔明未遇，正要離去時，聞一老先生（孔明岳父黃承彥）吟詩曰：「一夜北風寒，萬里彤雲厚。長空雪亂飄，改盡江山舊。仰面觀太虛，疑是玉龍鬥。紛紛鱗甲飛，頃刻遍宇宙。……」我今身臨其境，甚爲驚喜。下午風雪停歇後，我戴著帽子，穿上大衣、皮鞋（未購置運動鞋）走出留學生會館，踏雪到附近觀賞雪景，直到感覺腳趾有點疼痛（凍傷）才返回宿舍。

每年聖誕夜，留學生會館照例舉行舞會，都 high 到深夜。我不會跳舞，個性也比較內向，因此都不曾參加。不過，鼓聲、音樂聲、喧嘩聲傳到三樓我的房間，讓我也感受到熱鬧的氣氛。

留學生會館有位管理員，柔道三段，在會館 B1 開設道場，教授留學生。一夜，我下樓參觀，有十幾位學員著柔道裝正在「稽古」（けいこ，練習）。休息時間，我和師傅及他的「頭手司仔」談得很入港。我開玩笑說：「我想試試看，你如何把我摔倒？」頭手司仔，即將晉升一段，個子比我高，他表示有意思，師傅也覺得有趣，

於是我換上柔道裝就上場了。他似乎想一出手就把我摔倒，我雙手緊緊扭住他的腰部，雙腳隨著他的腳步移動（我只守不攻），他使出各種招數，始終無法把我摔倒，最後鬆手向我表敬。師傅對我說：「以你的底子，認真學習三年，將來回臺灣，可以開館。」我一心向學，婉謝他的好意。我年輕時好武，身體矯健，動作敏捷，腳力、腰力、臂力、腕力、掌力、指力都蠻自豪的。師傅和頭手司仔看我「有二步七仔」，面露英雄惜英雄的笑容。

6. 池田市神田児玉家生活點滴

1973 年放暑假時，在加賀山茂君的介紹和協助下，搬到池田市神田児玉（後來復姓榮井）家下宿（geshuku，寄宿）。從寄宿處步行到豐中校區，僅需二十幾分鐘。

我搬到児玉家寄宿是完全正確的。児玉家有六、七個人寄宿，我則租在附近的房子，到児玉家包飯、利用浴室[26]。児玉家由歐巴桑（児玉マッエ樣）當家，丈夫已不在，堂上有公婆，兩位老人家都很和藹可親；有一個兒子，在早稻田大學讀書，長得一表人才。當地略屬郊區，有鄉間的氣氛。児玉家獨棟日式木造建築，古樸、幽雅。歐巴桑收費很便宜，包飯一個月僅日幣七千圓，但吃得很好。她說有撇步：「買盛產時的蔬菜、水果既便宜又營養；傍晚去買可買到既便宜猶新鮮的魚肉和蔬果。」歐巴桑待人和善、親切、體貼，讓寄宿的人都感到自在快樂。寄宿的有男有女，有學生有老師有公司職員，大家相處愉快。每逢週末，飯後大家一起聊天、唱歌。妻自東京來時，歐巴桑會特別加菜，飯後大家談天說地、歌唱跳舞、搞笑，有時 high 到夜晚十一點（鄰居有點距離，不會被吵到）。

當然，搬到池田市神田後，和臺灣留學生互動就較少，未嘗不是一項損失。

我租居名為「勝山莊」的出租公寓（二樓建）的二樓角間，光線很充足，附近很安靜，日本人房客都很客氣，是讀書、撰著的好地方。除了上學校外，大部分時間我都在租居處撰寫論文，效率頗高，我的博士論文就是在這裡完成的。加賀山君送給我一台電冰箱，很管用，他偶爾會來看我，我都藉機會請教。當然，異鄉遊子總是會想家，每當夜晚聽到大阪國際空港飛機起飛的聲音，思鄉之情即油然而生，特別是妻早我一年學成歸國，又多了一位思念的對象。

1975 年 11 月我學成歸國前夕，歐巴桑特別為我舉辦了送別會，所有寄宿的人荒木眞美（女）、上田伸一、上田耕司、梶尾さかえ（女）、隈部発生、土田豊治、廣島明彦、三木四郎諸友都參加，大家依依不捨。最後我唱了一首「星影のワルツ」（星夜的離別），大家也一起合唱，我不知不覺掉下淚來。我對歐巴桑的關懷照顧、一起生活過的日本朋友的親切友善，永遠忘不了。

7. 獎學金、買書、藏書

當時日本政府獎學金很優厚，每個月日幣十五萬圓（折合美金五百元），相當於助教授的月俸，不過我以節儉為本，不隨便花費。除支付房租、生活費、兩次暑假回國省親的費用 [27] 外，主要用在買書。我喜歡買書，藏書是我最大的樂趣。大阪大學生協、旭屋書店、紀伊國屋書店是我常去的地方。到東京去時，帶妻（婚前亦同）去逛旭屋書店、紀伊國屋書店和神田舊書店，妻也買了不少日文會計學書籍。我們學成歸國時，都一包一包地打包，郵寄海運運回臺灣。

當時思想控制，海關檢查非常嚴格，凡是與共產主義有關書物都會被查扣。我的書籍中有岩波書店發行的岩波文庫，其中有：馬克斯《賃勞働と資本》、《賃銀、價格および利潤》；恩格斯《空想より科學へ》、《家族、私有財產、國家の起源》；馬克斯、恩格斯《共產黨宣言》、《革命と反革命》；列寧《國家と革命》等日文譯本，幸未被發現。

我在 1974 年 3 月 31 日博士課程修了，日本政府獎學金獲准延長一年，1975 年 4 月 1 日起始改為自費。雖然我有點儲蓄，不過回國前開支較多，最後還是要靠妻接濟。妻回國後依約返母校輔仁大學企業管理學系擔任講師，月薪新臺幣六千元（折合美金一百五十元），妻節省支出，從國內托友人帶錢到大阪給我。改成自費，須提出保證書，我向教務處承辦人員說：「保證書我會想辦法。」沒想到他微笑著說：「保證書，田中先生已交在這裡，你不用操心了。」讓我感動得說不出話來。後來我當面向田中先生致謝時，田中先生說：「你在日本留學，最親近的就是指導教授，我不出具，誰出具？與其等你開口，不如我主動出具，讓你放心。」日本老師關心外國人學生有如此周到者。夙聞，日本指導教授與指導學生間存有親分（oyabun，老大的）與子分（kobun，老細的）的親密關係，從我的 case 得到了證實，田中先生確實是有擔當的親分（老大），教我如何不感激！

8. 憂心國事

我是一個單純的留學生，只希望將來做一個單純的學者，既無政治野心，亦無做官意圖，從未參加過任何政黨，當然不是中國國

民黨黨員，可是對中華民國命運、臺灣前途，依然十分關心，蓋所謂「國家興亡，匹夫有責」也。

留學期間，發生三件大事：（1）1971 年 10 月 25 日，聯合國大會通過第 2758 號決議文，「決定恢復中華人民共和國的一切權利，承認其政府的代表為中國駐聯合國的唯一合法代表，並立即將蔣介石的代表從其在聯合國及其所屬一切機構非法佔據的席位逐出。」；（2）1972 年 9 月 25 日，日本首相田中角榮訪問北京（至 30 日），簽定「日中關係正常化聯合聲明」，繼而發表「日本政府與中國政府聯合聲明」，宣布協議建交，9 月 29 日中華民國與日本斷交；（3）1975 年 4 月 5 日，蔣介石總統病逝，全國舉哀。在國際局勢對我國極為不利之際，民族的救星、時代的舵手又殞落，中華民國風雨飄搖，臺灣前途堪虞。

我看電視和報紙，真是感慨萬千。中華民國是否氣數已盡？臺灣將何去何從？令人憂心如焚。

留學期間，每逢雙十國慶，關西地方僑界聞人洪萬先生，都會在大阪市新東洋會館舉行國慶晚會，邀請關西地方臺灣留學生參加，我每年都欣然應邀前往。1972 年我有事不克出席，當晚發生留學生連根藤等當眾拆下「國旗」踐踏事件，驚動中國國民黨。戰後，國民黨政府接管臺灣，不到一年半就發生二二八事件；國民黨政府撤退臺灣，實施戒嚴高壓統治，在在引起臺灣人的不滿，臺灣獨立運動乃應運而生。值此中華民國（臺灣）危急存亡之秋，我當時很天真地在想：中國國民黨怎麼不釋出誠意，改變統治方針，結合臺灣人共赴國難？因為從《臺灣青年》等雜誌可以瞭解，台獨組織反對

中國共產黨併吞，尤甚於反對中國國民黨蹂躪。

9. 與妻偕遊

留學期間我完成了終身大事。我和在上智大學留學的王阿蘭小姐情投意合，徵得雙方家長同意，於 1973 年 3 月 8 日假大阪大學待兼山會館舉行婚禮，在指導教授伉儷、多位臺灣留學生的祝福下，永結同心。關於我倆的奇緣、羅曼史，待「家庭生活」章分解，茲僅略述一、二。

妻原是輔仁大學企業管理學系學生，畢業後被延聘為會計統計學系中級會計學助教暨系秘書，服務成績優異，獲得基督教高等教育師資培育獎學金，於 1972 年 10 月 9 日來日本留學，1974 年 9 月學成歸國，回母校企業管理學系擔任會計學講師。

我們婚前婚後都以學業為重，新婚也沒去蜜月旅行。不過我們在日本期間，會抽空去遊覽，大阪、京都、東京主要名勝古跡都有我們的足跡。我們也曾去鎌倉、日光、水戶、小田原城、江之島、富士五湖、伊勢志摩、奈良、姬路城觀光。曾坐輪船渡過瀨戶內海到四國香山縣高松市一周，住民宿，遊覽高松市及附近名勝，其中爬鬼洞（傳說是桃太郎征鬼，鬼住的地方）最刺激有趣。

我們也曾參加久貴教授 seminar 學生研究旅行，到靠近日本海的出雲、大山遊覽。又曾接受三木四郎先生（日本體操國手，時任大阪體育大學講師，在兒玉家認識）招待，到他故鄉兵庫縣赤穗作客。我們閱覽其族譜，原來他是皇族後代，談到赤穗浪士（忠臣藏），他父親頗感驕傲。我們也曾去參謁日本詩人、童謠「赤とんぼ」

（akatonbo，紅蜻蜓）作者三木露風的墳墓。

1973 年暑假我們到廣島縣山縣郡戶河內町松原児玉樣親戚齊藤家避暑一個月，趁機參觀原爆圓頂、原爆紀念館，遊覽嚴島神社等。時值盂蘭盆會，松原村民在附近學校操場跳「御盆踊り」（obon-odori，盂蘭盆舞），我們也去參加，妻跳得很起勁，與村民打成一片。當時舞曲日本民謠〈田植唄（廣島）〉、〈炭坑節（福岡）〉，我特別喜愛。某日傍晚到田間散步，和一位六十幾歲的歐吉桑打招呼，他聽我講日語腔調，問我是不是鹿兒島來的，我說不是，是臺灣來的，他很興奮地說：「是外地（gaichi）來的，眞罕見，歡迎歡迎。」（日治時代，稱臺灣、朝鮮等殖民地爲外地，這位歐吉桑住在山中，觀念還沒有改變。）

我讀高二時，曾交一位日本筆友酒井和子，家住兵庫縣多紀郡，我到日本不久，她和她丈夫山下誠敏樣曾招待我到神戶去吃神戶牛排。1974 年 8 月間她家鄉有「大祭り」（ō-matsuri，大慶典），邀我作客。我和妻邀朱敏雄伉儷一起去，受到她全家熱情招待，我們參觀慶典活動，見識當地文化，風土人情。異國情誼，至今難忘。

我想，留學外國，除刻苦力學外，也應該忙裡偸閒，到各地看看，讓視野更爲廣闊、生活更加多彩多姿。

10. 特殊經驗

說實在的，讀書與旅遊，我比較喜歡讀書。不過，旅遊不但能調劑身心，而且能增廣見聞，我很慶幸，因爲有了她，留學期間旅遊不致留白。就我自己而言，有兩次被招待旅遊，值得特書：

（1）1971 年 5 月底 6 月初，洪遜欣教授蒞臨關西地方訪問，洪老師住在神戶市的堂叔招待洪老師和我去吉野熊野國立公園旅遊三天兩夜，鬼城（onigajō，地名）奇岩洞窟、傳說的徐福墓予我印象很深。洪老先生談起：他在日本事業有成，家庭幸福，可是自覺究竟是臺灣人，是漢人，總是心繫故國家鄉，要完全融入日本社會，心理上精神上不容易克服；他進而提及：又令人感慨的是，原本期待戰後國民黨政府的統治會令人耳目一新，沒想到反而比日本時代殖民統治大為不如，難道這是臺灣人的宿命！洪老先生的一席話，我想，觸到了許多在日台僑的心坎深處。

（2）1975 年放暑假時，加賀山茂君邀我到他四國愛媛縣北宇和郡故鄉作客八天，受到他和他的親戚熱情招待。當地鄉村，優美、清靜，民風淳樸，民情敦厚，我頗覺安適自在。第一天早上，我六點起床，看見加賀山君已坐在桌前看書，我有點驚訝。他說，他長期以來每天早上五點起床看書，早已養成習慣。加賀山君帶我去觀賞附近海岸風景，到附近海水浴場游泳，捉海膽（uni），浪漫有趣。他又帶我到高知土佐觀光。我在國內時，看過日片「南國土佐を後にして」（再見南國），也會唱那首歌（台語歌「阮的故鄉南都」），電影及歌詞都有「播摩屋橋」（harimayabashi），我身臨其境，來回走了兩趟，對我這個從南國來的異國遊子，別有一番感受。他更帶我去參觀他家族的納骨堂。它設在公共墓地中，占地約二十坪，堂建造堅固，部分露出地面，堂前有庭院。堂內安置歷代祖先骨灰罈，貼有相片和生前簡介，很理想。加賀山君說，祭祀時，家族各攜帶供物、壽司、飲料等，參拜後，在庭院邊食邊懷念先人。日本人慎終追遠、崇拜祖先，可見一斑。加賀山君的表姊溫柔、善良、

純樸、體貼，飲食習慣與加賀山君同，都吃素，加賀山君很愛她，後來有情人終成眷屬。

其他還有二件事也應一提：

（1）我到日本之翌年，應關西留學生會館職員三嶋泰廣樣的邀請，去四國香川縣高松市他家鄉參加他的婚禮，我們一起坐國鐵到岡山換乘宇松連絡船到高松。船將靠近港口時，恰巧燈火初上，船上播放森進一唱的「港町ブルース」（台語歌「苦海女神龍」），當唱到第四曲「別れりや三月　待ち佗びる　女心の　やるせなさ　明日はいらない　今夜がほしい　港　高知　高松　八幡濱」時，船正好靠岸。此景此情，讓我這個海外遊子銘心刻骨。三嶋樣日本大學畢業，新娘則是早稻田大學畢業。他母親我先前就認識，她還特別親自製作一個身穿和服、栩栩如生的日本「お人形」（o-ningyo）送給我帶回臺灣作紀念。三嶋樣舉行日本傳統神道婚儀，莊嚴肅穆，我被允許靠近觀禮。合照紀念照時，新郎新娘坐中間，媒人夫婦分坐兩旁，再來才分別坐男女雙方父母。披露宴（喜筵）在日式墊榻榻米的大宴會廳舉行，受邀出席者六十餘人，宴筵排成一個大長方形，大家圍坐著，邊享用「御馳走」（go-chisō、佳餚）邊進行節目。司儀開場白後，先由媒人致詞，再依序由主賓、來賓、友人、兄弟（也指姊妹）、親戚致賀詞，最後由新郎新娘、主婚人致謝詞，其間亦有人唱歌助興。我也準備了一份祝詞，博得大家熱烈的掌聲。各國的禮俗固然各有特色，不過我覺得日本的喜筵方式頗有可取之處。

（2）我喜歡日本歌謠，我到日本翌年，美空雲雀來大阪公演，日本友人西田敏幸君招待我去看，坐在頭等座，靠近舞臺，看得很

清楚。首次看日本歌星又是最出名的歌星公演，非常興奮。美空雲雀所演唱的歌，我幾乎都聽過，有的還會唱，至少會哼，頗有親近感。這是我留學期間唯一一次看日本歌星又是最出名的歌星公演，留下很深刻的印象。後來，我和妻與朱敏雄伉儷去看寶塚歌劇團公演，歌劇（opera）確實有其深度和特色，令人大開眼界，但對我這個凡夫俗子來說，還是歌謠比較合口味。因此，留學期間，每年年夜「NHK 紅白歌合戰」電視節目，我都不曾錯過；我也學了〈安里屋ユンタ〉、〈学園広場〉、〈知床旅情〉等多條名歌。

可能有人要問：「你留學期間沒有交過日本女朋友嗎？怎麼隻字未提？」大哉問，我想，每個人都會有個人秘密，但我不用隱瞞，我可以理直氣壯說：「留學日本五年，連日本語都講不好，證明我沒有交過日本女朋友，因為很多人說：『想學好日語會話，就交個日本女朋友吧！』」當然這是說笑，其實，我也交過[28]，例如望月美雪、牛尾光子，但日語會話卻沒學好，妻也知道，但妻很開明，她說：「如果丈夫在結婚前，連一個女朋友也沒有，嫁給他有什麼用！」說的也是，男人想孔想縫交女朋友才是正常現象，只要結婚後不交就好了。我覺得妻很有度量，也很有智慧。

（九） 莎呦哪啦！日本

博士學位案通過後，我就著手準備回國。我知道，此刻父母和妻在高興之餘，正引領而望，等待我的歸來，而我又何嘗不是歸心似箭。向日本說再見的日子終於到了。我去向諸位恩師拜別，田中先生、濱上先生、久貴先生、中野先生、山口先生都給我許多的勉勵和祝福。他們叮嚀我：「歸國後，要專心研究學問，奉獻法學教

育，而且要貫徹始終。」濱上先生更告誡我說：「絕不可拿博士學位當作做官的敲門磚或墊腳石。」我都謹記在心。是的，學者不可忘記學者的天職，學者要有學者的プライド（pride），學者要有學者的堅持。1975 年 11 月 8 日，我帶著依依不捨的心情，在日本摯友們的歡送和祝福之下，從大阪國際空港搭上飛往臺灣的飛機，告別了滯留五年，充滿挑戰也充滿溫馨，永遠懷念的日本。莎呦哪啦，日本！

回國三十五年後，被列入大阪大學著名校友：國際名人錄，與手塚治蟲、司馬遼太郎、陳舜臣、公文公、長谷川慶太郎、藪中三十二、盛田昭夫、中村邦夫、竹鶴政孝等共享殊榮，此是後話。

---

1 大一在羅斯福路 4 段 1 號台大校總區上課；大二起在徐州路 21 號台大法學院上課。

2 二次大戰前，日本設有九個帝國大學，東京、京都、東北、北海道、九州、大阪、名古屋、臺北、京城（依松村明編《大辭林》（三省堂）順序），戰後均改制為國立大學。臺北帝國大學之設立乃日本對殖民地臺灣之一大貢獻。京城帝國大學戰後改制為國立漢城大學（現在國立首爾大學）。
朝鮮幅員比臺灣大，人口也比臺灣多，但與臺灣同樣，只設一所帝國大學；而日本內地，像中國地方、四國均未設帝國大學。由此觀之，當時日本對於南進基地、不沈的航空母艦——臺灣是何等的重視！

3 政學科的學生在文政學部中學生人數最多，正科生學生在昭和 3 年為 11 人，到昭和 18 年為 52 人，在全部的正科生中臺灣人合計 40 人，是文政學部中臺灣人最多的一科。經常有人說：「日治時代臺灣人不能讀法政。」根本與事實不符。詳見陳昭如、傅家興〈文政學部－政學科簡介〉《Academia －臺北帝國大學研究通訊－創刊號》18 頁以下（臺灣大學臺灣研究社，1996.4）。

早在大正 8 年（1919 年），臺灣總督府施行「臺灣教育令」（大正 8 年 1 月 4 日勅令第 1 號），積極推行普通教育、高等普通教育、實業教育、專門教育、師範教育等，昭和 19 年（1944 年度，本島人及高砂族兒童平均就學率爲 71.31%。

1979 年 5 月 16 日，時任臺灣省主席的林洋港先生說：「臺灣曾受日本帝國主義五十年的殖民統治，住在臺灣的中國人（按即指爲日本臣民之臺灣人）在教育機會上備受歧視。除醫科以外，中國人沒有其他受教育的機會，尤其文法各科更非中國人所能就讀，因此在光復後的教育及生活水準，較大陸落後很多。」阿港伯仔「白賊七仔講古」，謊話很快被識者引據事實戳破，一時傳爲笑話，騰笑海內外。無可否認的，臺灣受過日本五十年的統治，臺灣人的教育及生活水準比中國人高出很多。難怪戰後臺灣人謦相：「中國人不識字兼不衛生。」

4　家父母不識字，但敬字，凡是印有或寫有字的紙張都會把它收存起來，然後一起燒掉，從不隨便丟棄，更不任其混在垃圾堆裡。

5　大二、大三，選修英紹堂先生的日文（一）、日文（二）；大四選修曹欽源先生的日文名著選讀。此外，也讀了其他幾本日語讀本，也看了幾本日文法律書。

6　德國法學大師耶林（v. Jhering）曾說：「羅馬三度征服世界。最初以武力，再次以宗教，最後以法律。」所謂法律即指羅馬法而言。1804 年法國民法典公布施行。制定本法典的眞正主導者爲拿破崙一世，1807 年法律賦予《拿破崙法典》之尊稱。本法典，總計 2281 條，內容繼受羅馬法，兼採近代思想，體大思精。通觀整部法典，用語簡潔，詞藻優美，邏輯嚴謹，體系完整，最重要者，以自由、平等爲理念，採取所有權絕對原則、契約自由原則、過失責任原則，係近世個人主義、自由主義立法之先驅。本法典頒布後，遂成爲西方各國編纂民法典之範本，影響人類創建文明法治社會至爲深遠，乃拿破崙之得意傑作。當拿破崙被放逐於大西洋聖赫勒拿島時，曾遙望祖國，慨然歎道：「我眞正的光榮並非打了四十次的勝仗，滑鐵盧之戰抹去了我四十次的戰功，但是，有一件東西是永遠不會被人忘記的，它必將永垂不朽——那就是我的《民法典》。」大一時，讀到這些記述，激發了我對於民法與民法學的憧憬和嚮往，大二時自然選修了羅馬法。記得當時法學組司法組共有一百多人選修，金世鼎教授賣力講授。我回國服務時，好像各大學法律系已不開羅馬法。我擔任輔大法律系主任時，有一年，教育部公費留學考試新設「羅馬法」一門（據說是羅光校長建議的），一個名額，考試科目「法理學」一科，請我命題。據說，被

錄取者出國後並未研究羅馬法。羅馬法這門學問今日已經式微。

7 謝康雄回憶說:「回憶 44 年前大一時期,曾與宗樂兄、繁彥兄及另一位他系朋友共租一室,座落於新生南路校總區旁的小巷內,依稀記得當時每人分攤的每月租金約新臺幣 75 元,每人分配到的空間僅供夜晚鋪一個床墊睡覺;白天床墊必須收好,該空間供作通道。由於當時室內並無冷氣,夏天四個大男生汗腳所散發的特殊氣味,現在想起來仍印象深刻,讀書的地方當然是圖書館囉……。」《台大法律系法學組 1967 年畢業班 40 周年專輯》44 頁。

8 寄讀北斗中學高一下學期時,教官要我加入中國國民黨,他總是說入黨有什麼好處,不入黨有什麼壞處;大一時也有人吸收我,說法也一樣,但始終引不起我的興趣。成功嶺這位連輔導長很乾脆。聽說,有些人拒絕入黨,在軍中吃盡苦頭,不知是真是假。

9 我沒親自到場,抽籤地點在那裡?代抽人是誰?我不很確定。

10 後來才知道在師本部之外的營區,有位台大藥學系畢業的同期預官(醫官)徐人英少尉。以後彼此很有聯絡,退伍後還曾在臺北見面。

11 當時一起上德文的同學有翁鈴江、康炎村、陳武雄(後更名為紀綱)、廖健男、邵慶祝(後更名為怡敦)、湯錫山、王惠宗、郭振恭、黃宗樂,在信義路德國文化中心上課,下課後一起回法學院,有說有笑。

12 另二位是陳武雄(紀綱)、戴森雄。

13 請參閱拙著〈紀念一位畢生致力追求完人的法學家——洪遜欣先生〉《輔仁法學第八期》5 頁以下(78 年 6 月);拙著、孫森焱補述〈洪遜欣先生與人性尊嚴〉《臺灣本土法學雜誌第五十四期》1 頁以下(2004 年 1 月)。

14 我的參考文獻中有山中康雄著《市民社會と民法》、《市民社會と親族的身分法》,山中教授戰前為京城帝國大學(現國立首爾大學)教授,戰後轉任九州大學(舊制九州帝國大學)教授,他確實富有左傾思想。我留學歸國後赴日本開會,曾邂逅山中教授,相談甚歡,並曾有書信往返。

15 後二編即身分法則受日本「我千古之國體法家制……明家制即所以明國體」之家族國家觀之影響,而被編入天皇制家族國家構造成為其一部分,故建立近代法上史無前例之特異的半封建的「家」制度,而由為戶主之家長所統率之忠孝一本之家父長制家族制度之原理所構成。

16 詳見拙著〈日本時代臺灣法制的發展〉《輔仁法學第十七期》1 頁以下(87 年 6 月)。

17 臺灣總督府於明治 29（1896）年 5 月 1 日以律令第一號發佈「臺灣總督府法院條例」，將法院分爲地方、覆審及高等三級審，掌理民事刑事之裁判，實施近代西方式的法院制度。其後該條例經數度修正，始終維持民事刑事之裁判均於與行政機關分離之各級法院依公開主義行之，並以在臺北的高等法院（在三審制）或覆審法院（在二審制），而非以在東京的大審院爲最終審法院，因此臺灣各地設置地方法院或地方法院支部或其出張所，分佈相當均勻，而高等法院、各地方法院，設計新穎，建築壯麗，亦引人注目。詳見拙著〈日本時代臺灣的司法制度〉《全國律師第二卷第四期》52 頁以下列（87 年 4 月）。

18 臺灣總督府發布之律令甚多，例如，臺灣州制（大正 9 年律令第 3 號）、臺灣市制（大正 9 年律令第 5 號）、臺灣街庄制（大正 9 年律令第 6 號）、臺灣公學校令（明治 40 年律令第 1 號）、臺灣藥品取締規則（明治 33 年律令第 17 號）、臺灣醫師令（大正 5 年律令第 1 號）、臺灣齒科醫師令（大正 5 年律令第 2 號）、臺灣罹災救助基金規則（明治 32 年律令第 31 號）、臺灣水難救護規則（明治 33 年律令第 8 號）、臺灣住宅營團令（昭和 16 年律令第 8 號）、臺灣地籍規則（明治 31 年律令第 13 號）、臺灣土地調查規則（明治 31 年律令第 14 號）、臺灣土地收用規則（明治 34 年律令第 3 號）、臺灣保安林規則（明治 34 年律令第 10 號）、臺灣森林令（大正 8 年律令第 10 號）、臺灣下水道規則（明治 32 年律令第 6 號）、臺灣公共埤圳規則（明治 34 年律令第 6 號）、官設埤圳規則（明治 41 年律令第 4 號）、臺灣家屋建築規則（明治 33 年律令第 14 號）、臺灣都市計畫令（昭和 11 年律令第 2 號），不勝枚舉。詳見外務省條約局法規課編纂《律令總覽「外地法制志」第三部之二》（昭和 35 年 1 月）。

19 依大正十一年九月十八日敕令第四〇七號「關於施行於臺灣之法律之特例之件」關於本島人之親屬及繼承之事項，不適用日本民法第四編親族及第五編相繼之規定，仍依習慣。但實際上臺灣總督府法院輒將日本民法親族、相續兩編之規定當作「條理」而適用於本島人之親屬、繼承事項。

20 當然，非無例外。例如，法國民法於 1804 年、日本民法於 1898 年、德國民法於 1900 年、瑞士民法與瑞士債務法於 1912 年施行。民國民法制定於 1929~30 之間，有諸多外國立法例可供仿傚、採取，可說集近代諸先進國民法之精華。就中，民法親屬編及繼承編，實現男女平等及夫妻平等原則，排除家長及尊長絕對權威，提高子女及家屬地位，限制親權不當行使，遠比日本明治民法進步。又，殖民地政府爲方便統治，施行「匪徒刑罰令」、「罰金及笞刑處分例」（1921

年廢止）、「犯罪即決例」、「保甲條例」（1945 年廢止）等類似中國傳統的制度；為維護殖民地行政官庁的權威，始終不承認行政訴訟制度等，則顯示對殖民地的差別待遇。

21 在此之前，台灣傳染病預防規則（明治 29 年律令第 8 號）、台灣獸疫預防規則（明治 32 年律令第 4 號）、台灣污物掃除規則（明治 33 年律令第 15 號）、台灣種痘規則（明治 39 年律令第 1 號）、台灣ペスト病毒污染物處分規則（明治 41 年律令第 2 號）、台灣ペスト預防組合規則（明治 41 年律令第 3 號）、マラリヤ防遏規則（大正 2 年律令第 5 號）、台灣傳染病預防令（大正 3 年律令第 8 號）等律令早已在台灣施行。

22 有一天中午，吃西餐。我從來不曾吃過西餐，好尷尬，我仔細看坐在我對面的洋人女留學生怎麼使用刀叉，才跟著依樣使用，吃得很辛苦，但從此學會了吃西餐。

23 所謂國立九大大學係指戰前內地七所帝國大學，再加上國立一橋大學及國立神戶大學。

24 據說，在德國，每位教授至少都各有一位固定、專職的助理及助教，幫忙處理庶務，我看日本教授則沒有那麼幸運。日本教授寫書或寫論文，從頭到尾幾乎都不假手於他人，即使請學生搜集參考資料，也都給予適當報酬，只是在校對的階段會請人幫忙。

25 「姦（幹）恁娘」在臺灣話中，除了是罵人的髒話外，有時是打招呼的「話母」（口頭禪），一點都沒有罵人、侮辱人的意思，反而是表示親密、親暱，不像北京話的「肏你媽個屄」、廣東話的「肏你個老母毴（hai）」，純粹是罵人、侮辱人的話，而且直接涉及女性的性器。
又，「幹恁娘」在臺灣話中，有時甚至表示讚歎或加強語氣。家父說，在日治時期，有一次被誤為牽牛車有違規行為，他加以辯解，日本人員警（巡查）覺得有道理，脫口而出說：「幹恁娘你恰講話，無代誌啦！」就讓他離開了。這是一個適例。日本人官吏尤其是須與本島人直接接觸的員警，大都會講臺灣話，像前述那位日本人員警，據家父說，臺灣話講得很流利。

26 我住的勝山莊未備浴室，我都在歐巴桑家洗澡。入浴的順序大致是依年齡、性別順序，年輕的、男的為先。聽歐巴桑說，年輕人泡過的洗澡水（浴槽不換水衹加水），對老年人的健康有益。

27 留學期間，1971 年及 1972 年暑假曾回國省親，除機票外，1971 年買日本彩色

電視機及其他禮物送給父母親；1972 年買珍珠項鍊及彩色電視機送給女友王阿蘭的母親，當然也帶幾件禮物送給父母。如果沒有日本政府獎學金，是不可能的。

28 懂事後，嘗聽人說：「食中國料理，娶日本某，滯西洋樓，是男人上大的幸福。」我確實曾有過「能娶日本太太多好」的念頭，不過經過仔細分析後，得到「如果不是要留在日本，還是娶臺灣人最好」的結論。

第三章
學術生涯

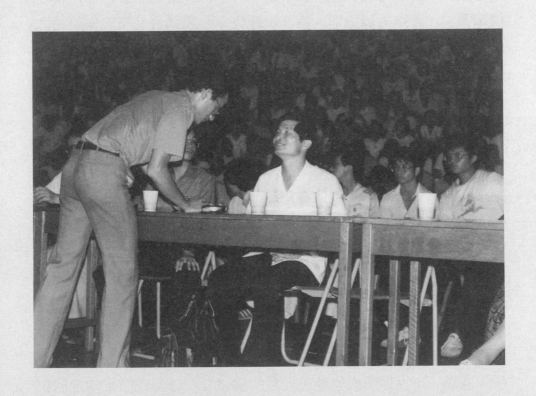

輔仁大學法律學系活動

（立者：系學會會長高志鵬、坐者：系主任黃宗樂）

一、　學成歸國

1975 年 11 月 8 日，順利回到台灣與家人團圓，心中的興奮和喜悅實非筆墨所能形容。父母親、岳母、妻等都到松山機場迎接，母親還把愛孫士剛帶來。妻說我瘦了許多。的確瘦了許多，取得博士學位當然必須付出代價，古人說：「不經一番寒澈骨，怎得梅花撲鼻香」，就是這個道理。當天順理成章一起到台北市忠孝東路六段妻的住處（妻娘家自建的房子）過夜。妻帶我上屋頂平台賞花，她指著幾盆曇花說：「你博士學位通過的那天晚上曇花盛開，就是這幾盆。」當晚大家有說不盡的話題，情話[1]綿綿，直到深夜才上床休息。

翌日早上坐臺鐵復興號南下，在田中車站下車，一下車，就聽到鑼鼓喧天，一出車站，便看到獅陣正在賣力表演，故鄉父老將備好的彩帶披在我的肩上，隨即開始遊街，從車站走到中州路與員集路交叉口，有好幾家商店放鞭炮祝賀，增我光彩，我畢生難忘。緊接著，上車繞道經成功村、大莊村村內，再繞回下水埔溪底家裡。回到家裡，已近中午，屋裡屋外已擠滿了親友鄰人；謝許英省議員、詹石藏縣議員、廖萬通鄉長、彭印鄉民代表會主席等也都蒞臨祝賀；鄰人、摯友、舍弟服務的社頭國中劉國英校長和老師分別惠贈金牌、匾額，可說是溪底僻地破天荒的盛事（當時溪底猶被當地居民揶揄「若外蒙古」）。中午席開十八桌，場面熱絡，喜氣洋洋。貴賓一一上台致詞，我和妻站在旁邊。至友莊福松把我學成歸國的消息告知報社，消息見諸報端，結果「好事傳千里」，郭振恭當時在彰化地方法院當推事，看到報導特地趕來，隨即被請上台致詞，他以為在舉行婚禮，盡是講些介紹、祝福新人的話。有幾位鄰人趁機

說：「溪底出了博士，但田中路（大莊村通往田中鎮的道路）到現在還是砂礫路，盼望在場長官、頭兄能夠設法爭取預算，早日鋪柏油路。」結果很有效，在我回國後第三年就鋪好了。後來有一段時間他們稱這條路爲博士路。

宴席結束，我和妻恭送各位賀客後，我覺得有點累，略爲休息。當天晚上還有一群親友鄉人意猶未盡，家父母再席開三桌，大家同樂，除唱歌外，更跳竹竿舞和林波舞（limbo）[2]，熱鬧異常。家父也唱了一首山歌[3]，大家一起和音。這是我懂事後首次聽家父唱歌，可見我獲得博士學位，父母親是多麼的高興！

我是一向都很低調的人，故鄉父老盛大歡迎，我當然十分感激，可是也覺得很不自在，很不好意思，也承受不起。其實拿到博士學位並沒什麼了不起，未來路途還遙遠得很呢！不過，父老們說：「會特地盛大歡迎，是要藉這個機會，鼓勵年輕後輩，能以你爲榜樣，力求上進。」「村裡有獅陣，也趁這個機會，讓他們表演表演，顯顯身手，這也是一種鼓勵。」如是這般，我還有什麼話說，只有永誌此光榮了。

高中時代結識的長者陳正得先生（長我二十七歲，有獨門的治破傷風秘方），聞我學成歸國，1981 年特惠賜墨寶給我，寫道：

祝黃博士宗樂先生　功成運命錄

相逢邂逅憶當初　　天眞可愛似神童
單馬北上求苦學　　功無成就誓不返
聞祝留日得金榜　　黃帝眞傳漢傑裔

　　　　崇高博學隨身寶　　　樂奏詞中滿斗文

　　中華民國七十年端午節　故鄉老友　陳正得寫

二、　找教職

　　我以從事法學教育與法學研究為職志，回國後最重要的事當然就是找教職。我看有辦法的人在未取得博士學位前便已找好教職，而我在未取得博士學位前連求職信都不敢寫。我沒有特殊的背景和關係，亦非中國國民黨黨員，找起教職格外辛苦，可說備受煎熬。

　　我回國後依規定到青輔會報到，承辦人綁著冰冷的面孔，冷淡地說：「現在博士滿街跑，青輔會沒辦法幫你介紹職業，你自己要想辦法。」內子聽了很不悅對他說：「我們是依規定來報到的，不是來求你的，你竟然這樣潑冷水。」真不幸一開始就遇到國民黨政府官僚的這種嘴臉，其實，1975、6 年時，根本未見「博士滿街跑」的景象。

　　我找教職，當然鎖定在母校臺大法律系，我拜訪了四位老師。陳棋炎老師說：「恭喜你學成歸國，不過目前法律系好像沒有民法物權、親屬、繼承方面的課可排。」洪遜欣老師說：「最好能回母系任教，我來推薦看看，應該有希望才對。」蔡章麟老師說：「我想請德國 Larenz、日本中村宗雄兩位教授聯名推薦。」我對老師說：「請老師不要操心，有困難時再來麻煩老師。」系主任王澤鑑教授說：「歡迎你學成歸國，目前法律系沒有教師缺額，你得另想辦法。」[4]又說：「你的博士論文能在阪大法學刊登，很不簡單，希望你也寫一篇有關浮動擔保的論文，在臺大法學論叢發表。」洪老師叮嚀我去拜訪韓忠謨教授。韓老師是我的啟蒙老師，大一時修他的「法學

緒論」，獲益甚多，我對他非常尊敬，衹是大學畢業後，一直都沒和韓老師聯絡，不好意思去拜託他、勞煩他。我當然知道，當時韓老師對法律系新進教師的聘用具有很大的影響力，不過因爲個性的關係，我始終不敢冒昧趨謁。[5] 一番折騰後，洪老師告訴我說：「目前還不能公開，我和鄭玉波先生被內定爲下屆大法官人選，今年九月人事案確定後就有缺，看你要不要耐心等待。」我不禁燃起希望。可是我也擔心，出缺時，也不一定會聘我。

　　四月初，輔仁大學法律系系主任金世鼎教授，大二時我修過他的「羅馬法」，親自蒞臨寒舍（在台北市忠孝東路六段），非常誠懇地表示希望延攬我到輔大任教。我回國五個多月，職業還沒有著落，故鄉父母焦慮萬分，但愛莫能助，尤其親友問起時，不知如何回答是好。後來，陳棋炎老師說：「先到輔大，將來有機會，還可再回來。」洪老師則說尊重我的選擇。最後我和內子商量結果決定接受金主任的好意，六月底金主任親身將聘書送到寒舍，「尊師」風範，媲美武訓，他是我的老師，禮數居然這麼周到，讓我十分感激。

　　我接奉第一份輔仁大學聘書，其內容如次：

　　輔仁大學聘書　輔法聘字第651174號　敬聘　黃宗樂先生爲本大學 副教授　此聘　　校長于斌　中華民國陸拾伍年捌月壹日（聘約附反面）

　　聘約　一.擔任科目（空白）　二.每週授課依教育部規定以九學分至十一學分爲準　三.本聘約有效期間自陸拾伍年捌月壹日至陸拾陸年柒月底止續聘須於本約期滿前一個月另送新約　四.其他事項依照本大學教員聘任規則及教員請假規則辦理

九月間，洪遜欣先生、鄭玉波先生出任司法院大法官，跟翁岳生先生寫碩士論文，嗣後到德國海德堡大學留學，專攻公法學的劉世民學長恰好在八月間學成歸國，在翁老師推薦下，很順利就進臺大，可惜正圖一展抱負之際不幸罹患腦瘤過世，天妒英才，令人惋惜！後來王主任透露說：「我曾經問陳棋炎老師的意思，陳老師說黃宗樂已經去輔大了，以後再說好了。」當然，當時如果要我退聘回臺大，在道義上我也絕對做不出來。

其間有個插曲，回國之初，我看到淡水工商管理專科學校徵才啓事，我嘗試去應徵，但資料寄出後，始終沒有下文。三十四年後，小女黃淳鈺獲聘爲眞理大學財經法律學系助理教授，我對她說：「眞理大學的前身淡水工商管理專科學校爸爸都進不了，妳能到眞理大學任教，要好好珍惜。」

在找教職的過程中，我深刻體會到人際關係的複雜、利害關係的糾葛、機運和貴人的重要。我終生感謝洪老師與金老師，如果沒有兩位老師的呵護和提攜，我可能很長的一段期間會徘徊在學術殿堂之外。兩位老師已經逝世多年，我依舊感恩在心，不敢或忘。

金主任到底以何因緣而主動極力延攬我？一直是個謎。但多少應該和內子有關，因爲他曾說：「夫人在輔大企管系任教，風評很好，你到法律系，相得益彰，並可互相照顧，方便多多。」

金主任「忠黨愛國」，是對政治很敏感、小心翼翼的人。他歷任南京大審判的審判長、最高法院推事兼書記官長、司法院大法官，兩度內定出任司法行政部部長、最高法院院長但都被施暗箭中傷落馬。我應聘後，學校爲我申請教育部獎助（可獎助全部薪資二年），

順利通過，足見我在留學期間「無夆（hong）點油做記號」。兩年後，黃清溪先生，我臺大法律系法學組之大學長，留學日本慶應大學獲得博士學位後，進拓殖大學任教，並任慶應大學非常勤講師，他想辭去日本教職，回台灣服務，申請輔仁大學法律系，金主任認為很合適，問我的意見，我當然舉雙手贊成。但過後不久有天晚上金主任打電話給我，表示有困難，我趕去府上，問是什麼原因？他說是思想方面的問題，我再追問，老師才上樓把公文拿下來給我看，「經查該員在日本為異議份子，本部歉難獎助，是否延聘由貴校自行決定。」等文字赫然映在眼簾。金主任說：「牽涉到政治問題，我那敢延聘！」當時，黃清溪教授已辭去日本教職，行李也都打包好了，歡送會也舉行了，後來他對我說：「當時真是進退維谷、狼狽不堪。」不過，黃教授和我都充分理解，在戒嚴統治、白色恐怖下，金主任不得不當機立斷，以免禍事臨頭。特務、抓耙仔實在可怕。黃教授為了證明他沒問題，透過有力人士推薦，兩年後獲邀風風光光回國參加國建會。某天晚上，我陪黃教授外出與友人敘舊，內子則陪師母在下榻的台北國賓大飯店話家常，黃教授和我夜闌才回到飯店，師母說：「我參阿蘭拄仔咧擔心恁是不是『被陳文成』了。」

我在待機期間，一方面複習民國民法，一方面撰寫〈浮動擔保之研究──以蘇格蘭法為中心〉。又，好久沒講「國語」，講得不流利，也須要拾回「國語」的表達能力。因此待業中生活也過得很充實。

三、 進輔仁大學服務

1976 年 8 月 1 日我進輔仁大學服務，擔任法律學系副教授，最

初兩年接受教育部獎助，稱客座副教授。當時法學院法律學系分設法學組與司法組，1971 年增設財經法學組，1980 年法律系增設法律學研究所。當時全校設有文學院、外語學院、理學院、法學院、商學院、夜間部，1982 年理學院改名爲理工學院、商學院改名爲管理學院，1984 年成立藝術學院。我於 1989 年 8 月 1 日轉任臺灣大學法律學系教授。

（一）　輔大回顧

輔仁大學於 1925 年 6 月，創設於中國北京，名輔仁社，1927 年 6 月正式定名爲輔仁大學；1961 年在台復校，1963 年 2 月購妥台北縣新莊鎮營盤里三十餘甲土地爲校地，展開各項建設。我進輔大服務之翌年，赴高雄縣橋頭鄉八卦寮拜訪余登發老縣長，原擬滯留半小時，結果初次見面，即一見如故，他老人家，從中國國民黨如何黨國不分，如何壓制本省人的參政空間，談到服公職應如何清廉自持，如何造福人群，娓娓道來，我仔細聆聽，整整打擾了五個小時，並接受午餐招待。余老縣長看我是輔仁大學法律系副教授，勾起他的回憶，他說：「輔仁大學準備在台復校時，曾經考慮設在高雄縣，我當時擔任縣長，向于斌校長表示竭誠歡迎，校地不論多大，均儘量配合。我想，輔大復校如設在高雄縣，對高雄縣的進步發展，一定有所補益。我極力爭取，不過後來還是取其方便設在台北，對高雄縣來說，實在很可惜。」

當時輔大法律系教師多延聘各國立大學法律系名師及司法高官兼任，專任教師很少。我進輔大時專任教師只有：金世鼎（教授兼系主任，另有專職）、林棟（教授，另有專職）、黃宗樂（副教授）、

李欽賢（講師）、王麗玉（助教）五人。人少單純，彼此互動密切，感情良好。

　　我和內子坐公共汽車、校車，上、下班[6]。專任教師各有專用研究室，我在學校時間較多，中午在學校餐廳用餐，伙食不錯。輔大校園，草木青翠，環境優美，我和內子午餐後經常散步其間，享受片刻的閒情逸致時光。

（二）　春風化雨

　　我在臺大讀碩士班時，曾到校外兼課，有實際教學經驗，但要講授大學法律課程，畢竟沒那麼輕鬆。我當時國語不流利（其實一直是台灣國語），又擔任「民法債編總論」、「民法物權」、「民法親屬」、「民法繼承」（也曾客串「法理學」、「中國法制史」）等重要課程，上課壓力甚大。有時自己都尚未完全消化吸收，就上台授課，雖不致於不知所云，但卻有點心虛。我上課，全神貫注，認真講解，偶爾會穿插些鼓勵學生及人生哲理的題外話，以免太嚴肅太枯燥。所幸，學生都很尊師重道，用心聽講，上課情況良好。

　　我對學生的要求，可從〈法律人的態度與精神——訪法律系主任〉（採訪者李媛玲）《法鋒》（輔大法代會出版，民國 74 年 11 月 15 日）窺知，茲摘錄如下：

法律人的態度與精神——訪輔大法律系主任

　　執掌法律系法學、司法、財經三組的黃宗樂教授，是每一個輔大法律人的大家長。為了表示對新鮮人竭誠歡迎之意，系主任在百忙之中，仍抽空接受此次專訪。

　　首先，黃主任開宗明義地指出，學習法律的態度與精神。「大致而言，法學教育，主要在使學生瞭解我國現行法的內容，進而使學生習得法律事物的思考能力。」於此，系主任提供數點以供參考：

　　一、養成隨身攜帶六法全書，並翻閱參照六法全書的習慣；

　　二、每一科目除指定教科書外，尚須準備幾本較具代表性的參考書，以便參閱比較助長思考，對於特殊或有爭論之問題，要進一步閱讀專論，以求瞭解；

　　三、就每一條文，除其意義外，尚須瞭解有關學說及實務見解，並提出自己的看法；

　　四、課前稍作預習，上課應做筆記，課後須複習，如有疑惑，先找文獻資料參考，再與同學討論，猶未了解時，再問老師；

　　五、不論聽課或閱讀著書論文，不可僅著重其結論，而應該注意所持立論理由，同樣地，閱讀解釋例或判例時，亦應抱持相同態度；

　　六、法學緒論、法理學、法制史、英美法等課程，皆能擴大法律之視野，並培養法學的思考能力，應多加用心學習；

　　七、經常利用圖書館文獻資料，以期達到博學多識的效果。

　　除了求學態度之外，新鮮人對於大學生活又該有怎樣的體認呢？

大學以研究高深學術，培養專門人才爲宗旨，法律系則以造就法律人才爲目的，因此，大學生活就是求學生活。而高深的學問，也只有勇猛精進、鍥而不捨的人才能求得。希望同學們，能在大學四年中，認眞用功，爲學習法律奠定良好的基礎。

同時，身爲法律人，更要體認到，現代國家是民主法治國家，法律人則是民主法治國家的中堅份子，民主的進步，法治的昌明，有賴法律人的努力。因此，除應學好法律外，更要培養民主法治的精神，重視品德修養，希望同學在日常生活中，隨時不忘相互砥勵。

尤其，同學們不論畢業後，準備就業或繼續深造，都需要確立一個努力的目標，例如參加國家考試或是研究所考試。本學系以往畢業的同學，考取司法官、律師、法律研究所者，爲數甚多，但願同學們能締造更優良的成績表現！

此外，同學們應該選擇參加一、二個適合自己興趣的社團，從事較有意義的活動，但切不可本末倒置，而怠忽正常的課業，反而得不償失！

最後，主任強調「說了這麼多，同學們或許認爲老生常談，不過，如果大家能眞正瞭解，並且如是學習，則四年大學生活，必有豐富的收穫！」

語云：「師嚴而後道尊」、「嚴師出高徒」，當老師當然要嚴格，但嚴格本于愛心，必也嚴而不苟，愛而不溺。聽說，有的老師打成績，一班過半不及格，最高分不逾八十分；有的老師打成績，

從八十分起跳，兩者都是極端，不是好現象。打成績，必須公平，在同一班成績高低，悉依各個學生客觀的表現，給予分數。固然，分數僅代表是時的成績，不代表終身的實力，不過成績高低會影響學生將來就業或深造。因此，基於愛護學生，打成績除了依據客觀的標準外，必要時，我會酌量一律公平加分。當然，表現差的，仍不得不忍痛給予不及格。

　　學習法律，重在理解，懂得如何解釋適用，而不在死記。因此我曾嘗試考試可參考六法全書。然而，在國家考試法律科目不准參考六法全書之前，讓學生養成考試可參考六法全書的習慣，反而會影響到將來參加國家考試的競爭力，所以嘗試幾個學期後，就取消了。

　　法律有法律用語，使用必須精確，例如，法、法案；本文、但書；得、不得、須、應；須、需；權利、權力；住所、居所、住址；撤回、撤銷、無效；聲請、申請、請求，不勝枚舉，同學偶爾會混淆不清，我都會促請特別注意。法律文章有法律文章的格調，學生多聰敏好學，在研讀法條、判例、解釋、教科書等過程中潛移默化，自然而然習得法律文章的表達能力。當時司法官考試，國文乙科有否決權，無論專業科目考得怎麼好，只要國文未達六十分，就被硬刷下來。我就曾有幾位學生，法律科目都很高分，結果因國文考五十七、八分而飲恨。天下事之不合理者，莫此為甚，我在適當場合都會強烈反應。後來好像改為國文須在五十分始得錄取。依我看來，國文連考都不必考，因為法律科目能考高分，表示法律文章的表達能力已經到家。

　　系上學生偶有肢體殘障者，但多比一般學生用功，上下樓梯同學會主動幫忙，皆令人感動。我擔任系主任時，新莊台灣盲人重建院有位二十多歲的盲胞，希望到輔大法律系就讀，他腦筋清楚，口齒伶俐，頗有向上心，我想玉成，可是輔大並無相關設備，力有不足，他顯得很失望，我順口說：「以你的資質，如果學相命，相信會很有成就。」他不悅地說：「盲人不是只能學相命，當律師、當作家都有可能。」他說的是事實。我為無法幫他實現讀法律的願望以及脫口說出學相命乙事，一直耿耿於懷。

　　依教育部令，大學專任教師每週授課時數，講師為十至十二小時，副教授為九至十一小時，教授為八至十小時，其用意是為了禮遇教授，但顯不合理，因為講師學殖未深，理應多研究、少教課，才是正辦。

　　又依規定，講師任滿三年可申請升等副教授；副教授任滿三年可申請升等教授。[7] 我國校晚一、二年才入學，讀完高一後曾輟學一年，博士學位讀了五年才拿到，回國後又曾待機一年，我進輔大服務時，已滿三十四歲了。為了迎頭趕上，除了認真教學外，我也埋頭研究，積極發表文章。我副教授任滿三年時，本擬提出申請升等，但卻陰錯陽差，未能在截止日前提出。翌年，我以《親子法之研究》作為代表著作，申請升等，幸獲教育部審定合於教授資格。在當時，法律系副教授任滿四年就升等教授，算是罕見。

　　教授證書內容如次：

　　教授證書　教字第三三九七號　黃宗樂先生臺灣省彰化縣（市）人民國三十一年五月五日生經本部依大學及獨立學院教師資格審查規則審定合於教授資格　此證　教育部長　朱匯森　相片　中華民國七十年六月　日　送審學校：私立輔仁大學　年資起算：六十九年八月

　　我於 1976 年 8 月進輔大服務，擔任民法課程，負擔繁重，而於 1980 年 8 月由副教授升等教授，其間，長女、長子陸續於 1977 年 1 月、1979 年 9 月出生，家父於 1978 年生病、過世；內子又於 1981 年 8 月由講師升等副教授。想來，人確實有不可思議的潛力（Potentiality），我們夫妻同心同德，一旦發奮努力，勤苦打拼，效率奇佳，而且越是忙碌，越能激發潛力，終於在五年間完成了多項重要任務與責任。

　　輔大法律系自輔大在台復校之初設置以來，在老師諄諄教誨、學生努力向學之下，樹立了良好的學風，早有定評。畢業學生出社會後，表現良好，深受各界歡迎。就參加國家考試而言，例如，1981 年度，司法官特考錄取十四名、律師高考錄取八名、其他高等考試及格者亦有十多人，當時高考、特考錄取率很低，這樣的成績算相當不錯。其後，不論國家考試或研究所入學考試，屢締佳績，有長足的進步。畢業後往學術發展的系友，在學界表現也可圈可點，曾一度同時三位國立大學法律學院院長（政大林秀雄、臺大羅昌發、高大姚志明）都是輔大法律系畢業的，一時傳爲佳話。

　　茲以民國 104 年年底爲準，舉幾位我教過的、出社會後表現特

別傑出的學生，「給（ho，乎）我揚（iang）一下」，例如，67 年畢業的羅昌發現任司法院大法官；68 年畢業的黃梅月現任司法院少年及家事廳廳長；69 年畢業的魏大喨現任最高法院法官；同是 69 年畢業的帥嘉寶現任最高行政法院法官；陳榮隆現任輔仁大學行政副校長；71 年畢業的陳宏達現任基隆地方法院檢察署檢察長。

73 年畢業的周延鵬與 76 年畢業的蔡顯鑫，都是金門人，予我印象特別深刻：

周延鵬律師，曾於鴻海服務 18 年，擔任法務長，協助郭台銘從無到有建立強大的法務團隊，2003 年離開鴻海時，法務團隊已達 400 人，打響他在智慧財產權界名號；離開鴻海後，被政治大學智慧財產研究所所長劉江彬教授延攬爲該所兼任副教授，任教 5 年；現任世博國際商務法律事務所執行長，2015 年國際智慧財產管理雙月刊《iam》評鑑全球前 40 大智財專家，他榮獲台灣唯一的一席，獲選理由是：周延鵬近幾年協助台灣企業在美國專利訴訟屢獲成功，同時聘用台灣頂尖法務團隊，幫新秀公司打進歐美大廠等級的專利布局，並於近年協助鴻海銷售專利給 Google。《iam》稱讚他重新擦亮「made in Taiwan」名號，洵爲台灣之光。

蔡顯鑫檢察官，於板橋地方法院檢察署（今新北地方法院檢察署）檢察官任內，辦案績效卓著，而贏得「福將」之美譽；於士林地方法院檢察署主任檢察官任內，除認真辦案外，99 年起參與法務部推動修復式司法方案，積極努力，103 年獲頒該推動方案有功人士獎；現任台灣高等法院檢察署檢察官，並兼任高雄大學財經法律學系助理教授，講授「民法親屬」及「民法繼承」，另在中原大學

法律學研究所碩專班，講授「民法債編各論」。金門子弟，確實不
簡單。

（三）　接掌系務

　　我有位從精誠中學轉任建國中學的老師——英文名師黃華芳，
被人倒了將近二百萬元，「心狂火著」（非常著急），聽說竹東有
位青暝的相命師相得很準，1983 年 3 月邀我和蘇久雄、洪鴻埜一起
去看。相命師按著他的手掌心問了他的生年月日時、居住地方後，
就徐徐道來：「看來你最近有破財之厄。你今年五十九歲，這關劫
數難逃，六十九歲還有一關。不過有了這關，你就會有警惕心，不
難化解六十九歲那關。過不了五十九歲這關還有救，如果過不了
六十九歲那關，那你餘生就慘了。」老師聽了之後，轉憂為喜。我
看算得準，也順便參考看覓（mai），相命師鐵口直斷：「你若無離
開你現在服務的單位，真緊就會做主管。」我在輔仁大學服務，做
主管就是當系主任。不過，輔大法律系系主任向來都是由德高望重
的長者擔任，我當時四十歲，蕃薯仔囝，又不是天主教徒，當系主
任根本是不可能的事。豈知四個月後，果然接任系主任。

　　當時法律系系主任是中國國民黨實力派的資深立法委員、當過
九年輔大教務長的林棟（東木）先生（棟伯仔）。當時《輔大新聞》
和《輔仁大學校友通訊》都在第一版大幅報導：「曾任本校教務長、
夜間部主任，嗣任法律系主任暨法律研究所所長林棟教授，因年屆
七秩，榮譽退休。法律系主任由黃宗樂教授擔任，黃宗樂教授並接
掌法律研究所所長。」相命師之言，到底是巧合，抑或是命中註定，
算得準？

1983 年 5 月底，當輔仁大學耶穌會代表、法學院院長蕭志潔神父徵詢我出任法律系主任（兼夜間部法律系主任）暨法律研究所所長的意願時，我嚇了一跳，這怎麼可能 !? 難道相命師預言成眞 !? 蕭院長態度相當懇摯，我受寵若驚，歡喜接受。在談及系務的運營與發展時，我趁機向院長說：「我若接系主任，希望多聘教師、多開選修課程……」，院長笑吟吟地都答應了，還說了許多勉勵的話。三年後，袁廷棟神父（原總務長）接任院長，對我也愛護有加。

我接系主任後，隨即主動將兼任副教授丁道源、辛學祥升等教授，我熟識二位，認爲二位皆合乎教授資格，學校無異議通過，我因而覺得確實受到信任與尊重，以後大有可爲，可充分發揮。

我擔任系主任、所長六年期間，在蕭院長、袁院長的鼎力支持下，延攬邱聰智、劉初枝、朱武獻、許宗力、黃榮堅諸博士等擔任專任老師；增開「民法專題研究」、「刑法專題研究」、「國際經濟法」等選修課程；爭取專案撥款充實法律研究所圖書資料；擴大法律服務；致送輔仁法學稿費；出版《輔仁大學法學叢書》（分教科書類與專論類）；邀請馬漢寶、翁岳生、楊建華、王澤鑑、錢國成、王甲乙、施啓揚、褚劍鴻、陳棋炎、田中整爾、Prof. Dr. W. Geck 等名師蒞系週會（每學期一次）作專題演講，務使整個系所在既有的基礎上快速繼續向上進步發展。

我擔任系主任、所長期間，爲迅速、有效處理行政事務，幾乎上班時間都在學校，全心全力投入系務和所務。1989 年卸任後，系主任由邱聰智教授接任；所長則由楊敦和教授接任。後來，邱教授借調擔任臺灣省政府法規會主任委員、臺灣省政府訴願會主任委員、

臺北市政府法規會主任委員、考試院考試委員等要職；楊教授則榮膺輔仁大學校長、聖約翰大學校長，均有極高的成就。

　　我擔任系主任期間，偌大的系[8]，只有兩位助教，一位負責襄助系務，一位負責法律服務及系友會。擔任過前者的有：黃宏全（二學年）、林青青（一學年）、陳靜芬（一學年）、陳淑華（二學年）；後者一直是金志雄。他／她們認真勤快，待人誠懇，做事細心，有條不紊，頗有效率，對系幫助很大，我一直感念在心。他／她們離職後，都有很好的出路，黃宏全，獲得博士學位，自消保會組長退休後，回輔大擔任教職，也負責行政；金志雄，執業律師，案源不斷，義利兩得；林青青，取得碩士學位後，赴美國發展；陳靜芬，擔任法官；陳淑華，進海基會服務，曾參與兩岸談判，表現不俗，後來與謝政達律師結婚，家庭美滿。

　　我當系主任六年間，也兼夜間部法律學系系主任，我每週通常都留校兩晚，必要時，就在系主任室過夜，也曾客串「法理學」、「中國法制史」。雖為夜間部，但學生相當積極、活潑，而且辦年刊《輔仁法灝》，我也寫了兩篇文章〈淺談大陸法與英美法〉（創刊號，1988 年 6 月）、〈漫談法學教育〉（第二期，1989 年 6 月），共襄盛舉。有位女同學，賴素如，小巧玲瓏，聰明伶俐，人緣很好，我印象頗深。畢業後，考取律師，也在國內繼續深造，獲得博士學位；她系出地方望族，後來從政，成為大紅人，不意 2013 年春，她擔任「臺北市議員」、「中國國民黨主席馬英九辦公室主任」、「中國國民黨中央常務委員」、「中國國民黨護法」時，因涉案而從雲端掉下來，摔得不輕，令人惋惜。

（四）　與神父互動

　　輔大爲天主教大學，我非天主教徒，但與神職人員互動良好。例如，羅光校長、蕭志潔院長（法學院）、袁廷棟院長（法學院）、張宇恭院長（商學院、管理學院）、姚家圻院長（管理學院）、朱秉欣神父、徐熙光神父、趙振靖神父、彭蘇民神父（西班牙人）、傅興志神父、潘振國神父、羅四維神父（美國人）、黃俊傑神父、張隆順神父等對我都很照顧。後來認識的陳宗舜神父（西牙人）、詹德隆神父（加拿大人）、嚴任吉神父、雷敦龢神父（英國人）等對我都很好。我主編的《輔仁法學》第三期敬闢爲「蕭院長志潔教授六秩華誕特刊」，我恭撰〈壽序〉；第五期敬闢爲「慶祝校長羅總主教焯炤先生晉牧廿五年・晉鐸五十年雙慶特刊」。2001 年張宇恭神父執教三十周年、七十晉七高壽，法管學院出版《專書》祝賀，我恭撰〈寧靜致遠　德厚流光〉（書即以此爲名），作爲壽序。我接任系主任後，羅校長有法律問題時會徵詢我的意見（都是金世鼎老師和我一起）。輔大每年舉行「祭天敬祖大典」，校長羅光總主教親臨主持，我都主動參加。

　　神父秉持信仰宗教自由，從來不曾向我傳教，我私下也讀聖經，但始終未入教，內子也是。倒是後來，小女淳鈺，就讀輔大博士班時，常去聽「道理」，畢業前正式受洗，由陳宗舜神父施洗。她說：「聽道理覺得很有意義，受洗後感到很充實，尤其心靈平靜安穩。天主教允許祭祀祖先，入教後仍舊可以拜公媽。」[9]

四、 轉任臺灣大學教授

(一) 好事多磨

1989 年 4 月初，突然接到陳棋炎教授打來系主任室的電話，他說：「我佫過幾年才到退休年齡，現在就有人在運作別人來接我的位。我實在無法度接受，我希望你會當利用這個機會轉來臺大。」我稟告老師說：「非常感謝老師的提拔，不過我現任輔大法律系主任，爭取回臺大，情理上恐怕說不過去。」老師說：「給你好機會，你要好好把握。從這個學年開始要進臺大法律系任教，不是系主任說了算，必須教授會投票三分之二通過，才能聘。你要儘快去拜謁王系主任，看須要辦那些手續，千萬不可錯過機會。你只要辦妥手續就好，不用去拉票。」

當時系主任王仁宏教授也有意延攬我回臺大，蔡墩銘教授聞知也主動幫我推薦。我在 1981 年 6 月就已取得教育部教授證書，年資自民國 69 年 8 月起算，我以為不必再審查論文。但依規定，新聘教師，須提出最近三年內發表的論文，經送審通過後，才能送教授會審議。我擔任系主任、所長後，系所務繁忙，鮮有長篇論文，乃以〈論所有權之限制〉《鄭玉波先生七秩華誕祝賀論文集・民商法理論之研究》（1988 年 1 月出版）作為代表著作。當時，可能是因為有利害關係，有幾位教授從中作梗，極力杯葛，一度使事情複雜化。後來聽說陳榮宗教授主動表示願意審查我的論文，情況才轉為樂觀。我曾一度表示：「若事有不諧或者氣氛不佳，是不是且按下（chiann an ha，暫且擱置，「按下」台語乃擱置、緩辦之意），勿帶給逐家麻煩較好？」王主任、陳老師則強調：「頭洗落了，那通按下？」

能否回臺大服務，我想隨緣，順其自然，我始終未造訪、拜託教授們，陳老師也交代我不必去拉票。不知，是否會因此而被認為姿勢太高，身段不柔軟？

教授會 interview 在法學院行政大樓二樓大會議室舉行，氣氛還不錯，有位教授問我：「黃教授，你回國任教十幾年，你自信在學術上有那些創見？」回答這問題必須拿捏得宜，恰到好處，我舉了幾項，總算順利過關。有教授認為，我回臺大後，可能會去當官，希望我立下切結書。不去當官，正合我意，我毫不遲疑地寫下切結書。不過，後來政府擬借調我擔任行政院公平交易委員會主任委員，我未拜票，結果仍以 29：5 絕對多數同意我借調，此是後話。

教授會投票表決結果，獲三分之二以上通過，我遂成為首位國內他校教授經臺大法律系教授會投票通過聘用的專任教授。1989 年 8 月 1 日，我離開服務十三年、一磚一瓦、一草一木都有感情的輔大，回母校擔任教授，同時輔大改為兼任。一年後，林山田教授也循我的模式，於政大法律系系主任任內轉任臺大法律系教授。看來，王仁宏系主任，確實很有肩膀、很有擔當。

我接奉第一份國立臺灣大學聘書，其內容如次：

国立臺灣大學聘書　國法聘字第 111 號　敬聘　黃宗樂先生為本大學法學院法律學系教授並訂立聘約如左　一.薪俸每月底薪陸佰捌拾元按月依政府所定支付標準致送　二.每週授課依教育部令以八學分至十學分為準　三.對於學生心理、品德、生活、言行、隨時隨地均應擔負輔導之責任　四.本聘約有效期間自七十八年八月起至七十九年七月底止續聘須於本約滿期前一個

月另送新約　五.其他事項依照教育人員任用條例暨其施行細
則、教育部頒大學及獨立學院教師聘任待遇規程及本校教師聘任
規則及教師請假規則辦理

校長　孫震　中華民國七十八年八月

　　我非常感謝教授會給我回臺大服務的機會，尤其是陳棋炎教授、
王仁宏系主任、蔡墩銘教授、陳榮宗教授的栽培、提攜，我畢生難
忘。回想當年在成功嶺受訓時，我在調查問卷上就「將來最大的願
望」欄填入「當臺大教授，反攻大陸後當北京大學教授」，能當上
臺大教授已遂平生之志（反攻大陸已不可能），心情無比的舒暢。
另一方面，回首在輔大服務期間，受到金世鼎系主任、蕭志潔院長、
林棟系主任、袁廷棟院長的拔擢、鼓勵，感恩之情即油然而生。

（二）　臺大回顧

　　國立臺灣大學前身臺北帝國大學於昭和 3 年（1928 年）3 月設
立時，設置文政學部及理農學部，其後，先後於 1936 年 1 月、1943
年 1 月增設醫學部、工學部，1943 年 4 月將理農學部分成理學部與
農學部，1941 年設置「預科」。1945 年 4 月，文政學部設 25 講座、
理學部 13 講座、農學部 22 講座、醫學部 24 講座、工學部 30 講座。
每一講座由一位教授主持，其下有助教授、助手、講師及僱員等，
經費預算獨立，多數設有圖書室，係一教學研究單位。1928 年 3 月
創校時，將臺灣總督府高等農林學校改組爲臺北帝國大學附屬農林
專門部；1936 年 4 月隨著醫學部之設置，將臺灣總督府醫學專門學
校改組爲臺北帝國大學附屬醫學專門部。又，1939 年設立熱帶醫學
研究所，1943 年設立南方人文研究所及南方資源科學研究所。

　　國民政府於民國 34 年（1945 年）11 月 15 日接收臺北帝國大學，更名爲國立臺北大學，1946 年 1 月正式定名爲國立臺灣大學。接收之後，各「學部」改稱「學院」，並將原有之「文政學部」分別設爲「文學院」及「法學院」（法學院校舍爲日治時代臺北高等商業學校校舍）。1963 年我進臺大肄業時，有六個學院，即文學院、理學院、法學院、醫學院、工學院、農學院。

　　臺北帝大之立校精神，除一般「以攻究國家進展所必要之學理及有關應用之蘊奧爲目的，以陶冶學生之人格、涵養國家思想爲使命。」（大學令第一條）外，作爲日本帝國南方的殖民地大學，進一步「以玉成忠良之國民爲當前之急務」、「固以鑽研一般科學爲目的，然亦須發揮關於東洋及南洋之特色，故進而應以研究臺灣之地位及沿革；其人文科學應以東洋道德爲骨髓，致力於文明之顯微闡幽，而自然科學應以研究熱帶、亞熱帶之特異事象爲其使命。」（臺灣總督上山滿之進於臺北帝大創校典禮上所發表之〈宣明書〉）；「本大學不僅要作一般帝國大學通盤之研究而已，而且要以臺灣爲中心的東、南兩洋之文化及熱帶、亞熱帶之白熱爲對象，加以鑽研，發揮其特色。」（臺北帝大首任總長幣原坦臺北帝大創校〈入學宣示式訓示〉）。因此，臺北帝大與內地帝大相比較，文政學部置南洋史學、農學部置熱帶農學、熱帶畜產學，乃其特色。

　　改制爲國立臺灣大學後，其立校宗旨爲「研究高深學術養成專門人才」（大學法第一條），而缺日本大學令「陶冶人格」之教育目的。至於臺大之學術與教育定位，則爲「本大學爲國立大學，故應中國化」、「臺灣大學之使命，不僅在於開發臺灣之產業，更應爲中國研究學術之中心。」「改造文政學部爲文學院、法學院，使

本省人得觀祖國之文化，且爲本省研究祖國文化之中心，並在法學院中置法律、政治、經濟三系，招收本省青年，宏其造就。」（臺大首任校長兼接收主任委員羅宗洛於接收後首度全校性集會時之講話），又臺大第四任校長傅斯年對臺大學生強調：「我們現在要看清我們的面孔，想到我們的祖先，懷念我們的文化。」（《傅斯年全集》230-31 頁），顯見，「中國化」、「去日本化」爲臺大學術與教育之最重要課題。臺大之所以遲遲於 2009 年才首度進入英國泰晤士報世界大學百大之列（排名 95 名），無可諱言的，與其「中國化」、「去日本化」辦學方針以及國民黨政府抱著過客心理，長期實施戒嚴、專制統治，不無關係。在我擔任主持人的某次座談會上，報告人之一、名教育家林玉体教授即直言：「如果戰後臺北帝大依舊由日本人經營的話，肯定早就被列入世界大學百大之內，不必遲到 2009 年。」

　　1989 年我回母校臺大任教時，除 1963 年我進臺大就讀時已有的六個學院：文學院、理學院、法學院、醫學院、工學院、農學院外，增加一個學院：管理學院（1987 年成立）。其後，1993 年成立公共衛生學院，1997 年成立電機學院（2000 年更名爲電機資訊學院），1999 年法學院更名爲社會科學院，所屬法律學系改制爲法律學院，2002 年農學院易名爲生物資源暨農學院，2003 年增設生命科學院。我於 2004 年 2 月 1 日辭去專任教職。其後，2008 年設立牙醫、獸醫兩專業學院。至此臺大共有十一個學院及兩個專業學院。此外，1999 年夜間部與推廣教育中心併編爲進修推廣部。臺大自 1990 年代以來不斷蓬勃發展，1990 年代以來正值李登輝總統、陳水扁總統主政時期，顯見其與台灣之自由化、民主化、本土化、主體化，有

密切的關係。吾人確信，學術自由、校園民主乃學術發達、教育進步的原動力，而一國之學術及教育必須紮根本土、接軌國際。

1989 年我回臺大母校任教時，法律學系依舊與 1963 年我進臺大就讀時一樣，設法學組與司法組。其後，1990 年增設財經法學組。1999 年法律學系改制爲法律學院，於 2009 年 6 月 23 日遷至校總區，從此徐州路二十一號校園已成追憶。我轉任臺大教授時，夜間部依舊設有法律學系，1992 年夜間部改制爲第二部，1997 年再改爲「進修教育學士班」，嗣稱爲「進修學士班」（2007 年最後一屆招生）。

（三） 研究室、圖書館

我到臺大報到後，學校馬上爲我安排研究室。起初，我的研究室在從靠近徐州路的紹興南街側門進入行政大樓一樓右邊第一間房間，一年後搬到綜合研究大樓三樓左側最底間向南的倒數第二間房間，原研究室騰出來供從國外回國客座的教授使用，像陳東璧客座教授就使用過。有一間獨立專用的研究室，很快就安定下來。我到學校，都充分利用研究室，研究、休息、接見學生，有專用的研究室，非常方便。

臺北帝國大學時代，法律藏書相當豐富，戰後大都保存下來，大部分放在法學院圖書分館的地下樓，連日本學者蒞校參訪，看到戰前法律藏書這樣齊全，也讚嘆不已。我回臺大任教最初幾年，經常抽出時間到法圖地下樓翻閱臺北帝大時代的法律藏書，令我驚訝的是，在偌大的地下樓，我幾乎不曾遇到過任何人。我從法圖借出不少日治時期的法律藏書，影印裝訂成冊，置於研究室，俾便參考。我也曾經參觀戒嚴時期禁書管制區，不用說，盡是和共產主義思想

有關的書籍。

　　說實在的，我面對著浩瀚的日治時期法律藏書，引起諸多感慨。日本自 1868 年明治維新以來迄於戰前，舉國上下發憤圖強，脫亞入歐，奮鬥不懈，終於躋身世界列強之一，而對於殖民地台灣用心經營，把台灣帶向近代化，直可媲美西方文藝復興及產業革命；戰後，日本告別帝國主義、軍國主義，邁向自由主義、民主主義、和平主義、國際主義，很快就從廢墟中復甦而成為舉世刮目相看的民主國家、經濟大國。反觀台灣，在國民黨政府長期實施戒嚴、高壓統治之下，人權被剝奪，人性被扭曲，尤其厲行反台灣的「黨化教育」，嚴重殘害台灣人心靈。我想，台灣除應邁向自由化、民主化、本土化、主體化外，有必要進而仿傚西方文藝復興、日本明治維新，徹底進行心靈改革、文化革新，促使台灣人及台灣脫胎換骨，屹立於世界。日本明治維新，國力強大後，也步西方列強後塵，走向帝國主義，進而窮兵黷武，走上軍國主義，侵略東亞及東南亞各國，最後發動大東亞戰爭（戰後稱太平洋戰爭），無疑地是歷史最大的錯誤。一直以來，我深盼未來的世界是沒有戰爭、和平、安全的世界。

（四）　教授一流學生

　　我在法律學系本科擔任「民法總則」、「民法物權」、「民法親屬」、「民法繼承」；夜間部法律學系擔任「民法總則」、「法學緒論」等課程。當我首度站上講臺時，回想二十二年前，坐在台下聆聽教授講課的情景，油然生起「我終於也做到了」的成就感。

　　我開的課都是必修課，每班學生少則六、七十人，多則一百一、二十人，最多有二百人的紀錄。我上課不點名，出席率大

都維持在百分之九十以上。坦白講,這不表示我課講得好,而是表示學生都很積極、很認真。大班的課,安排在行政大樓大禮堂上課,有著「大學教授當如是」的振奮,但比起在一般教室上課,卻有點空曠疏遠的感覺。惟不論如何,能在大禮堂上課,確實是莫大的光榮。

有位學生修我的「民法物權」,全身癱瘓,不能走路,坐著輪椅,每次上課都由母親推進推出;他眉目清秀,頸項不自由,聽課很專注,並作筆記,考試成績相當優良,予我印象至為深刻,我記得他名字叫陳俊翰。我對他克服殘障、認真學習、永不放棄的精神和毅力,非常敬佩,而從他母親長年陪伴身邊,悉心照顧,也看到母愛的偉大。2014 年 11 月 23 日,新聞大幅報導他的奮鬥史,先取得臺大法律、會計雙學位,今年自美國哈佛大學法律研究所畢業,並在紐約州考取律師執照,誓言今後將全心全力為身障者爭取權益,令我感動不已。

臺大法律系學生,幾乎都是第一志願考進來的,個個是英才,得天下英才而教育之,更深深感受到「有狀元學生,無狀元先生」的真實義。曾經有人揶揄說:「臺大法律系,一流學生,二流教授。」其實也是在強調「青取之於藍而青於藍」的道理,並提醒做老師的知所警惕。

夜間部在臺大校總區上課,學生素質亦高,每班五、六十人,上課也很踴躍。

我在輔大有十三年的教學經驗,到臺大任教後,當然「駕輕就熟」,可是任何事物,一旦定型後,就很難改變。克服自己、超越

自己，談何容易！由於諸事羈牽，紛冗異常，講義準備或許不充分，但教學爲教師第一要務，我嚴守原則：不遲到早退，按部就班，認眞講解。我上課，很少寫黑板，也很少問學生問題，大概是受到大學時代老師們的影響吧！學生也與我做學生時一樣，很少問老師問題，我想這和課程設計有關。同爲東方國家之日本，每位教授（講座）都開有「演習」（Seminar，seminar）課，在教師指導下，就判例或爭議問題等，由學生在課堂上報告、討論，實値我國仿傚採行。如今，台灣各大學法律系已普設研習課程，令人欣喜。

法律課，例如我所擔任的「民法物權」、「民法親屬」等，皆有民法典爲依據，而有明確的範圍，但在所定授課時數內，要全部講完，殊不可能。因此，必須擇要講授，也不能講得太細，這樣一來，有時難免會予人以不夠深入的感覺。每一門課，我都使用教科書，如果按照教科書講解，又不免有照本宣科之嫌。不過，對初學者而言，每一科目都是「奠基」的工作，直接聆聽教授講課，比起依照教科書自學當然更能達到「傳道、授業、解惑」的效果，就如同學功夫，在師父直接指導下，先學好馬步及基本招式，以後不斷勤練，就不難技擊高強了。總之，做學問難，講課更難，要拿捏得宜，發揮最大效益，實不容易。好在，大學生均能「舉一反三」，我想、大學教育，學生能「舉一反三」非常重要。

我在臺大任教，一如在輔大時，學生成績依學生各自表現，得分大致從 60 分至 95 分不等，最高有打 98 分的，但依情形也有打不及格的。爲此，曾有學生反應，別的課幾乎都是 all pass，打不及格者甚爲罕見，我隨而稍作調整。我的實際經驗是，臺大法律系學生普遍優秀，因此每班學生的成績，在 80 分以上的爲多，在 69 分以

下的殊少。曾有位電機工程學系學生來修我的「民法總則」，得 88
分（不問何系學生，打成績一視同仁），聽說比她的學期總平均 92
分低了 4 分，讓我有點過意不去。[10]

（五） 分配到學人宿舍

日治時代，各級學校教師都配有宿舍；戰後來台的外省人教師
也大都配有宿舍。我任教後，常有人問我：「您有宿舍無？」輔大
沒有教師宿舍，臺大則有。我回臺大服務後之翌年即 1990 年，舟山
路（今已併入台大校園）新建的「學人宿舍」剛好落成，我因點數高，
分配到五樓起的第三層、35 坪的宿舍。分配到我樓上第五層的電機
工程學系教授李嗣涔後來繼陳維昭校長之後擔任臺大校長。我本來
不想申請，但宿舍尤其是新建的學人宿舍非常稀有，不申請很可惜，
總務處人員也說：「機會難得，學人宿舍，目前每間價值都在千萬
以上。」

我分配到後，由於挹翠山莊自宅的家具較大，搬來不合用，遂
購置書桌、書架、餐桌、沙發、衣櫃，裝冷氣，主臥房鋪榻榻米，
原來房屋附有廚具設備。我每週住宿舍三天。我到校總區夜間部上
課時，從法學院坐校車回宿舍吃晚餐，然後步行去上課，上課後步
行回宿舍，非常方便。

那段期間，我挹翠山莊、法學院、校總區、宿舍來回往返，別
有一番風味。放寒暑假時，常常全家進住宿舍，讓子女霑染臺大的
文化氣息，增添了美好的回憶。

2004 年我辭去專任，改為兼任後，我很快就搬出宿舍，將它交

還給學校，俾便其他教授進住。

（六） 重要參與

我回臺大服務後，多年被推薦爲臺大校務會議代表，曾擔任臺大農學院實驗林管理審議委員會委員、亦曾被推選爲臺大校產維護小組成員、臺大四六事件資料蒐集小組成員，並多年擔任臺大法學基金會董事，「插（chap）昧少代誌」。

1. 提議兩項興革

在系所務會議我曾提兩項重大議案，並獲通過，付諸實施：

Ａ． 教授教學、研究、輔導、服務一輩子，退休時，理應由系主辦「榮退演講」，藉以表示感謝與祝福。演講會由系主任主持，邀集系同仁、榮退者的指導學生及現受業學生參加，聆聽「最終講義」，可請一位榮退者最親近的同仁推獎，並安排學生獻花，最後在會眾的掌聲中劃下完美的句點。實施結果，溫馨、感人，極富人情味 [11]，深受好評。惟不知何故，曾有漏而未辦，讓榮退者覺得被冷落了。

Ｂ． 臺大法律研究所自 1950 年代後期設立以來，即規定碩士班德文爲必修課程，碩士班研究生未曾於大學部修滿德文二年以上且成績在八十分以上者，一年級必修德文，每天上課二小時（即每週十二小時）無學分，博士班成立後，入學考試須考德文。外界迭有人向我反應，是否應有所更張？而我在日本留學時，發現日本除德國法外對法國法亦甚爲重視，而在我國，法律與法律學均深受日本影響。爲謀均衡發展，我提議:碩士班第二外國語文應德文、法文、

日文並重，改爲由研究生選修；博士班入學考試第二外國文就德文、法文、日文任選一科，1995 年 6 月經所務會議決議通過。實施結果，情況良好。不過，在博士班入學考試，曾發生日文考最高分者還低於德文考最低分者之意想不到的不公平現象。

2. 響應課程改革

台灣在逐步走向自由化、民主化之際，教育部部定大學必修課程（包括：1.體育、軍訓；2. 共同必修科目表；3. 各學系必修科目表）對學術自由、大學自治、校園民主戕害甚大。1993 年 7 月初各大學法律系學會開始醞釀，而於 8 月 29 日正式成立「全國法律系課程改革運動聯盟」，積極推動「全國法律系課程改革運動」，同年 10 月底印行《全國法律系課程改革運動手冊》，請我寫序。我對此問題，素甚關心，當然義不容辭。茲將〈黃序〉摘錄前段及後段如下：

黃　序

我國大學的必修課程向由教育部掌控，以法律學系爲例，依目前「大學必修課程表」，除體育、軍訓爲必修科目外，部訂「大學共同必修科目表」共二十六學分；部訂「法律學系必修科目表」共五十五學分；另必修通識教育科目四至六學分，而各系又有系訂必修科目表必修學分（校訂必修科目則少見）。一般認爲，如此設計，有礙學術自由，尤其妨礙大學自主，且限制學生個性的發展，而亟須改弦更張。各大學法律學系學會會長聯席會議有鑑於此，乃發起「全國法律系課程改革運動」，企望爭取：一、廢除部訂共同必修科目表，改由各校自訂；二、廢除部訂法律系必修科目表，改由各法律學系自行決定；三、制訂必修科目之會議，應有學生代表出席，

以維護學生權益；四、必修學分應予減少，以擴大選課空間。此等
要求，對於落實學術自由，尤其發展各校法律學系之特色及學生之
自我性向，具有重大意義。同學們的用心和熱情，值得肯定。

　　吾人看到全國法律系師生共同關心法學教育改革，對於我國的
民主化和現代化，倍增信心，而在本手冊中，著名的學者專家，賀
德芬教授、劉幸義教授、董保城教授、瞿海源教授、李教先生撥冗
分別就有關問題加以檢討，並提出改革之道，不禁令人肅然起敬。

　　　　　　　　　　　八十二年十月二十一日　　黃宗樂　謹序

　　1994 年年初，立法委員余玲雅、翁金珠、謝啓大舉辦「大學課
程自主權對大學教育的影響及其正面意義」公聽會，我與李鴻禧教
授、劉幸義教授應邀到會陳述意見，我強調，大學課程應本於學術
自由、大學自治、校園民主的理念，儘量鬆綁，讓各校各系有自行
訂定的空間。這樣才能促進學術蓬勃發展，並發展各大學的特色。

　　對於大學課程改革，最受矚目的莫過於「軍訓」。軍訓課程列
爲「大學各學系學生之必修科目」，但無學分；大學法並規定：「大
學置軍訓總教官、主任教官、教官及護理教員，擔任軍訓、護理課
程及協助訓導工作……」。於是乎，教官退出校園、廢止軍訓課程、
軍訓課程改爲選修之聲，此起彼落。

　　我在輔大擔任系主任期間，與教官互動良好。其間，系學生曾
有一女生一男生先後因心臟病猝死於學生宿舍。對此種突發事件，
除悲痛外，必須及時妥善處理。不幸發生時，教官（男教官、女教官、
護理教師）總是第一個時間趕到，從頭到尾協助、關懷、參加喪禮

（男生喪禮在板橋舉行，過後教官還開車載院長和我專程赴南部喪家慰問），予人印象至為深刻。因此，我個人並不要求教官於短期間內全面退出校園，而只要求軍訓課程的設計與教官的角色能夠改變。

1994 年，針對「軍訓」問題，張則周等多位改革派教授連署具體改革方案，囑我領銜提出校務會議，案經改革派教授與保守派教授激烈爭論後，時勢潮流所趨，臺大朝往改革方向邁進。關此，當時《臺大校訊》曾大幅報導。

五、 學術研究

從事大學法學教育，除編著教科書或講義外，更應就專業領域，針對個別問題，作深入研究，以促進法學之進步發展。我因長期負責行政、投入社運、出任公職，本格的學術研究未如初衷，不過還差強人意。

（一） 研究論文

例如〈浮動擔保之研究——以蘇格蘭法為中心〉、〈論占有制度之機能〉、〈物權的請求權〉、〈占有保護請求權〉、〈論所有權之限制〉、〈土地徵收補償法若干問題之研討〉、〈現代物權法之原理及發展——以台灣法為例〉、〈戶籍登記之原理〉、〈論會面交往權〉、〈親權濫用之研究〉、〈從英、法、德立法例檢討我國收養制度〉、〈歐洲各國破綻主義離婚立法之展開〉、〈協議離婚制度之比較研究〉、〈收養制度與寄養制度〉、〈民法親屬編父母子女章修正法之檢討〉、〈離婚後子女之監護與親權行使〉、〈父

權條款之過去、現在與未來〉、〈夫妻財產制修正評述〉、〈裁判離婚原因修正論〉、〈關於應繼分之實質的公平之法的研究〉、〈繼承回復請求權〉、〈我國反托拉斯政策的回顧與展望〉、〈公平交易法與經濟自由〉等。

除早期發表的論文，曾將領域完全相同者收集於《親子法之研究》一書外，其餘論文均散在於各個刊物。我原有陸續彙編成冊的打算，然因諸事羈牽，一再延宕，而自古稀以來，又趨向於清淨無為，最後恐怕祇能以「藏諸名山」自我解嘲矣。

（二） 研究計畫

國科會設有委託研究計劃制度，大學教師或研究機構研究人員均得申請，通過者可以受到補助，主持人、研究助理等可得到一筆收入，用意可謂甚善。不過我不常申請，理由有種種，一般來說，例如，主持研究計劃有時會影響個人自由研究的空間；研究計劃成果報告不無七拼八湊而成的，學術或應用價值不高；經費核銷非常麻煩，研究助理往往把時間用在收集發票等報銷憑據上，不一而足。我申請的，大都是大型的集體研究計劃。

例如：〈空氣污染防制法之研究〉、〈民法總說、第 1 條至第 5 條之註釋研究〉、〈法律行為前註、民法第 71 條至 74 條之註釋研究〉、〈民法繼承序說、第 1138 條、1139 條、1141 條至 1144 條及 1146 條之註釋研究〉、〈繼承回復請求權之研究〉、〈東亞區域法律繼受與法律發展——東亞各國婚姻法之繼受與發展〉等。

我研究民法，離不開參考日本《注釋民法》（全26卷，有斐閣），

我一直有一個夢 —— 台灣有一部如同日本水準的《注釋民法》。二十年前，國科會推動民法、刑法的註釋研究計畫，民法由我擔任總主持人（刑法的總主持人爲蔡墩銘教授。本來民法應由王澤鑑教授擔任總主持人，但王老師婉拒，我遂接下此重任），但因時機尚未成熟，以致未能盡其全功。《注釋民法》闡明民法條文之意義內容，總結民法學說及實務見解，把握民法及民法學之全貌，其學術及實用價值實無以倫比。固然主、客觀條件，台灣遠不及日本，但我們還是要抱著這個夢。

依規定，國科會研究計劃案經費核銷是相當嚴格的[12]，記得我擔任註釋民法研究計劃總主持人時，曾邀集各研究計劃主持人開會討論，中午我擬以便餐招待，與會主持人建議我買便當，以後報請核銷就好了。我遵從彼等建議，豈知後來不准核銷。

2012 年爆發至少有五、六百位國科會研究計劃主持人拿假收據，浮報經費醜聞，鬧得沸沸揚揚。據新聞報導，其中包括好多位大學校長、院長、仕進的政府高官包含司法院大法官在內。翌年 5 月 31 日，立法院「夜襲」，三讀通過「會計法第 99 條之 1 條文修正案」，不問情節重大或輕微，全部予以除罪化，連行政責任、民事責任亦一筆勾銷。[13]

此在一般小市民看來，知識份子集體違法，不查明問題出在那裡，究竟是惡法附身、制度殺人還是利慾薰心、斯文掃地？事實情況如何？也未研議如何改進，亦未限制違法者若干年內不得提出申請，就遽然一概不予追究，造成「差別執法」、「守法者吃虧，違法者占便宜」的乖常現象，令人覺得中華民國還不是上格（chiunn kiok）的法治、正義國家。

（三） 教科書——與三民書局結緣

台灣自 1970 年代以來，隨著時代進步、環境變遷，為因應社會實際需要，除陸續制定新的法律外，也陸續修正原有的法律，為私法基本法之民法隨而進入變革期，修正幅度頗大。作為法律教科書，必須隨著法律的修正、判例及學說的發展，予以修訂或重寫，否則即不適合再採為教科書。吾人不得不承認，法律解釋學生命的短暫，例如，梅仲協（《民法要義》）、洪遜欣（《民法總則》）、桂裕（《海商法論》）、蔡章麟（《民事訴訟法》）、韓忠謨（《刑法原理》）、劉甲一（《國際私法》）等，名重一時的法學權威，現在有多少學生知道？他們的著書有多少教師採為教科書？雖然在法律解釋學領域，江山代有人才出，各領風騷三十年，還是令人不勝唏噓！

我因殊勝因緣，承蒙三民書局盛邀，有幸與陳棋炎教授、郭振恭教授共著《民法親屬新論》、《民法繼承新論》，及修訂鄭玉波著《法學緒論》、《民法概要》、《民法總則》、《民法物權》等書。1963 年我進臺大法律系肄業時，在三民書局購買進大學後第一本法律書，即鄭玉波著《民法總則》。前輩張錦源教授晚年曾寫道：「到了民國四十八年左右，三民書局開始推出甚受歡迎的一系列大專用書，記憶所及，其中有鄭玉波教授的大作如《民法總則》，是膾炙人口的名著，法商科的學子幾乎人手一冊，三民書局藉此奠定大專用書牛耳。」（張錦源〈與三民走過五十年〉《三民書局五十年》），讀之更讓我深深感到與三民書局結緣之珍貴。

以此因緣，三民書局五十周年慶與六十周年慶，策劃發行紀念

專書時，均有幸被邀請撰寫紀念文章，前者，我恭撰〈三民書局陪我成長〉《三民書局五十年》，後者，我恭撰〈三民書局豐富了我的人生〉《三民書局六十年》，茲將後者刊載於此。

三民書局豐富了我的人生

光陰似箭，《三民書局五十年》一書問世，倏忽十載。五十周年慶時有幸以〈三民書局陪我成長〉一文共襄盛舉，洵光榮之至。此十年來，與三民書局的關係益加密切，我對劉振強董事長的鼓勵和愛護，感銘五內。

民國五十二年九月，我從彰化縣偏僻鄉下負笈北上，進臺灣大學法律學系就讀，最先接觸到的書店就是三民書局，並在三民書局購買了進大學後第一本教科書—鄭玉波著《民法總則》。從此與三民書局結緣，由法學生到法學教授，迄今四十九載，三民書局一直是我的良師益友，惠我足多。當初，看到「三民書局」四個字，馬上與孫中山先生的三民主義連結在一起。當時三民主義是大學聯考共同必考科目，而我研讀三民主義也獲得許多啟示，政府更強調要把台灣建設成「三民主義的模範省」，自然而然對三民書局特別好感。後來聽說，三民書局的命名與「三民主義」無關，而是寓意三民書局係由「三個小民」所創立的，這樣反而令我更加肅然起敬。因為三民書局在「小民」苦心孤詣、慘澹經營之下，堂堂成為出版界的「巨人」。

我就讀臺大法律學研究所碩士班時，與同班同學郭振恭請陳棋炎先生當指導教授，陳老師嘗說：他出道不久，在三民書局劉振強先生的盛邀下，撰寫《民法親屬》、《民法繼承》二書，奠定了他

攻究身分法的基礎，他非常感激；他對劉先生克勤克儉、苦心經營，十分欽佩。我從日本留學回國任教後，民國七十五年間，參與鄭玉波教授主持的《高級中學法學概論（全二冊）》的編寫工作，我拜謁鄭老師，並談起老師的著作時，鄭老師亦曾對我說：他承劉振強先生的盛邀，在三民書局出版的法律書至少有九種以上，三民書局是他學術生涯中的「貴人」，讓他能夠盡情著作立說，又獲得優厚的稿酬，他很感激；他對劉先生的魄力和遠見，非常敬佩。後來，劉董事長聽我提起陳教授、鄭教授生前對劉董事長的感激和讚佩，劉董事長說：「三民書局之有今日規模，必須感謝諸多學者專家的支持和愛護，我對鄭教授和陳教授，一直感念在心。」誠然，著者與書局之間的關係是不折不扣的互惠雙贏關係，劉董事長宅心仁厚，敬重學者專家，誠懇待人，無疑地是他之所以能締造三民圖書王國的重要因素。

民國七十四年，民法親屬、繼承兩編初次修正，三民書局請陳棋炎教授修訂《民法親屬》（民國 46 年初版）、《民法繼承》（民國 45 年初版）二書，陳先生認爲該二書的歷史使命業已完成，乃告知三民書局，邀請郭振恭教授與我共同執筆，撰寫《民法親屬新論》（民國 76 年初版）、《民法繼承新論》（民國 78 年初版）二書，仍由三民書局出版。陳教授不幸於民國八十四年四月駕返道山，其後民法親屬編、繼承編歷經多次修正，此二書亦均隨之修訂，陳教授執筆部分，則分別由郭振恭教授與我修訂。迄今，《民法親屬新論》已修訂十一版；《民法繼承新論》已修訂七版矣！

民國八十年間，鄭玉波教授蒙主寵召，一代宗師從此與世長辭，他留下的學術遺產至爲豐厚。先生著作的特色是：文從字順、

深入淺出、內容嚴謹、理路清晰，被公認爲法律人必讀之物。爲保持常新，俾益實用，劉董事長囑我修訂鄭先生在三民書局出版的《民法》、《法學緒論》諸書。這是一大福緣，更是莫大光榮，我歡欣接受。在修訂過程中，益覺鄭老師確實學問淵博、法學造詣精深。《法學緒論》（民國45年初版）、《民法概要》（民國69年初版）、《民法總則》（民國48年初版）、《民法物權》（民國48年初版），我自己負責修訂，《民法債編總論》委由賢學棣陳榮隆博士修訂。迄今，我負責修訂的部分，《法學緒論》已修訂二十一版；《民法概要》已修訂十三版；《民法總則》已修訂十一版；《民法物權》已修訂十八版矣！前人著作的法學教科書由後人修訂增補，以延續其生命，此在法學先進國家，頗爲常見。

三民書局置有專職編輯，相關法律有修正等情事時，編輯會提醒修訂，並提供相關資料，有時還會標出應修訂之處；編輯打字排版後，均先仔細校對，第三校才交由修訂者校對。整個過程，禮貌周到、認眞盡責，讓修訂者感到備受尊重，非常溫馨，我想這是三民書局特有的風格。

六十年來，三民書局出版的書籍，成千成萬，對於淨化世道人心，促進學術發展與文化進步，貢獻甚大，影響至爲深遠。我有幸忝列三民書局的作者乃至修訂者，深深感受到做爲學者、知識人的榮耀與幸福，三民書局豐富了我的人生。茲欣逢三民書局創業六十周年大慶，謹綴數語，聊表感恩與祝賀之忱。恭祝

三民書局日增月盛、鴻圖大展；劉振強董事長福躬康泰、萬壽無疆。

六、 學術活動

(一) 參與中國大陸法制研究

中華民國中央政府遷台以來，海峽兩岸對峙，互不往來，我們既不知對岸社會之實況，亦不瞭解其法制之變革。為因應時代之需要，1986 年夏，國科會與政治大學合作，共同推動中國大陸法制之研究，成立跨校際的「規劃小組」，成員九人，由政大劉清波教授擔任召集人，我有幸參與其中；1988 年 5 月舉行第一次學術研討會，其中一場，由曾永賢先生報告〈中共的法制建設與党的領導〉，我有幸擔任主持人；同年 10 月舉行第二次學術研討會，其中一場，由王澤鑑先生報告〈中共民法通則之基本問題〉，我有幸擔任評論人（另一位評論人為郭振恭先生），是我參與中國大陸法制研究的開端。

其後，我曾應邀參加在中國北京召開的學術研討會，例如，1992 年 9 月參加「海峽兩岸關係學術研討會」，發表〈海峽兩岸通婚的法律問題〉；1993 年 9 月參加「海峽兩岸市場經濟法學學術研討會」，發表〈現代物權法之原理及發展——以台灣法為例〉等。而在國內，我曾發表〈中共婚姻法沿革之研究〉、〈中共婚姻法初探——兼與我民法親屬編相比較〉、〈論兩岸人民關係條例草案關於應繼分之規定——部分以中共法制為論據〉、〈儀式婚主義與登記婚主義——海峽兩岸結婚形式要件之比較研究〉、〈法定繼承——海峽兩岸法制之比較研究〉、〈關於海峽兩岸婚姻、收養及繼承法律問題之研究〉等。

1992-3 年間，月旦出版社刊行〔大陸六法精要〕，第一冊為《民

法》，由董安生、田土誠共著，1993 年 12 月出版，我奉邀擔任校
訂工作，〈校訂者導讀〉前二段分別介述當時大陸民法相關單行法
規及本書《大陸民法精要》之內容及特色，茲將後三段轉載於次：

　　大陸是社會主義國家，社會主義制度是其根本制度，大陸民法
是建立在社會主義公有制經濟基礎上的上層建築。大陸的社會主義
經濟制度的基礎是生產資料的社會主義公有制，即全民所有制和勞
動群眾集體所有制；國民經濟中，社會主義全民所有制的國營經濟
是主導力量，國家保障國營經濟和集體經濟的發展；國家在社會主
義公有制的基礎上實行計劃經濟。因著改革開放而承認的個體經濟、
私營經濟、中外合營經濟以及外商獨資經濟，祇是對公有制經濟的
補充或對外資的利用。再者，大陸的商品經濟是社會主義公有制有
計劃的商品經濟。其性質、內容與作用，皆與資本主義商品經濟有
著本質的不同。大陸民法之所以不發達，尤其物權制度之所以極不
完備，原因即在於此。

　　從另一個角度觀之，由於大陸民法是社會主義社會的民法，因
此其規範涵義、制度內容多與資本主義社會的民法有所區別，甚至
存在著不少其所特有的制度，例如承包經營權、遺贈扶養協議等，
讀者務必細繹其規範涵義，理解各制度之內容，並把握其特有制度
之存在意義，進而與資本主義社會的民法相比較，明辨其異同，瞭
解其特色。不寧唯是，大陸對於民法的學習、研究，極端強調意識
形態，堅持馬克斯主義的基本理論，特別是辯證唯物主義和歷史唯
物主義，以民法為一門科學，運用馬列主義、毛澤東思想，特別是
辯證唯物論和歷史唯物論的立場、觀點和方法，觀察、思考和處理
問題，而與我對民法的認識態度和研究方法，迥不相同，其結果，

必然限制民法學的發展，讀者亦應注意及之。

　　大陸民法的孕育可說歷盡艱辛，其起草工作早在五十年代就已開始，但在文化大革命以前，並未見提出正式草案付諸審議；十年動亂，使原就很薄弱的法制遭破壞無遺；文革後，一九七九年十一月全國人民代表大會常務委員會法制委員會曾成立民法起草小組，著手起草民法典，然在起草過程中，發覺到經濟體制改革才剛開始，制定系統的完整的民法典，條件還未成熟，乃建議先制定單行法律，民法典的編纂因而作罷。不過，在經歷改革開放十餘年後，又正值銳意建立社會主義的市場經濟之今日，制定一部適合社會主義經濟的需要而具有中國特色的社會主義民法典時機應已來臨！此際，如何在堅持社會主義道路、堅持馬克斯主義和毛澤東思想的前提下，接納個人主義、資本主義的原理，放寬個人自由及緩和公有制，乃必須面對而又很難克服的課題。此項立法工程既浩大又艱巨，惟以中國人的智慧，祇要有心為之，當能圓滿完成，茲拭目以待。

黃 宗 樂 謹識

一九九三年十二月

　　其後，最難立法的《中華人民共和國物權法》已於 2007 年 3 月 16 日通過、自同年 10 月 1 日起施行；現正著手編纂系統的完整的民法典。回顧中國自 1979 年以來，為因應對內搞活、對外開放，陸續制定各種法律，各大學積極設置法學院，從事法學教育與法學研究。今日中國，各種法律已漸完備，法學蓬勃發展；而法學者之多，法學生之眾，允為世界第一。近二十年來，海峽兩岸法學學術交流頻繁，對促進雙方的瞭解及法學進步，有極其重大的意義。吾人樂

見，不久的將來，中國能成為法律進步、法學發達、法治昌明的超級富強國家。

　　順便一提，自政府開放中生（亦稱陸生）來台就學以來，我在中國文化大學、真理大學授課，不論大學部或研究所都有陸生選修，迄今有二十多位，每位都禮貌週到，認真好學，表現相當優秀，令人欣喜。

（二）　長期參加「亞洲家族法會議」

　　在今日國際化社會時代，國際間人事交流日益頻繁，其必然結果，國際結婚及其他身分上之涉外事件日益增加。際此國際交流時代，殊有必要加深各國國民彼此間在各方面的理解與認識，尤其為圓滿處理涉外身分關係事件，更須認識、理解各國的家族法。然而，今日在亞洲地區，相毗鄰之各國間彼此雖具有相當密切之關係，但對彼此的家族法的認識、理解並不充分。

　　日本加除出版株式會社（以下簡稱日本加除出版）社長尾中郁夫有鑑於此，乃發起成立「亞洲家族法協會」，以期加強亞洲地區家族法相關研究者及實務家相互間之理解、友誼與合作，促進亞洲地區有關家族法之風俗、習慣、制度、規範等調查研究之進步與向上。在日本加除出版的努力下，「第一屆亞洲家族法會議」於 1982年 10 月在日本東京（ホテルオークラ）舉行，有九個國家的代表參加。會議費用均由日本加除出版負責。會議議題為「婚姻、離婚法」，我國由我報告。會後，我將菲律賓、印尼、新加坡、馬來西亞、泰國的報告整理譯成中文，以〈東南亞各國之婚姻、離婚法〉為題，在《臺大法學論叢》發表。劉初枝教授曾採為國際私法課程之參考

資料。她說：「我們瞭解歐陸法，但對鄰近的東南亞各國的法律卻很陌生，你這篇文章很有意義。」

　　眾所周知，1952年舊金山對日和平條約第2條第2項規定：「日本國茲放棄對於台灣及澎湖群島之一切權利、權原及請求權。」同年日華和平條約第2條承認依照舊金山和約，日本國業已放棄對於台灣及澎湖群島之一切權利、權原及請求權。然日本法例（Hōrei）第2條（法律施行之日）仍保留第2項：「台灣、北海道、沖繩及其他島地得以敕令定特別施行日期。」之規定。我在九國會議綜合討論時，發言問及此問題：「此項規定仍有台灣二字，我想，一定具有某種意義，關於此點，敢請指教。」日本法務省主管國籍之細川課長回答說：「您質問的規定，現在是已失效的規定（死んでいる規定），因為此項規定有台灣二字乃台灣係為日本國之一部分時代的規定，只不過由於尚未廢止，形式上仍殘留台灣二字而已。」我只是一時好奇而發問，並無其他意思，沒想到5年後（1989年），日本修正其法例，將此項規定予以刪除。[14] 由於該二條約僅明定日本放棄對於台灣之主權，並未規定其歸屬，因此，國際間普遍認為台灣地位未定，中國國民黨則主張台灣已歸還中華民國，台灣本土派人士則主張台灣已歸屬台灣人民。[15]

　　九國會議後，考慮到舉辦九國會議，負荷太重，乃將範圍縮小為日本、韓國與中華民國（台灣），會議名稱定為「亞洲家族法三國會議」，每年由三國輪流舉辦，但費用大部分仍由日本加除出版負擔。第1屆於1983年9月在日本熱海（起雲閣）舉行，議題為「家族法改正と將來の動向」，我報告〈中華民國の儀式婚について〉；第5屆於1989年11月在日本東京（日本大学）舉行，議題為「相

続分の実質的公平」，我國由我報告；第 9 屆於 1995 年 11 月在台灣台北（最高法院）舉行，議題爲「家族法の変遷と課題」，我國由我報告；第 12 屆於 1998 年 10 月在台灣台北（政治大學）舉行，議題爲「遺留分制度」，我國由我報告，我並擔任議長；第 13 屆於 1999 年 9 月在日本北海道（苫小牧駒沢大学）舉行，議題爲「戶籍と身分登記」，我國由我報告；第 14 屆於 2000 年 10 月在韓國釜山（釜山大學）舉行，議題爲「離婚——その原因と財產問題」，我國由我報告；第 15 屆於 2001 年 11 月在台灣台北（臺灣大學法學院）舉行，議題爲「親族の範囲と効果」，由我擔任議長；本屆欣逢會議屆滿二十年，日本加除出版特刊行《アジア家族法会議（二〇年の記録）——二一世紀（一五回台北会議）を記念して》，以資紀念，在歡迎會上，我國司法院院長翁岳生先生也撥冗蒞臨致詞，並頒贈獎牌以表彰日本加除出版對國際學術交流的貢獻。我在該紀念冊上，以〈永遠なる友情と学問のために〉爲題，發表紀念文章，茲摘錄如下：

永遠なる友情と学問のために

Hwang Tzong-leh

黃　　　宗　樂

（台湾・台湾大学法律学院 教授）

　光陰矢の如し、と申しますが、私も早くも還暦を迎える年齢となりました。二〇〇二年五月初旬に出版予定の還暦祝賀論文集には、私の略歴の一つとして、以下のような記載があります。

　『一九八二年一〇月五～九日、東京で開催された「アジア家族法

会議（参加九か国　日本加除出版株式会社主催）に出席し、我が国（台湾）における婚姻・離婚法について發表を行う。（翌年から「アジア家族法三国会議」となり、毎年、日本・韓国・台湾と開催地を順番に変えながら開催するようになる。会議は二〇〇一年までに、すでに一五回を数え、個人的に参加した回数は一一回に上る。そのうち議長を担当すること二回、發表回数も六回に上っている。）』

　　この二〇年を振り返りまして、日本加除出版株式会社の金錢的援助も含めた全面的な協力により、九か国会議を含めて一六回を数える家族法会議を継続して挙行できますことに、一方ならぬ感激を抱いております。また光栄にも台湾の代表として出席させていただきましたこと、さらにこの会におきまして日・韓代表の方々と交流を行い、見聞と学問を深め、人生をより有意義で充実したものにてきましたことにも、非常に感動を覚えております。つきましては、個人的に印象に残っている経験をいくつか挙げ、この紙面を借りまして皆様にお披露目したいと思もいます。

①　アジア家族法会議（東京・ホテルオークラ）は、九か国一三名の代表と日本の学者、実務家、最高裁判所家庭局及法務省民事局など約八〇名が参加し、英語・日本語の同時通訳で行われました。この会議では、田代有嗣教授が議長に金容旭教授が副議長に推挙され大役を努められました。会議には、加藤一郎先生・谷口知平先生ほか大先生方も参加され討議に加わりました。唐突にも質疑応答の際に私が「国際私法の分野は私の専門ではありまさんが、日本の法例を読みますと、同法第一條二項には台湾という言葉がありますが、どのよぅな意味を持っているのが、その点についてお教え願います

。」と質問して、会場が一時重苦しい雰囲気に包まれてしまったことが思い出されます。法務省民事局の細川課長の回答は：「こ質問の規定は、今は死んでいる規定でございます。この規定は台湾が日本の国の一部であった時代の規定でこざいまして、これを廃止していないがために形式上法文に殘っているだけでございます。」というものでした。なお、その後この規定は削除されたようてす。

②　第一回アジア家族法三国会議は一九八三年九月に、日本の熱海（起雲閣）で開かれました。この会議の特色は浴衣を着て、膝を突き合わせての友好的かつ親密な雰囲気の中で發表・討議が進められました。私も「中華民国の儀式婚について」と題したレポ-ト發表しましたが、報告後は桑田三郎先生、中川淳先生、金容漢先生におほめの言葉いただき、当時は若き学究者だつた私としては大いに励みになった記憶があります。また懇親会の席上で尾中郁夫社長が特別に持参された歴史的な伝家の名刀を全員で鑑賞したことや芸者さん方が乾杯で興を添えるほか、なかなか拝聴する機会のなかった尾中社長の歌声が披露されたことなどが深く印象に殘っております。

③　一九八八年三月二一日、敬愛する尾中郁夫社長が突然逝去されました。訃報に接した際には、哀しみに打ちひしがれながらも、即刻電報を打って敬弔の意をお伝えしました。「故尾中郁夫社長は、日本における法律文化の向上、とりわけ戸籍法・家族法などの知識の普及だけでなく、国際間の学術交流にも極めて大きな貢献をされた。尊敬に値する偉大な企業家でありました。」という内容の弔辞を述べさせていただいた記憶があります。四月六日に東京（霞友

会館）で行わてた、故人を偲ぶ会とでもいうべき第四回アジア家族法三国会議に、台湾の代表者は出国手続等が間に合わず、残念ながら出席できなかったことが悔やまれます。その後も「尾中郁夫・家族法学術賞」「尾中郁夫・家族法学術奨励賞」の記事を目にするたびに、故尾中社長が偲ばれてなりません。

④　第八回会議は一九九三年一〇月に韓国のソウル（高麗大學校）で開催され、私も、陳棋炎先生、郭振恭教授、林秀雄教授とともに参加いたしました。金容漢先生、崔達坤先生、金容旭先生と再会し、思わず互いに抱擁し合ったことや、私の教え子である韓国からの留学生、金徳賢君らが駆けつて　歓迎してくれたことを昨日のことのょうに思い出します。私にとって初めての韓国訪問でしたが、会議後は数多くの韓国名勝古蹟を訪れ、「朝鮮総督府（博物舘）」も見学することができました。なお、本年四月初旬に韓国で行われた「二〇〇一ソウル競争フォ‐ラム」に出席した際、かつての朝鮮総督府跡を再び訪れ、建造中の韓国の宮殿式建築物を見学してきたことを書き添えておきます。

⑤　一九九五年四月一〇日、恩師である陳棋炎先生が逝去されました。「陳棋炎先生行状」には、「積極的に国際的な学術交流を推進され、ことに一九八三年以来、日本加除出版株式会社によるアジア家族法三国会議に参加され、同会議で議長やパネリストを担当される等、何事にも全力投球される人でした。本年一一月中旬に台北で開催予定の第九回会議では、先生に議長役をお願いする予定だったにもかかわらず、突然の訃報に接し、この上ない哀しみを感じております。」と記したしだいです。その年の会議（最高法院で開催）

は、皆様から議長役に推薦されましたが、謹んで御辞退申しあげ、陳棋炎先生の畏友である中川淳教授が議長役を務められました。また王甲乙最高法院院長が開会に臨み祝辞を述べられる等、心から歓迎の意を表されました。会議の後は、全員で「お墓参り」をして故人を追悼し、国境を越えた友好の情が余すところなく示されることとなりました。

⑥　一九九八年の第一二回会議は台北（政治大学）で行われいました。ただ台風の影響で、一〇月一七日に開催予定の本会議は一八日に延期されました。これを受けて私も「議長のあいさつ」のなかで「おととい台風警報が發表され、大変心配しましたが、暴風雨にもかかわらず、あらゆる困難を克服して日本・韓国の先生方に参加していただき、開催国のわれわれは『風雨に旧友來る』の詩句どおり、感銘に堪えません。この点も諸先生の學問に対する情熱ならびに眞実の友情を雄弁に物語っております。また、ひとえに尾中哲夫社長はじめとする事務局の皆様が臨機応変に適切な処置を採られたお陰であります。」と述べさせていただきました。この会議で私は議長を務めるとともに「台湾における遺留分制度」と題してレポートを發表しました。会議の席上で孫森焱司法院大法官が最高法院の裁判長として自ら下された判決を述べ、私の見解を支持されるという光栄な一幕もありました。そのほか、林菊枝教授と加藤美穂子教授が活潑に發言され、所定の時間を越えてしまったことなどが印象的でありました。

⑦　第一三回会議は一九九九年九月二四日〜二七日に北海道（苫小牧駒沢大学）で開催されました。その年、台湾で發生した九二一

大地震と台風の関係で、台湾からの参加者は私一人だけとなりました。私が發表したテ‐マは「台湾における身分登録と戸籍について」というものでしたが、日・韓の諸先生から「黄先生の孤軍奮闘だ」というお言葉を賜りました。苫小牧駒沢大学学長の大久保治男先生も非常に親切にしていただき、苫小牧ロ‐タリ‐クラブの集会に御招待いただいたほか、寄付や大地震に関する苫小牧民報社と北海道新聞社二社の取材の手配等も行っていただきました。北海道を訪れるのは初めで、多くの風光明媚な景勝地を目にしたしだいです。なかでも、昭和新山（有珠山）の壮観さは感動しました。聞くところによれば、その数か月後、有珠山は再び噴火したそうです。

　ところで、最初のアジア家族法会議は、アジア・太平洋地域から九か国参加して開かれ、各国のレポ‐トは英語と日本語が併記されたうえ、各一冊にまとめらました。議事録も日本語と英語が併記の一冊にまとめられ、日本語の部分は戸籍時報に發表されました。続くアジア家族法三国会議では、原則として日本語を使用し開会時にはレポ‐トが配布され、韓国・台湾では開催国の翻訳文が附きれることになっており、各国のレポ‐トは戸籍時報に發表されております。また、会議のたびに前夜祭・懇親会・歓送会、さらに観光も行われるなど、学術交流の促進以外に友好関係や見聞を深める意味でも、はなはだ意義深いものがあります。

　最後になりましたが、尾中哲夫社長、笠原哲哉特別顧問、日本加除出版の皆様に改めて感謝の意を表したいと思います。

　2001 年我出任公平會主委後，因公務纏身，在國外舉行時，我

都未克參加。第 18 屆於 2004 年 11 月在台灣台北（公平交易委員會）舉行，議題爲「親子関係の確定」，我擔任議長；第 22 屆於 2008 年 11 月在台灣台北（世新大學）舉行，議題爲「遺言」，我國由我報告，我並擔任議長。前者，歡迎晚宴，總統府資政陳繼盛博士特蒞臨參加並致詞；後者，開幕式，最高法院院長楊仁壽先生特蒞臨致詞。2009 年以後，我就未再參加，2011 年改組，「新・アジア家族法三国会議」發足，我被聘爲顧問。

　　三國會議，有固定的成員，日本爲田代有嗣教授（已故）、桑田三郎教授（已故）、中川淳教授、山川一陽教授、木棚照一教授、小川富之教授、加藤美穗子教授（已故）、棚村政行教授、村重慶一辯護士等；韓國爲金容漢教授、崔達坤教授（已故）、金容旭教授、朴秉濠教授、申榮鎬教授等；台灣爲陳棋炎教授（已故）、黃宗樂教授、林菊枝教授、郭振恭教授、林秀雄教授、鄧學仁教授等。在台灣舉行時，孫森焱教授、高鳳仙教授、吳煜宗教授等亦曾蒞臨參加。司法書士西山國顯雖非會員但每會必與。每屆會議的概況、報告、問題點等都刊載於日本加除出版刊行的《戶籍時報》。對於日本加除出版的付出和貢獻，我至爲敬佩。我有幸被列爲成員，與日、韓諸飽學有道之士交流切磋，終身感激。

　　以此因緣，我曾在《戶籍時報》發表〈台湾における親族法の改正について（1-5）〉、〈台湾の戸籍法とその改正について（上、中、下）〉等論文，又有榮幸發表〈台湾における招入婚姻の行方〉《随想》（日本加除出版創立四十五周年記念）、〈本籍を考える〉《随想・五十年の歩み》（日本加除出版創立五十周年記念）、〈台湾における人権立国の見所〉《記念随想集》（尾中哲夫社長就任

十五年と古稀祝賀）。

　　尾中郁夫社長於 1988 年 3 月 21 日逝世後，日本加除出版爲永遠彰顯尾中郁夫生前促進家族法學術上、實務上發展之功績，尊重、繼承故人之遺志，同年特設置「尾中郁夫・家族法学術賞」，翌年又設置「尾中郁夫・家族法学術奨励賞」，越十年又設置「尾中郁夫・家族法新人奨励賞」。2011 年，小女淨愉（北海道大学博士生）以〈台湾における養子縁組の制度的特徵と現実の機能──特に日本法との對比──〉《新世代法政策学研究第 7 号、第 8 号》（整理碩士論文而成），榮獲第 12 屆「尾中郁夫・家族法新人奨励賞」[16]，2011 年 5 月在日本東京假日本法曹会館隆重舉行贈與式，我和內子、小女的指導教授鈴木賢先生（曾獲学術奨励賞）、副指導教授吉田邦彥先生、畏友加賀山茂教授及門生宮畑加奈子准教授都被招待觀禮及參加慶祝酒会[17]。小女淨愉獲頒尾中郁夫・家族法新人奨勵獎，《台湾新聞》（日文版）2011 年 6 月号月刊與《臺灣新聞》（僑界版）2011 年 6 月號月刊均有詳細報導。《台湾新聞》（日文版）2011 年 8 月号月刊更報導〈留學生身影　黃淨愉さん（28）～次のステップへ～〉。翌年第 13 屆得獎者爲准教授。淨愉能得此獎確實是一大殊榮，但我也怕她會因此而壓力太大。

　　幸運的是，小女淨愉 2015 年起被列爲「新・アジア家族法三国会議」的メンバー，而開兩代同榮之首例。她踴躍出席會議，看似遊刃有餘，不辱使命。

（三）　推動建立台灣主體性法學

　　法律爲社會生活規範，與社會生活密切不可分，離開實際社會，

法律即不可能存在，所謂「有社會，斯有法律」、「有法律，斯有社會」就是這個道理。因此，不論是過去的法律或現行的法律，必須確實曾於或現於斯土施行而爲斯民所遵守者，才是斯土斯民之法律。台灣歷經日本帝國與中華民國的統治，早已與中國切斷了政治上的羈絆，並獨自發展出一套與中國截然不同的思想文化和社經制度，尤其是繼受西方近代法，確立了現代化的法律體系。中華民國「虛幻的中國」終究不敵「實在的台灣」，在法學的研究上，殊有必要揚棄大中國思想，腳踏實地以台灣爲主體，研究台灣斯土斯民之法律。

1995 年，適逢馬關條約訂立滿一百年，1993 年我時任中國比較法學會（後來改名爲台灣法學會）理事長，特提議：於 1995 年刊行《臺灣法制一百年論文集》，俾以台灣史觀回顧 1895 年以來台灣法制的生成與發展，承理事會無異議通過，並責成由我主其事。徵稿結果，獲得熱烈的回響。1995 年 11 月 4 日、12 月 17 日舉辦「臺灣法制一百年」學術研討會，我擔任主題演講，講題爲〈近百年來臺灣法制研究之特殊意義〉，會後由我主編，彙集成册，由台灣法學會於 1996 年 11 月印行。1994 年，我在報上發表〈台灣主體性理念與法學〉，不意收到恐嚇信，罵我數典忘祖，是什麼東西！怪哉！我的祖先早就選擇在台灣安身立命，以台灣爲祖國（台灣不認唐山），那來數典忘祖!?

1997 年 10 月，與王泰升教授發起成立「台灣法律史學會」，即旨在本於台灣主體理念，以台灣史觀研究台灣法律史。我被推選爲理事長，擔任八年後由王泰升教授接棒 [18]。王教授專攻台灣法律史，爲台灣法律史學的開拓者、台灣法律史學會的靈魂人物，他以

其傑出的研究成果榮獲教育部人文社會科學學術獎、美國華盛頓大學法學院終身功績獎,並獲聘為臺灣大學法律學院終身特聘教授;台灣法律史叢書亦由他主編。更令人振奮的是,有許多包括日本留學生在內的碩士生、博士生追隨王教授研究台灣法律史,使台灣法律史一躍而成為顯學。想當年(1993 年)王博士學成歸國時我慧眼識英雄,就感到無比的欣慰。

1998 年,我又發表〈日本時代臺灣的司法制度〉、〈日本時代臺灣法制的發展〉;1999 年發表〈臺灣主體性法學的建立〉等。在我收到的恐嚇信中,有罵我研究日據時期的臺灣法制是日本人的走狗。我倒是要問:元代、清代的法制難道不是中國法制的一部分嗎?以臺灣為主體研究法律史時,日治時期的法制是非研究不可的課題。日人治臺,把明治維新繼受近代西方法成功的經驗引進臺灣,促成臺灣法制的現代化,乃不可否認的事實。君不見,今日中國不是在誇耀清康熙、乾隆開疆拓土的豐功偉業嗎?清朝不就是漢族心目中的異族──滿族所建立的王朝嗎?

抑有進者,台灣是多族群、多元文化的社會,除了在來的平埔族、高山族等原住民文化外,福佬人、客家人、新住民從中國原鄉帶來中國文化,更吸取了日本文化、西洋文化。此等文化之於台灣社會,已完全在地化了。因此,除非是無知或故意扭曲,否則必然承認中國文化、日本文化、西洋文化都是台灣文化的一部分,我們都應該加以尊重、加以珍惜、加以維護。

述及臺灣主體性,我必須告白,我讀臺灣近代史,最令我感慨萬端的,莫過於:

　　一、臺灣被割讓給日本，臺民誓不服倭，與其事敵，寧願戰死，倭奴將至，情勢危急，臺民遂倉促自立，改建臺灣民主國，以抵禦倭奴入寇。詎民主國諸要員心皆不在臺灣，個個不戰即逃回唐山。民主國總統唐景崧遁逃後，臺北城內廣東兵淪為匪徒，到處掠奪、強姦，城內一片混亂，臺北紳商不得已派辜顯榮趨請日軍進城維護秩序；民主國大將軍劉永福鎮守南路，逃亡後，臺南城內正規軍（清兵）開始暴亂搶掠，城內紳商特地懇請巴克禮牧師往請日軍入城鎮定騷動。辜顯榮與巴克禮牧師冒著生命危險，勇敢前往，不辱使命。

　　二、日軍無血刃進入臺北城時，發現首府臺北，街上衛生很差：「房屋四周或庭院流出不乾淨的污水，居民和豬、狗雜居，雖有公廁設備，但到處排泄糞便，凡所見之處，均為不清潔的……」（日本衛生隊實地調查記錄）。二十多年後，知名的美國旅遊作家哈利‧法蘭克經中國來臺灣旅遊，以臺北為首的市街，因為「過於整潔」、「井然有序」，而讓他「感到不可思議」。他說：「臺灣人居住的區域，沒有像中國街道那樣，有著難以忍受的骯髒。甚至比紐約市住宅區更為整潔。」「與中國不同，不管去到哪裡，都沒有惡臭。」「日本人的嚴格，就連普魯士人也無法做到這種程度吧！日本在過去的中國式生活裡，注入了穩定與秩序。」他甚至質疑：「自以為住在天上之國（中國）的人們，難道比較喜好骯髒和混亂嗎？」（Harry A. Frank, "GLIMPSE OF JAPAN AND FORMOSA", Grosset & Dunlap, 1924）。

　　三、日本領有臺灣後，將臺灣當作自國永久的領土，銳意經營，積極建設，把臺灣帶向近代化的新境界。領臺頭十年（本來預定十五年），都由日本國庫直接補助來經營、建設臺灣；明治天皇於

明治 29 年（1896 年）12 月 25 日帝國議會開幕式敕語中諭示：「於臺灣人民之撫育，朕深所軫念，將來益要整頓秩序，增進福祉。」；1898 年 2 月 26 日兒玉源太郎就任臺灣總督，對其搭檔後藤新平說：「我統治臺灣，以民政為主軸，後藤君，我把民政的一切委託你，請你延攬優秀人才，儘量施展才能。臺灣和日本相同都是亞洲人的家鄉，應幫助其近代化，從根底改變。」後藤受此重付，殫精竭慮，廣聘賢才，慘淡經營；濟濟受近代教育、學有專精之日本精英全心全力投入經營、建設臺灣的行列，結果日本領臺五十年治績甚佳，博得海內外的驚嘆！二二八事件發生時任職美國駐臺北領事館副領事葛超智（George H. Kerr）指出：「在日本人統治之下，經過五十年密集的社會及經濟發展，臺灣已變得十分富饒，人民的生活水準也高過中國任何一個省分。」（大著＂Formosa Betrayed＂）；奉美國杜魯門總統之命調查中國戰後情勢，於二二八事件不久來臺灣的魏德邁（Albert Wedemeyer）將軍當年致美國國務卿的報告說：臺灣，「日本人早已施行電氣化到偏遠地區，並建設完善的鐵路網與公路網。百分之八十的人民有閱讀、書寫的能力。中國大陸之情形正好與此相反。」「臺灣人殷切期望從日本桎梏中解放。然而陳儀和其劊子手卻以殘忍、腐化、貪婪，倒行逆施種種暴行加諸於快樂善良人民的身上。陸軍以征服者之姿態行事，祕密警察恣意恐嚇，並助紂為虐幫中央政府剝削人民……」，從而，「許多人不得不感覺日本統治下的臺灣情況反而比較良好。」（1947 年 8 月 17 日，《中美關係白皮書》）。

　　二二八事件前後，臺灣到處可看到：一張畫著一隻從臺灣島逃出去的狗（譬相日本人）和一隻從中國跑進來的豬（譬相中國人）

的海報，海報上寫著：「狗雖吵卻能守護人，豬只管吃和睡。」另外寓意：「人可以用固定餵食的方式來滿足一隻飢餓的狗，豬卻永不滿足。」即意指：剝削臺灣人，日本人有一定的限度，中國人卻慾壑難填，永無止境。至此田地，臺灣人翻然懷念日治時代。「狗去豬來」是當時臺灣人（本省人）的共同感受。臺灣人被外來政權統治，用「狗」、「豬」來宣洩心中的不滿與無奈，但同樣是外來政權比較上仍有本質的不同。後者對臺灣而言，顯然「生鷄蛋無，放鷄屎有」。

兩相對照比較下，我深刻體會到問題出在主政者與國民性（民族性），因此我極力主張建立臺灣主體性，成立廉能維新政府，徹底進行心靈改革，廣植優質的文化，打造一流的國家。

（四） 主編、參與創辦法學雜誌

法學的發達，法學雜誌扮演極重要之角色，法學的發達與法學雜誌可說互為表裡。凡法學者均離不開法學雜誌。我對於法學雜誌的刊行，亦有值得一提者：

（1）輔仁大學法律系（所）於林棟系主任（所長）任內創刊《輔仁法學》（1982年1月），我負責編輯工作，草創之初，稿源較缺，第一期我寫了兩篇（〈戶籍登記之原理〉、〈交還子女之請求（判例評釋）〉）。翌年我接任系主任、所長，親自擔任主編，從徵稿、催稿、交打字、校對到交印刷，均親自為之，戰戰兢兢。我曾發表〈當校對和主編的甘苦談〉，述說個中的滋味。

當時是活字打字，校樣校對後，如須訂正，打字員輒以黏貼方

法爲之，但最後一校，偶爾會黏貼不固，付印刷時漏了。《輔仁法學》第七期，王甲乙先生的「專題演講稿」，最後一校，我發現姓打成「土」，修改後，打字員打了「王」字黏貼上去，詎料付印刷時脫落了。「土甲乙」三字赫然映在眼裡，糟糕！怎麼辦？印一個王字貼上去好呢？還是用黑色簽名筆直接訂正好呢？令人躊躇。最後我選擇後者，結果 1300 本一一訂正，眞是費力費時。出了這個紕漏，我對王甲乙先生（演講時爲行政法院院長、輔仁大學法律系兼任教授）一直感到抱歉。俗諺說：「不經一事，不長一智」，主編《輔仁法學》七年，使我得到了珍貴的歷練。

（2）1994 年春，林金水先生擬創辦法學雜誌，請教於我，我當時認爲，發行全國性月刊法學雜誌，經營不容易，宜從長計議。翌年，洪美華女士決定創辦《月旦法學雜誌》，請我支持，洪女士當時經營出版社，我義不容辭，試刊號，我發表〈男女平權－從民法的角度觀察〉，共襄盛舉。越三年，林金水先生亦決定創辦，我爲彌補四年前未鼓勵創辦之虧負，積極參與規劃，《台灣本土法學雜誌》（其後改稱《台灣法學雜誌》）創刊號終於在 1999 年 4 月印行。我被推爲發行人，我邀請蔡墩銘教授出任，我則擔任總編輯（實際由執行編輯主其事），皆爲榮譽職。創刊號以我的名義刊登〈創辦緣起〉（陳忠五博士撰），王仁宏、李鴻禧、吳啓賓、柯澤東、陳榮宗、賴源河等八十位學界及實務界菁英聯名推薦，作爲法學者，我感到無比的榮幸和欣慰。

該二雜誌均爲月刊，後來經營者皆易人，而越做越大。該二雜誌在各階段經營者慘澹經營之下，對我國法學的發達，不斷作出貢獻，令人欣喜。無疑的，該二雜誌乃現今我國法學雜誌之雙璧，其

良性競爭必然帶來我國法學之昌明。我對該二創辦人：洪美華女士、林金水先生的理想和魄力，一直敬佩不已。而其後的經營者在百尺竿頭，更進一步，不禁令人喝彩。

（五）　監修、編纂六法全書

六法全書之於法律人，猶如佛經之於和尚、尼師，聖經之於神父、牧師，必要不可缺。徵諸文獻，將憲法、民法、商法、民事訴訟法、刑法、刑事訴訟法六大法典彙成一冊，以方便查閱，首創者為日本。起初僅收錄此六大法典之條文，後來亦收錄此六大法典之種種附屬法規，而隨著法律之發展，又進而收錄其他許多重要法規，但習慣上均以「六法全書」稱之。抑且，就同類同質之法規彙集成冊，亦稱為「六法」，例如，勞動六法、經濟六法、環境六法等是。再者，附錄相關判例、重要判決、重要行政釋示等，亦頗為常見。

我素對編輯六法全書，甚感興趣。1990 年春，保成文化機構負責人林金水先生透過我的門生蔡顯鑫，找我商討編纂六法全書事宜。他說：「保成擬出版六法全書，經與陳忠五等研議，初步構想是，就民刑法等重要法規，附錄立法理由、相關法令、判解釋義、考題文獻，各編成一冊，提供法律人學習、研究、辦案最方便有效的工具書；同時也寓意回饋社會，我不惜成本，不求賺錢，想請　老師監修。」陳君、林主任等構想很好、立意甚善，企畫周詳，深獲我心，我慨然應允，但約法三章：一、我嚴格要求：編輯務必周全，校對務必精確；二、我只負責監修，不參與其他；三、我樂於義助，不取任何報酬。林主任歡喜接受，不過對於報酬，相當堅持，但當他聽我說：「我若拿報酬，以後講話就小聲了。」之後，也就莞爾

了。（陳君與我是彰化同鄉，透過林主任才認識的。他後來留學法國巴黎大學，學成歸國後，回台大法律系服務，成為偉大的法學家。陳君五短身材，像拿破崙，拿翁留下不朽的法國民法典，陳君則成就許多影響深遠的民法權威著作。）

我們很快就成立「保成六法全書編輯委員會」，工作群分主編、助編、校對。《民法》、《商事法》、《刑法》、《民事訴訟法》、《刑事訴訟法》，主編為陳忠五、蔡紹良、陳翠琪、汪紹銘、洪志賢、王巧玲、徐敏怡、李悌愷；助編為許紋華、劉瑩玲、林曉瑩、林長泉、蔡正廷、陳麗玲、李淑蓉、林嘉彬、曾裕文、許儷齡、袁美蓉。《強執、破產、涉民》、《憲法、行政法》主編為陳忠五、黃俊杰、李介民、吳夙芳、彭文暉、劉如慧、陳振謙、郭明怡、林彥君、黃程暉；助編為吳明益、楊碧惠、徐偉群。校對總共動員八十多人。林主任對主編、助編、校對至為尊重，報酬從優，工作時間自由，自行記錄工作時間。在備受尊重，並深具使命感之下，這群法界新銳，認真、負責、幹勁十足。

1991 年陸續出版《民法》、《刑法》、《商事法》、《民事訴訟法》、《刑事訴訟法》、《強執、破產、涉民》；1992 年出版《憲法、行政法》。出版後，頗受好評，風靡一時。

一日，我接到最高法院書記官長的電話，他說：「黃教授監修的《保成六法全書》，資料齊全，查閱方便，我們想購買一百二十套，是否可以打折？」我告訴他說：「我只負責監修，不負責其他，請書記官長直接找林主任。」後來聽說，林主任受到稱讚，心花怒放，就半賣半送了。

有位律師告訴我說，他出庭辯論，拿我監修的《民法》給庭上看，結果庭上也拿出我監修的《民法》核對。聽說，許多律師都備有此套《六法全書》，一日，我因開會，赴某合夥律師事務所，趁機看看書櫃，卻未看見該套書，在失望之際，忽然看到辦公桌上放著《民法》、《刑法》等書，精神爲之一振。不少人對我說：「黃教授監修的《六法全書》，深受喜愛，對法界貢獻很大。」原來不是「御世辭」（恭維話）。其實，有這樣的成果，應歸功於林主任的遠見與主編、助編、校對等工作群的辛勞，非我之力也。

其後，隨著需要，陸續修訂，其間承陳忠五、李悌愷、黃俊杰提供寶貴意見，參與修訂工作有：石博仁、李悌愷、王巧玲、王本源、卓進仕、陳翠琪、陳麗玲、周稼明、李獻德、宋名晰、莊品秀、邱景芬、鍾素鳳、蔡志儒、范曉鈴、黎文德、李介民等。

《六法（立法理由、相關法令、判解釋義、考題文獻）全書》七冊全部出版後，林主任看好台灣有幾萬名土地代書，若出版《地政法規全書》，必也暢銷，而有助於土地代書服務品質之提升，遂決定編纂，仍請我監修，主編爲石博仁、王巧玲、王本源、卓進仕、高進根、陳忠誠、陳麗鈴、蔡顯鑫；助編爲林昱梅、洪榮彬、高奕驤、陳翠琪、陳耀祥、張庭楨、湯明純、黃程暉、葉美莉。主編、助編亦擔任校對外，並請七名臺大法律系學生校對。《地政法規（立法理由、相關法令、判解釋義、考題文獻）全書》一巨冊（逾3700頁）於1993年4月堂堂問世。

本書出版後，有幾位土地法教授、地政官員說我「完成了一項艱巨的工程」、「對地政界作出了重大貢獻」。不過，只叫好，不

叫座,因爲購買的人不多。據說,土地代書,普遍的心態是,與其參考那樣複雜難懂的全書,頭大又費工夫,不如搞好關係;寧可買一瓶法國 XO 白蘭地擺飾,也不願花兩千多元購置一本全書裝裝門面,讓我十分訝異!我大學同窗周國榮律師(經營事業有成後,四十六歲回頭溫習法律,四十八歲報考土地登記專業代理人,榮登榜首,翌年又高中律師)曾對我說:「樂哥,我承辦土地登記事件,有你監修的《地政法規全書》在手,遇到什麼疑難問題,都能迎刃而解。地政人員說,礙難辦理,我拿該書去和他研究,最後都成功了。你實在功德無量。」看來芸芸土地代書(今有執照的稱地政士)「不識寶」,實在可惜。不論如何,我敢自豪地說:「有關地政法規全書的編纂,該書永遠是個標竿。」

爲更周全提供法律人不同場合所需的工具書,1998 年春,著手編纂《模範六法》,模,法也,範,載也,曰模範者,取其師法典範也(說文解字序)。林主任仍請我監修,主編爲黃宗樂、李淑明、陳友鋒、范曉玲、許睿元、陳麗玲、蔡顯鑫、卓進仕、陳銘祥、黎文德。同年 12 月出版,顏曰:《1999 模範六法》,可媲美日本三省堂《模範六法》,頗受歡迎,其後迭經修訂,以保持最新。

我一直希望有一本以我之名編纂的六法全書,林主任知悉後即表示願幫我圓夢。1999 年在陳友鋒、莊品秀、蔡志儒、李獻德、周稼明、徐偉群、宋名晰、鍾素鳳、葉淑芬、駱叔君諸同道的協助幫忙之下,完成《2000 六法全書》(3352 頁),於同年 9 月出版。我贈送數本給日本、韓國學者,受到高度的評價。茲將〈序〉揭露於次:

序

　　本綜合六法全書係繼保成分科六法（共七卷）、保成模範六法（全一冊）而編，三者各具特色與功能，堪以滿足不同場合之需要，保成系列六法於焉完成。

　　本全書之特色與功能，從凡例即可瞭解，無庸再予強調，然有二點必須陳明：其一，本全書收錄之法規較諸坊間同類全書齊全，頁數亦隨而增多，一冊在手必能應付裕如，方便稱意；其二，因網羅國內法規而頁數增多，爰將國際法部分忍痛割愛，以免過於大冊。關於國際法部分，可參閱陳隆志總策劃・許慶雄總編輯・李明峻主編《當代國際法文獻選集》（前衛出版）。

　　近十數年來，六法全書之刊行日見蓬勃，令人欣喜！六法全書普及與否，可作爲檢驗一國法學教育及法治建設發展與否之標準。在現代法治國家，縱爲一般國民，家中至少亦應備有一本六法全書，俾便查閱。申言之，自由、民主、法治乃我國致力追求之目標，而國民爲國家之主人，自應具備法律常識，並養成守法精神。爲此，起碼須保有一本六法全書，其道理與佛教家庭必藏有佛經、基督教家庭必藏有聖經者同。

　　愚在百般紛冗之下，猶孜孜於六法之編纂者，即旨在普及六法全書，以促進民主、宏揚法治，惟六法之編纂，千頭萬緒，獨木難支，眾擎易舉，愚何其有幸，輒有貴人相助！本全書之編纂，承陳友鋒先生提供寶貴意見；莊品秀、蔡志儒、李獻德、周稼明、徐偉羣、宋明晰、鍾秀鳳、葉淑芬、駱叔君諸同道協力幫忙，始克堂堂付梓，由衷感謝。此外，又有多位法律生參與校對工作，雖無法一一列名，

亦應表示謝意。尤其，保成文化機構負責人林金水先生鼎力支持、不斷鼓勵，謹此申致謝忱。

　　本全書之編纂，雖經周全規劃，審慎爲之，校勘並力求精確，惟闕漏、疏誤之處在所難免，尚祈　讀者諸賢不吝指正。

　　中華民國八十八年八月二十八日　　　　　　　黃宗樂　敬誌

　　上述《六法（立法理由、相關法令、判解釋義、考題文獻）全書》（全七冊）、《地政法規（立法理由、相關法令、判解釋義、考題文獻）全書》（全一冊）、《模範六法》（全一冊）、《六法全書》（全一冊），在保成文化機構負責人林金水先生轉跑道後，即未繼續修訂出版，殊甚可惜。當然，面臨法律變革期，尤其在網路發達之後，要繼續修訂出版，確實很費事，又非常不合算。

　　林金水先生於 1995 年 9 月接任「崇右企業專科學校」董事長，隨即全心全力投入「崇右」教育事業。「崇右企業專科學校」係於 1965 年 5 月 6 日爲紀念于右任先生而創立，校園在基隆市紫微山，視野遼闊，山明水秀，景色宜人。林金水先生接任董事長後，大展抱負，精心擘畫，慘澹經營，使得「崇右」不斷進步發展，2003 年 8 月 1 日獲准升格改制爲「崇右技術學院」，今則爲邁向「科技大學」或「綜合大學」，努力不懈。林董事長係基隆市人，爲「崇右」而奉獻，感到十分踏實。內子有幸被推舉爲崇右技術學院第十一～十五屆教育董事，而我也在 2012 年 11 月被推舉爲第十五屆教育董事，參與學校決策，我很珍惜這份光榮。

　　林金水先生，待人寬大仁厚，處事明敏穩健，高瞻遠矚又頗有

魄力，是一位相當出色的領導人。夫人謝淑霞，精明能幹，賢慧有德，幫助先生甚大。

（六） 雜插兩個研究會、一個協會

作爲學者，除教學外，我想，要獻身學術，有兩個途徑：其一，埋頭研究，認眞著述；其二，服務學界，帶動研究，兩者若能得兼，當然最好。因此，我有一股傻勁，投入學會活動。不過，說好聽，是「熱心」，說難聽，是「雜插（cap chap）」。我雜插過兩個研究會、一個協會：

1. 身分法研究會

與陳棋炎教授研商後，聯絡發起，而於 1988 年 11 月成立「身分法研究會」，陳棋炎教授被推爲召集人，我義務負責執行工作，安排開研討會，整理研討會發言錄音，送法學雜誌發表等，就中整理錄音帶最是辛苦，幸有賢學棣蔡顯鑫協助。第六次研討會輪到我報告，我的題目是〈離婚後子女之監護與親權行使〉。會後，充實其內容，在《中華法學》發表，用供追悼輔仁大學法律系兼任教授、最高法院庭長開正懷先生；口頭報告及討論內容則在《臺大法學論叢》刊載。本研究會舉辦七次研討會後，因輪到報告的人始終未提出報告而無限期停頓。2010 年 4 月間，許澍林先生、魏大喨先生（均爲最高法院法官）一度想重整旗鼓，特邀集幾位同道餐敍，大家贊成恢復身分法研究會，並排定第一回報告人與主持人，但可能因未設召集人，形同列車無機關車（火車頭），其後並無着落。

2. 民法研究會

　　在邱聯恭教授的激勵下，偓偓（gam gam）邀請王澤鑑先生、孫森焱先生等共同發起，而於 1993 年 10 月成立「民法研究會」。10 月 2 日假最高法院召開成立大會，是日下午適巧東海大學法律系教授陳文政博士告別式，不克參加，佳哉之前曾前往弔祭。大會共推王澤鑑先生、孫森焱先生為召集人，我義務擔任執行工作，同樣安排開研討會，整理研討會發言錄音等，幸虧林金水先生不吝幫忙。由於實在太忙了（同時擔任中國比較法學會理事長），於舉行第七次研討會後，我不得不懇辭執行工作。詹森林教授接棒後，改變運作方式，進行順利。其後，由於星期六下午均有課，而且非常忙亂，因此始終未再出席研討會。每思及此，便感到愧痛與不安。通常召集人係團體的「桶箍」，允宜由輩分、德望均高的人擔任，1997 年 5 月，王老師與孫老師提議換黃宗樂與謝在全擔任召集人，我認為繼續由兩位老師擔任最為適當。王老師為民法學權威；孫老師與謝先生於公忙之餘，亦勤於著述，各有《民法債編總論（上、下）》巨著、《民法物權論（上、中、下）》巨著問世，皆令人敬佩不已。

3. 台灣日本法學協會

　　在陳榮宗教授的錯愛下，聯絡發起，而於 1996 年 1 月成立「台灣日本法學協會」，選出陳榮宗教授為理事長，我擔任理事兼祕書長。其後，由於忙亂，而於 1998 年 2 月懇辭祕書長職務。協會的姊妹會為「日本台湾法律家協会」，理事長為石川明教授。每年輪流在台灣、日本舉行年度總會（聯合會），台灣所需費用，大部分是陳理事長捐助的。1999 年度總會，1 月在台北（陳林法學基金會）

舉行，議題爲「環境法諸問題」，我擔任主題演講，講題爲〈環境法体系と展望〉；2003 年度總會，3 月在台北（公平交易委員會）舉行，我應邀在開幕式致詞，並招待晚宴。我因爲繁忙，較少參與，也未曾去日本開會。陳理事長一直希望我接任理事長，他表示費用沒問題，他會繼續每年捐助。2008 年 8 月間，陳理事長還特地邀請李明峻教授、簡玉聰博士偕同我到府上懇談，不過最後我還是加以婉拒，而讓陳理事長失望。我對陳理事長奉獻台日間法學學術交流，無限感佩，對他的提携、厚愛，則既感恩又愧疚。

事情太多，而時間有限，要做什麼事情？要從事什麼工作？都必須有所抉擇。我婉拒擔任相關法律研究修正委員、懇辭建國會執行長等，也是這個原因。

（七） 擔任中國比較法學會及其更名後之台灣法學會理事長

台灣法學會的前身中國比較法學會成立於 1970 年 12 月 27 日，當時我已赴日本留學，我學成回國擔任教職十二年後的 1988 年底才正式入會（會籍編號 413）。我早就知道中國比較法學會是我國組織最大、活動最多的法學會，在戒嚴時期，不畏監視、打壓，積極追求自由、民主、人權、法治的學術團體。學會在 1973 年 11 月間設置「台北法律服務中心」（首任主任廖健男律師），開我國對貧民提供免費法律服務之先河，社會反應十分熱烈，許多志願學生志願加入服務行列。我兼輔仁大學法律系系主任及法律學研究所所長不久（1980 年），接獲有關機關函告：「勿讓學生到該中心當志願學生。」當時我不是學會會員，但對該中心的服務奉獻知之甚詳，因此不但不勸阻反而鼓勵學生積極參與。我認爲，參與法律服務，

可培養應用法律的能力和服務人群的情操。

　　我很重視學會,我在日本留學期間,曾加入日本私法學會、比較法學會、以及日本法社會學會。我回國任教後很早就想加入中國比較法學會,所以遲遲未入會,我曾開玩笑說,我未入會,每次參加學會活動,都以貴賓身分被延請坐在前面,慢點入會可過過貴賓的癮。

　　我於 1988 年入會後,翌年便擔任學會的法律教育委員會主任委員;1992 年擔任學會的常務理事兼民事法委員會主任委員。

　　1992 年 9 月間,陳傳岳理事長、吳景芳祕書長徵詢我出任理事長的意願。我認為,擔任學會理事長對推動法學之研究及法治之宏揚能作出更大的貢獻,而且也是莫大的光榮,只是我入會年資尚淺,就登上理事長寶座,似有未宜,更何況我完全沒有心理準備。後來在陳理事長、吳祕書長再三鼓勵之下,我接受其好意。承蒙　會員們及理事們的愛護、支持,順利當選第二十三屆理事長;嗣又連任第二十四屆理事長。

　　第二十三屆理事長:黃宗樂;常務理事:黃宗樂、許宗力、葉俊榮、李聖隆、劉志鵬;理事:王寶蒞、莊國明、黃國鐘、顧立雄、劉幸義、林勤綱、蕭雄淋、謝穎青、鄭淑屏、黃教範;常務監事:林明華;監事:王世榕、孫森焱、吳景芳、劉初枝;祕書長:洪貴參;財務長:邱雅文;副祕書長:廖學興、陳禹成;各委員會主任委員:民事法委員會:陳惠馨、刑事法委員會:劉幸義、商事法委員會:張天欽、憲法行政法委員會:許宗力、社會法勞工法委員會:劉志鵬、法制委員會:王志文、財經法委員會:黃國鐘、法律教育委員會:

李復甸、會員委員會：陳錦隆、福利委員會：莊國明、公共關係委員會：黃水淋、編輯委員會：鄭淑屏、國際事務委員會：黃瑞明、法律實務委員會：廖健男、智慧財產權法委員會：蕭雄淋、司法改革特別委員會：林山田、國際人格研究特別委員會：王世榕。

　　第二十四屆理事長：黃宗樂；常務理事：黃宗樂、洪貴參、黃瑞明、葉俊榮、林勤綱；理事：王寶蒞、李聖隆、林子儀、陳惠馨、黃教範、黃錦堂、劉幸義、鄭淑屏、蕭雄淋；常務監事：林明華；監事：王世榕、高瑞錚、吳景芳、劉初枝；祕書長：廖學興；財務長：邱雅文；副祕書長：陳禹成、陳櫻琴；各委員會主任委員：憲法行政法委員會：葉俊榮、公共關係委員會：陳櫻琴、編輯委員會：吳景芳，其餘各委員會主任委員與第二十三屆同。

　　許志雄理事長第二任將屆滿前的 1999 年 10 月底告訴我說：他即將卸任理事長，下一屆理事長人選，尚未確定，他說，中國比較法學會更名為台灣法學會，我是原始提案人，理應再出任更名後的理事長，我感謝許理事長的好意。後來，由於幾位人選都謙讓，我遂接受徵召。承蒙　會員們及理事們的支持、肯定，順利當選第三十屆理事長；嗣又連任第三十一屆理事長。

　　第三十屆理事長：黃宗樂；常務理事：黃宗樂、李震山、許志雄、陳明堂、魏千峰；理事：呂丁旺、周志宏、張世興、張訓嘉、陳櫻琴、郭明政、葉俊榮、劉連煜、劉靜怡、顏厥安；常務監事：方錫洐；監事：王泰升、陳淑貞、謝銘洋、顧立雄；祕書長：蔡秀卿；財務長：樊仁裕；副祕書長：陳立夫、陳榮隆；副財務長：張嘉眞；祕書：彭雅珍；各委員會主任委員：民事法委員會：詹森林、刑事法委員會：

黃朝義、商事法委員會：王文宇、憲法行政法委員會：蔡茂寅、社會法勞工法委員會：郭明政、財經法委員會：劉連煜、法律教育委員會：王泰升、會員委員會：陳錦隆、福利委員會：黃水淋、公共關係委員會：陳櫻琴、編輯委員會：蔡秀卿、智慧財產權法委員會：蕭雄淋、司法改革特別委員會：謝銘洋、基礎法學委員會：顏厥安、國際人格研究特別委員會：黃昭元。

　　第三十一屆理事長：黃宗樂；常務理事：黃宗樂、王世榕、李震山、張訓嘉、魏千峰；理事：王文宇、呂丁旺、周志宏、林俊益、林勤鋼、張世興、郭明政、陳櫻琴、劉靜怡、顏厥安；常務監事：方錫洀；監事：王泰升、古嘉諄、陳淑貞、顧立雄；祕書長：陳榮隆；財務長：樊仁裕；副祕書長：陳立夫、林立；副財務長：張嘉眞；祕書：彭雅珍；各委員會主任委員：財經法委員會：葉錦鴻、福利委員會：陳禹成、編輯委員會：陳榮隆，其餘各委員會主任委員與第三十屆同。

　　各委員會每屆至少舉辦一次學術研討會、座談會或其他活動，理事會則負責籌辦會員大會及年度大型學術研討會。當時法學會寥寥無幾，中國比較法學會及更名後之台灣法學會在學界扮演極重要的角色。縱謂在戒嚴高壓統治時期乃至台灣邁向自由化、民主化、本土化、主體化過程，假如沒有中國比較法學會及更名後的台灣法學會的話，法律人恐怕會黯然無光，亦不過言。學會重要活動可參閱學會每屆「重要紀事」，茲特須敍述者有三：

　　一、陳水扁與謝長廷爲台灣兩顆閃亮的政治明星，江鵬堅（椪柑）爲民主進步黨創黨主席，三位都是民進黨菁英，長扁分別領導

不同派系，因而「長扁有瑜亮情節」之說，不脛而走。1994 年，三
人均有意投入台北市長選舉，台灣教授協會會長林逢慶邀請中國比
較法學會合辦「台北市長民進黨參選人政見說明會」，讓市民了解
其政見，江等三人均爲本會會員，並曾任重要幹部，又同是美麗島
大審辯護律師，而此說明會又是一場難得的民主饗宴，我欣然同意
合辦，案經理事會通過。說明會於 7 月 8 日假台北國際會議中心大
會堂舉行，林會長主持前半場，我主持後半場。說明會進行方式爲
發表政見、答問、結辯。會前，在貴賓室江鵬堅對我說：他發表政
見後，就要宣佈退選，然後坐到台下。我聽後靈機一動，即拜託他
仍坐在台上，屆時有重要任務，他立即表示遵照主持人的指示。因
爲我想到宣佈退選就走到台下，不够光彩，而且長扁口才犀利，答
問、結辯必會針鋒相對，主持人必須在最後營造圓滿和諧的氣氛。
果不其然，進入答問、結辯階段，一來一往，仙拚仙，因此結辯後，
我不馬上宣佈散會，而敍說鵬長扁對本會的貢獻，稱讚椪柑的風範，
推崇長扁的優秀，並期待不論何人出線，都必須團結合作，創造雙
贏，同時呼籲此次市長選舉黨候選人能作君子之爭，最後我大聲說
（台語）：「現在，敬請　民進黨創黨主席江律師，左手牽長的，
右手牽扁仔，行到台前向全體聽衆致最大的謝意，同時也請　逐家
攏徛起來，　用上熱烈的掌聲來加個鼓勵……」，全場三千五百多位
聽衆全部站起來報以如雷的掌聲，而將整個說明會帶入最高潮。[19]
事後，許多朋友喻此爲「神來之筆」，並稱讚我台語講得鏗鏘有力。
後來，市長選舉，長的出任扁仔的競選總幹事，並出招「每日一問」，
在空前激烈的選戰中，高票當選，贏得相當漂亮，而樹立了長扁團
結合作的典範。

　　二、我理事長任內舉辦的年度學術研討會如次：第23屆（1993年）：「行政法制」研討會；第24屆（1994年）：「行政法制」研討會；第30屆（2000年）：「新世紀台灣法制之展望」研討會；第31屆（2001年）：「知識經濟與法制改造」研討會。第23屆及第24屆之所以均爲「行政法制」研討會，蓋因當時行政法制有全面徹底檢討的必要。

　　三、第30屆（2000年）適逢學會成立屆滿三十周年，特出版《臺灣法學會三十周年紀念特刊》（編輯者：蔡秀卿、方錫洐、呂丁旺、張訓嘉、許志雄、陳立夫、陳明堂、陳榮隆、陳櫻琴、劉靜怡、魏千峰，2000年12月27日印行），我躬逢其盛，除以理事長身分撰寫〈序文〉外，另撰寫〈臺灣主體性的建立與臺灣法學會〉、〈臺灣法學會與我〉兩篇文章，共襄盛舉。12月10日，假來來大飯店舉辦臺灣法學會三十周年慶祝會，會員出席踴躍，貴賓雲集，熱鬧非凡。陳水扁總統、張俊雄行政院長蒞臨致詞，開未曾有之奇，倍增光彩。

　　第40屆（2010年）顧立雄理事長任內，學會欣逢創會四十周年，除出版《臺灣法學會四十年史——自由民主法治的推手》（王泰升、曾文亮著）外，特出版《台灣法律人的故事》（訪問者：王泰升、曾文亮；記錄者：羅其祥、吳俊瑩、王志弘、林政佑、林至曜、陳慶鴻，2011年11月初版）。受訪者十七人，我有幸被列爲其中之一（〈黃宗樂訪談記錄〉同書219-256頁），不勝興奮雀躍。

　　本會爲全國性的社團法人，原名雖稱「比較法學會」，但實際上爲徧及法學各個領域之綜合性組織，此從設置各委員會即可明瞭。

凡是法學者、法官、檢察官、律師及其他法律工作者均可申請入會。迄今入會爲會員者，已逾八百人。會員中，實務界人士比學界人士爲多，陳水扁總統、馬英九總統亦均爲本會會員。四十多年來，本會努力付出，對於法學的研究、法治的宏揚、人權的維護、臺灣自由化、民主化、本土化、主體化的推動，作出重大貢獻。我能作爲本會的一員，與濟濟法界精英共同打拼，讓我從中學習、歷練，而得以不斷成長、提升，實爲人生之一大福緣，尤其有幸成爲迄今唯一當過四屆的理事長，更感到無限的光榮。期盼本會一屆傳一屆，承先啓後，繼往開來，爲打造臺灣成爲法學先進國家、民主先進國家、人權先進國家、法治先進國家，不斷努力打拼！

（八）　法學界非典型的現象

我從事法學研究與學術活動，曾經遇到種種非典型的現象，茲舉若干例子如下：

（1）法案（法律案）經國會（立法院）通過後，稱爲法（法、律、條例或通則）。在英美法系，法案（bill）經國會通過後，成爲國會制定法（statute），即所謂 Act of Parliament（U.K.）、Act of Congress（U.S.A.），不再是法案，至爲明瞭，但我國有不少學者仍稱之爲法案，令人費解。例如，The Law of Property Act 1925，The Companies Act 1967，The Family Law Reform Act 1969，Act 是法，而非法案，稱之爲法案顯然錯誤。爲何會有這種現象？我想是以訛傳訛、積非成是的原故吧！遇到這種情形，我總會如實地指出來，但往往不會被重視，反正習慣成自然。再者，The Bill of Rights，與其譯成「權利法典」，不如譯成「權利典章」更爲適切。

（2）法律制定後，隨著時代的進步、社會的變遷，須適時修正，以因應實際需要。學者間對於修正前的法與修正後的法的稱呼，往往有語病，以民法（典）爲例，民國民法（典）自民國 71 年以來，迭經修正，修正後，學者間多稱爲「新民法」，而修正前的，則稱爲「舊民法」。然而修正後的民法（典），依舊是民國 18 年至 19 年陸續制定公布的民法（典），並未重新制定一部嶄新的民法（典），顯而易見。正確的稱法應該是：修正前的，稱爲（民法）舊法、（民法）原（或舊）規定、（民法）原（或舊）第OO條、修正前第OO條；修正後，稱（民法）新法、（民法）新規定、民法新第OO條、民法修正後第OO條，不知　讀者諸賢以爲然否？當然，後者依情形，不妨逕稱爲（現行）民法第OO條。

（3）我研究「人工授精子女」，不論日本文獻或我國文獻，殆謂：最初對人類實施人工授精者，乃英國外科醫師約翰‧亨特（John Hunter），他於 1799 年對患高度尿道下裂症而不能使妻受胎之夫，使用海綿法之人工授精成功。但我閱讀《大英百科全書》（Encyclopedia Britannica，1979），發現 John Hunter 生於 1728 年 2 月 13 日，卒於 1793 年 10 月 16 日，1799 年他早已不在世間，怎麼可能主持施術？正確的敍述應該是：約翰‧亨特（John Hunter，1728-1793）實施人工授精成功之創舉，至其死後於 1799 年才被報告出來。我參與撰寫《民法親屬新論》（民國 76 年 9 月初版），特別引註指摘之。其後，民國 95 年行政院函請立法院審議之「人工生殖法草案」總說明，仍謂：「西元 1799 年英國醫生 John Hunter 完成人類第一個人工授精成功之案例。」顯然不夠嚴謹、不夠認眞。

（4）民國法學也好，台灣法學也好，都是移植法學，何人最

先引進何學說，何人最先主張何學說，應當予以尊重；又法學乃承先啓後，繼往開來的事業，整理國內各家學說，建立自國的法學體系，至爲重要。然而，我國學者的著述中，往往忽略國內學說，或不尊重國內學說之首倡者，均非所宜。以後者爲例，甲最先引進或主張Ａ說，乙引用或支持Ａ說，嗣丙引用時卻祇引用乙的著述，結果甲不見了，這樣妥當嗎？我想尊重 Pioneer 是必要的，可說是起碼的要求。

（5）國內學術研討會，往往有一種怪現象：各場次的主持人、報告人、評論人、或與談人，僅在其場次出席，其餘的場次，均不參加。這不僅減少研討會的本來意義，而且對學生或後輩作了不良的示範。我想，除非眞的另有要事，否則理應從頭到尾全程參與才是。我主持研討會，還曾遇到不可思議的場景：評論人詢問報告人若干問題，當報告人進行回答時，評論人卻走到台下與某與會者隨便交談。我本來想請他回座，聆聽報告人的回答，但考慮到會場氣氛，最後忍了下來。我想不通，一位「教授」怎會有這樣輕率、不禮貌的行爲？

國內學術研討會，通常參加者都不必繳任何費用，主辦單位還主動免費提供研討會資料、午餐（便當）、茶點，可是一般而言出席並不踴躍，顯見我國學術風氣欠佳，團體精神不足。坦白講，「學者們」要講給別人聽但不聽別人講的習性，實在要不得。學術研討會（或學術會議）與演講會，性質不同，是宜注意。

七 指導研究生

（一） 三所同榮

台灣自 1970 年代後半以來，法律學研究所的發展，大致而言，一、各大學增設法律學研究所碩士班，也有大學設碩乙班、碩專班；二、已設法律學研究所碩士班者，增設博士班；三、碩士班博士班研究生之招生名額逐漸增加；四、現在大多數大學採取系所合一，不另設法律學研究所，而稱法律學系碩士班、博士班。

輔仁大學法學院於 1980 年增設法律學研究所，先設碩士班，招生 10 名，我先後擔任「身分法專題研究」、「財產法專題研究」等課程，選修同學不少，請我指導的也不少。當時研究生皆是來自各大學法律系的高材生，不論課堂討論或指導論文，都留下甜美的回憶。1991 年設博士班，招生 5 名，我先後擔任「比較民法」、「民法綜合研究」等課程，迄於 2010 年 7 月。

臺灣大學法學院於 1956 年設置法律學研究所，先設碩士班，1971 年成立博士班。我辭去專任教職當年即 2004 年新設「科技整合法律學研究所」，並正式招生。1989 年我轉任臺大教授後，在法律學研究所碩、博士班開「民法與法社會學專題研究」，因研究生較多，我特別限定在 25 人以內，但總是會超額，96 學年度第 2 學期，限制機制失靈，竟有 81 位、碩博士生選修，讓我驚訝萬分，我本來勸同學退選，但同學說既選之則安之，我也就莞爾點頭了。請我指導的研究生也不少，不過由於投入民主運動與社會運動，而法律系教師，專任的有三十多位，兼任的也有十幾位，理應共同分享榮譽與分擔責任，因此我傾向於少收指導學生。2004 年 1 月改為兼任後

仍繼續擔任此課程，直到 2008 年 7 月。

　　1991 年，中興大學法律學研究所所長黃東熊教授懇邀我兼「比較民法」課程，盛情難却。我課都排在星期六下午，每學期都有十五至二十人選修。星期六下午上課，別有一番風味。我是兼任的，但也有多位同學請我擔任指導教授，我不好意思拒絕。我在臺北大兼任此課程，直至 2009 年 7 月。

　　在輔大也好，在臺大也好，在興大（嗣臺北大）也好，研究所上課，均由學生擇定題目，課堂上輪流報告，然後共同討論，必要時教授才做提示或講評，教授幾乎沒有壓力。根據我的經驗，不論是輔大、臺大或興大（嗣臺北大），學生討論都相當熱烈，很少冷場。俗語說：「有狀元學生，無狀元先生。」韓愈〈師說〉云：「孔子曰：『三人行，則必有我師。』是故弟子不必不如師，師不必賢於弟子；聞道有先後，術業有專攻，如是而已。」我很慶幸，我有許多狀元學生。

（二）　逾三十六天罡

　　孔夫子有教無類，傑出的得意門生有七十二人，稱七十二弟子；又依道家之說，有所謂三十六天罡，七十二地煞。平庸如我，如能得三十六位指導學生，即屬過度之光榮矣。因此，我從不徵求指導學生，有時反而會婉拒。不過現在稍作統計（不包括公職離職後所收的學生），已遠超過三十六人矣。在此容我列出名單如下（如有遺漏，敬請　諒解）：

修得碩士學位者，有四十一人：

魏大喨（1983，輔　　大）　　　陳榮隆（1984，輔　　大）
廖國器（1984，輔　　大）　　　蔡勝雄（1984，輔　　大）
王如玄（1988，輔　　大）　　　魏順華（1988，輔　　大）
鄭人傑（1988，輔　　大）　　　謝堅彰（1988，輔　　大）
顏火炎（1988，輔　　大）　　　林亮生（1989，文　　大）
劉清芳（1989，輔　　大）　　　黃東焄（1990，輔　　大）
陳育琦（1990，輔　　大）　　　周世珍（1991，輔　　大）
李悌愷（1991，輔　　大）　　　蔡顯鑫（1991，輔　　大）
耿一馨（1992，輔　　大）　　　金德賢（1993，臺　　大）
江燕偉（1993，輔　　大）　　　顏本源（1993，輔　　大）
林素英（1996，興　　大）　　　宮畑加奈子（1998，臺　　大）
李允煉（1998，興　　大）　　　劉默容（1998，興　　大）
鐘素鳳（1999，臺　　大）　　　沈明欣（2000，臺　　大）
綦冠婷（2000，臺　　大）　　　林宗竭（2000，臺北大）
林致寬（2000，臺　　大）　　　駱叔君（2002，臺　　大）
朱家寬（2004，臺北大）　　　李宏文（2005，臺北大）
田修豪（2005，臺北大）　　　莊惠萍（2005，臺　　大）
徐新隆（2005，臺北大）　　　廖怡貞（2005，臺　　大）
酒井亨（2005，臺　　大）[20]　　吳厚子（2006，臺　　大）
林宜樺（2007，臺北大）　　　邱雅郡（2011，臺北大）
黃珮禎（2012，輔　　大）

修得博士學位者，有六人：

黃建輝（1995，臺　大）　　　陳俊樵（1998，興　大）
陳榮隆（1999，輔　大）　　　蔡顯鑫（2003，輔　大）
宮畑加奈子（2005，臺　大）　李悌愷（2010，輔　大）

茲揭露二、三軼事如下：

魏順華平時上課，有點沈默寡言，但碩士論文口試時，對答如流，辯才無礙，考試委員均為之驚服。魏同學係由臺大圖書館學系轉入法律學系法學組，以第一名畢業的高才生。她眞才實學，時而後言，言必有中。取得碩士學位後，回故鄉新竹執業律師，施展長才，保障人權，實現正義。

金德賢係韓國留學生，請我擔任指導教授。他三十多歲，已婚，妻與子一起來臺灣，因此特別用功，兩年內如期取得碩士學位，希望進博士班繼續深造，但事與願違，博士班甄試時，未獲通過（聽說有位甄試委員的指導學生同為韓國留學生，與金同學同時進碩士班，但尚未畢業，因而極力反對金同學入博士班），不得已，我推薦他到中國北京的政法大學，師事張晉藩教授，張教授欣然接受，金同學在政法大學映雪四年，順利取得博士學位，隨即進韓國駐中國大使館服務。對這件事，我有兩點觀感：其一，金同學為外籍留學生，又很優秀，但卻被否決進博士班，殊甚可議，而所謂國際化，難道是說爽的？；其二，指導教授最了解指導學生，卻不能參與其事，美其名「避免護航」，但我在日本留學時的經驗是，進博士班與否，主要取決於指導教授。

　　日本人出國留學甚少在國外拿博士學位，宮畑加奈子大學畢業就業一段期間後就來臺灣留學，她希望取得博士學位，始終勤學向上，我和王泰升教授均有意成全。她提出博士論文後，依例由所務會議決定論文考試委員名單。博士論文考試委員至少須五人，我要求所務會議選定六名，以策安全。果不其然，口試當天，有位委員缺席，如果當時選定五名，則必須重新召開所務會議決定人選，麻煩可就大了。出席委員都盛讚我老謀深算，有先見之明。宮畑取得博士學位之後，回國擔任廣島經濟大學專任教職，在學界占有一席之地。

　　魏大喨與陳榮隆是我的大弟子，兩人就讀輔大大學部時就被我教到，師生情誼至爲深厚。1987 年榮隆與李錦玫小姐締結良緣，法學院院長袁廷棟神父擔任證婚人，我和朱秉欣神父擔任介紹人。新娘母親娘家在我縣埤頭鄉，有一段時間，榮隆開車南下彰化岳母娘家，都順道載我一家大小回老家，他看到家母，都很親切地叫「阿媽」，讓家母感到十分溫馨，我非常感激。他讀輔大碩士班、博士班，都請我指導；後來小女黃淳鈺就讀輔大碩士班、博士班，她都請陳榮隆教授指導。此在學界尚屬罕見，實乃人生一大奇緣。此外，蔡顯鑫、宮畑加奈子、李悌愷，碩士班、博士班，也都請我指導，亦是人生一大福緣。

　　王如玄與黃東焄皆爲臺大法律系畢業的高才生，就讀輔大碩士班時，都請我指導。東焄個性沈穩內歛，如玄則爽直開朗，在學期間曾到挹翠山莊寒舍，與內子一起去買材料，一起包粽子，一起過端午節。兩人看起來「嶄然仔四配，佫眞相意愛」，我和內子默默地予以祝福。當年，黃東焄司法官特考第一名、律師高考第二名，

王如玄亦高中律師。畢業後，東焄擔任檢察官，如玄則執業律師。他倆有情人終成眷屬，結婚時，我和內子特地南下彰化祝賀。我與內子係黃王聯姻，他倆也是黃王聯姻，師生有此因緣，洵為人生之奇遇。又，謝堅彰與劉清芳亦締結良緣，佳偶天成，令人欣喜。

（三）　與指導學生互動

對於指導學生，我的要求和作法大致如次：

（1）論文題目先由學生自擬，經與老師討論後確定。

（2）學生須將國內相關文獻蒐集齊全，外國文獻則依外文能力及實際需要妥為蒐集，必要時老師再提示。

（3）研讀、構思、撰寫過程中，有疑難時，可隨時請教老師。

（4）嚴守論文格式，尤其力求格式一致，引註必須詳實。

（5）解釋論或立法論，他人見解或自己見解，必須分得很清楚；學說之引述，必須尊重首倡者。

（6）敘述應力求扼要，文章切忌冗長。

（7）序論、本論、結論必須環環相扣，理路井然；結論應將研究心得具體顯現出來。

（8）我充分尊重學術自由，鼓勵學生要有創見，只要言之成理，見解不一定要跟老師相一致，老師的學說或看法也可以批判。

（9）稿成後，我通常都會仔細審閱一遍，有不妥或疏漏之處，
　　　令學生訂正、補充後再將論文提出。

　　根據我的經驗，學生皆能自動自發，舉一反三，很少勞煩老師。
我的指導學生，除有幾位考上司法官，後來因工作過於繁忙而放棄
外，悉順利畢業，成績均在優等以上，我感到很欣慰。

（四）　以學生爲榮

　　我欣見學生畢業後，不論從事教職，擔任法官、檢察官，執業
律師，或從事其他工作，都有傑出的表現，師以生爲榮矣。師生
雖然鮮少聚會，有的甚至畢業後即不曾再見面，但「君子之交淡若
水」，君子以道合，故交情平淡如清水而能持久不變。

　　蘇煥智、黃徹文原先均請我指導，後來分別改請柯澤東教授、
楊敦和教授指導，但始終執門生之禮，至今不渝。

（五）　追念門生

　　我擔任輔大法律系系主任時，有兩位學生因心臟病猝死於學生
宿舍，令人非常難過，當時情景如今猶印在腦海裡。後來，我有兩
位畢業的指導學生，天妒英才，不幸早逝，更令人哀痛與不捨。我
曾爲這兩位已故賢學棣寫追悼文，茲揭露如下：

追念兩位賢學棣 —陳育琦法官與黃建輝博士

　　光陰似箭，愚濫竽教席，倏忽已二十六載矣！在此二十六年間，
愚教過的、指導過的學生不計其數，雖然教育有逐漸商品化的傾向，
但師生情誼仍非一般關係所能比擬，愚一向珍惜緣分，注重師生關

係。

先賢有言：「君子之所以教者五：有如時雨化之者；有成德者；有達材者；有答問者；有私淑艾者。」又言：「師者，所以傳道、授業、解惑也。」愚一向奉為圭臬，身體力行，雖然有時心有餘而力不足。

台灣因著特殊的歷史背景，亟待興革圖強者不尠，愚忝為知識份子，於教學、研究之餘，亦關心國事，關懷社會，積極投入民主改革及社會運動，然一向秉持「學術中立」、「有教無類」的立場，指導學生從不問族群、出身，並極力維護學生獨立自主的學習及思考空間。

因此，愚與指導學生之間，互動良好，感情深厚。正因如此，愚充分感受到作為老師的幸福，但也經歷過與學生死別的哀痛。

愚高中時讀《論語》，讀到：

顏淵死，子曰：「噫！天喪予！天喪予！」；

顏淵死，子哭之慟，從者曰：「子慟矣！」曰：「有慟乎？非夫人之為慟而誰為？」；

哀公問弟子，孰為好學？孔子對曰：「有顏回者好學，不遷怒，不貳過。不幸短命死矣！今也則亡，未聞好學者也。」

當時並無特別深刻的感受，直到賢學棣陳育琦、黃建輝死亡時，身臨其境，才深深體會到門生死亡時老師的悲慟與痛惜！

　　陳育琦（一九六四、七、二〇～一九九五、二、一五）係愚在
輔仁大學專任教職時的指導學生，他是臺灣大學法律學系法學組
七十四年度的畢業生，身材中等，眉目清秀，文質彬彬，誠樸溫雅。
愚請他擔任研究助理，主要工作是蒐集、整理文獻資料，他認真勤
快，做事井井有條。育琦於七十九年六月提出碩士論文《夫妻共同
收養之研究》，獲得考試委員郭振恭教授、林誠二教授、邱聰智教
授、楊敦和教授等一致的肯定，給予特優的成績。

　　育琦在學期間高中司法官，畢業後進司法界服務，從事審判工
作，廉明公正，頗受好評。於臺中地方法院法官在任中，八十四年
因元宵節當天公務繁忙，不克陪太太，乃於翌日（即陽曆二月十五
日）請太太、攜兒子到臺中市「衛爾康西餐廳」共進晚餐，犒賞太
太，不幸於十九時二十分喪生該餐廳火災現場，育琦三十二歲，芳
琴三十二歲，士毅僅兩歲。噩耗傳來，愁腸寸斷。

　　育琦決定與芳琴攜手共組家庭時，特地帶芳琴到寒舍拜望，愚
與內子見芳琴賢慧有儀，與育琦「真四配」，佳偶天成，非常欣喜。
結婚之日，愚南下鹿港參加婚禮，並擔任證婚人。當天，很多親朋
好友蒞臨參加，分享喜悅，並獻上誠摯的祝福，「鬧熱滾滾！」士
毅出生，育琦、芳琴有子萬事足，育琦父母更是雀躍心喜。育琦、
芳琴幾度帶士毅到寒舍謁見請安，士毅活潑可愛，很惹人喜歡。育
琦、芳琴、士毅往生後，愚足足有三個月幾乎每夜都夢見育琦、芳
琴帶士毅到寒舍問候敘舊。

　　二月二十六日，愚與內子南下鹿港致祭並慰問育琦雙親，育琦
雙親頓失勤勉孝順、前途似錦的獨子、賢慧孝順的愛媳、聰明可愛

的愛孫，其悲痛，豈是筆墨所能形容！育琦在過年前特別買了一包凍頂比賽茶準備過年前專程北上送給愚，但因繁忙，不克成行，育琦父親把它放在靈堂上。愚到時，育琦父親向靈前說道：「育琦，我的愛兒，你的指導教授和師母專程從臺北來看你，你生前準備致送老師的茶葉，我現在就代你呈給老師，請你放心！」愚與內子悲從中來，不覺淚如雨下。

三月十二日，在鹿港鎮文開國小活動中心舉行告別式，愚因須出席「民間司法改革會議」，並主持綜合討論，不克南下參加告別奠禮，李悌愷告訴我說：「參加告別式的同窗、同事、親朋好友很多，場面哀戚感人，育琦生命雖短暫，但其『生也榮，其死也哀。』」

黃建輝（一九六三、五、六～二○○一、一一、一五）是愚轉任臺灣大學教職時教到的學生。愚在法律學研究所開授「民法與法社會學專題研究」，建輝曾修習二年。他也是中等身材，眉目清秀，文質彬彬，誠樸溫雅。他出身中興大學法律學系，高分考進臺灣大學法律學研究所深造，由碩士班而博士班，學業相當順利。愚與建輝，亦師亦友，緣深義重。他追隨楊日然教授撰寫博士論文《民法上之司法造法》，偶爾也向愚請教。楊教授不幸罹患絕症，在司法院大法官任內與世長辭。楊教授逝世前關心建輝的學術前途，與建輝商談後，交代萬一不起，可請黃宗樂教授指導。楊教授逝世，建輝哀毀逾恆，執弟子之禮守喪。楊教授逝世之翌年（即八十四年）六月，建輝提出博士論文，獲得考試委員翁岳生教授、李鴻禧教授、王澤鑑教授、林誠二教授等異口同聲的讚賞，給予特優的成績。

　　建輝曾執業律師，榮獲法學博士學位後，被延聘爲中原大學財經法律學系副教授。建輝獻身法學教育，除認眞教學外，並勤於著述，他愛護學生，尊重同事，深得學生的愛戴與同事的敬重。高雄大學創校，王仁宏教授膺任首任校長，頗有建造一流大學之雄心，篳路藍縷，慘淡經營，其中最致力的是充實優良師資，八十七年王校長延攬建輝到高雄大學法律學系任教，並委以總務長之重任。建輝係高雄縣林園鄉人，爲回饋鄉里，並就近盡孝道，乃應聘於四月十六日赴高雄大學履新，中原大學改爲兼任。建輝在高雄大學，不論行政、教學或研究，均全力以赴，縱使已積勞成疾，仍公而忘私，鞠躬盡瘁。法律學系系主任郭振恭教授每次談起，均稱讚有加。

　　愚風聞建輝罹患絕症，即有如晴天霹靂，憂傷不已。九十年七月十七日早上，愚與内子及崇右企專董事長林金水（建輝爲崇右企專教育董事）到仁愛醫院探望，他消瘦虛弱，但仍強顏歡笑，他掛心無法爲愚撰寫祝壽論文。愚頓時陷入「伯牛有疾，子問之，自牖執其手曰：『亡之！命矣夫！斯人也，而有斯疾也！斯人也，而有斯疾也！』」之情境。

　　建輝直諒多聞，又樂於助人，勝友如雲。在建輝與病魔搏鬥的最後階段，因爲需購買新藥治療，而藥價昂貴，摯友陳忠五、江旻書、蔡坤湖等發起捐款，獲得同窗、同事、朋友熱烈的回響，令人感動。十一月十四日病篤退院回高雄縣林園鄉老家，翌日脫離苦海，往生極樂。

　　十二月七日上午在高雄縣林園鄉老家舉行告別式，愚偕公平會黃定方參事、辛志中簡任祕書、劉世明科長等前往致祭。司法院院

長翁岳生及南部法院首長、法官、高雄大學校長王仁宏及師生、中
原大學財經法律學系系主任楊竹生及師生、崇右企專董事長林金水，
還有許多同窗好友均親臨致祭，備極哀榮。建輝令尊見翁院長、王
校長及指導教授等親臨致祭，突然跪地感謝，大家都不知所措，愚
趕緊趨前將他扶起。嗚呼！白髮送黑髮已夠悲慘，更何況失去的是
一位勤勉孝順、前途似錦的寶貝兒子！

德配林月霞遭此巨變，痛不欲生。建輝與月霞「姻緣天注定」，
有情人終成眷屬。他倆結婚喜筵，愚適丁憂守制，遵禮未曾往賀。
月霞為緬甸僑生，賢慧善良，溫柔體貼，建輝生病期間，悉心照顧，
任勞任怨，陪著建輝走完人生的最後里程，伉儷情深。

建輝往生後不久，陳忠五、楊雲驊等發起「黃建輝教授追思紀
念會」，假東吳大學法學院舉行，月霞、翁院長、楊師母（故楊日
然大法官夫人）、林董事長以及多位建輝生前的同窗好友均蒞臨參
加，愚因有要公，未克與會。今日，中原大學財經法律學系與高雄
大學法律學系主辦「追念黃建輝老師學術研討會—法學上之因果關
係」，建輝在天有知，必深為感動，愚忝為指導教授，謹藉此機會，
感謝楊竹生系主任、各位主持人、報告人、評論人、以及全體與會
碩彥、工作人員尤其聯絡人劉育君助教，並祝福大家身體健康，鴻
圖大展。

育琦與建輝，均好學不倦，力爭上游，志業有成，育琦當法官，
建輝當教授，前程萬里，卻都英年早逝，讓人不勝欷歔！雖然，「有
生者必有死，自然之道也。」「生死之短長，時也。」「死生有命，
富貴在天。」但像育琦與建輝這樣溫文儒雅、尊師重道、有情有義

的人卻短命而死，育琦三十二歲，建輝三十九歲，讓人十二萬分的不捨！堪可告慰的是，育琦與建輝，生命均曾燦爛過，死後又有很多人哀悼他、懷念他。兩位賢學棣生前帶給老師和師母許多溫暖和歡慰，建輝為籌刊老師六秩祝賀論文集盡心盡力，愚也要特別表示感謝。嗚呼！人生無常，緣生緣滅，如夢如幻；天莫之遺，賢人其萎！但願建輝、育琦，還有芳琴、士毅在天之靈，逍遙自在，不生不滅！

臺大法律系教授
借調公平會主委　黃　宗　樂

中華民國九十一年六月七日

八、　審查論文、著作

　　審查論文、著作是大學教授的重要工作之一，我審查過的論文、著作不知凡幾。碩士論文、博士論文、就職論文、升等論文、刊登雜誌論文或出版著作甚至學術獎論著，形形色色。

　　我審查論文，習慣先閱緒論和結論，然後閱註，再閱本論。

　　審查碩、博士論文、刊登雜誌論文或出版著作，我會仔細找出有無「錯誤之處」、有無「不妥之處」或有無「應補強之處」，使其改正、補強，而讓論文更臻於完善。

　　評分，我的原則是：客觀公平，寬嚴適中，而傾向多予鼓勵；如為就職論文、升等論文，則儘可能給與機會。

　　五、六年前，我審查一篇新聘教師就職論文——某日本有名國立大學的法學博士論文，發現不論是字數或內容，都不夠充實，讓

我疑訝不已（可能是日本各大學開放授予外國留學生博士學位後，有時難免會發生浮濫的結果），但是為了鼓勵後進，還是予以成全，期望他未來能夠倍加努力。

不過，我絕非凡事都和稀泥的爛好人。多年前，我審查一本教育部送交的升等教授論文，我閱讀時，覺得各段文章文筆不同，又似曾相識，經核對結果，發現原來是剪貼幾篇論文與幾本書而成，我遂敘明理由，打不及格，並註明五年內不得提請升等。

對論文的評價，有時會因審查人的政治理念、意識形態而有差別。多年前，我審查一本教育部送交的升等教授論文 —— 有關新聞學的著作，我發現凡是批判箝制新聞自由的文字，大多被作記號，我意識到前兩位審查人中，有一位打不及格，我是第三位審查人。過去，箝制新聞自由的法令或措施，俯拾即是，送審人本於研究者的良知，加以批判，實屬難能可貴，我遂給與高分，並附上評語。

此外，依據個人的好惡、利害或恩怨，主觀的評分之情形，亦屢見不鮮。本來，法學教授應該是公平正義的守護者，然一旦有了嫌隙、過節或衝突，有的就完全走樣了。例如，某甲的論文如送給某乙審查，鐵定凶多吉少。難怪，例如學校送審升等論文時，會讓當事人得列出三位應迴避的名單。想來，「胸襟廓大，光明磊落」是何等的難能可貴！

審查一篇論文或一本代表作，審查費一般是二千元或三千元，實在不多。這正顯示審查論文或著作是大學教授的榮譽和責任。其實我審查論文或著作，都把它當作一種「觀摩」、「學習」的機會，坦白講，獲益良多。

九、　六十歲生日接受祝賀

　　我的生日是 5 月 5 日，（壬午年 3 月 21 日己時）。我向來不做生日，原因是家族傳統上沒做生日的習慣，而生日又稱母難日，實不忍心慶祝。不過，從另一個角度看，婦女生產，誕生新生命，而母子均安，乃天大喜事，所謂「慶生、慶生」，良有以也。我想，喜生樂活、自求多福，允為人生第一要義。

　　日本學界，教授六十歲時或榮退時或七十歲時，常見同事、友人、門生撰寫論文出專刊或專書，以資祝賀，稱「還曆祝賀」、「退官記念」、「古稀祝賀」。台灣也有此習慣。2002 年我六十歲生日時，學界刊行《黃宗樂教授六秩祝賀　基礎法學篇、公法學篇（一）（二）、財產法學篇（一）（二）、家族法學篇》六巨冊祝壽論文集（學林文化事業，2002 年 5 月）、張正修著《馬克思經濟學理論與發展》專書（保成文化出版事業，民國 90 年 8 月）祝賀[21]，得學界未曾有，實乃我畢生最大之光榮。為感謝執筆者及相關人士，我和內子於 5 月 4 日晚上假台北凱悅大飯店鵲迎廳舉辦「感恩宴」，大家歡聚一堂，喜氣洋洋，多位與會者上台致詞，場面熱絡。茲將我的〈感謝詞〉揭露於下：

各位論文撰寫人、各位媒體朋友、各位女士、各位先生：

　　大家晚安，大家好！

　　各位貴賓犧牲假日寶貴時間，專程蒞臨參加今晚的感恩宴，讓宗樂和內子感到無比的溫暖。王世榕先生以及多位執筆者的寶眷也特別賞光，衷心歡迎。

　　人生滿一甲子，即所謂「還曆」，在人生旅程上，具有重大的意義，宗樂能居「還曆」之齡，是何其有幸！宗樂出生時只母親一人在家，是由母親自己接生（剪臍）的，所幸，福星呵護，母子均安，家慈嘗戲稱宗樂是「天公仔囝」。

　　宗樂出身勤樸農家，是典型的庄腳囝仔。宗樂家住濁水溪北岸的偏僻地方，父母兄姊都不識字，送我入國校，原祇期望我學會看租單、稅單。由於成績不錯，父母「輸人不輸陣」，就讓我繼續升學，沒想到竟讀到大學，還拿獎學金出國留學，並獲得博士學位，繼而在學界占有一席之地。

　　宗樂能有今日，應該感謝的人很多，父母、師長、長官、貴人、益友，都應該一一感謝。今晚的感恩宴，主要是要感謝與「祝壽著作」有關的恩人。

　　首先感謝論文執筆者。諸君子不嫌棄宗樂不學無術、德薄能鮮，在百忙中撥冗撰寫鴻文，賀我還曆，賜我光彩，壯我生命，宗樂由衷的感謝。祝壽著作中，除張正修教授著「馬克斯經濟學理論與發展」一書提前於去年八月出版外，近日出版的法學論文集，有王泰升教授、許宗力教授、邱聰智教授等八十一位學者專家執筆，共撰成七十九篇論文，編成六冊，計「基礎法學篇」一冊，「公法學篇」二冊，「財產法學篇」二冊，「家族法學篇」一冊，洋洋大觀，堪稱空前巨構，洵宗樂畢生莫大之光榮。執筆者中，有我的好友，有我的同仁，有可畏的後起之秀，隆情厚誼，沒齒難忘！平輩林誠二教授、郭振恭教授惠賜大作，更是受當不起。李匡郎教授特賜「吳經熊博士的法律哲學－成長中的自然法」鴻文，有如醍醐灌頂，清

涼無限。

　　再來感謝諸位無冕之王，過蒙　厚愛，報我消息，不論是專訪或特寫，都讓宗樂在堅苦奮鬥中得到鼓勵和慰藉，「王」恩浩蕩，感銘五內。祝壽論文集轉載十八篇，倍增光彩。宗樂與「諸王」素昧平生，竟獲此殊勝因緣，得此福報，真是三生有幸！

　　林金水董事長及夫人長久以來持續支持我、照顧我，尤其在我擔任台灣法學會及其前身中國比較法學會理事長、台灣教授協會會長與台灣法律史學會理事長期間，慷慨解囊，鼎力贊助，而祝壽著作之出版，完全不問銷路，只問學術，恩深義重；責任編輯莊品秀、林靜妙，擔當聯絡、彙整、校對、付梓等繁重工作，備極辛勞，宗樂都必須申致謝忱。

　　陳榮隆博士撰寫壽序，對我讚美有加，實在愧不敢當，不過所述境界確實是我的理想、我的努力目標。宗樂與陳博士結識近二十六年，亦師亦友，互切互磋。俗語說：「有狀元學生，無狀元先生」，執筆者中有不少是我的學生，宗樂感到非常驕傲。

　　宗樂由臺大法律系教授借調擔任公平交易委員會主任委員，有緣與公平會同仁共事，深受同仁支持、愛護，宗樂由衷感激。而宗樂還曆，適在公平會任職，莫非亦是前定!? 今晚有數位「以文會友」的同仁賞光，宗樂也要表示感謝。

　　宗樂與內子王阿蘭結縭近三十年，她名副其實是宗樂的賢內助。她賢慧能幹，一方面在輔大專任教職、作育英才，一方面操持家務、教養子女，讓我無後顧之憂；鈺兒、瑞兒、愉兒也都越來越知上進，不必讓我煩惱操心，我也要藉此機會說聲「謝謝！」

一位學者，在滿六十歲生日時，學界出版論文集祝賀，乃對該學者最大的肯定和尊崇。承蒙　大家疼惜、相挺，不但競相撰文祝賀，而且超越學界向來格局，一口氣出版了六大冊，內容涵蓋法律學諸領域，宗樂何幸獲此⁉而提前出版的「馬克斯經濟學理論與發展」一書爲國內獨一無二之著作，實乃宗樂之殊榮，珍逾拱璧，宗樂必定好好珍藏。俗諺說：「食人一口，報人一斗」，「歹勢，宗樂頇慢，做袂到」，不過至少也要「食人一斗，報人一口」，今晚的感恩宴只能表達宗樂千恩萬謝於萬一。

回顧過去六十年，一路走來，有理想有堅持，有情有義有愛，無怨無悔無愧。當然，有得意，也有失意；有慶幸，也有慨嘆；有歡樂，也有悲傷；有光榮事蹟，也有「見笑代」，可說備嘗人生的甜酸苦辣，宗樂原擬撰述「六十年風霜甘苦談」，與大家分享，執筆時卻不知從何寫起，祇好暫時作罷。

展望未來，宗樂現職爲公平會主委，自當積極任事，推動會務，發揮公平會功能，建構自由公平競爭環境。其次，整理以往發表的論文，彙編出版，並完成執筆中的幾本法學著作，以盡學者之天職。而作爲一位知識份子，將一本初衷，關心台灣這塊土地，賡續爲鞏固民主，宏揚法治，尤其建立台灣主體性法學而努力打拼。

玉山永在，濁水溪長流，我們互相祝福，互道珍重。謝謝大家！

追啓：感恩宴及小禮物所需費用當然應由宗樂個人負擔；除「祝壽著作」外，宗樂婉謝任何饋贈，包括花籃、盆花。大家厚愛，心領了。

當晚盛況，翌日《民生報》用不小篇幅加以報導，並刊登我與內子的彩色照片。

茲謹將祝賀論文集執筆者芳名依序臚列於次，永誌不忘（尊稱省略）[22]：

《基礎法學篇》王泰升、郭明政、陳聰富、陳惠馨、黃源盛、李匡郎、林更盛、黃銘傑、陳禹成（黃志隆）、莊世同、林立、韓毓傑、魏千峯、林信和

《公法學篇（一）》許宗力、許志雄、李建良、陳耀祥、林素鳳、李震山、鄭昆山，葛克昌、張桐銳、鐘秉正、簡玉聰、李憲佐

《公法學篇（二）》廖欽福、陳淑芳、周志宏、吳志光、林明鏘、蔡茂寅、陳立夫、林昱梅、吳明陵、張麗卿、黃朝義、林鈺雄、陳志龍

《財產法學篇（一）》陳忠五、邱聰智、林誠二、蔡明誠、楊松齡、曾國修、溫豐文、陳重見、彭松江、陳榮隆、陳洸岳、侯英泠、謝哲勝、朱柏松

《財產法學篇（二）》廖大穎、王麗玉、姚志明、劉連煜、林群弼、許忠信、陳秀峯、劉靜怡（關光威）、羅昌發、王文宇、劉姿汝、吳光明、林俊益、許士宦、程明仁

《家族法學篇》吳煜宗、魏大喨、王海南、許澍林、李玲玲、蔡顯鑫、林秀雄、郭振恭、鄧學仁、高鳳仙、李悌愷

其後，黃俊杰教授、陳銘祥教授、魏順華律師分別在法學雜誌

發表論文，特別註明祝賀黃宗樂教授六秩華誕[23]，套句日語，深感
「身に余る光栄」。

在此，我必須特別感謝編輯委員諸賢：基礎法學組　王泰升、
陳聰富、黃建輝；公法學組　許志雄、蔡茂寅、陳立夫；財產法學
組　陳榮隆、陳忠五、曾國修；家族法學組　林秀雄、魏大喨、蔡
顯鑫。隆情厚誼，終身感念。

回首過去，二次大戰後，台灣施行民國法律，當初設有法律學
系的大學僅臺大一所，1960 年代已有七所，當時法律學大體上猶停
留在教科書時代，到了 1990 年代，設有法律學系（或財經法律學系）
的大學校院增加一倍多，系（含組）、所更增加了三倍以上，遍布
全台灣，而法律學也由教科書時代進入專題研究時代，諸多在國內
深造或出國留學回來的法學新銳投身法學教育與法學研究行列，除
培養更多的法律人才外，也使得法學研究蓬勃發展，學界呈現一片
欣欣向榮的景象。如果是在 1960 年代，要一口氣出版六巨冊的祝壽
論文集，我想，是絕對不可能的。我拜今日台灣法學發達之賜，坐
享過分的光榮，坦白講，一方面由衷感謝，另一方面也感到不安。
當然，透過此次集結的成果，讓我看到我國法學界擁有強大的潛力，
同時也標誌著台灣已有邁向法學先進國家的氣勢與格局，令人無限
欣喜！

執筆者諸賢賜我莫大的光榮，我畢生感激。一生有此一次，即
深感承受不起，七十歲時、八十歲時，不論如何，都必須婉謝，絕
不可再勞師動眾。更何況再接受祝賀，必然會壓縮到其他教授祝賀
的空間。

鄉賢陳正得先生贈我墨寶祝賀，我珍藏之，他寫道[24]：

黃博士宗樂惠存：

仁者樂山壽追彭　　義理友誼近雲長
禮貌十足如公瑾　　智能相似諸葛亮

公元二〇〇二年　　王春邁齡八七香山居士陳正得贈

韓國朴秉濠教授[25]亦贈我墨寶祝賀，我亦珍藏之。他寫道：

西紀二千二年壬午重五日　　謹爲賀

雨彼臺中　　花開溪州
鴻文碩學　　桃李尊崇
氣象高曠　　以正爲宗
經綸強幹　　東成西就
明教研精　　壽福康樂

黃尚書宗樂教授六秩花甲壽　　韓國朴秉濠

十、　師法日本法律與法律學

日本領台五十年間，把明治維新繼受近代西方法的成功經驗引進台灣，促使台灣法制邁向近代化。當時台灣法律與法律學與日本內地殆屬同一水準。此從台灣總督公布的律令及依敕令施行於台灣的法律與臺北帝大文政學部政學科法律學研究業績及《臺法月報》雜誌即可窺知。當然，當時的法律學乃日本人的法律學，而非台灣人的法律學。

（一）　民國學習日本法律與法律學

二次大戰後，日本法律與法律學非但未因無條件投降而倒退，反而隨著民主化、自由化、國際化的展開而不斷進步發達。反觀台灣，被國民政府接管後，一夕之間，台灣的法律與法律學倒退二、三十年，連日治時代好不容易建立起來的法治社會的雛形也被摧毀殆盡。所幸，在戰後的冷戰體系中，在台灣的中華民國與日本共同編入以美國爲首的西方資本主義國家即所謂自由世界中，成爲圍堵共產國家的東亞第一島鏈上不可或缺的反共基地。台灣的法律與法律學也追隨日本，徐徐前進。不論新的法律的制定或舊的法律的修正，莫不亦步亦趨，仿傚日本。

茲以新制定的法律爲例，例如 ——

日本國家賠償法（1947）、民國國家賠償法（1980）；日本地方自治法（1947）、民國地方制度法（1999）；日本公職選舉法（1950）、民國公職人員選舉罷免法（1980）；日本刑事補償法（1931 → 1950）、民國冤獄賠償法（1959 → 2011 更名爲刑事補償法）；日本國立公園法（1931）→ 自然公園法（1957）、民國國家公園法（1972）；日本勞働基本法（1947）、民國勞動基本法（1984）；日本私的独占の禁止及び公正取引の確保に関する法律（獨占禁止法）（1947）、民國公平交易法（1991）；日本文化財保護法（1950）、民國文化資產保存法（1982）；日本食品衛生法（1948）、民國食品衛生管理法（1975）；日本建物の区分所有等に関する法律（1962）、民國公寓大廈管理條例（1995）；日本消費者保護基本法（1968）、民國消費者保護法（1994）；日本児童福祉法（1947）、

民國兒童福利法（1973）；日本老人福祉法（1963）、民國老人福
利法（1980）；日本生活保護法（1946→1950）、民國社會救助法
（1980）；日本國民年金法（1959）、民國國民年金法（2007）；
日本男女雇用機會均等法（1985）、民國性別工作平等法（2002）；
日本公害對策基本法（1967）→環境基本法（1993）、民國環境基
本法（2002）；日本公害紛爭處理法（1970）、民國公害糾紛處理
法（1992）；日本災害對策基本法（1961）、民國災害防救法（2000）；
日本家事審判法（1947）→家事事件手續法（2011）、民國家事事
件法（2012）；日本住宅の品質確保の促進に関する法律（1999）、
民國住宅法（2011）等，不勝枚舉。顯見我國法律落後日本甚多，
而我國制定各該法律時，率皆亦步亦趨，仿傚日本各該法律。

　　學習他國、模仿他國，其實是很正常的現象，西方國家也是互
相學習，彼此吸取經驗，而日本明治維新及其後之近代化（現代化）
也都學習西方、模仿西方。重要的是有沒有學到眞髓？有沒有超越
創新？日本我妻榮先生曾謂：「爲闡明將使中國發展的近代法律學
之精神，研究日本近代法律學乃其捷徑。」我仿其言謂：「仿效日
本法、研究日本法學，乃促使台灣進步發展的捷徑。」又，德國法
學大師儒耶林（v. Jhering）曾謂：「研究羅馬法，當『經由羅馬法，
而超越羅馬法』。」我也仿其言謂：「仿傚日本法，研究日本法學，
當仿傚日本法而超越日本法，研究日本法學而超越日本法學。」

　　回顧1963年至1967年間，我讀大學時，當時的法律大都是國
民黨政府從中國大陸帶來的，與今日相比較，法律少，六法全書薄，
法律書亦少。其後尤其是1980年前後以降，隨著時代進步、社會變
遷，爲因應實際需要，一方面陸續修正原有的法律，另一方面陸續

制定新的法律，今日法律之多，六法全書之厚、法律書之多，實非昔日所能比擬。如上所述，民國，不論是舊的法律的修正或者是新的法律的制定，均亦步亦趨，仿傚日本各相關法律。戰後民國法在台灣的發展，不僅使它邁向現代化，更使它紮實地在地化，而轉化爲台灣法，質言之，今日民國法其名台灣法其實，其意義至爲重大。有朝一日，台灣國家正常化，現行民國法，大都可原封不動地作爲台灣法而適用。

（二） 日本確實是很有制度的民主法治國家──以司法試驗爲例

日本確實是很有制度、很上軌道的民主法治國家。茲以法律系畢業生最重要出路之司法官、律師考試爲例，日本，戰後於昭和24年（1949年）5月31日公布施行「司法試驗法」，第1條第1項規定：「司法試驗は、裁判官、檢察官又は弁護士となろうとする者に必要な学識及びその応用能力を有するかどうかを判定することを目的とする国家試験とする。」接著就司法試驗的種類、第一次試驗、第一次試驗之免除、第二次試驗、第二次試驗之試驗科目等、司法試驗之施行、合格者之決定方法、合格證書、不正受驗者、受驗手數料、司法試驗管理委員會、委員、委員長、司法試驗考查委員、委員會之庶務、司法試驗管理委員會規則等詳爲規定。

我國就司法官、律師考試，無如日本有「司法試驗法」專法可據。日本司法試驗法就第二次試驗之試驗科目等規定在第六條：

司法試驗法第六條

①　　短答式による試験は、次の三科目について行う。

一　憲法

二　民法

三　刑法

②　　論文式による試験は、短答式による試験に合格した者につき、次の七科目について行う。

一　憲法

二　民法

三　商法

四　刑法

五　次の科目のうち受験者のあらかじめ選択する一科目

　　民事訴訟法

　　刑事訴訟法

六　次の科目のうち受験者のあらかじめ選択する一科目。ただし、民事訴訟法及び刑事訴訟法は、前号において選択しなかった場合に限り、選択することができる。

　　民事訴訟法

　　刑事訴訟法

　　行政法

　　破産法

　　労働法

　　国際公法

　　国際私法

　　刑事政策

　　七　次の科目のうち受験者のあらかじめ選択する一科目
　　　　政治学
　　　　経済原論
　　　　財政学
　　　　会計学
　　　　心理学
　　　　経済政策
　　　　社会政策

③　口述試験は、筆記試験に合格した者につき、その者が論文
　　式による試験について受験した七科目について行う。

④　司法試験管理委員会は、試験科目中相當と認めるものにつ
　　いて、司法試験管理委員会規則で、その範囲を定めること
　　ができる。

⑤　第二次試験においても、知識を有するかどうかの判定に偏
　　することなく、理解力、推理力、判断力等の判定に意を用い
　　なければならない。

⑥　筆記試験に合格した者に対しては、その申請により、次回
　　の司法試験の筆記試験を免除する。

　　戰後日本，欲成爲裁判官、檢察官或弁護士，依司法試驗法之
規定，參加司法試驗合格，乃唯一途徑。反觀台灣，戰後被國民政
府接管後，長期准許軍法人員轉任司法官（軍法人員轉任司法官條
例），也准許軍法官檢覈律師（律師法第 1 條第 2 項第 4 款），而

實際上轉任或檢覈者所占比例不少。當然，每年照例舉辦司法官考試、律師考試。司法官考試，共同科目為國文、國父遺教、憲法，國文具有否決權（未滿 60 分，不予錄取），憲法非主要法律科目；專業科目為民法、商事法、刑法、民事訴訟法、刑事訴訟法、強制執行法、破產法、國際私法。律師考試大致相同（曾有幾年間考中國法制史），但國文不具否決權。不論司法官考試或律師考試，戰後四十幾年間錄取率均甚低，尤其律師考試常見僅個位數。民國就法曹之採用，敞開旁門，而管制正門，殊不公平，既阻礙法律學系畢業生之重要出路，又降低法曹素質，更是黨國控制司法的另一把利器；又，考試科目及方式，不僅不合理，而且太粗糙，比起日本，均相差甚遠，尤其是國文、國父遺教本來就不應列為應試科目，將該等科目列為共同必考科目，說穿了，不外是為了控制思想，並讓教授該等科目之教師賺取額外收入而已，而司法官考試國文一科具有否決權，更是荒謬絕倫。

　　日本隨著大學法科教育之改革（新制法科大学院發足），司法制度亦邁向新的里程碑。平成 14 年（2002 年）12 月 6 日公布「法科大学院教育司法試験等との連携等に関する法律」與「司法試験法及び裁判所の一部を改正する法律」，新司法試驗（現司法試驗）自平成 18 年（2006 年）實施。

　　茲將新司法試驗之方法、司法試驗之試驗科目等摘記於次：

第二条（司法試験の方法）　①　司法試験は、短答式（択一試を含む。以下同じ）及び論文式による筆記の方法により行う。

②　司法試験の合格者の判定は、短答式による筆記試験の合格に必要な成績を得た者につき、短答式による筆記試験及び論文式による筆記試験の成績を総合して行うものとする。

第三条（司法試験之試験科目等）　①　短答式による筆記試験は、裁判官、検察官又は弁護士となろうとする者に必要な専門的法律知識及び法的推論の能力を有するかどうかを判定することを目的とし、次に掲げる科目について行う。

一　公法系科目（憲法及び行政法に関する分野の科目をいう。次項において同じ。）
二　民事系科目（民法、商法[26]及び民事訴訟法に関する分野の科目をいう。次項において同じ。）
三　刑事系科目（刑法及び刑事訴訟法に関する分野の科目をいう。次項において同じ。）

②　論文式による筆記試験は、裁判官、検察官又は弁護士となろうとする者に必要な専門的学識並びに法的分析、構成及び論述の能力を有するかどうかを判定することを目的とし、次に掲げる科目について行う。
一　公法系科目
二　民事系科目
三　刑事系科目
四　専門的な法律の分野に関する科目として法務省令で定める科目のうち受験者のあらかじめ選択する一

科目

③　前二項に掲げる試験科目については、法務省令により、その全部又は一部について範囲を定めることができる。

④　司法試験においては、その受験者が裁判官、察官又は弁護士となろうとする者に必要な学識及びその応用能力を備えているかどうかを適確に評価するため知識を有するかどうかの判定に偏することなく、法律に関する理論的かつ実践的な理解力、思考力、判断力等の判定に意を用いなければならない。

選択科目は、

1. 倒産法
2. 租税法
3. 経済法
4. 知的財産法
5. 労働法
6. 環境法
7. 国際関係法（公法系）（国際法（国際公法））
8. 国際関係法（私法系）（国際私法、国際取引法及び国際民事手続法）

の8科目から1科目を選択する。

短答式試験：

1. 公法系科目　1 時間 30 分　100 点　40 問程度
2. 民事系科目　2 時間 30 分　150 点　75 問程度
3. 刑事系科目　1 時間 30 分　100 点　40 問ないし 50 問程度

論文式試驗：

1. 公法系科目　1 問 2 時間　問題　2 問
　　　　　　　　問題 1 問につき 100 点配点の計 200 点滿点
2. 民事系科目　1 問 2 時間　問題　3 問
　　　　　　　　問題 1 問につき 100 点配点の計 300 点滿点
3. 刑事系科目　1 問 2 時間　問題　2 問
　　　　　　　　問題 1 問につき 100 点配点の計 200 点滿点
4. 選択科目　　問題　2　3 時間　計 1 00 点滿点

　　我國司法官考試與律師考試，自民國 100 年（2011 年）起實施新制，民國 103 年起將司法官考試第一試與律師考試第一試合併。

　　100 年新制發足，104 年略加修正，敍述如下：

司法官考試第一試（共 600 分），採測驗式試題：

1. 綜合法學（一）：刑法、刑事訴訟法、法律倫理（刑法 70 分、刑事訴訟法 50 分、法律倫理 30 分）
2. 綜合法學（一）：憲法、行政法、國際公法、國際私法（憲法 40 分、行政法 70 分、國際公法 20 分、國際私法 20 分）
3. 綜合法學（二）：民法、民事訴訟法（民法 100 分、民事訴訟法 60 分）

4. 綜合法學（二）：公司法、保險法、票據法、強制執行法、證券交易法、法學英文（公司法 30 分、保險法 20 分、票據法 20 分、強制執行法 20 分、證券交易法 20 分、法學英文 30 分）

司法官考試第二試（共 1000 分），全部應試科目，國文採作文及測驗之混合式試題，其餘採申論式試題：

1. 憲法與行政法（200 分）
2. 國文（作文 60 分、測驗 40 分）（100 分）
3. 刑法與刑事訴訟法（200 分）
4. 商事法（公司法、保險法、票據法、證券交易法）（200 分）
5. 民法與民事訴訟法（300 分）

司法官考試第三試：口試（100 分）

律師考試第一試（共 600 分），全部應試科目，均採測驗式試題：

1. 綜合法學（一）：刑法、刑事訴訟法、法律倫理（刑法 70 分、刑事訴訟法 50 分、法律倫理 30 分）
2. 綜合法學（一）：憲法、行政法、國際公法、國際私法（憲法 40 分、行政法 70 分、國際公法 20 分、國際私法 20 分）
3. 綜合法學（二）：民法、民事訴訟法（民法 100 分、民事訴訟法 60 分）
4. 綜合法學（二）：公司法、保險法、票據法、強制執行法、證券交易法、法學英文（公司法 30 分、保險法 20 分、票據法 20 分、強制執行法 20 分、證券交易法 20 分、法學英文

30 分）

律師考試第二試（共 1000 分），全部應試科目，國文採作文及測驗之混合式試題，其餘採申論式試題：

1. 憲法與行政法（200 分）
2. 國文（作文 60 分、測驗 40 分）（100 分）
3. 刑法與刑事訴訟法（200 分）
4. 公司法、保險法與證券交易法（100 分）
5. 民法與民事訴訟法（300 分）
6. 選考科目：「智慧財產法」、「勞動社會法」、「財稅法」、「海商法與海洋法」等 4 科列為選試科目，由應考人任選 1 科應試（100 分）

現制，民國與日本兩國相比較，日本司法試驗有司法試驗法專法為依據，其規定至為嚴謹、詳細、合理；民國司法官考試與律師考試，並無專法可資依據，其規定不若日本之嚴謹、詳細、合理。

首先，司法官考試與律師考試分別辦理是否妥當？不無疑問。

其次，司法官考試第一試與律師考試第一試，均應試法律倫理、證券交易法、法學英文，是否有必要？有無意義？是否妥當？均不無商榷餘地。第一試應試科目比第二試為多，亦不合常理。

復次，司法官考試第二試與律師考試第二試，均必考國文，更屬荒謬。

又次，我國司法官考試與律師考試均將證券交易法列為第一試

與第二試之應考科目，而與日本司法試驗迥異。我國如此重視證券交易法，實令人費解。

再次，日本司法試驗，設有選択科目，由應考人事先從倒產法、租稅法、経済法、知的財產法、勞働法、環境法、國際關係法（公法係）（國際法（國際公法））、國際關係法（私法係）（國際私法、國際取引法及國際民事手續法）等 8 科目中任選 1 科目（我國司法官考試第一試與律師考試第一試均將國際公法、國際私法列為應試科目）。我國律師考試第二試，自 104 年起，亦設有選試科目，由應考人從智慧財產法、勞動社會法、財稅法、海商法與海洋法等 4 科中任選 1 科應試，但司法官考試第二試則未設選試科目，不知理由何在？

最後，司法官考試第三試為口試，占 100 分。口試無客觀的標準，殊難保證不致陷入主觀的考量，尤其是基於政治的考量而排斥異己，而且口試未滿 60 分者，不予錄取，更加可議。在台灣特殊的政治環境下，此項口試，恐將淪為政治操作的工具。

總之，我國新制司法官考試與律師考試，不無參考日本新制司法試驗，但兩者相比較，顯見我國決策之草率、粗糙。

顧自日本明治維新，脫亞入歐，採行泰西主義，確立近代法律體系以來，日本近代法律制度一直是清國、民國學習仿傚的對象。可惜由於學習不夠認真，仿傚不夠徹底，既沒有學到精神，又沒有吃到真髓，致使民國的法律文化始終趕不上日本甚至落後很多，我們實有必要虛心反省，實事求是，奮起直追，迎頭趕上，切忌自負自大，嘵嘵嘩嘩。為何日本能，民國不能？這是非常嚴肅的問題，

我想，不論「中國人」或「台灣人」都有責任。個人認爲，民國要能，除了全體國民普遍覺醒，遵循民主主義、法治主義，集思廣益，普遍制定「良法」、「完善規範」，政府與人民悉能確實依法、守法，建立優質的法律文化之外，別無他途。當然，最後是國民性、民族性的問題了。

十一、　服膺日本之教育理念

我留學日本，又從事教育，當然對日本的教育法與制度相當關心。回首自擔任教職以來，我始終服膺日本的教育理念，尤其深受日本教育基本法的影響。

（一）　日本在臺教育建設之啓示

日本非常重視教育，領臺五十年間，廣設學校、普及教育爲其最重要施政之一，臺灣總督府置文教局（原稱教務部）主管其事。1919 年施行「臺灣教育令」（大正 8 年 1 月 4 日敕令第 1 號）、1922 年施行新「臺灣教育令」（大正 11 年 2 月 6 日敕令第 20 號）、1928 年施行「臺北帝國大學令」（昭和 3 年 3 月 17 日敕令第 30 號），把臺灣的教育帶向新境界。尤其是初等教育，1941 年 4 月 1 日起廢止小學校、公學校之別，一律統合爲國民學校，內臺共學[27]；1943 年 4 月 1 日起實施義務教育，1944 年度本島人及高砂族國民學校學齡兒童就學率達 71.3%，各國殖民地皆莫之能比，例如在同一時期英國屬地印度僅 4.5%，荷蘭殖民地印尼僅 3.8%。

日本領臺當初，臺灣並無近代型的學校，經日本殖民地政府努力經營後，迨 1944 年 4 月末，根據統計（臺灣總督府編《臺灣統計

概要》昭和 20 年），臺灣官公私立學校之情況如下：

一、初等普通教育
國民學校　　　　1,099 校（官立 7 校、公立 1092 校）

二、高等普通教育
中學校　　　　　22 校（公立 18 校、私立 4 校）
高等女學校　　　22 校（公立 20 校、私立 2 校）
高等學校　　　　1 校（官立）
帝國大學預科　　1 校（官立）

三、實業教育
實業補習學校　　90 校（公立 82 校、私立 8 校）
實業學校　　　　27 校（公立 25 校、私立 2 校）

四、師範教育
師範學校　　　　4 校（含青年師範學校 1 校）（官立）
臨時教員養成所　1 校（官立）

五、專門教育

專門學校　　　　4 校（官立）1 校（私立）
　　　　　　　　（含帝國大學附屬專門部校 1 校）

六、大學教育
帝國大學　　　　1 校（官立）

七、特殊教育
盲啞學校　　　　2 校（公立）

此外尚有私立各種學校 9 校

　　由此可見，臺灣在日本殖民地政府努力經營下，教育相當發達。當然，日本在臺的教育方針，不外在遂行同化政策，亦即以提升臺灣人作爲日本人之資質爲目的。但無可否認的，教育的進展促使臺灣人文化程度急速提升；教育的普及使得臺灣人大都「識字兼有衛生」。我想，不論何人都不願意受殖民統治，不過就事論事，日本對於臺灣教育建設之用心，倒是值得肯定與敬佩。

　　1987 年解嚴後，臺灣興起日治時代的台灣學生與日本老師互訪聯誼熱。許許多多在日治時代受日本教育的臺灣學生，以喜悅、感恩的心，或盛大迎接款待日本老師來台訪問，或組團赴日本探望日本老師，一群一群已上年紀的學生與已年老的老師相聚一堂，重溫舊夢，談起在學時及離別後的種種，感慨萬端，懷念不已。日治時代的學生對日本老師普遍的印象是：日本老師嚴格、認眞、有愛心、很照顧學生。他 / 她們稱讚日本老師對臺灣現代化的奠基，作出了重大貢獻。

　　回想我接受民國教育，從國校、初中、高中到大學，教過我的老師約有三分之二是戰後來臺的「外省籍」教師，外省籍教師對本省籍學生同樣有愛心、很照顧，不因省籍而有差別。我想，教師爲人師表，有教無類，不分省籍，平等對待，應當禮讚！我後來所以獻身教育工作，主要是對教師的崇敬並深感教育的重要。

（二） 日本教育基本法對我的影響

　　1890 年，日本明治政府頒行明治天皇之「教育に關する勅語」

（明治 23 年 10 月 30 日），奉爲日本教育之最高指針[28]。戰後，基於民主主義，於昭和 22 年（1947 年）3 月 31 日制定施行「教育基本法」。茲摘錄其前言及若干條文於下：

教育基本法

われらは、さきに、日本国憲法を確定し、民主的で文化的な国家を建設して、世界の平和と人類の福祉に貢献しようとする決意を示した。この理想の実現は、根本的において教育の力にまつべきものである。

われらは、個人の尊厳を重んじ、眞理と平和を希求する人間の育成を期するとともに、普遍的にしてしかも個性ゆたかな文化の創造をめざす教育を普及徹底しなければならない。

ここに、日本国憲法の精神に則り、教育の目的を示して、新しい日本の教育の基本を確立するため、この法律を制定する。

第一条（教育の目的）　教育は、人格の完成をめざし、平和的な国家及び社会の形成者として、眞理と正義を愛し、個人の価値をたつとび、勤労と責任を重んじ、自主的精神に充ちた心身ともに健康な国民の育成を期して行われなければならない。

第二条（教育の方針）　教育の目的は、あらゆる機会に、あらゆる場所において実現されなければならない。この目的を達成するためには、学問の自由を尊重し、実際生活に即し、自發的精神を養い、自他の敬愛と協力によって、文化の創造と發展に貢献するように努めなければならない。

第三条（教育の機会均等）　①　すべて国民は、ひとしく、その能力に応ずる教育を受ける機会を与えられなければならないものであって、人種、信条、性別、社会的身分、経済的地位又は門地によって、教育上差別されない。

②　国及び地方公共団体は、能力があるにもかかわらず、経済的理由によって修学困難な者に対して、奨学の方法を講じなければならない。

第六条（学校教員）　②　法律に定める学校の教員は、全体の奉仕者であって、自己の使命を自覚し、その職責の遂行に努力めなければならない。このためには、教員の身分は尊重され、その待遇の適正が、期せられなければならない。

第八条（政治教育）　①　良識ある公民たるに必要な政治的教養は、教育上これを尊重しなければならない。

②　法律に定める学校は、特定の政党を支持し、又はこれに反対するための政治教育その他政治的活動をしてはならない。

第九条（宗教教育）　①　宗教に関する寛容の態度及び宗教の社会生活における地位は、教育上これを尊重しなければならない。

②　国及び地方公共団体が設置する学校は、特定の宗教のための宗教教育その他宗教的活動をしてはならない。

我國，遲至民國 88 年（1999 年）6 月 23 日才公布施行「教育基本法」（迄 100 年經四次修正）。我國教育基本法無前言，茲摘錄若干條文於下：

第二條（教育目的）　①　人民爲教育權之主體。

②　教育之目的以培養人民健全人格、民主素養、法治觀念、人文涵養、愛國教育、鄉土關懷、資訊知能、強健體魄及思考、判斷與創造能力，並促進其對基本人權之尊重、生態環境之保護及對不同國家、族群、性別、宗教、文化之瞭解與關懷，使其成爲具有國家意識與國際視野之現代化國民。[29]

③　爲實現前項教育目的，國家、教育機構、教師、父母應負協助之責任。

第三條（教育方針）　教育之實施應本有教無類、因材施教之原則，以人文精神及科學方法，尊重人性價值，致力開發個人潛能，培養群性，協助個人追求自我實現。

第四條（教育機會均等）　人民無分性別、年齡、能力、地域、族群、宗教信仰、政治理念、社經地位及其他條件，接受教育之機會一律平等。對於原住民、身心障礙者及其他弱勢族群之教育，應考慮其自主性及特殊性，依法令予以特別保障，並扶助其發展。

第六條（中立原則）　教育應本中立原則。學校不得爲特定政治團體或宗教信仰從事宣傳，主管教育行政機關及學校不得

強迫學校行政人員、教師及學生參加任何政治團體或宗教活動。

我國教育基本法之實施，整整落後日本昭和教育基本法五十二年。日本昭和教育基本法諸規定，不外是現代自由、民主、文明國家普遍應有的教育理念，雖非我國法律，我仍將之奉爲圭臬。我國教育基本法公布施行後，我當然將之奉爲圭臬。質言之，我自任教以來，先是長期參照日本昭和教育基本法，其後更進而遵照我國教育基本法，遂行我作爲教育工作者應盡的任務與責任。

無可諱言的，在以往蔣氏父子獨裁威權統治、中國國民黨一黨專政時期，所謂民主素養、法治觀念、尊重基本人權、保護生態環境，不是禁忌就是口號或不被重視。尤其，在黨國體制下厲行「黨化教育」，教育嚴重偏向爲維護中國國民黨政權而服務，根本不存在教育中立原則。1999 年教育基本法的施行開創台灣教育新紀元，殊值喝采。當然黨國思想迄今陰魂不散，教育不中立之事件依舊零星可見。吾人深盼，教育基本法能夠全面的落實，而爲人民爲國家帶來新希望，我身爲法學教授，當然也負有一份責任。

至於大學之宗旨，民國 37 年（1948 年）1 月 12 日國民政府公布之「大學法」第 1 條規定：「大學依中華民國憲法第一五八條之規定，以研究高深學術養成專門人才爲宗旨。」我擔任法學教授，自應以研究法學、培養法律專門人才爲職志，但僅如此似有未足，因此，我參考日本昭和22年（1947年）4月1日施行之「学校教育法」第 52 条規定：「大学は、学術の中心として、広く知識を授けるとともに、深く専門の学芸を教授研究し、知的、道徳的及び応用的能力を

展開させることを目的とする。」以補其不足。民國83年（1994年）1月5日大學法修正公布，第1條第1項規定：「大學以研究學術，培育人才，提升文化，服務社會，促進國家發展爲宗旨。」使大學之宗旨更爲周延，我身爲法學教授，當然進而遵照其宗旨，遂行應盡的任務與責任。

日本昭和教育基本法施行五十八年後，於平成18年（2006年）12月22日重新制定施行「教育基本法」。茲摘錄其前言及若干條文於下：

教育基本法

我々日本国民は、たゆまぬ努力によって築いてきた民主的で文化的な国家を更に發展させるとともに、世界の平和と人類の福祉の向上に貢献することを願うものである。

我々は、この理想を実現するため、個人の尊厳を重んじ、眞理と正義を希求し、公共精神を尊び、豊かな人間性と創造性を備えた人間の育成を期するとともに、伝統を継承し、新しい文化の創造を目指す教育を推進する。

ここに、我々は、日本国憲法の精神にのっとり、我が国の未来を切り拓く教育の基本を確立し、その振興を図るため、この法律を制定する。

第一条（教育の目的）　教育は、人格の完成を目指し、平和で民主的な国家及び社会の形成者として必要な資質を備えた心身ともに健康な国民の育成を期して行われなければなら

ない。

第二条（教育の目標）　教育は、その目的を実現するため、学問の自由を尊重しつつ、次に掲げる目標を達成するよう行われるものとする。

一　幅広い知識と教養を身に付け、眞理を求める態度を養い、豊かな情操と道徳心を培うとともに、健やかな身体を養うこと。

二　個人の価値を尊重し、その能力を伸ばし、創造性を培い、自主及び自律の精神を養うとともに、職業及び生活との関連を重視し、勤労を重んずる態度を養うこと。

三　正義と責任、男女の平等、自他の敬愛と協力を重んずるとともに、公共の精神に基づき、主体的に社会の形成に参画し、その發展に寄与する態度を養うこと。

四　生命を尊び、自然を大切にし、環境の保全に寄与する態度を養うこと。

五　伝統と文化を尊重し、それらをはぐくんできた我が国と郷土を愛するとともに、他国を尊重し、国際社会の平和と發展に寄与する態度を養うこと。

第三条（生涯学習の理念）　国民一人一人が、自己の人格を磨き、豊かな人生を送ることができるよう、その生涯にわたって、あらゆる機会に、あらゆる場所において学習することができ、その成果を適切に生かすことのできる社会の実現が図られなければならない。

第四条（教育の機会均等）　①　すべて国民は、ひとしく、その能力に応じた教育を受ける機会を与えられなければならず、人種、信条、性別、社会的身分、経済的地位又は門地によって、教育上差別されない。

②　国及び地方公共団体は、障害のある者が、その障害の状態に応じ、十分な教育を受けられるよう、教育上必要な支援を講じなければならない。

③　国及び地方公共団体は、能力があるにもかかわらず、経済的理由によって修学が困難な者に対し、奨学の措置を講じなければならない。

第七条（大学）　①　大学は、学術の中心として、高い教養と専門的能力を培うとともに、深く眞理を探究して新たな知見を創造し、これらの成果を広く社会に提供することにより、社会の發展に寄与するものとする。

②　大学については、自主性、自律性その他大学における教育及び研究の特性が尊重されなければならない。

第九条（教員）　①　法律に定める学校の教員は、自己の崇高な使命を深く自覚し、絶えず研究と修養に励み、その職責の遂行に努めなければならない。

②　前項の教員については、その使命と職責の重要性にかんがみ、その身分は尊重され、待遇の適正が期せられるとともに、養成と研修の充実が図られなければならない。

第一四条（政治教育）　①　良識ある公民として必要な政治
的教養は、教育上尊重されなければならない。

②　法律に定める学校は、特定の政党を支持し、又はこれに
　　反対するための政治教育その他政治的活動をしてはなら
　　ない。

第一五条（宗教教育）　①　宗教に関する寛容の態度、宗教に
　　関する一般的な教養及び宗教の社会生活における地位は、教
　　育上尊重されなければならない。

②　国及び地方公共団体が設置する学校は、特定の宗教の
　　ための宗教教育その他宗教的活動をしてはならない。

　　日本教育基本法，從 1947 年昭和教育基本法到 2006 年平成教
育基本法，隨著時代環境，進步發展。其理想之崇高、規定之周密、
施行之徹底，均殊值效法學習，我忝爲一介教育工作者，心嚮往之。
我國教育基本法落後日本近一甲子，我們必須奮起直追，迎頭趕上。
抑有進者，教育乃百年大計，我國教育基本法不論立法技術或實質
內容均不如日本教育基本法之完善，格局、境界亦差一大截，實有
必要以日本教育基本法爲藍本，並斟酌國情，徹底的加以修正[30]，
付諸施行。

（三）　民國在台教育建設之省思

　　國民黨政府播遷台灣後，「退此一步即無死所」，遂厲行動員
戡亂體制，鞏固所謂復興基地，宣稱要建設台灣成爲三民主義模範

省。為此，廣設學校、普及教育，提升國民教育水準，乃重要之一環。雖然整整晚日本 21 年（日本自 1947 年 4 月 1 日起施行九年義務教育），準備又不充分，以至衍生許多問題，惟不論如何國民黨政府斷然自 1968 年 9 月 9 日起全國國民中學同步開學，實施九年義務教育，仍值得肯定與喝彩。而高等教育自吳京教授擔任教育部長採取開放政策後，大學院校陸續設立或改制。根據教育部統計，截至 100 學年度，全國總共有 116 所大學、32 所學院、15 所專科學校；自 97 學年度起，全國大專學生人數就超過百萬人，依 100 學年度統計資料為 103 萬 2 千人，全台灣每 24 個人中就有一個在學大學生。高等教育發展之神速，令人驚奇。

不過，無可否認的，國民黨政府廣設學校，普及教育之背後目的，係在遂行「黨化教育」──灌輸大中國思想、消滅臺灣意識。李登輝總統任內即曾幾度嚴厲批評：各級學校本國歷史、本國地理、國文等課程，「攏教寡有孔無榫、有綏無捃的」。說穿了，日本時代，教育之最終目的，係在改造臺灣人成為日本人，而民國時代，教育之最終目的，係在於改造臺灣人成為中國人。迨李登輝總統掌實權後，始逐步推行臺灣本土教育，而陳水扁總統時代，更予以強化，推行臺灣主體教育，努力使臺灣教育走上正軌。可惜馬英九總統主政後，又逐步摧毀臺灣主體教育，回復大中國教育，蓄意為「統一」──被中國併吞──鋪路。2015 年夏天，臺灣北中南濟濟高中生站出來「反黑箱課綱」，對馬政府權力之不當行使予以強烈的抵抗，讓我們看到臺灣的未來。當然，頭頂臺灣天，腳踏臺灣地，以臺灣為主體，去除大中國思想，才是正辦。

高等教育之普及，絕對有極其正面的意義，但大學院校一時紛

紛設立或改制，也帶來負面的結果甚至後遺症。例如，1963年我考進臺大時，大學院校聯考錄取率僅百分之19，廣設大學院校後，錄取率暴增，2011年已高達百分之95以上。其結果，有眾多學生不適宜讀大學院校卻讀大學院校，不啻是一種苦差事。此等學生如依其性向、志趣和能力往他方面發展，將來可能更有成就。不僅此也，邇來隨著少子化的衝擊，許多學校招收不到或不足學生，而面臨關門或合併的命運。「錯誤的政策比貪污更可怕」，信然不虛。

　　茲須一言者，今日台灣各級學校教育發達，各類教育機構亦相當普及，又鼓勵終身學習，不過根據歷來調查顯示，國人閱讀人口比率或人均閱讀量都遠不及日本，這是一大警訊，西方有句名言謂：「Knowledge is power（知識即是力量）」，國人實有必要多買書、多借書、多看書、多藏書，培養文化氣質，提升國家總體競爭力。我想，每位國人都應督促自己做個有知識有修養的現代國民。

十二、　作為大學教授的幸福

　　每個人基本上皆應以自己責任完成自己之生存使命，簡言之，必須謀生，而謀生當然必須有職業、有工作。只要是正當職業、正當工作，不論是勞心或勞力，都是神聖的，對社會同樣是有貢獻的。就以家庭主婦操持家務、養育子女等家事勞動而言，是何等的神聖！對社會多麼有貢獻！張榮發基金會〈人生啟訓〉首揭：「在這個世間上，最快樂且最棒的事，莫過於一生中都有工作。」如果職業或工作合乎自己的志趣和能力，那真的是最快樂且最棒的事了。

　　我很慶幸我長期有一份自己所喜愛的職業和工作，過著平穩安定的生活，我深深感受到作為大學教授的幸福。

　　一、教育擔負培植人材，促進人類文化發達及世界文明進步之崇高使命，教師一般均備受尊重，爲人師者自當深刻體認自己之崇高使命，激勵自己不斷研究、不斷修養，致力克盡自己之職責。自我擔任大學教職以來，我一直感到備受尊敬和禮遇。

　　二、往昔有謂：「師徒如父子」、「一日爲師，終身爲父」，現代學校教育，師生關係似乎不若過去密切，尤其像大學教育，每位教師所擔任的科目只不過是許多科目當中的一小部分，而所謂導師制度也只不過是聊備一格而已。儘管如此，師生之間依舊存在著特殊的情誼。我擔任法學教授，面對的都是好學向上、前程萬里的天下英才；而學生畢業後在各行各業發展，各有成就，總是讓做老師的深感與有榮焉。桃李越多，滿足感越大。

　　三、不論在那所大學任教，皆與濟濟飽學和善之鴻儒共事，大家相處愉快；又不論那所大學，都有良好的研究環境，對研究者而言不啻如魚得水，人和、地利，不亦快哉！再者，我曾任中國比較法學會及其更名後之台灣法學會、台灣法律史學會、台灣國際法學會理事長及台灣教授協會會長，在學界算是異數。我很感謝會員諸賢的支持和愛護。尤其，不問那個學會或協會，幹部諸賢均積極投入，竭誠合作，無私奉獻，使得會務都能夠非常順利地推展，我畢生感激。

　　四、我研究民法，民法爲私法之基本法，規定自由、平等、獨立的個人相互間之財產上、身分上關係，乃個人主義、資本主義法，縱使在動員戡亂、戒嚴時期，亦不致觸犯到政治禁忌，於此意義，我覺得我的學術自由是相當被尊重的。而研究學術，可依個人興趣

及專長，選擇研究題目，研究成果又歸屬自己。抑且，學術研究，只要持之有故，言之成理，都可成一家之學說，當然，研究法學，必須充分把握時代思潮、社會脈動及未來趨勢，才能深中肯綮。每當埋首鑽研，渾然忘我時，有如進入三昧的禪定境界中；又遇到疑難問題，經絞盡腦汁，反覆思索，獲致解決時的快感，我想，均非一般人所能體驗得到的醍醐味。

　　五、大學講師以上之專任教師，一般每週以留校至少四天為原則（每天以六小時為準，上課時間包括在內），以利學生請益，其餘皆為自由時間；又大學寒暑假計有四個月，因此教師能夠自由支配的時間甚多，難怪外界總會羨慕地說：「做教授那者爾好孔（好康）！」能夠自由支配的時間很多，確實是大學教師的 privilege。學術是大學教師的生命，我通常都利用能夠自由支配的時間，埋首研究，專心著述。抑且，大學教師每隔六年可申請休假研究一年，又每隔三年可申請國科會補助赴國外大學研究一年、半年或三個月，這也是大學教師的 privilege。我因參與層面較廣，僅在臺大服務期間，申請一次休假研究一年，但不曾申請國科會補助赴國外大學研究。時間、精力都有限，難免顧此失彼，我當然有所覺悟。

　　六、教師是薪水階級，我立志當教師，有人對我說：「當教師一生賺多少錢可算得一清二楚，男子漢大丈夫應當轟轟烈烈地幹一番事業，才不虛此生。」不過我志趣當教師，不敢想也無能力賺得他人無法估算的金錢，後來我如願當上大學教師，私立大學、國立大學都待過。根據個人心得，大學教師的待遇，因國立或私立而有差別，但一般而言尚差強人意。當然，如從培養期間長、投下資本多來看，未必合算，像我開始任教時，已屆滿三十四歲矣！還好讀

碩、博士班時領有獎學金。又，內子也擔任大學教職，一個家庭有兩份薪水，「逐項才扶好打會直。」我算是幸運的。我本就覺悟，既然選擇走學術的道路，自當「安貧樂道」，我一向認為「安貧樂道」應為學者第一守則。因此，儘管物質生活不是那麼寬裕，但精神生活倒是十分富足。不過，假如一個家庭只靠一份薪水的話，家庭經濟狀況可能會陷入短絀甚至拮据的窘境。為讓大學教師能夠安心、專心教學與研究，實有適度提高待遇之必要。

1　取意陶淵明〈歸去來辭〉：「悅親戚之情話」之「情話」，乃指至情懇切的談話。

2　林波舞（limbo）是西印度群島的一種男子雜技性舞蹈，舞者須向後彎腰，連續穿鑽離地面很低的若干橫竹竿。我們以「椅條」代替橫竹竿，大家競相試跳，我還跳得不錯。

3　山歌是台灣鄉間在來的民謠，係村夫村婦吟誦的，俗稱「歌仔」，乃每句七個字，四句為一聯的「七字歌」，例如，「一盆好花鷹爪桃，準辦一蕊欲送哥，是哥金嘴不敢討，有存哥額免驚無。」「欲食好魚近水埄，欲伴娘仔近厝邊，三不五時可相見，較好雲開見月時。」我曾作山歌—作穡歌：「我愛田庄卡樸素，人講作穡有前途；百般千般生理路，攏總毋值翻田土。」「毋驚日頭毋驚雨，毋驚水冷毋驚苦；作穡種作着認路，美麗田園着照顧。」在農業社會以農立國的時代，這兩首山歌，我相信是相當寫實、貼切的。過去，我們一家多口能夠維持生活，父母親能夠栽培子女，完全是靠那近三甲的農地。今日，農業不振，要靠那近三甲的農地養家，已完全不可能。

4　後來，王仁宏擔任系主任時，曾對我說：「我有查過，你學成歸國當時，法律系教師員額有缺，不是沒缺。」

5　大學時代，韓忠謨教授予人的印象是「莊嚴肅穆，不苟言笑」。我進輔大任教數年後，金世鼎系主任宴客，有幸與韓老師餐敍，我說：「大一時上老師的法學緒論，老師很嚴肅，一心講課，整個學年不曾看過老師笑過。我們幾個同學

私下暱稱老師包公。」老師笑著說：「其實我也常常笑。」我說：「老師都是對著師母笑吧！」老師開懷哈哈大笑。

我當輔大系主任之翌年（1984 年）9 月，造訪韓老師，本來約好時間半個小時，結果談了一個多小時。他對林山田教授、劉初枝教授的學術成就，表示肯定。

老師特別談到：學生的言論或行為被認為有涉及思想或政治問題時，我總會設法幫忙，讓學生免受處罰。我會這樣做，無非是保障自由權利，沒想到卻被汙衊有台獨思想，偏袒問題學生。我被內定出任臺大校長時，竟有黑函指摘不能讓有台獨思想的人擔任臺大校長。我沒有擔任臺大校長並無所謂，但用有台獨思想攻擊，我很不以為然。

6 內子在 1990 年 10 月才買車，以後我就常坐內子開的車。

7 當時無「助理教授」一級，升等皆須送教育部依大學及獨立學院教師資格審查規程審定。

8 當時法律學系設三組：法學組、司法組、財經法學組，所亦未另置助教（祕書）。

9 1939 年 12 月 8 日，羅馬教廷宣佈解除近三百年之敬祖禮儀禁令。

10 同窗好友邱雅文律師之千金邱雁琳是也。

11 本案通過後，1991 年 10 月，陳棋炎教授屆滿七十歲榮退，第一位適用，師母、公子、女公子、令媳婦、令女婿蒞臨參加，並當場獻花。會場法學院國際會議廳座無虛席，場面熱絡，溫馨、感人。

12 以往曾經因經費核銷問題見諸報端，很多研究計劃主持人都抱怨核銷規定過於繁複，曾有教授因之在會計室當場吐血。

13 該修正條文規定：「中華民國一百零一年十二月三十一日以前各大專院校職員、研究機構研究人員支用政府機關補助之研究計劃費，其報支、經辦、核銷、支用及其他相關人員之財務責任均視為解除，不追究其行政及民事責任；如涉刑事責任者，不罰。但已報支不符法令之相關費用，應予繳回。」此規定一出，馬上因未將教授列入條文中，而引發「烏龍立法」之爭議，有謂：「『其他相關人員』之財務責任」應該就可涵蓋教授部分，然究其顯然漏了「教」字，亦即應規定：「各大專院校教職員」才允洽。因而滋生是否應由行政院提出覆議或由立法院復議之問題。又，此次修正，其前段規定，中華民國九十九年十二月三十一日以前各級民意機關支用之研究費、公費助理費與加班費、業務費、出國考察費、村里長事務補助費，名目不等者均除責化、除罪化，但已報支不符法令之相關費用，應予繳回。立即被認為係特別為顏清標量身訂作的救援顏

清標條款,備受爭議。

14 平成 18 年（2006 年）6 月 21 日公布「法の適用に関する通則法」,自翌 19 年 1 月 1 日施行,取代「法例」。

15 1943 年 12 月 1 日,羅斯福總統、蔣介石委員長、邱吉爾首相,公布〈開羅宣言〉（〈開羅聲明〉,表示「臺灣、澎湖群島等,歸還中華民國」,1945 年 7 月 26 日,美國總統、中華民國政府主席及英國首相,公布〈波茨坦宣言〉（〈波茨坦公告〉）,表示「開羅宣言之條款,必將實施」,但經查（沈建德博士鍥而不舍地追查結果）,發現「開羅宣言」是無人簽字的「新聞公報」,沒有國際法效力。李登輝總統多次據以否認「開羅宣言」的效力;2008 年 3 月 14 日英國金融時報專訪陳水扁總統,陳總統說:「〈開羅宣言〉並沒有中國對台灣擁有主權這樣共識的大巨頭簽署,也沒有追認。」又說:「過去的教育杜撰、竄改這個歷史。所以今天中國當然要引用,這對它有利;而國民黨要統治台灣,才有它所謂的法統基礎。」邇來,中華民國或中國主張「波茨坦宣言」根據「開羅宣言」把台灣、澎湖交還中國,日本即立即否認。例如,2009 年 4 月,馬英九總統說:〈中日和約〉是日本把台灣主權讓渡給中華民國,日本駐臺北代表齋藤正樹即公開表達不認同馬總統的說法,齋藤代表主張「台灣地位未定論」。若台灣地位未定,則將來應由聯合國主持台灣住民投票以決定台灣之去從。若台灣地位已定,則台灣應歸屬於台灣人應是正確之說法。質言之,日本依據「舊金山對日和平條約」及「日華和平條約」均放棄對於台灣之主權,至為明確。台灣國際法之父彭明敏教授於 1992 年 11 月 2 日返國後的首場演講會上,斬釘截鐵地表示:「到目前為止,還沒有人能夠提出一件白紙黑字的法律文件,證明台灣是中國的一部分。」

16 選考委員為:中川淳（廣島大學名譽教授）、米倉明（東京大學名譽教授）、村重慶一（弁護士）、松嶋由紀子（獨協大學名譽教授）、木棚照一（早稻田大學法學學術院大學院法務研究科併任教授）。村重慶一先生（元松山地方裁判所所長）評述黃淨愉之論文,未備講稿,十多分鐘如行雲流水侃侃而談,老當益壯之氣勢,令人敬佩不已。

另一位得獎人為白須眞理子（大阪大學大學院博士課程修了,福岡大學法學部專任講師）。

又,本屆（23 屆）「尾中郁夫‧家族法学術獎励賞」得獎人為平田厚（明治大学法科大学院專任教授、弁護士）,「尾中郁夫‧家族法学術獎」從缺。

17 我也邂逅千種秀夫（日本法律家協會會長）、湯沢雍彥（お茶の水女子大学名譽教授）、松川正彦（大阪大学大学院高等司法研究科教授）等多位先生，眞是幸會。

18 王泰升教授接任理事長後，學會舉辦學術研討會時，很客氣地邀請我致詞或主持，幾次後我就加以婉拒。因爲我已卸任，即使被稱爲創會理事長或名譽理事長，畢竟已不在其位，由現任理事長致詞、主持才是正辦。

19 發問者爲江文瑜、林萬億、陳儀深、鄭先祐等四位教授，均爲台灣教授協會會員，可謂係由台教會主辦。會場可容納三千五百人，民眾熱情參與，將會場擠得水泄不通。翌日各大報刊登的照片，正是椪柑雙手拉起長扁雙手向群眾致意的照片。

20 許志雄教授共同指導。

21 張正修教授（後來榮任考試院考試委員），在〈謹以本書獻給黃宗樂教授〉的獻詞中，提到：「黃宗樂教授平常除致力於教學研究外，對於台灣民主前途亦非常關心，作者雖然不是黃教授的直系學生，但是從黃教授那裡學到很多的東西，尤其在各個方面更是受到黃教授的鼓勵和照顧。最近黃教授已將屆還曆之齡，他的學生和友人準備爲他出版祝壽論文集，光是已經答應要寫文章的篇數已近百篇，由此可見黃教授受到學生愛戴、友人敬重的程度，而作者也是其中的一位。爲了特別表達對黃教授的感謝，作者特別撰寫了這本《馬克斯經濟學的理論與發展》專書以爲黃教授的祝壽論著。」

22 謹將論文名稱列於次，由諸論文名稱亦可窺知當時（2001 年）我國法學之學術水準：

基礎法學篇

王泰升　二十世紀台灣法律的發展：邁向一個自由民主的國家

郭明政　台灣社會安全政策與法制之回顧與展望

陳聰富　法典化的歷史發展與爭議──兼論合會契約的法典化

陳惠馨　唐律「化外人相犯」條及化內人與化外人間的法律關係

黃源盛　清末民初近代刑法的啓蒙者──岡田朝太郎

李匡郎　吳經熊博士的法律哲學──成長中的自然法

林更盛　對於以「事物本質」作爲法學論證的反思──一個方法論上的嘗試

黃銘傑　公共選擇理論與法之解釋

吳志光	德國對納粹政權及前東德共黨政權不法裁判之處理措施——兼論對我國之啓示
林明鏘	行政契約與私法契約——以全民健保契約關係爲例——
蔡茂寅	行政執行與行政救濟之關係
陳立夫	土地徵收之公告通知、補償給付與徵收效力
林昱梅	土地所有人之土壤污染整治責任及其界限——德國聯邦憲法法院判決（1BvR242/91；315/99）評釋
吳明陵	溫室氣體排放權交易制度之研究
張麗卿	刑法時效制度之回顧與展望
黃朝義	民眾參與之刑事陪審制度
林鈺雄	交付審判之相關撤回問題
陳志龍	聯合行爲、反托拉斯法與經濟刑法

財產法學篇（一）

陳忠五	法律行爲無效之規範依據
邱聰智	危險責任一般條款增訂之評介——以民法第一九一條之三爲中心
林誠二	論法定抵押權新舊法之適用問題
蔡明誠	論物權的概念與類型
楊松齡	時效取得制度之「未經登記不動產」之探討
曾國修	所有權取得時效之存在理由及其要件構成——民法物權編部分條文修正草案之檢討與建議——
溫豐文	民法第七九九條修正草案評析
陳重見	共同最高限額抵押之立法芻議
彭松江	從最高限額抵押權之特性論最高限額抵押權之確定
陳榮隆	非典型擔保物權對典型擔保物權之突破——以讓與擔保之取得爲中心——
陳洸岳	繼續性服務提供契約之任意終止權——日本訪問販賣法之修正
侯英泠	談醫療意外的風險分擔問題——消費者保護法對純粹醫療行爲與醫院提供相關醫療服務的企業式服務行爲之適用

李玲玲　論非婚生子女之稱姓——行政法院八十九年度判字第八二八號判決評釋

蔡顯鑫　子女意見表明權之研究——以家族法爲中心——

林秀雄　論夫妻之扶養——最高法院七九年台上字第二六二九號判例評釋

郭振恭　論婚姻成立或不成立與婚姻無效之訴

鄧學仁　日本之家事調解制度

高鳳仙　論我國家庭暴力防治法之子女保護制度

李悌愷　論兒童虐待——以日本「兒童虐待防止法」爲中心

23 黃俊杰〈特別公課類型化及其課徵正義之研究〉《臺北大學法學論叢》第 50 期（民國 91 年 6 月）；陳銘祥〈國家與政治之改變：經濟發展與政治發展之理論剖析〉《淡江大學法政學報》第 14 期（2005 年 5 月）；魏順華〈探視之路遙遠嗎？淺論離婚後之會面交往權〉《新竹律師會刊》第 7 卷（民國 91 年 9 月）。

24 陳老先生稱我是仁者，壽追彭祖，並說我集關雲長、周公瑾、諸葛亮之義、禮、智於一身，當然是過獎，我根本承受不起。不過，想到台灣民謠〈桃花過渡〉第三首：「三月是清明囉　風流查某伊都假正經　阿伯那宛然啊伊都楊宗保　桃花那可比啊伊都穆桂英　啊伊都咳啊囉的咳　挨啊囉的挨　挨啊囉的挨啊哩都　咳啊囉的咳」，也就莞爾了。

25 朴秉濠先生爲韓國漢城大學（今首爾大學）名譽教授，係法制史、家族法權威，也是著名的書法家。渥濛　長輩特別垂愛，惠賜墨寶，詞意深長，異國情誼，沒齒難忘。

26 關於商法，商法典中第 3 編海商爲出題範圍外。

27 日治時代，在法制上，日本固有領土稱爲「內地」，日本本國人即在內地有本籍之日本人稱爲「內地人」，其移住於外地者，亦同；臺灣、朝鮮、樺太、関東州及南洋群島稱爲「外地」，日本人中不適用戶籍法者，亦即在內地無戶籍之日本人稱爲「外地人」，臺灣人、朝鮮人及愛奴（蝦夷人）之庫頁島十人等屬之。臺灣一般稱爲「本島」，漢族系臺灣人稱爲「本島人」，原住民系臺灣人（高山族）稱爲「蕃人」，高山族後期稱爲「高砂族」，廣義的本島人則包括蕃人在內。茲所謂「內臺共學」，係在臺灣的內地人與在地的臺灣人（本島人）同校接受教育之謂。至於後述所謂「官立」，即臺灣總督府之謂。

28 我讀初中時，背誦「國父遺囑」，有幾位戰前受過日本教育的長者聽到，告訴我說：「以前日本時代，學生攏要背明治天皇的『教育敕語』。」並用日語背給我聽：「明治天皇のみことのり『教育敕語』：朕惟ふに、我が皇祖皇宗國を肇むること宏遠に、德を樹つること深厚なり。我が臣民、克く忠に克く孝に、億兆心を一にして、世世厥の美を濟せるは、此れ我が國體の精華にして、教育の淵源亦實に此に存す。爾臣民、父母に孝に、兄弟に友に、夫婦相和し、朋友相信じ、恭儉己れを持し、博愛眾に及ぼし、學を修め業を習ひ、以て智能を啓發し德器を成就し、進で公益を廣め世務を開き、常に國憲を重じ國法に遵ひ、一旦緩急あれば義勇公に奉じ、以て天壤無窮の皇運を扶翼すべし。是の如きは、獨り朕が忠良の臣民たるのみならず、又以て爾祖先の遺風を顯彰するに足らん。斯の道は、實に我が皇祖皇宗の遺訓にして、子孫臣民の俱に遵守すべき所、之を古今に通じて謬らず、之を中外に施して悖らず、朕、爾臣民と拳拳服膺して、咸其德を一にせんことを庶幾ふ。」態度嚴肅、認眞，我當然聽不懂，他們用漢文仔細講解。當時我的感受是，日本在臺灣的教育非常成功。

29 本條第 2 項規定之內容是否完善姑且不論，僅就其文句以觀，「教育之目的以培養……之現代化國民。」似不成完整的句子。「教育以培養……之現代化國民為目的。」或「教育之目的在培養……之現代化國民。」始較允洽。又，稱「現代國民」，比稱「現代化國民」為佳。

30 日本昭和教育基本法施行近六十年，從未修正過，民國教育基本法自 1999 年施行後迄 2011 年，即歷經四次修正，足見思慮不夠縝密、立法不夠嚴謹；而日本平成教育基本法於 2006 年 12 月 20 日公布施行，其立法技術及實質內容更臻洗練、充實，我國教育基本法修正時，却未參考仿傚，實在可惜。
依據日本教育基本法，教育之目標在培養具備下列諸條件之現代國民：
一、具有廣泛的知識與教養、豐富的情操與道德心。
二、保有健康的身體。
三、追求眞理。
四、尊重個人價值，發揮各自之能力。
五、富有創造性、自主及自律之精神。
六、重視職業與生活之關聯，崇尚勤勞。
七、重視正義與責任、男女平等、自他之敬愛與協力。
八、基於公共之精神，主動參與規劃社會之形成，裨益其發展。

九、尊重生命，愛惜自然，裨益環境之保全。

十、尊重傳統與文化，愛護國家與鄉土。

十一、尊重他國，裨益國際社會之和平與發展。

上述諸條件係依據日本教育基本法第 2 條規定整理而成，和與之相當之民國教育基本法第 2 條第 2 項規定相對照，高下立判。

第四章
投入社運

追隨彭明敏教授（左起：黃宗樂、彭明敏教授、王阿蘭）

一、　一團疑惑和憂心

　　我上國校後，老師教唱：「打倒俄寇反共產，消滅朱毛殺漢奸……」、「反攻、反攻、反攻大陸去……大陸是我們的國土……」，我一頭霧水，我好好的生於台灣、長於台灣，為什麼要反共抗俄？為什麼要反攻大陸？原來是中國國民黨認為中國共產黨於對日抗戰期間乘機坐大，並在蘇聯共產黨扶植之下竊據大陸，以致失去大好江山，所以要反攻大陸，消滅萬惡共匪，收復錦繡河山，解救大陸同胞。

　　我讀國校高年級時，學校規定我們在學校必須講國語，如果說本地語言，不論是福佬話（一般稱台灣話、台語）、客家話，都會被罰，例如被打嘴巴，被罰跪或被罰錢等，備受屈辱。我感到很疑惑，為什麼父母親教我的話不能說，一定要講「國語」？原來是國民黨政府認為台灣人中了日本奴化教育的毒，為使台灣人心向祖國，回歸中國文化，乃極力推行「國語」運動，壓制台灣語言文化。而本地學生在被強制「改造」下，也逐漸鄙視自己的母語，放棄自己的母語，正如同滿清政府勒令漢人都留辮髮，起初漢人抵死不從，但經過數十年之後，反而以留辮子為榮，實在可悲！

　　考上大學後，父親一再告誡我說：「好好仔讀冊，毋當插政治，昧使批評政府。」父親表情是那麼嚴肅！那麼認真！可是孫中山先生不是說：「政就是眾人之事，治就是管理，管理眾人之事，便是政治……以人民管理政事，便叫做民權」嗎？原來父親雖非二二八事件受難者，但他目睹耳聞二二八事件大屠殺的慘狀及其後的白色恐怖，殷望我能明哲保身，不要冒犯禁忌，招來災厄。

考取日本政府獎學金，出國留學前必須參加教育部舉辦的留學生講習會，在講習會上政府官員頻頻告誡即將出國留學的學生，出國後不可說來自台灣，要說來自自由中國；教唱民謠，盡是中國民謠，沒有一條台灣民謠，讓我覺得很納悶，國民黨政府怎麼這麼不認同台灣、排斥台灣!?而所謂「自由中國」，既不自由又非中國，更是虛妄。

1964年我升大二時，彭明敏教授與學生謝聰敏、魏廷朝共同草擬〈台灣人民自救運動宣言〉（1964年9月20日），印好準備散發時，遭線民密告而被逮捕，嗣被警備總部軍事法庭以觸犯叛亂罪（意圖以非法方法顛覆政府）判刑八年（謝十年、魏八年）。我出國留學後，有機會拜讀該宣言全文，受到極大的震憾和啓示。我想任何人，祇要讀到：「我們的目標 （一）確認『反攻大陸』爲絕不可能，推翻蔣政權，團結一千二百萬人的力量，不分省籍，竭誠合作，建設新的國家，成立新的政府。（二）重新制定憲法，保障基本人權，成立向國會負責且具有效能的政府，實行眞正的民主政治。（三）以自由世界的一份子，重新加入聯合國與所有愛好和平的國家建立邦交，共同爲世界和平而努力。」不論政治立場如何，都會受到莫大的衝擊！

1971年10月25日，「蔣介石的代表」被逐出聯合國，「中華民國」在國際社會失去其存在，其反射結果，台灣成爲國際孤兒。「中華民國」名稱在國際間已無法使用，國民黨政府寧可用Chinese Taipei之類的名稱，硬是不用Taiwan名稱。我看日本政府都稱呼「台灣」、「台灣政府」，國民黨政府依存於台灣，卻始終忌用「台灣」名稱，實在不可思議。

　　留學期間，我發現包括留學生在內的旅居日本台灣人中有不少因不滿或反對國民黨政府而被列入「黑名單」，不能回台灣。難怪有人批評：「乞食趕廟公」。我初次回台省親時，有位剛去日本不久的留學生託我帶禮物給他母親，我問他母親有沒有話要我轉達？有位長輩很鄭重地要我轉告：「絕對に政治に触れないように。」在國民黨政府高壓統治下，台灣人不罹患「政治恐懼症」、「政治冷感症」也難。

　　國民黨政府遷佔台灣，長期實施動員戡亂體制，維護蔣氏父子終身獨裁威權統治，又長期實施戒嚴，限制人民自由及權利，壓制民主運動與社會運動，迫害政治異己。我看許許多多有骨氣、有理想的台灣人，為爭自由、爭民主、爭人權、爭獨立，不怕死，不怕關，不怕被刑求凌虐，前仆後繼，犧牲奮鬥；另一方面，大部分的台灣人，祇得「識時務」，認了「伊的天年」，在外來獨裁專制政權下，求生存發展，有的甚至搖尾乞憐，趨炎附勢，享盡榮華富貴。其實依附外來政權以求飛黃騰達乃是古往今來普遍的現象，例如，滿人入主中國後，為清朝賣命的還不是都是漢人！想來，在外來政權統治底下作個順民，及時把握現實有限的人生，發揮個人才能，求得功名富貴，不為虛無飄渺的氣節自我犧牲，也是人之常情。

　　國民黨政府遷台後，為維護法統，國民大會代表、立法院立法委員、監察院監察委員，僅就台灣地區進行局部改選，大陸地區選出來之國大代表、立法委員、監察委員等死亡時，悉以遞補方式由各該選區得票數依序遞補之，乃形成所謂的萬年國會；又，中華民國憲法第85條規定：「公務人員之選拔……應按省區分別規定名額，分區舉行考試。」國民黨政府遷台後，仍長期依此規定選拔公務人

員，以鞏固少數「外省人」統治多數「本省人」的基礎，均大刺刺地顯現其爲外來政權的性格。說穿了，考試院各種國家考試，莫不在黨國體制下運作，此從考試科目表、命題委員名單，即可窺其一斑。

　　1975 年 10 月學成歸國後，台灣依舊籠罩在戒嚴、威權統治之下，1979 年 12 月 10 日高雄美麗島事件發生，黨外精英被逮捕殆盡。我懷疑我認識的呂秀蓮、姚嘉文可能是暴力份子、叛亂犯嗎？會不會國民黨政府要藉機一網打盡黨外精英、一舉熄滅民主火苗？在一片肅殺之氣下，學術界也大張旗鼓，發起連署，呼籲當局嚴懲暴力份子、叛亂份子，我當然不隨聲附和，始終拒絕連署。

　　第二次世界大戰後，各國殖民地紛紛陸續脫離母國而獨立，就亞洲地區而言，例如，朝鮮於 1910 年被日本合併，受日本統治 35 年，1945 年 8 月 15 日日本向同盟國無條件投降，美國與蘇聯分別派遣軍隊進駐南北韓，南韓於 1948 年 8 月 15 日成立大韓民國，北韓於 1948 年 9 月 9 日成立朝鮮民主主義人民共和國；菲律賓自 1565 年起進入西班牙殖民時代長達 330 年，迨 1898 年美西戰爭爆發，西班牙戰敗，菲律賓改由美國統治近 50 年，1946 年 7 月 9 日脫離美國而獨立；印尼自 1605 年起受荷蘭殖民統治長達 340 年，1945 年 8 月 17 日宣布獨立，荷蘭於 1949 年 12 月 27 日承認其獨立；越南於 1883 年至 1939 年爲法國殖民地，1939 年至 1945 年爲法國領地，1945 年 9 月 2 日宣布脫離法國而獨立；印度自 1857 年起全境淪爲英國殖民地，1945 年 8 月 17 日宣布脫離英國而獨立，其他例如汶萊、寮國、高棉（柬埔寨）、緬甸、馬來西亞、錫蘭（現名斯里蘭卡）等莫不於二次大戰後脫離殖民母國而獨立，惟獨日本殖民地台灣迄

今尚未獨立。「台灣獨立」，即台灣脫離殖民統治而成爲主權國家，與上述諸殖民地脫離母國而獨立者同，應是普天同慶、薄海歡騰之盛事，世界各國皆應予以尊重和祝福。然而「台灣獨立」及其簡稱「台獨」卻長期被中國國民黨污名化——被無所不用其極地污衊、醜化，說什麼「台獨」、「台毒」，會毒死自己，「台灣獨立」是死路一條，而對於台獨運動者臨之以嚴刑峻法。其實，台灣獨立是台灣生存發展之大還丹，而爲外來統治者之催命符，難怪外來統治者聽聞台灣獨立的言論就戰慄恐懼，並傾全力打壓、消滅台獨思想與台獨運動。不過，因著台灣特殊的歷史背景與世界潮流之所趨，台灣獨立逐漸已形成主流價值，沛然莫之能禦。

中華民國憲法叫做「五權憲法」，其實除行政、立法、司法、考試、監察外尚有國民大會、總統，直可稱爲「七權憲法」，不符近代立憲主義三權分立原理，而國民黨政府退據台灣後，依舊維持大中國架構下的中央政府組織，不符台灣實際需要，因此修憲、制憲呼聲響入雲霄。

在司法方面，依舊維持大中國架構下大而無當的中央司法組織，包括司法院、最高法院、最高行政法院、公務人員懲戒委員會在內，在職司法高官不下一百五十人，以人口比例觀之，在世界上絕無僅有，難怪外國人聞之均甚感訝異。最嚴重的是，司法是正義最後一道防線，但中華民國司法公信力偏低，經常有人批評：「司法已死」、「司法不公」、「司法黑暗」、「司法傲慢」、「司法是黨國的侍女」、「司法淪爲政治工具」，不一而足，聽來令人痛心。如何建立獨立、公正、廉明、親民的司法實爲當務之急。

中華民國外來政權寄生於台灣，只以台灣為手段（兩蔣專制時代，以台灣為「反攻大陸的跳板」、「反攻復國的基地」），不以台灣為目的，高舉「中華民族主義」的大旗，厲行黨化教育，處處灌輸大中國思想，極力消滅台灣意識，致使國家定位不明，國家認同錯亂，倘不及時扭轉乾坤，建立台灣主體性，強化台灣國家認同，台灣前途真的堪虞。

中國國民黨黨國不分，接管台灣時把許多日產納入中國國民黨私囊，而黨庫通國庫，以五鬼搬運法，不當取得偌大黨產，結果中國國民黨黨產、黨營事業一大堆，成為「世界首富政黨」，黨產遂成為中國國民黨維繫政權的利器，以致真正的民主政治一直無法實現。

不寧唯是，在中國國民黨長期獨裁專政下，貪污腐敗，政商勾結，特權橫行，黑道猖獗，選舉買票，媒體被壟斷，生態環境遭破壞……向為人所詬病。

二、　瞥見改革曙光

在此情況下，人民不滿、民心思變已到臨界點。時勢潮流所趨，蔣經國先生掌權後，為維護其政權，不得不審時度勢，調整政策，開始慢慢走向本土化、自由化。

1972 年 5 月蔣經國組閣，翌年年底推動「十大建設」[1]，強調「往下紮根」，晚年（尤其是 1985 年）甚至多次公開表示：「我到台灣已經三十多年，心早已在此，已經是台灣人了。」

1975 年 4 月 5 日蔣介石病逝，蔣經國接班，繼續「往下紮根」，

落實「十大建設」，發展經濟，締造了「經濟奇蹟」。1986 年 9 月 28 日民主進步黨在風聲鶴唳中成立，一週之後他以中國國民黨主席身分在中常會表示：「時代在變，環境在變，潮流也在變，因應這些變遷，執政黨必須以新的觀念，新的作法，在民主憲政的基礎上，推動革新措施」，結果民進黨闖關成功。 1987 年 7 月 14 日蔣經國總統宣告台灣自 15 日零時起解除戒嚴。長達三十八年（世界最長）的戒嚴令解除後，隨而開放黨禁、報禁，放寬集會及遊行之禁令，台灣逐步走向自由化、本土化。

　　1988 年 1 月 13 日蔣經國病逝，李登輝接班，第一位台灣人擔任中華民國總統、中國國民黨主席，橫遭外省舊勢力無情的反撲，他以超人的智慧、毅力和膽識穩固了權力，積極推動民主化、台灣化。1991 年 4 月 3 日李登輝總統宣告自 5 月 1 日零時起終止動員戡亂時期，同時公布「中華民國憲法增修條文」，廢止動員戡亂時期臨時條款，結束對北京政權的敵意，隨而與動員戡亂時期有關的法令一一予以修正或廢止，中華民國逐步走向民主化、台灣化。

三、　走上社運不歸路

　　然而，中國國民黨長期一黨專政，在黨國體制下，積弊甚深，縱使李登輝有心改革，想為台灣開闢一條活路，亦動輒遭受既得利益者強力杯葛，更何況執政者本身推動改革，往往有其先天的侷限性，倘無廣大的民間力量作為後盾或施以壓力，殊難期待其迅速、有效且廣泛的改革，而為台灣帶來希望。在台灣特殊的歷史及政治的背景下，我早已深感忝為知識份子，不可只關在象牙塔內獨善其身，做個自了漢，而應適時走出象牙塔，關心國事，關懷社會，尤

其是關心台灣前途。1990 年自忖個人已無牽掛 [2]，遂開始追隨前輩的腳步，投入台灣民主運動與社會運動，聊盡作為知識份子的一份責任。我十分了解，從事運動，絕不可「只是有嘴講別人，無嘴講家己」，而必須隨時省察自己，尤其是，必須有「只為公義，不為私利」、「只為理想，不計得失」的覺悟，做起來當然會很辛苦，犧牲也會很大。本來，我個性有點腼腆內向，一向行事低調，與世無爭，不習慣走上枱面。不過奇妙的很，一旦投入運動，便好像上了戰場，恍如有一股無形的力量，驅使我勇往直前，奮力作戰。舉凡反核、廢省、廢國大、公投建制、司法改革、媒體改造、黨產改革、搶救母語、平反二二八事件、立委減半、正名、制憲、以台灣名義加入聯合國……無役不與。1993-4 年擔任中國比較法學會（後來改名台灣法學會）理事長；1995 年擔任彭明敏競選總統辦公室公共政策委員會召集人；1996-7 年擔任建國會會務委員、執行長；1999-2000 年擔任台灣教授協會會長；2000-01 年回鍋擔任台灣法學會理事長，更站在第一線扮演帶動、推動的角色。

　　我滿腔熱血，投入運動，同時也得善盡本務──教學與研究，幾乎每天都忙得不可開交，難免忽略了家庭生活，幸得內子支持與鼓勵，讓我完全無後顧之憂。從事運動，必須充實與運動有關之學識，洞悉時代思潮，把握社會脈動，確切掌握運動的目標與訴求。因此在運動過程中，我認真閱讀許多相關文章與書籍，學到了很多東西；接觸民眾，與民眾互動，傾聽民眾心聲，感到很踏實、很窩心。

　　在以建立台灣主體理念為導向下，開會、演講經常須用台語（福佬話），尤其是與民眾互動，使用台語是唯一的選擇。好在我一向習慣講母語，上大學後對於台語的漢字怎麼寫感到十分興趣，例

如，mi-kak、han-ban、kiam-chai、sak-phah、me-chenn、chang-mng-kng、bo-sia-si、lih-khok-khiat、bo-lam-bo-ne……，漢字怎麼寫？極想知道，但當時台語正遭受國民黨政府無情的打壓，台語文獻形同禁書。留學歸國之後，在一個偶然的機會購得小川尚義主編的《臺日大辭典》（上下卷），它引導我進入台語世界。投入運動後，為了培養台語能力，習得台語的奧妙，我買了許多有關台語的書籍，對台語下了不少功夫。台語真婿，聽著心涼脾土開。我總覺得講台語比講「國語」鏗鏘有力。連雅堂先生大著《臺灣語典》謂：「臺灣之語，高尚優雅。」真實不虛。

從事運動，必須與志同道合之士，並肩奮鬥。因此不論在所屬團體內部或與友好團體之間，都得保持良好的互動關係，互相支援，互相打氣。為了達成運動所追求的目標與目的，必須抱持「我為人人，人人為我」的信念，緊密地團結在一起。我很慶幸，在參與運動的過程中結識了許多仁人志士，建立了珍貴的革命感情和友誼。我認為，這是從事運動才能獲得的恩典和福報。

四、 重要參與舉隅

（一） 追隨彭明敏，為台灣打拼

1.因緣殊勝

彭明敏教授，我大一時曾在校園見過幾次，身材修長，相貌堂堂，西裝筆挺，英俊挺拔，氣質高雅，風度翩翩，左手插在褲袋內[3]，令人印象至為深刻，但我不知是彭教授。 1970 年 1 月 3 日，彭教授脫出台灣，流亡海外，1992 年 11 月 1 日，返回闊別近二十三年的

故鄉台灣，當天中午的歡迎會上，我發言表示：能見到彭老師非常高興，今後希望有榮幸能追隨彭老師，為台灣打拼。翌日下午，彭教授假台大法學院以「我們如何邁入二十一世紀」為題，發表回台後首次公開演講，整個大禮堂座無虛席，我和陳棋炎老師與師母坐在第一排正中央聆聽，從此追隨彭老師，為台灣打拼，至今不渝。

2. 力挺彭教授參選總統

1994 年 8 月，為紀念「台灣人民自救運動宣言」三十週年，我發表〈台灣人民的導師——彭明敏教授〉（民眾日報 83 年 8 月24-25 日）乙文，共襄盛舉。1995 月 3 月 20 日，彭教授假台大校友會館宣布參選台灣首屆民選總統，我到場相挺。4 月 1 日，彭明敏競選總統辦公室成立，積極爭取民進黨總統候選人提名，我奉命擔任公共政策委員會召集人，嗣端出「彭明敏民進黨黨內初選第一階段《政策大綱》」，彭教授題之曰「新時代、新台灣、新希望」，係彙集、融合彭教授歷來之主張、民進黨黨綱及委員們的意見而成。彭教授說：「稍嫌過細」。惟今日讀之，猶覺歷久而彌新，作為今日台灣派總統候選人之政見，仍十分適切。在黨內初選過程中，我也追隨彭教授到各地演講、拉票；我在被限定不超過八十個字為度的推薦文（刊登報紙）寫道：「彭教授三十一年前拒絕蔣介石的籠絡，發表台灣自救宣言，主張建立新國家、制定新憲法、成立新政府、以台灣名義重新加入聯合國，乃最有尊嚴、最有遠見的台灣人，無疑地是台灣總統之最佳人選。」彭教授超人的意志力和戰鬥力，讓我非常驚奇。夏天天氣酷熱，彭教授習慣穿西裝[3]，南北奔波，到處演講、拜票，但彭教授總是精神奕奕，毫無倦容。9 月 25 日，彭教授勝出，他揮毫在為他準備好的不倒翁（達摩）臉上點睛。這段

期間，我有幸結識鄭紹良、鄭義和、魏瑞明、吳松枝、邱垂亮、洪朝枝（筆名奧斯卡）、廖國仲（筆名老猴）等多位前輩，後來又結識吳澧培、王景弘、盧世祥等先進。彭教授代表民進黨參選總統，找謝長廷先生當副手，彭謝搭配成軍後，我到競選總部繼續幫忙。我受命與另二位專家學者擔任政策會副總召集人，總召集人為辜寬敏先生，除參與「政策之研擬與宣揚」外，也到各地助選。

3. 參與建國會會務

第一屆總統直選於 1996 年 3 月 23 日投票。投票結果，在四強爭奪戰中，彭謝配獲得第二高票落選。彭教授為了繼續為台灣打拼，於 3 月 28 日假台北市第三信用合作社總社（誠泰銀行總行前身）交誼廳籌組「建國會」，出席人員除彭教授外，有林敏生、林誠一、鄭紹良、林山田、李永熾、許慶雄、林志剛、黃宗樂等。4 月 2 日建國會正式成立，址設台灣國際專利法律事務所「台灣國際會館」，由彭明敏教授擔任會長，林山田教授擔任執行長，隨即積極展開會務。初期重要成員為彭明敏、林山田、李永熾、李鴻禧、許慶雄、黃宗樂等。幕後強力支持者則為林敏生、林誠一、辜寬敏、鄭紹良、洪登科等，洪登科後來並擔任財務長。

建國會定期或不定期開會，討論台灣版的建國策略、建國藍圖，並舉辦相關活動。5 月 19 日舉辦「台灣要建國」大遊行，彭會長擔任總領隊、林執行長擔任總指揮，有數萬人參加，聲勢浩大。8 月間，林山田、李永熾等籌組建國黨，他們非常不滿當時民進黨偏離創黨精神的心情以及急切希望台灣早日達成獨立建國的悲願，我十分了解也非常敬佩，不過我倒認為，許信良、陳文茜等不等於民進黨，

籌組建國黨會被誤以為是衝著民進黨而來，由於台灣人的民進黨情結，恐難獲得多數台灣人的認同和支持；抑且政黨的經營與發展必需要龐大經費，組黨後如果沒有穩定的經費，很快就會走向泡沫化，因此與其組黨，不如站在諍友的立場，批判、監督民進黨。職是之故，我沒參與籌組也沒加入建國黨，而繼續留在建國會效勞，9月25日受命擔任建國會執行長。當時，建國會與民進黨、籌組中及成立後的建國黨之間形成緊張微妙的關係，彭會長儼然成為中心人物。我接任執行長後，民進黨主席許信良、祕書長邱義仁蒞訪，彭會長依禮接見；民進黨十週年黨慶酒會，彭會長前往祝賀、致詞；建國黨籌組委員林山田、李勝雄、莊淇銘等蒞訪，彭會長依禮接見；建國黨成立大會，彭會長前往祝賀、致詞；建國黨主席李鎮源、秘書長李勝雄蒞訪，彭會長依禮接見，我都陪在左右。我未加入建國黨，亦婉拒擔任政策委員，林山田教授曾表示不滿。

建國黨籌組委員們邀請彭教授擔任黨主席，但彭教授加以婉拒；後來邀請李鎮源院士出任黨主席，邀請彭教授擔任名譽主席，彭教授亦加以婉拒。李院士被拱為黨主席後，積極投入黨務。建國黨初期在李鎮源主席、林山田副主席[4]的領導下，鬥志高昂，虎虎生風。

我接任建國會執行長後，在彭會長的領導、監督下，積極推動會務，舉辦記者會、座談會，邀請陳少廷、李敏勇、許志雄、陳儀深、管碧玲、陳春生、林向愷、廖中山、陳國雄等學者專家參與會務。接任後不久，執政黨決定召開「國家發展會議」，擬定三大議題：「憲政改革」、「經濟發展」及「兩岸關係」。10月30日及11月3日，彭會長和部分民進黨公職人員、台教會教授、建國黨、台獨聯盟及建國會重要成員餐敘時，對於執政黨主導的「國家發展會議」，在

議題及功能上均有很多質疑，於是有了舉辦「台灣國家發展會議」的構想，由建國會主辦，邀請台教會、民進黨、台獨聯盟、建國黨及其他政黨或社團參加，共同提出屬於台灣建國派的主張，訴諸人民。

我奉命召集籌備會議，擬定四大議題：「憲政改革與國家定位」、「台、中關係與國家安全」、「經濟發展與生態環境」及「教育改革與文化品質」，與官方版抗衡。我們認為，台灣當前的一切亂象都源自於國家定位不明、國家認同混淆，因此談憲政改革絕不能規避國家定位問題，談兩岸關係必須以國家安全為前提，談經濟發展也要兼顧生態環境與社會福利；而社會、經濟、政治的改造，又必須從教育文化著手，這些議題都是官方版所欠缺的，而這些議題才更切合台灣主體性，務實探討台灣未來發展的方向。對於各項議題，幸蒙諸學者專家慨允惠賜鴻文，諸友好團體、組織熱烈參與。11月16日，我代表彭會長接受自立晚報記者郭敏政專訪，我把台灣版的基本立場說明得很清楚，翌日自立晚報以〈黃宗樂：以台灣為主體〉為標題，刊載專訪摘要內容，讓人民比較、批判。

12月14、15日連續兩天假世貿中心大會議廳舉行，受邀者出席踴躍，共有兩百多人參加。彭會長於開幕式及閉幕式致詞，並全程參與。民進黨主席許信良、建國黨主席李鎮源均蒞臨致詞，李主席並全程參與。兩天會議，秩序良好，討論熱烈。會議盛況及內容，媒體廣為報導。其後彙編成《台灣國家發展會議實錄》，保存珍貴的歷史紀錄。

4. 跟隨彭老師，不斷成長

「台灣國家發展會議」後不久，我因爲台大休假一年很快就期滿，須撰寫休假研究報告，遂懇辭建國會執行長一職，幸蒙彭會長允許，而由陳永興醫師接任，但我仍繼續參與建國會會務。1999-2000年擔任台灣教授協會會長；2000-1回鍋擔任台灣法學會理事長；首次政黨輪替後，膺任總統府國策顧問，及入閣擔任行政院公平交易委員會主任委員；主委卸任後出任凱達格蘭學校校長、台灣國際法學會理事長，甚至其後蟄居陽明山，我始終受到彭教授的提攜和照顧，彭教授也讓我更懂得做爲團體的負責人應如何扮演好「桶箍」和「石磨仔心」的角色。彭教授大學不曾教過我，也不認識我，卻信任我、重用我、愛護我，不怕我是「臥底的」、「抓耙仔」，我想應該是由於林敏生先生和林誠一先生的推薦。而我所以會追隨彭教授，主要是受到彭教授精神的、理念的感召。彭教授正直、耿介，只顧台灣前途、不計個人利害，風骨嶙峋、光明磊落之偉大人格，令人敬佩、讚歎！

彭教授兼具學者、知識人、大丈夫與領導者的特質和器度，他被尊爲台灣先知、台灣建國之父，在台灣現代史上有其不可替代的地位。我很慶幸有機會追隨彭教授，向他學習，受他薰陶，使愚鈍、固陋如我，亦能不斷茁壯、成長。

（二）　加入台灣教授協會，擴大參與層面

台灣教授協會於1990年12月9日成立，揭櫫「本會結合學術界認同台灣主權獨立之專業人士，以促進政治民主、學術自由、社會正義、經濟公平、文化提昇、環境保護、世界和平爲宗旨。」

1995 年以「認同台灣主權獨立」不夠積極，而修正爲「致力實踐台灣獨立建國」。會員入會，須經會員五人以上介紹，執行委員會出席委員三分之二通過，並經會員大會出席會員二分之一通過，程序相當嚴格；會員入會時依其專業及意願，分成人文、法政、社經、科技、環保等五個學術分組。我於 1992 年 6 月入會，參加法政組；入會後，積極參與各項活動。

　　承蒙會員諸賢愛護、提掖，推選我爲第九屆及第十屆會長[5,6,7]，乃首位任滿二年的會長。第九屆執行委員會成員爲會長黃宗樂、副會長張國慶、人文組召集人蘇振明、法政組召集人陳儀深、社經組召集人蕭志如、科技組召集人石豐宇、汪庭安、環保組召集人許惠悰、北區召集人江文瑜、桃竹區召集人林健正、中區召集人林清祥、南區召集人陳志賢；祕書處祕書長蔡丁貴、副祕書長吳成三、李漢銘。第十屆執行委員會成員爲會長黃宗樂、副會長張國慶（上半年）、蔡丁貴（下半年）、人文組召集人董芳苑、法政組召集人陳儀深、社經組召集人張人傑、科技組召集人許文輔、汪庭安、環保組召集人吳焜裕、北區召集人戴寶村、桃竹區召集人洪慧念、中區召集人柯耀庭、南區召集人陳志賢；祕書處祕書長蔡丁貴（上半年）、石豐宇（下半年）、副祕書長潘振輝、石豐宇（上半年）、李泳泉（下半年）。不論執行委員或祕書長、副祕書長，均「認眞投入、無私奉獻」，使得會務有顯著發展。

　　台教會會員創立時爲八十三人，我擔任會長時已逾三百八十人。台教會予社會大衆比較深刻的印象是「上街頭抗爭」、「爲本土派候選人助選」。其實，台教會爲實現其宗旨，積極推展會務，累積成果相當可觀。我擔任第十屆會長時，適逢台教會創立十週年慶，

我在《創會十週年特刊》〈序言〉中，將其歸類爲十二種：一、主辦或合辦學術研討會；二、主辦或合辦演講會或座談會；三、發起或參與聯盟、舉辦或參與遊行；四、召開記者會、發表聲明或白皮書；五、長期發表政論；六、長期製作本土議題節目；七、爲本土派候選人助選；八、參加本土派立法委員改革議題公聽會；九、協助各市縣政府創辦、經營社區大學；十、出版書籍；十一、刊行期刊；十二、出版文宣小册子等。台教會這樣的凝聚力、活動力，實非一般學術團體或社運團體所能及。

1999 年 9 月 21 日凌晨 1 點 47 分，台灣發生集集大地震，災情慘重。我須出席參加 9 月 24-26 日假日本北海道苫小牧駒澤大學舉行的「第十三屆亞洲家族法三國會議」，報告我國身分登記與戶籍[8]，23 日赴日，27 日歸國。我於新千歲空港（機場）入境時，有七、八位日本婦女很禮貌地問：「有台灣來的旅客嗎？」我說：「我是台灣來的。」馬上奉上礦泉水，並表示慰問之意。苫小牧駒澤大學校長大久保治男教授獲悉我是從台灣來的，又是台灣教授協會會長，特地邀請我列席苫小牧扶輪社例會，請我講話，隨即發起募款，又安排「苫小牧民報」、「北海道新聞」記者採訪[9]。我回國後不久，苫小牧扶輪社寄來捐款，我交由台教會與會員捐款統籌運用。在三國會議，與會日、韓學者一一向我致意，加藤美穗子教授還送我日幣一萬元慰問金[10]；主辦者尾中哲夫社長與議長中川淳教授致詞時，均特別申致慰問、關懷之意。台灣發生大地震，日本人這樣關心，令我非常感動，也覺得很溫馨。最令人難忘的是，九二一大地震發生後，日本在第一時間組團火速趕來台灣投入救災行列。

我出國期間，台灣教授協會利用 24 日（中秋節）、25 日（星

期六）、26 日（星期日）連續假日，特別組團 [11] 直驅災區，至南投縣政府救災指揮中心協助，並前往各鄉鎮市及台中縣深入了解救災情形；我回國後，10 月 3 日台教會發表〈痛定思痛 攜手重建新家園〉聲明，就中依據參與協助救災工作及學術專業上之心得，分別就一、緊急救災階段；二、災民安置階段；三、復育重建階段，提出具體建議，最後，除感謝國際社會之熱誠支援外，並對「中國阻撓國際社會對我伸出援手，藉機宣達其併吞台灣之意圖」，予以譴責。

2000 年 10 月 9 日，台灣教授協會成立十周年會員大會，呂秀蓮副總統蒞臨致詞；當晚十周年慶祝會，陳水扁總統蒞臨致詞，可說總結了台教會十年來奮鬥的成果，同時也標誌著台灣人終於出頭天。不論會員們或貴賓們，都無比的興奮和喜悅。我時任會長，躬逢其盛，更是歡喜雀躍。陳總統主政八年間，台教會會員被遴聘為總統府國策顧問、被任命為內閣閣員或被賦與其他重要職位者，總計在三十人以上，統派人士批評台教會會員都是一些二、三流學者，顯然是故意貶抑。台教會為避免受到政府、政黨的影響，章程明定：「本會會員擔任專職政務官、黨職及民意代表期間，停止擔任本會幹部。」

我在任期屆滿前，徵詢執委會意見，全體執委都非常贊同，我遂請出楊維哲教授接任第十一屆會長。他很あっさり（爽快）答應了，他說：「對黃會長我無抵抗力，我歹勢佫講 No 了。」會員大會選舉結果，順利高票當選。楊教授是我尊敬的長者，雖然他好像只大我三歲。他學問淵博，人格高潔，尤其是誠樸、純真，堅持理念，奮鬥不懈，向為人所欽仰。

今台教會已堂堂進入第 24 年，我很慶幸有機緣加入台教會，讓我能夠跨校際地結識許多志同道合的學術界精英，共同為台灣前途打拼。台教會因理念而結合，為公義而奮鬥，可說是守護台灣、捍衛自由、民主、人權的中流砥柱，作為台教會之一員，我感到很驕傲。

（三）　參與台灣加入聯合國運動，不做國際孤兒

1971 年 10 月 25 日，依「聯合國大會第 2758 號決議」，蔣介石代表被立即逐出聯合國，其所代表的「中華民國」在國際上失其存在，其反射結果，台灣淪為「國際孤兒」；翌年 9 月 25 日，日本首相田中角榮訪問中國，與中共協議建交；9 月 29 日中華民國與日本斷交，我當時正在日本留學，感慨萬端，傷心沮喪。因此，我深切期望，有朝一日，中華民國能重返聯合國或者能以台灣名義加入聯合國。我投入運動後，最關切的議題理所當然地首推台灣加入聯合國。

適巧，1991 年間，大學部及研究所同學呂秀蓮推動台灣加入聯合國運動，她學貫東西，才華橫溢，深具國際觀，熟悉國際事務，早就被譽為「台灣第一才女」，在她鼓勵之下，我遂追隨她參加運動。 1993 年 5 月底，國際法權威陳隆志博士回到闊別三十三年的故鄉台灣，5 月 30 日中國比較法學會（後來更名為台灣法學會）假台大法學院國際會議廳舉辦「陳隆志博士回國系列演講會」，講題為「台灣加入聯合國的展望」，由我主持，陳繼盛教授推介，台北市長黃大洲、台大教授陳棋炎、企業界聞人辜寬敏、立法委員呂秀蓮、張旭成等均蒞臨參加，整個會議廳擠得滿滿的。我非常振奮，主持

起來特別起勁，自立晚報記者陳銘城還報導說：黃理事長「將室內演講會的氣氛主持得如同大型群眾演講會一樣地熱絡。」（自立晚報，82 年 5 月 31 日）。這場台灣加入聯合國的演講，予我莫大的啓發和鼓舞。

我首次上台演講，講的就是台灣加入聯合國問題。向群眾演講，與學校上課不同，面對成千上萬的群眾，不但不可怯場、冷場，而且必須陳詞激昂，鼓舞群眾，引起共鳴。最初幾場下來，心悸加速，渾身大汗。我向呂秀蓮告白，她說她也一樣，頭幾次向群眾演講，講完後發覺衣服都濕了，她鼓勵我多磨練幾場，就好了。呂秀蓮聰明機智，膽識過人，辯才無礙，尚且如此，何況愚鈍如我！果然，多磨練幾場後，就漸入佳境了。後來熟能生巧，還屢被稱讚：「黃教授台語演講講了（kong liau）婿佲有力，參聽眾的互動眞好。」其實，我看布袋戲、聽民主前輩演講，學了很多，「扱工夫」眞重要。

我首次寫政論性文章在報章雜誌上發表，寫的也是台灣加入聯合國的問題，即〈加入聯合國，開創新紀元〉（民眾日報，82 年 6 月 18 日）。首次寫政論性文章，眞是誠惶誠恐，戰戰兢兢。我雖然看過許多社論，也讀過不少讀者在報上發表的文章，可是輪到自己要寫，卻不知如何下筆。而我又是台大法律系教授、中國比較法學會（後來改名爲台灣法學會）理事長，出手更不能「漏氣」。因此，從擬定題目到定稿，搜索枯腸，反覆構思，稿成後猶斟酌再三，最後才定稿。幸而寄出後，翌日就被以專欄方式刊登出來。我不但如釋重荷，抑且增加了信心。從此，我就適時在報章雜誌上發表政論性文章，批評時政，傳播理念。

　　參與台灣加入聯合國運動，我覺得很有意義，尤其是擔任法學會理事長、教授協會會長期間更爲積極。2003年10月24日，「台灣聯合國協進會」（創會理事長陳隆志）成立，我隨即入會爲會員，參加活動。2007年7月19日，陳總統代表二千三百萬台灣人民，正式向聯合國祕書長潘基文提出以台灣的名義加入聯合國成爲會員國之申請，潘祕書長竟然以「聯合國第2758號決議」及「一個中國原則」爲理由，退回台灣入聯的申請書，台派團體義憤填膺，群情激昂，於7月26日聯合發起成立「台灣加入聯合國大聯盟」（首任理事長陳隆志），我也熱烈參與。爲深入探討入聯問題，凱達格蘭會訊第16期（2007年10月出刊）特闢爲「台灣加入聯合國面面觀」專輯，我以凱達格蘭學校校長名義發表〈聯合國大門終將爲台灣敞開〉乙文，我寫道：「台灣加入聯合國，才能確保和平與尊嚴，而且有了國際舞台，自然能促進經濟發展。在國際社會日益緊密化、經濟活動日益全球化之今日，台灣加入聯合國，積極參與國際事務，分擔國際責任，不論對台灣或對世界，都有極其正面的意義。」「雖然，在霸權中國無所不用其極的阻撓下，台灣要加入聯合國必然困難重重，但我們絕不可畏縮、絕不可氣餒，我們必須要有行動，讓國際社會了解台灣人民渴望加入聯合國的心聲，只要再接再厲，奮鬥不懈，最後必能獲得各國人民及政府的支持，讓美夢成眞。持續行動持續打拼，就是成功的保證。聯合國大門終將爲台灣敞開！」

　　中共推銷「和平統一」，和平解決兩岸問題。和平解決兩岸問題，正是吾人所期待，不過須等到台灣加入聯合國成爲會員國後，與中國之間，才有對等談判、「和平統一」的可能，否則只是「被併吞」而已。別忘了，東德與西德是在兩國同爲聯合國的會員國之

情形下，和平統一的。

（四）　鼓吹以台灣爲主體，發展兩岸關係

　　台灣因著特殊的時空背景，在台灣內部發生嚴重的國家認同問題。大體而言，戰前已居住在台灣的老台灣人（以往所謂本省人）及其子弟大多認同台灣，以台灣爲祖國；戰後才來台灣的新住民即新台灣人（以往所謂外省人）及其子弟大都認同中華民國甚至中華人民共和國，以中國爲祖國。結果，產生激烈的統獨之爭。我是戰前就在台灣出生的福佬人，認同台灣，以台灣爲祖國乃極其自然之事。實際上，中華人民共和國未曾一分一秒統治過台灣，而中華民國遷佔台灣後因著歷史的發展，在法律上已獨立於中華人民共和國之外，有別於中國。此從 2000 年 2 月 9 日國籍法修正公布將原條文中「中國」、「中國人」、「中國地」、「中國法」，悉修正爲「中華民國」、「中華民國國民」、「中華民國領域內」、「中華民國法律」，即洞若觀火。在此之前，1999 年 7 月 9 日，李登輝總統提出：「自 1991 年修憲以來，已將兩岸關係定位在國家與國家，至少是特殊的國與國的關係」，即所謂「特殊兩國論」或「兩國論」，而所謂「兩國」係指中華民國與中華人民共和國，實即將中華民國與「中華人民共和國」切離的宣示（顯然主張兩個中國）。李總統卸任後，進而推動正名、制憲運動，企望台灣邁向正常國家。後來，陳水扁總統極力主張「台灣中國，一邊一國」（一台一中），當然是把兩岸關係定位爲「國與國的關係」。

　　台灣人與中國人、中華人民共和國無冤無仇，理應互相尊重，共存共榮。奈何中華人民共和國卻處心積慮要併吞台灣，以「和平

統一，一國兩制」爲餌，施以「文攻武嚇」、「以民逼官、以商圍政、以通促統」，並極力打壓台灣的國際生存空間，孤立台灣。兩岸宜和平共存，不宜對峙對立，我一向主張以台灣爲主體，發展兩岸關係，〈加入聯合國，開創新紀元〉（民眾日報，82年6月18日）、〈台灣命運共同體的形成基礎〉（民眾日報，82年9月24日）、〈台灣主體性理念與法學〉（台灣時報，83年12月25日）、〈從誇稱帝大畢業說起〉（自立早報，84年11月22日）、〈台灣不是中國固有領土〉（自立晚報，85年2月4日）、〈「台灣自救宣言」的時代意義〉（自由時報，85年9月18日）、〈黃宗樂：以台灣爲主體〉（自立晚報，85年11月17日）、〈使用台灣名稱突破外交困境〉（民眾日報，85年12月9日）、〈以台灣名義開創國家新局〉（自由時報，85年12月11日）、〈獨立於中國之外〉（自由時報，86年7月12日）、〈兩國論與台灣前途〉（民眾日報，88年7月19日）、〈兩國論是兩岸共存共榮的基礎〉（台灣日報，88年7月23日）、〈大家一起來推動兩國論〉（民眾日報，88年8月16日）、〈總統選舉與兩岸政策〉（自由時報，89年1月25日）、〈對等談判　和平發展〉（民眾日報，89年5月14日）、〈擺脫一中枷鎖　確保台灣主權〉（台灣日報，89年8月23日）、〈台灣站起來，走出去〉（自由時報，89年10月9日）等在報上發表的諸多文章，主要都是在闡述這個理念。我參與「保台灣，顧主權」、「反對中國併吞」等活動，不論是參加遊行或座談，亦不外在實踐「一台一中，共存共榮」的理想。我有一個夢，兩岸能夠形成如美國英國般的和平友好關係，而不是老是處於併吞被併吞的緊張狀態。

有人問我：「黃教授是不是絕對的反對與中國統一？」我答道：

「非也，祇要在聯合國主持或監督下舉行公民投票，多數台灣人贊成與中國統一，我自然順從民意。不過，我一向主張與中國統一，不能背離自由、平等、博愛、民主、人權、法治、安全、和平等今日人類的普世價值。再者，有朝一日，兩岸社會、經濟條件及政治體制、法律制度接近，人民思維模式、生活方式及價值觀類似，而台、中兩國又同為聯合國會員國，可對等談判時，則雙方要和平統一，自然水到渠成。」

（五） 推動台灣正名運動，讓母親之名顯揚

中國國民黨政府遷佔台灣後，始終視台灣名稱為毒蛇猛獸，不能使用中華民國名稱時，寧可用 Chinese Taipei 之類的名稱，也絕不用 Taiwan 名稱，讓母親台灣受盡屈辱。孔子有謂：「為政必也正名乎！」因為「名不正，則言不順」。為讓母親之名顯揚，台灣正名運動風起雲湧。

1993 年我被推選為中國比較法學會理事長，我覺得，台灣（中華民國）與中國（中華人民共和國）因著歷史的發展，已然形成互不隸屬、各別獨立的兩個國家，在以台灣為主體的前提下，使用中國比法學會名稱，已不恰當；同年 4 月間，在美國紐約的「中國人權」組織主席劉青及執行長蕭強蒞會訪問時，指出在台灣使用「中國」會被誤以為是對岸中國，更讓我感到學會正名的正當性與急迫性。因此我開始推動學會正名運動，理事會非常支持，1994 年年會提案變更名稱為台灣，獲得與會會員一致通過，但因出席人數不足章程所定人數而功虧一簣，無法報請內政部核備，不過已然揭開學會正名運動之序幕[12]。其後幾經周折，歷經三屆理事長（洪貴參、林子儀、

許志雄）的積極推動、理監事、有心會員的努力，最後聲請司法院
大法官會議解釋。大法官會議在李登輝總統極力推動民主化、台灣
化之氛圍與情勢下，於 1999 年 4 月 1 日作成釋字第 479 號解釋，將
「中國比較法學會」更名為「台灣法學會」，終於獲得法律上的承認。
其後，冠以台灣名稱的社團，有如雨後春筍，陸續出現。政治性任
命的司法院大法官，解釋憲法涉及與「政治勢力」有關者，輒隨「政
治勢力」而轉移，毋寧是正常現象。

　　我極力主張使用台灣名稱，我曾發表〈使用台灣名稱突破外交
困境〉（民眾日報，85 年 12 月 9 日）、〈以台灣名義開創國家新局〉
（自由時報，85 年 12 月 11 日）、〈台灣站起來，走出去〉（自由
時報，89 年 10 月 9 日）、〈為母親嗆聲，響應台灣正名運動〉（台
灣日報，91 年 5 月 8 日）等文章。為推動台灣正名運動，還曾發起
籌組「台灣國民黨」，以凸顯「中國國民黨」的外來中國屬性（後
詳）。台灣就是台灣，使用台灣名稱，本來就是天經地義的事，但
在中國國民黨橫柴入灶之下竟然這麼辛苦！

　　我在公平會服務期間，特別指示同仁：對外無法使用「中華
民國」名稱時，務必使用「台灣」名稱，非不得已切勿用 Chinese
Taipei 之類的名稱，這是新政府的政策。同仁們都相當配合，並極
力爭取。例如，公平會以台灣名義與澳大利亞、紐西蘭、法國簽署
三邊或雙邊競爭法合作協議；以台灣名義加入國際競爭網路（ICN）。
申請加入經濟合作發展組織（OECD）為競爭委員會觀察員時，
OECD 表示須依循奧運會、APEC 模式，使用 Chinese Taipei 名稱，
否則歉難接受申請，公平會迫不得已乃保留將來變更名稱之權利。
我出訪諸外國（均非邦交國）時，皆用台灣公平交易委員會主任委

員名義，諸外國官員也都這樣稱呼我。我的名片，印的是 Chairman（Minister）[13]，Taiwan Fair Trade Commission，地址標明 Taipei, TAIWAN。

我曾在法國巴黎與瑞典駐 OECD 大使餐敘，我提及台灣被要求使用 Chinese Taipei 名稱實在委屈。他說：「我們西方人都稱貴國爲 Taiwan 或 Formosa，世界地圖上根本沒有一個國家或地方稱爲 Chinese Taipei。」我感謝他並懇請他支持台灣使用 Taiwan 名稱。不過，他說：「礙於情勢及邦交關係，不便公開表示支持。」中國施壓、作梗，而我國與有影響力諸國又均無正式邦交，台灣國際處境確實困難。

令人振奮的是，李登輝總統卸任後，帶領台灣正名運動聯盟，積極推動台灣正名；民進黨執政時，行政院亦致力推動去除「中國」、「中華」等名稱，改用「台灣」名稱，並獲致相當成果；陳水扁總統正式以台灣的名義申請加入聯合國，更把台灣正名運動推到最高點。

台灣正名及制憲運動互爲表裡。有朝一日，制定了台灣新憲法，換新國號爲「台灣」、「台灣國」或「台灣共和國」，台灣正名運動，才算徹底成功。

（六）　參與制憲運動，起造台灣國家

憲法爲國家根本大法，規定國家體制、人民之權利義務、政府之組織與職權、及其他重要制度。中華民國憲法，識者批判，係東拉西扯、七拼八湊而成的恐龍憲法，既不符現代民主憲政原理，更

不合台灣的實際需要。激情人士更說：「此部離開母國、無適合台灣的中華民國憲法早着應該擲（tan，擲）落去垃圾桶內底。」的確，站在台灣主體立場，中華民國憲法不啻是外來政權施加於台灣的魔網，不破除此魔網，台灣即無法成爲眞正主權獨立的正常國家。因此，民進黨成立之後，制定台灣新憲法之呼聲此起彼落，民間陸續出現台灣憲草版本。我是民法學者，本來不敢撈過界，不過既然投入運動，也就不得不迎面直接參與。

　　1992 年中國比較法學會理事長陳傳岳責成李鴻禧、許宗力、黃宗樂、林子儀、葉俊榮諸教授研究，擬定「憲政改革十大宣言」，同年 4 月 3 日登報聲明，我有榮幸參與其間，乃我跨及憲法領域的開端。1994 年 4 月 18 日，台灣教授協會舉行「台灣憲草討論會」，我奉邀擔任場次主持人，而踏上參與制憲運動的第一步。同年 5 月，擔任第二次台灣人民制憲會議籌備委員兼司法組召集人，5 月 21 日主持制憲記者會，6 月 24、25 日出席制憲會議（假台大校總區體育館舉行），全程參與。此次制憲會議係以 1991 年 8 月 26 日凌晨人民制憲會議（假台大法學院國際會議廳舉行）通過之《台灣憲法草案》爲藍本，討論通過《台灣共和國憲法草案》。質言之，後者爲前者的延續，使之更爲周延完善者。台灣教授協會也有自己的版本《台灣共和國憲法草案》，大體係參考前揭兩草案研擬而成。2004 年 11 月 5 日晚間，台灣教授協會《台灣共和國憲法草案》成員黃宗樂教授和張正修教授、洪貴參律師到台教會辦公室，就草案作最後總整理，一直工作到深夜，迄今印象仍非常深刻。1994 年 1 月底及 4 月中旬，國民大會舉行「憲政座談」，我奉邀擔任與談人，力主總統直接民選、建立權責相符的總統制，並表示爲免付出過多的社

會成本，總統選舉宜採相對多數一次定輸贏，其後發表〈總統直選與憲政改造〉（民眾日報，1994 年 3 月 4、5 日），及〈改七權爲三權則治〉（黑白新聞周刊，1994 年 3 月 13 日）兩篇文章，廣求教益。

關於制度的設計，仁智互見在所難免，一般而言，內閣制優於總統制，而爲多數國家所採用，不過因著台灣特殊的背景，原本主張內閣制者，最後也遷就採總統制。在司法制度設計上，美、日採一元制，普通法院擁有釋憲權，不另設釋憲機關；德、韓採二元制，於普通法院外，另設憲法法院，賦與釋憲權。第一次制憲會議司法組召集人爲林山田、尤清，他們都留學德國，因此草案規定：「司法權由憲法法院與最高法院暨其所屬各級法院行使之。」第二次制憲會議司法組召集人爲黃宗樂、蔡明憲，我們兩人分別留學日本、美國，因此主張：「司法權由最高法院暨其所屬各級法院行使之。」獲得同組成員支持，結果兩案並陳。

截至目前（2011 年年底），台灣憲草的版本至少有十五種以上。從好的方面看，百家爭鳴，互相激盪，最後萬法歸宗。從壞的方面看，各立山頭，各行其是，各吹各擂，相持不下。我想，上述第一次及第二次草案，參與的人最多（第一次近二百人；第二次約三百人），盛況空前，富代表性，可將之定位爲「台灣憲草共識」，從事制憲運動者，允宜以之爲藍本，隨著時空變化，予以調整，使其成長，並廣爲宣傳，形成全民共識，則一旦召開正式制憲會議，才能事半功倍，容易順利完成艱巨的制憲工程。

我個人認爲，在臺灣共和國憲法條文之前，宜置如下旨趣之前言：

「我臺灣人中之原住民，曩昔在臺灣原野自由自在生活蕃息；我臺灣人中之福佬人、客家人、新住民，為擺脫中國惡政、戰亂與貧困，先後渡過黑水溝來到臺灣生存發展。

不意，四百多年來臺灣人飽受外來政權之高壓統治、差別待遇，茲在歷經無數臺灣志士之犧牲奮鬥、臺灣逐步邁向民主化、主體化之際，臺灣人已普遍覺醒，決意負起國家主人之責任，依全體臺灣人之自由意志，制定本憲法，建立臺灣共和國，以維護臺灣人民及後代子孫之自由、幸福、繁榮與尊嚴。

臺灣國民確信並主張：

一、臺灣是臺灣人的國家，臺灣人除臺灣外別無國家；守護臺灣、保衛臺灣為全體臺灣人共同的神聖使命。

二、主權在民為現今人類之普遍原理，國家權力來自全體國民，由國民以選舉及公民投票方式表達其意志。

三、國家權力之分立與制衡為民主政治之基本原理，國家權力應依行政、立法、司法三權分立與制衡之方式行使之；憲法應依此原理建構國家機關之組織與權責。

四、個人尊嚴不可侵犯，人民之自由及權利應受保障。尊重及保障個人尊嚴與基本人權，為國家機關與全體國民之最重要義務。

五、建造文化、福利國家為現代國家責無旁貸之任務，國家應尊重並平等保障各族群之語言文化，振興教育，於發展經濟及科學技術之同時，應與環境保護及生態保育兼籌並顧；國家應實施各種

福利制度，國家福利由國民共享，對於弱勢者應予以特別照顧，切實保障其權益。

六、世界和平為人類之共同願望，臺灣國民熱望世界永久和平，堅持國際間之衝突與爭端應以和平方法解決之；國家應僅維持最低必要之防衛武力，並棄絕一切攻擊性戰爭。

為達以上之理想與目的，臺灣國民矢志恪遵臺灣共和國憲法，勇往直前，全力以赴。」

再者，中華民國憲法所定政府機關之名稱非常奇特，和外國人交流時，行政院（Executive Yuan）、司法院（Judicial Yuan）、考試院（Examination Yuan）是什麼？要解釋半天，對方才能了解。我在日本發表文章，寫道：「司法院為國家最高司法機關」，出版社把司法院改成最高法院，蓋想當然耳（最高法院才是最高）。大法官會議英譯成為 Council of Grand Justice，外國人看了一頭霧水，若說是：Justice of Constitutional Court（憲法法院法官），外國人就了解。因此，台灣要與國際接軌，台灣新憲法就政府機關名稱，不可落入中華民國憲法的窠臼，應儘量讓外國人一見就知道何所指。我看，有些台派憲法學者常陷入中華民國憲法的思維而不自知，教育的力量實在太大了，而且習慣成自然，要矯正很不容易。制定台灣新憲法，最重要的是與中華民國憲法有所區隔，上述前言，主要就是在標示兩者之區隔，政府機關名稱也應有新思維、新稱呼。

（七）　反對核能發電，嚮往非核家園

核能發電有如「飲酖止渴」，輻射之為害，核廢料之遺毒，可

說後患無窮，尤其是台灣，地狹人稠，地震又多，萬一發生核能災害，後果更是不堪設想。盱衡世界各國政策均傾向於不再興建核能電廠，既有核能電廠提前關閉，而以再生能源等替代方案，解決電源問題。我個人反核，所屬社團台灣教授協會亦極力反核，投入反核運動乃理所當然。

國民黨政府一味發展核電，強調核四廠的興建是政府既定政策，勢在必行，但民間基於環境保護及永續發展的理由，極力反對興建核四廠。核四建廠所在地台北縣貢寮鄉首當其衝，反對最為激烈。為尊重民意，台北縣政府（縣長尤清）同意貢寮鄉公所（鄉長趙國棟）舉行貢寮鄉核四建廠住民投票，並從統籌款中撥支 97 萬元補助一半經費，貢寮鄉公所隨即展開作業，而於 1994 年 5 月 22 日舉行投票。這是台灣第一次由地方政府就公共政策舉辦公民投票，意義非常重大。學術界特於 5 月 14 日組成「核四公民投票學者觀察團」，實地觀察核四公投的全部過程，並將觀察結果作成報告，供我國公民投票建制之參考。觀察團成員十二人，我被推為團長。成員所屬社團非台灣教授協會即澄社，台教會會長林逢慶、澄社社長黃榮村也是成員之一。投票結果，投票率 58.36％，反對票占投票數之 96.1％。開票後，觀察團全體成員出席記者會，記者會前，觀察團聚會討論觀察結果，林會長、黃社長並對我代表觀察團於記者會發言內容提供寶貴意見。事後我撰成〈核四公民投票學者觀察團報告〉乙文，作為歷史見證。[14]

我代表學者觀察團在記者會上發言如下：

　　貢寮鄉鄉公所舉辦此次「核四廠興建住民投票」已在台灣地方自治史上留下珍貴的一頁，選擇核四為議題，更具意義，而貢寮鄉鄉民和諧平順的完成投票，為全民作了一次最好的民主示範，觀察團在此表示最高敬意。世界許多國家舉辦公民投票，投票率大多在50%以下，此次貢寮鄉住民投票率能有 58% 的投票率，殊屬難得。尤其，此次住民投票係單一議題，貢寮鄉公民又有不少在外就職、求學，而一般選舉往往有「親朋好友」票，給「走路工」，但此次住民投票則無人際壓力，也沒有「走路工」，在此情況下，仍有五成八的投票率，而且幾乎都反對核四廠的興建，實在值得各有關單位重視。其次，此次貢寮鄉住民投票完全比照公職人員選舉罷免法辦理，須在貢寮鄉設六個月以上的公民才有投票權，投票人須攜帶國民身分證、印章及投票通知單，經選務人員仔細核對無誤後，才發給選票，投票人及選務人員態度認真、嚴謹，公信力高。再者，此次投票，沒有金錢、暴力、地方派系的介入，投票人都以自由意志自主地投票，過程順利平和，可說是民國以來最乾淨的一次投票。

　　1994 年 9 月 13 日，林義雄先生發起成立「核四公投促進會」，擔任首任會長，我被聘為顧問。促進會令人感動的活動是「核四公投、千里苦行」，我也幾度參加區段活動，確實是「苦」。林義雄先生著有《心的錘鍊——淺談非武力抗爭》（自刊，1991）乙書，闡述、倡導非武力抗爭，對抗暴政，林先生將其理論運用到「核四公投、千里苦行」上。我深信，苦盡必定甘來，反核是站在歷史正確的一邊。

　　1994 年 11 月 27 日，台北縣政府（縣長尤清）舉行台北縣核四

建廠居民投票，學術界組成「台北縣核四公民投票學者觀察團」，成員三十人，我又被推選爲團長，當天早上在台北縣政府會合後，兵分三路，到各投票所實地觀察投票過程，與貢寮鄉核四建廠居民投票相比較，得到許多啓示。

我參加反核遊行，曾以台灣教授協會會長身分擔任「328 三浬島事件二十週年反核大遊行」（1999 年 3 月 28 日）、「反核四、救台灣」大遊行（2000 年 5 月 13 日）、「非核家園、安居台灣」大遊行（2000 年 11 月 12 日）領隊。2000 年 10 月 27 日，行政院長張俊雄召開「打造非核家園」記者會，宣佈停建核四廠，三個在野黨強烈反彈，台灣教授協會於 10 月 29 日召開「支持行政院新能源政策」記者會，我擔任主持人，宣讀聲明，提出五大理由：（1）非核是國際間的主流價值；（2）再生能源是能源的明日之星；（3）核能是可被替代的，但是台灣這塊土地與台灣人民卻是無法取代的；（4）小型分散式的發電系統是減少不必要浪費的不二法門；（5）加速電力自由化，以建立自由的電力市場。我旋又以會長身分發表〈支持行政院新能源政策　站在歷史正確的一邊〉（台灣日報，2000 年 10 月 31 日）乙文，聲援張俊雄院長。

2001 年，環保團體發動於 2 月 24 日舉行「核四公投、人民作主」大遊行，我當時已入閣擔任公平交易委員會主任委員，立法院總質詢有藍營立法委員質詢我會不會去參加，我答詢說：「會去參加。」結果被交相撻伐。不過，輿論支持我，肯定我爲非核家園的理念堅持到底，沒有換了位置就換了腦袋。遊行當天我默默地走完全程，途中遇到路上貼置大幅「國旗」讓遊行群眾「踐踏」，我和林義雄先生均繞行而過。幾家媒體報導我是反核大將、環保尖兵，我愧不

敢當，比起林義雄、張國龍、施信民、高成炎、黃堤源、吳慶年……等諸多先進，我算什麼！再看到鄭先祐、楊文衡、謝志誠、許惠悰、吳焜裕、陳椒華……等諸多環保鬥士，我也感到慚愧！

　　反核運動只不過是環境保護與生態保育運動之一大著力點，凸顯環境保護與生態保育乃今日及未來人類重要的共同課題，其運動係與地球同在的運動，台灣要保有美麗清潔的淨土，必須持續努力、奮鬥不懈！

　　我小時候飽受無電缺水之苦，對於電、水特別珍惜，遂養成節約用電用水的習慣。我學成回國後不久，彰化老家附近忽有外地人（黑道背景）來設拓洋瀝青工廠（如果不是官商勾結，這種製造公害的工廠不可能建在農地上），造成嚴重的空氣污染，臭氣、煙氣、灰屑令人難以忍受，附近住民群起抗議，也無可奈何，讓我對公害深惡痛絕。未幾，又有人來設和易纖維染整廠，製造公害，污染環境，2009年間和易外移中國，原廠房租給在中國經營不下去、遷回台灣的益碁橡膠工廠，去一個泄尿的，來一個滲屎的。對於公害製造者，政府往往取締不力，甚至向資本家傾斜，受害者好像永遠是活該！由於我們深受公害之苦，我與內人在陽明山購置蘭園小農莊後，就農莊的經營，特別重視水土保持、生態保育、環境保護，身體力行。2010年間，故鄉彰化縣國光石化事件，民怨沸騰，畏友詩人吳晟挺身而出，11月13日，反國光石化聯盟到台北舉行「反國光石化、環保救國大遊行」，我與內子也撥冗參加，走完全程。

　　中國國民黨在台灣一黨專政五十餘年，長期漠視環境保護及生態保育，有關環境保護及生態保育之法規都是在1975年才開始陸續

制定的。1970-75 年間，我在日本留學，目睹日本有關公害、環境保護之法規已漸趨完備，相關研究頗爲豐富，而環境保護運動風起雲湧，予我很大的啓示和刺激。回國後，看到邱聰智教授埋首研究公害法、環境法，業績斐然，至爲欽佩。我後來投入反核及環保運動，多少受到日本經驗的影響。我曾經獲得環保署補助，專題研究「空氣污染防制法」，於 1997 年 7 月提出成果報告；1999 年 9 月 15 日，台灣日本法學協會在台北舉辦「環境法諸問題」研討會，我奉邀擔任主題演講，講題爲「環境法體系與展望」[15]，我很慶幸在環境法領域沒留下空白。

記得三十幾年前，曾經看到一篇報導，大致是說，某前台北帝國大學農學部教授來台參加會議，預定停留一星期，先到阿里山參訪，不意發現濫砍、濫伐得太厲害，非常痛心，他說：「日本時代，砍伐林木是有限度的，而且砍伐後必定種植同數量的樹苗，現在到你們手中，竟然大量濫砍、濫伐，砍伐後又不復原，任其荒廢。自己的土地、自己的森林，你們更應該好好地珍惜、好好地愛護。」於是帶著失望的心情提前回日本去了。我看，這位日本老教授的苦口婆心，我們政府和人民非但聽不進去，甚且嗤之以鼻也說不定。惟不論如何，我們是大地的子民，愛惜土地，愛護森林，永遠是對的。如果政府或個人存著過客心理，準備唭了（cng liau）著欲阿匏仔閬港（lang kang，落跑、溜跑），那就很可議了。

（八）　爲廢惡法，參與憲法法庭辯論

我國集會遊行法制定於民國 77 年初，對於人民集會、遊行之自由，限制過於嚴苛，又賦與主管機關（警察分局或警察局）過大之

權限，動員戡亂時期宣告終止後，雖曾於 81 年 7 月間經修正，但除刪除「動員戡亂時期」等文字外，未見有任何實質改善。是以集會遊行法一直被社運界認爲係箝制人民集會遊行自由、漠視基本人權之「惡法」，而實際上社運界人士因違反集會遊行法而被起訴判刑者，比比皆是，其中尤以台大教授高成炎「犯案累累」。

爲推動集會遊行法修法工作，83 年 3 月 13 日，台灣教授協會與中國比較法學會（後來更名爲台灣法學會）假耕莘文教院舉辦「集會遊行法修正」研討會，由我擔任主持人；同月 15 日，社運界在台大校友會館成立「廢惡法行動聯盟」，有近 50 個團體加盟，同時推選高成炎、張正修、黃宗樂（我當時不在場）三位教授爲廢惡法工作小組成員，高成炎爲召集人。聯盟陸續舉辦說明會、研討會及連署活動，並於 83 年 10 月 10 日舉行「集會遊行改變台灣社會」大遊行。84 年 4 月，高成炎教授、陳茂男國大代表、張正修教授因 82 年 10 月 9 日抗爭台北市政府違法傾倒廢土案被台灣高等法院以違反集會遊行法第 29 條各處拘役參拾日，如易科罰金以參佰元折算壹日，張正修、陳茂男均緩刑二年 [16]，不得上訴。高成炎等三人認爲集會遊行法有牴觸憲法疑義，於是聲請釋憲，幾經周折 [17]，司法院大法官會議始予受理，86 年 10 月底函知「有行言詞辯論之必要，屆時請貴聲請人等推派代表一人參加，並得委任訴訟代理人一至三人。」

高教授接函後，擬委任我以法學教授身分擔任訴訟代理人，我建議宜請公法學教授出馬，高教授先後拜託數位，但無人能撥冗幫忙，我乃於委任截止之日（11 月 10 日）接受委任。另二位訴訟代理人爲張俊雄律師、洪貴參律師。張律師爲美麗島事件軍法大審辯

護律師，資深立法委員，辯才無礙，且曾經參加前兩次憲法法庭言詞辯論，可傳授經驗；洪律師向有人權律師之美譽，亦以雄辯著稱，對集會遊行法又頗有研究。而聲請人等則推派撰寫釋憲聲請書、專攻公法學的張正修教授爲代表。11 月 13 日中午，高成炎、張正修、張俊雄、洪貴參、黃宗樂等聚會，初步交換意見，並推舉黃宗樂爲召集人，爲此次憲法法庭言詞辯論，進行各項準備與暖身運動。[18]

　　86 年 12 月 5 日於司法院憲法法庭行言詞辯論。聲請人三人、聲請人之訴訟代理人三人均準時出庭；許志雄教授、李英毅總編輯、黃昭元教授亦撥冗到場協助。相關機關代表人，行政院爲內政部次長江清馦、法務部次長林鉅鋃、內政部爲警政署長丁原進。相關機關訴訟代理人爲蔡震榮教授、蘇永欽教授、羅明通律師（由內政部委任）。幕僚人員，行政院爲法務部參事吳陳鐶、執行祕書陳美伶；內政部爲技監陳麗慧、組長陳瑞添、主任李英生。受邀蒞庭陳述意見學者爲李震山教授、法治斌教授、陳慈陽教授。憲法法庭 9 時開庭，有 14 位大法官出席，由資深大法官翁岳生擔任審判長。朗讀案由及審判長宣示後，首先，聲請人陳述意見（40 分鐘），接著，相關機關陳述意見（40 分鐘），然後由蒞庭三位學者陳述意見（各 20 分），中午休息，下午 2 點開始，聲請人、相關機關進行爭點辯論（各 40 分鐘）、交叉詰問（各 10 分鐘）及補充陳述意見（各 5 分鐘），而於 15 時 50 分閉庭。

　　我僅分擔下午的爭點辯論，分配到的時間僅 10 分鐘，我必須把握時間，充分發揮火力。我事先準備辯論要點，許志雄教授提供許多寶貴意見，我成竹在胸，上台後立即對行政院、內政部、法務部等相關機關的論點予以猛烈攻擊，其間亦不忘語帶幽默，曾幾度引

起大法官們的笑聲，讓嚴肅的法庭帶來輕鬆的氣氛。十五時五十分閉庭時，有位記者走過來自我介紹是中國時報記者黃錦嵐，並說：「我終於看到精彩的法庭辯論，黃教授火力最旺。」黃記者非常敬業，在大部分記者都已離席時，他仍在場聆聽、筆記。翌日（十二月六日）中國時報第七版社會脈動大幅報導憲法法庭言詞辯論的消息，頭條〈集會遊行法是否違憲　七大爭點舌戰〉內容如下：

〔記者黃錦嵐台北報導〕

集會遊行法是否違憲爭議，大法官會議五日進行辯論程序，聲請人認為，集遊法採許可制，事前審查集會遊行內容，以「不得主張共產主義及分裂國土」兩原則限制集會遊行，已違反憲法保障言論自由之本旨；內政部委任訴訟代理人蘇永欽教授則表示，有關兩原則問題，已超越本案的真正爭點，若大法官對兩原則作出違憲解釋，即屬「訴外解釋」，對大法官追求憲法解釋司法化，恐怕會有負面影響。

依大法官審理案件法規定，聲請案件經辯論終結，大法官最遲應在二個月內作出解釋，本案最遲應在明年二月五日前，作出解釋。

昨日的言詞辯論程序，由資深大法官翁岳生任審判長，爭辯焦點有七項，集遊法採許可制是否違憲？以「不得主張共產主義或分裂國土兩原則」限制集會遊行，是否違憲？違反警方的行政命令採刑事罰，是否違憲？是其中辯論的焦點。

上午聲請人代表與相關機關代表，及蒞庭學者分別陳述意見後

下午二時辯論爭點及交义詰問才開始。

進行爭點辯論時，聲請一方的訴訟代理人黃宗樂教授火力最旺。他極力推崇德國的報備制之後，開始給行政院一方「機關槍式的回響」。

對於內政部次長江清馪有關「參與集會遊行者均有暴動之可能性」的說詞，黃宗樂的「回響」是：不敢苟同，這種說法，是對立憲、制憲者之誣衊。

至於江次長有關「集會遊行法第四條（即兩原則限制）是合憲」的說法，黃宗樂的回響是：這是欠缺人權觀念的說法，唯有人民有權主張分裂國土，國大才有可能討論表決變更國土案。

對於法務部次長林鉅鋃有關「集會遊行法是保障集會遊行自由」的說詞，黃宗樂的回響強烈，他說集遊法顯然是以限制政治言論為對象；是反民主色彩濃厚；思想上的警察法；政治上的警察法。

針對警政署長丁原進有關「申請三萬多件，只有一百零八件不准」的說法，黃宗樂的回響是：只要有一件應准而未准，即是足以顯現惡法之本質，數字是會騙人的，毫無意義。

內政部的訴訟代理人蘇永欽教授則提出一項獨特的看法，他認為，聲請人所提「不得主張共產主義或分裂國土」兩原則，涉及事前檢查言論之違憲爭議，其實是訴外解釋問題。蘇永欽說，高成炎等三人是為環保訴求而違反集遊法，並非主張分裂國土或共產主義，聲請主題已超越真正爭點，何況歷年申請集會遊行被駁回的案件中，並無違反兩原則被駁回案例。

　　交义詰問時，張俊雄律師特別澄清說，他也認爲集會遊行自由不是絕對的權利，若對於場所、時間等，作技術性的規範，報備制也可以達到保障的目的，他要強調的是不能規範到集會遊行的內容，例如，第四條規定不得主張分裂國土或共產主義兩原則，就是涉及內容。張俊雄還擊蘇永欽的訴外解釋論點。他強調，集遊法違憲聲請案，成案不易，解釋程序宜放寬，不必那麼嚴格。

　　蘇永欽教授堅持大法官應不告不理之原則，還是認爲大法官期期不可作訴外解釋。

　　蘇永欽教授同時提出集遊法廿九條採刑事罰的司法保護漏洞。他說，廿九條刑事罰是建立在違反行政命令上，但審判時，法官卻不審查行政命令是否適當，這是一個盲點，可以供參考。

　　司法院大法官會議於 87 年 1 月 23 日作成釋字第 445 號解釋。此號解釋，宣告集會遊行法部分條文違憲，保障人民之集會自由與表現自由。其中，該解釋認爲將違反「不得主張共產主義或分裂國土」之規定，列爲不予許可集會、遊行之理由，使主管機關於許可集會、遊行以前，得就人民政治上之言論而爲審查，與憲法保障表現自由之意旨有違，應自本解釋公布之日起失其效力；集會遊行法第 11 條第 2 款「有事實足認爲有危害國家安全、社會秩序或公共利益之虞者」、第 3 款「有危害生命、身體、自由或對財物造成重大損壞之虞者」，爲不予許可之事由，有欠具體明確，對於在舉行集會、遊行以前，尚無明顯而立即危險之事實狀態，僅憑將來有發生之可能，即由主管機關以此作爲集會、遊行准否之依據，均與憲法

保障集會自由之意旨不符，應自本解釋公布之日起失其效力，最爲受矚目。此號解釋之結果，對於備受非議的集會遊行法具有相當的導正作用，並進一步強化言論內容之保障，原則上值得肯定。「廢惡法行動」因此獲得相當成果，高成炎、張正修、陳茂男等功不可沒。本件釋憲案，我曾受邀撰寫〈集會遊行法釋憲雜記〉一文（周年慶特稿）刊載《月旦法學雜誌第 36 期》（1998／5），予以評釋。87 年 9 月 15 日，司法院大法官釋憲五十週年慶祝大會，李登輝總統蒞臨祝賀。根據報載，李總統在參觀解釋文陳列室時，「順手翻開第四四五號的解釋文，此解釋文是影響國土自由權甚鉅的集會遊行法得否主張分裂國土等重要解釋。」（民衆日報，87 年 9 月 16 日）。

（九）　搶救台灣母語，推展多元文化

母語是一民族或一族群最具體、最重要的文化，國民政府接管台灣後，以與日本領台時截然不同的粗暴手段[19]，立即強力推行「國語（Mandarin，北京語、華語）」，學校、機關、媒體禁止使用台語（廣義的包括福佬話、客家話等），壓迫其所謂的同胞。在一國或一地域內，有多種語言時，以其中一種爲普通話、共通語，我完全贊同，但刻意鄙視、打壓甚至消滅其他語言，我無論如何都不能接受。國民黨政府鄙視、打壓台灣母語，是無所不用其極的，過去，在學校講台語會遭受各種處罰包括罰錢；電視布袋戲節目一度強迫使用「國語」，就是活生生的例子。

我從國校、初中到高中，學校的音樂課，從來不曾教過台灣歌謠，出國留學前，教育部舉辦講習會，教唱的歌謠，也都是中國歌

謠，連教一條台語歌謠也沒有。我於 1970 年 10 月赴日本大阪大學留學，學校舉辦外國留學生歡迎會，餘興節目是由來自各國的留學生上台獻唱。台灣留學生有十餘人參加，「輸人不輸陣」，我問大家是不是來合唱〈望春風〉（李臨秋作詞、鄧雨賢作曲），大家說好。我說唱最後一首時節拍放快，將輕鬆、活潑、愉快的情調充分表露出來，大家有了默契。上台合唱，果然歌聲整齊嘹喨，表情愉悅生動，博得滿堂彩。釜洞醇太郎總長（校長）問是什麼歌？我說：是台灣歌謠〈望春風〉[20]，他說：すばらしい（Wonderful）。

　　我曾發表〈話說台語〉（台灣時報，85 年 1 月 8 日）、〈心平氣和話台語〉（自由時報，89 年 1 月 19 日）等文章，發揚台語文化。我除公開以台語致詞、演講、發言外，也曾經用台文寫了不少文章，例如《選舉語言與台灣俗諺》、《食經——我對食的經驗佮感想》、《住經——我對滯的經驗佮感想》等。用台語寫文章，坦白講，不容易。舉幾個例子：台語有的似乎有音無字或無適當字，故有人造字，例如楊青矗先生：將肥肉置於鍋中炸出油來→燉（zuann）；購置→購（hak）；吻（接吻）→咕（zim）；今、且（如今）→噹（dann）（詳見楊青矗主編《台華雙語辭典》（1992，敦理出版社））。 至於 bo ta wa（土語：無奈何）或可寫成無乾哇； yi yi ng ng（含糊回答、吞吞吐吐地說）或可寫成咿咿嗯嗯。台語常有兩三個音連成一音者，幾乎找不到可以表達該一音的字，例如，出來（chuai）、入去（jieh）、起來（khiai）、被（乎）人（hong）、差不多（tsau）。Hong 我勉強用「夆」字，tsau 用「縒」字，通嗎？有的同音同義字有好幾個，有雅字有俗字，例如 bue，袂、繪、未、昧，都有人用，gau，賢、佼、勢，也都有人用，又如歪膏，歪哥；總庖、總舖；眈

佝、挂龜；噯龜、蝦疴；叱咿呵，喝吆嗬；沖沖滾，強強滾；無張除，無張持；姑不將、姑不章、姑不終；膏膏纏、哥哥纏；老歲仔、老廢仔；老番癲、老翻癲；脚川、尻川、脚倉，也都有人用。通常國語都可唸成漢文，但有的唸成漢文未必恰當，例如「也許」唸成ya hi，怪怪的，台語的同義詞應該是犯勢（huan se）、無定著、無的確，剛剛（kong kong）、不行（put heng，m kiaun）、還沒（huan but）、傍晚（pong buan）、幾乎（kui ho）、忘掉（bong tiau）等皆然。有的是台語獨有的用語，例如站節、幼路、歹勢、低路、盡磅、龜毛、誏生、四秀、等路、老根節、老步定、偷食步、一必一中、起鷄母皮、不動理牽等是。有些名詞，台語與國語不同，例如，灶腳（廚房）、芫荽（香菜）、甕菜（空心菜）、土豆（花生、落花生）、番麥（玉蜀黍、玉米）、豆油（醬油）、麥仔酒（啤酒）、番仔火（火柴）、紅毛土（水泥）、點仔膠（瀝青）、粉鳥（鴿子）、露螺（蝸牛）等是。有的字詞，台語國語意義不同，例如討債（台：浪費，過度奢華；國：催討債務，索取欠款）、匪類（台：很壞、任意揮霍，毫無節制；國：匪徒）、定着（台：一定、決定、靜下來；國：定着、固定附着），有的台語另有意義，例如艱苦（台國同義外，台語另有生病不舒服、窮苦的意思）、冤家（台國同義外，台語另有吵架，打罵的意思）、了然（台國語同義外，台語另有枉費的意思），有的台語讀音不同時，則另有意義，例如親情，台語讀作 chinn cing 時，意義與國語同，但讀成 chinn chiann 時，則是親戚的意思，又如前人，台語讀作 cing jin 時，意義與國語同，但讀成 cing lang 時，則為前夫、前妻的意思，再如公家，台語讀作 kong ka 時，意義與國語同，但讀成 kong ke 時，則為共同、共有的意思。有些用語容易用錯，例如「牽猴仔」寫成「牽鈎仔」，「揸無寮仔

門」、「無某無猴」說成「揸無猫仔毛」、「無某無教」,「鋩角」寫成「眉角」。至台語的拼音系統,有好幾套,各有各的堅持,我倒是經常混用。

2002 年李應元參選台北市長,競選活動最後一夜造勢晚會,有七、八萬人熱情參與。李登輝前總統壓軸,助講完後帶領群眾合唱〈雨夜花〉(周添旺作詞、鄧雨賢作曲),歌聲哀怨,最後一句是「怎樣乎阮離葉離枝,永遠無人通看見」,我聽了之後感觸殊深。我覺得悲歌最後應該積極的迎向光明、迎向希望才是。例如〈後街人生〉最後一句為「流落的傷心目屎若盡的時,阮就來提出勇氣,才會活落去」,其母曲〈裏町人生〉,最後一句是「泣いて泪が枯れたなら 明日の光りを胸に抱く」,莫不皆然。因此我也為:〈雨夜花〉這首名歌,狗尾續貂,作了一首殿後,其詞曰:「花落去,花落去,化春泥真可貴,有夢上婿,希望相隨,天光歡喜新花開」[21]。唱最後這首,要開朗、活潑、愉快。

我也曾為搶救台灣母語,到教育部抗議,印象最深的一次是,2000 年 1 月 7 日,我偕同李筱峰、江永進、張正修等與多位民進黨籍立法委員及其他團體赴教育部爭取母語教育。

台灣是多語言國家,台灣文化是多元文化,國家理應平等對待各族群的語言和文化,而各族群之間應互相尊重、互相包容、互相欣賞對方的語言和文化。

我想第一步應該廢止「國語」名稱,原來的「國語」改稱「華語」,並暫定以「華語」作為「共通語」[22]。此際,華語應儘量台語化,亦即華台語混合使用,例如將台語獨有的字句當共通語使用,像「參

詳」、「四配」、「等對」、「白賊」、「假仙」、「牽拖」、「時行」、「行春」、「損龜」、「辦桌」、「總庖師」、「蚵仔煎」、「大車拼」、「轉大人」、「活跳跳」、「嘈嘈唸」、「拋拋走」、「老神在在」、「雙面刀鬼」、「有孔無榫」、「有綏無捾」、「阿里不達」、「不答不七」、「一丈差九尺」、「點油做記號」、「一枝草一點露」、「捾籃仔假燒金」、「三腳猫笑一目狗」、「看欲死猪哥，抑欲死猪母」等都可以直接用到共通語。至於台語「當選（dong suann）」用華語「凍蒜」表達；台語「撨（chiau）」代誌用華語「喬」表達；台語「出來講（出來連成一音，chuai kong）」用華語「踹共」表達等，是否適切，則不無商榷餘地。在我看來，用華語讀音的漢字來表達台語，是在毀滅台語，是要不得的。「你家昨天辦桌，總庖師煎的蚵仔煎眞好吃。」看懂吧！用華語唸也聽懂吧！如寫成「恁兜昨昏辦桌，總庖師煎的蚵仔煎眞好食。」又如何？

又須一提者，關於「亭仔腳」。在街道兩旁的房屋設置有屋簷之步道（亭仔腳），用以遮陽避雨，是台灣特有的文化。亭仔腳，唸做 ting a kha，清治時代，爲建設台北府城新街道，劉銘傳將之明定於〈家屋規則〉。日治時代，沿用「亭仔腳」之用語，1900 年〈台灣家屋建築規則〉（明治 33 年律令第 14 號）第 4 條第 1 項規定：「建築於道路傍之家屋，應設置有檐庇之步道（亭仔腳）。但經地方官廳之許可者，不在此限。」其後，隨著 1936 年〈台灣都市計劃令〉（昭和 11 年律令第 2 號）之施行，就亭仔腳之設置基準作了更詳細的規定。國治時期，1994 年司法院大法官會議釋字第 358 號解釋卻使用「亭子腳」之用語，似有不妥。亭子腳，台語發音絕不是 ting a kha，因爲「子」字，台語發音頂多只有三個：日子（ci，chi）、君

子（cu, chu）、棋子（ci, ji），沒有 a（ㄚ）的發音。我想，台語獨有的用語，應保持原貌，不可輕易變更。其他，例如，歌仔、歌仔戲、擔仔麵、枝仔冰、簸仔店、蕃薯仔、阿本仔、阿督仔、阿陸仔、囡仔兒、猴囡仔、王祿仔、七仔笑八仔、寬寬仔是、菁仔、娘仔、雨濛仔、翁仔某、爸仔囝、衫仔褲、鷄仔鳥、關仔嶺等，不勝枚舉，「仔」均不可擅自改為「子」，以保存、維護台灣獨特的文化。前揭解釋係針對內政部之行政釋示而發，內政部使用「亭子腳」字樣，前揭解釋照樣沿用，均不無可議。尤有甚者，1971 年修正之建築法，不稱「亭仔腳」，而稱「騎樓」，簡直是要消滅台灣語言文化。

　　從以上的敘述同時可窺知，台語具有有限性、不完全性。「小巨蛋」，有人說台語是不是應說成「小的大粒蛋」（sio e tua liap nng）？不是吧！直接唸 sio ku dan 就對了。「小確幸」，台語發音 sio khak hing，了無疑義。資訊、電腦、光碟、網際網路、積體電路、去氧核醣核酸等均可直接當台語用，固不待言。日本自明治維新以來，致力於吸收近代西方思想、文明，但許多用語、概念非傳統漢字詞彙所能表達，日本翻譯家遂一一研究出新詞彙，例如，經濟、社會、哲學、宗教、文化、教育、知識、論理、科學、物理、化學、醫學、民法、主權、民權、法治、國際、市場、投資、銀行、雜誌、新聞、圖書館、範疇、揚棄……等無數的詞彙，連漢字本家的中國也採用，縱謂中國透過日語學習近代歐美學術、文物制度，亦不過言。此等詞彙，用之於台語，可說密纘纘（bah sng sng），已成為台語的重要部分。須一提的是，日治時期，小川尚義主編《臺日大辭典》（上卷 1931、下卷 1932，臺灣總督府）將許多日製漢語納入，而使台語的語詞更加豐富。

　　另一方面，日語有片假名，日本翻譯家愛用片假名將外來語直接音譯，例如アパート（apartment house 之略）、ドーム（dome）、ロビー（lobby）、スポーツ（sports）、ハイキング（hiking）、ボクシング（boxing）、レスリング（wrestling）、スター（star）、ファン（fan）、ゴム（荷 gom）、ゼミナール（德 Seminar）、バレー（法 ballet）、レビュー（法 revue）、ギブアンドテーク（give and take）、オールオアナッシング（all or nothing）……，不勝枚舉，非常方便，台語則無此功能，不像日語那樣靈活。 此等用片假名直接音譯的外來語， 有些現在台灣仍常用，例如，ショー（show）、ショート（short）、バター（butter）、ビール（荷、德 Bier）、テレビ（ジョン）（television）、ラジオ（radio）、ライタ（lighter）、ガス（荷 gas）、エンジン（engine）、モーター（motor）、エレベーター（美 elevator）、バス（bus）、オートバイ（autobicycle）、ガソリン（美 gasoline）、ピアノ（piano）、バイオリン（violin）、テニス（tennis）、ダンス（dance）、サイズ（size）、プール（pool）、ポンプ（荷 pomp）、ガイド（guide）、スパイ（spy）、テープ（tape）、ページ（page）、サービス（service）……等等。

　　不僅此也，日語固有用語，例如，おじさん（ojisan）、おばさん（obasan）、あっさり（assari）、おみやげ（御土產，omiyage）、かんばん（看板，kanban）、きもち（気持，kimochi）、みそ（味噌，miso）、すし（寿司、鮨、鮓，sushi）、おでん（oden）、テンプラ（天麩羅，葡 tempero）、さしみ（刺身，sashimi）、すきやき（鋤燒，sukiyaki）、リンゴ（林檎，ringo）、べんとう（弁当，bento）、きもの（着物，kimono）、かばん（鞄，

kaban）、せびろ（背広，sebiro）、たたみ（疊，tatami）、たんす（簞笥，tansu）、ふろ（風呂，furo）、しゃしん（寫眞，shashin）……等，台灣也常用。又，用台語發音直接當台語用之日語語詞，亦不少，例如，受付、注文、注射、立會、割当、式場、呼出、疎（疏）開、西門町、切腹……等是。

總之，拜日語之賜，使得台語能夠不斷吸取養分，不斷成長。有人主張，台語應全面改用羅馬拼音，不過漢字是台灣珍貴的資產，豈可丟棄！而且不用漢字，恐會招致知性衰微、文化倒退。我想，漢字不但不可丟棄，而且應隨著時代的進步，不斷增添新詞彙，展現台語旺盛的生命力。

台語是台灣文化的根，我珍愛自己的母語，興趣所在，披露一些學習心得，「關老爺面前舞大刀」，請　多多指教。

（十）　關心二二八事件，促進族群和諧

二二八事件大屠殺及其後的白色恐怖，造成台灣人對暴政噤若寒蟬。難怪我考上大學後家父會一再告誡我：「好好仔讀册，毋當插政治，昧使批評政府。」李登輝總統回首二二八事件大屠殺及其後白色恐怖，猶心有餘悸而感喟說：「生爲台灣人的悲哀」。

長久以來，二二八事件是一大禁忌，大家都只敢怒不敢言。1987年2月28日，二二八事件四十周年，陳永興、李勝雄、鄭南榕、林宗正等打破禁忌，發起成立「二二八和平促進會」，不啻平地一聲雷。及至李登輝總統主政時，二二八事件眞相調查、受難者平反及受難者家屬賠償等問題，才逐步枱面化、公開化。我出於關心與

好奇，購置、閱讀有關二二八事件的書籍尤其是李筱峰著《二二八消失的台灣精英》（1990，自立晚報）、《解讀二二八》（1998，玉山社），也頻頻參加二二八紀念活動。

二二八和平公園「二二八紀念碑」，剛立碑時，有碑無文，1999 年 2 月 28 日，我偕張炎憲教授等與群眾到現場觀看，媒體記者採訪我，我表示：「有碑無文是一大諷刺，應該刻上碑文。碑文必須記述事件真相，載明元凶姓名，以記取歷史教訓。中國國民黨應公開道歉，並拿出黨產賠償受難者家屬。」

1999 年，台灣教授協會假二二八紀念館前舉辦「族群共和，邁向 2000」二二八紀念晚會，安排各族群的人上台演講或表演，象徵族群共和，邁向新世紀。我致詞時強調：「二二八事件發生後，加深了省籍的隔閡、本省人和外省人之間的猜忌和對立，真是不幸之上又加上不幸。本來，生活在台灣這塊土地上的住民，不論是原住民或移民，移民也不論早來或晚來，都應當同舟共濟，攜手合作，共同締造安樂幸福的家園。我深盼，我們四大族群能夠推誠相與，和衷共濟，邁向新世紀，讓我們彼此互相勉勵。」

2000 年，台灣教授協會與台灣和平基金會合辦「二二八和平紀念追思會」，我在晚會致詞時強調：「二二八事件令人不堪回首，慘痛的教訓至今猶令人心中淌血。不過，我們要走出二二八的陰霾與悲情，迎向愛與和平的未來，我們要記取歷史教訓，防止類似二二八事件的再發生，我們不願意再看到當權者利用制式暴力清除異己，濫殺無辜。」

二二八事件發生後，台灣人在驚慌悲痛之餘，認清了「祖國」

的真面目，一方面壓抑自己，避談政治，一方面深化了「台灣意識」，進而凝聚「台灣主體意識」，並化爲行動——起造屬於自己的國家。台灣獨立建國運動所以會風起雲湧，實有其歷史的必然。我常在想，二二八事件發生時，抗日運動領袖蔣渭水如果還未去世的話，不知他對於「祖國」的憧憬是否會幻滅？他是否也會遭受殺害？

　　眾所周知的林宅祖孫血案、陳文成命案、余登發命案，一般咸信，都是白色恐怖所造成的人神共憤事件，結果始終「命案未破」，真相不明，含冤莫白。2000 年 1 月，台美文化交流基金會（後來正名爲陳文成博士紀念基金會）成立「陳文成事件追查小組」[23]，敦請李勝雄律師、張政雄律師、洪貴參律師爲義務律師，小組成員包括董事長沈義方（夫人王彩雲係我台大同班同學），董事曹欽榮、楊維哲（陳文成在台大數學系時之受業老師）、黃宗樂、家屬代表陳錦華先生、陳寶月女士，還有尤清律師（事件發生時擔任監察委員，曾調查此事件），沈董事長指定黃宗樂爲小組召集人。小組確定工作爲還原真相、追究責任、請求賠償。小組整理分析相關資料，多次開會討論，並邀請陳振陽教授、蔡聰明教授蒞會發表意見，抽絲剝繭，鍥而不捨。不過，究竟是陳年舊案，人事已非，卷宗散失，證據湮滅，小組又無調查權，官方也無意配合，最後還是徒勞無功。其實，白色恐怖所造成的命案，自始即無偵破之可能，所謂白色恐怖，恐怖就在這裡。

（十一）　參與廢省、廢國大運動，改革憲政體制

1. 廢省
台灣省的土地面積與中華民國的版圖大部分重疊，省級的存在，

既增加人民負擔，又影響行政效率。而省長民選後，與總統之間，惟恐產生葉爾欽效應[24]。因此，廢省論乃應運而生。

在野本土陣營主張廢省[25]。1994年台灣省省長選舉前彭明敏教授與立法委員葉菊蘭提議「先選總統、再論省長」；陳定南先生參選省長，亦主張進入體制內廢省，彭明敏教授競選總統，更以「廢省，簡化政府層級，調整行政區域」爲其政見之一。我參與廢省運動，立場堅定，1996年1月，民進黨委託我主持「廢省研究計劃」，提出廢省之具體可行辦法。我在許志雄教授協助下，邀請許志雄（協同主持人）、劉淑惠、張正修、薛化元、周志宏、蔡茂寅、黃昭元、黃建輝等學者專家參與計劃，擔任研究員，研究助理爲石博仁，聯絡人爲民進黨中央黨部政策中心副研究員陳怡仲。經開會討論決定，分以下章節，進行研究：（1）中華民國憲法省制之沿革；（2）省制在台灣施行之情形：1省縣自治法施行前；2省縣自治法施行後；（3）省制存廢之議論；（4）廢省之必要性；（5）廢省後中央與地方權限之調整；（6）廢省後之地方制度；（7）廢省後省所屬機關員工、財產等之安排；（8）廢省後待廢、待修之法規；（9）廢省之具體辦法：1修憲或制憲；2制定「地方自治法」；3制定「廢省條例」；（10）研擬「廢省條例」草案初稿：1草案總說明；2草案條文、立法理由。但因參與者教學、研究，紛冗異常，爰決定將此研究計畫挪到暑假期間再密集執行。詎總統大選後，又由於種種原因，以致不得不擱置此研究計畫。

主張廢省乃站在歷史正確的一邊。國民黨政府原先極力反對廢省。例如，1994年3月22日，行政院長連戰答覆立法委員葉菊蘭廢省的質詢時，即堅決反對廢省。不過，其後在李登輝總統主導

下，國民黨政策急轉彎，促使「精省」、「凍省」、「省虛級化」。1997 年 7 月 21 日公布中華民國憲法增修條文第 9 條，訂定省縣地方制度； 1998 年 10 月 28 日公布台灣省政府功能業務與組織調整暫行條例，明定台灣省政府爲行政院派出機關、台灣省爲非地方自治團體，自同年 12 月 21 日起施行； 1999 年 1 月 25 日公布地方制度法，自公布日施行。配合上開法律之施行，凡法律有規定：「本法所稱主管機關，在省爲……」等文字者，一律刪除，等於宣告省級在中華民國只不過是嬰兒的奶嘴而已。徵諸李前總統再三說：「現在那有省！卻是猶有人攏是講全省，眞奇怪！」李總統精省、凍省的本意是要使省級消失，殆無疑義。目前，還有很多人稱全省，是錯誤的，要稱全台或全國才對。我看有些公司將其地址標明台灣省，更不知今夕是何夕。

2. 廢國大

依中華民國憲法規定，除立法院、監察院外，又有國民大會，形成一個國家三個國會的奇怪現象。識者批評，國民大會係仿自共產國家最高蘇維埃的制度，立法院則爲民主國家所謂的國會，而監察院則是採自中國固有的監察御史、都察院的制度，乃不折不扣的大雜燴。這種「無人有的」制度，當然不合現代民主憲政原理，且只見其弊而未見其利。

台派學者雖亦有主張採取單一國會兩院制者，但絕大多數學者主張應採用單一國會一院制，民進黨亦採此立場。因此，在中華民國憲法現有體制下，廢除國民大會之聲高唱入雲。我也積極投入廢國大運動，「有時叱咿呵，有時夯大刀。」

　　1994 年 6 月 18 日，我與陳隆志、李鴻禧、李永熾、鄭欽仁、林玉体、許慶雄、陳少廷、黃昭堂、許世楷、游盈隆等 125 位學者專家聯合發表「廢國大、制新憲」聲明，呼籲「立即廢除國民大會，制定台灣新憲法！」；7 月 9 日，國大代表李文忠、賴勁麟聯絡安排「全民促進單一國會行動聯盟發起人記者會」，囑我擔任主持人，多位國大代表、立法委員、學者專家（例如，張富美、陳啓吉、高育仁、李鴻禧……）登高一呼，展開全民改造國會行動，氣勢如虹。2000 年 4 月廢國大運動加溫，4 月 4 日我發表〈廢國大，此其時矣〉（民眾日報，89 年 4 月 4 日）乙文，呼籲廢國大就在此時，不可再延宕。接著，4 月 9 日，台灣教授協會、台灣環保聯盟等二十多個民間團體成立「全民怒火廢國大行動聯盟」，舉行記者會，由我擔任主持人，嚴正要求廢除國民大會，還政於民；4 月 16 日聯盟舉行「廢國大大遊行」，由我擔任總領隊，眾多民眾到場參加，惟因國民大會已於稍早前表示將開會自行廢除國民大會，我乃於遊行集合地點孫文紀念館前仁愛路側，向群眾宣佈取消遊行，並對大家熱情參與申致謝意。至此，廢國大運動因目的達成而劃下休止符。

（十二）　參與司法改革，打造爲民司法

　　台灣人向來對「司法」極不信賴，俗語說：「有錢辦生，無錢辦死」、「官司好打，狗屎好食」，不外是對司法的反感。「法律千萬條，毋値黃金一條」，可說道盡了司法的黑暗，而「法院是國民黨開的」一語，更點出司法病竈之所在。戰後，台灣的司法人員都是國民黨黨化教育栽培的，司法院院長、副院長、大法官、最高法院院長及其他司法高官率皆具有黨國屬性，司法院長不乏是國民黨中常委、中執委，當然會予人「司法是國民黨的侍女」之印

象[26]。其實，司法人員，公正廉明者居多，不肖者居少。不過也有人持相反看法。

我忝為法律人，又是法學教授，對於司法改革當然很關心。我進輔大任教後沒幾年，司法院召開「司法改革會議」，我奉邀參加，這是我初次參加官方的司法改革會議。議題相當保守，會後要呈給蔣經國總統的報告，林紀東大法官建議用『司法革新』字眼。出席人數約六十人，我與東吳大學章孝慈先生坐在一起，兩人年齡相近。當時我不認識章先生，交談之間，我稱讚他國語講得夠流利，並說像先總統　蔣公鄉音就很重，他說：「是嗎？是嗎？」休息時間，有好幾位法界大老特地向章先生問訊，我覺得很奇怪，有位大老小聲問我：「你不知道他是當今太子嗎？」讓我嚇了一跳，原來他和章孝嚴是蔣經國先生在贛南時與章亞若女士愛情的結晶。那位大老還對我說：「你和他同桌並肩而坐，是殊勝因緣。」果然，日後我和章先生有點交情，他曾光臨挹翠山莊寒舍作客，金世鼎老師和林山田、邱聰智、林秀雄諸教授也蒞臨同樂，席間合唱了兩首當時很流行的台語歌曲〈心事誰人知？〉〈愛拼才會贏〉，賓主盡歡，大家打成一片。他為人誠懇、和善，很關心別人，「真好作伙」。他寄給我的賀年卡，都是親自用毛筆書寫，禮貌週到。他擔任東吳大學法學院院長，做得有聲有色，後來接任校長，積極投入校務，使得校務蒸蒸日上；他僕僕風塵，到各地與校友聯誼、座談，激發校友的向心力；他關懷二二八事件，率先舉辦紀念音樂會，深得各界的肯定和稱讚……。詎料，正值英年大展鴻圖之際，1996 年竟在赴北京訪問時，因勞累和溫差關係，不幸中風，從此長眠不起，實在是國家尤其是教育界重大損失。今日追憶，仍令人非常惋惜。

　　1993 年我接任中國比較法學會（現名台灣法學會）理事長後更積極參與司法改革，就中，1994 年 7 月 15 日，上寶島新聲廣播電台（TNT）主講「司法改革」，10 月 8 日，擔任「民間司法改革會議」[27] 召集委員，翌年 3 月 11、12 日參加會議，並擔任綜合討論主持人，與談人為城仲模、翟宗泉、黃主文與蘇永欽等諸大賢。其後，我擔任主編，在謝銘洋教授協助下，將會議成果編成《民間司法改革白皮書》（張榮發基金會‧國家政策研究中心授權出版社出版，1997 年 7 月），供各界參考。1995 年 3 月 25 日，中華法學會舉行「司法改革」學術研討會，理事長呂有文（時任司法院副院長）親自擔任〈司法改革專題報告〉，我奉邀擔任評論人，評述內容嗣刊載於《中華法學第 6 期》。

　　1997 年 10 月受聘為「全國司法改革會議」籌備會委員，1999 年 7 月 6-8 日參加「全國司法改革會議」。此次會議係在回應李登輝總統及民間團體司法改革的要求。可惜官方的司法改革不是玩真的，且多決而未行，以致至今民眾對司法的評價仍然很低，司法改革依舊是重要議題。

　　民國的司法始終得不到廣大人民的信賴，歷任司法首長當然難辭其咎，然而卻都老神在在，宛若事不關己，好官自我為之，實在不可思議。也許，濟濟司法首長正是應被改革者。

　　我曾不揣固陋，發表〈司法沈痾與司法改革〉（民眾日報，1994 年 5 月 27、28 日）、〈司法風紀與司法尊嚴〉（民眾日報，1994 年 9 月 29 日）、〈司法體制的改革重點與方向〉（國家政策雙週刊第 95 期，1994 年 9 月）、〈司法改革不可只紙上談兵〉（黑

白新聞週刊第 77 期，1995 年 3 月 26 日）、〈人民對司法最素樸的期待〉（民眾日報，1999 年 7 月 6 日）等文章，野人獻曝，冒犯多多。

司法改革千頭萬緒，司法制度的設計、司法人員的培育、司法人員的規範、裁判品質的提升等不一而足。我個人當時比較關心的有幾項：

1. 中華民國憲法第 77 條明定：「司法院為國家最高司法機關，掌理民事、刑事、行政訴訟之審判，及公務員之懲戒。」但後來中央司法組織，卻於司法院之外，另設最高法院、行政法院（嗣最高行政法院）及公務員懲戒委員會，分別掌理民事、刑事、行政訴訟之審判，及公務員之懲戒；而第 79 條第 2 項規定「司法院設大法官若干人，掌理本憲法第七十八條規定事項（按即解釋憲法及統一解釋法律及命令之權）……」，反而凌駕在第 77 條所定司法院之上，顯然是不合憲或違憲的組織，此種違憲組織不外是中國國民黨欲掌控司法的巧妙設計，而國民黨政府退據台灣後，依舊維持大中國架構下大而無當的中央司法組織，因此司法改革第一步理應將此違憲又大而無當的中央司法組織裁併成最高法院（置法官十五人），或最高法院（置法官十五人）與憲法法院（置法官九人），而將其資源預算下放地方法院及專業法院。法院法官一律稱法官，無大法官、法官之分[28]。訴訟事件一審判決就讓人民信服，最為重要。

2. 司法機關應早日揚棄「黨國一體」的觀念，不再動輒陷入「為黨國服務」的泥沼，將黨與國明確分開，忠於國家、忠於人民、忠於法律、忠於正義，才是正辦。司法獨立與司法自制相伴，司法人

員不可大權在握即自大自專，讓人民覺得司法傲慢，謙克、和善，讓人民得以 approach，才能贏得人民的尊敬和信賴。

3. 檢察機關在性質上與審判機關有別，應獨立於法院之外，自成一個系統，但檢察官之待遇應比照法官辦理。日本自 1947 年 5 月 3 日起施行「裁判所法」、「檢察廳法」，令檢察機關與審判機關分別獨立，殊值參考。

4. 法官、檢察官職權強大，職務特殊，待遇比一般公務員優厚甚多，理應嚴格自律、自制，潔己奉公，除清廉外，行使審判、檢察職權必須依據法律，超然獨立、公正、公平為之。

5. 法官、檢察官問案，態度應和藹懇切，民事案件應善盡闡明權；刑事案件應與以被告充分陳述之機會。

6. 法官、檢察官如有貪污瀆職或敗壞風紀情事，應嚴屬制裁，不可官官相護。

總之，司法為民，司法改革就是要喚起人民對司法的信心。當人民普遍信賴司法、尊敬司法時，司法改革才算成功。

（十三）　關心媒體改造，健全第四權功能

大眾媒體，不論是平面媒體或電子媒體，報導新聞消息，讓人民滿足知的權利，並站在輿論制高點，評論時事，監督政府，影響國家社會至深且鉅。因此，媒體被稱為第四權，記者被稱為無冕之王。

然而，台灣的大眾媒體，大致而言，有四種乖常現象：其一，

國民黨掌控媒體，箝制新聞自由；其二，黨政軍經營媒體，獨占媒
體；其三，大部分媒體「反台親中」、「抑台揚中」，嚴重殘害台
灣人民的心靈及台灣國家的建構；其四，有些媒體偏愛嗜血、情慾、
迷信相關報導，敗壞風俗，污染社會。因此，媒體改造遂成為重要
課題。

　　現代民主國家，法律與主政者必須保障新聞自由，維護第四權
的功能。但新聞自由不得無限上綱，擅為不實報導，而應受新聞倫
理的規範，善盡媒體之社會責任。為爭取新聞自由，我參加「新聞
自由與大眾媒體」研討會等活動。為宣揚新聞倫理，要求新聞自律，
1992 年 11 月，李鎮源院士、林山田教授、林逢慶教授、楊啓壽牧
師因某大報有為不實報導，拿中共恐嚇台灣人民之嫌，發起「退報
救台灣運動」，被該大報自訴，翌年年初，義務辯護「律師團」成
立，我與陳傳岳律師被推為召集人；2001 年 11 月間，新新聞周報「嘿
嘿事件」，影射呂秀蓮副總統就是總統府緋聞散佈者，我相信呂副
總統的清白，特挺身聲援，雖然我認為國事如麻，以副總統的高
度，應把時間和精力留給國政，能不提起訴訟最好不要進入訴訟程
序[29]。為反對政府掌控電台頻道，民間成立許多民主電台，因為未
經核准，所以被稱為地下電台，1994 － 95 年間，政府當局向民主
電台開刀，強力取締，寶島新聲廣播電台（TNT）被抄台，我與林
逢慶教授隨即上電台開講，予以反制。抄台行動一直持續著，1998
年台灣教授協會與建國廣場等各民間社團舉辦「407 反抄台廢惡法」
大遊行，我也沒缺席。1999 年 2 月，我偕張素華台長、李勝雄律師、
蔡同榮立委等拜訪交通部長林豐正，促請開放電台頻道。為反對媒
體壟斷， 1995 年 5 月，台灣教授協會等各民間社團舉辦「媒體全面

改造 黨政軍退出三台」大遊行，我也參與其間中。

民進黨執政後，在維護新聞自由、打破媒體壟斷方面，大致已完全實現，反而是新聞倫理、新聞自律方面，每下愈況。今日媒體，不論是平面媒體或電子媒體，統派媒體仍占多數，在其推波助瀾下，台灣一步一步被推向被中國併吞的命運，而嗜血、情慾、迷信等相關報導仍到處充斥，有傷風化。吾人所期待是，公正持平報導，不要一味傾中；勿過度渲染血腥、色情、迷信，污染社會。總之，新聞自由應予尊重和維護，但新聞自由亦應自制，不得濫用。

（十四） 為台灣正名，籌組台灣國民黨

我從未加入任何政黨，我無政治野心，我寧願作為一介學者永遠保持超然中立的地位，但投入運動後，為推動「台灣正名運動」曾籌組「台灣國民黨」。

1999 年 1 月上旬，蔡公投發起成立「台灣公民投票行動委員會」，共推蔡同榮為總召集人，高俊明、黃宗樂、黃昭堂為副總召集人，4 月假立法院內停車場舉辦「催生公投立法絕食靜坐活動」，20 日宣佈結束時，有感「中國國民黨中央委員會」偌大文字高掛於其總統府對面的新建大樓正面，非常耀眼，我乃提議，作為「台灣正名運動」重要行動之一環，或可籌組「台灣國民黨」，凸顯中國國民黨之外來性，結果獲得在場教授熱烈回響[30]。消息傳出後，幾家台派媒體十分關切。6 月底，我撰成《愛莫大於心不死 —— 籌組「台灣國民黨」對抗「中國國民黨」，為台灣正名運動揭開新幕，敬向 台灣教授協會全體會員報告，並藉此敬請 民主先進、建國志士鑑察》綠皮說帖，各界反應相當熱烈。

　　該說帖分別就籌組台灣國民黨之經過、緣由及名稱文字釋義、台灣國民黨之宗旨、台灣國民黨信守之主義、台灣國民黨與中國國民黨名稱之釐清、台灣國民黨與中國國民黨之主要區別、台灣國民黨現階段之運作等提出詳細說明。其中台灣國民黨信守之主義，其精要如下：

　　「自由、平等、民主、法治是現代人類的基本價值，台灣國民黨當以之爲戮力追求之目標。台灣國民黨更將信守今日世界政治經濟法律思想指導原理——新自由主義、新個人主義、新資本主義、新民主主義之『四新主義』，除終結肆行多年的黨國資本主義，以歐美諸國資本主義併發之缺失爲殷鑑，落實及強化以自由主義爲根基的資本主義外，並以兼顧個人自由至上及確保公共性爲前提，重新釐清及調整私的領域與公的領域之分際，實行以市民主義的福祉國家爲目標之民主主義，從而，除維護基本人權外，特別重視建立福祉秩序、實現實質平等、達成合理分配、擴大民間參與、加強企業責任、保護生態環境、追求永續發展。」

　　至於台灣國民黨與中國國民黨之主要區別，列了四點：

　　「（1）中國國民黨是外來政黨，認同中國，以中國爲原鄉，維護中華民國體制，追求未來民主統一的中國。反之，台灣國民黨是十足的台灣本土政黨，認同台灣，以台灣爲唯一祖國，堅持台灣主體性理念，主張建立台灣體制，堅決反對中國併吞，致力追求『一

台一中，共存共榮』。（2）今日台灣，國家定位不明，憲政體制紊
亂，黑金政治橫行，社會治安敗壞，司法威信低落，生態環境遭嚴
重破壞，本土教育文化被壓制扭曲，中國國民黨必須負主要的責任。
台灣國民黨主張去除大中國迷思，徹底改革憲政，終結黑金政治，
整頓社會治安，重建司法威信，保護生態環境，重視本土教育文化。
（3）中國國民黨死守五權憲法，國民大會、總統、行政、立法、司
法、考試、監察七權體制，精省不廢省，中央與地方爭權。台灣國
民黨主張三權分立，建立權責相符的總統制及功能健全的單一國會
一院制，改革司法，鞏固正義最後一道防線，廢省，落實地方自治。
（4）中國國民黨於接收台灣時，將許多公產搜括爲黨產，其後並經
營黨營事業，建構黨國資本主義，形成舉世絕無的乖常現象。台灣
國民黨主張中國國民黨黨產應合理解決，禁止政黨經營黨營事業。」

　　當然，籌組台灣國民黨，目的是在推動台灣正名運動，對抗中
國國民黨，並非要籌組眞正的政黨。黨主席，我們屬意彭明敏教授。
其後由於九二一大地震，接著陳水扁先生當選總統，政黨輪替，乃
將組黨一事予以擱置。記得組黨籌備會議上有人認爲，李登輝總統
再三強調「中國國民黨政權是外來政權」，爲讓中國國民黨在地化，
他可能將「中國國民黨」改名爲「台灣國民黨」，或另組「台灣國
民黨」，因而主張，「台灣國民黨」名稱應該留給李總統使用，我
覺得不無道理。李總統卸任後，成立「台灣團結聯盟」，擔任精神
領袖，並未使用「台灣國民黨」名稱，可能是不想與中國國民黨正
面衝突。

（十五）　推動黨產改革，落實政黨公平競爭

戰後五十多年來，中國國民黨在黨國一體的體制下，利用接收台灣及一黨專政的威勢，巧取豪奪，黨庫通國庫，蓄積龐大黨產，用以維繫其一黨獨裁政權，既戕害民主政治，又踐踏公平正義，民怨於焉沸騰，清算國民黨黨產之聲不絕於耳。

1991 年，陳師孟、朱敬一、張清溪、劉錦添、施俊吉等合著《解構黨國資本主義》乙書（澄社報告[1]， 1991 年 9 月初版），對中國國民黨黨營事業的根本問題及弊端，作深入的分析與評論，最後建議中國國民黨誠實面對「黨國資本主義」不義體制，切實革除「黨國資本主義」癌細胞，落實官營事業民營化。其真知灼見，震聾發瞶，引起共鳴。

張清溪教授堪稱是追討國民黨不當黨產之先驅，他曾經率先帶領群眾在中廣（今帝寶）對面的仁愛路上抗議中國國民黨巧取豪奪，直指國民黨政府是「土匪政府」，令人動容。我路過駐足聽講，驚為義士。

2000 年 1 月 7 日，台灣法學會基於宏揚法治與維護正義之宗旨與理念，成立「政黨黨產法事實與法規範研究小組」，我時任理事長，兼任召集人，參與研究人員，有王泰升、顧立雄、許志雄、洪貴參、黃世鑫、張俊雄、張政雄、張訓嘉、黃宗樂等。小組定期開會，針對中國國民黨黨產如何取得？如何管理、使用？黨營事業有多少？如何運營？政黨黨產應如何規範？國民黨黨產、黨營事業應如何處理？等，進行研究。1 月 14 日，律師界、會計師界、學術界及其他有志團體假台大校友會館舉行「跨黨派黨產改革行動聯盟」

發起人會議，成立「全民監督黨產改革聯盟」，我被內定為總召集人，我認為由我的師長輩、刑事法學大師蔡墩銘教授擔任總召集人最為適當，獲得全體發起人拍手通過，我則擔任執行長，隨即展開一系列的活動。政黨輪替後，「研究小組」併入「改革聯盟」，繼續運作。2001 年 1 月 27 日我被延攬入閣擔任公平會主委後，於 7 月 23 日辭去執行長一職，而由張政雄律師接任，其間研擬完成「不當黨產處理條例」草案。

2000 年，梁永煌、田習如等編著《拍賣國民黨——黨產大清算》乙書（財訊出版社，2000 年 1 月初版），以〈世界首富政黨——中國國民黨〉為序，分導論、歷史篇、人物篇、政商篇、資產篇、特權及地雷篇、解決篇，詳為敘述，最後結論謂：「總之，國民黨靠五十年執政累積了龐大黨產，也賴驚人的黨產才得以執政五十年，要它放棄黨產是非常困難的。但不拍賣國民黨黨產，台灣的民主政治就未能完全落實，因此這是一場二千二百萬人與國民黨的戰爭，只有靠全民的團結及堅持，才能為子子孫孫奠定台灣政黨政治的基石。」鞭辟入裏，深中肯綮。

政黨輪替後，處理中國國民黨黨產及黨營事業乃實現轉型正義極其重要之一環，新政府當然責無旁貸，奈何國會朝小野大，民意基礎不夠堅實，新政府未免心有餘而力不足，成果畢竟有限。

李登輝總統卸任後，有一次在餐敘中，他感慨說：「我籌組台灣團結聯盟，為台灣打拼，以前的部屬卻很少人站出來相挺。」我嘴快說：「以往綴（tue）您有當食，現在綴您無當食，上現實的是，國民黨有無數的黨產，台聯卻是散甲欲死，個留在國民黨內底若好

唎（lua honn le），那欲綴您出來。」李先生「着（hio，對也）」一聲，表示很有道理，過後曾一度聲討國民黨黨產，但只點到爲止。我想，李先生自己心知肚明，他擔任中國國民黨主席時，任命劉泰英爲大掌櫃，擴展黨營事業，積極蓄積黨產，怎麼說，都難辭其咎。李登輝總統對台灣貢獻甚大，但這點倒是美中不足。我這樣說，或許大不敬，不過安啦。李總統卸任後，我首度與他同桌餐敘，林誠一先生作東，誠一先介紹我是台大法律系教授、總統府國策顧問、台灣法學會理事長、台灣教授協會會長。因爲提到台教會會長，我向李前總統稟告：「台教會以前對總統批評眞濟，誠歹勢。」沒想到他笑著說：「恁越愈批評，我越愈好做代誌啦。」胸襟之廓大，令我驚奇。

馬英九先生在 2005 年出任中國國民黨主席時，曾明白宣示務必在 2008 年以前，把黨產處理完畢，但卻光說不練；2009 年 10 月回鍋時又信誓旦旦地說：「年底之前提出黨產最終方案，允諾黨產歸零，捐公益！選舉經費將以募款爲主，不再經營黨營事業。」但始終毫無動靜。諍友陳長文律師曾苦口婆心撰文呼籲馬主席：「黨產歸零，走出歷史，贏得尊敬。」奈何言者諄諄，聽者藐藐。說實在的，麗大的黨產，對黨的領導人而言，有致命的吸引力，「有錢，會使鬼」、「有錢，好辦事」、「有錢，……」，怎麼可能拱手讓人，自我了斷!?

數十年來，中國國民黨一方面擴充黨產，與民爭利，另一方面將黨產陸續「分散」、「脫產」、「漂白」，以圖永續的實質的保有黨產和黨營事業，實在很可怕。看來，要促使黨產改革，還財於民，落實政黨公平競爭，確立眞正的民主政治，還有很長的路要走。

　　黨產改革之路不怕遠，只怕半途而廢。全民監督黨產改革聯盟，
張政雄律師出任行政院中央選舉委員會主任委員後，懇辭執行長，
而由莊瑞雄律師接任，其後莊執行長又交棒給許惠峰律師。2011年
12月，該聯盟改名為「黨產歸零聯盟」，並全面改組，由陳傳岳律
師、張炎憲博士、黃世鑫博士擔任共同召集人，羅承宗博士（著有
《黨產解密：小豬對大野狼的不公平競爭》新台灣國策智庫，2011
年12月）擔任執行長，重新出發，扛起黨產歸零此一吃力不討好但
極有意義的艱巨任務，前召集人張政雄律師捐一筆款供「黨產歸零
聯盟」專用，令人敬佩。

（十六）　推動公投建制，實現直接民主

　　公民投票，謂國家或地方重大政策，由公民投票決定之，乃直
接民主之展現，可彌補間接民主之不足。公民投票制度，在西方國
家相當盛行，聯合國憲章所揭聯合國宗旨之一為「發展國際間以尊
重人民平等權利及自決原則為根據之友好關係」，「經濟、社會與
文化權利國際公約」與「公民與政治權利國際公約」均首揭「所有
人民都有自決權」，而自決權之行使則需依公民投票為之，然中國
國民黨卻視公民投票如同洪水猛獸。台派人士中，雖亦有人認為公
民投票不待法律規定即可舉行，因此對制定公民投票法採取消極的
態度，惟大多數人認為有公民投票法作為公民投票之依據，才會被
認為有法律上效力，因此採取積極態度。個人認為，統獨公投、新
憲公投等是超法律的，自不待公民投票法即可進行，但對於國家或
地方重大政策之公投，還是有公民投票法可資依循，比較妥當。

　　主張公投立法最力者厥為蔡同榮博士。蔡博士於1990年回台後

即極力推動公民投票立法運動，鍥而不捨，而博得蔡公投之美譽。對於公投建制運動，起初我只是認同而已，直到 1997-8 年間，「公投入憲」運動如火如荼展開，我才參與其中。1999 年 1 月，蔡公投發起成立「台灣公民投票行動委員會」，公推蔡公投爲總召集人，高俊明牧師、黃宗樂會長、黃昭堂主席爲副總召集人，旋即展開一系列的催生公投立法活動。4 月 10 日起假立法院內停車場進行「催生公投立法絕食靜坐活動」。與之同時，台教會會長黃宗樂、世台會會長李界木、台獨聯盟美國本部主席許世模聯合發表〈公投救台灣大遊行 —— 台灣關係法二十周年省思活動〉聲明，翌日自由時報惠予刊登。4 月 10 日台教會主辦「公投救台灣大遊行 —— 紀念台灣關係法二十周年」，我擔任總領隊，高成炎教授擔任總指揮，下午 2 時從中正紀念堂出發，繞道遊行到立法院與絕食靜坐者會師。我演講時，批評中國總理朱鎔基訪美時對台灣蠻橫、壓（鴨）霸心態，高呼台灣人對付中共惡劣行徑最佳的利器就是透過公民投票行使自決權，決定自己的前途。隊伍解散後，我隨即加入絕食靜坐。

　　我因須上課，不克全程參與，而分別於 10、11 日兩天及 15、16、17 三天進行絕食靜坐，其間有好幾位學生、友人前來慰問、打氣。20 日與楊維哲教授、張國龍教授、沈長庚教授等準備作較長時間的絕食靜坐，但到現場時蔡公投已在發表「停止絕食聲明」，宣佈結束活動。蔡公投所以會宣佈結束活動，主要是因爲十多位連續絕食十天者身體多已顯得十分虛弱，楊金海國代甚至昏倒送醫。我是很耐餓的人，但連續絕食三天，就感到飢餓難耐，流清汗，頭殼悅（gong），何況連續絕食十天！之前蔡秀卿博士送我今井一著《大事なことは国民投票で決めよう》（ディヤモンド社，1996 年 4 月）

乙書，我在絕食靜坐期間，詳加閱讀，並請參與絕食靜坐之諸前輩志士簽名於書上，以資紀念。簽名依序爲賴清德、蔡同榮、高俊明、沈富雄、鄭寶清、許添財、田再庭、黃昭堂、廖大林、陳昭南、李勝雄、王明玉。

其後再經一連串的努力，尤其是 2003 年 3 月核四公投促進會到立法院靜坐，施以強大壓力，公民投票法終於在 2003 年 12 月 31 日總統令公布。衹不過在國會朝小野大之下，通過的版本是國親版本。一般批評，本公民投票法，除連署成案的門檻與公投通過的門檻都太高外，公投適用的範圍過窄，舉凡統獨、領土變更、國旗、國號均不得公投；又設公民投票審議委員會審查連署提案議題是否可以公投，簡直是「鳥籠公投法」。

五年後，蔡丁貴教授帶領「公投護台灣聯盟」，在立法院前持續抗爭，其主要訴求之一即爲「補正公投法」。ECFA 簽訂後，台灣團結聯盟（主席黃昆輝）發起 ECFA 公投連署，連署人數已超過法定人數，卻被公審會封殺。看來，在中國國民黨主政下，要落實直接民主，依舊是「犀牛望月」。

（十七）　推動立委減半，終結國會亂象

在民主法治國家，國會爲國家政治中心，反應一國現時之政治、經濟、社會狀況，國會理應爲國家治源，但中華民國立法院卻被指爲國家亂源，眞令人難過。立法委員人數，第三屆爲 164 人，台灣省凍省後，爲替台灣省議員找出路，立法委員增加名額，自第四屆起定爲 225 人，結果國會更亂，黑金利委有之，問政怠惰者有之，互罵互毆者有之，違法亂紀者有之，素爲人所詬病，許多優秀立委

也被連累。因此，立委減半之呼聲不斷。

台灣教授協會認爲減少立委名額，或可提昇議事效率與立法品質，乃結合數十個民間團體，推動立委減半運動，並於 2000 年 12 月 25 日舉行「立委減半　國家不亂」大遊行[31]，是日，我發表〈請大家今天來遊行〉（自由時報，89 年 12 月 25 日）呼籲民衆踴躍參加此二十世紀台灣最後一次有意義的群衆運動，共同走出一條健康國會的大道。李鎮源院士擔任名譽總領隊，我擔任總領隊，下午 2 時從中正紀念堂出發，出發時李鎮源院士、李鴻禧教授和我走在隊伍前面，繞道金山南路後，楊維哲、施信民、高成炎等三位教授陪我領隊前行，遊行到立法院大門前，我宣讀聲明後，由李鴻禧教授演講。有記者問我，是不是一定要減半？我說：訴求立委減半，口號鮮明、響亮、有力，其實台灣國會議員最高定到一百五十五人尚可接受。後來修憲明定：立法院立法委員自第七屆起一百一十三人，恰好減半。

立委減半後，是否能夠終結國會亂象？是否有助於議事效率與立法品質之提昇？尚有待觀察。不過，擺在眼前的是，採小選區單一選區兩票制，產生不少問題，例如，有的選區選民人數少也選出一名區域立委，違反票票等值原則；一選區只選出一名區域立委，壓縮小黨發展空間；小選區反而容易買票。因此，如何建立公平合理、可長可久的國會議員選舉制度，仍有待冷靜思考，集思廣益。以往本土派憲法學者中，有人主張台灣應仿傚美國、英國，實施兩黨政治，是否妥當？亦應一併反省。

談到國會，也讓我很在意的是，立法院現址爲日治時代台北第

二高等女子學校，其建築物，除新建的院會會議廳、群賢樓外，爲日治時代之校舍，相較於諸外國國會建築，根本無法比擬，看起來就自慚形穢。我看諸先進國家國會，大都占地廣大，國會大厦建築宏偉壯麗、美輪美奐，國會議員辦公室寬濶；國會既爲國家政治中心，又是重要觀光景點。我國實有必要特別編列預算，擇一適當處所，參照諸先進國家國會之占地及建築，規劃興建，使之成爲台灣精神堡壘，奠下千年基業。吾人更深盼，國會建設脫胎換骨後，國會的職能更能由「國家亂源」變成「國家治源」。

回首日本領臺時，用心經營臺灣，機關學校建築力求莊嚴、宏偉、堅固、美觀，例如，臺灣總督府（今總統府）、臺北帝國大學（今臺灣大學），臺灣總督府博物館（今國立臺灣博物館）、臺北州庁（今監察院）、臺北市役所（今行政院）、臺灣總督府高等法院（當時臺灣第二審及最終審法院）、臺北地方法院（今司法大廈）、臺灣銀行（今臺灣銀行）等諸多建築，皆爲經典建築物。國民黨政府遷臺後，抱著過客心理，就政府機關鮮有重大建築。我想不妨以國會（立法院）建築爲標竿，即使花個新臺幣一千億元亦值得（當然不得官商勾結，偷工減料）。編列預算應跨越藍綠，亦不應涉及立法院自肥問題。

（十八）　渴望政黨輪替，力挺陳水扁競選總統

中國國民黨統治台灣五十餘年，屬行黨國一體獨裁體制，勢力盤根錯節，實施黨化教育，消滅台灣意識，又擁有龐大黨產、黨營事業，財大氣粗，衆多台灣人利益與中國國民黨相結合，形成強固的利益共同體，要讓中國國民黨下台，難如登天。眞正的民主政治

係建立在政黨有輪替的可能性之上，總統直接民選後，提供了在野黨有參選總統，取得政權的機會。1996 年台灣首屆總統民選，彭明敏教授代表民進黨出征，對手是現任總統、中國國民黨主席李登輝先生，力戰（其實民進黨未盡全力輔選甚至有人扯後腿）結果，雖敗猶榮。2000 年第二屆總統大選，台派人士寄望民進黨能夠推出最佳人選，促成政黨輪替。

陳水扁先生擔任台北市長期間，積極推動市政、大力改革，政績卓著，有目共睹，卻在 1998 年台北市長選舉，由於選民的結構關係致選舉失利，他落選後發表感言，表示：「將來繼續為台灣前途、為台灣人的尊嚴打拼！」「台灣就是台灣，中國就是中國。」道出台灣人民的心聲和希望，令人感動，許許多多民眾鼓勵、擁護阿扁投入 2000 年總統大選。 1999 年 1 月，阿扁宣布啟動「學習之旅」，首站到台灣教授協會。 1 月 30 日阿扁蒞臨台教會會所訪問、座談，我時任會長，特約集歷任會長、秘書長及現任人文、法政、社經、科技、環保等各組召集人出席參加，與阿扁面對面誠摯地交換意見。台教會認為陳水扁先生在民進黨內比較是站在堅持理想原則的一方，又擁有高知名度和超人氣，基於關切台灣前途，特公開表示支持陳水扁先生參加 2000 年總統大選，以爭取改革台灣政治的「火車頭」戰略位置。座談會結束前，阿扁具體要求台教會進一步安排幾場座談，以便有深入學習的機會。

3 月上旬，台教會用兩個晚上到阿扁內湖靜思處維閣就「族群、文教、醫療、環保」、「經貿、國際關係」進行座談，阿扁反應靈敏，識見遠大，憂國憂民，與會者莫不深感欽佩。3 月 25 日，台教會假台北市立美術館主辦「陳水扁學習之旅──二二八美展與社會

關懷」，阿扁蒞臨參觀，並與二二八事件受難家屬座談，受難家屬聯合致贈阿扁關懷二二八感謝狀。

台教會挺扁，「全體動員，強力助選」[32]。除配合民進黨中央黨部活動（例如，民進黨中央知識台灣助選團，我擔任團長，成員大都是台教會會員；民進黨中央助選團下鄉助選造勢，台教會會員參與其中）外，台教會主辦的造勢活動有：1999年2月28日舉行「族群和諧邁向二千年」紀念二二八晚會，邀請阿扁蒞臨演講；11月中旬舉行連續三天的「海內外台灣人國是會議」，邀請彭明敏教授和阿扁蒞臨致詞，象徵台灣民主運動的歷史傳承，大會發表〈化危機為轉機——海內外台灣人國是宣言〉，其後我擔任主編，出刊《台灣的危機與轉機》乙書（前衛出版社，2001年2月）；2000年1月8日，台教會新舊執委交接暨聯合執委會，特發表聲明重申支持陳水扁競選台灣總統，翌日自由時報刊登該聲明全文；2月24日，假立法院主辦「北京政權發表第二份對台政策白皮書之後——體檢台灣總統候選人的中國政策」記者會，由我主持，主講者為辜寬敏、吳樹民、陳少廷及陳儀深；3月間，選戰進入白熱化，台教會挺扁誓師，緊鑼密鼓，發動三波「推薦世紀領導人」——台灣教授、知識台灣挺扁列車，分別在大台北地區、新竹地區、台南地區掃街遊行、發放文宣，風雨無阻；七度到台北火車站散發挺扁文宣，民眾反應非常熱烈。

在文宣方面，宋楚瑜先生脫黨參選總統，聲勢壓過連戰，台教會出刊《會診宋楚瑜》（2000年擴大增訂版）乙書（前衛出版社，2000年1月），消減其氣勢；陸續刊行《尋找新世紀台灣國家領導人——極力推薦陳水扁》四輯小冊子（台教會自刊，2000年1-4月），

從各個面向說明挺扁的理由。在小冊子中，我寫了〈阿扁，我們唯一的選擇〉（第一輯，2000 年 1 月）、〈政黨輪替，曙光已露〉（第三輯，2000 年 3 月）等文章。

1999 年 5 月中旬，阿扁來電話很誠摯地表示希望「登府拜訪」，我回稟說，由我趨謁，比較適當。7 月 26 日，我邀陳少廷教授偕行，我稱呼「陳總統」，篤定地說：「這場選戰當然是苦戰，不過我感覺最後會勝出。為著台灣，阮攏無條件支持到底。」阿扁很振奮地說：「目前連黨內也有人看衰，不過我自信有強大的暴發力，贏得大選，希望大家盡力幫忙。」阿扁出身貧苦農家，勤奮向上，鬥志高昂；熱誠親切，勤跑基層，魅力十足；參加任何選舉，均有正確的戰略與戰術，戰鬥力之旺盛更為驚人；擅於主導議題，演講言詞洗練，慷慨激昂，振奮人心，引發共鳴，我對他很有信心。2000 年 1 月 12 日，阿扁約我到競選指揮中心，當面告訴我說，依情治單位簡報，他當選總統的可能性往上提高，他的政見有必要傾向務實、平穩，希望台教會諒察，我表示了解，完全配合主帥作戰。3 月 17 日晚上，台北「歡欣鼓 5 前進總統府」、「百萬人站出來」造勢大會（在中山足球場舉行），競選總部安排由我帶領「台灣教授團」與「陳水扁國家藍圖委員會」上台致意，並代表致詞，我畢生感到莫大光榮。

3 月 18 日第二屆總統、副總統選舉投票，陳水扁先生和呂秀蓮女士當選總統、副總統。當天晚上我和內子到競選總部，陳新科總統、呂新科副總統帶領競選團隊上台向群眾致意，我並未上台。我和內子在興奮之餘，深感陳總統未來承擔治國責任之重大以及對中國國民黨可能的嚴酷杯葛，默默地祈禱天佑台灣。

　　戰後五十年來，首度政黨輪替，土生土長的民進黨取得政權，創造了台灣的政治奇蹟，受到世界各國的矚目。不過平心而論，假如不是中國國民黨分裂，宋楚瑜先生挾其省長廣大民意執意參選，陳水扁要贏得大選，殊不可能。不僅如此，如果不是發生興票案，鹿死誰手，也很難逆料。試看得票率，陳水扁百分之 39，宋楚瑜百分之 37，連戰百分之 23，陳水扁只贏宋楚瑜百分之 2。阿扁任內重用宋先生當台灣省省長時的左右手賴英照先生、吳容明先生，我想，多少帶有回饋的意味。

　　陳總統競選連任（2004 年總統大選）時，我身為獨立機關公平會主委，依法不得為任何候選人助選[33、34]。連宋配成局，氣勢如虹，選前一個多月，時賢林伯實先生來公平會看我，談起選情，林先生信心滿滿地說：「目前估計連宋配會贏五十萬票以上。為了要獲得堅實的民意基礎，俾便執政順利，我們希望能夠衝破一百萬票以上。」我說：「我感覺還是阿扁會當選，不過票數輸贏會在五萬票以內。」後來，水蓮配贏 29518 票，當選。民進黨首次獲得全國超過半數的選票，開未曾有之奇。我個人認為，阿扁能夠獲得過半數以上的選票，除四年的政績受到肯定外，李登輝前總統為維護本土政權，極力支持阿扁；二二八百萬人手護台灣活動，出奇成功，拉抬阿扁選情；選前一天，發生「三一九槍擊事件」，那兩顆子彈發酵，都是重要因素。

　　若從黨產、黨營事業來看，阿扁當選總統，堪可比譬為「一個大本乞食拼贏一個大好額人」，確實不簡單。當然有這種結果，必須向明智的、有公義心的選民致敬。同時，必須感念濟濟民主鬥士、建國志士的努力打拼、犧牲奉獻，才有今天。

不論如何，陳水扁是拚生拚死爲民進黨開疆拓土，並開未曾有之奇，創立本土政權的台灣第一戰神，是「英雄造時勢」的典型人物。他影響國・民兩黨、外來・本土政治勢力之消長至爲深遠。

（十九） 關懷弱勢，闡揚博愛精神

生長在窮鄉僻壤、家境清寒的我，小時候偶爾看見父母親接濟比我家更貧窮的鄰居，使我從小就懂得幫助別人是件好事。讀大學時，修習洪遜欣教授的「法理學」，洪教授師承自然法思想及近代個人主義、自由主義思想，一再強調：人類依其固有自立的、自然本性的生命發展原理，大都有朝向實現個人人格，完成自己生存使命之傾向，法律之目的即在協助並督促各個人以自己責任，充實自己之人格，完成自己之生存使命，爲此，法律積極打造使每一個人都有自由發揮自己的個性和能力的空間；可是，畢竟有一部分人，無法完全以自己責任，充實自己之人格，完成自己之生存使命，諸如兒童、老人、身心障礙者、貧困者等是，此時即須透過人類相互援助的原理，依法律之支配，創造各種福祉秩序，協助其充實人格，完成其生存使命。洪教授的教誨，予我莫大的啓發。因此，我在努力自我實現之同時，特別關心弱勢者的保障問題。又，婦女、勞工、農漁民、原住民等相對的處於弱勢，因此對男女平權、勞工農漁民保護、原住民語言文化及權益保護等，我也特別關心。

其實，關懷弱勢、照顧弱勢，在東方古老思想已普遍存在。佛教慈悲、布施、平等心等思想是何等的崇高！佛陀明確主張博愛，祂諄諄教誨眾生：「尊聖敬善，仁慈博愛」（無量壽經），而諸佛、菩薩無我相、人相、眾生相、壽者相，滅度無量無數無邊眾生（金

剛經），更是「博愛」之最具體、最極致的表現。儒家重仁，孔子說：
「夫仁者，己欲立而立人；己欲達而達人」，孟子也說：「老吾老，
以及人之老；幼吾幼，以及人之幼」，而〈禮運大同篇〉謂：「大
道之行也，天下爲公，選賢與能，講信修睦。故人不獨親其親，不
獨子其子；使老有所終，壯有所用，幼有所長，矜寡孤獨廢疾者皆
有所養；男有分，女有歸；貨惡其棄於地也，不必藏於己；力惡其
不出於身也，不必爲己。是故謀閉而不興，盜竊亂賊而不作，故外
戶而不閉，是爲大同。」歷來爲中國人所傳誦。尤其是墨子抨擊儒
家的仁爲差別愛，而提倡無差別的博愛之「兼愛」（兼相愛交相利），
反對戰爭，主張和平，其學說頗爲盛行，當時與儒家並稱，可惜自
漢武帝「罷黜百家，獨尊儒術」以後，墨子之「兼愛」思想、謀「天
下之大利」目標，遂被束之高閣。

　　2007 年 1 月底我離開公職後，有幸出任陳水扁總統所創辦的凱
達格蘭學校校長，凱校非常重視弱勢關懷，各班次課程均有弱勢關
懷活動，讓學員親身體驗關懷弱勢的高尚行爲。陳水扁出身貧苦農
家，深知民間疾苦、弱勢者的無奈，因此一向關懷弱勢，總統卸任
後將關懷弱勢列爲爲台灣打拼的重點工作之一。

　　關懷弱勢、照顧弱勢，不可僅止於口頭倡議，而須付諸實踐。
個人能力固然有限，不過只要稍有能力者皆能發揮人類相互援助的
博愛精神，給弱勢者多一分關懷、多一點照顧，自然就會看到充滿
著愛與關懷的社會。

　　現代民主法治國家，走的是自由主義、資本主義道路。自由主
義、資本主義柔軟不僵化，當自由主義、資本主義併發弊端時，隨

時可調整腳步，除去其缺失。早期諸先進國家過度強調自由主義、資本主義，結果偏重保護資本家，法律可說是「偏向爲資本家服務」的。但曾幾何時，發現過度強調自由主義、資本主義，併發不少弊病，最嚴重的是造成許多人不能過著像人的生活，諸先進國家遂逐漸加強保護弱勢者，法律轉向「著重於爲弱勢者服務」。無可諱言的，中國國民黨一黨專政五十餘年，長期漠視弱勢者的保護，有關婦女保障法、社會福利法、社會保險法、勞工保護法、原住民保護法等起步甚晚，大部分都是 1980 年以後才次第制定的，相較於同屬東方國家之日本，實令人汗顏。惟不論如何，關懷弱勢、照顧弱勢，維護其權益，乃今日國家與人民的特別責任，從事運動者更應扮演推動的角色，自不待言。

五、　改革之路，路迢迢

　　我投入台灣民主運動與社會運動，循著時勢潮流、社會脈動，抱著理想和希望，與志同道合之士協力前進，共同奮鬥。當我以個人參與歷程爲中心回顧時，或許會予人以在描述個人成就或功勞的錯覺，其實任何運動，如能獲得成果（運動本身就是一種成果），都是衆志成城之展現，不論是帶頭者或追隨者，亦不論是夯大刀的或叱咿呵的，只是所扮演的角色不同，貢獻則無不同。

　　在極其有限的人生，我選擇了參與民主運動與社會運動，現在回頭來看，是選對了，不但無怨無悔，而且感到非常慶幸。改革之路固然比學問之路更爲險峻、更爲遙遠，走得很辛苦！尤其在台灣，還背負著建立台灣主體性，起造台灣國家，爭取加入聯合國的使命，但能夠在激烈變動的大時代，參與國家建構、台灣建國的偉大工程，

是何其有幸！當聽到居然有不少人對我說：「黃教授，您是我的偶像。」「黃教授，您對台灣的貢獻眞大。」不禁感到非常溫馨，忘卻一切辛苦。

　　回顧 1964 年彭明敏教授與其學生謝聰敏、魏廷朝草擬〈台灣人民自救運動宣言〉，指出台灣應走的方向，建設新國家、制定新憲法、成立新政府、以自由世界的一份子重新加入聯合國蔚爲台灣人共同追求的目標；1986 年民主進步黨成立，基本綱領首揭：「建立主權獨立自主的台灣共和國」、「制定新憲法」、「重返國際社會」，圖以組織的力量，促其實現，均爲革命性的壯舉，具有畫時代的意義。而在體制內，李登輝總統主政後，在驚濤駭浪中，宣告終止動員戡亂時期，廢除懲治叛亂條例及刑法第 100 條言論內亂罪 [35]，完成國會全面改選、總統直接民選、省虛級化、廢除國民大會等重大改革，在台灣史上寫下了新頁，德業將永垂不朽，而身爲中華民國總統、中國國民黨主席，直指中國國民黨是外來政權，大聲說出：「我是台灣人」，並提出「兩國論」，致力建立台灣的自主性，更是可歌可頌 [36]。此外，李登輝總統主政時期，1992 年 6 月修正戶籍法，廢除區別省籍的本籍（籍貫）制度 [37]；2000 年 2 月修正國籍法，將中國改爲中華民國、中國人改稱爲中華民國國民、中國地改爲中華民國領域內、中國法改爲中華民國法律，法律上宣示告別中國，質言之，中華民國已不再是中國，而是獨立於中國之外的另一個國家，意義重大。但無可諱言的，「中華民國體制」雖已動搖，但眞正的「台灣體制」並未建立，展望未來，我在 2000 年台灣教授協會出刊的《創會十週年特刊》，以現任會長身分於〈序言〉中特別強調，應致力於下列四項工作，即：建立台灣主體性教育文化、改造媒體、

推動制憲運動以及推動台灣加入聯合國運動。在建立台灣主體性教育文化，我寫道：「在中國國民黨長期黨化教育之下，台灣現今仍存在著很深的大中國思想，嚴重妨害台灣國家的認同及國民意識的凝聚，本會必須繼續推動建立台灣主體性教育文化，就中建立『台灣史觀』、展開『台灣正名運動』、強化『台灣語言文化』，實為當務之急。」陳水扁總統主政八年，確實本於本土政權的立場做了許多改革，累積了不少成果，尤其是對於深化民主、保障人權、維護台灣主權獨立、以台灣名義申請加入聯合國，作出重大貢獻，但無可否認的，要實現理想仍須繼續努力。不過，可以確定的是，近二十幾年來，在荊棘滿徑中，脫離高壓、專制統治，走向自由、民主，尤其統獨勢力有顯著的消長，自認為中國人而主張與中國統一的人越來越少，自認為台灣人而主張台灣獨立的人越來越多[38]，台灣主體意識已然抬頭，台灣前途呈現一片光明，祇要繼續奮鬥，理想必能逐步實現。

渺小如我，有時也會興起歸隱的念頭，可是一想到彭明敏、辜寬敏、史明、陳隆志、李鴻禧、高俊明、陳繼盛、姚嘉文、吳榮義、吳樹民、黃天麟、吳澧培、黃崑虎、黃華、王獻極、羅榮光等諸多前輩，猶僕僕風塵，為母親台灣拼生拼死，而李鎮源院士、黃昭堂主席、陳少廷先生等為台灣前途拼到最後一口氣，做晚輩的豈可就此退出江湖，不問世事!?李登輝先生曾公開說：「我八十三歲了，毋知有法度佫為台灣打拼十年無？」這種為台灣拼到底的精神，正是台灣邁向正常國家並加入聯合國的最佳保證。個人雖然極為渺小，但聚沙成塔、眾志成城，我別無選擇，調整腳步，繼續追隨諸位前輩，實現成塔、成城的美夢。

　　2008 年 5 月 20 日馬英九總統上台後，治國無方，弊政連連，台灣又陷入苦難深淵。風雨如晦之際，看到陳耀祥、李明峻、許忠信、廖福特、林佳和、黃居正、許惠峰、吳景欽、王思爲、黃帝穎、羅承宗、林雍昇、吳志中、黃國昌、姜皇池、林鈺雄、吳煜宗、徐浤馨、陳俐甫、許春鎭、黃適卓、林文程、梁文韜、賴怡忠、吳烟村、曾建元、曾志隆、陳朝建、洪偉勝等諸多法政學界後起之秀，勇敢站出來關心台灣民主前途，護人權，顧主權，果然「亂世出志士，板蕩見義人」，令人欣喜。

　　2012 年 6 月底，接獲李勝雄律師寄贈的陳銘城、蔡宏明、張宜君著《槍口下的司法天平　二二八法界受難事蹟》（二二八事件紀念基金會、律師公會全國聯合會共同出版，2012 年）和杨先宪編著《「台独」组织與人物》（中国、九州出版社，2008 年）。前者封底印著「1945 年國民政府接收台灣後，違法亂紀事例層出不窮，法界人士每每針砭時政，詎料事後遭受清算整肅，多數都是在欠缺正當法律程序的情況下受難，無疑是台灣司法史上最陰暗的一頁……」，戰後改朝換代的結果，不出二年，日治時期好不容易建立起來的現代法治基礎及現代司法審判制度被摧殘殆盡！後者在〈第三部分　主要"台独"人物〉中，赫然有我的名字，並作頗詳細的介紹，讓我受寵若驚。是時我正在欣賞唐詩三百首，恰好讀到杜牧〈遣懷〉：「落魄江湖載酒行，楚腰纖細掌中輕。十年一覺揚州夢，贏得青樓薄倖名。」頓時予我靈感，即仿其韻調作成一首打油詩〈感懷〉：「僕僕風塵載義行，自由民主法治經。十年和平建國夢，贏得台獨人物名。」

六、　其他社會參與舉隅

除了「運動」而外，其他社會參與，其犖犖大者如下：

1.　1994 年 7 月，受聘爲「民主進步黨省長黨內初選裁判小組」成員，陳定南出線後，受聘爲「民主進步黨省長候選人陳定南省政顧問團」顧問兼法政組召集人，並參加民進黨中央助選團、台教會演講團，到各地演講助選，幫助陳定南漂亮地打了台灣四百年第一戰。呂秀蓮競選桃園縣長、張俊雄競選高雄市長、翁金珠競選彰化縣長、彭百顯競選南投縣長……，都讓我有機會上台演講助選。

2.　1992 年 7 月，受聘爲「民主進步黨不分區立法委員黨內初選賄選嫌疑調查小組」成員；1995 年 6 月，受聘爲「民主進步黨總統、立法委員、國大代表黨內初選選風查察小組」成員；1995 年 3 月 19 日受聘爲「民主進步黨仲裁委員會」委員（迄於 2001 年 1 月 26 日）；1996 年 8 月，受聘爲「民主進步黨台灣民主學院」教育委員；2007 年 3 月，受聘爲「民主進步黨廉政委員會」委員並爲主任委員（翌年 4 月懇辭）及受聘爲「民主進步黨第十二屆總統暨第七屆立法委員黨內提名選舉查察賄選小組」召集人。

3.　1993 年，膺任「最高法院律師懲戒覆審委員會」委員（三任三年，2000 年又回任一任一年）。

4.　1995 年 6 月，被推選爲「台大四六事件資料蒐集小組」成員。

5.　1992 年 10 月，擔任「台大法學基金會」董事（三任九年）；1998 年 5 月，擔任「台美文化交流基金會（現名陳文成博士紀念基

金會）」董事（迄於 2012 年 4 月）；1999 年 12 月，擔任「美國舊金山聯合國資源中心」董事（任滿一年後懇辭）。

6. 2002 年 5 月，受聘為「台灣李登輝之友會」顧問（二任六年），接著受聘為「台灣之友會」顧問（二任八年）。

7. 2010 年 6 月，受聘為「新台灣國策智庫」（創辦人辜寬敏）顧問（迄今）。

此等社會參與，大部分須投入時間和心力，而且都是無給職。

8. 此外，擔任中華民國仲裁協會仲裁人、主任仲裁人，幫人解決爭端，雖受有報酬，但仍不失為一種社會參與。[39]

1　蔣經國先生於 1973 年 12 月 16 日提出五年內完成「十大建設」的計畫，包括南北高速公路、桃園國際機場、台中港、鐵路電氣化、北迴鐵路、蘇澳港、煉鋼廠、造船廠、石油化學工業和核能發電廠。他說：「這些建設，今天不做，明天會後悔。」此十大建設，據稱，係源自時任交通部長高玉樹的建言。

2　家父已逝世多年，我亦已升等教授，並轉任台大法律系教授，家慈及內子並不反對我投入運動。不過，投入運動，必須批評、抗爭，與我個性有些不合，而批評、抗爭對象主要是中國國民黨黨國體制，我的師長、好友中有許多是中國國民黨人，其中不少是黨國官員，抑且投入運動，對教學、研究多少會有影響，因此，我心裡相當掙扎。

3　彭教授於 1945 年 4 月間在日本長崎乘坐渡船時被美國軍機轟炸失去了左臂。其後安裝義肢，必須穿長袖襯衫及西裝，將義肢插進褲袋中。

4　林山田教授擔任建國黨副主席後，學校要求法律系作適當處理，因陳師孟教授曾在校務會議提案建議專任教師不得兼任政黨黨職，經討論通過在案，林教授違反此項決議。我在系務會議發言說：「陳師孟教授的提案所謂政黨，我想指

的應該是一黨獨大的中國國民黨而言，當中國民黨黨職，有權有利。今建國黨剛成立，沒人沒錢，當建國黨副主席不但無利可圖，而且還要幫忙募款，根本不能與中國國民黨黨職相比擬。站在扶植小黨、促進政黨政治的立場，我對林教授兼任建國黨副主席表示肯定。」我的發言，與會同仁都覺得很有道理。

5 林逢慶教授會長卸任前，發起連署推舉我參選第五屆會長，李鎮源院士、林向愷教授、陳東升教授也各別鼓勵我出來為會服務。選舉當天一早，我一到會場就覺得氣氛很詭譎，聽到有人說：「黃宗樂是新潮流推舉出來的，票不可以投給他。」原來另有一批人馬連署推舉鄭欽仁教授參選會長。鄭教授是我尊敬的留日前輩，我當場表示支持鄭教授，並把票投給他（我將票交給林國慶教授，林教授覺得很錯愕），就離開會場了。我這樣做，很對不起林會長等連署推舉我的人，但為了整個會的和諧發展，我不得不當機立斷。後來，聽說以微差，由鄭教授當選，我覺得是完美的結局。豈知翌日報紙刊出「台灣教授協會改選，經過激烈競爭，鄭欽仁擊敗黃宗樂」的消息，讓我哭笑不得。後來，我才知道是反新潮流的人馬故意放不正確的消息給媒體，我覺得實在太惡質了。

6 我為台灣前途打拼，始終是站在台灣主體立場，不屬任何黨派，我當然不知道林逢慶會長是屬於新潮流的，結果在「土獨」、「洋獨」的糾葛、鬥爭中，殃及無辜的人。不過，我並不因此而懷恨這批惡搞的人，只要是「獨」，不管是「土獨」、「洋獨」，我都一視同仁。後來我和鄭教授為著共同的理念，推誠相與，毫無芥蒂。當然，我對於林會長知遇之恩，畢生感激，也為沒競選到底，反而支持鄭教授，一直對林會長感到愧疚。

7 至於我會參選第九屆會長，完全是由於沈長庚教授（第七屆會長）、李鎮源院士，還有其他幾位同道的鼓勵，其實當時我心如止水，我從來根本沒有爭取當台教會會長的念頭。

8 受邀者有林菊枝教授、郭振恭教授、林秀雄教授等，不過由於大地震，臨時取消行程，而我須發表論文，非出席不可。

9 1999 年 9 月 24 日《苫小牧民報》刊載〈大地震で日本の援助に感謝　台湾から国際会議出席へ黃教授來苫〉；同月 26 日《北海道新聞》刊載〈「大地震の被害　報導以上です」台湾教授協会長が語る　苫駒大セミナー〉，並均附受訪照片。

10 這是我第一次被致送慰問金，封面用毛筆寫著：「御見舞　加藤美穗子」，我一直保存著作紀念。

11 副會長張國慶、祕書長蔡丁貴、科技組召集人汪庭安、石豐宇、社經組召集人蕭志如等從台北驅車前往，協助救災工作並了解救災情形；南投縣長彭百顯（台教會會員）不眠不休坐鎮指揮救災工作，均感人至深。

12 在 1994 年會員大會中，有一段插曲，本會會員、台灣國際專利法律事務所所長、律師公會全國聯合會理事長林敏生律師表示，如正名為台灣，他要捐一百萬元給學會，博得大家喝彩。其後，學會正名為「台灣法學會」，捐款一點都沒跳票。林敏生先生於 1997 年 6 月逝世後，林志剛律師克紹箕裘，堅持台灣主體理念，繼續捐助本會，頗有父風，令人感佩。

13 為讓外國人了解行政院所屬之各部會署均屬 ministerial 層級，行政院曾指示：行政院所屬各部會署之首長英文一律稱 Minister。但公平會業務會報討論結果，認為公平會主委還是稱 Chairman, Chairperson 比較妥當。因此我採行折衷辦法，印成 Chairman（Minister）。

14 鄭先祐編《核四決策與輻射傷害》（台灣教授協會企劃，前衛出版社出版，1994 年 10 月 15 日初版第一刷）55 頁以下。

15 本講稿有負於蔡秀卿博士者頗多，由衷感謝。

16 台灣高等法院 83 年度上易字第 5278 號判決。

17 86 年 5 月 28 日深夜張國龍教授因反核被依違反集遊法判刑、通緝在家門口遭警方逮捕；翌日台教會與環保聯盟等團體發起「聲援張國龍，集遊法請大法官解釋」在司法院前靜坐，始悉大法官會議已受理該釋憲聲請案，並將於一年內作成解釋。

18 此次辯論，許志雄教授、蔡茂寅教授、蔡秀卿教授、吳信華教授等提供寶貴意見，李英毅總編輯（月旦法學雜誌）數夜挑燈夜戰，埋頭撰寫「解釋憲法爭點意見書」及「解釋憲法補充意見書」，令人感佩。

19 日本領臺後，不但不禁止說臺語，而且鼓勵、責令日本人官員（尤其是警察及教師）學臺語，學校也開漢文課，請漢文先任教（1937 年臺灣總督府才開始禁止報紙使用漢文，學校停止教授漢文）。日本人更用心編著臺語辭典，其中最具代表性的厥為曾任臺灣總督府編修官、時任臺北帝國大學教授兼總督府囑託小川尚義主編的《臺日大辭典》（上、下二冊），1940 年開始推行皇民化運動，亦僅推廣、獎勵「國語家庭」，並未禁止說臺語。

20 〈望春風〉這條名歌在日治後期，曾被譜成日語歌詞，歌名為〈大地は招く〉，越路詩郎作詞，鄧雨賢作曲。

21 詳見拙稿〈爲雨夜花好結尾共襄盛舉〉（台灣日報，91 年 12 月 21 日）。台灣日報編輯改題名，開放討論。結果有六位讀者反應，其中五位贊同應有「好結尾」，有一位極力反對。

22 我個人認爲，短期間內以「福佬話」作爲「共通語」，恐有窒礙難行之處。如依公民投票決定，又恐有以多（福佬人居多數）欺少之譏。

23 詳見拙稿〈正名及追查眞相〉《陳文成博士逝世 19 週年紀念文集》（台美文化交流基金會，2007. 7. 2）

24 1991 年，葉爾欽恃著是蘇聯最大加盟國俄羅斯聯邦民選總統，不聽命於蘇聯總統戈巴契夫，還逼戈巴契夫下台，當他宣佈俄羅斯聯邦獨立，蘇聯亦隨之解體。

25 詳見拙稿〈廢省論〉（民衆日報，84 年 12 月 25 日）。

26 2012 年總統大選，2011 年 12 月 11 日，由中國國民黨發起「馬吳司法改革促進聯盟」，由司法院前院長施啓揚擔任總召集人，包括董翔飛、姚瑞光、林永謀、楊與齡、曾華松、吳庚、史錫恩等多位前大法官現身力挺馬英九，亦可明瞭司法帶有濃厚的中國國民黨屬性。或許有人會說；現及前（不包括已故）大法官不下四十人，現身挺馬的只是一部分而已，不可以偏蓋全。不過這種現象非比尋常，可說一葉知秋！其實在 2008 年總統大選，已有先例。
林洋港先生於 2013 年 5 月間逝世，法界推崇他是「一位開疆闢土的司法改革者」。他對司法改革容有貢獻，但人民對司法的信賴度一點也未見提升，我想，他以中國國民黨中常委身分擔任司法院長，與黃少谷先生等一樣，都難免貽人以「法院是國民黨開的」、「司法是國民黨的侍女」之口實。

27 主辦單位爲中華民國律師公會全國聯合會、國家政策研究中心、中國比較法學會、台北律師公會。

28 拙稿〈大法官？小法官？〉（黑白新聞周刊第 69、70 期，1995 年 1 月 29 日）。集中華民國司法院、最高法院、行政法院（嗣最高行政法院）於一機關之美國聯邦最高法院法官（共九名）稱 Justice（院長稱 Chief Justice）；日本最高裁判所法官（共十五名）稱判事、裁判官（所長稱長官），我國學者間有將之稱爲大法官，擅自變更他國官銜，妥當嗎？更何況民國司法院大法官之職權比美國聯邦最高法院 Justice、日本最高裁判所判事之職權小。

29 11 月 28 日，台大法律系 56 年畢業同學四十人赴總統府向同窗呂副總統加油、打氣；12 月 2 日，義務律師團、法律顧問團召開記者會，我都到場相挺。呂

副總統亦傾向以和爲貴，祇要新新聞公開道歉，還她清白，就不提告。然新新聞始終不道歉，最後呂副總統經法律途徑，獲得勝訴判決。

30 在第一時間，自動願意擔任「台灣國民黨」發起人者，有楊維哲、陳凌、蕭志如、曾哲明、許文輔、蔡丁貴、楊顯爵、林清祥、簡耿堂、吳宗信、汪庭安、蘇振明、陳志賢、陳鄰安、洪慧念、陳明和、蕭家惠、石豐宇、李銘亮、江仲驊、高成炎、林文印、許惠悰、楊樹煌、楊英杰、陳少廷、張國龍、陳俊卿、陳錦忠、謝志誠、林長青、黃宗樂等三十二位教授，接著又有李筱峰、尤英夫、張正修等多位教授繼續加入。當時寫文章述及或提及「台灣國民黨」者，有：張正修〈到底是玩眞？還是玩假？——評台灣國民黨之組黨〉（民眾日報，88年6月22日）；劉福增〈台灣國民黨與中國國民黨是大不同的〉（民眾日報，88年6月24日）；陳少廷〈台灣亦有兩個國家——台灣國民黨 vs. 中國國民黨〉（民眾日報，88年6月25日）；林玉体〈建議民進黨改名爲台灣國民黨〉（民眾日報，88年6月29日）；蔡秀卿〈台灣新世紀新價值——台灣國民黨的「四新主義」〉（民眾日報，88年7月25日、26日）（本文章爲台灣國民黨信守之主義定調）；陳少廷〈評李總統對兩岸定位的新宣示——「台灣的李登輝」vs.「中國的李登輝」〉（民眾日報，88年7月15日）；黃宗樂〈兩國論與台灣前途〉（民眾日報，88年7月19日）等。

31 我要特別感謝莊勝榮律師（擔任總幹事）、莊瑞雄律師（擔任副總指揮）參與規劃。

32 實際參與的人很多很多，恕我無法記明其姓名。

33 2004年，守護台灣大聯盟主辦「二二八百萬人手護台灣」活動，於二二八當天下午二點二十八分台灣百萬人自基隆到屏東（和平之島到建國之路昌隆村）全線同時手牽手，守護台灣。我全家出動，租車（帶四十人）由台北前往苗栗全國總指揮中心廣場，共襄盛舉。這是劃時代、未曾有之壯舉，我身臨其境，深深體會到什麼是「眾擎易舉」、「眾志成城」。

34 2004年2月8日，內子王阿蘭隨行政院長游錫堃夫人楊寶玉女士所帶領的中央官員牽手助選團到斗六市，爲陳呂配掃街拜票，當時內子到福德宮上香許願，許願時以八張嶄新的紅色百元鈔票恭敬地環繞香爐八圈，祈禱神明保祐陳呂配旗開得勝，之後虔誠地將八張百元鈔票放入香油箱。3月20日開票結果，陳呂配勝選，在雲林縣大贏了八萬多票。4月5日，我陪內子南下赴福德宮還願，內子再樂捐八千八百元。當我與內子抵達時，縣議員尹伶英、雲林水噹噹

副會長吳桂英、福德宮主委劉鉛準均已在場歡迎，媒體記者也到場採訪，翌日自由時報、聯合報、中國時報地方版均有報導，我和內子原本很低調，竟然有這種排場，感到非常意外。

35 1991 年 5 月 9 日發生「獨立台灣會案」，引發教授與學生集體抗議，迫使國民黨政府於 5 月 17 日決定廢除懲治叛亂條例。接著，9 月 21 日李鎮源院士、陳師孟教授、林山田教授等發起成立「一〇〇行動聯盟」，帶領群眾「反閱兵、廢惡法」抗爭。執政當局在聯盟絕不妥協的強大壓力下，終於在 1992 年 5 月 15 日修改刑法 100 條，廢除言論內亂罪。隨後，「黑名單」即被解除。現在年輕人，可能想不到，在刑法第 100 條言論內亂罪廢止前，若有人說：「我主張台灣獨立」，是會被判刑坐牢的。

36 蔣經國先生，台灣人對他的評價不一，雖然有人認為他是獨裁者蔣中正總統的嫡系傳人、白色恐怖年代的特務頭子。不過，從他掌權以後的言行、措施來看，我寧願給與高度評價。他於 1972 年 5 月組閣，翌年年底即推動「十大建設」，強調「往下紮根」，他重用李國鼎、趙耀東、孫運璿等人，使其發揮長才，對經濟建設作出貢獻；1985 年 8 月 16 日以「中華民國總統」身分接受美國時代雜誌專訪，表示自己已經是台灣人了，並聲明「蔣家的第二代不會參選總統」；1987 年 7 月 14 日宣告自 7 月 15 日零時起解除戒嚴，隨即開放黨禁、報禁，放寬集會及遊行之禁令。雖然是時勢潮流之所趨，但作為「外省人」掌權者，斷然推動本土化、自由化、民主化，實應予以高度評價。李登輝繼任總統後的種種改革，其實就是延續蔣經國先生的路線，並進而予以具體化、明確化者。蔣經國總統於 1979 年 4 月 4 日提出三不政策，即對中共採取不妥協、不接觸、不談判的立場，而李登輝上台後，於 1991 年 4 月 3 日宣告自 5 月 1 日零時起終止動員戡亂時期，以圖與中共平等互惠、共存共榮，亦不外是時勢潮流之所趨，但李總統對於與中共談判、交流採取「戒急用忍」政策。我想，李登輝與蔣經國不同的是，蔣經國始終維護「中華民國體制」，李登輝最後則要建立「台灣體制」。

37 2012 年 12 月 30 日，台灣教授協會舉辦「台灣 vs. 中國──友好？對立？」演講會，主講人辜寬敏先生首度公開透露，他在 1972 年 3 月初旬從日本返台秘會蔣經國先生（時任行政院副院長，準備接班）的經過與秘談內容。他說，他提出兩個建議，第一個建議就是應該把區別省籍的本籍（籍貫）制度廢除。

38 由廖中山（夫人林黎彩為二二八事件受難者林界先生之女）、林向愷、徐馨生、

陳師孟、張忠棟、黃秀華等人帶頭發起，而於一九九二年八月成立的「外省人臺灣獨立協進會」（簡稱外獨會）衝破「大中國」政治神話，祛除中國原鄉情結，明示「第一代逃難、第二代紮根」，成為真正的「臺灣人」，反對「統一」，支持「臺灣獨立」，以台灣為唯一的祖國，決意在台灣落地生根，無疑地是充滿智慧與勇氣的抉擇，令人敬佩不已。我黃氏先祖黃峭有首詩云：「駿馬匆匆出異鄉，任從隨地立綱常。年深外境猶吾境，日久他鄉即故鄉。」既是事實，也是真理。

39 由於我擔任學會理事長、協會會長，需要特別費用，也需要捐款，大學同窗邱雅文律師屢次給我擔任仲裁人、主任仲裁人的機會，我一直感恩在心。邱律師熱心公益，歷任台北西北區扶輪社社長、國際扶輪社 3480 地區 2012-13 年度總監等要職。

第五章
參與政事

黃宗樂就任行政院公平交易委員會主任委員

一、　膺任總統府國策顧問

　　陳水扁先生當選總統後，首要工作就是安排新政府人事。爲讓總統有充分自主的用人空間，台灣教授協會未爭取任何職位也未推薦任何人選。到底是論功行賞，還是具有代表性，我在不知之間被特聘爲無給職總統府國策顧問。總統府國策顧問，在一般人的心目中，地位相當崇高。依總統府組織法第 15 條第 1 項規定：「總統府置資政、國策顧問，由總統遴聘之，聘期不逾越總統任期，對國家大計，得向總統提供意見，並備諮詢。」

　　總統聘書內容如次：

　　總統聘書　（89）華總人特聘字第一〇二號　特聘　黃宗樂先生爲總統府國策顧問　聘期：自中華民國八十九年五月二十日起至中華民國九十年五月十九日止　　總統　陳水扁　中華民國八十九年五月二十日　監印徐慶良

　　總統府資政、國策顧問非「官員」，無「宣誓就職」儀式。

　　1. 台大法律系教授李鴻禧先生素有「國師」、「台灣第一名嘴」之美譽，對台灣民主運動貢獻甚大，在民間聲望極高，但新政府成立後，他不接受任何職位，有好幾位民間人士建議我：「務必請陳總統敦聘李鴻禧教授爲資政或國策顧問，只要總統誠意够，李教授應該是會接受的。」於是我在 2000 年 6 月 30 日上書總統，反應民間意見，懇請總統再度敦聘李鴻禧教授爲總統府資政，旋接奉 7 月10 日來諭謂：「正懷雅度，忽奉　瑤函，荷承　賜教，建議再予敦聘　恩師李教授鴻禧爲總統府資政，以弘法弼政，爲國宣力，誠乃

切中下懷，深獲我心。　恩師執教上庠二十餘年，樂育英才，承道傳薪；春風化雨，杏壇著績。水扁有幸受業門下，於自由民主之憲政思想，多所啓迪；嗣投身政界，復蒙陶鑄，更滋智慧勇氣。今大業方興，　恩師謙沖爲懷，功成不居，水扁雖竭誠敦聘，奉爲國師，然多番懇託，仍未獲俞允。既承　高見，自當立即將事，重申前請；惟自忖　恩師仁厚存心，優游不羈，縱或在野，亦將一秉關愛疼惜，爲國爲民，直諫無隱，水扁自當虛心求教，以匡不逮。新政府成立方近匝月，庶政紛繁，惟運作已見得宜，遠圖可期。今後至盼　執事續就大政方針，時錫教言，並予支持鼓勵。肅此申謝，順頌　勛祺。」7月11日總統府祕書長張俊雄請我到總統府，當面表示：「陳總統邀請李鴻禧教授出任總統府資政，眞誠誠心誠意，毋拘李教授一再婉拒。李教授是我的好朋友，我來請看覓（mai）。」結果李老師還是婉拒。後來，在陳總統盛邀下，李教授先後出任凱達格蘭學校校長、凱達格蘭基金會董事長，蓋以其爲教育、智庫機構，又非屬政府機關也。

　　2. 堅持台灣主體性理念之資政、國策顧問似乎皆具有強烈的使命感，三不五時便聚會（有時五、六人，有時八、九人，有時十多人），對國家大計、台灣前途交換意見，凝聚共識，俾便向總統提供意見，我都置身其中，參與討論。其中一個重要議題是，陳總統在就職演說中宣示：「只要中共無意對台動武，本人保證在任期之內，不會宣布獨立，不會更改國號，不會推動兩國論入憲，不會推動改變現狀的統獨公投，也沒有廢除國統綱領與國統會的問題。」即所謂「四不一沒有」，應如何解套？

　　3. 台灣教授協會係由致力實踐台灣獨立建國之專業人士所組成

的學術、社運團體，針對中共於其憲法宣稱：「台灣是中華人民共和國的神聖領土的一部分」，嚴正聲明：「台灣自古不屬中國，台灣中國，一邊一國」；針對中共主張：「和平統一、一國兩制」，則強調：「兩國兩制、和平共存」。台灣教授協會對於中國政策當然至為關切，我（時任會長）於2000年7月初旬特別召集為台教會會員之國策顧問鄭欽仁、陳少廷、尤清與會友國策顧問方仁惠共同研擬中國政策，向總統提出建言，建言主要有兩點：其一，對於總統就對岸的「一個中國原則」，明確回應「一個中國，可以當作議題，但不能當作原則或前提」，敬表贊同，但對於「邦聯」或「聯邦」的提法，則建議「似以不再提為妙」；其二，總統曾經把兩岸關係定位為「國與國的特殊關係」，令人激賞，懇望總統進而在「國與國的關係」的基礎上，積極「以台灣名義申請加入聯合國」。總統對這兩項建言，非常重視。

4. 陳總統就職時宣示說：「只要中共無意對台動武，本人保證在任期之內，……沒有廢除國統綱領與國統會的問題。」因此就職後馬上面臨是否出任國統會主委的問題。此問題統派與獨派的看法截然不同，意見對立。我發表〈擺脫一中枷鎖，確保台灣主權〉（台灣日報，89年8月22日）、〈陳總統沒有出任國統會主委問題〉（民眾日報，89年8月24日）等文章（內容雷同），極力反對陳總統接任國統會主委，並主張廢除國統綱領與國統會，其間又與李喬、鄭欽仁等國策顧問連署辜寬敏資政發起的「籲請總統廢除國統綱領及不接任國統會主委建言書」，其後，陳總統一直未召開國統會，進而於2006年終止國統綱領與國統會。台灣、中國本來就是互不隸屬、各別獨立的兩個國家，不論是統人或被統，都是吃人或被吃的

行為。

5.　新政府上路百日，自立晚報特闢「台教會論壇」，第一篇邀我撰寫，2000 年 9 月 9 日我以〈新政府，加油！〉為題，對新政府提出建言。我的結論是：「今日台灣，已厚植民主、自由的基礎，但黑金問題嚴重，廉能政治猶不可及，公義、人性化的社會亦尚未完全建立，而本土化猶有未足，必須主體化始為充分，至於國際化則仍須繼續努力。因此，展望陳水扁時代，吾人期待，積極推動清明化、人性化、主體化及國際化。」十幾天後，晉見總統，總統主動告訴我，他看到那篇文章並剪貼下來，總統強調：「你所期待的正是我們的核心價值，我們追求、奮鬥的目標。」

6.　中國國民黨一黨專政，統治台灣五十餘年，一旦政黨輪替，失去政權，當然悲憤萬分，無法接受，因此對於新政府，處處杯葛，陳總統就職才五個月，就醞釀罷免總統副總統，政局陷入動盪，波濤洶湧，媒體至為關切。總統府資政、國策顧問多憂心忡忡，「如何化解危機，如何穩定政局」遂成為最迫切的課題，多次開會討論，尋找對策。2000 年 11 月 2 日，包括彭明敏、辜寬敏、李鎮源、余陳月瑛、柏楊（郭衣洞）、楊基銓、黃天麟、張俊彥、李阿青、高志明、鄭欽仁、尤清、黃天福、方仁惠、謝聰敏、陳少廷、梁榮茂、楊金海、黃華等在內的二十八位資政、國策顧問假台北國賓大飯店二樓國際廳召開「不應輕言罷免總統副總統」資政國策顧問記者會，彭明敏資政囑我主持並代表宣讀「不應輕言罷免總統副總統」共同聲明，經媒體報導，引起大眾注目。11 月 16 日，台灣法學會假台大校友會館舉辦「總統罷免案法律問題」座談會，由李鴻禧教授主持，引言人為洪貴參律師、許志雄教授、李建良教授、張政雄律師，

我以理事長身分致詞，場面熱絡，共同的結論是：憲法修正條文及選罷法規定不够周延，惟在民主憲政運作上及法理上此時此刻都不宜罷免總統副總統。我致詞時，指出：「在野黨擬提總統罷免案，對支持陳總統的學者批評是『御用學者』，我們不能接受，我們追求民主、自由、人權與法治的理想，數十年不變，所有支持陳總統的言論都有深厚的法理依據的。當年李登輝總統就職民選總統滿一年時，媒體擬採訪與他競選的彭明敏教授，請他發表意見，彭教授婉拒採訪，他的理由是，民意選擇了李登輝，就應放手給他去做，落選的人沒有評論的資格。現在看到連戰先生和宋楚瑜先生落選之後，講話這樣大聲，陳水扁好歹是相對多數選出的，至少也應當讓他做一年看看，現在就挑起風波，實在沒有民主風度。」11 月 18 日上午，近三十位資政、國策顧問赴總統府與陳總統就總統罷免案、兩岸三通等問題，交換意見，長達三個半小時，我也參與其中。又，在這段期間，我與李鴻禧教授、陳繼盛資政、吳樹民國策顧問、尤清國策顧問兩度晉見總統，商討對策，過晝，總統請吃懷念的鐵路便當。其後，藍營自知理屈而未提出總統、副總統罷免案，政局才未繼續惡化。2003 年進而修正總統副總統選舉罷免法，第 70 條第 1 項增設但書規定：「但就職未滿一年者，不得罷免。」

7.　我接任公平會主任委員不久，藍營立法委員質詢時指摘我既擔任行政院公平會主任委員又受聘為總統府國策顧問，不合體制，媒體大幅報導，我從善如流，向總統提出辭呈，總統於我一年任滿後，改聘為總統府顧問（連聘三年）。當時總統向資政、國策顧問、顧問廣徵國是建言，我以〈突破當前政經困境芻議〉為題，提出八大管見：一．加速建立朝野共識，強化全民政經信心；二．建構優

良財稅政策與環境，兼顧財政健全與經濟發展；三．貫徹金融改革，健全金融環境；四．確立經濟發展方向，務實建構國際比較優勢之投資環境；五．推動全方位外交，加速經濟復甦；六．正視兩岸關係，建立全民共識；七．積極推動區域合作，完成全球佈局；八．建立「對外投資商情資訊網」，導正不對稱資訊誤導台商投資迷思判斷。全文近五千言。該建言初稿，我責成公平會參事黃定方（其後歷任財政部國庫署署長、財政部常務次長等要職）負責研擬，最後才由我定稿。

　　8．陳水扁在總統就職演說中特別強調「人權立國」。台灣在中國國民黨長期戒嚴、高壓統治下，人權被嚴重剝奪，人性被嚴重扭曲，陳總統宣示「人權立國」，正是對症下藥之良方。美麗島事件發生時，阿扁挺身為軍法大審被告辯護，而被稱為「人權律師」。李登輝總統主政後，推動民主改革，完成「寧靜革命」，而贏得「民主先生」之美譽。彭明敏教授與學生謝聰敏、魏廷朝起草〈台灣人民自救運動宣言〉，其後著《自由的滋味》，畢生為台灣自由獨立而奮鬥，如以「自由先生」稱呼，應當之無愧。現代立憲主義國家以保障人權為至上命題，維護人權更是今日普世核心價值，陳總統宣示「人權立國」，深得國人的支持和肯定[1]。當時我就深切期望陳總統日後以「人權先生」而揚名。我深信，歷史的發展有一定的軌跡，台灣會有自由、民主、人權三大先生，乃是歷史巧妙的安排。崇尚自由、深化民主、保障人權是台灣必走的路，任何的反動均將遭受台灣人民的非難與唾棄。為此，我還特別為文發表於台灣日報（92 年 8 月 7 日）。綜觀陳總統八年任內，除設置「總統府人權諮詢委員會」、「行政院人權保障推動小組」外，「拼經濟、大改革」、

「推動公民投票」、「回復二二八事件受難者名譽」、「設置台灣人權景美園區」、「極力維護言論自由」[2]、「舉辦入聯公投」……在在落實人權的保障。要不是國會朝小野大，泛藍立委極力杯葛，則國家人權委員會組織條例草案、國家人權委員會職權行使草案早就通過；經濟、社會與文化權利國際公約、公民與政治權利國際公約早就國內法化；而國家人權紀念館必也在任內完成。

抑有進者，陳總統是一位誠摯敦厚、飲水思源、有情有義的人，他對無數為台灣犧牲奉獻的台灣菁英、民主鬥士、建國志士，予以紀念、尊崇或讚揚，令人激賞。

9. 彭明敏教授以陳總統的師公之尊及對台灣的貢獻，榮任有給職總統府首席資政，在總統府有專用的辦公室，我三不五時趨訪請益，彭老師與吳慧蘭主任親切招待，談論國是，語重心長，獲益匪淺。彭資政深受陳總統倚重，任內僕僕風塵出訪二十多個國家，參加國際會議，從事學術交流和國民外交，為台灣發聲。其間，曾任亞洲太平洋自由民主聯盟祕書長，曾應捷克總統哈維爾之邀出席「公元兩千年論壇」，曾兩度率團出席美國布希總統主持的「祈禱早餐會」。彭教授乃首位專攻國際法而享譽國際的台灣人，他被尊為「台灣國際法之父」，2001 年 9 月台灣國際法學會成立，順理成章被敦聘為名譽理事長。

10. 桂裕教授係海商法、保險法權威，桃李滿天下，我也是他的受業門生，他自台大退休後仍住紹興南街宿舍，我擔任輔大法律系系主任時每年都登府致送聘書，並話家常。他上嵩壽後，陳水扁、馬英九公務繁忙仍不忘造第請安，媒體喜稱他是陳水扁總統、馬英

九市長的恩師，聲望崇隆。2002 年 1 月 2 日他以一百零一歲高齡逝世，定居美國的子孫回台奔喪，公平會協助治喪。總統特頒褒揚令，褒揚桂裕教授生前對學術及教育的貢獻。1 月 10 日舉行告別式，陳總統親臨靈前致祭，並瞻仰遺容；弔唁者眾，備極哀榮，我代表宣讀褒揚令，桂教授公子桂明遠代表接受。桂教授係戰後來台的「外省人」，大半生在台灣奉獻，老來在台灣安享天年，最後以百歲人瑞在台灣壽終，台灣早就是他擁抱的新故鄉了。而受業門生，無分藍綠，悉對恩師供養、恭敬；諸多有成就的「本省籍」門生更帶給老師溫暖和欣慰，桂教授是幸福的。

11. 2001 年 5 月我改聘為總統府顧問後，顧慮到角色問題，而公平會會務又相當繁重，於是就很少參加資政、國策顧問的聚會。總統府置資政、國策顧問為總統府組織法所明定，可是在藍軍逢扁必反的情況下，對陳總統遴聘資政、國策顧問亦批評得體無完膚，2006 年 5 月陳總統徵詢多位資政、國策顧問意見後遂不再遴聘。但馬英九總統上任後，則又回復遴聘資政、國策顧問。

民進黨首度執政，支持者無不寄以厚望，要求亦多，百般庶政亟待興革；陳總統生為台灣之子，國會又朝小野大，在野黨逢扁必反，統派媒體更推波助瀾；夫人復長年癱瘓，行動不便，心情鬱悶，幸陳總統以超人的意志、信心、毅力、耐性和智慧，終能克服種種困難與挑戰，日理萬機，把台灣帶往正確的方向，政績可圈可點。撫今追昔，我不得不說：「陳總統，您背著台灣的十字架，辛苦您了！」

觀諸後任者馬英九總統被英國《經濟學人》雜誌（2012 年 11

月）以〈Ma the bumbler〉（馬愚蠢者）為題的專文，指出一般認為"Mr. Ma is an ineffectual bumbler"（馬先生是一位沒用的笨蛋），過去，中國國民黨一再嚴厲批評「阿扁只會選舉，不會治國。」結果，「雞嘴變鴨嘴」。偶爾與朋友閒談時，我說：「比起馬英九治國無能，更顯得陳水扁治國有方。」朋友很粗魯地說：「膦鳥比雞腿，阿扁仔讚濟咧，馬的漏屎馬，欲那會比得。」說的也是，民眾一般指摘：馬總統主政，傾中媚共、主權流失、司法偏藍、人權倒退、經濟衰敗、物價上漲、百業蕭條、就業無門、民不聊生……罄竹難書。中國國民黨完全執政，馬英九上台時誇口說：「馬上好」，實際上卻馬上壞，而且一直壞下去，在怨聲載道中，2012年馬英九還是高票連任了（贏了八十多萬票）；反之，對民進黨而言，應該是很好打的一場選戰，竟然「好好鱟刣到屎流」、「贏贏傲博到輸」。何故？民進黨必須深思！我想，宇昌案蔡離開公職後八個月內賺八仟萬元；農舍案蘇豪華農舍違規使用，都帶來負面影響。馬總統連任後，秕政連連，英國《經濟學人》雜誌才會以嚴詞痛批。其後，依舊每況愈下，抑且貪腐不斷，施政滿意度都在二十趴以下，甚至跌到十三趴，最後只剩下九‧二趴，莫可如何。

綜觀馬總統的用人、施政及整人（例如整同黨立法院長王金平）都是在為其終極統一（台灣被中國併吞）鋪路。用人方面，對於心向外國、對台灣存有二心的人也照用不誤。外來政黨過客心理，本土政黨又不爭氣，部分台灣人意志不夠堅定，我很擔憂，台灣人再不普遍覺醒，「台灣緊慢會乎中國提去」。

就在台灣危殆之際，太陽花學運帶來了新希望。2014年3月17日，中國國民黨籍召集委員，以「服貿協議付委超過三個月，視為

已審查」為理由，於三十秒內逕行宣佈服貿協議初審已完成，全案送院存查，引發反黑箱服貿民眾極端不滿，18 日晚上，以陳為廷、林飛帆為首的數百名學生衝入立法院議場，佔領立法院，改寫了台灣學生運動史；30 日，五十萬「黑衫軍」湧入凱道與周邊道路示威，將反服貿運動帶入最高潮。學生們大聲喊出：「自己的國家自己救」；4 月 10 日傍晚，「轉守為攻，出關轉播」，看來台灣有救！台灣絕對有救！

果不其然，2014 年 11 月 29 日首次舉行「九合一選舉」，開票結果，中國國民黨大敗，簡直輸到脫褲。台灣人民用選票狠狠教訓馬英九。考其原因，除馬英九及中國國民黨貪腐無能外，我想，與太陽花學運、公民力量崛起，也有很大的關係。選民尤其是年輕的選民對馬英九及中國國民黨的不滿、不信任自主的反應在選票上，逼得馬英九不得不辭去黨主席，中國國民黨不得不救亡圖存。

其反射結果，民進黨順勢壯大，進而乘機經營，尤其拜中國國民黨內部分裂之賜，終於邁向完全執政，正是「時勢造英雄」。切盼民進黨完全執政後，能秉持「清廉、勤政、愛鄉土」之初衷，積極推動臺灣國家正常化（正名、制憲、入聯），並進行各項改革，包括未盡的轉型正義，顧主權，護人權，為全民謀福祉，「使老有所終，壯有所用，幼有所長，矜寡孤獨廢疾者皆有所養」、「盜竊亂賊而不作」、「食安、居安、遊安、錢安、好生活」，慎勿步馬政府後塵，「治國無能；完全執政，完全腐化」。

陳總統主政八年，藍營出版《哭泣的台灣　看民進黨執政八年》（其實是中華民國在哭泣）乙書，我想馬總統卸任後，綠營應該出

版《悲泣的台灣　看馬總統主政八年》之類的書，以資對應。令人
敬佩的是，前書第一位執筆人南方朔先生，其後對馬總統百般失望
之餘，本於知識人的良心，勇敢站出來嚴厲批判馬總統的惡政、無
能。

二、　出任行政院公平交易委員會主任委員

（一）　出任經緯

　　2000 年 11 月底，接到行政院長室打來的電話說：「張院長請
您推薦公平交易委員會委員人選。」我想可能由於我是現任台灣法
學會理事長、台灣教授協會會長，所以張俊雄院長也要我推薦。我
約洪貴參律師、許志雄教授到李鴻禧老師府上共商人選。我們三人
都沒有意願，我們推薦了幾位，我用限時掛號寄到院長室。之後，
對於主任委員人選，李老師、洪律師、許教授都認為我很合適，但
在我的生涯規劃中自始無「做官」乙事，一旦仕進就是改變初衷，
難道要改變初衷嗎？我自認為也被稱為是知識份子，但有人說一旦
入公門為官就不再是知識份子了，要破功嗎？我以前從事運動，批
評國民黨政府弊政，一旦當官就成為被批評的對象，會習慣嗎？尤
其是立法院朝小野大，而我又被貼上「挺扁大將」的標籤，藍營立
委必藉機修理，值得嗎？內子則一再鼓勵我，如有機會為國家社會
服務，實現理想的話，絕不可錯過。俗語說：「聽某嘴喙，大富貴。」
太太的期望，不可不考慮。再者，如果有機會擔任公平會主委，能
為新政府主導推動公平交易政策，何樂不為？更何況台大法律系同
仁借調公平會迄今職位最高的是副主委，能擔任主委，獨當一面，
可發揮的空間更大；公平會又是獨立機關，注重專業，委員、主任

委員均有任期保障，至少能做三年，任滿後又能歸建。我以往擔任系主任、所長、社團負責人，一般對我的評價都很高，如果有機會擔任公平會主委，應該也會有良好的表現，甚至有一番作為。而且，在不同的階段，扮演不同的角色，做不同的奉獻，人生會更加豐富。至於部會首長須受監督，並接受批評，乃理所當然，祗要嚴守崗位，依法行政，清廉自持，就一定經得起考驗，我自信「真金不怕火煉」。

經一連串思量後，不覺心動。為慎重起見，我特別恭請總統府資政彭明敏教授推薦，彭老師很高興向陳總統和張院長推薦。我的人事案於 12 月 21 日確定，29 日張院長約見，翌年 1 月 5 日行政院、總統府同步發布新聞，特任黃宗樂為行政院公平交易委員會主任委員，媒體還大幅報導我出任公平會主委的消息。1 月 10 日台大法律學院院務會議以贊成 29 票反對 5 票同意我借調。

任命令內容如次：

任命令　（90）特字第 00003 號　特任黃宗樂為行政院公平交易委員會委員並為主任委員。右令自九十年一月二十七日起生效。　總統陳水扁　行政院院長張俊雄　中華民國九十年一月五日　監印徐慶良　校對楊莉珊

俗語說：「一舉、二運、三本事」、「一牽成、二好運、三才情」，也就是說，成功的祕訣，一要有人推舉、牽成，二要運氣好，三要自己有本事、有才能。可見，一個人的成功，除了本身條件夠外，還要時運相濟，重要的是有人保舉、提拔。像政治性任命的政務官，例如內閣閣員、司法院大法官、考試院考試委員、監察院監察委員

等，如果沒有人舉薦、拔擢，或者時運不濟，則儘管多有本事、多有才能、多麼適任，也是當不上的。我之所以能任公平會主委，主要還是靠機遇、機緣、chance，有貴人保舉、牽成罷了。

有人認爲：以我的學經歷及對民主運動與社會運動的付出和貢獻，僅擔任公平會主委實在是屈就了。不過我不以爲然，其一、政務官上臺靠運氣，我運氣算好的；其二、公平會爲獨立機關，屬Ministerial 層級，委員、主委均有任期保障；其三、公平會主委爲特任；其四、昔，漢宣帝時，龔遂年七十，被薦出任渤海太守，單車赴任，致力興革，境內大治，稱循史第一（後詳）；東漢獻帝時，孔融任北海相，以興學爲首務，政績斐然，名列東漢名臣；臺灣總督府民政長官後藤新平，施政八年，極力推行臺灣近代化，功業彪炳，而贏得「臺灣近代化之父」之美譽。可見爲官最重要的是有無建樹？有無政績？我自信於公平會主委任內必有所建樹，定能拿出亮麗的成績。

（二）　要做積德的現代公僕

無可諱言的，戰後，陳儀政府以征服者、勝利者的姿態君臨台灣，肆行另類的殖民統治，一切權位均由外省人和「半山」所獨占；其後，國民黨政府播遷台灣，以統治者自居，更壟斷一切政治資源，黨政軍警特悉爲外省人所把持，本省人，除「半山」外，少數忠貞黨員或黨友作爲點綴或樣板而已（其實這是無可奈何的，試想，大陸湧來一大堆官員，職位有限，僧多粥少，「生食都無够，那有通曝乾！」）。迨台灣反對運動、台灣獨立運動風起雲湧後，中國國民黨才考量「以台制台」，而逐漸起用與黨有交心的本省人。說穿

了，過去本省人所以能有高官厚祿乃拜反對勢力之賜。像我從未加入中國國民黨，亦不屬於任何政黨，又無特殊背景的人，在中國國民黨黨國體制下，絕不可能被延攬入閣擔任要職。從這個角度來看，我能出任公平會主委（特任政務官），是彌足珍貴的。

不過，做官未必是好事，台灣諺語有謂：「一世官，九世冤」、「一世官，九世牛，三世寡婦」，意思是說，為官做惡，會結下好幾代的冤仇，貽害後代子孫，後患無窮。我必須戒慎恐懼，做官不可濫用職權，徇私舞弊，尤應揚棄往昔「做官」的觀念，做個誠正盡責、為民服務的現代公僕（在現代民主國家，政府與其說是統治者，不如說是服務者）。又有句諺語謂：「人在公門好修行」，意思是說，在政府機關服務，要好好善用職權，行善積德。我有機會出任新政府要職，當然就要邁向「通往積德之路」。我想，惟有如此，才能告慰父母親在天之靈，也才能報答提拔我的人知遇之恩。

（三） 公平交易法要義

公平交易法徹頭徹尾是舶來品。十九世紀後半，美國由於大企業合縱連橫共組卡特爾（cartel），聯合壟斷市場，嚴重損害消費者利益，聯邦政府終於在大眾的壓力下，於 1890 年制定美國第一部反托拉斯法——雪曼法（Sherman Act, 1890），禁止事業聯合壟斷。戰後，日本在以美國為主的聯軍占領體制下，傳統的財閥被下令解散，開放自由經濟市場，並迫使日本政府於 1947 年，制定「獨占禁止法」。我國於 1980 年代在以美國為主的貿易對手強力要求我國開放國內市場，允許國外廠商參進競爭之下，乃於 1986 年草擬完成公平交易法草案，幾經周折，終於在 1991 年 2 月 4 日公布，自 1992

年 2 月 4 日施行。屬部會層級的主管機關——行政院公平交易委員會（以下簡稱公平會）亦同時成立。公平交易法之宗旨在於維護交易秩序與消費者利益，確保自由與公平競爭，促進經濟之安定與繁榮（法條未列「自由」二字，顯係疏漏），亦稱為「經濟憲法」，其規範內容涵括兩大部分，一為對獨占、結合及聯合行為的規範，一為對不公平競爭行為的規範：

在規範獨占、結合及聯合行為方面，其目的在於促進市場的自由競爭，避免產生競爭不足的現象。規範內容包括：原則上容許獨（寡）占事業的存在，但禁止其濫用市場地位損害競爭；事業結合可能對市場結構產生不利影響，但又為避免阻礙商機，在 2002 年修法前採行事前申請許可制，其後改採事前申報異議制；至於聯合行為，原則上禁止，例外情形經申請後方得予以許可。

在規範不公平競爭行為方面，其目的在於保障市場的公平競爭，避免產生競爭過度的現象。規範內容包括：限制轉售價格、妨礙公平競爭之虞之行為、仿冒表徵或著名商標、虛偽不實或引人錯誤之廣告及標示、損害他人營業信譽、變質多層次傳銷、及其他足以影響交易秩序之欺罔或顯失公平行為等七種行為。

公平交易法，歐美先進國家稱為競爭法，其基本理念主要源於經濟學之父亞當斯密（Adam Smith）在兩百多年前所提出來的觀念：「自由及競爭的市場能夠促進經濟發展、創造財富及提昇消費者福祉。」2001 年諾貝爾經濟學獎得主史帝格立茲（Joseph E. Stiglitz）更直言：「競爭政策不只是國富專屬的奢侈品，更是所有追求自由市場經濟國家的必需品。」

（四） 公平交易委員會之職掌與組織

公平會的職掌包括一、關於公平交易政策及法規之擬訂事項；二、關於審議本法有關公平交易事項；三、關於事業活動及經濟情況之調查事項；四、關於違反本法案件之調查、處分事項；五、關於公平交易之其他事項，職權龐大，可說集行政權、立法權、準司法權（調查權）於一身。公平會依法獨立行使職權，置委員九人，任期三年，任滿得連任；其中一人為主任委員，特任，綜理會務；一人為副主任委員，襄助主任委員處理會務，職務比照簡任第十四職等；其餘委員職務比照簡任第十三職等，均由行政院長提請總統任命之。委員應具有法律、經濟、財稅、會計或管理等相關學識及經驗，同一黨籍者不得超過委員總額二分之一；委員須超出黨派以外，於任職期間不得參加政黨活動，並依法獨立行使職權。[3]

公平會設有第一處、第二處、第三處、企劃處、法務處、祕書室、及人事室、會計室、統計室、政風室，並設有競爭政策資料及研究中心與南區服務中心。

（五） 就任前的準備

1. 認識公平交易法

我在日本留學時，曾閱讀日本獨占禁止法，但對於我國新制定的公平交易法僅止於粗淺的認識而已。我確定出任公平會主委後，頗感任重道遠，戰戰兢兢，立即埋首研讀公平會編《認識公平交易法（增訂七版）》乙書，獲益良多。以此因緣，我上任後，特別重視本書，在任內經增訂八版、增訂九版，而於民國93年9月予以全

面改版,並增訂八個章節,而使本書更臻完善,印刷亦力求精美,出版後深受好評。

2. 把握民主進步黨之公平交易政策

民進黨執政,執政團隊每位成員理應了解並執行民進黨的黨綱政策,方不負選民之付託。民進黨行動綱領中對於公平交易政策之主張,原為「保障消費者利益,制定公平交易法,嚴防不當暴利,加強經濟紀律,建立國內市場秩序。」1999 年 5 月修正為「禁止壟斷以及官商勾結,確保市場機制合理運作。」我上任後,自當依法嚴格取締事業聯合壟斷行為,打擊惡性卡特爾,公正執法,絕不可向財團傾斜,以確保市場機制合理運作,維護公共利益。

3. 確定機要祕書、主任祕書人選

在就任前,趙揚清主任委員假來來大飯店舉辦新舊委員聯誼會,請一桌共十人參加。我初次見到趙主委,發現她雍容華貴、親切開朗、幽默健談,確實是女中大丈夫,難怪中國國民黨會刻意栽培。我並陸續在台大校友會館,(1)與台大法律系同仁借調公平會擔任副主任委員的劉宗榮教授、擔任委員的羅昌發教授餐敘,虛心請益;(2)與公平會人員許兆英、辛志中、黃翠蘭餐敘,確定機要祕書人選;(3)與第二處處長林益裕餐敘,請他出任主任祕書[4];(4)與主任祕書黃定方、人事室主任林能進餐敘,請教會務及交接事宜,一切都進行得很順利。

4. 確立「用人唯才,就地取材」原則

機要祕書、主任祕書,我都從會內拔擢,已如上述。我認為,

擔任首長，知人善任、用人唯才至爲重要，尤其是在以獨立、專業、去政治化爲其特色之獨立機關，最好能够就地取材。用人用對了，會務必能順利推行，可說已成功一半。而就地取材，駕輕就熟，事半功倍，尤其會內人員有足够的晉升機會，必能鼓舞士氣，並有助於會內的團結與和諧。我在公平會六年期間，全體同仁士氣高昂，勇於任事，使得各項公平交易政策均能一一落實，我想，和我的用人待人有必然關係。

5. 立意以「勤、誠、廉、忍」爲座右銘

初次從政，誠惶誠恐，我特以「勤、誠、廉、忍」自我鞭策、自我警惕。從政必須勤政，此乃自明之理。我接任主委後，當全心全力投入會務，不可稍懈。我一向以誠待人，我到公平會後，切不可高高在上，而應本於人格平等原理，誠摯對待每一位同仁，敬人者人恒敬之。做官（擔任公僕）必須清廉，此亦自明之理。更何況以往曾根據事實，抨擊國民黨政府貪污腐敗，豈可不嚴格要求自己清廉!? 我性格較爲剛烈，平素即以「忍」字自我警惕，入公門後更應以「忍之一字衆妙之門」自我勉勵。忍耐、忍辱、忍受都是無上的美德。

古人以清愼勤爲能做好官的三字要訣，進而謂：「忍之一字，衆妙之門，當官處事，尤是先務，若能清愼勤之外，更行一忍，何事不辦？」我認爲勤誠廉均以忍爲前提或後盾，勤乃勞而不怠、努力以赴，須忍始能致之；要以誠對待每一個人，殊非易事，須忍始能無差別地善待任何人；金錢財物誘惑甚大，須忍始能拒絕誘惑而不貪。抑有進者，「一忍萬事休」、「小不忍則亂大謀」、「忍辱

負重」、「忍事敵災星」，忍之一字，確是衆妙之門。我深信，勤能補拙，誠可格天，廉以養德，忍者必成。

6. 務必「公私分明、大公無私」

當官（擔任公僕），要公私分明，公是公，私是私，公事是公事，私事是私事，必須分清楚，消極的不可假公濟私，積極的要能公而忘私；處理公事行使權力，必須大公無私，才能贏得信服，受到尊敬。

（六） 走馬上任

1. 主任委員交接

2001 年 1 月 27 日是我就任公平會第四屆主任委員的日子，公平會在台北市中正區濟南路一段 2 之 2 號中央聯合辦公大樓 12 － 14 樓，樓上 15 － 17 樓為陸委會，樓下 9 － 11 樓為人事行政局，研考會也在這裡。早上九點林能進主任專車到挹翠山莊寒舍接我，十點半在公平會禮堂舉行交接典禮，由政務委員陳錦煌監交，當天是農曆正月初四又是星期六在放假中，但觀禮的人還不少，彭明敏資政、李鎮源資政、陳少廷國策顧問等也特地蒞臨觀禮，彭資政並上台致詞，對我勉勵有加。我致詞時具體宣示公平會未來五大工作重點為：建立合理的公平交易制度、推動自發的自律規範、落實親民的公平行政程序、建構競爭的公用事業規範、推展前瞻的國際交流合作。典禮完成後，我恭送趙主委到樓下大門口，公平會同仁列隊歡送，場面溫馨感人。接著，我批第一件公文，到任報院的公文，寫一個「發」字。然後，在辦公室接受道賀，並接見主任祕書、參事、各處室主管等，喜氣洋洋[5]。下午，我發布第一道人事命令，主任祕

書黃定方調任參事、第二處處長林益裕調任主任祕書暫兼第二處處長。因爲是年假期間又是星期六，下午三點左右我就下班回家。

　　2月12日於總統府「宣誓儀式暨總統府國父紀念月會」上宣誓。在總統親自監誓下，由我引導考試院祕書長許慶復、外交部政務次長吳子丹、僑務委員會副委員長廖勝雄、公平會副主任委員鄭優、駐賴比瑞亞共和國特命全權大使陳永綽等，一字一句宣讀誓詞：「余以至誠，恪遵國家法令，盡忠職守，報效國家，不妄費公帑，不濫用人員，不營私舞弊，不受授賄賂，如違誓言，願受最嚴厲之處罰，謹誓。」宣誓儀式，莊嚴隆重，復位時，呂副總統特別向我握手道喜，媒體還加以報導。我有生以來首次宣誓，且引導宣誓，而宣誓又具有強大的拘束力，我謹記在心，奉行不違。

2. 進入狀況

　　正式上班第一天（1月29日）會裡即安排主委與處室主管座談，接著陸續安排各處室作簡報、與各處室科長以上人員餐敍，讓我了解整個會的業務及其運作，並認識科長以上人員。我仔細聆聽、詢問，誠摯與同仁交談，很快就進入狀況。同時，主任祕書、人事室主任等陪我到各處室巡視，接近所有同仁，並了解其辦公環境。

　　公平會成立已有九年，各方面都已奠定了良好基礎；全會人員包括約聘雇用人員在內共二百五十餘人。同仁素質都很高，專業、認眞，談吐得體，又充滿朝氣，而且均能嚴守事務官（國家公務員）分際，絲毫未見有因政黨輪替、首長換人而不能適應之情形。

　　我到任後，參事室安排我到立法院一一拜會立法委員，拜託多

多幫忙、指教，有好幾位立法委員對我說：「黃主委，有廖參事，很多事情，你就可以安啦！」我不明其意，後來才知道，原來廖參事曾經被評選爲國會最佳聯絡人。接著又安排與立法院經濟暨能源委員會職員餐敍。參事室又陸續安排平面媒體記者專訪，讓我擔任主委的抱負及施政方針等能够見諸報端。新委員上任時，參事室安排記者會，會後委員們、各處室主管與記者們餐敍。廖參事與張專員（後來升視察、科長）誠懇、熱忱、勤快、盡責，後來我在公平會六年間，媒體對我個人有不少報導，尤其包括內子在內，有多次的專訪，應該歸功於廖世明參事與張志斌專員（後來升視察、科長）與媒體關係良好、特別安排的結果。

（七）　副主任委員、委員到任

第四屆副主任委員、委員於 2001 年 2 月 1 日就職。副主任委員爲鄭優，委員爲何之邁、陳櫻琴、陳志龍、許志義、劉連煜、陳紀元、蔡讚雄。何之邁委員於 91 年 1 月離職，遺缺由柯菊繼任；鄭優副主任委員於 91 年 7 月離職，遺缺由陳紀元委員繼任，陳紀元委員遺缺則由李憲佐繼任。

我從台大法律系教授借調公平會主委一任三年，於 2004 年 1 月 26 日任滿。公平會在 2003 年 11 月報請行政院長遴選第五屆主任委員、副主任委員、委員，提請總統任命之。2003 年 12 月 10 日民進黨提名陳水扁參選 2004 年總統選舉，是日行政院院會後我被安排晉見游錫堃院長，游院長當面表示：「總統非常肯定你在公平會的表現，決定由你連任公平會主任委員，請你提副主任委員、委員推薦名單，女性委員至少三人。」幾經掙扎後，決定辭去台大專任教職，

離開我珍惜、眷念的母系，包括借調三年在內，我在母系專任教職共計十四年六個月。我於 2004 年 1 月 27 日就任公平會第五屆主任委員，因係連任，無交接儀式，但宣誓儀式仍不能免，而於 2 月 16 日於總統府舉行，在總統親自監誓下，我第二度宣讀誓詞，益覺責任之重大。

第五屆副主任委員、委員於 2004 年 2 月 1 日就職。副主任委員為陳紀元，委員為蔡讚雄、柯菊、王文宇、余朝權、徐火明、張麗卿、陳榮隆。陳紀元副主任委員於 94 年 1 月辭職，遺缺由余朝權委員繼任，余朝權委員遺缺由周雅淑繼任；徐火明委員於 94 年 4 月離職，遺缺由黃美瑛繼任。結果女性委員占 9 分之 4，完全符合游院長的要求。

委員均為專任，有專用的辦公室和助理，有專用的坐車和司機，與司法院大法官、考試院考試委員並無不同。委員除出席委員會議外，須指導辦案、審核議案，並擔任機動性任務編組及專案小組召集人，事務繁多。副主任委員，襄助主任委員處理會務，須由副主任委員主持的會議不少，又兼會發言人，工作相當繁重。我在服務後期，曾請陳榮隆委員、周雅淑委員先後擔任第二發言人。

委員均係來自學界、政界的精英，都是一時之選。能與飽學公正諤諤諸賢共事，是我的福氣。

（八） 參加行政院會議

1 月 31 日第一次參加行政院會議。張院長忘掉介紹，而於下一次院會才補介紹。行政院院會於每週三上午九點開始，通常在十二

點以前結束。公平會為獨立機關，獨立機關，依中央行政機關組織基本法（民國 93 年 6 月 23 日公布）規定，係指依據法律獨立行使職權，自主運作，除法律另有規定外，不受其他機關指揮監督之合議制機關。我了然於獨立機關之特質，於行政院院會，除非與公平會有關，否則我儘量不發言。獨立機關之首長參加行政院院會，坦白講，意義不大，亦不適當。我國接受 OECD 及來自七十餘國競爭法主管機關對我國競爭法與競爭政策同儕檢視，OECD 最後所提出建議之一，即期望藉由我國中央政府行政組織的改造，加強公平交易委員會的獨立性，其中包括公平會主委不宜參加行政院院會。

有同僚問我：「您從事運動時，興革意見頗多，在行政院院會，您應該也有很多意見，不過卻很少聽您發言……。」我告訴他說：「確實我也有很多意見，可是我是獨立機關公平會主任委員，除非事關公平會業務，否則保持緘默，才是正確的作法。認清自己的角色，行止恰如其分，非常重要。」

（九）　主持業務會報

1 月 31 日主持到任後第一次業務會報。業務會報每週一次，固定於每星期三下午舉行。出席人員為主任委員、副主任委、主任祕書、各處處長、副處長、專門委員、各室主任、參事等，以主任委員為主席。每次會報，分別由各處室報告當週業務概況，再由與會人員發表意見。涉及跨處室之業務，並妥為溝通、協調。最後由主席裁（指）示。行政院院會如有相關公平會業務之事項或院長有特別裁（提、指）示，主席會在會報開始時，先轉達，俾同仁注意、遵循。記得首度參加行政院院會，張院長於院會指示：「邁向民主

法治國家，政黨輪替是常態，而無論那個政黨執政，公務員均爲政局穩定的力量，自應秉持忠於國家、忠於人民的精神，積極任事，並重視公務倫理，充分協調溝通，以建立優良之文官制度，不應有擅自批評長官之扯後腿行爲。」新政府上台後，屢傳舊政府官員有扯後腿行爲，張院長的指示顯得特別語重心長。所幸，我在公平會六年期間，從未發現會內舊政府官員有扯後腿行爲。不僅此也，過去，在中國國民黨黨國體制下，幾無行政中立之可言，我到會後懇切要求全體同仁嚴守行政中立，樹立優良文官之典範，同仁都歡喜奉行，令我十分欣慰。

業務會報爲各處室溝通協調、分工合作之平台，亦係主任委員掌握業務狀況之「總根頭」，事關公平會業務之推展甚巨，我非常重視，除非另有要公，否則必親自主持。

（十） 主持委員會議

2月1日主持到任後第一次委員會議。我事先詳閱各議案，並責成黃定方參事提供書面意見，俾便參考。主持會議是我的「本房」（pun pang，最得意、最拿手的事物），故雖爲第一次主持委員會議，但進行得相當順利。

委員會議乃公平會最重要之會議，固不待言。依規定，委員會議，主任委員、副主任委員及委員均應出席，主任祕書及各處處長應列席會議，承辦單位及有關單位之代表得列席會議。委員會議每週開會一次，必要時得召開臨時會議，依例，常會於每週四上午九點開議，通常在十二點以前就能結束，有時亦曾開到下午五點。

應提出委員會議議決之事項如下：（1）關於公平交易政策之審議事項；（2）關於公平交易行政計劃方案之審議、考核事項；（3）關於執行公平交易法之公告案、許可案、處分案之審核事項；（4）關於執行公平交易法規之審議事項；（5）委員提案之審議事項；（6）其他依法應由委員會議決議事項。

委員會議九點開始，我以身作則，九點前一定到會議室，準時開議。我要求同仁必須守時，非不得已，不得遲到，幸而同仁們都能嚴守。依慣例，主任委員於全體人員坐定後，始由主任祕書、機要祕書陪同入場，並拉坐椅請主任委員就坐，但我取消這種排場，我都獨自入場就坐。我這樣做，同仁不但不覺得我沒有首長的架式和高度，反而覺得我有親和力和平等心。坦白講，我對擺架子、激派頭的人，一向沒有好感。

會議發言，我要求同仁必須 to the point，亦即發言必須中肯、切題、得要領、抓住重點，也就是必須「對點」（台語），幸同仁們均能牢記在心，to the point 遂成為當時的常用語。

我尊重各委員獨立行使職權，絕不加以任何干涉。主持會議則保持中立，不率先表達自己對議案的看法，以免影響各委員的獨立思考，必要時才以「委員」身分發表意見；每一議案必俟委員們充分發表意見後，再綜合各委員意見，作成結論。我落實委員會議合議制的功能，有幾位公平會老同仁對我說：「黃主委確實不一樣。」

通常，議案經充分討論而達成共識時，再作成決議。如有為某一事實須進一步調查或適用之法條有待斟酌，則暫緩作成決議，並責成主辦處在原審查委員指導下進一步調查、研擬後再提會討論，

必要時則指定一位或二位以上委員參與審查[6]。非有必要，儘量避免付諸表決。委員對於會議決議有不同意見或協同意見者，尊重其要求，將其不同意見書或協同意見書載入會議記錄，或登載公平會全球資訊網。

案情複雜或委員意見分歧之事件，則召開會前會，由主任委員、副主任委員、各委員、主任祕書、承辦處處長、副處長、專門委員、科長、承辦人員出列席，先行溝通、討論，以節省委員會議討論時間。此外，亦曾依職權、當事人之申請，通知當事人及與審議事件有關之事業到場說明，更曾舉行公聽會、聽證會，多方聽取意見，釐清案情，以資作成正確判斷。

（十一）　總統召見

2月12日於總統府宣誓，翌13日，蒙　陳總統召見，我依通知，於下午一點四十五分以前由總統府正門進入，被接待到貴賓室等候。我問接待人員：「不是從側門進出比較方便嗎？」他回答說：「總統的貴賓必須從正門迎送。」，二點準時晉見。總統於緊鄰總統辦公室的會客室接見。總統垂詢：「改跑道，適應嗎？」我回稟說：「政務官必須遵行誓言、嚴守官箴，拘束較多，不若教授自由。總統說過：『是什麼，做什麼，做什麼，像什麼。』我想我很快就會適應。」總統莞爾點頭。總統瞭解公平會為依法獨立行使職權之機關，勉勵我以超然獨立的立場，公正執法，尤其應以確保大眾福祉、維護公共利益為優先考量。由於是舊識，嚴肅中帶著幾分輕鬆，總統告訴我說：首次政黨輪替，人民對新政府的期待甚高，新政府必須除弊興利，全力以赴，絕不可辜負人民的付託，現在各項施政都已漸入

佳境，遠圖可期，希望黃主委加入執政團隊後，對我國各項公平交易政策的推展，作出貢獻。談了半個多小時，而後與總統合照留念，我將一份公平會業務報告呈給總統參考，隨即鞠躬告退，總統很親切地送到門口，先一步替我開門，並露出笑容說：「順行。」接待人員送我到正門口。陳總統的誠摯和禮遇，讓我十分感動；他的勉勵和期許，我牢記在心，不敢或忘。

（十二）　列席立法院會議備詢

2 月 20 日第一次列席立法院會議備詢。立法院，依規定，有立法院會議與委員會會議，公平會主委於前者須列席備詢，於後者須列席報告業務概況並備詢，與其他部會首長完全相同。

我國堂堂國會（立法院）常被詬病為「國家亂源」，令人感歎！依中華民國憲法規定，行政院對立法院負責，行政院應受立法院監督，乃憲政體制之要求，惟首次政黨輪替後，國會朝小野大，泛藍立委動輒蓄意杯葛，問政態度極不友善，有時甚至口出惡言，進行人身攻擊，致使行政院長及各部會首長都深感「大家（ta ke）有喙，新婦（sin pu）無話」、「官不聊生」，游錫堃院長即曾一度率領全體閣員離席，抗議藍營立委人身攻擊。而依個人經驗，少部分綠營立委或肆行杯葛或無理要求，態度惡劣，更讓人難以接受。惟不論如何，致力為政策辯護乃閣揆及各部會首長之天職，作為閣揆及部會首長必須有為政策辯論之能耐，善盡其天職。

泛藍立委把我定位為挺扁大將，刻意藉機修理，我接任主委之翌日，台灣法學會假台灣國際會館主辦「核四案決策權之歸屬——行政與立法之分際」座談會，陳總統親臨參加，全程聆聽，當天電

視及隔天新聞均大加報導，並將陳總統和我並肩而坐的照片揭露出來，立法院總質詢時，泛藍立委質詢嚴屬指責我身爲獨立機關之公平會主委，行政不中立，我答以我是現任台灣法學會理事長，台灣法學會主辦座談會，我到場致詞並陪陳總統聆聽乃儀式及禮貌上之要求，應無行政不中立之問題，而且本次座談會純屬學術活動與政黨活動無涉。藍營立委認爲我是台派人士，質詢我承認不承認中華民國，我答以我是中華民國行政院公平交易委員會主任委員怎麼不承認中華民國，不過我一向主張應建立台灣主體性。報載環保團體將發動「核四公投、人民作主」大遊行，藍營立委質詢我會不會去參加，我答詢說：「會去參加。」結果被大加撻伐，我答以非核家園是朝野的共識，我一向關心環境、能源問題，我參加反核大遊行，是本於個人理念，並非反對行政院。藍營立委質詢時指摘我既擔任公平會主委又受聘爲總統府國策顧問，不合體制，我從善如流，向總統提出辭呈，總統於我一年任滿後，改聘爲總統府顧問。

公平會爲獨立機關，依法獨立行使職權，但立法委員對於公平會辦理個案進行關說、施壓頗爲常見，且不分藍綠，甚至有些綠營立委令人更不敢恭維。基於選民服務，或反應民意，立法委員關說、施壓，其實亦無可厚非。我秉持的原則是：尊重立委，程序上可以調整，但實體上不能讓步。大部分立委，表達選民意思後，都會尊重公平會職權，不會一再施壓。但有些立委認爲，法律上不行，祇要立法委員請託或施壓就行，這種心態非常可議，有時我會不客氣說，「依法行政」是法治主義基本要求，即使是立法委員也須遵守法律，而我更非「依法行政」不可。有些立委關說或施壓不成會惱羞成怒，蓄意在質詢時擅加羞辱，或在審查預算時極力杯葛，有時

連其他立委都會覺得「奇中必有緣故」，我曾因某位蠻不講理、態度惡劣的民進黨籍立委，一度想辭職不幹。有些立委會爲「公報私仇」，出面檢舉，要求公平會嚴厲處分，否則就要杯葛預算，遇此情形，我依然依法秉公處理，不懼壓力。有些立委懶散、不認眞，搞不清楚公平會職掌，隨便將他部會職掌張冠李戴，質詢時嚴厲指責公平會辦事不力，甚至恣意亂罵公平會是世界上最爛的機關，對這種不認眞、信口雌黃的立委，眞是無可奈何。有些立委爲向利益團體表態，質詢時隨便指責公平會辦案有嚴重瑕疵，咄咄逼人，令人覺得莫名其妙，則除辯駁（但往往不給辯駁）外，只好逆來順受。眞是林林總總，形形色色，不一而足。

公平會作爲一個獨立機關，依法獨立行使職權，立法委員應該不得影響個案的處理，而公平會採取合議制，就是主任委員也不可能一手遮天，更何況委員均得提出不同意見書。

公平會接受經濟合作發展組織（OECD）同儕檢視，OECD 具體建議：希望藉由我國中央政府行政組織的改造，在制度設計上加強公平會的獨立性，諸如使公平會不再隸屬於行政院，主任委員原則上不須到立法院備詢，公平會絕不受國會個案監督，實不無道理。

當然，立法委員的質詢，也有很多是屬於正面的監督，例如，揭發某事業有違反公平交易法嫌疑，要求進行調查；對變質多層次傳銷（俗稱老鼠會）猖獗，受害人眾多，危害社會安全，要求嚴辦；對於不實廣告過於氾濫，要求嚴加取締，增加之負擔可編列預算；對於聯合壟斷、不法囤積或哄抬物價之案件，要求嚴辦等等，對公平會都有正面的意義。

我在公平會六年間，到立法院備詢，最讓我感到訝異和溫馨的是，我到任之初質詢我最嚴厲的國民黨籍李嘉進委員，在我卸任前二個多月，於立法院經濟暨能源委員會審查公平會預算時公開表示，公平會雖然預算與人員不多，但確實做了不少事情，最初我質詢黃主委最嚴厲，但我後來發現黃主委愈做愈好，我希望黃主委任期屆滿後能夠繼續連任。接著同是國民黨籍的洪玉欽委員也肯定公平會的績效，並稱讚我施政表現良好，希望我能夠留任。無獨有偶，我卸任前幾天，立法院王金平院長打電話到公平會給我，他說，我在公平會做得很好，施政績效可圈可點，所以他一直支持公平會的預算，並說，我沒有再度連任，非常可惜，是扁政府的一大損失。

其實，我能夠在公平會擔任二任六年的主委，始終感到心滿意足，根本不想再度連任，當然從未去爭取。惟不論如何，對於李委員、洪委員、王院長的肯定、支持、鼓勵和誇獎，我畢生感激。

(十三) 落實「用人唯才、就地取材」原則

到公平會服務，我隻身赴任，不帶一兵一卒，而對全體同仁又一視同仁，自然而然就沒有小圈圈。我秉持「用人唯才、就地取材」原則，公平、公正拔擢會內同仁，不論主任祕書、機要祕書、處長、副處長、專門委員、科長、視察、專員都儘可能由會內晉升。六年間，從他機關商調公平會者，僅四人，其中三位先後擔任祕書室主任[7]，一位擔任主委室簡任機要祕書；從公平會被商調他機關者，好像有七人，我的原則是晉升一職等並被委以重任，才割愛。公平會委員（政務官）向來不曾由會內事務官出任。我認為，主任祕書、資深處長、參事對公平會業務瞭如指掌，經驗豐富，部分委員由會內事

務官出任，對公平會業務之推展必有幫助，而且可暢通會內人員晉升管道，因此我任內先後推薦兩位會內人員擔任委員，我深盼此項作法能成為慣例。獲晉升人員遇到主委會向主委表示感謝，我都勉勵他／她：盡忠職守，勇於任事，對會作出貢獻，就是對主委最大的回報。

　　公平會的同仁，素質普遍優秀，我到公平會時，五處處長吳成物、林裕益、林東昌、蔣黎明、李憲佐，都是經過充分歷練，對主管業務相當嫻熟，獨當一面游刃有餘的循吏。在我任內升任處長的郭淑貞、張恩生、吳翠鳳、辛志中，都能嚴守崗位、戮力從公、積極任事，表現可圈可點。郭淑貞、吳成物分別榮獲銓敘部 93、94 年公務人員傑出貢獻獎，吳翠鳳獲選為 94 年模範公務員，郭淑貞亦榮獲 92 年度孫運璿學術基金會傑出人士之表揚。林東昌申請自 93 年 9 月自願退休，強力慰留不成，公平會失去一支棟樑，非常可惜。在我任內升任副處長的許淑幸、胡光宇、吳德生、呂玉琴、林慶堂，都是將來足以獨當一面的優秀人才。在主委室擔任過簡任祕書（機要）的辛志中、吳德生、鄭家麟、洪德昌，均能嚴守分際，承上接下，溝通協調，認眞盡責，貢獻良多。六年間，黃翠蘭秘書（機要），忠實內斂、任勞任怨，處理事務都能恰到好處，是會裡一根不可多得的螺絲釘。我離職前，張恩生處長與郭忠聖主任建議我可依往例，將黃祕書升任科長，但黃祕書一再婉拒，頂多只願接受升任視察之安排，令人感動。

　　我請林益裕擔任主任祕書，多位同仁向我表示：「林主祕，和祥忠厚、幹練老到、認眞盡責，主委請他擔任主任祕書，最恰當不過。」印證林主祕六年間的表現，同仁之言信實不虛。由主任祕書

調任參事的黃定方，做事積極，不論交辦何事，均能如期圓滿完成任務，請他兼祕書室主任，也欣然受命，克盡職責。他數度提請自願退休，我都強力慰留。林全先生擔任財政部長時特別情商借將，我認為他回財政部，適才適所，慨然應允，果然先任財政部參事兼訴願會執行祕書，次任財政部財稅資料中心主任，嗣升財政部國庫署署長，進而榮任財政部常務次長。

　　每個機關難免有少數所謂「頭痛人物」，所幸公平會少之又少。這種情形，我均本於善意、幫助的立場，妥善處理。可是有時無法盡人意，反而被咬一口。此際，我會認為可能是某種因緣，心裡也就釋然了。

（十四）　典藏公平會所有出版物

　　公平會成立迄今所編訂、編著之各項出版物（包括各項專題研究計畫研究成果報告）數量甚多，代表公平會一項成就，乃公平會重要資產，極具參考價值。公平會特色之一就是專業，主任委員除綜理會務外，必須充分具備專業學識，而公平會之出版物正是重要之參考文獻資料。因此，我到任不久，即責成企劃處洽詢其他處室，蒐集備齊完整一套送主委室典藏，後續出版物亦各備一份送主委室存藏。此等出版物列為以後主任委員交接時應移交之物品。此項工作似乎不輕鬆，整整花了半年才大致把以往出版物蒐集齊全。放置妥善後，頗有書香氣息，莊嚴了公平會的門面，貴賓來訪時，常引起注目和讚美，而我需要參考時，隨手取來，非常方便。除了公平會出版物外，我也把部分私人書籍搬到主委室，同仁們說：「從主委的愛書、藏書，看到了主委作為學者的本色。」

　　我在「公平交易法施行十周年研討會」（91年1月26-27日）上表示：公平交易法已施行十周年，不論在學術上或實務上都已累積相當成果，編修「註釋公平交易法」的時機業已成熟，我希望在任內能夠完成此項艱巨工作。後來我以委託研究案方式，委請廖義男教授擔任計畫主持人，何之邁、范建得、黃銘傑、石世豪、劉華美、謝銘洋、吳秀明、陳志民等學者專家為共同主持人，研究人員則為梁哲瑋、王以國、顏雅倫、呂玉琴、李文秀、何彥蓉、洪大植、陳人傑諸賢，進行研究註釋，前後歷時三載，終於完成《公平交易法之註釋研究系列（一）（二）（三）》三大巨冊，該註釋研究成果榮獲94年度行政院傑出研究獎行政類特別獎。會內尚有多位同仁每週五晚間與週六上午之公餘時間，參與研究工作，勞心費神，協助良多。我對計畫主持人、共同主持人、研究人員、其他未列名之會內同仁的無私奉獻，既感動又感謝。

（十五）　要求調查約談應懇切、中肯

　　我曾公表〈人民對司法最素樸的期待〉（民眾日報，88年7月6日）乙文，強調法院是認定事實、適用法律、維護公平、實現正義的地方，是為人民而存在的，必須讓人民容易親近，就中法官問案態度懇切和藹、用語中肯貼切，至為重要。我於主委就職時，將「落實親民的公平行政程序」列為施政重點之一，因此我到公平會後，特別要求同仁辦案，訊問當事人，態度應誠摯、懇切；言詞應溫和、中肯，並讓當事人有充分陳述之機會，不可用強暴、脅迫、利誘、詐欺、疲勞訊問或其他不正之方法。其實，不待我要求，同仁辦案訊問當事人都會遵行上述規範。

立法委員質詢時曾指摘：公平會有位承辦人員，身材粗壯，問案態度很凶，動輒威嚇當事人。我答詢說：「委員指的應該是屢辦大案的科長左天梁，左科長容貌魁偉，不惡而嚴，其實是夕看面，菩薩心，相信他問案不會有過當行為。不過我會查清楚，如有委員所指的情形，一定改進。」又95年4月間，立法委員白添枝質詢時嚴厲指責：94年7月間，公平會調查蔥價乙事，在調查約談中，用疲勞轟炸的方法，連續訊問四個小時，完全不顧人權，令當事人吃不消。我答詢說：「公平會向來是極尊重人權的，公平會辦案人員不可能用疲勞訊問的方法，不過詳細的情形，我並不清楚，我會查清楚，如果確實有委員指責的情形，我會道歉！」（我當時小聲對謝院長說，白委員的質詢莫名其妙。）左科長問案老練，總是追根究柢，鍥而不捨，難免會招致當事人不爽。後者，經查，原來是承辦人員調查約談幾位宜蘭哄抬蔥價圖牟暴利之業者（蔥蟲），他們遲到，主動要求當天全部詢問完畢，結果訊問了四個小時，還請他們吃便當。他們被調查，心有不甘，遂扭曲事實，向農民團體選出的白委員投訴。公平會將當時實際調查約談過程情形以書面函復白委員，詳為說明，白委員也就無話可說了。公平會設有三間約談室，訊問當事人，都全程錄音錄影，承辦人員莫不謹言慎行，依法行事。

（十六） 撙節、儉約，絕不浪費公帑

「不浪費公帑」是公務員的規戒，公平會編列預算，悉以撙節為原則，絕不浮濫。但如確有必要，也會盡量爭取，例如我國成為OECD競爭委員會觀察員後，有捐助之必要，公平會遂動用第二預備金及增列預算，每年捐助新台幣200萬元，協助OECD推動國際間競爭法與競爭政策之合作發展，數額雖然不多，但意義非常重

大[8]。公平會爭取預算，積極誠懇，93 年 11 月 7 日自由時報報導預算話題（記者黃維助），刊登大幅照片底下說明：「立法院現正審查政府單位預算，因此也不時出現首長率領爲數衆多的官員，一起向對預算有疑義的個別委員，進行溝通、遊說。（本報資料片／記者林正堃攝）」，該照片正是公平會向立法委員們進行溝通、說明之實況。每年預算下來後，亦秉持「當用則用，當省則省」原則，以有限資源，爲充分有效之運用，認眞執行，執行率幾乎都接近百分之百。

首長有首長特別費，我擔任主委時，起初每個月七萬多元，最後削減剩下五萬多元。陳定南部長曾在行政院院會 complain 五萬多元特別費，他根本不夠用，還須動用到每個月的薪水，才能應付人情世事，結果媒體誤解他意思，竟報導說陳部長愛錢，讓人啼笑皆非。特別費之支用、報銷，一半不須附單據，一半須附單據，所附單據須符合「因公」使用之性質。特別費的支用、報銷，我交代會計室主任與機要祕書說：「特別費如何使用？如何報銷？請悉依法令辦理，能報銷才報銷，不能報銷就退還。」我偶爾也有退還情形。2006 年間發生「首長特別費」有未依法支用問題，藍營大肆炒作，中國國民黨立法院黨團並向最高法院檢察署特別偵查組（特偵組）提出告發，新政府閣員無一倖免。其實，首長特別費之未依法支用，舊政府時代問題更爲嚴重。首長特別費係行之有年之行政慣例，民進黨政府首長只不過是依循國民黨執政時代之慣例行事而已，蘇貞昌院長乃提出「歷史共業論」，試圖解套，而有特別費之首長，全國五千多人，要一一偵辦，殊不可能，立法院遂於 100 年 5 月 3 日三讀通過增訂會計法第 99 條之 1，明定：「中華民國 95 年 12 月 31

以前各機關支用之特別費，其報支、經辦、核銷、支用及其他相關人員之財務責任，均視爲解除，不追究其行政及民事責任；如涉刑事責任者不罰。」嗣經總統於同年 5 月 18 日公布。有關我特別費之支用，應該都符合法律規定。95 年 11 月下旬，審計部駐地審計公平會執行業務及經費收支情形，審計結果，首長特別費並無問題，以及最高法院檢察署 100 年 6 月 29 日台（特）洪 100 特地 16 字第 1000001960 號函，即最佳證明。

無可諱言的，首長特別費之除責化、除罪化，最大的受益者當然就是中國國民黨。試想，作爲首長而未依規定支用特別費，在既未就歷來不法支用情形作成調查報告，又未提出任何改進之道的情形下，即逕行修改法律將以往所涉及的行政責任、民事責任乃至刑事責任一筆勾消，恐怕不是法治國家、文明國家正常的現象。

依規定，部會首長至少可申請一名隨扈，公平會原主委也有申請，我到任後，政風室主任問我要不要申請。爲了不浪費警察人力及節省國家支出，我指示不必申請。閣員中沒申請隨扈的，除我以外，還有僑務委員會張富美委員長和蒙藏委員會許志雄委員長。後來，被公平會調查、處分之業者，迭有激烈反應甚至抗議行動，爲顧慮到主委的安全問題，政風室認有必要申請，94 年 4 月 9 日我趁「行政院內閣聯誼座談會」之便，當面向蘇嘉全部長提起，蘇部長表示保證必會給一位隨扈，他說依規定這是部會首長的權利。後來，內政部在蘇部長出國期間由林永堅政次代理，結果在代行下被否決了。內政部膽敢違反常規，剝奪首長應有的權利，惟一的可能是，我曾投入社運多年，警政署難免不爽（不過我一向堅持和平、非暴力方式的抗爭），趁機「報田螺仔冤」，質言之，黨國的警政署（警

徽拱著代表黨國的青天白日）橫柴入灶加上沒有擔當的菜鳥政次的傑作。早知如此，我自始就申請，難怪聰明的人，凡是有利於己的，即使不需要，也要擁有，我的確是「戇人」。

（十七）　清廉自持、善待同仁

公務員不僅應當「不受授賄賂」，進而應當「不送禮、不收禮、不應宴、不邀宴」。每逢過年過節，我都鄭重重申：全體同仁務必維持公平會「不送禮、不收禮、不應宴、不邀宴」之優良傳統。送禮收禮、應宴邀宴如果合宜，其實符合禮俗，富有人情味。不過，作為公務員，凡是與職務有關的，絕不可送禮或收禮、應宴或邀宴。包括主委在內，公平會同仁偶爾會收到業界寄來的餽贈禮品，遇到這種情形，一律交由政風室處理，政風室悉一一將它退回並申致謝意。公平會各處室都忙得要死，唯獨政風室閒閒的，難得有禮品可處理。政風室主任鍾燕石說：「報告主委，政風室清閒，表示公平會政風良好。」說的也是，政風室沒事就是好事。有一次，某監察委員邀請餐敘，我和一位委員赴宴，席間有業者在，並為相關案件辯解和訴苦，餐敘結束後，我即交代該委員以會外接觸處理——將餐敘過程及談話內容作成書面交政風室備查。政風室龍浩主任說：「主委實在太誠懇周到了。」

曾有少數被調查或被處分之業者，向主委反應承辦人員收對方好處，但經了解後，都是子虛烏有。最不可思議的是，竟然有受處分之業者指摘承辦人員有暗示要求賄賂之嫌疑，要我注意。我問他有何證據？他說：「承辦人員的名片上印有家裡電話和住址。」讓我深深感到，真的公僕難為，世道險惡，有時親善反而會被拿來作

文章。難怪許多公務員，名片上只印機關電話和地址。有的人甚至連機關電話和地址也省略，只印上籍貫或出生地。

至於會內我和同仁之間，原則上，我可贈送同仁禮物，但不收同仁禮物。例如，我在公平會歡度六十歲生日，我特別準備300盒蜂蜜蛋糕，敬送全體同仁，分享喜悅，同時我也特別交代切勿贈送任何禮物給我。又例如，張麗君記者採訪編著《私房料理——跟著名人學作菜》乙書，文筆優美，內容豐富，並附以彩色照片，內人有幸受邀提供兩道家常菜料理「水煮三層肉」與「清蒸虱目魚」，我特別自費購買300本分送全體同仁參閱。當然，我離職時，全體同仁好意贈送一座觀音塑像和一個彩色花瓶，我欣然接受，作為永久紀念。有位女性工友，生性善良，工作勤勉，單親家庭，離婚夫偶而會向她勒索，不幸罹患癌症，我保留她的職位，要她放心療養，五個月後痊癒回會上班，到主委室獻上一支萬寶龍鋼筆腼腆地說：「主委的恩德，我無法報答，僅表一點心意。」我對她說：「妳痊癒回會上班，真是太好了，請把鋼筆贈送給妳女兒，就算主委送的。」我看她感動得掉下淚來。會計室許坤茂主任在我離職後曾數度公開說：「我服務公職三十幾年，從未看過機關首長像黃主委這樣清廉的。」讓我感到非常欣慰。

會內同仁餐敘，在適當範圍內，我是贊同的，尤其每年歲末，公平會會在年終業務檢討綜合座談會結束後，假辦公大樓樓下餐廳舉辦歲末聯誼會，與全體同仁同樂，感謝同仁們一年來的辛勞。委員、各處室除熱情贊助摸彩品外，還分別上台表演節目，每一節目都精彩有趣，同仁們的多才多藝表露無遺。我和內人也會上台高歌，和同仁們打成一片。現在回味起來，真是令人懷念。

我到公平會後，打破官場成規，不論層級如何，祇要有事都可隨時見主委，司機、工友亦不例外，同仁進到主委室，我都請坐，從不讓他／她們站著；我偶爾也會主動到各處室、司機休息室看同仁，這樣在不知不覺中建立了濃厚的團隊感情，因此與同仁們同樂，同仁們都很自然、不用拘束、無須做作。我敢說，在公平會六年間，我超越了長官與部屬之間的障壁，贏得了珍貴的友誼。

（十八）　果敢興革、提升士氣

公平會委員會議有關之發言（錄音），向來均由承辦單位整理發言要旨，作成書面記錄，此項工作異常艱巨，而整理出來的書面紀錄，又鮮有人閱讀。此種費時費力又無意義的記錄方式，同仁迭有反應，我也覺得非常不妥。公平會人少事多，業務繁重，我認為同仁應將時間和精力放在提升辦案效率與充實辦案能力上。我幾經思慮後交由祕書室研議、提案討論。2002 年 11 月 21 日委員會議作成決議：（1）委員會議議案之發言記錄方式，以數位化錄音方式保存所有案件之聲音檔，不製作書面發言要旨，以減輕同仁業務負擔，俾有利於提升行政效率與辦案品質；（2）請立即停止製作書面發言要旨，並溯及以往未製作完成之發言要旨，至於在以先進之數位化錄音方式保存所有案件之聲音檔之前，仍繼續以現行之錄音方式保存案件記錄；（3）有關電腦軟體採購及教育等相關事宜，請統計室協助秘書室辦理，全案細節作業部分請秘書室另案陳核；（4）提會審議案件，倘有必要參酌過去委員會議發言要旨之後續辦理案件，承辦單位仍應製作書面委員會議發言要旨紀錄單，併案陳核，俾供審理案件之參考；（5）嗣後有需要發言內容者，可向秘書室借用錄音帶或聲音檔。決議一出，同仁們同聲叫好，士氣大振。此項變革，

同仁讚稱：「是主委一大德政。」

（十九）　重視知性及聯誼活動

我很重視知性及聯誼活動，除了我個人的構想外，人事室主任郭忠聖富有創意，許多建議我都加以採納。諸如，國父紀念月會，不限於安排同仁學習心得報告，可邀請學者專家蒞會演講；自強活動、藝文活動，邀請眷屬參加，由其負擔部分費用；重陽節邀請退休人員回會聯誼、歲末聯歡晚會邀請退休人員參加；定期舉辦「與同仁有約」活動，讓同仁能面對面向主委提供意見或發抒感言；每年「親子活動」規劃新穎精彩節目，讓親子歡樂一堂。

我印象最深刻的是，親子活動辦得很成功，媒體還曾特予報導[9]。國父紀念月會邀請李鴻禧教授演講「台語之美」，使同仁下鄉舉辦宣導說明會，喜愛使用台語。2004 年 4 月間，監察院監察委員廖健男來電話說，他到雲林縣巡察，有農民反應，公平會宣導說明會如都使用「台語」（福佬話），效果會更佳。有一次，監察院監察委員趙昌平、張德銘、詹益彰蒞會巡察，我簡報公平會業務概況時，使用「台語」，詹監委要我使用「國語」，因為張監委是客家人，怕他聽不懂，是時張監委恰好如廁，不在場。沒想到後來張監委發言都使用「台語」，詹監委顯得尷尬、自討沒趣的樣子。「與同仁有約」活動，同仁提出不少建議，例如開辦「日文班」、調查約談記錄應由手寫方式改採電腦化、調查約談錄影帶、錄音帶之保存方式長、短期作法、職務輪調制度等。「日文班」，我邀請考試院考試委員張正修教授擔綱，在公平會禮堂上課，除公平會人員外，並開放會外機關人員參加。參加的人很多，張教授義務講授，熱情付

出，學員上課又相當認眞，成效良好。2005 年 6 月，「與同仁有約」活動假陽明山陽明書屋舉行，資深科長劉世明發言說：「我快退休了，我要利用這個機會說出內心話，黃主委是一位有爲有守、敢作敢當、是非善惡分明，也是待人寬厚、幽默風趣、性情中人的好長官。」讓我感動不已[10]。

（二十）　與大衆媒體的互動

　　政府機關與媒體之間的關係非常密切，公平會一向與媒體維持良好的互動關係。公平會固定在每週委員會議後舉行記者會，發布委員會議重要決議內容，必要時會臨時召開記者會，發布重要施政措施。一來用供媒體監督政府之重要參考，二來達成政策宣導目的，三來滿足人民知的權利。於此情形，媒體大都能正確報導，有時並附以適當評論。不過，在公平會並未發布消息的情況下，有些媒體會捉風捕影、道聽塗說，作不實或偏頗的報導。遇到這種情形，公平會都會發新聞稿澄清或發函說明事實眞相。某報社論，三不五時會針砭公平會會務，公平會都虛心檢討改進，可是有時卻無的放矢或言過其實，經深入了解，原來是有位仁兄要公平會主委的位子沒要到，遂「拾無屎，損死牛屎龜」。這位仁兄甚至曾公開自大地教訓公平會，引起某位立法委員不平，而在立法院質詢時予以抨擊。眞是「一樣米飼百樣人」，胸襟不够寬朗，反而會自尋煩惱。

　　2003 年 9 月 12 日晚間，中央聯合辦公大樓北棟公平會 13 樓發生水管接頭脫落漏水之意外事件（脫落地點在遠離主委室的另一端），造成公平會 12 樓及樓下人事行政局、研考會泡水，損失慘重。秘書室黃定方參事兼主任、同仁莊明豪、竺新民等立即趕到現場，

漏夜配合相關單位及大樓管委會積極進行搶救。翌日上班，我馬上到樓下關切並慰問。詎料9月13日某大報大幅刊載不實報導，誣陷我抱怨辦公室冷氣不強，自行安裝水冷式冷氣機，以致造成此次災害。事實上，我從未抱怨辦公室冷氣不強，亦從未安裝冷水式冷氣機，該報導完全不符事實，顯然刻意栽贓。經了解，報導該消息之記者曾到人事行政局採訪[11]，但未上樓向公平會求證，就根據謠言加以報導。公平會隨即於9月15日發布新聞稿並召開記者會澄清事實真相。大眾媒體被稱為第四權，我向來非常尊重，以前從事運動，還極力主張保障「新聞自由」。不過對此事件，雖該大報於9月15日以〈中央辦公大樓漏水，水管年久鬆脫所致〉為標題，據實報導稱：「……經查發現是水管年久鬆脫，由於是進水管，幾乎整個水塔的水就這樣傾洩而出，造成嚴重災情。大樓內有好幾個單位卻出現謠言，說是公平會主委黃宗樂嫌冷氣不冷，在辦公室加裝冷氣而造成水災。由於黃宗樂辦公室在西側，根本不在鬧水災的東側，更何況冷氣的漏水量不可能大到釀災，謠言不攻自破，但黃宗樂卻因媒體轉述而深受其擾，連到台大法律系教課，都有學生關心。投身環保運動多年的黃宗樂律己甚嚴，並以省電、節儉聞名。」我還是嚴正要求該大報必須正式刊登更正道歉啟事，否則不惜訴諸法律途徑。幾經周折，該大報終於在9月22日刊登更正啟事，內容略謂：「本報九月十三日B5版報導：公平會漏水，人事局、研考會泡水，『有人指向公平會主委黃宗樂是肇事者，因為他的辦公室冷氣不強，自行安裝一水冷式冷氣機，造成這次的災情。』經深入了解，黃主委辦公室未曾安裝水冷式冷氣機，且漏水事件與黃主委辦公室完全無關。此一報導造成黃主委的困擾，特表歉意。」不過，不實報導篇幅大，更正啟事僅占篇幅之一角，簡直不成比例，所造成的傷害

根本無從彌補。

　　如果報導內容屬實，即使對我個人或公平會有負面影響，我也予以尊重，毫無怨言。例如91年2月4日某大報以〈報導不實？干預人事？公平會主委與委員翻臉〉的標題，大幅報導公平會某委員與主委反目不和的消息，但內容大致符合事實。報導該消息的記者問我，會不會造成主委的困擾？我說，不會，只要是事實的報導，縱使對我個人和公平會有負面影響，我也不會責怪媒體。該事件緣起是，公平會某委員未恪守委員分際與公務員倫理，擅自在某雜誌上散布不實消息，毀損我個人和公平會名譽[12]，我不得不處理。該大報即據此報導說：委員損上主委。這件事還驚動彭明敏資政，他在美國華府訪問，看到該大報報導，特地打電話回國安慰、打氣。而該雜誌社社長表示事先未看到該段文字，也特別申致歉意。由於該委員之不當行為，2002年2月，我特以「自由、公平、責任、榮譽」為會之四維，交代雕塑文字，貼置委員會議室牆壁上，勉勵全體同仁：為使所有的事業都能在公平的基礎上自由競爭，全體同仁務必遵守法令，勇於任事，擔當責任，愛惜團體與個人榮譽。

（二十一）　備受總統、行政院長尊重

　　我在公平會六年間，總統、行政院長始終尊重公平會依法獨立行使職權，從未干涉公平會辦案，陳總統更曾幾度以公平會為例，稱讚獨立機關超然獨立執法之可貴。像水泥案、微軟案等大案，陳總統當然都很關心，但從未作任何指示或暗示。水泥案，游錫堃祕書長特別約見我，他聽我報告後交代說：「業界反應到總統府，陳總統很關心，實體上如何處理，完全尊重公平會的職權和專業，不

過程序上務必完備，讓水泥業者有充分申辯的機會。」微軟案，游錫堃院長獲悉微軟公司強烈反應，特別約見我，我報告後，他指示說：「我對公平交易法完全外行，我尊重公平會的職權和專業，請黃主委依法該怎麼辦就怎麼辦。」高雄捷運股份有限公司被檢舉涉有違反公平交易法情事，公平會立即立案調查，其間，立法委員質詢謝長廷院長有無施壓黃主委，干涉公平會辦案。謝院長答詢說：「公平會為依法獨立行使職權之機關，黃主委是德高望重的著名學者，如果我擅加干涉，他會看不起我。」事實上，對高捷案，謝院長根本不曾有任何指示或暗示。

不是個案的干涉，而是一般性的指示，則屬常見。歷任行政院長皆勤政愛民，非常關心大眾福祉，每當有事業違反公平交易法嫌疑，可能影響國計民生，危害公共利益時，都會在行政院院會作一般性的指示，責令公平會積極查處。其中有四件值得特書：

1. 2001 年 11 月中旬，媒體對於相關業者預期我國獲准加入世界貿易組織（WTO）後紅標米酒價格勢必上漲而有不當囤積以圖獲取暴利之情事十分關切，公平會也立即於 11 月 22 日成立「查察不當囤積米酒專案小組」，主動立案，列為急要案件，積極展開查察行動。緊接著，市場出現米酒缺貨及囤積等問題。米酒為我國民生必需品，竟然到處缺貨，事態極其嚴重，張俊雄院長緊急召集相關部會首長研商對策，席間指示公平會針對不當囤積必須「卯足全力，積極查處」。公平會遵照院長指示，除主辦處外，並動員其他處室密切配合，發揮團隊合作精神，快馬加鞭，全力出擊，結果在極短期間完成艱鉅的任務——懲處不當囤積米酒之業者，以儆效尤。對公平會的表現，張院長十分讚許，外界也有口皆碑。

　　2. 2003 年 3 月底，全球各地爆發嚴重急性呼吸道症候群（SARS）疫情，台灣亦被波及，人心惶惶，公平會爲防範國內相關業者聯合哄抬口罩售價，立即主動派員調查市售口罩價格及供需變化情形；旋於 4 月 1 日邀集 3M、屈臣氏、康是美、杏一醫療用品等相關業者進行溝通，並召開記者會，籲請相關業者擴大供給貨源，共同維持口罩價格之穩定；進而主動立案調查有無不當哄抬口罩價格情事，將之列爲急要案件，除承辦處外，並動員其他處室人員協助。我指示承辦處儘速提 5 月 8 日委員會議審議，惟因部分事證尚待斟酌，不得不延至 5 月 15 日提會。5 月 12 日晚上，我接到游錫堃院長打來的緊急電話，催促公平會儘速處理。我告以上情，院長問我：「不能提前處理嗎？」他說：「即使只提早一天處理，也有積極的意義。」我遂遵照院長指示，馬上責成主任祕書、承辦處務必提前於 5 月 14 日早上加開臨時委員會議審議。果然，僅提早一天懲處趁 SARS 疫情危急之際不當哄抬口罩價格之數家業者，立即產生遏阻作用。

　　3. 台灣「厚風颱」，每逢颱風襲台，部分蔬菜、水果價格就會狂飆，公平會「天然災害緊急應變處理小組」機制隨即啓動，採取必要因應措施：（1）持續與相關農政主管機關、農產批發市場等保持密切聯繫，充分掌握果菜市場供需情形；（2）主動派員實地瞭解各地市場價格動態，並調查市場上有無涉及囤積居奇及人爲哄抬價格情事；（3）透過媒體宣導呼籲，不可有人爲操縱壟斷蔬菜等相關農產品市場價格之行爲，否則將依法予以嚴處。2005 年 7 月 16 日強烈颱風海棠襲台，公平會依例緊急採取上開因應措施。19 日晚間，謝長廷院長打電話給我，關心蔬果價格大幅上揚乙事，並建議請周

雅淑委員帶隊查察。院長說：「周委員，台大法律系畢業，歷任台北縣議員、汐止鎮長、兩屆立法委員，學驗俱豐，由她帶隊實地訪查，應該很適當。」我告以公平會歷來均不由委員親自率隊實地訪查，但我會遵照院長指示，徵詢周委員意願。我隨即打電話給周委員，周委員慨然應允。翌（20）日早上周委員遂親自率隊赴彰化、雲林訪查，經媒體廣為報導後，蔬果價格即漸趨正常，效果相當顯著。2006年7月12日輕度颱風碧利斯襲台，我即循例，請周雅淑委員、張麗卿委員於13日早上分別親自率隊赴台北、雲林重要市場及產區，實地訪查蔬菜水果等農產品有無人為操縱哄抬價格情形，以資防範。

4. 2006年4月中旬以後，國內砂石市場因受到中國先前宣布自2006年5月1日禁止天然砂石出口之影響，導致國內市場出現短期供應不穩定及價格上漲現象，公平會「防制重要民生必需品人為操縱價格專案小組」隨即於4月22日開始派員到全台各地實地訪查，繼而將之列為急要案件，依職權主動立案調查。5月3日，蘇貞昌院長於行政院院會特別指示公平會就人為惡意囤積、哄抬砂石價格行為依法快速查察；5月6日（星期六），蘇院長赴大甲溪視察後，傍晚緊急打電話給我，希望公平會能依法採取快速重罰之緊急處置，以遏止惡意囤積哄抬價格之違法行為。我立即於5月7日（星期日）早上召開並主持「專案小組」緊急擴大會議，作成部分結論：「對於嚴重危害交易秩序及國計民生之公共利益案件，如目前部分砂石業者惡意囤積、拒絕交易以哄抬價格行為，應當即作出嚴厲處分，以迅速有效遏止不法行為。」5月8日由「專案小組」召集人陳榮隆委員召開記者會對外說明，並呼籲業者應避免惡性囤積、拒絕交

易以哄抬價格等人為操縱壟斷不法行為。公平會遂於 5 月 11 日委員
會議決議，中部地區十一家砂石業者，因中國先前於 2006 年 4 月公
告自同年 5 月 1 日起禁止天然砂石出口，而趁國內砂石市場供需情
勢緊急之際，惡意囤積以哄抬價格，為足以影響交易秩序之顯失公
平行為，而予以嚴厲處分，結果迅速有效遏止不法行為。公平會以
本件為範例，增列「緊急案件」一種，並訂定「緊急案件處理要點」，
以資遵循。

又關於人事權，陳定南先生傳記《為官的品格》一書中有謂：
人事權，象徵一位首長是否真實掌權，陳定南先生擔任法務部長四
年八個多月期間，人事權遭到削減的程度，跟他部長的任期，幾乎
是等比例成長，後因無力主導人事布局，遂提出辭呈，接受宜蘭鄉
親徵召，返鄉參選縣長。[13] 我的經驗，則完全不一樣。我在公平會
主委六年任內，被賦與充分的人事權，總統、行政院長始終尊重我
的舉薦，副主任委員、委員的遴選亦莫不皆然，而我又從未事先向
長官請示意見，與長官商量人選。現在回想起來，覺得有點僭越，
也不夠圓融。

行政院長與公平會的互動，有兩件讓公平會感到特別光榮：

2001 年 8 月 3 日，張俊雄院長蒞臨公平會巡視。院長讚許公平
會勇於任事，認真執法，績效卓著，予以嘉勉，並指示對於影響國
計民生之重大違法事件，務必詳細調查，依法嚴辦。院長亦強調宣
導的重要，勉勵公平會賡續加強宣導，事先防範事業違法行為。院
長和藹可親，平易近人，予公平會同仁印象十分深刻。

之前桃芝颱風重創台灣，院長蒞會巡視，我率先樂捐半個月所

得，副主委鄭優樂捐十日所得，響應張院長先前在行政院院會提議全體閣員自由樂捐一日所得；我也在業務會報提議本會全體同仁發揮人溺己溺精神，踴躍樂捐，參與賑災，結果捐款總額以人數比例計算位居行政院及所屬部會之首。

2002 年春節初四上午，游錫堃院長蒞臨公平會拜年。先到主委室，游院長看見掛在牆壁上的一幅「農夫駛手耙」的繪畫，神采飛揚地說：「我十八、九歲時就會曉犁田駛手耙。」我笑著稱道：「院長不愧是台灣牛，勇佫好駛。」談到駛牛犁耙，林信義副院長似懂不懂地露出笑容。公平會服務中心一向提供最便捷、最人性化、最貼心的服務，院長蒞臨參觀，讚賞有加。接著，院長到各處室拜年，增添春節喜氣，同仁們都感到非常溫馨。

春節前，游院長在行政院院會指示取消行政院春節團拜，由他到各部會拜年（院長日理萬機，當然不能一一到各部會拜年），他選擇公平會為第一站，媒體廣為報導，教公平會同仁如何不興奮！

（二十二） 審計部審計結果顯示依法行政、清廉進步

民國 95 年 11 月下旬，審計部三位審計人員以七個工作天駐地審計公平會執法業務及經費收支情形，審計結果報告內容，對公平會提出五項辦理事項：（1）請持續加強公平交易法違法行為之查核，及相關法令之宣導。（2）請加強提昇「競爭政策資料及研究中心」及「南區服務中心」之執行成效，檢討實質效益。（3）公平會赴機關以外處所辦理各類會議及講習訓練等活動較多，爾後希能本撙節原則辦理。（4）辦理宣導及協調會報時，對於同仁差假登錄，請加強審核差旅費報支核銷等作業。（5）95 年辦理採購案件 63 案，預

算規模達 3,220 萬餘元，其中採購案件執行有欠當情事，請注意檢討改進。

　　會計室主任許坤茂於 96 年 1 月 24 日我主持最後一次業務會報提出報告，並分析說：「檢視該報告內容，並無對本會有任何政策及執法業務上之糾正，僅針對業務執行及行政管理方面提出改進建議，而首長特別費經此次審計結果亦無問題，且遠較 91 年審計本會業務所列缺失要求改進事項爲少，顯示本會五年來進步許多，係依法行政及清廉之機關。」許主任很興奮地說：「這是主委卸任前給主委最大的禮物。」我感謝全體同仁奉公守法、戮力盡責之餘，裁示如下：「對於審計結果報告所列建議事項，請會計室依限於 30 日內逐項查填回復，並請各處室儘量朝審計部建議方向加強辦理，務使本會會務之推動更上一層樓。」

（二十三）　任內施政成果

　　我在公平會主委六年任內，相繼推動「建構知識經濟之公平競爭環境」、「強化公平交易，落實競爭文化」施政主軸，期透過法規的修訂與組織的調整，以提升執法品質；透過產業行爲的規範與管理，以維護交易秩序；透過競爭理念的倡導與宣揚，以落實競爭文化；提供競爭法技術援助與交流，共創區域經濟繁榮。

　　我離職十天前，責成幕僚整理我服務近六年的施政成果——確切而言，公平會全體同仁共同努力的成果——，俾便提供給媒體及各界參考。茲摘錄之如下：

　　我主委任內 2001 年 1 月至 2006 年 11 月間，公平會所收辦涉及

公平交易法各類檢舉、申請、申報及請釋案件，共計9,333件，同期處理結案者9,420件，1,050件作成處分，裁處罰鍰高達新台幣（下同）16.4億元（占公平會成立15年以來之累計罰鍰數之86.39%）[14]，其中主動調查案704件（占公平會成立15年以來之72.58%），居各任之冠。如加計公平會81年2月成立以來收辦案件，共計29,111件，已處理結案計28,692件，累計平均結案率為98.56%，較90年1月的97.68%，更向上提高0.88%，行政效率顯著提升。以下謹就任內重要施政績效提出說明：

1. 完備公平交易法規，符合時代潮流變遷

配合經濟全球化、自由化及行政程序法施行，回應「經濟發展諮詢委員會議」共識，91年2月修正公平交易法，包括：放寬對事業結合的管制，由「事前申請許可制」改採「事前申報異議制」；同時增訂「行政院公平交易委員會卷宗閱覽辦法」，保障當事人等閱覽卷宗權益。另為配合實務需要，持續檢討公平交易法相關規定，95年11月研議完成「公平交易法修正草案」，包括：引進「寬恕政策」，對參與聯合行為事業主動向公平會揭發並協助調查者，得減輕或免除其行政責任；對不同違法行為類型採不同罰則進行裁處，以及多層次傳銷管理之單獨立法等。此外，為導正市場交易秩序，建立透明化執法標準，6年來共完成140餘項案件處理原則之研訂修正，重要者包括：四C產業、流通業、金融業、不動產交易業、升學文理補習業、油品業、教科書銷售、薦證廣告等交易類型，不僅與公共利益及產業發展密切相關，亦符合社會大眾之期待。

2. 處理微軟行政和解，共創產官民三贏結果

91 年 5 月成立「軟體市場壟斷問題專案調查小組」主動立案調查台灣微軟公司等事業利用國內軟體市場獨占地位，壟斷軟體市場，以不當訂價獲取暴利，涉嫌違反公平交易法案，基於迅速有效維護公共利益（確保公平交易秩序、維護消費者利益及促進資訊產業發展）之考量，經與台灣微軟公司數度協商後，於 92 年 2 月依法完成行政和解契約，迄今可見具體成果，包括：微軟產品價格調降、微軟產品競爭得適用我國法律、品牌內競爭獲得確保、微軟智慧財產權授權契約標準化、建立政府可利用微軟安全警告系統機制、分享原始碼協助我國開發相容性軟體、提供微軟執行美國行政和解資訊以協助我國廠商等，共創政府、企業、消費者三贏局面。

3. 鬆綁事業結合管制，提升企業競爭經營效率

為鬆綁事業結合管制，研議各種利於事業結合申請或申報事項及簡化作業流程，91 年 2 月 25 日公告，放寬事業結合須向公平會提出申報之銷售金額標準（即結合門檻），由原採「單一門檻制」（50 億元），改為「高低雙門檻制」（高門檻：金融機構事業為 200 億元，非金融機構事業為 100 億元。低門檻：10 億元）。另於 90 年研訂「金融控股公司結合案件審查辦法」，強化金融跨業經營之合併監理；95 年訂定「行政院公平交易委員會對於結合申報案件之處理原則」，明確結合案件審理標準；訂定「結合簡化作業程序」，採分級審查制度，加速案件審查作業；修正「事業結合申報書」，簡化申報事業應備文件書表。此外，二次金改所衍生競爭議題，主動成立專案研究小組，研議因應機制。

4. 遏止不法聯合行為，發揮市場競爭機制

事業不法聯合行為所涉及商品或服務，與國民日常生活息息相關，故均依法嚴處，以維護市場自由競爭機制。6 年來處分事業不法聯合行為案件計 57 件，罰鍰金額高達 8.59 億元。尤以 92 年查處北部桶裝瓦斯 30 家分裝業者涉有聯合調漲價格及限制交易對象行為案最為顯著，共處 3.4 億元，創下歷年最高罰鍰金額；94 年查處 21 家水泥供銷業者聯合壟斷影響台灣水泥市場案，榮獲英國「全球競爭評論」月刊評選為 2005 年最佳團隊。此外，93 年針對中油及台塑石化二大供應油商持續 20 次同步調整油價之聯合行為，各處 650 萬元罰鍰；而 95 年 2 月至 5 月 5 次調價行為，公平會亦去函警示二家業者，應自行參酌本身營運條件決定油價調整幅度。至於最近國際油品價格下跌，二大供應油商之價格調降行為是否適切，公平會仍持續調查中。

5. 整頓不實廣告行為，消弭廣告交易糾紛

廣告乃事業行銷之重點所在，在商業競爭日趨激烈之今日，廣告內容與數量愈形增加，為有效規範不實廣告及妥善運用行政資源，公平會與其他行政機關協調合作，積極查處事業廣告涉法案件，並於 93 年、94 年實施「主動查處電視媒體及網路不實廣告具體執行方案」，95 年實施「電視媒體及網路違規廣告監控計畫」，主動監控、列案調查電視及網路不實廣告，94 年 2 月公開宣示將加強查處並加重處罰不實廣告案件，93 年迄 95 年 11 月底不實廣告處分案件計 206 件（248 家事業），罰鍰達 9,767 萬元。另鑒於廣告手法不斷推陳出新，公平會並針對薦證廣告、電器商品、銀行業、不動產交

易業、瘦身美容業等廣告研訂交易規範，加強宣導，以消弭遏止不
法行爲。

6. 有效管理傳銷事業，健全傳銷市場機制

變質多層次傳銷（俗稱老鼠會），有以原住民爲吸金對象，或
以互助合會爲號召，尤有甚者，利用跨國集團詐騙行爲，從事不法
吸金活動，極易引發重大社會問題，6年來，經調查認定違法之多
層次傳銷案件共216件（占累計處分件數353件的61%），罰鍰金
額約3億1,765萬元（占累計處分金額3億5,235萬元的90%），
其中以查處對社會秩序影響深遠的變質多層次傳銷案件最具績效，
計有33家傳銷事業及個人，其不法所得超過40億元，除處以適當
行政罰鍰外，並移請檢調單位追究刑責。另公平會亦經常受理傳銷
事業報備及主動調查違法案件，機先防杜違法並掌握傳銷市場動態
資訊，以落實監督管理；95年更規劃辦理專業評鑑，強化管理傳銷
事業。此外，公平會已研擬「多層次傳銷管理法」草案，將多層次
傳銷管理規範提升至法律位階，以健全傳銷管理體制，有效遏止變
質多層次傳銷行爲。

7. 關注公共利益案件，確保市場公平競爭

對於影響社會大眾權益或公共利益之重大案件，公平會均適時
主動查處，以確保市場公平競爭，保障消費大眾權益：重要者包括：

（1）因應米酒市場供應市場供需嚴重失衡，90年11月組成「查
察不當囤積米酒專案小組」，與菸酒主管機關及檢警調機關合作進
行查察，處分9家菸酒零售商不當積存米酒違法行爲，共處935萬

罰鍰。

（2）因應急性呼吸道症候群（SARS）疫情，防疫用口罩等相關醫療用品市場供需失調，92年4月與檢調機關合作進行查察，處分60家口罩及6家耳溫槍業者趁緊急情勢及市場供需嚴重失調之際，不當調漲該等商品價格之違法行為，共處645萬元罰鍰。

（3）因應國際原油價格攀升，鐵礦砂等價格上揚，及中國無預警地公告禁止天然砂石出口，砂石市場供需失調，95年4月成立「防制重要民生必需品人為操縱價格專案小組」並召開緊急擴大會議主動派員查處，處分中南部17家砂石業者趁國內砂石市場供需情勢緊急惡意囤積哄抬價格，共處5,093萬元罰鍰。

8. 宣揚公平交易理念，塑造優質競爭文化

秉持「宣導重於處分」執法原則，多元化宣揚公平交易理念，塑造整體社會的競爭文化。包括：（一）對政府部門倡議，使其決策納入競爭因子：例如，92年8月完成「執行綠色矽島願景與推動策略法規檢討專案計畫」，與經濟部等10部會進行協調，全面檢討妨礙競爭之法令規章近31種，增進市場公平競爭。（二）對產業界倡議，使其自律守法：舉辦621場宣導說明會及14期公平交易法研習班，務使業界充分瞭解並確實守法；更於94年12月完成「協助產業建立自律規範」計畫，協助油品、銀行、不動產經紀、流通等產業建立自律機制，降低事業違法風險，落實服務型政府的施政目標。（三）對消費者倡議，使其參與監督：設置服務中心，提供民眾諮詢服務，由製作廣播廣告、公車車體廣告等管道，建立社會大眾對公平交易法之認知。

9. 推展國際交流合作，提升我國國際地位

　　為使公平交易法執法與國際潮流接軌，積極參與世界貿易組織（WTO）、經濟合作發展組織（OECD）、亞太經濟合作會議（APEC）等國際組織之競爭法活動或會議，經縝密規劃，努力爭取，91 年正式成為 OECD「競爭委員會」觀察員，並以「台灣」名義成為「國際競爭網路」（ICN）正式會員，顯示國際間對我國執行公平交易法的肯定。95 年 2 月參加 OECD「全球競爭論壇」，接受該國際組織及 70 餘國競爭法主管機關對我國競爭法及政策「同儕檢視」，透過檢驗我國競爭法主管機關架構、執法成效及與各產業主管機關協調合作等面向，使國際社會瞭解我國整體競爭環境，提升國際形象。又為防堵經濟自由化產生之跨國卡特爾或反競爭行為，積極推動多邊及雙邊交流合作，包括簽署台、紐、澳三邊及台、法雙邊競爭法合作協議及舉行台美、台紐、台日、台越、台蒙等雙邊競爭法會議，同時積極回饋國際社會，提供泰國、越南、印尼及蒙古等國技術援助，獲致被援助國家高度肯定，提升我國在區域競爭法之領導地位。

10. 強化研究發展能量，提升案件執法知能

　　為建構優質公平交易研究環境，吸引各界投入競爭法與競爭政策相關領域研究，理論與實務兼融，與專家學者完成 40 篇合作（委託）研究報告，鼓勵同仁完成 20 篇自行研究報告，舉辦「公平交易法施行十週年回顧與展望學術研討會」、6 屆「公平交易法與競爭政策學術研討會」、2 屆「競爭法及競爭政策國際學術研討會」，由公平會委員發表研究報告等；其中集結國內學者專家共同完成「公

平交易法之註釋研究系列」，更榮獲 94 年度行政院傑出研究獎，成爲我國未來其他法學領域註釋書之典範。此外，公平會出版「公平交易季刊」，94、95 年經行政院國家科學委員會收錄爲「台灣社會科學引文索引」（TSSCI）資料庫，躋身國內重要社會科學期刊之林，爲國內社會科學研究人員研究績效之重要指標。[15]

時光荏苒，歲月如梭，回顧將近 2 屆 6 年任期，在社會各界支持與公平會全體同仁的努力下，在完備公平交易制度、執行公平交易法規、宣揚公平交易理念以及推展國際合作交流等各項施政，均締造亮眼成績。對內，建構優質自由、公平的競爭環境，維護市場交易秩序；對外，參與國際競爭法活動，開拓我國國際能見度，在在彰顯公平會「立足台灣，放眼世界」的宏觀施政，並使民眾深切感受到公平會積極爲民服務之公僕角色。今後，公平會更應致力於健全獨立機關之運作機制，亦摯盼社會各界共同支持公平交易法與政策之推動，期使我國公平交易典章制度「百尺竿頭，更進一步」。

（二十四）　辦理重大事件舉隅

公平交易法第 26 條規定：「公平交易委員會對於違反本法規定，危害公共利益之情事，得依檢舉或職權調查處理。」公平會調查處理違反公平交易法事件，悉以維護公共利益爲最高指導原理，而以確保全民福祉爲歸趨，依法獨立行使職權，即使立法委員關說、施壓，亦不爲所動。茲舉幾個例子：

1. 微軟案

2002 年 5 月初，發生台灣微軟股份有限公司利用在國內軟體市

場獨占地位，壟斷軟體市場，以不當訂價獲取暴利，涉嫌違反公平
交易法案，公平會於 5 月 2 日成立專案調查小組進行調查，親民黨
立法院黨團於 5 月 3 日蒞會檢舉，在立法院質詢時，施以強大壓力，
要求在三個月內調查出結果，惟公平會辦案有一定程序，調查必須
周延詳細，尤其要讓涉案人有充分申辯機會，更何況微軟案必須為
跨國調查，費時費力，要在三個月內完成，絕不可能，後來民進黨
籍立委要求在六個月內完成，也勢不可能。徵諸美國處理微軟案費
時兩年才告完成（最後以和解收場）。既然依法調查，難免曠費時
日，為迅速有效維護公共利益，我表示可試圖與台灣微軟公司進行
行政和解。但要達到行政和解，談何容易！為此進行多次長時間的
談判，雙方往往針鋒相對，甚至微軟公司還揚言要撤離台灣，本會
參與磋商的委員也說出台灣又不是美國的附庸。磋商過程歷盡艱辛，
幾經周折，最後一次的磋商談判是在 2003 年 2 月 21 日下午 3 時至
翌日 22 日早上 7 點 30 分，挑燈夜戰，公平會由陳紀元副主任委員
擔綱（許志義委員、陳志龍委員等亦擔任重要角色；林益裕主任祕
書、張恩生處長等亦協助良多）；微軟公司則由微軟駐東京遠東區
法務總監唐博生先生（Mr. Tim Robertson）擔綱，我整晚坐鎮在主
委室，其間唐博生先生一度到主委室表示談不下去，不想談了，我
很誠摯地對他說，我對他的敬業精神及維護微軟公司權益的努力，
至為敬佩，現在就像登喜馬拉雅山已接近埃佛勒斯峯數十公尺，再
累也不能放棄，他聽了之後立即回到談判桌，最後微軟公司展現相
當誠意，且為具體回應，終於在 22 日 7 點半，雙方就和解條件及文
字全部達成共識。親民黨立院黨團一直極力反對公平會與台灣微軟
公司進行行政和解，一再施壓，邱毅立法委員甚至質詢我是否美國
布希總統打電話或來函向黃主委施壓，我答以如果美國總統布希打

電話或來函給我，那我就大尾了（意思是說絕不可能），如果布希總統確有來電話或來函施壓，而我說沒有，那麼我願意遭受五雷蓋頂，結果會場哄堂大笑。不僅如此，親民黨立院黨團在知悉公平會專案小組與台灣微軟公司就和解條件達成共識時，立即來函阻止公平會作成決議。公平會於 2 月 27 日委員會議，我裁示為尊重國會起見特將來函旨趣列入記錄，公平會依既定議程進行，全案委員會議詳細討論後，決議：「台灣微軟股份有限公司九十二年二月六日所提出之『行政和解要約』，經核尚符公共利益（確保公平交易秩序，維護消費者利益及促進資訊產業發展等）之要求，合予照案通過，本件行政和解契約，立即以書面送達台灣微軟股份有限公司。」

本件行政和解，可說創造政府、企業、消費者三贏的最佳結果。我指示開記者會時必須同時發布英文新聞稿，結果本件行政和解受到各界的肯定（固然也有人批評），而國際間亦給予很高的評價，稱讚台灣公平交易委員會作了良好的示範。

本件在處理過程中，美國司法部曾致函公平會表示關心微軟案，我國駐美代表處也特別傳真轉達致意。美國眾議院「台灣連線」議員 Robert Wexler， Steve Chabot，Sherrod Brown， Dana Rohrabacher 等四位共同主席於 2 月 1 9 日聯名致函陳總統、美國參議院議員 Max Baucus 於 2 月 20 日致函陳總統關切微軟案。此等函件，公平會於 4 月 11 日奉悉總統府第一局轉知來函及總統函復影本、副本，公平會始知其事，質言之，陳總統絲毫未給我壓力。總統於 3 月 10 日在總統府召見我，重申對公平會業務之支持及尊重公平會依法獨立行使職權之立場，並對行政和解結果表示稱許和嘉勉。

微軟公司曾向行政院政務委員胡勝正等反應，微軟案事態嚴重，微軟已有撤離台灣的打算。游錫堃院長特別邀我和陳副主委於 2 月 19 日晚上 9 點（因游院長有會，9 點才能到家）到院長官邸商談，胡勝正政務委員、陳博志台灣智庫董事長亦到場，游院長聽取胡政委、陳董事長和我說明後，裁示：我對公平交易法完全外行，我尊重公平會職權及專業，請黃主委依法該怎麼辦就怎麼辦。

本件成立行政和解後，親民黨立院黨團與消基會（消基會見獵心喜，也插上一腳，表態關心消費者權益）向監察院檢舉我瀆職，監察院調查結果，並無瀆職情事。辦案過程，程序是否合法、有無瑕疵，至關重要。公平會擬與台灣微軟公司進行行政和解磋商之前，我就指示承辦處詳細分析進行調查與進行和解之利弊得失，提委員會議討論，承辦處依指示作很詳盡的分析，委員會議討論結果，一致認為進行行政和解始能迅速有效維護公共利益。

此一行政和解的內容計八項：　（1）對消費者及教育用戶軟體產品之價格訂定；（2）促進消費者利益；（3）促進品牌內競爭；（4）微軟產品之售後服務；（5）合理分享軟體碼；（6）在中華民國落實美國和解協議之內容；（7）協商機制；（8）期間及生效。為監督微軟公司忠實履行行政和解契約內容，公平會特別成立監督小組，隨時掌握情況，督促微軟公司確實履行。而實際上微軟公司亦確實依行政和解契約內容履行，沒有跳票。

2. 瓦斯案

1999 年 8 月間，某台北市瓦斯行業者，經合法成立後，向桃園以北 21 家桶裝瓦斯分裝業者洽詢委託瓦斯分裝及運輸事宜（即欲向

瓦斯分裝場提氣），卻未獲任何一家業者應允，乃向公平會檢舉北部地區桶裝瓦斯分裝場業者涉有聯合壟斷及抵制嫌疑，而檢舉人在正常管道無法取得瓦斯之情況下，曾私下透過其他瓦斯行取得瓦斯銷售，但未久該供應其瓦斯之瓦斯行即遭多家分裝場業者施壓，不准再幫其提氣，並有黑道份子至其營業處所要求停止營業，致迄今均無法營業。又，檢舉人到會說明時進一步指稱：桃園以北之北部分裝場業者成立「聯管會」，長久以來向瓦斯行業者每公斤抽取一定金額為基金，以作為執行市場價格穩定之用，若瓦斯行業者不遵守聯管會規定，任意變更提氣對象或殺價搶客戶，聯管會即以轄下雇用之人員及車輛，以更低之價格至該瓦斯行營業之區域販賣，迫該瓦斯行就範，終其目的是在穩定及提高桶裝瓦斯零售價格之同時，該等分裝場業者亦一併提高運裝費用，以謀取暴利。

　　本件涉嫌分裝場業者有北誼興業股份有限公司等三十家，公平會投入龐大人力物力，詳加調查。某民進黨籍不分區女性資深立委關切本案，一再要求從輕處置，我婉言公平會必須依法行政，祗要事證確鑿，還是非依法處分不可，尤其是打擊此種聯合壟斷之惡性卡特爾，公平會更責無旁貸。公平會調查結果，台北縣市及基隆地區之分裝場業者確有稱之為「北管會」、「聯管會」或「北聯」之組織存在，桃園地區之分裝場業者亦有稱之為「桃管會」或「桃聯」之組織存在；被檢舉人等關係複雜，且有相互持股情形；台北縣市及基隆地區之分裝場業者與桃園地區之分裝場業者均有開立「聯名帳戶」，2000 年 4 月間各成員合意繳交「安全管理基金籌備會」捐助款，即以此等聯名帳戶之資金支付；被檢舉人等偽造相關聯名帳戶帳冊；1999 年 4 月起聯合調高運裝價格；被檢舉人等分配交易對

象或拒絕其他同業所屬客戶之提氣；1999年7月起北部地區分裝場業者與北部三家經銷商協議提氣價格⋯⋯，不一而足。

　　事證顯示，被檢舉人等共同成立組織、設立聯名帳戶及繳交市場安定基金，遂行聯合行為；以補貼方式達成限制基隆、台北縣市之被檢舉人等間之限制競爭與桃園地區之被檢舉人間達成互不越區競爭合意；被檢舉人等合意由聯名帳戶支付「淨化石油氣安全管理基金」捐款；定期集會運作，因此而達成「共同調漲運裝價格」、「基隆、台北縣市之被檢舉人等共同赴各區域協調瓦斯行搶客戶糾紛，以利運費之維持及收取」、「基隆、台北縣市之被檢舉人等分配及僵固瓦斯行交易對象」、「基隆、台北縣市之被檢舉人等以儲存證明限制瓦斯行提氣自由」、「桃園、新竹地區之被檢舉人等藉由長期補貼之方式，以達成各分裝場業者互不搶客戶及打擊新崙不願加入桃管會之目的」、「德基泰爆炸事件，桃園、新竹地區之被檢舉人等相互約束事業活動互不為競爭」、「桃園、新竹地區之被檢舉人等有藉赴各區域協調桶裝瓦斯市場競爭及儲存證明，達到限制交易對象之互不為競爭目的」等，對基隆、台北、桃園、新竹地區數百家瓦斯行收取桶裝瓦斯運輸及分裝費用，謀取龐大之不當利益。

　　公平會於2003年5月8日委員會議，依據前揭事證，決議處分：「被處分人等藉成立組織方式運作，合意調漲桶裝瓦斯運裝費用，並相互約束事業互不為競爭，及限制瓦斯行交易對象等，足以影響北部地區桶裝瓦斯運裝及零售市場之供需功能，違反公平交易法第十四條第一項本文聯合行為之禁制規定」、「被處分人等自本處分書送達之次日起，應立即停止前項違法行為」、就被處分人等（三十家桶裝瓦斯分裝場業者）共處新台幣三億四千三百七十五萬元罰鍰。

公平會作成上開處分，有效打擊惡性卡特爾，維護交易秩序及自由與公平競爭，確保瓦斯行及客戶（消費者）權益，獲得社會各界之支持與肯定。事後，某國民黨籍立委蒞會拜訪我時透露，他聽說被處分人等曾斥資至少二千萬元作為活動費，企圖擺平本案，倘公平會輕輕放下，必揹黑鍋。傳聞是否屬實，不得而知，不過聽得令人毛骨悚然，也讓我更確信，公平會辦案，必須超然獨立，依法秉公處理，不懼任何壓力，悉依調查所得事證為專業上之判斷，不受任何干涉。

3. 水泥案

2001 年 11 月間，某政府機關密函移送、又有二商業同業公會檢舉、內容均為國內水泥業者有聯合壟斷水泥市場，控制或哄擡水泥價格等情事，公平會併案處理。涉嫌水泥業者有台灣水泥股份有限公司等二十一家，調查工程相當浩大。各國競爭法主管機關對於水泥業者聯合壟斷，幾乎都束手無策，「無伊法」。主要是因為水泥業者通常均與國會、政府關係良好，要進行調查，立即就遭到強大壓力，在國外幾乎都辦不下去，經濟合作發展組織（OECD）競爭委員會主席詹尼博士（Prof. Dr. Frédéric Jenny）來台參加公平會舉辦的「台灣2003競爭政策及競爭法國際學術研討會」專題演講時，曾指摘聯合壟斷是「最深的罪惡」。公平會辦理本件水泥業者聯合行為案，當然也遭受極大的壓力，而其壓力既來自國會藍綠立委，亦來自行政部門。但我始終認為，公平會依法行政，事證到那裡就應該辦到那裡，只要事證確鑿，還是非辦不可。公平會為調查本案，投入龐大的人力物力，費時三年多，案牘累積千餘頁（如包括所有的文件資料逾三萬頁）。為慎重起見，還特別於 2005 年 10 月 17 日

全天舉辦行政程序法施行以來全國第一次的「聽證會」。此正符總統府及行政院之要求：調查程序務請完備，尤其讓水泥業者有充分的申辯機會。而被檢舉人、利害關係人及學者專家在聽證會所陳述或發言之內容及其提出之文書、證據，均成為公平會委員形成心證之重要依據。

公平會於 2005 年 12 月 15 日委員會議決議處分：「被處分人等以合資、契約、集會或其他方式之合意，與有競爭關係之他事業共同決定調漲價格、限量發貨、轉銷水泥、退出市場或不為進口等為相互約束事業活動之行為，嚴重影響國內水泥供需之市場功能，違反公平交易法第十四條第一項本文聯合行為之禁制規定」「被處分人等自本處分書送達之次日起，應立即停止前述各項違法行為」，並處罰鍰總計二億一千萬元。受處分人當中有幾位董事長是我的好朋友，心裡當然非常難過，惟執法者在法律之前，必須鐵面無私，秉公處理。

本件處理情形，我指示開記者會時同時發布英文新聞稿，結果在國際間獲得廣大的回響。由於公平會查處本案，有效打擊惡性卡特爾，被英國《全球競爭評論》（ Global Competition Review ）從全球施行反壟斷法的一百多個國家中票選為「2005 年最佳團隊」（Team of the Year），此乃繼歐盟執委會調查處分微軟案（本案與台灣微軟案案情不同）獲選為「2004 年最佳團隊」之後，第二個獲選之國家，顯見公平會執法績效深受國際肯定與推崇。須一提的是，2006 年似乎未有競爭法主管機關被選為「Team of the Year」者。

4. 石油案

中國石油股份有限公司與台塑石化股份有限公司多次同步調整92、95 無鉛汽油及高級柴油批售價格，涉嫌違反公平交易法，公平會於 2003 年 1 月 20 日依職權主動調查。

本件為輿論關注之焦點，尤其多位立法委員在立法院質詢時嚴厲質疑公平會縱容不辦，要求立即展開調查，甚至以凍結預算施壓。其實，我早已指示本會該管處密切注意，時機成熟時即立案調查。

就事業有無違反公平交易法規定，進行調查，對事業之信譽影響甚大，在無人檢舉之下，如未掌握相當事證即依職權主動調查，則不無擾民、打擊事業之虞，當然必須特別謹慎小心。

公平會長期蒐集中油公司與台塑石化公司相關油價漲跌資料，彙總 2002 年 4 月至 2004 年 9 月間，歷次油價漲跌情形，詳細觀察其互動關係，顯示兩家事業持續20次同步、同幅調整油品批售價格，其模式為：（1）發動調整者，透過媒體傳播預先披露調價訊息，並「偵測」競爭對手反應及「交換」重要調價資訊。（2）競爭對手第一時間「快速跟進」，則調價時點、幅度均相同。（3）競爭對手快速反應「不跟進」，發動調整者即「修正」或「撤回」原調價資訊。（4）此等公開預告方式之操作，促使雙方歷次調價均呈一致性之客觀結果。甚且中油公司與台塑石化公司，在各大媒體交相報導彼兩家公司迭有聯合調漲油價，顯有違反公平交易法嫌疑，而民眾亦怨聲載道之際，依舊繼續其行為。

原來中油公司與台塑石化公司兩家事業在國內油品市場係屬於

經濟學上的雙頭寡占，寡占尤其是雙頭寡占市場之事業間，除非有明示的契約或協議存在，否則要論斷彼此有無聯合行爲，殊非易事。換句話說，寡占市場之事業因相互牽制關係，以致在價格調整上具有僵固性，因此到底只是事業基於「自身判斷」所爲之單純的平行行爲？抑或有藉由價格宣示或發布新聞資訊方式進行意思聯絡，而影響寡占市場中競爭對手之訂價行爲？必須嚴加區別。

　　依公平交易法規定，聯合行爲之成立，須有競爭關係之事業間有意思聯絡，所謂意思聯絡，除契約協議、合意外，「其他方式之合意」，即「契約、協議以外之意思聯絡，不問有無法律拘束力，事實上可導致共同行爲者」亦包括在內。因此，事業在明知且有意識地採行某一具有共同目的之市場行爲，並可期待他事業亦會依照事業相互發展之行爲方式，而建立彼此間之信賴協調關係進行意思聯絡，不問有無法律拘束力，即屬「其他方式之合意」，爲聯合行爲中默示性行爲之類型。中油公司與台塑石化公司寡占國內油品供應市場，同爲國內汽油、柴油批售市場油品供應商，顯有水平競爭關係，及極高之相互依賴程度，彼等透過調價預告既對於偵測競爭對手反應或交換價格資訊進行意思聯絡，且兩家事業自承受供油條款保證價格之拘束，形成同時間、同幅度之一致性調價之結果，其構成聯合行爲，足堪認定。

　　公平會於 2004 年 10 月 14 日委員會議，依據上開事證，決議處分：「被處分人以事先、公開方式傳遞調價資訊之意思聯絡，形成同步、同幅調價之行爲，足以影響國內油品市場之價格及供需機能，違反公平交易法第十四條第一項本文聯合行爲之禁制規定」、「被處分人自本處分書送達之次日起，應立即停止前項違法行爲」、「被

處分人各處新台幣六百五十萬元罰鍰」。對於本件處分，王文宇委員提出協同意見書；陳紀元副主任委員提出不同意見書。

公平會作成上開處分，適時維護交易秩序與保護消費者利益，獲得各界的支持與喝采。惟台塑石化公司王永慶董事長很不服氣，跳出來指責公平會昧於事實，失之草率，希望委員們多讀書，並揚言將寫「萬言書」反駁（後來沒寫）。王董事長是我國極傑出的大事業家，他的心情，我完全可以了解，不過兩家油品成本結構一定不同，難就難在要精確算定其各自油品成本，幾不可能，而且中油公司又須負社會責任，例如偏遠地區也須設加油站服務，當然會增加成本，更何況中油公司為國營事業，在未民營化之前，仍受特別法的管制及政府油價政策的影響，因此兩家油品批售價格相同，台塑石化公司似乎占了不少便宜。本件處分後，公平會仍密切注意油品市場之動向，追蹤兩家油品供應商是否再有聯合行為。

5. 台中港案

「關於台中港倉儲裝卸股份有限公司等三家業者被檢舉共同協議，按裝卸量每噸提撥新台幣 8.95 元及相互約束事業活動之行為，涉及違反公平交易法規定案」，是相當棘手的案件。

本件，藍營立委與綠營立委均各為其主（選民或金主之意），介入甚深。藍營立委認為本案根本不構成聯合行為，施壓公平會應予不處分；綠營立委則認為本案顯然構成聯合行為，施壓公平會應予處分。檢舉人與被檢舉人雙方業者並交相質疑公平會執法之公正性，而某特定媒體為其自身利益，亦數度以輿論報導，指摘明顯是聯合行為，公平會卻置之不理。

　　本件，外表上看似被檢舉人等三家業者有聯合行為，但因涉及港口裝卸貨物之自由化及碼頭工人勞工權益保障問題，公平會調查處理本案，格外小心翼翼。經承辦處詳細調查及研究後，為慎重起見，我特別交代通知台中港務局與相關三家業者於委員會議到場說明，公平會委員聆聽相關到場說明與審議相關資料後，一致認為：被檢舉人台中港倉儲裝卸股份有限公司、德隆倉儲裝卸股份有限公司及建新國際股份有限公司等三家業者雖依合意而共同簽署書面協議，按裝卸噸量每噸抽取新台幣 8.95 元之費用，作為彼此約定分攤向銀行貸款之資金來源，但該行為之目的係在解決台中港一般散雜貨物裝卸業務開放所衍生之碼頭工人年資結算金問題，且為目的事業主管機關（交通部台中港務局）實質介入調處所達成之結果，對於促成台中港棧埠作業之開放競爭、讓新事業得以參進市場有實質的效益，尚難認有違反公平交易法聯合行為之禁制規定。

　　當時適值立法院審查 96 年度預算，綠營立委要求在程序上延緩，甚至有位超重量級的綠營立委揚言，若公平會決議不處分，他將按鈴控告包括主委在內所有參與決議之委員以及相關承辦人員瀆職。這種迹近要挾的無理施壓，露出民進黨有些頭兒墮落、腐化的面目，令人憂心。是時，本件事證已相當明確，而委員之心證亦已形成，我原本希望在第五屆委員任期內結案，惟委員會議經綜合考量各項因素後，於 2007 年 1 月 11 日第 792 次委員會議決議：「暫緩作成決議」，而將本件留待第六屆委員上任後再行處理（第五屆委員於 1 月 31 日卸任，第六屆委員於 2 月 1 日就任）。

　　其後，公平會於 2007 年 7 月 26 日第 820 次委員會議決議：「被檢舉人等系爭行為，依現有事證，尚難認有違反公平交易法規定」，

而不予處分，所持理由與上述我屆所持理由完全相同。但奇怪的是，我未見該超重量級的綠營立委有何反應，而該特定媒體亦悶不吭聲。其中奧妙，實耐人尋味，而其態度丕變更啓人疑竇。

（二十五） 參與國際事務舉隅

聯合國「排我納匪」後，中國處處打壓我國國際生存空間，台灣要「站起來，走出去」，宛若荊天棘地，困難重重。陳水扁總統主政強調「積極融入國際社會，爭取加入國際組織」，而「推動國際化」亦是我一向之主張，因此我在公平會服務期間，非常重視參與國際事務，而「拓展國際交流合作」也是公平會重要施政之一，因此特置「國際事務小組」（任務編組），由具備國際事務長才同仁組成，負責參與國際事務之規畫、推展與執行，結果在國際事務上做得有聲有色[16]。僅就我而言，我在主委六年任內，曾經九度因公出國訪問、開會、演講、座談、締約，去過韓國、法國、紐西蘭、澳大利亞、美國、加拿大、德國、比利時、印尼、泰國、越南、蒙古等十二個國家與經濟合作發展組織（OECD）、歐洲聯盟（EU；歐盟）等兩大組織。其間，劉連煜委員、王文宇委員、胡祖舜科長（嗣升專門委員）、葉寧科長、杜幸峰視察、徐宗佑視察、陳盈儒視察等幫忙很大，尤其杜幸峰視察用力甚重，我一直感念在心。茲舉幾項成就如下：

1. 出席「2001 年漢城競爭論壇」

我接任主委二個月後，應韓國公平交易委員會邀請，出席 2001 年 4 月 2 日至 5 日「2001 年漢城競爭論壇」，主講「台灣競爭法之施行及未來展望」，劉連煜委員、胡祖舜科長、徐宗佑專員等同行。

使用語言爲英語，但我英語講不好，出國前一天，請同仁從旁指導，朗讀演講稿好幾遍，安了心。及至上台演講時，我毫不緊張、毫不怯場，演講完後，博得滿場熱烈的掌聲，劉委員很興奮地說，主委，您獲得的掌聲最大。我揶揄說，當觀眾看到參加賽跑者當中有人跛腳，卻很努力在跑，一定會大力給他加油。翌日，韓國英文報紙（April 3, 2001, The Korea Herald）用蠻大的篇幅，將我的演講詞全部刊登出來，其他主講者衹是刊登演講要旨而已，我感到非常光榮。能有這樣成果，我想，主要是演講稿準備周到，內容可供韓國參考，有全篇刊登的價值。從此以後，我對同仁們的敬業、盡責有了十足的信心。各參加國競爭法主管機關首長圓桌會議，幕僚也爲我準備發言要點，並從旁協助。4月4日會晤韓國公平交易委員會委員長李南基博士，交換意見，相談甚歡。

此次出訪，班機抵達韓國仁川國際機場時，我台大法律系法學組同班同學林瑞龍時任我國駐韓國代表處經濟組組長，他親身到機場辦理通關禮遇（新機場剛於2001年年初啓用，聽說我是第一位被禮遇者），並慇懃迎接，他國遇故知，相見甚歡，眞是人生何處不相逢！他稱讚我：「把人生發揮到極致。」眞是好說！林尊賢代表在代表處熱忱接待，並親自說明當前我國與韓國的關係以及代表處努力的成果，談得很愉快。我也見到林組長的夫人大道英子——他留學東京大學時與她締結良緣，陳棋炎教授當時適在東京大學當客座研究員，與師母被盛邀擔任男方主婚人，陳老師欣然協助學生圓滿完成終身大事，成爲美事一椿。

我初次因公出訪，首度受到通關禮遇，代表處歡迎招待，既深感榮幸，又頗覺不安，我交代幕僚以後能免則免，幕僚告訴我說：

「部會首長因公出訪，辦理通關禮遇，代表處歡迎招待，乃駐外代表處的職務，也是應有的禮節。」後來我八度出訪，都依慣例安排，我也就歡喜敬受了。

出國之前，主任祕書報告說：「各處室主管都將到機場歡送，回國時也都要到機場迎接。」我告訴他說：「大家公務繁忙，應該把時間和精力放在主管業務上，主任祕書、簡任機要祕書或祕書室主任代表就好了，不要勞師動眾。」同仁們遂按照我的意思，不造作「排場」，以後出國也一樣。當然，作為首長，一般可能會好「排場」，但我個人認為沒有必要。

2. 出席 OECD 第一屆「全球競爭論壇」，及列席我觀察員資格審查會議

我到公平會服務不久，獲悉公平會有申請為經濟合作發展組織（OECD）競爭委員會觀察員的可能性，我立即指示儘速着手作業，而於 2001 年 6 月正式提出申請。不過，要成為 OECD 觀察員，並非僅依書面審查為已足，而是必須到 OECD 總部接受 OECD 會員國全體代表的「面試」。這是一大考驗，但我想，不入虎穴，焉得虎子？他國能，台灣不能？再大的考驗，也要設法克服。

要在 OECD 競爭委員會我觀察員資格審查會議報告我國競爭法及政策之概況，我英語固然生硬，但可盡力而為，不過答詢就必須找一位對我國競爭法及政策瞭如指掌，英語流利，經驗老到，並與公平會有相當淵源，又與 OECD 競爭委員會有相當關係者擔綱，我選中哈佛大學法學博士、台大法律系教授、曾借調公平會委員、時為公平會顧問的羅昌發先生，他慨然應允。

　　時間終於到了，2001 年 10 月 12 日至 21 日，我率團（羅昌發顧問、劉連煜委員、胡祖舜科長、陳盈儒視察、徐宗佑視察）赴法國巴黎，出席 OECD 第一屆「全球競爭論壇」，我主講「Building a Competition Culture（建立競爭文化）」；18 日下午，OECD 競爭委員會召開我觀察員資格審查會議，由競爭委員會主席詹尼博士（Prof. Dr. Frédéric Jenny）主持，首先由我報告「我國競爭法及政策發展現況」，報告完後，我要求答詢時容許由我教過的學生也是敝會的顧問羅昌發博士主答，各會員國代表發出會心的笑聲。各會員國代表發言踴躍，計有美國、歐盟、澳大利亞、韓國、法國等國或組織代表詢問，羅顧問就各個詢問，答詢明快扼要，深中肯綮，審查會議歷時近三小時（原訂二小時），各會員國代表對我的報告及羅顧問的答詢，均持正面反應。質言之，我國競爭法、競爭政策以及執行成效，受到與會各國代表的肯定。當然，此乃我國多年來努力的結果，非一日之功也。

　　審查會議結束後，會員國代表須繼續開會，我代表團隨即離場，OECD 競爭組組長菲利浦先生（Mr. Bernard J. Phillips）率領該組官員於門口歡送，日、韓代表也特別向我致意，我代表團成員都覺得很光彩。

　　12 月 20 日獲 OECD 理事會無異議通過，自 2002 年 1 月 1 日起正式成為「競爭委員會」觀察員，而開我國成為 OECD 觀察員之首例，彌足珍貴（中國亦在同一時間首度成為 OECD 觀察員，屬科學技術委員會）。加入之後，公平會善用此一國際舞台，積極出席各項例會，爭取我國對相關議題看法之發言，並從中汲取各先進國家之經驗，以提升我國國際能見度及公平會執法品質。

中央通訊社編印《2003 年世界年鑑》及其後每年均載道：

2001 年 12 月 21 日，我國以中華台北爲名，正式成爲 OECD 架構下「競爭委員會」的觀察員，中國大陸也獲准成爲「科學技術委員會」的觀察員。

此次出訪，班機抵達巴黎戴高樂國際機場時，我國駐法國代表處副代表薩支遠、經濟組組長江迺良、祕書梁家珍到機場迎接，並辦理通關禮遇，薩副代表說他是薩孟武教授的姪子。薩教授是著名的開明派法政學者，對臺大法學院貢獻甚大，聲望崇隆，備受尊敬，我曾經讀過大著《政治學》、《中國憲法新論》，邂逅薩副代表，讓我意外的驚喜。

我代表團下榻 Concorde Lafayette Hotel，遇到一群好像是來自中國的旅客，也住在這裡，打聽之下，果然是中國來的代表團，三十多人，此行之目的是爲了爭取成爲 OECD 科學技術委員會觀察員。中國代表團人數是我國的六倍，與法國及其他國家都有邦交，雖然爭取的委員會不同，可是中國常有小動作，還是帶來一點陰影。我直覺，臺灣如果是聯合國的會員國，與世界各國都有邦交，該有多好！常有人說：「臺灣這麼小」、「小小臺灣」，言下之意好像臺灣沒指望。殊不知國家有大而不當的，也有是小而美、小而壯的。中國人不是也稱：「小日本」、「日本蕞爾小國」嗎？我想，例如提起瑞士、比利時、荷蘭、丹麥、瑞典，識者必讚美是文明進步的國家、幸福快樂的國度，國際社會肯定都不敢小看。臺灣，西人稱 Formosa，面積 35,961 平方公里，人口 2 千 2 百多萬人，比比利時（面積 30,510 平方公里，人口 1 千萬人）面積大、人口多；面積比瑞士

（41,290 平方公里）、荷蘭（41,532 平方公里）、丹麥（43,094 平方公里）略小，但人口比瑞士（720 多萬人）、荷蘭（1,580 多萬人）、丹麥（530 多萬人）多；面積比瑞典（449,964 平方公里）小得很多，但人口是瑞典（887 萬人）的 2 倍半，而臺灣國力絕不比這些國家差，可是國際地位卻是無法比擬（比並），因為在中國的阻撓、打壓之下，臺灣一直不是聯合國的會員國，與世界各國大都沒有邦交。此時此刻，更痛感臺灣加入聯合國是何等的重要！我很慶幸，為不做國際孤兒，在推動臺灣加入聯合國運動，我沒有缺席，以後仍須繼續努力，深信，總有一天，臺灣的國際地位必能媲美上列諸國，活躍於國際社會。我進而想到盧森堡：盧森堡毗鄰比利時、法國、德國，面積僅 2,586 平方公里，人口僅 44 萬人，然而為聯合國創始會員國、OECD 原始會員國，平均每人國民所得幾乎是臺灣的三倍，對臺灣更是一大啟示、一大激勵。我想，國家的尊榮，並非取決於領土的大小、人口的多寡，而是取決於是否文明進步、快樂幸福。

　　此行，我也拜會了法國競爭審議委員會主任委員、OECD 副祕書長（日本人），並分別與美國駐 OECD 大使與瑞典駐 OECD 大使（非會員國委員會主席）餐敘。拜會法國競爭審議委員會時，我國駐法國代表處謝新平代表同行，我告訴他說：「謝代表公務繁忙，不用專程陪同。」謝代表說：「我國和法國沒有邦交，我托主委的福才能進入法國的部會機關。平時若進入部會機關，中國大使館知道一定會抗議。」我聽了之後，感慨良多，在中國無情的打壓下，我國外交處境確實困難，駐外人員真的很辛苦。15 日中午及晚上，法國主委 Ms. Marie Dominique Hagelsteen、謝代表分別設宴款待我代表團，大家談得很愉快。

　　此次出訪，搭乘長榮航空夜間班機，往返都坐特等艙，坐位很大，可躺著睡覺，十分豪華，我覺得太奢侈了，遂交代幕僚說：「以後出國，安排我和大家坐在一起好了，節餘下來的錢，我可用來請大家。」幕僚回答道：「部會首長因公出訪，是代表國家，依規定得坐頭等艙，主委如果改坐經濟艙或商務艙，把節餘下來的錢用到別的用途，是不能核銷的。」職是，以後出訪，坐艙仍依例悉由幕僚安排。此次出訪，內子偕行，自費購買商務艙機票，因爲一團七人，長榮主動升級，安排內子和我坐在一起，增添了美好的回憶。

　　在我國國際處境困難之下，能成爲 OECD 競爭委員會觀察員，可說得來不易，媒體當然廣爲報導。在諸多報導中，茲引《Taipei Review》的報導如下：

Going Global

　　As the world becomes increasingly more interconnected through communication links, trade, and travel, global activity and cooperation have become vital to developed societies. Out of an estimated 5,000 active, major intergovernmental organizations（IGOs）in the world, Taiwan – due to political obstacles raised by Beijing – currently enjoys full membership in a mere seventeen, including the Word Trade Organization（WTO）, plus observer status in another ten……But given Taiwan's diplomatic isolation, purely pragmatic concerns have been overrun by political factors. Not all of Taipei's efforts have been in vain, however. Among the more significant accomplishments for Taiwan – or

"Chinese Taipei, " as the island is commonly referred to in international organizations – was gaining observer status in the Organization for Economic Cooperation and Development's（OECD）Competition Committee in January this year. The OECD, considered the economic equivalent of the United Nations, helps governments tackle the economic, social, and governance challenges of a globalized economy. Because nationhood is a requirement for participation, Taiwan's obtaining of the observership signifies a significant step forward towards the international society. The island's next goal is to secure a place in the organization's committee on trade, which requires membership in the WTO.

Realizing the growing significant of Asian economies, the OECD has been holding discussions with the region's countries including Taiwan, since 1988. In 1992, Taiwan enacted a Fair Trade Law and began to establish one of first legal institutions in the Southeast Asian region that ensures a free and fair competitive economy. Since 1999, the Cabinet–level Fair Trade Commission（FTC）has worked with the OECD to host an annual international conference on competition policies. Last year, the FTC was invited to attend an OECD global competition forum in France.

FTC Chairman Hwang Tzong-leh（黃宗樂）, who attended the OECD forum and received a high-level reception, believes the status the OECD has granted Taiwan as a observer has elevated the island's standing in the international arena, "We've won respect as a democracy and as one of the world's major trading nations." he notes. Although Beijing has successfully blocked Taipei's participation in world organizations in many respects, Taiwan's accomplishments have drawn some recognition. "We've been able to implement the Fair Trade Law to a satisfactory level; otherwise, the OECD wouldn't have sought our involvement," Hwang adds. "Real capability counts for something." The FTC has also established an International Affairs Task Force to push for its participation in other world bodies.

（Abstract from "Going Global", Taipei Review, April 2002/ Vol.52 / No.4, by Pat Gao）

3. 與各國競爭法主管機關簽署競爭法合作協議

隨著經濟國際化、自由化發展，跨國性反競爭行為日益增加，各國競爭法主管機關間的合作愈趨重要。我上任後，在現有的基礎上，進一步突破國際處境之艱困，與澳紐簽署台澳紐三邊競爭法合作協議 [17]，而法國競爭審議委員會主任委員親自來台簽署台法雙邊競爭法合作協議，公平會同仁都覺得很有成就感。

2002 年 7 月 22 日我率團（劉連煜委員、胡祖舜科長、徐宗佑視察，內子偕行）出訪紐西蘭、澳大利亞前後十一天。除訪問兩國競爭法主管機關，並座談外，主要是簽署台澳紐三邊合作協議。25 日在威靈頓與紐西蘭商業委員會主任委員 Mr.John Belgrave 簽署，我國駐紐西蘭代表石定到場觀禮；30 日在坎培拉與澳大利亞競爭暨消費者委員會主任委員 Prof. Dr. Allan Fels 簽署，我國駐澳大利亞代表楊進添到場觀禮。此三邊協議，為我國參與國際競爭法組織及促進區域性競爭法合作協議奠定了重要基礎。

　　2004 年 1 月 3 日，法國競爭審議委員會主任委員 Ms. Marie Dominique Hagelsteen 來台訪問，其夫婿法國 Region de Lorraine 省長偕行，競爭審議委員會主管國際事務 Mr. Francois Souty 隨行。Hagelsteen 主委 5 日上午蒞臨公平會簽署台法競爭法合作協議，法國在台協會羅蘭主任（代表）到場觀禮，實乃公平會之一大盛事，媒體亦廣為報導。簽署後，Hagelsteen 主委作專題演講，暢談法國競爭審議委員會執法經驗，內容精彩，頗值借鏡，公平會同仁獲益良多。演講結束，假喜來登大飯店萬壽廳舉行午宴。晚上假晶華酒店金樽廳舉行歡迎晚宴，特邀請陳繼盛資政伉儷、李鴻禧教授伉儷蒞臨參加；6 日晚上假圓山大飯店國宴廳舉行歡送晚會，特邀請 Hagelsteen 主委舊識、公平會前主委趙揚清光臨作陪。兩晚宴內子喜為女主人。Hagelsteen 主委專程來台簽署協議，公平會謹以高規格的國際禮儀熱烈歡迎、熱忱款待。其夫婿公私分明，非常客氣，只參加兩晚宴。說來內子也一樣，我因公出國訪問，她偕行時，也都嚴守分際，公私分明。

　　澳紐法三位主委對我國相當友善，在國際間很支持我國，尤其是 Prof. Dr. Allan Fels 主委。Prof. Dr. Allan Fels 主委於 2003 年 6 月任期屆滿離職，旋即出任墨爾本大學澳紐政府學院創院院長，2004 年 4 月下旬還特地來台，23 日出席鼎談會「建構競爭導向之經濟體制——從澳洲與台灣經驗談起」，發表諸多高見，頗值我國參考 [18]。2002 年 7 月 30 日簽署台澳紐三邊競爭合作協議後，當晚 Allan Fels 主委設宴款待，楊進添代表也應邀參加，席間澳大利亞外交部有位女外交官說：「我的兒子對 Allan Fels 主委非常崇拜。Allan Fels 主委是澳大利亞家喻戶曉的人物，他常上電視，為維護市

場秩序、保護消費者利益，大力發聲。」予我印象至爲深刻。

Mr. John Belgrave 主委於 2003 年 3 月任期屆滿離職，轉任紐西蘭監察長（Chief Ombudsman），繼任之 Ms. Paula Rebstock 主任委員於 2006 年 6 月來台參加「台灣 2006 年競爭法及競爭政策國際學術研討會」，21 日與黃主委舉行「台紐競爭法主管機關雙邊會談」，彼此交換執法心得及商討雙方合作事宜。

Ms. Marie Dominique Hagelsteen 主委於 2004 年 7 月任期屆滿離職，轉任法國破毀院（即外國所謂的最高法院）法官，繼任之 Mr. Bruno Lasserre 主任委員於 2005 年 10 月中旬訪台，13 日與黃主委召開記者會，並作專題演講，互動密切。

4. 出訪美、加，出席台美競爭法主管機關雙邊會議

2003 年 9 月 25 日我率團（劉連煜委員、辛志中副處長、胡祖舜科長、杜幸峰視察、陳盈儒視察，內子偕行；葉寧科長、梁雅琴專員則在美國會合）出訪美國、加拿大前後十三天（劉委員、辛副處長、陳視察於美國行程結束先行回國，葉科長、梁專員留在美國）。到加拿大主要是訪問加拿大競爭局並列席加拿大律師協會會員大會作專題演講。到美國主要是出席台美競爭法主管機關雙邊會議。會議在 29 日舉行，當天中午接受美國聯邦交易委員會午宴款待，上午 9 點至 12 點及下午 2 點至 5 點舉行會議，場所在聯邦交易委員會辦公大樓會議室。該辦公大樓係灰白色、地上七層樓之宏偉建築（建於 1937~1938 年），樓邊樹立一座栩栩如生的騎士騎著奔馬拉緊馬繮之雄偉雕像，勒石曰："Man Controlling Trade（depicted as a horse）at the Federal Trade Commission"，可衍繹爲：在自由市場經

濟尊重市場機制（奔馬）之同時，遇有反競爭或不公平競爭之交易
行為（奔馬狂奔），聯邦交易委員會（騎士）就必須介入（勒緊馬
韁）。

　　上午會議先由雙方工作層級人員就「競爭政策與智慧財產權」、
「競爭政策與醫療健診」及「電話行銷篩選」等問題交換意見，互
相印證，彼此引為借鏡，雙方都頗有收穫。

　　下午會議由雙方高層就兩國競爭法執法現況，交換心得，及就
國際合作議題，進行討論。由於美國聯邦交易委員會主任委員 Mr.
Timothy J. Muris 當天有要公進白宮，會議，美方由聯邦交易委員會
法律總顧問（General Counsel）Mr. William E. Kovacic、聯邦司法部
反托拉斯署署長　Mr. R. Hewitt Pate 等十一人；我方由黃主委、劉委
員等九人出席，同步翻譯。雙方發言踴躍，討論熱烈。其中，Mr. R.
Hewitt Pate 署長提及台灣公平會辦理微軟案，聯邦司法部去函要求
提供訊息，但台灣公平會始終沒有回覆。我答以因為雙方沒有合作
協議，礙難將辦案情形告知貴部，所以本人才會提議美國與台灣應
早日簽署競爭法合作協議。美方表示，黃主委的提議頗有創意，但
因涉及層面很廣，還須從長計議，不過美方願意朝此方向努力。由
此可見，此次雙方會議對於未來台美競爭法主管機關在競爭法執行
合作上具有建設性的意義。會後雙方人員合影留念，在互道珍重中
圓滿散會。

　　加拿大律師協會（CBA）會員大會在渥太華舉行，有五、六百
人參加，場面盛大。主講人，除了我之外另有一位美國官員和一
位歐盟官員。我的講題是 "Recent Competition Law Development in

Taiwan"，他們對於東方國家臺灣，有如此完善的競爭法及卓越的執法成效，深感興趣；也對於近代競爭法，加拿大起步最早引以為榮。

拜訪加拿大競爭局，受到親切的接待，晤談得很愉快。我致贈《臺灣古蹟之美》、《臺灣自然之美》二巨冊給代局長，代局長惠贈一個加拿大製 SOLID PEWTER 小巧精製的立式紙夾，其後又托前來我國參加公平會舉辦的「臺灣 2003 年競爭政策及競爭法國際學術研討會」的官員携帶一大本《Canada The Wild Places》加贈給我，令人感動。

此行，在美國，分別與我國駐美兩位副代表餐敍（駐美代表恰巧不在華府），相談甚歡。蔡明憲副代表是我台大法律系的大學長，自 1994 年以來，經常作伙參與民主運動及社會運動；李辰雄副代表及夫人蔣維瀾是我台大法律系法學組的同班同學，他曾任我國駐甘比亞全權大使。他公餘興趣作詩，他特別為我此次訪美作了一首詩為證，詩云：「楓葉淡黃迎同窗，過眼白宮望山莊，首度洋壇論公平，半日發聲刮目看。」後來，蔡明憲曾出任國防部長，李辰雄曾出任我國駐葡萄牙代表。

在加拿大，受到我國駐加拿大代表陳東壁熱情的招待。陳代表也是我臺大法律系的大學長，曾回母系擔任客座教授，和我同事過，他接用我的研究室。最令我驚喜的是，邂逅長久未謀面的陳樹坤。陳樹坤是我離鄉背井到台北就讀復興中學高一一學期時的同班同學，他是外省人第二代，曾招待我到他家作客，當時他父親是三輪車夫，他父母非常親切，讓我賓至如歸。他是我就讀復中時唯一的

朋友,而我當時也僅此一次到同學家作客,所以永遠不會忘記。當時他給我的印象是溫厚、穩重、開朗、豪爽。他膺任我國駐加拿大代表處文化組組長,伯父伯母不知有多高興!

我回國後,自由時報記者丁勻婷作了專題報導,茲揭露如下(92.10.13 自由時報):

藉競爭法突破中國打壓
黃宗樂開闢外交新模式

適逢十月國慶節日,從世界各國飛來友邦總統及使節,強化與我國的交流。然而,甫自美國及加拿大訪問回國還在調整時差卻仍精神奕奕的公平會主委黃宗樂說:「絕不能僅止於此,台灣一定要站起來,走出去!」

競爭法的外交模式:黃宗樂說,只要他一想到出席國際場合,台灣官員備受中國打壓,就使他氣憤不已,依過去經驗,不外乎中國阻擋台灣官員與會、發言,以及在出席名稱作文章。

但隨著經濟全球化、自由化,跨國境的反競爭行為日益增加,各國競爭法主管機關業務視野已從國內法規制定,放眼到國際競爭法規相容與查案的合作關係,公平會似乎可掌握機會,一方面讓台灣的公平交易法執行情況與國際潮流接軌,另一方面,使台灣在國際交流場合上發聲。

黃宗樂說,隨著國際競爭法發展趨勢,公平會確實有必要積極參與國際經貿活動,持續推動與各國簽訂競爭法合作協議,近年來公平會負起台灣邁向國際舞台的推手之一,除了參加國際組織,與

其他國家舉行雙邊會談，也提供他國競爭法技術援助。

黃宗樂表示，近年來隨著國際經貿活動或會議的參與，公平會扮演不同的角色，在世界貿易組織（WTO），因參與國家經濟發展落差過大，已開發國家與開發中國家對於競爭議題看法有差距，公平會不放棄國家權益，持續溝通；從參加經濟合作發展組織（OECD）到亞太經濟合作會議（APEC），公平會做到每會必與。

黃宗樂也指出，由美國倡議結合德國、法國與歐盟等競爭法主管機關於前年成立的國際競爭網絡 ICN，就是以台灣名義成為該組織正式會員，讓台灣成為國際競爭規範制訂的參與者。

競爭法牽動各國經濟交易市場：黃宗樂說，此次參訪美加經驗，他感受到公平交易法無所不在，近來美國電話詐騙案日增，與台灣手機簡訊騙取民眾退稅手法相仿，連這幾天台灣陸續發生信用卡遭國內外盜刷事件，美國政府也正頭疼其國內類似問題的解決方案。

當訪問加拿大時，加拿大政府因民間變質老鼠會猖獗，頻頻詢問台灣公平法執法手段及多層次傳銷業者的行銷技巧。

黃宗樂也表示，在全球化時代，台灣處理微軟事件成為國際間公平交易法的討論典範，訪問美國期間，美國官方就主動提出要求希望台灣提供確切官方審理微軟相關案件資料，以作為美國境內審查後續投訴微軟案的參考。

競爭法的國家雙邊交流模式：黃宗樂說，繼去年與澳洲、紐西蘭簽署台澳紐三邊執行競爭及公平交易法合作協議後，今年嘗試尋求與歐美國家簽訂雙邊或多邊競爭法合作協定，透過他國與其簽署

國的密切關係，形成台灣與更多國家有連鎖形態的多邊合作。

黃宗樂表示，這也是他出訪美國積極尋求簽訂競爭法合作協定的動機之一，這套溝通模式有其成效。

黃宗樂說，自從 88 年起，每年都與 OECD 合辦競爭政策國際研討會，邀請泰國、印尼、馬來西亞、菲律賓、越南、新加坡與香港等國的競爭主管機關與會，研討各國競爭法體系及競爭政策。

近 2 年來，越南競爭法起草委員會就依臺灣公平交易法為起草範本，泰國競爭法主管機關也派員到台灣實習執法經驗。

國際學術研討會將登場：由於競爭政策觸及領域相當廣泛，從貿易、投資、智慧財產權到技術移轉，近年來，國際間對於各個產業及國與國之間是否建立公平交易的競爭機制，都提出整合調和聲浪，以維護交易秩序，並保障消費者權益。

黃宗樂表示，在求新求變的時代，公平會因業務具有國際性，政治意涵較低，是一個走上國際舞台較通暢的外交管道，本月 28 日、29 日舉辦的競爭政策及競爭法國際學術研討會也是一條「好走的路徑」，既然是一條好走的路，就要盡力走下去。

5. 出訪各國競爭法主管機關

除前述而外，我曾四度率團訪問各國競爭法主管機關，或會談，或座談，都有很大的收穫。

2004 年 11 月 26 日，出訪歐洲，前後十一天，徐火明委員、辛志中處長、杜幸峰視察、徐宗佑視察、陳盈儒視察等隨同，內子也

偕行，拜會德國卡特爾署署長 Dr. Ulf Böge、歐盟競爭總署署長 Mr. Philip Lowe、法國競爭審議委員會主任委員 Mr. Bruno Lasserre，分別舉行雙邊會談；參訪法國財政部競爭、消費暨不正行為管制總署（DGCCRF），舉行座談；會晤 OECD 競爭組組長 Mr. Bernard J. Phillips、OECD 競爭委員會主席 Dr. Frédéric Jenny，交換意見。

德國署長、法國主委、我國駐歐盟代表程建人、駐法代表謝新平，分別設宴款待訪問團，大家都談得很愉快。

此行，從法國巴黎到德國科隆、波昂、比利時布魯賽爾及回程，均乘坐歐鐵（Thalys 9417、96316）一路欣賞窗外景緻，是一趟難得的觀光。去程我一度穿著時任海巡署署長許惠祐送給我的台灣衫，引起外國人乘客的注目。在波昂時參觀樂聖貝多芬的故居，管理員（女性）問內子：「How beautiful a lady is！Are you a Japanese？多美麗的女士啊！妳是日本人嗎？」內子答道：「I am a Taiwanese, I come from Taiwan. 我是台灣人，我來自台灣。」她很高興說：「I had been to Taiwan, Taiwan is a nice country. 我曾到過台灣，台灣是一個美好的國家。」她特別親切的歡迎我們。

2005 年 4 月 26 日，再度出訪澳大利亞、紐西蘭，王文宇委員、杜幸峰視察、徐宗佑視察同行。

在澳大利亞，與新任之競爭暨消費者委員會主任委員 Mr. Graeme Samuel 及官員們座談，也拜會國家競爭委員會，與官員們座談。我國駐澳代表楊進添伉儷在官邸設宴款待訪問團，副代表史亞平、經濟組組長朱曦作陪，舊識重逢，相談甚歡，我也貪喝了幾杯。楊代表，我鄰鄉二水鄉人，師範學校畢業後，曾一度在我村新

設的大莊國民學校擔任教師,是可敬的老師;史亞平副代表擔任外交部禮賓司司長時,我曾邀請到公平會講授國際禮儀,我全程聆聽;朱組長名字發音與朱熹完全相同,我稱他「朱子」。說實在的,我兩度訪問澳大利亞,我感受得到楊代表實在很認真、很用心在辦外交,讓我敬佩不已。2007年澳洲政府於雪梨主辦 APEC(亞太經合會)領袖會議,所呈遞的領袖會議邀請函,直接稱呼總統陳水扁為 Mr. President(總統先生),並兩度派遣特使與陳總統會面,對陳總統敬重有加,我想楊代表功勞應大大地記一筆。後來,馬英九總統重用楊代表(擔任外交部長、總統府祕書長)、史副代表(擔任外交部次長、駐新加坡代表),總算做對了一件事。

在紐西蘭,與商業委員會 Mr. Jeff Thorn(Ms. Paula Restock 主委公出,由他代表)及官員們座談。我國駐紐代表石定宴請訪問團,特別邀請前主委、現任監察長 Mr. John Belgrave 賞光,舊雨重逢,相談甚歡,石代表的用心,我非常感謝。

2006年7月2-5日,應邀訪問越南,從泰國曼谷飛往越南河內,胡祖舜專門委員、杜幸峰視察、徐宗佑視察同行,受到越南競爭行政局局長丁氏美鑾熱烈歡迎。除舉行雙邊會談,並與競爭行政局官員們座談外,也拜會了越南貿易部副部長兼競爭委員會主任委員潘世悅,晤談得很愉快。在歡迎晚宴上,幸會多位台商,聽他們談在越南投資、經營的情況,大家一見如故。越方還特別安排我訪問團下龍灣一日遊,觀賞越南壯麗之美。

丁氏局長希望我方同意越方派員赴台實地學習公平會執法之經驗,我表示在經費及人力許可範圍內,願意儘量配合;又,越南競

爭行政局亦主管反傾銷事務，當時歐盟已對越南鞋業展開反傾銷的調查指控，因鞋業爲當前越南最重要之產業，亦爲台商在越南之投資主力，其指控不僅直接影響越南經濟發展，也衝擊台商權益。丁氏局長表示越方對反傾銷事務經驗不足，期盼我國能給予協助，並提供越方組團赴台學習，我表示反傾銷非公平會之職掌，但回國後會馬上與相關部會協調，俾儘速給予越南政府及台商必要之支援。

我回國後，公平會立即展開作業，幸得行政院消費者保護委員會、經濟部國際貿易局、財政部關政司鼎力協助，公平會主辦，安排公平交易法、消費者保護法、反傾銷法令及實務等課程，同年11月20日丁氏局長親身率五位官員來台接受五天的密集訓練與實習。在28日歡送晚宴上，丁氏局長再三表示感謝。

2006年10月30日-11月31日，應邀訪問蒙古，飛機經韓國首爾飛抵烏蘭巴托，陳俊廷科長、杜幸峰視察、徐宗佑視察隨同，內子也偕行，受到蒙古公平交易局局長 B. Jartgalsaikhan、副局長 B. Khurenbaatar 熱烈歡迎。除舉行雙邊會談，簽署台蒙競爭法合作備忘錄外，我也應邀向公平交易局官員們主講〈競爭法的發展趨勢〉。

蒙古國會預算委員會主席（前副總理）烏蘭（Dr. Chultem ULAAN）也是此行之邀請人，我前往拜會並接受午宴款待，烏蘭主席對我國非常友善，他表示希望加強與台灣的交流合作，我們甚至談到安排兩國總統互訪的可能性。我提及要發展兩國的關係，開闢烏蘭巴托—臺北間的航空線，非常重要，烏蘭主席深表同感。當然，是否有相當的乘客是一大問題。

我也訪問了蒙古經濟發展研究委員會，座談了三個多小時。官

員們表示，蒙古發展自由市場經濟，才剛起步，台灣經驗值得學習，希望台灣能多惠予援助。我表示台灣過去也曾受過日本、美國等國的援助，我會將此訊息傳給我國政府和民間。我想像張國龍教授退休後把大批藏書贈送給蒙古國立大學，並擔任同大學客座教授，不取任何報酬，也是一種援助的方式。官員們也表示，以往蒙古跟著蘇聯走錯了路線，追求自由、民主，發展經濟，增進全民福祉，才是今後蒙古應當努力奮鬥的目標，讓我覺得蒙古是充滿希望的國家。

公平交易局晚宴，別開生面。當宴會將結束時，副局長請我與內子暫時離席，被帶到另一個房間，由專門人員幫我與內子穿上全新的蒙古傳統的大禮服及戴上大禮帽，然後回到會場，會場一陣歡呼，並拍下難忘的鏡頭。我回國後，將該套禮服加以珍藏，夫妻著蒙古裝的相片則放在大廳桌上。

在另一個晚宴邂逅時任台灣蒙古文化經貿交流協會理事長、蒙古國立大學客座教授的黃華先生，黃華在民進黨執政期間，對推動台蒙兩國間文化經貿交流，不遺餘力，貢獻甚大。

當時適逢蒙古建國八百年，我訪問團被特別安排住宿蒙古包、訪問蒙古牧農家庭，體驗蒙古人的生活文化，尤其是參觀成吉思汗鉅大宏偉的不鏽鋼雕像及其建立威震東西的空前大帝國，最初誓師的發祥地。

我回國後，11月24日，蒙古駐台代表處舉行蒙古國成立八百年紀念酒會，我和內子應邀參加，特向巴奇美代表申致祝賀之忱，巴奇美待我與內子為上賓。

6. 接受 OECD「競爭法及競爭政策同儕檢視」

經濟合作發展組織（OECD）自 2003 年起每年特別在全球七十餘競爭法主管機關出席的「全球競爭論壇」中，安排一個觀察員或非會員國接受「競爭法及競爭政策同儕檢視」。2004 年 2 月初，OECD 表示有意邀請我國接受同儕檢視（peer review）。如果接受，我國將繼南非（非會員國）、俄羅斯（觀察員）之後，第三個受邀進行同儕檢視的觀察員或非會員國，意義非凡。同儕檢視是一項龐大的工程，公平會必須投入龐大的人力物力，非常辛苦。但我認為，「輸人毋輸陣」、「驚驚昧着等」，既然要與國際接軌，就應該勇於接受挑戰與考驗，而同仁也都表示願遵照主委指示，極力配合。公平會於 2004 年 6 月成立「工作專案小組」，其後 OECD 派員進駐公平會作實地訪談及考察。

重頭戲終於到了，我於 2006 年 2 月 5 日率團（王文宇委員、葉寧科長、杜幸峰視察、陳盈儒視察、徐宗佑視察、劉紹貞視察）赴法國巴黎，出席 2 月 6 日至 10 日 OECD 競爭委員會「全球競爭論壇」，9 日下午接受同儕檢視，各國代表一百多人參加，歷時三小時。會議由 OECD 競爭委員會主席詹尼博士主持，瑞士競爭委員會主任委員 Prof. Dr. Walter Stoffel 與以色列反托拉斯局局長 Ms. Ronit Kan 擔任主檢視人。會議開始，由 OECD 秘書處競爭組國家研究部主任 Mr. Michael Wise 敘述赴台訪談、考察及報告總結，再由我用生硬的英語，就我國競爭政策發展、競爭法制定及執法經驗之概況略作說明，接著由主檢視人提問，最後主席亦提問。

主檢視人提出諸多問題，各國代表提問亦相當熱烈，美國、埃

及、歐盟、日本、印度、義大利、德國、加彭、英國、葡萄牙、牙買加、捷克、立陶宛、WTO 等國或組織代表競相提問。我國代表團由王文宇委員主答，王委員，美國史丹福大學法學博士，台大法律系教授借調公平會委員，對我國公平交易法與政策十分嫻熟，加以思緒清晰，英語流利，辯才無礙，就個個問題均一一妥爲回答，使每位提問者都相當滿意。

會議結束後詹尼主席、主檢視人及多位與會者立即向我國代表團祝賀此次檢視之成功。OECD 官員及各國代表咸認此次檢視爲近年來最成功的一次。

會後，我國代表團於 OECD 巴黎總部舉行酒會答謝各國代表及 OECD 官員，出席相當踴躍，場面非常熱絡。我在酒會中致詞，祝賀與會各位新春快樂、萬事如意，並說明依我國習俗今年是狗年，狗是人類最忠實、最要好的朋友，巧喻競爭法主管機關亦同樣扮演忠實而公正的守護市場競爭秩序的角色，引起各國代表共鳴，並一致舉杯祝賀我國同僑檢視圓滿成功。我國駐法國代表楊子葆博士也特地從國內趕來致意。整個酒會，可說賓主盡歡，OECD 競爭組組長菲利浦先生頻頻向我說， excellent, excellent, 讓我感到無比的光彩。

在法期間，曾與 OECD 競爭委員會主席餐敍，亦曾接受法國競爭審議委員會主任委員邀宴。我國駐法國代表處周京懷主任懇切地惠予協助，她再三致意說：「公平會積極參與 OECD 主辦的研討會，踴躍發言；與 OECD 合作舉辦的研討會，出錢出力，受到 OECD 的肯定和稱讚，我對公平會很敬佩。」

　　OECD 對我國競爭法與競爭政策同儕檢視，最後之總結報告對我國接受同儕檢視的結果給予非常正面的評價並多所肯定，同時也對公平會未來可能面臨的挑戰提出具體的建議，例如：一. 期望藉由我國中央政府組織的改造，加強公平交易委員會的獨立性；二. 希望我國能引進健全的寬恕政策，以有效偵測卡特爾行為；三. 應提高罰鍰金額以遏阻惡性卡特爾；四. 針對結合申報門檻不宜採用市場占有率之方式；五. 應進一步加強民事救濟訴訟功能。公平會大致接受 OECD 之各項建議，並將透過修法來逐步落實，俾使我國公平交易法制更臻完備，有助於深化自由競爭之文化，健全事業公平競爭環　，提升我國國際競爭力。

　　為進一步集思廣益，2006 年 6 月 22 日，公平會特舉辦「OECD 對我國競爭法與競爭政策同儕檢視研討會」，會議由我和 OECD 競爭委員會主席詹尼共同主持，由 OECD 競爭組組長 Bernard J. Phillips、競爭組國家研究部主任 Michael Wise、公平會委員王文宇、中央大學產業經濟研究所教授單驥、中華開發金控資深副總經理兼策略長劉紹樑、臺灣大學法律學院院長羅昌發等擔任與談人，討論相當熱烈，與會人員提供許多寶貴意見，我總結如下：

　　一、針對建議我國廢除有關中小企業聯合定價之特別規定，考量我國整體經濟環境尚未成熟，公平會將先與經濟部溝通後再從長計議，逐步落實。

　　二、關於加強民事救濟訴訟功能，取銷律師錄取限額等，因涉及我國其他政府機關職掌，公平會可附上 OECD 報告，行文相關機關參酌落實。

三、關於多位與談人提及公平會業務持續增加，未來將面臨人力不足問題，公平會將繼續視業務需要，積極爭取增加員額。

四、關於與談人提及公平會委員三年一任，委員屆期同時更迭變化太大，無法經驗傳承，而公平會委員又大多來自學界等問題，我表示公平會委員來自學界，普遍受到社會的尊重，未來可考慮降低由學者出任的比例，廣納各方人才，尤其是公平會資深事務官，至於委員經驗傳承問題，未來可配合中央政府組織的改造、選任公平會資深事務官爲委員以及實際執行業務等加以實現。

7. 出席「東亞競爭政策高峰會議」及東亞其他會議

2003 年 11 月，日本北海道大學、韓國延世大學合辦東亞經濟法學會第 19 屆國際學術研討會（在延大舉行），主題爲「東亞經濟統合之展望與法之諸課題」，我應邀擔任主講人，我於題爲〈從台灣競爭法看東亞經濟統合之將來展望〉演講中，強調：在「東亞世紀」的崛起及「太平洋紀元」的來臨時刻，現階段應建構以台、日、韓三國爲主幹的「東亞競爭政策合作平台」，進而倡議：採取「以建立東亞經濟共同體爲指向，先從競爭政策出發」的策略，在既有的「競爭政策」合作基礎上擴大合作平台，以爲東亞經濟統合之先驅，再由東亞地區之產、官、學合力漸次推動，先由產、學共設「東亞競爭論壇」（East-Asia Competition Forum），再由官方建立「東亞競爭網絡」（East-Asia Competition Network；EACN），最後形成「東亞競爭共同體」（East-Asia Competition Community），藉以創造東亞地區經濟之安定與繁榮。[19]

2004 年 12 月，公平會與北海道大學、高雄大學合辦東亞經濟

法學會第 20 屆國際學術研討會（在高大舉行），主題為「新經濟時代之競爭法與國際經濟法」，我以〈公平來自法制，卓越出自競爭〉為題，演說台灣公平交易法的生成與發展，暢談台灣經驗，最後重申上開構想與建議。為舉辦本屆研討會，東亞經濟法學會負責人、北海道大學法學部教授今井弘道、稗貫俊文及鈴木賢諸先生專程於 2004 年 3 月初旬來台商討相關事宜（由李明峻教授全程陪同），其慎重、周到，令人感佩。

　　2005 年 5 月，我應日本公正取引委員會委員長竹島一彥與印尼商業競爭監督委員會主任委員 Sutrisno Iwantono 的邀請，赴印尼茂物參加「第二屆東亞競爭法及政策會議」、「第一屆東亞競爭政策高峰會議」，王文宇委員、辛志中處長、葉寧科長、杜幸峰視察、徐宗佑視察等同行。我藉此東南亞各國競爭法主管機關首長或官員共聚一堂的機會，倡議：建立「東南亞競爭網絡」（Southeast Asia Competition Network），提供東南亞各國競爭法主管機關間合作網絡，透過議題導向（Subject-oriented）、計畫導向（Project-oriented）方式，定期舉行雙邊或多邊會談，相互分享經驗、溝通瞭解，以增進區域內國與國間經濟活動的活絡。此行，並分別與日本竹島一彥委員長與印尼 Sutrisno Iwantono 主任委員進行雙邊會談。台灣公平會與日本公取會素有交流，但首長間之接觸、會談，這是第一次，意義非凡，我感受到竹島委員長的誠意和友善。

　　5 日會議結束，印尼主委宣佈今天是黃主委的生日，我們特別準備蛋糕慶生，我被請到放置蛋糕的桌子前，大家合唱 Happy birthday to you，然後請我切蛋糕，十分溫馨，讓我意外驚喜！回國前夕，我國駐印尼代表林永樂設宴餞行，親切款待。印尼世界日報

記者陳英良特地採訪報導（2005.5.7 世界日報第二版，附於後）。

我與印尼 Sutrisno Iwantono 主委會談時，他要求台灣提供技術援助；2006 年 2 月 22 日，蒙古公平交易局局長 B. Jargalsaikhan 伉儷、蒙古駐台代表巴奇美女士蒞訪，也要求台灣技術援助，我均表示在預算及人力許可範圍內，竭誠提供援助。公平會隨即規劃，而於同年 5 月下旬，接受印尼、蒙古各五位官員到公平會實習五天。25 日晚上，我設宴歡送，兩國實習人員均表示在公平會官員親切的指導下，學到很多東西，又有三邊交流的機會，謝聲連連。

2006 年 6 月底 7 月初，我應邀參加「第三屆東亞競爭法及政策會議」、「第二屆東亞競爭政策高峰會議」，胡祖舜專門委員、杜幸峰視察、徐宗佑視察等同行。此次會議在泰國曼谷舉行，由日本與泰國合辦，我分別報告 "Recent Competition Law Development in Taiwan"、"Strengthening of the Cooperation among East Asia Economies and Approaches towards Establishment of Effective Technical Assistance-Perspectives of TFTC"。此外，我兩度與竹島一彥委員長進行雙邊會談，談得很愉快，他表示歡迎黃主委明年訪問日本。

2007 年「第四屆東亞競爭法及政策會議」、「第三屆東亞競爭政策高峰會議」，由日本與越南合辦，在越南河內舉行，我答應屆時必率團出席參加，但舉行時我已離開公平會。後來聽說，繼任之湯金全主委在出國前夕被通知取消簽證，無法成行，到底是否由於中國打壓或其他原因，不得而知，不過對公平會尤其是湯主委確實是一大打擊。

竹島委員長說：「歡迎黃主委明年訪問日本。」原來出自誠意，

而非一般外交辭令，聽說，2007 年日本公正取引委員會正式來函邀請，但是時我已離開公平會，而由繼任之湯金全主委出訪日本，幸而順利成行。

競爭政策高峰會議　圓滿結束
臺灣行政院公交委員會主委黃宗樂應邀報告　暢談台灣成功經驗

臺灣公平交易委員會主任委員黃宗樂博士（Pro. Dr. Ng Zong Lok）接受日本公平交易委員會（JFTC）主席竹島一彥（Mr. Kazuhiko Takeshima）以及印尼商業競爭監督委員會（KPPU）主席蘇特利斯諾·伊宛托諾（Sutrisno Iwantono）之邀請，率團出席在茂物舉行的「競爭政策高峰會議」（Top Level Officials Meeting on Competition Policy），獲得豐碩成果，並於昨日返台。

這次會議由日本公平交易委員會和印尼商業競爭監督委員會共同主辦，應邀出席這一次會議的國家有新加坡、馬來西亞、菲律賓、臺灣、韓國以及越南等國家有關貿易競爭法主管機關的首長及代表們。

這次會議的議題為「競爭法與政策實施之挑戰」（Challenges to the Implementation of Competition Laws and Policies）及「邁向有效之技術援助及能力建置活動」（Toward Effective Technical Assistance and Capacity Building Activities）。

行政院公平交易委員會主任委員黃宗樂博士在這次會議期間，

也分別與日本、印尼以及韓國的競爭法主管機構首長舉行雙邊會談，
並且討論有關雙方未來可能合作之方向。

黃宗樂博士在這次會中報告：臺灣自1992年起已經施行競爭法
即公平交易法，因此，我們對於促進市場良性競爭，以及維持交易
的秩序方面，已收到了具體的成效，顯示在臺灣競爭法之有效執行，
確實對經濟發展之安定與繁榮帶來了正面的助益和效用。

黃宗樂博士強調，為面對迎接向高科技產業研發合作之挑戰，
公平交易委員會將放寬各企業為增加市場競爭力，以合資、策略聯
盟或其他等方式之聯合行為；另外，也將引進「寬恕政策」以加強
執法之效能，有效地打擊惡性卡特爾，增進和提高市場的自由競爭。
這些都是台灣競爭法之最新趨勢，不僅符合國際潮流，也與區域等
產業發展相契合。

臺灣公平交易委員會自1999年即與經濟合作發展組織（OECD）
合作，也不斷地在東協各地區舉辦國際競爭政策與市場全球化之研
討會，對於東協諸國競爭法能力建構，並多方提供實質與有效的協
助。

公平交易委員會也利用此次會議之際，和主辦國印尼進行雙邊
之會談，印尼商業競爭監督委員會也向台灣提出技術協助的要求，
公平交易委員會原則上同意在預算人力之許可下，盡力為印尼提供
增進執法能力。在此之前，公平交易委員會也曾向越南和泰國提供
此方面的技術援助，並且已有相當的成效。「那麼，將來若是要在
印尼實行類似有關的技術援助，我們需要代表處也能夠協助，或者
一起籌辦也說不定。」

　　黃宗樂博士認爲，這次在印尼舉行的競爭政策高峰會議召開之理念，事實上建立「東亞競爭網絡」（East Asia Competition Network）乃是黃主任委員多年來所倡議的，東亞競爭高峰會議的持續召開，將能够專注討論東亞地區所面臨之競爭政策建置及執法的問題，並能增進執法之透明度及可靠性，促進各國彼此間執法合作協調，是建立東亞競爭網絡重要的一步。

8. 提供技術援助

　　在東亞及東南亞地區，主導競爭領域活動之國家爲日本、韓國與我國。我國每年與 OECD 在東南亞各國合辦「競爭政策國際研討會」，邀請日本、韓國、紐西蘭、澳大利亞、馬來西亞、新加坡、菲律賓、印尼、泰國、越南、蒙古等國競爭法主管機關官員、學者專家與會，共同研討；我國持續對越南、泰國、印尼、蒙古等國提供技術援助，協助競爭法制之建立、執行及人員訓練等，成效卓著。我出席國際會議時，各國代表常在會議席上公開表示感謝；我訪問蒙古、越南、印尼、泰國時，均備受禮遇，讓我感到非常光榮。

9. 中國打壓之一例

　　公平會於 2002 年 1 月 1 日以台灣名義加入國際競爭網路（ICN），成爲正式會員。每逢會議，不論在何時何地舉行，公平會都會派員出席，參與討論，發表意見。三年後，中國擬申請加入，看到我國爲正式會員，又使用台灣名稱，便要求台灣必須改稱 "Taiwan , China" 或 "Chinese Taipei"，或者退出。爲此，年度主辦國歐盟競爭總署主管官員特地打國際電話給我，詢問公平會的立場，由杜幸峰視察通譯。我鄭重表示：「台灣歡迎任何國家加入

ICN，包括中國在內。不過新會員的加入，不能影響任何會員既有的權利和地位。公平會希望以 Taiwan 的名義繼續當 ICN 的忠實會員。」我不亢不卑的立場受到肯定與支持。

10. 外國語言的問題

在今日國際化社會，參與國際事務活動，不懂國際上通用的語言，有如盲者聾者啞者，非常不便。目前，國際上通用的語言，首稱英語，因此懂英語，似乎已成為現代地球村村民的必備條件，如台灣之非英語系國家，也有所謂「全民英語」問題。情勢之所趨，非英語系國家的國民不得不把許多寶貴時間用在學習英語上，說來蠻辛苦的。

我在公平會六年間，積極參與國際事務，也接待過很多外賓，如果英語不僅能看能讀能寫而且能聽能說，當然在交流、溝通上甚為方便，也節省時間。不過，作為首長，英語說不好，有時反而也有優點。以個人經驗，（1）讓精通英語的同仁有表現、發揮的機會；（2）在同仁口譯時，自己有整理發言內容的時間；（3）有不盡適切措詞時，口譯者可稍作調整。六年間杜幸峰視察、徐宗佑視察克盡翻譯的重大任務，有時陳盈儒視察也漂亮登場，我都感念在心。又，近年，跨國或國際會議或座談等，有時使用「同步翻譯」，也很方便。祇是，同步翻譯，人才難求，又需有相應的設備，成本太高，目前尚不普遍。

（二十六）　戮力從公，貫徹始終

民進黨執政，我忝為本土政權內閣之一員，擔任公平會主委，

自始至終，勤謹奉職，講求行效率與辦案品質，拼政績。平時，八時以前進辦公室，十八時以後離開，偶爾也會挑燈夜戰。我特別交代祕書依照規定時間上班即可，不必隨主委早到晚退[20]。我有時甚至犧牲休假，照常上班，並因此而領得不休假獎金。不過請別以為我為了貪圖不休假獎金才不休假，而是確有許多公務必須及時親自處理，不上班處理不放心。坦白講，我不是有錢的人，但惜財不貪財、節儉不吝嗇。入閣後，每逢國內外發生天災（颱風、地震、海嘯等），行政院長總會提議全體閣員自由樂捐一日所得，參與救災。此時，我多會加倍樂捐，最多曾一次樂捐半個月所得[21]。我向來有樂捐的習慣，擔任公平會主委後，待遇比當教授略優，比較有餘裕捐款。

公平會業務，由全體同仁分工合作、分層負責，祗要是主委份內的事，除非另有要公，否則我都躬親為之。例如，公平會每年召開二次「與地方主管機關協調會報」，輪流在各直轄市、縣（市）舉行，下半年依例由主委主持，我從未缺席。地方主管機關協助個案的蒐證、調查及協助宣導活動，使得公平交易法的理念快速傳播到社會每一個角落，公平會藉協調會報表揚績優地方主管機關。協調會報，地方主管機關均由該管局長、主任出席，大家面對面溝通，凝聚共識，對於公平交易制度的推行裨益甚大。又例如，公平交易法規定事項，涉及他部會之職掌者，由公平會會商各該部會辦理之。「會商」通常依情形由公平會各處處長、主任祕書、委員或副主委主持，必要由主委主持時，我都欣然為之，務使公平交易法規定事項均能順利圓滿執行。再例如，為培育公平交易法之尖兵，作為落實公平交易法之種子部隊，公平會每年舉辦一至二期的「公平交易

法研習班」，我六年任內，除在會址舉辦外，也曾與高雄大學、東海大學合辦，俾便南部、中部有心人士參加。研習班，邀請副主委、委員、主任祕書、處長、學者專家擔任講座；學員都是來自國內各大企業、律師事務所、學術機構及政府機關的各界菁英，成效良好。每期始業與結業典禮，我都親自到場主持，高大、東大協辦時，王仁宏校長、程海東校長也撥冗親臨致詞，使得研習班增色不少，令人感激。

此外，公平會舉辦的研討會、學會、商會、工會、公會等邀請我以主委身分致詞或作專題演講時，只要時間允許，我都欣然應允，藉以傳播公平交易法理念、建立競爭文化。不寧惟是，立法委員、相關機關官員、業者、外賓等來訪時，只要應該或適宜由主委接待或接見者，我都親自接待或接見之，坦誠交換意見，裨益會務推展及國際交流。

我敢自豪地說，我在公平會六年期間貫徹我到公平會的初衷和信念：「要做誠正盡責、為民服務的現代公僕，邁向『通往積德之路』」，結果，收穫相當豐碩。

中國歷史上有兩位人物，一般可能不大注意，我印象卻特別深刻，一位是黃霸、一位是龔遂，都是漢代名臣。

黃霸，幼時，修律令，武帝末，授侍郎謁者，歷任河南太守丞，宣帝時授廷尉正。嗣因夏侯勝事繫獄，尋被拔擢為潁川太守，最後當到丞相。封建成侯。霸廉明有德，政尚寬和，力行教化，漢代，治民之吏，以霸為首，治行為天下第一。《漢書·循吏·黃霸傳》云：「霸少學律令，喜為吏，武帝末以待詔入錢賞官，補侍郎謁者，坐

同產有罪劾免，後復入穀沈黎郡，補左馮翊二百石卒吏，馮翊以霸入財爲官，不署右職，使領郡錢穀計，簿書正，以廉稱，察補河東均輸長，復察廉爲河南太守丞。霸爲人明察內敏，又習文法，然溫良有讓，足知，善御眾。爲丞，處議當於法，合人心，太守甚任之，吏民愛敬焉。」「天子以霸治行終長者，下詔稱揚曰：『潁川太守霸，宣布詔令，百姓鄉化，孝子弟弟貞婦順孫日以眾多，田者讓畔，道不拾遺，養視鰥寡，贍助貧窮，獄或八年亡重罪囚，吏民鄉于教化，興於行誼，可謂賢人君子矣。書不云乎？股肱良哉！其賜爵關內侯，黃金百斤，秩中二千石。』」「……後數月，徵霸爲太子太傅，遷御史大夫。……五鳳三年……爲丞相，封建成侯，食邑六百戶。」

龔遂，以明經授昌邑郎中令。剛毅有大節，輒引經義諫爭而涕泣。宣帝之初，渤海郡大饑，盜賊並起，郡守不能制。遂被薦出任渤海太守，召問息盜之術，遂曰：治亂民，猶治亂繩，不可急也；唯應緩之，然而後可治，願無拘於文法，得一切便宜行事。時遂年七十餘，帝見其老邁矮小，形貌猥瑣，未存厚望。遂竟單車赴任，躬自儉約，教民賣劍買牛，賣刀買犢，勤耕力畜，民漸富裕，盜賊斂迹，不數年而路不拾遺，人無獄訟，境內大治，稱循吏第一。《漢書·循吏·龔遂傳》云：「乘傳至渤海界，郡聞新太守至，發兵以迎，遂皆遣還，移書勅屬縣，悉罷逐捕盜賊吏，諸持鉏鉤田器者，皆爲良民，吏毋得問，持兵者，迺爲盜賊。遂單車獨行至府，郡中翕然，盜賊亦皆罷。渤海又多劫略相隨，聞遂教令，即時解散，棄其兵弓弩而持鉤鉏。盜賊於是悉平，民安土樂業。遂迺開倉廩假貧民，選用良吏，尉安牧養焉。」「遂見齊俗奢侈，好末技，不田作，迺躬率以儉約，勸民務農桑，令口種一樹榆百本薤，五十本葱一畦

韭，家二母彘五雞。民有帶持刀劍者，使賣劍買牛，賣刀買犢，曰：何爲帶牛佩犢！春夏不得不趨田畝，秋冬課收斂，益畜果實菱芡。勞來循行，郡中皆有畜積，吏民皆富實，獄訟止息。」

時空背景、職務性質固不相同，不過黃霸、龔遂的循吏典範不論在那個時代那個地方擔任何種職務，都是值得效法的。我到公平會服務，黃霸、龔遂的循吏典範一直是我學習、勵志的對象。見賢思齊，獲益匪淺。

回首在公平會六年期間，是神經緊繃的歲月，是戰戰兢兢的歲月，是無暝無日的歲月，是案牘勞形的歲月，也是積德累功的歲月、多姿多彩的歲月。

（二十七） 感恩與祝福

我第二任於 2007 年 1 月 26 日任滿，公平會提前在 2006 年 11 月中旬報請行政院長遴選第六任主任委員、副主任委員、委員，提請總統任命之。12 月 25 日蘇貞昌院長約見，確定第二任任滿離開公平會。

我在公平會服務，「主任委員」一職當然不是「閒缺」，而是正如當時主任秘書林益裕所說的「公平會恰如野戰部隊」，我是「隊長」，要指揮、帶動這支野戰部隊，必須以身作則，艱苦戰鬥，爭取勝利，因此在公平會六年間，累積了許多人生難得的經驗，我更感謝同仁們並肩作戰，團結合作，締造了良好的政績。我在離開公平會前一星期，e-mail 以「感恩與祝福」爲名的「給公平會全體同仁的一封信」，現在重讀起來，覺得蠻有意義的，茲摘錄如下：

親愛的同仁們：

這是我第一次 e-mail 給大家的信——一封告別的信。

在第五屆委員紀念冊，我寫下如下的感言：

有幸成爲公平會團隊的一員，對我而言，確是一大善緣、一大福報。在大家鼎力支持、通力合作之下，這三年來本會又締造了極其亮麗的成績，由衷感謝。

本會係獨立機關，獨立機關的特色就是獨立、專業、去政治化，我們秉持專業，依法獨立行使職權，各位同仁勤慎盡責，又不斷吸取新知，充實辦案能力，樹立了獨立機關的典範，實在難得。

本屆委員在委員會議上踴躍發言、熱烈討論，私底下彼此水乳交融、感情融洽，令人難忘。

人生聚散無常，三年期間即將過去，屆時我們就要離別了，青山綠水，後會有期，祝福　大家安康快樂！

黃宗樂 06.8.1

同仁們，離別的日子終於到了！

許多同仁知悉我確定要離開公平會時，都依依不捨，讓我非常感動。其實，我又何嘗不是？此刻「離愁已在心中滋長」（借張麗卿委員語），鑼聲若響，叫我如何不感傷！

六年來，承蒙　大家的愛護、鼓勵和支持，上下一心積極任事，

使得會務的推動相當順利,公平會因此備受各界的肯定,並贏得各國的讚美,諸如,每年與經濟合作發展組織(OECD)合辦「競爭政策國際研討會」,邀請亞洲國家競爭法主管機關官員參與研討;加入 OECD「競爭委員會」為觀察員,開我國成為 OECD 觀察員之首例;與台灣微軟公司成立「行政和解」,迅速有效維護公共利益;接受 OECD 競爭法與政策同儕檢視,表現優異;因查處水泥業者聯合壟斷案,被英國《全球競爭評論》票選為全球競爭法主管機關「2005 年最佳團隊」;對泰國、越南、印尼、蒙古提供技術援助,回饋國際社會,提升我國國際能見度……不勝枚舉,讓我深深感受到「作為公平人的驕傲」。

常言道:「人在公門好修行」。我在公平會六年,一心依法行政,盡忠職守,報效國家,服務人民,相信累積了不少功德。我本來想藉這個機會 show 一下這六年來的重大政績,但一想到達摩大師西來,梁武帝問及朕「建造佛寺無數,著作經書盈尺,度僧難以數計,不知可有功德?」,達摩大師答以毫無功德,也就不想 show了,蓋因修功德是有求而作或欲他人知,即毫無功德矣!更何況公平會的每項政績都是全體同仁共同努力的成果,功德是大家的!不過,須一提的是,去年十一月初我奉邀列席立法院經濟及能源委員會報告本會業務概況,在野的國民黨籍資深立法委員李嘉進、洪玉欽質詢時,對我在公平會的施政績效讚賞有加,希望我能繼續留任;而好多位前輩、朋友知悉我將離開公平會時,異口同聲說我這六年做得很好,沒留任真可惜,讓我感到非常欣慰,無比溫馨。

各位同仁,在經濟自由化、全球化,市場經濟獨領風騷之今日,公平會的角色越來越重要。市場經濟首在尊重市場機制,但為避免

事業有限制競爭或不公平競爭之行爲，殊有必要以競爭法爲調節器，以維護交易秩序與消費者利益，確保自由與公平競爭。公平會是不折不扣的日升機關，而且上班環境良好，同仁相處融洽，能在公平會服務，的確是一大福氣，要好好珍惜。

當然，公平會的業務越來越繁重，但人員、預算不但未按實際需要而增加，反而逐年減少，致使同仁工作負擔過重，壓力太大；而業務費減少，既不利於業務的推動，且影響同仁的士氣。這與諸先進國家競爭法主管機關人員、預算均不斷增加之情形恰好相反。這是相當嚴重的問題。尤其部分立法委員動輒挾個案刪減或凍結本會預算，又有所謂「統刪」，眞是令人無奈、令人扼腕！但願國會改造後，能有所改進，否則長此以往，實在不堪設想！

大家都知道，本會對於違反公平交易法之事業，得爲處分，並得處以罰鍰，尤其 1999 年修法後，採取「先行政後司法」模式，並提高罰鍰的下限與上限，公平會被賦予更大的權限。處分尤其處罰鍰，在某意義上是得罪人的。不過，法律的頒行、機關的設立，必有其目的與權責，各位同仁只要秉持專業，依法行政，公正執法，就不必怕得罪人了。昔歐陽修之父爲吏審死獄，必也「求其生不得」始判處死刑。本會辦案處罰鍰雖遠不若處死刑嚴重，但在態度上必須「求其不罰而不得」，方處以罰鍰，則無二致。六年來，各位同仁辦案莫不以此態度臨之，因此縱使予以重罰亦心安理得。本會一貫的立場是，執法必嚴，違法必究，但處罰只是手段，「罰期無罰」才是目的。

抑有進者，依據法律規定，本會及委員應依法獨立行使職權，

對於個案處分與否，悉依調查所得事證爲專業上之判斷，不受任何干涉，縱令國會議員或媒體輿論施壓，企圖影響辦案，亦應不爲所動，公平人必須有足夠的抗壓力，「威武不能屈」。積六年之經驗，我要誠摯地呼籲立法委員、媒體輿論留給公平會純淨的辦案空間。

韓非子說得好，「法與時轉則治」，我們這一屆依據本會執法經驗，並參考諸先進國家最新立法例，投入相當時間和心血，大幅研修公平交易法[22]，並將多層次傳銷規範自公平交易法抽離，單獨立法，此二項艱巨的工程業已完成，不日即可將「公平交易法修正草案」及「多層次傳銷管理法草案」送行政院。盼望該二項草案能早日通過，俾使我國競爭法制及多層次傳銷法制更臻完善。

各位同仁，2000 年 9 月初，新政府上路百日，我當時係台大法律系教授，並擔任台灣教授協會會長、台灣法學會理事長、總統府國策顧問，自立晚報特闢「台教會論壇」，第一篇邀我撰寫，我以「新政府，加油！」爲題，對新政府提出建言，我的結論是：「今日台灣，已厚植民主、自由的基礎，但黑金問題嚴重，廉能政治猶不可及，公義、人性化的社會亦尚未完全建立，而本土化猶有未足，必須主體化始爲充分，至於國際化則仍須繼續努力。因此，展望陳水扁時代，吾人期待，積極推動清明化、人性化、主體化及國際化。」十幾天後，晉見總統，總統主動告訴我，他看到那篇文章並剪貼下來，總統強調：「你所期待的正是我們的核心價值，我們追求、奮鬥的目標。」其後，我到公平會服務，就把這些建言化爲行動，積極在公平會落實，我想很多同仁都感受得到。

我從台大法律系教授借調（嗣辭職）擔任公平會主委，六年來，

全心全力投入會務，對於本行的學術研究較為疏忽，但公平會的業務非常專業，我在公平會學到很多東西，尤其對公平交易法有更深入的了解，再假以時日，不難融會貫通矣，可謂失之東隅收之桑榆。我回學界後，也要開公平交易法的課程，而對我的老本行——民法的研究，也將設法填補起來。

日昨，民主進步黨主席游錫堃推薦我出任該黨廉政委員會委員，並為主任委員人選，我原本決定回學界後，埋頭耕讀，樂夫天命，不過想到民進黨以「清廉、勤政、愛鄉土」起家而成為執政黨，但近幾年來「清廉」屢受質疑，令人痛心。民進黨必須痛定思痛，不但要找回而且要深化「清廉」此一核心價值，去年7月斷然訂頒廉政條例、成立廉政委員會，顯示民進黨有堅持清廉之決心，而我到公平會服務之前，長久擔任民進黨仲裁委員會委員，有經驗有淵源，自信尚能勝任，因此欣然以「非黨員身分」接受推薦，但願能盡點棉薄。廉政委員，除本身清廉外，必須立場超然、獨立，處事公正，具專業素養，抗壓力強，始足以當之，與公平會委員雷同。

我以一介書生，又不具政黨背景，在政黨輪替後，有機會入閣，擔任公平會主委，特別要感謝陳水扁總統、張俊雄院長、游錫堃院長知遇之恩，而彭明敏教授、李鴻禧教授、陳繼盛教授多方呵護、提攜，更令人感銘五內。六年的歷練、奉獻，增益我所不能，豐富了我的人生。

今日大眾傳播時代，媒體擔負「第四權」的使命，政府機關與媒體的互動顯得格外重要。六年來，濟濟媒體報導本會新聞，使得本會政績獲能傳揚，本會也因此而達到「政令宣導」的目的；濟濟

媒體進而對本會不吝鞭策、指教，促使本會各項施政更臻完善。我要藉這個機會申致誠摯的謝意。

親愛的同仁們，臨別依依，我無禮物相贈，不過我要將在公平會的座右銘送給大家，即「勤、誠、廉、忍」，勤能補拙，誠可格天，廉以養德，忍者必成。這是無價之寶，請你／妳千萬不要把它當作老掉牙，牢記之、實踐之，「行之苟有恆」，將受益無窮。還有，「自由、公平、責任、榮譽」，我稱之為會之四維，六年來和大家共勉，坐言起行，任勞任怨，我永遠感念！

別了，同仁們，天下無不散之筵席，我懷著感恩的心離開公平會，一日入公平會，終身為公平人，何況我滯在公平會足足有六年！讓我再度向大家說聲謝謝！

千言萬語，最後再度誠摯地祝福

大家健康快樂，萬事如意！

珍重再見，後會有期！

黃 宗 樂　敬上
2007 年 1 月 19 日

（二十八）　光榮離職

2007 年 1 月 25 日晚間，公平會假天成大飯店舉行第五屆委員歡送餐會；26 日下午，在委員會議室舉行第五屆委員歡送茶會。我在當天下午 6 點離開公平會，我交代同仁不必列隊歡送。我從樓下坐車離去，晚間在味菁軒小館回請公平會同仁，大家很 high。宴會

結束時，大家合唱〈期待再相會〉，陽光三疊，依依不捨。我回陽明山蘭園九德居，一覺到天明，睡到自然醒。27日起花了三個星期時間，整理書籍文獻資料。

公平會全體同仁致贈獎牌，刻著「黃主任委員宗樂，施政六年，公正廉明，政通人和，績效卓著，享譽海內外，識者讚稱公平伯，洵實至名歸。」同仁們的肯定和讚美，彌足珍貴。蘇貞昌院長特頒給一等功勳獎章，表彰我在公平會主委任內，「推動督導我國各項公平交易政策，著有特殊功績。」不過這是一般例行公事，並無特別意義，但仍由衷地感謝。媒體相繼報導我將離開公平會的消息，也不吝報導我在公平會的付出和貢獻，讓我感到非常光榮和欣慰。其中，96年1月28日聯合晚報以「星期人物」報導〈黃宗樂 終身當公平伯〉，提到：「在公平會，許多官員視他為伯樂，不是他的名字有『樂』字，而是六年任內，他拔擢許多優秀官員，把公平會的士氣帶到最高點。」「他有著『歐吉桑』的隨和，卻又有法律人的處事原則與嚴謹。六年來在公平會用人唯才，現在的一級正副主管，幾乎都是他任內『就地取材』內升拔擢。」「黃宗樂雖然來自綠營，不過在公平會內幾乎不談政治，外界好奇地他如何把一群藍營栽培的文官帶領得服服貼貼？黃宗樂說，『無私與公平』，如是而已。在他眼中，取才沒有省籍與政黨之分，也從不打聽部屬的政黨與政治傾向，『人才是國家的』，很多人掛在嘴上，但黃宗樂放在心上。」「自許做終身『公平伯』的黃宗樂，最近還要出任民進黨廉政委員會主委。他信心滿滿說，以他法律人的個性，加上公平會六年下來全力維護公平正義的信念，是想盡一份心力，重塑並找回民進黨過去讓民眾所認同的清廉價值。」有好幾位朋友看到報

紙後對我說：「新政府閣員離職，像您這樣風光的，很少見。」民視創辦人、立法委員蔡同榮看到聯合晚報的報導，還特假民視設宴致賀，高俊明牧師、黃昭堂主席、黃崑虎理事長多位我尊敬的前輩都是座上賓，讓我受寵若驚。

我離職後偶然看到 2006.12.28 阿貴部落格，蔡丁貴教授以〈用人唯才乎？〉為題，對我未再續任，表示「真令人感到遺憾！」而就新政府的用人器度、格局，予以抨擊。因我任滿二任六年離職，而引起蔡教授的關切，讓我既感激又惶恐。

其後，張俊雄先生回鍋擔任行政院院長，欲延聘我擔任行政院政務顧問，我時任民進黨廉政委員會主任委員及凱達格蘭學校校長，為免被說三道四，而加以婉拒。

（二十九） 遇到不可思議的奇事

我在第二任任滿前，為讓行政院長有充分時間遴選第六屆委員，公平會提前二個半月，於 2006 年 11 月中旬報院，恭請院長遴選。詎料蘇院長當時忙著參加民進黨第十二屆總統副總統黨內提名選舉，竟然將之擱置一邊，在我任期屆滿前一星期尚未發布主任委員人選（我在 2001 年 1 月 27 日接任主委，我的人事案，行政院、總統府於 1 月 5 日就已同步發布），幾天後獲悉湯金全先生（當時六十歲，係民進黨創黨黨員，輔大法律系畢業、台大法學碩士；曾任檢察官、法官、律師、高雄市議員、立法委員、法務部政務次長、高雄市副市長）將接任公平會主委，我和他聯絡上，特別拜託一件事：承高志鵬委員推薦，我從國防部商調一位姓盧的簡任官員，為權宜計，暫以簡任機要秘書任用；他自輔大法律系畢業，是高委員

大學同班同學，並獲有台北大學法學碩士學位，法務部調查人員特考及格，為正規簡任官；他是一個人才，專長也符合公平會需要，您可留用，如果一定要他離開，請給他至少一個月的期間，讓他另找出路。湯先生一聽之下，一口答應，我才放心下來。

公平會主委在信義官邸有官舍，依規定，主委離職時於離職日起三個月內遷出即可，我的前任主委就是在三個月屆滿前二天才遷出的，不過我考慮到湯主委家住高雄，上任後若沒有官舍，極不方便，因此我特別為他設想，在他未上任前就主動遷出，讓他上任後馬上可以住入官舍。我的個性，向來都會為他人設想，儘量與人方便。

依規定（制度的設計），公平會主委於 1 月 27 日就任；副主委、委員於 2 月 1 日就任，但因蘇院長就遴選事宜一再拖延，致使湯主委無法趕在 27 日就任，而須與副主委、委員同時就任，而我也因此無法以主委身分（我已於 26 日離職）參與交接，結果破了多年來的「良制」，令人錯愕不已。坦白講，我對蘇貞昌先生始終十分敬佩，也很支持，但就此事，我不能無微詞。我卸任後，在二二二法政實務研討會上遇到蘇貞昌前院長，他當面對我說：「我不知道公平會主委可連任第三任，早知道，就請你連任第三任，駕輕就熟，必定會作出更大的貢獻。」我聽長官講，只笑笑的。

更令人驚訝的是，湯主委上任之翌日（2 月 2 日）清晨我在家裡接到盧簡任機要秘書打來的電話，他驚惶失措地說，湯主委要他馬上走路，不知如何是好？我聽了之後，目瞪口呆，稍微冷靜後，對他說：現在我也沒辦法，還是請高志鵬委員幫忙為妙。他馬上依

言，找高委員搶救，幾天後才安排到其他部會擔任簡任專門委員。湯主委出爾反爾，毫無同理心，想來真的令人非常遺憾。

三、　被關注的若干議題

　　2008 年總統大選民進黨敗選後，前總統府資政辜寬敏先生斥資創辦新台灣國策智庫，我獲聘為顧問。2011 年 11 月 24 日奉邀擔任「國家治理論壇」主講人，講題為「公平交易委員會的角色與功能」，吳榮義董事長親自主持。智庫影印給貴賓的資料中，有一份是〈黃宗樂於民進黨執政期間相關議題示意圖〉，我首次看到，蠻驚喜的。該示意圖關注的議題有十九件，茲臚列於次：

2000/ 5/20
黃宗樂出任總統府國策顧問一職

2001/ 1/ 5
公平會改組黃宗樂出任新任主委
行政院報請總統同意特任現任國策顧問黃宗樂為行政院公平交易委員會新任主委。

2001/ 2/ 2
強調執法將獨立於黨派之外
新任公平會主委坦承與陳總統素有交情，他本人過去也積極參與民主改革與社會運動，但未來執法仍將秉持超然獨立、客觀公正的立場，不會受到黨派影響。

2001/ 2/21
將參加反核遊行

　　民間團體預定發起 224 反核大遊行，長年支持反核運動的公平會主委黃宗樂也將以一般國民的身分參加。

2001/ 3/12
黃宗樂參加反核遊行多位立委不滿

　　公平會主委黃宗樂第一次到立法院備詢，多位立委質疑黃宗樂身為政務官卻參加二二四反核大遊行，未維持公平會公正立場。

2001/ 4/12
陳永昌控告公平會主委黃宗樂誹謗

　　台灣教授協會會員陳永昌控告公平會主委黃宗樂等三人，陳永昌表示，由黃宗樂擔任發行人印刊的台教會成立十週年特刊，內中有一文章醜化他個人，因此提起誹謗告訴。[23]

2001/ 6/ 7
宣佈推動建構知識經濟公平競爭環境

　　主任委員黃宗樂宣佈配合政府推動知識經濟發展方案，公平會推動建構知識經濟的公平競爭環境專案，並協助產業建立自律規範。

2001/12/21
台灣加入 OECD 黃指經濟部搶功搶過頭

　　台灣已經獲准加入 OECD 競爭委員會觀察員，非常難得。公平會主委黃宗樂卻指稱經濟部次長陳瑞隆、國貿局長吳文雅搶先發佈新聞是「搶功搶過頭」。[24]

2002/ 1/26
公平會研擬加入世貿組織因應措施

公平會主委黃宗樂表示，台灣正式加入 WTO，爲維護市場交易秩序，公平會研提因應措施，防範事業大型化或掌握樞紐設施、行銷通路後濫用市場力量，並愼防聯合行爲，但也將結合購併加速，檢討管制方式。

2002/ 3/11
黃宗樂表示贊成公平會消保會合併

新政府正推動政府組織再造，擬將公平會與消保會合併。公平會主委黃宗樂在立法院答詢時，表示贊成兩會合併，並指兩會合併後朝獨立於內閣之外的獨立委員會發展，只有在立法院審查預算時，比照司法院由祕書長赴立院備詢。[25]

2002/ 5/23
指微軟台灣售價確實最貴半年提報告

公平會主委黃宗樂答覆立委質詢時表示，有關立委所指微軟在台灣售價遠比大陸、日本、北美地區還高等相關資料，公平會都已蒐集，台灣售價確實最貴。在立委不斷要求下，黃宗樂同意先就價格差異、搭售等提出結論，半年提出調查報告。

2002/10/18
指油價上漲若油商有默示一致性要處罰

公平會主委黃宗樂在答覆立委質詢有關油價涉嫌聯合漲價時表示，公平會已經立案調查，他也強調，壟斷案最難的就是在舉證壟斷行爲，不過如果石油供應商間有默示的一致性時，也要處罰。

2003/ 2/27
接受微軟和解要約

公平會決議通過台灣微軟公司及相關關係企業所提出的行政和解要約。台灣微軟在要約書中表明體認消費者以及教育用戶對微軟產品價格訂定策略的關切，因此微軟決定降低 13 項產品價格，降幅達 26.7%

2004/ 1/ 5
台法競爭合作協議簽署 兩國合作大突破

特別飛來台灣的法國競爭審議委員會主委瑪莉多明尼克奧格斯丁，與公平會主委黃宗樂簽下台法競爭法合作協議，爲歐洲第一個與台灣簽訂競爭法合作的國家，尤其以台灣名義簽署，相當不容易。

2005/ 6/10
建立公平透明政府採購規範

公平會主委黃宗樂表示，龐大公共建設，深切影響相關市場的競爭秩序，建立公平、公開、透明的政府採購規範，使參與政府採購事業，以較有利價格、服務及品質，承攬公共建設，與競爭法追求的目標一致。

2006/ 2/ 5
公平會赴 OECD 同儕檢視 黃：一大光榮

公平會將到 OECD 位於巴黎的總部接受同儕檢視，並在 70 多個國家代表前提出報告及接受詢答。公平會主委黃宗樂表示，這是一個千載難逢的機會，在 70 多個國家面前接受詢答，是一大光榮，也是非常難得機會。

2006/ 5/10
砂石業者涉及哄抬物價 公平會開罰

受到中國一度宣布禁止天然砂出口影響,台灣砂石市場出現供需失衡。公平會已立案調查,調查後發現,確實有部分砂石業、預拌混擬土業者涉嫌惡意囤積、聯合壟斷、哄抬價格,公平會將審議裁處事證明確的 5、6 家業者。

2007/ 1/19
公平會主委黃宗樂將卸任發表三千字感言

公平會主委黃宗樂將卸任,公平會服務 6 年的他特別發了一篇洋洋灑灑長達 3 千多字感言給公平會同仁。黃宗樂卸任後重拾教鞭,在中國文化大學擔任專任教授。

2007/ 3/ 1
前公平會主委黃宗樂出任凱校校長

凱達格蘭學校發布新聞稿表示,原代理校長林向愷因休假期滿回任台灣大學經濟系,新任校長由前行政院公平交易委員會主任委員黃宗樂出任。

想來,陳水扁總統主政八年,我是獲益者,因為我擔任過總統府國策顧問、總統府顧問、行政院公平交易委員會主任委員、凱達格蘭學校校長。不過,從另外一個角度來看,我是奉獻者、付出者,因為我在每一個崗位,始終滅私奉公,盡忠職責,全力以赴。

1　爲此，我曾以〈台湾における人権立国の見所〉爲題撰文刊載於《尾中哲夫社長就任十五年と古稀祝賀　記念随想集》128頁以下（日本加除出版株式會社，平成 15 年 3 月 3 日發行）。

2　當時某電視台從早到晚播放反扁言論，而傳聞該電視台有中資介入，群衆反應應予以懲處。但陳總統引用美國總統傑佛遜的名言：「有政府而沒有報業，有報業而沒有政府，我寧願選擇有報業而沒有政府。」表明在他總統任內不懲處任何恣意批評總統的媒體。對此，有很多民衆很不諒解陳總統。

3　由此等規定可知，獨立、專業、去政治化乃公平會之特色。內閣閣員、司法院大法官、考試院考試委員、監察院監察委員等就政黨屬性不加任何限制，其爲政治性任命至爲明顯，而公平會委員則有「具有同一黨籍者，不得超過委員總額二分之一」之限制。

4　我大學同窗周國榮曾任公司負責人，現任律師，爲人正直謙和，處事周延明快，我一度想請他擔任主任祕書（以機要任用），他說：「對公平會業務完全外行，律師業務也一時無法放下」，因此婉拒，我遂決定從公平會內部找人。

5　各界送來盆景、花籃無數，公平會均一一回函致謝。不過我個人一心投入公平會會務，不曾親自一一道謝，失禮之處，殷望能得到諒解。

6　高捷案委員會議曾決定暫緩作成決議，就若干問題點進一步釐清。劉文雄立委見影開槍，委員會議翌日某大報第一版頭條新聞，報導公平會黃主委包庇陳敏賢，高捷案擱置不辦。公平會特發新聞稿澄清，並派員向劉委員說明，請劉委員明察。結果劉委員亦屬明理之人，新聞只炒一天。

7　先後爲林明珠、石博仁、謝堅彰。後來劉初枝部長借將，林明珠轉任考選部總務司司長；張富美委員長借將，石博仁（祕書室代理主任）調任僑務委員會主任祕書（以機要任用）。謝堅彰則固守崗位，適才適所，工作愉快。

8　成爲 OECD 競爭委員觀察員後，最重要的是，積極參加各項會議，參與討論，發表意見，提供建言，對委員會作出貢獻。其次，OECD 雖被稱「富國俱樂部」，實際上經費並不充裕，台灣爲已開發國家，允宜提供適當經費援助，協助委員會推動會務。

9　例如，自由時報（92 年 8 月 2 日）附以彩色大照片報導〈親子同樂〉謂：行政院今年推出每年八月第一個星期五，各機關應舉辦「親子活動」，讓公務人員之子女了解父母上班辛勞情形。公平會花費心思佈置場地，昨日舉辦卡通電

影、製造捏麵人,連餐點都是小朋友指定要吃的麥當勞,公平會主委黃宗樂(右二)不忘把玩捏麵人,和會內同仁子女同樂。(圖文:記者丁勻婷)。93年「親子活動」於8月6日舉行完竣,公平會同仁踴躍攜眷參加,親子才藝表演及吸管巧編等活動,熱鬧活潑,中央社特刊載公平會親子活動消息。

10 劉科長頗有才華,我拜託他赴高雄擔任公平會「南區服務中心」科長一職,他慨然應允,黽力從公,表現優異,深受好評。善用流利的台語宣導說明公平交易法,獲得熱烈回響;奉派擔任南部8縣市首長會議(行政院吳榮義副院長擔任主持人)司儀,會場掌控良好,議程進行流暢,最為人所津津樂道。

11 為此,我還特別函請人事行政局李逸洋局長,查明該記者之消息來源,李局長很關切,但不明是誰告訴記者。所謂「不打不相識」,後來該記者也成為朋友。

12 該委員要求享有人事考核權及增置一位研究助理。人事室主任報告說:不合體制,亦無經費。該委員可能因未能如所願,才惱羞成怒,在雜誌上發洩。發生這件事,我一直非常難過。

13 詳見王文玲、蕭白雪著《為官的品格－陳定南留給我們的未完成事業》198頁以下(2007年11月初版,商周出版)

14 〔事後著者補註〕不過,相較於外國,如是罰鍰金額是十足的小兒科。例如,關於TFT-LCD業者聯合壟斷面板價格案,美國司法部分別於2008年11月、2009年12月、2010年6月處中華映管罰鍰6,500萬美元、奇美電子2.2億美元、瀚宇彩晶3,000萬美元;歐盟執委會於2010年12月宣佈,處L.G.D.、奇美電子、友達光電、華映公司及瀚宇彩晶合計6.48億歐元(折合新台幣262億元),韓國三星電子因率先通報操縱價格行為而免除罰鍰,國內各家廠商罰鍰為奇美電子新台幣121億元、友達光電47億元、中華映管3.7億元、瀚宇彩晶3.3億元;韓國公平交易委員會於2011年10月30日宣佈,處韓國與台灣十家業者罰鍰合計1,940億韓元(折合新台幣52.5億元),其中台灣的友達光電被罰新台幣7.7億元、奇美電子4,200萬元、瀚宇彩晶2,400萬元、中華映管800萬元。我國公平會92年度查處北部桶裝瓦斯30家分裝業者涉有聯合調漲價格及限制交易對象行為案,處罰鍰創下歷年最高,也只不過共處新台幣3.4億元,與前述美國、歐盟、韓國裁處金額相比較,簡直是小巫見大巫。總之,在比較上,我國公平交易法的規定與公平交易委員會的裁處,過於寬大,亟有改弦更張之必要。

15 〔事後著者補註〕我在主任委員交接典禮致詞時表示:我就職後擬推動成立「公

平交易協會」，結合學術界、產業界以及其他關心公平交易制度之人士，透過協會組織研究公平交易制度，培訓公平交易專業人才及推動國際交流合作，並預定在公平會成立十週年時成立。就職後，我請陳櫻琴委員參照日本「公正取引協會定款」草擬「公平交易協會章程」，並廣徵同仁意見，最後得到的結論是：「公平會本身業務及活動已涵蓋公平交易協會應有的功能，目前尚無另成立公平交易協會之必要。」我遂終止成立公平交易協會之規劃，加強公平會相關業務及活動。

16 公平會同仁經常出國開會或接待外賓。為此，我到任不久，國父紀念月會特別邀請外交部禮賓司司長史亞平蒞會講授「國際禮儀」，我全程聆聽，獲益很多。

17 與外國簽訂協議，須照會外交部，據稱外交部承辦人員增列第二案：使用 Chinese Taipei 名稱，我非常生氣，好不容易爭取到使用 Taiwan 名義，外交部承辦人員竟然節外生枝，我責成公平會承辦人員馬上反應，如果外交部最後將 Taiwan 改為 Chinese Taipei，我一定召開記者會予以痛擊。我不知道外交部承辦人員到底基於何種考慮。

18 鼎談會，主講人除 Prof. Dr. Allan Fels 外，還有胡勝正院士（行政院政務委員）、與黃主委；發表高見者有：劉憶如教授（立法院立法委員）、吳東昇博士（立法院立法委員）、陳添枝教授（中華經濟研究院院長）、羅昌發教授（台大法律學院院長）、王文宇教授（公平會委員）、余朝權教授（公平會委員）。4月 29 日 Taiwan News 惠予全版刊載。

19 我以台灣公平會主委的身分應邀參加，嗣因公務關係，無法出席，講詞由李明峻教授代讀。

20 司機盧金良先生六年間隨主委早出晚歸，服務態度良好，很有禮貌，再辛苦也都沒有怨言。

21 提及捐款乙事，實在罪過。不過我還是要說：國內外發生天災時，公平會同仁也都會樂捐救災，相當踴躍，記得鄭優副主委曾一次樂捐十日所得，陳盈儒視察也曾一次樂捐五千元，令人感動。

22 〔事後著者補註〕其中重大的修正有二：（1）引進「寬恕政策」即「窩裡反條款」，對參與聯合行為事業主動向公平會揭發並協助調查者，得減輕或免除其行政責任；（2）對不同違法類型採不同罰則進行裁處，並大幅提高罰鍰之上限及下限，以期「窮化違法者」。

23 〔作者補註〕陳永昌教授是我所尊敬的學者，但他就此事告陳儀深（訪問者）、

廖宜恩（受訪問者）和我妨害名譽，未免反應過度，我始終一笑置之，後來台北地方法院檢察署為不起訴處分（91 年度偵字第 2700 號）。

24 〔作者補註〕我國駐外代表處，殆置有經濟組，我出訪外國時，除承代表親自接待外，與經濟組互動最多，我感念在心。台灣加入 OECD 競爭委員會為觀察員，得來不易。公平會與經濟部同時於 2001 年 12 月 20 日下午獲悉 OECD 理事會會議通過我國申請案，公平會國際事務小組與經濟部該管官員協調，達成共識：由公平會於翌日早上 9 時召開記者會發布消息。不料 20 日傍晚我赴故宮參加行政院文化之旅時，接到同仁緊急電話說，經濟部已將搶先發布消息。此事對公平會衝擊甚大，當晚我徹夜難眠，翌日各報果然均已大幅報導此消息，我在記者會上不得不予以痛批。一、於情於理，此項消息均應由公平會發布，而且已協調好，經濟部搶先發布，殊有不妥；二、公平會已安排翌日早上 9 時召開記者會，經濟部卻搶先發布消息，各報皆已大幅報導，公平會的記者會有何意義？跑公平會新聞的記者如何報導此消息？我不痛批，如何向公平會同仁和跑公平會新聞的記者交代？我不希望此事引起部會之間的緊張關係，因此痛批後就保持沉默。事後經濟部長林信義給我一份詳細的報告，並表示歉意。

25 〔作者補註〕為彰顯公平會為獨立機關之特性，趁行政院改造，將原名「行政院公平交易委員會」修正為「國家公平交易委員會」，另委員人數減為七人，任命方式改為須經立法院同意，委員任期亦由原來的三年改為四年，並採交錯任期。新制自 2013 年 2 月 1 日第八屆委員施行。行政院消費者保護委員會並未與公平會合併。

第六章
老而彌堅

與凱達格蘭學校國策八學員於結業典禮後合影
（前排左六：校長黃宗樂、左七：董事長李鴻禧）

一、　回歸學界，再拼十年

2007 年 1 月 26 日我公平會主委二任六年任期屆滿退職，同年 5 月 5 日滿六十五歲，依我國法及國際標準，滿六十五歲以上為老人，我猛然發覺在不知老之將至間，老已悄悄而至矣[1]。大學教授，滿六十五歲就得屆齡退休。退休後，有的人安享清福，怡情自得；有的人繼續任教，早作夜息，老當益壯，我選擇後者，於主委退職前，發願：「回歸學界，再拼十年」。我認為老人讀過的書多，思想成熟，經驗豐富，傳道、授業、解惑，老馬識途。我自 1990 年以來投入民主運動與社會運動，其後又出任公職，對於學術專業較為疏忽，亟須填補，以善盡學者的天職。我生來「業命」，教育與學問又是我的最愛，豈可就此退休？更何況我身體硬朗，壯志未已，還能拼！

當然，難免有人會質疑：猶繼續任教，不會阻礙後進就業機會嗎？我想，任何大學，教師員額有缺才可能延聘，法學先進國日本，國立大學教授屆齡退休後，到私立大學任教，比比皆是，蓋有助於私立大學之提升與發展也。轉任私立大學教授，一般可教到七十歲或七十三歲，乃至七十五歲。例如，我的博士論文指導教授田中整爾先生，1987 年 3 月自國立大阪大學退官（時 60 歲，是提前退官，非停年退官），轉任大阪學院大學教授，條件是：負責籌設法學部、得任用二位專任教師、可服務到七十五歲。

（一）獲聘為中國文化大學法律學系教授

我在 2005 年 5 月從信義區挹翠山莊遷居士林區陽明里，新居就在中國文化大學華崗校本部附近，從家裡步行到學校祇需二十幾分鐘，「離家近」；我又曾於鄭玉波教授擔任文大法學院院長時，受

聘兼任文大法律學系教授，與文大素有淵源，因此我首選文大[2]，承王寶輝老師、林信和老師推薦、姚思遠系主任厚愛，克服第二學期排課上之困難，慨然聘爲法律學系專任教授，大學部擔任民法物權、民法親屬、民法繼承；碩士班先後擔任公平交易法專題研究、財產法專題研究、家族法專題研究等課程。我於 2007 年 1 月 26 日從公平會退職，翌 2 月 1 日即進入文大服務，時間上銜接得恰恰好。我任職後，儘量融入文大法律系大家庭，而同仁們對我也都很親切、友善，讓我很快就有歸屬感。其實，除王寶輝、林信和外，王志文、曾習賢、李復甸、何曜琛、廖正豪、邱駿彥、陳友鋒、林恆志等多位老師都是舊識。如果天假以年，文大又有需要的話，我想多服務幾年。長年與年輕而有朝氣的莘莘學子在一起，心神愉快，壽命必然增長。而且，有文大這份專任薪水，才更有餘裕提供捐款或幫助他人和多點儲蓄。我進文大任教，絕非來養老的，而是朝乾夕惕，精進不已。

有人問我：「在文大法律系任教會習慣嗎？」對我而言，入鄉隨俗，因材施教，一點都不陌生，《妙法蓮華經》云：三世「諸佛以無量無數方便，種種因緣、譬喻言辭，而爲眾生演說諸法，是法皆爲一佛乘故，是諸眾生從佛聞法，究竟皆得一切種智。」[3]我境界雖遠不能及，但意趣則別無二致，何況文大法律系學生大都懂得自愛，好學向上者亦不少。只是，文大厲行點名制度，除要求任課教師每節點名，或責成學生簽到外，並雇工讀生，到各班抽點，立意固善，但作爲大學，似應置重在學生的自動自發自律自強，由任課老師視情形偶爾抽點即可，一味重視點名，我確實有點適應不良。

惟不論如何，現在文大給我的 image 是有長足的進步和發展。

環境整潔，草木青翠，空氣清新，建築物增多，建築宏偉，設備齊全。我到校之翌年，每位專任老師均配得一間個別專用的研究室，書櫃、桌椅、電腦、冷氣，應有盡有。專任教師員額提高，圖書館藏書倍增。張鏡湖董事長於新聘教師歡迎會上，剴切指出學校財務健全，並詳述學校發展藍圖，也特別提及李登輝先生對於部分校地之取得幫忙很大，張董事長辦學的用心和努力，令人敬佩。祇是，張董事長雖有雄心壯志，但畢竟年事已高，將來後繼之人是否能高瞻遠矚，胸襟廓大，一以教育為念，無私奉獻，則是文大能否持續進步發展的一大關鍵。

中國文化大學前前身為中國文化研究所，於 1962 年 3 月創立，翌年更名為中國文化學院，1980 年升格改制為大學迄今。現設有文學、外國語文、理學、法學、社會科學、農學、工學、商學、新聞暨傳播、藝術、環境設計、教育等十二個學院及推廣教育部。法學院設法律學系、學士班分設法學組Ａ．Ｂ．Ｃ班及財經法律組Ａ．Ｂ班與碩士班、博士班（2011 年增設）各一班。華崗學園之創設，依創辦人張其昀（字曉峯）博士自述，「其教育宗旨為德、智、體、群、美五育並重，使通才與專才相融合，理論與實用相發明。期能始於德育，終於美育，而構成完整之大學教育體系，負起作育建國人才之任務。」五十年來，華崗學園慘淡經營，確實為國家社會造就許多人才，貢獻甚大。

常言道：「世事無常」，正當朝乾夕惕、精進不已時，詎知2009 年竟積勞成疾，罹患淋巴瘤，接受標靶化學治療（後詳）。療養期間，深感殊有必要及時留下完整的自述或回憶錄，以免抱憾而終。恰好 2011 年 8 月間，文大有新的變化，我便配合個人生涯規劃，

辭去文大專任教職，改爲兼任。文大有四位碩士生請我指導（我改爲兼任後即不再收指導學生），我理應善盡指導教授的職責。2012年7月有三位（李承龍、蕭智文、杜佳燕）、2013年1月最後一位（方信翔）順利畢業，頗感欣慰。

（二）膺任台灣國際法學會理事長

台灣國際法學會創立於2001年9月，發起人爲邱晃泉、李孟玢、李明峻、廖福特、黃居正、謝英士、張炳煌、林峰正等，皆爲法界新銳。第一任理事長爲邱晃泉律師，邱理事長任滿一年懇辭。其後，推舉陳隆志爲理事長，繼續敦聘彭明敏爲名譽理事長、黃文雄、黃昭堂、黃宗樂、李鴻禧爲名譽理事、安藤仁介、小田滋爲名譽顧問。2003年12月舉辦「台灣與國際法」學術研討會，我應邀致詞，我以〈台灣時代已然到來〉爲題，拋磚引玉；2006年12月出版《陳隆志教授古稀祝壽論文集・民主、和平與人權》，我奉命恭撰〈陳隆志博士七秩壽序〉，共襄盛舉。

陳理事長於2008年3月任期屆滿，由誰接任？學會內部屬意名譽理事黃宗樂，我認爲國際法不是我的專門，而會裡人才濟濟，適任理事長者不乏其人。後來，我在盛情難却下，3月8日年會被選爲理事，3月20日理監事聯席會議我未出席，還是被選爲第三屆理事長，當天傍晚突然接到電話通知：「老師被選爲理事長，今晚舉行交接，請老師馬上趕來會所。」我就這樣「黃袍加身」。能繼國際法大師陳隆志教授之後接任理事長，我感到無比的光榮，也感到非常的惶恐。陳理事長卸任之後被敦聘爲名譽顧問。

第三屆幹部如下：理事長：黃宗樂；常務理事：陳荔彤、鄧衍森；

理事：蔡英文、邱晃泉、宋燕輝、黃居正、張炳煌、姚志明、謝英士、施文貞、葉錦鴻、姚孟昌、徐揮彥、林雍昇；常務監事：武田美紀子；監事：姜皇池、蕭琇安、李禮仲、吳志中；祕書長：廖福特；副祕書長：李明峻、吳煜宗；祕書：李亞琴。

　　台灣國際法學會會員六十餘人（我接任理事長時），每年除舉辦學術研討會、座談會外，並刊行《台灣國際法季刊》，設置「國際法碩、博士論文獎」，也曾舉辦「國際法巡迴演講」，我接任後又設置「彭明敏國際法講座」，可說會務相當繁重。由於經費有限，人手不足，運營頗為辛苦。幸得理事會鼎力支持、工作小組用心規畫、會員們熱誠參與，使得會務能夠順利推展。尤其是廖福特秘書長、李明峻副秘書長、黃居正季刊執行編輯（在我化療期間懇辭，而由廖福特秘書長兼任），積極投入，無私奉獻，令人感銘五內。常務理事陳荔彤教授擔任台灣海洋大學海洋法律研究所所長，本會學術研討會，他都極力配合協辦；徐國勇立法委員、簡玉聰教授、張炳煌律師、李禮仲教授等慷慨解囊，雪中送炭，均令人感謝不盡。開會或聚會，有使用英語之必要時，黃居正博士都欣然權充通譯，更讓我感激。

　　台灣國際法學會會所（辦公室）自 2001 年成立以來均由台灣國際專利法律事務所所長林志剛律師無償提供使用，2009 年 3 月更撥一間約二十二坪大的房間充當新辦公室，並出錢裝潢、購買設備，看起來蠻有氣派的，尤其書櫃足夠，本會名譽顧問、國際著名國際法學者安藤仁介教授贈書珍藏於專櫃中（闢為安藤文庫），頗有書香氣息。安藤教授蒞會訪問時，讚道：「學會辦公室這樣寬闊亮麗的，在日本也不曾見過。」當看到他的贈書珍藏在偌大的專櫃中，

表示相當滿意和欣喜。林所長長期熱心公益，關心台灣前途，支持本會不遺餘力；夫人武田美紀子，專攻國際法，擔任本會常務監事，爲會付出甚多，均令人敬佩之至。

四十年來，中華民國在國際舞台失去其存在，國際法的研究在國內也陷入陰霾。而國家司法考試又不考國際法，國際法乙科在法律系可說一直是屬於冷門。但曾幾何時，隨著科技發達，交通便利，資訊無遠弗屆，國際間的交流、互動日益頻繁緊密，今日世界儼然成爲一個地球村。在國際化日益深刻擴展之下，國際法的領域也日益擴大，除外交、政治外，文化、貿易、貨幣、人權乃至生態保育、環境保護、能源利用、國際犯罪、國際難民……，都是現代國際法所關切的課題。抑且，除國家、政府間國際組織外，非政府組織團體及個人，也都成爲現代國際法體系的主體，今日，任何國家、團體或個人均不能自外於國際社會而孤立。尤其是台灣，在中國極力打壓下，國際生存空間被殘暴壓縮，形同國際孤兒，更應當奮發圖強，重視國際法的研究，促進國際法學的交流。最重要的是以台灣爲主體，透過國際法的研究發展，早日促使台灣成爲正常國家[4]，與世界各國平起平坐，共同參與國際事務，分擔國際責任。

在國際化、全球化沛然莫之能禦之今日，欣聞國家司法考試將「國際公法」列爲必考科目，國際法一科在法律系將成爲主要法律科目，吾人深表歡迎。個人深盼，法律系莘莘學子不可僅爲考試而讀國際法，而應以更大的格局，作爲地球村之一員而讀國際法。再者，國際法的範圍甚廣，因此必須由國際法學者共同研議，確定考試範圍，讓考生有一致的標準可依，方能確保考試的公平性與合理性。

　　2009 年 3 月淋巴瘤病發接受標靶化學治療時，我本來想辭去台灣國際法學會理事長一職，但鄧衍森常務理事、廖福特秘書長、李明峻副秘書長、吳煜宗副秘書長曾分別兩度前來報告會務狀況，我「兩害相權取其輕」，乃打消辭任念頭；12 月又萌生辭意，但仍被強力勸留，乃決定任滿一任三年時再作決定。2010 年 12 月 15 日我遂發函給秘書處表示於明（2011）年 3 月任期滿一任三年即不再參選連任，俾由專攻國際法之理事出任理事長。其後理事會推舉邱晃泉律師為理事長。邱律師為本會籌設時籌備會主任委員，熱心公共事務，在律師界、社運界相當活躍，曾任無任所大使，現任鄭南榕烈士基金會董事長，由他接任，頗為適當。我理事長卸任後，復位擔任名譽理事。

　　2012 年，台灣國際法學會預定出版《台灣國際法學會十週年論文集》，我奉命寫序，茲將〈黃序〉揭露如下：

　　西元 2011 年 8 月 15 日，欣逢台灣國際法學會名譽理事長　彭明敏教授八十晉八華誕，理事會決議出版論文集，以申祝賀之忱。徵稿函件發出後，反應熱烈，惟 彭教授清虛謙遜，再三婉謝，乃不得不中止徵稿，而就已決定惠賜之鴻文，徵得執筆者同意，以《台灣國際法學會十週年論文集》名義出版。由衷感謝執筆諸賢惠賜鴻文，共襄盛舉。

　　本論文集共收錄論文二十篇，皆是珠玉之作，依其性質，有涉及主權者，有涉及人權者，有涉及世界者，主編將之分類為「台灣‧主權」、「台灣‧人權」、「台灣‧世界」，顏曰《台灣‧國家‧

國際法》。論文彙集後，李明峻秘書長囑愚寫序，愚原不敢僭越，惟李秘書長強調，本論文集發端於愚理事長任內，由愚寫序，名正言順。在盛情難卻下，只好從命，但願能與邱晃泉理事長序相呼應。

台灣國際法學會成立至今，已滿十年，在歷屆理、監事規劃、推動，全體會員積極參與，以及各界鼎力支持之下，欣見十年有成。除舉辦無數的學術研討會外，最可頌者，儘管經費拮据，仍自 2004 年以來發行《台灣國際法季刊》；自 2006 年以來設置「國際法碩、博士論文獎」；自 2008 年以來設置「彭明敏國際法講座」，殊屬難能可貴。《季刊》的發行，對促進我國國際法學的進步及宣揚台灣主體性理念，貢獻甚大。「論文獎」迄 2010 年頒發碩士論文獎十二人（博士組從缺），對獎勵研究生研究國際法及提昇國際法研究風氣，績效卓著。「講座」係在愚擔任理事長時所設置，迄 2010 年，承李明峻、武田美紀子、廖福特諸同道悉心安排，先後邀請日本東京大學教授大沼保昭先生、前聯合國人權事務委員會主席安藤仁介教授、泰國朱拉隆功大學新科法學院院長 Sakda Thanitcul 教授、英國 Leeds University 法學院院長 David Wall 教授、韓國首爾大學教授李相晃博士擔任主講人，對彰顯台灣國際法之父彭明敏教授之非凡成就及促進國際間國際法學之交流，深具意義。

為鼓勵台灣對國際法的研究，日本國際法大師安藤仁介教授將其國際法藏書全部贈與本會，本會闢為安藤文庫，置於辦公室，供會員及各界使用；為協助本會推展會務，台灣國際專利法律事務所所長林志剛律師長期提供辦公室予本會無償使用，並慷慨捐助本會，均令人感激不已。

台灣當前最重要的課題，莫過於如何向國際社會發聲？如何爭取參與國際社會尤其加入聯合國？因此濟濟台派人士寄望台灣國際法學會能充分發揮國際法論述平台的功能，促使台灣走向國際社會。前總統府資政陳繼盛博士、前駐德代表尤清博士、前考選部長劉初枝教授、首任駐 WTO 大使顏慶章先生等遇到愚時，均再三致意。愚深信，在台灣國際法學會不斷努力之下，必能如陳隆志教授擔任理事長時所言，「使國際法在台灣生根、成長，順應新時代大環境發展、進步，也可幫助台灣早日成為國際社會名實合一、正常化的第一流國家。」

雖然彭教授婉謝出版論文集為其祝壽，愚依舊要藉此機會，恭祝彭教授壽比玉山、福如太平洋。

再度感謝各界的支持和鼓勵，也祝福台灣國際法學會日就月將、永續發展。

黃宗樂謹序於蘭園書屋

2012 年 6 月 21 日

二、 出任民主進步黨要職

從公平會退職前，在陳繼盛教授的鼓勵下，我接受民主進步黨主席游錫堃推薦，出任該黨廉政委員會委員，並為主任委員人選，嗣經全國黨員代表大會同意。2007 年 1 月 18 日赴中央黨部拜會游主席，游主席態度誠懇，對黨的興革和提升至為殷切，我深受感動。2 月 1 日正式受聘為廉政委員會委員，嗣被推為主任委員，3 月 7 日

又被聘爲第十二屆總統暨第七屆立法委員黨內提名選舉查察賄選小組（以下簡稱爲查賄小組）召集人。我非民進黨黨員，而被委以重任，在黨內地位崇高。我以獨立、超然、公正的立場，依據廉政條例、紀律評議裁決條例及其他相關內規，兼顧整個黨的發展，審愼處理有關事件。

（一）　擔任查賄小組召集人

查賄小組爲臨時性組織，由黨內成員四人、黨外成員三人組成，處理檢舉案共十來件，均爲立法委員黨內提名選舉候選人間互相檢舉對方有賄選嫌疑、用非法手段增高民調或抹黑攻訐他方等，經查皆爲不同派系成員間互相指控事件。如所周知，民進黨內派系林立，互相傾軋，因嚴重影響黨的和諧發展，經 2010 年第十二屆全國黨員代表大會決議解散派系，而實質上依舊存在，原○○系、原○○連線、○系、○系……不一而足。查賄小組開會時，黨內成員均爲其所屬派系或所護挺者說話、解套，而移送懲處須事證足够而後可，因此移送懲處成案相當困難。我以召集人身分被邀請列席中常會報告查察情形，各派系所屬中常委均交相指責查賄小組辦案不力，我知其在指桑罵槐，但聽起來很不是滋味，卻又不宜當場將實情講出來。仲裁委員會主任委員陳繼盛、游主席還特別爲我緩頰，肯定我的無私奉獻。會後指桑罵槐的中常委分別向我致歉，我當然了解其意思及立場，均一笑置之。惟不論如何，民進黨究竟是一個民主、開明、有作爲的政黨，才會成立查賄小組，讓候選人知所警惕，受害時有陳訴管道，實非其他政黨所能及。

（二）　擔任廉政委員會主任委員

本屆廉政委員十一人中，具黨員身分者僅一人，其他十人中一人未到任，除主任委員外，其餘九人分組三庭，每庭三人，其中一人爲召集人，分別調查所分得之違反廉政行爲事件，再將調查經過及結果與擬辦提會討論，以決定是否提出懲處建議。中途有一位委員辭職，爲因應需要，我報請代理主席謝長廷補足推薦二名，但謝代主席可能有其他考量，未予處理。

本屆廉政委員會處理違反廉政行爲事件共十件，廉政委員會必須釐清事件案情是否屬於廉政條例第二條所稱違反廉政行爲之範圍，進而判斷依調查所得事證是否符合違反廉政行爲構成要件，任務頗爲繁重。而廉政委員來自各方並各有專職，安排開庭調查，頗費工夫，不免影響調查進度。其間，游主席曾打電話給我說：「廉政委員會爲黨內獨立機關，連我黨主席亦不得影響廉政委員會獨立行使職權，不過媒體對於廉政委員會調查違反廉政行爲事件，會詢問黨主席，希望黃主任委員大刀闊斧，該辦就辦，速辦速決，才能對社會有所交代。」我對游主席急於重塑民進黨清廉形象，至爲敬佩。

本屆廉政委員會審理結案的事件中，有的非屬廉政條例違反事件，不予受理；有的不在廉政條例適用範圍，予以免訴；有的尚難認有違反廉政行爲，不予處分建議，要言之，未有一件提出懲處建議。其餘未審結事件中是否符有違反廉政行爲者，則不得而知，惟觀其後（我辭職後），亦未見有人被懲處。

當時黨內及外界質疑廉政委員會爲何未約詢陳總統，固然陳總

統在退黨聲明中確實曾說：「我絕對會對我的行為負責，雖然今後不再是民主進步黨的黨員，但我願意接受中央黨部廉政委員會的調查。」但問題是，陳總統既已自動退出民進黨，本委員會無權至少不宜約詢；又指名應儘速嚴辦高○○、薛○○、蔡○○等三位立法委員，但因事涉派系角力及不分區立委遞補問題，本委員會更須詳究事實、審慎處理。

民進黨以清廉為核心價值而受到人民的支持和肯定，我對民進黨清廉度要求甚高，然亦發現與貪污有關事件被起訴後，最後被判刑的比例甚低，萬一檢察機關濫予起訴，而依民進黨內規，已經起訴者，應建議停權以上處分，則有心人要搞掉民進黨政治人物易如反掌，因此廉政委員會拿捏之間，煞費苦心。

我當時亦擔任凱達格蘭學校校長，凱校創辦人為陳總統，時任凱校校友會會長為高志鵬立法委員，為免落人口實，凱校同仁例如汪金哲主任建議我辭去廉政委員會主任委員一職。

後來總統大選敗選，民進黨失去政權，民進黨召開檢討會，所謂少壯派大鳴大放，肆意批評，連廉政委員會亦被波及，真是「城門失火殃及池魚」。既然有人質疑廉政委員會功能，我身為主任委員，又是「客卿」，乃斷然於 2008 年 4 月 22 日懇辭廉政委員會委員並為主任委員職務，雖然謝長廷代理主席強力慰留，但我辭意甚堅，其後蔡英文膺任民進黨主席，也一再要推舉我再度出任廉政委員會主任委員，但我依舊不為所動。有些民進黨人，踩著前輩的血淚，收割前輩努力的成果，猶否定前輩的犧牲奉獻，我深不以為然。由於我曾任民進黨廉政委員會主任委員，我嚴守分際，始終未到土

城看守所及桃園監獄探望陳前總統。

民進黨以「清廉、勤政、愛鄉土」為核心價值而贏得人民的支持和信任,今後必須繼續堅持,並予以強化。黨的主張和政策是什麼,要為人民、能為人民做什麼,與中國國民黨的區隔在那裡,應該對人民說清楚。

我想,隨著情勢變遷,黨的主張和政策固然不能一成不變,但總不能背離創黨的精神和理念,尤其當此國共正連手逐步吃掉台灣之際,民進黨更應堅持創黨的精神和理念,傾全力守護台灣。眾多台灣人憂心,台灣萬一被中國吞噬了,台灣人民勢必失去自由與尊嚴,永遠淪為政治奴隸。民進黨是台灣土生土長的政黨,是台灣人民的寄望,對台灣的自由獨立前途,必須懷有強烈的使命感,要有擔當,並隨時反省有無中國國民黨化的迹象。

三、 出任凱達格蘭學校校長

我在公平會上班最後一天即 2007 年 1 月 26 日,凱達格蘭基金會董事長李鴻禧教授打電話到公平會給我,表示欲敦聘我出任凱達格蘭學校第三任校長(第一任陳師孟校長、第二任李鴻禧校長),我受寵若驚,請李董事長給我一星期的考慮時間。由於(1)陳水扁總統為實現他多年來的願望,撥出總統選舉補助款三分之一創辦凱達格蘭學校,我十分敬佩;(2)我非常認同陳總統創辦凱校的理念,即「凱達格蘭學校就是為了民主而生,凱達格蘭學校的理想,就是要扮演民主深化的推手,以及參與公民社會的建立。」陳創辦人進而闡釋:「民主是一個理性的對話過程,開放給所有的人士,沒有預設立場,不分國界、不分黨派,只有對民主理念的溝通與交流。」

「凱達格蘭學校不是特別爲菁英設置的，每個人都能進入它的教室，每一個社會的角落都可能是它的教室，正如民主是爲每個人而存在的。」；（3）能繼國師李鴻禧教授之後出任凱達格蘭學校第三任校長，乃畢生莫大之光榮；（4）我已受聘爲中國文化大學法律學系特聘教授，我知會法學院院長姚思遠博士，他表示：「深感與有榮焉。只要能依照聘約，克盡教師職責即可，學校別無限制。」我於五日後，欣然接下此重任，李董事長笑著說：「陳總統將凱校校長定位爲等同『院長級』，雖然物質的報酬較低。」我於 3 月 1 日履新。但與李董事長約明：祇做到 2008 年 5 月 19 日陳總統卸任之時，好把用人空間留給陳創辦人。

我接奉第一份聘書內容如次：

聘書　茲敦聘　黃宗樂先生爲凱達格蘭學校第三任校長　聘期自 2007 年 3 月 1 日起至 2008 年 2 月 29 日止　凱達格蘭學校　創辦人　陳水扁　董事長　李鴻禧　2007 年 2 月 15 日

凱達格蘭學校乃陳水扁總統爲了完成三十多年來的宿願於 2003 年 3 月所創辦的[5]。我於 2007 年 3 月 1 日接任校長後，在教育訓練方面，除依年度計畫開辦「國家領導與發展策略班」、「原住民族研究班」、「女性公共事務領導班」、「青年領袖夏令／冬令營」、「青年領袖班」外，並在李董事長指示下，加辦北中南三梯次「民間領袖與地方發展班」。

各班學員之招募，採書面審查或及面試，有些班競爭激烈，校長難免有人情壓力，但我仍秉公處理，不受人情影響。招募過程中，

曾經有位「外省人第二代」王玉楚執業律師，是我曾經教過的學生，他報考「國家領導與發展策略班」，我問他：「令尊同意你來報考嗎？」他說：「如果幸運被錄取，我會說服家父。」後來他錄取了，但沒來報到，過幾天收到他的來信說：「由於家父堅決反對，學生不得不順從，帶給老師偌大麻煩，心中深感不安。」我有位很要好的朋友莊耀辰，長期支持民主運動，他希望有機會進「國家領導與發展策略班」，我告訴他：「以你的學經歷，適宜報考民間領袖與地方發展班。」他歡喜接受。有位報考「女性公共事務領導班」的女性，我問她：「妳知道凱達格蘭學校是誰創辦的嗎？」她答道：「是李前總統創辦的。」我很訝異，她怎麼搞不清楚狀況？是我們宣傳不夠嗎？

　　各班課程，固依各班性質、目的之不同，分別為適當設計，但悉以是否切合當前國家社會需要及是否足以培養學員判斷、應變及領導能力為首要考慮，並將弱勢關懷列為核心課程。講師均延請重要官員、學者專家擔任，學校致送給比兼任教授略高的鐘點費。通常都由承辦部主任陪我造訪，當面懇邀，並說明開課目的及講義要求等。上課時，我偶爾會去旁聽。印象最深刻的是，參加第八期國家領導與發展策略班「登山、愛山、淨山」玉山戶外教學活動，首度登上玉山主峰頂。凱校所有的講義都公開上網，讓大眾點閱。至於戶外或參訪活動，則由同仁或班長帶領。

　　智庫活動方面，依例舉辦「黃信介先生紀念講座」、「凱達格蘭論壇」、「菁英座談會」等，邀請海內外重量級學者專家、凱校校友、社會菁英，針對台灣當前重大議題進行演講、研討及交流，我印象最深刻的是，邀請張忠謀台積電董事長、吳澧培前總統府資

政擔任「黃信介先生紀念講座」，講題分別爲「經濟成長之新挑戰」、「如何突破美國一中政策」，見解精闢，語重心長，發人深省。2007年更舉辦「政黨輪替的實踐與展望」，邀請政府代表及學者專家，針對政黨輪替後諸重要課題，進行回顧與展望。

國際交流方面，在我任內，馬來西亞馬華公會中央黨校黃家泉校長、王琛發副校長蒞校參訪；與新加坡駐台代表羅家良、副代表張文喜交流；聯合國前人權事務委員會主席安藤仁介教授蒞校主講「國際法的新展望」並進行座談等。

出版方面，在我任內，刊行《凱達格蘭會訊》第13期至第18期，撰寫中的陳總統重大政績回顧專書未克完成，殊甚可惜。

我到任時，除董事長室（祕書：林怡伶兼）外，凱校有校長室（祕書：吳秋玲）、教學發展部（主任：柳嘉峰）、學生事務部（主任：鄭淑心）、行政管理部（主任：汪金哲）、公共事務部（主任：林怡伶）、政策中心（主任：柳嘉峰兼）等六個單位，實際員額十七人，嗣二人辭職，一人留職停薪。李董事長要我聘一位副校長，襄助處理校務，我爲免增加薪資支出而予以婉拒。我到任後，了解經費並不充裕，募款又不容易，於是儘量節流，減少開支，人員出缺原則不補，責成全體同仁共體時艱，互相支援，分擔工作。而我自己，在文大已領有薪俸，我主動不領月俸十一萬多元的校長薪資，後來在李董事長堅持下，我具領交通費，實報實銷。年終獎金，我也悉數退回。實者，亦所以報答陳創辦人、李董事長知遇之恩也。

凱校每星期二下午舉行校務會議，我到任不久，曾指示同仁研議開設「民主教室」、「民主廣場」之類的班級，開放給民眾，作

為民主理念溝通與交流的平台；研擬籌組「凱達格蘭志工隊」，從事淨山、淨海、照顧弱勢及其他社會關懷活動；研擬試辦「台語演講班」，訓練學員使用台語演講的能力和技巧，但因經費拮据，人手不足，又無適當場地，最後都祇得作罷。

陳總統任期到 2008 年 5 月 19 日，我曾晉見陳總統，請教他卸任後凱校的運營及發展方向，他說悉由董事會決定，經再請示，他說：「外國總統，例如柯林頓，卸任後，通常都會成立基金會，繼續為國家社會奉獻，我們已有凱達格蘭基金會，我希望總統卸任後，能透過凱達格蘭基金會、凱達格蘭學校的運營，加強智庫活動，賡續關懷弱勢，積極推展國際交流，繼續對台灣作出貢獻。」[6]

陳總統卸任之前，我依原先與李董事長的約定，懇辭校長一職，而於 5 月 19 日離職。我在凱校將近一年半的期間，承蒙　陳創辦人的嘉勉、李董事長的肯定和鼓勵、黃維生董事的幫忙、講師們和顧問們的相挺、同仁們與校友們的支持和合作、熱心人士的捐助，使得校務能夠順利推展，我永遠感激。國策七校友李智貴購買陳修編著《台灣話大詞典〔修訂新版〕》（遠流出版）、陳冠學編著《高階標準臺語字典上冊》（前衛出版）等書相送，惠我良多，令人難忘。

凱達格蘭學校，在我離職後急速轉型，縮小規模，校長改為執行長，其後隨著創辦人陳前總統身陷黑牢[7]而停止運營，令人惋惜。我當時寫道：「凱校的創辦，在歷史的長河中，有如曇花一現，但確曾風光一時，《凱達格蘭會訊》第 18 期〈凱達格蘭學校五年總回顧〉專輯，留下了輝煌的紀錄。凱達格蘭族雖已消失，但實質上轉化為另一種存在形式，繼續在台灣這塊土地蕃衍生息，我想凱達格

蘭學校也是吧！」

其後，2011 年 7 月，凱校在百般艱困中毅然復校，凱達格蘭基金會新任董事長陳唐山新聘張富美博士（美國哈佛大學博士，曾任職史丹福大學，回國後歷任國民大會代表、台北市政府訴願委員會主任委員、監察院監察委員、僑務委員會委員長等職）擔任校長，鄭淑心為執行長，經營方式也大幅改變。衷心期盼凱校能永續經營，貫徹陳創辦人創辦凱校之理念，尤其是為台灣培育優秀人才。

茲應一提者，張富美博士係我台大法律系高我六屆的學姊，黑名單解除後她回台灣，一直與我保持良好的互動關係。游錫堃內閣時，張博士與我承審薦小組向陳總統推薦為司法院大法官（定員十五名）人選，消息亦已傳出。當時張博士擔任僑務委員會委員長，我則擔任公平會主委，均獨當一面，表現良好，而游內閣又定位為戰鬥內閣，基於安定考慮，乃續留原機關。的確，公平會主委雖然較忙，但能發揮的空間較大（張委員長亦然），我很慶幸留在公平會，否則不可能出這本傳記，亦不可能被母校大阪大學列入著名校友：國際名人。

四、 罹患淋巴瘤

俗語說：「人無千日好，花無百日紅。」2008 年 4 月 22 日懇辭民進黨廉政委員會主任委員；5 月 19 日又懇辭凱達格蘭學校校長，正值能夠專心著述之際，不意生了一場大病，差點就「往生極樂」。

我向來身體矯健，動作敏捷，偶有小病，或略為休息，或買成藥服用，即告痊癒。不過，近年來，腹部及胸部偶有撐脹感覺，

2009 年（己丑年）農曆過年前一個多月，我過於忙碌，終於積勞成疾，病竃浮現，除夕夜闌上床睡覺不久（陽曆 1 月 26 日二點左右），頓感腰酸背痛，渾身發癢，腹胸悶脹，呼吸困難，但我迷信老方法，豈知病痛日劇！在內子、兒女勸導下，2 月 10 日才到台北市立聯合醫院陽明院區就醫，吃了一星期的藥，並無起色，忍幾天後病情更重，並發生厭食，乃於 2 月 23 日回陽明院區急診，經照 X 光、電腦斷層掃描檢查，主治大夫宋榮松醫師謂發現肋膜積水，縱膈膜淋巴有黑影，但未必是惡性，嗣再診結果，宋醫師建議轉臺大醫院或榮民總醫院，我即於 2 月 26 日轉臺大醫院[8]，在主治醫師鄭安理教授團隊安排各項檢查後診斷係淋巴瘤，準備手術，已劃定手術位置，我也已簽好手術同意書，但最後醫師告知不能手術，隨即於 3 月 4 日進行標靶化學治療（第一療程），於 3 月 19 日出院，25 日進行第二療程化療，其後每隔三週各做一次，共計六個療程，6 月 17 日為最後一個療程。

　　接受第一療程化療前，身體疼痛難當，第一療程化療，費時十小時，翌日清晨醒來覺得原來的病痛幾乎都消失了，可是身體非常虛弱，如三歲嬰兒，需要人照顧，說話聲音微弱，大小便無法控制，不能下床走動，連寫字都很困難，口腔乾癟，說話不順暢，怕見光線，極端厭食，水腫，白血球值一度降到每立方公釐四百顆（400cu. mm），經連續三天注射白血球生長刺激素，約一星期後才逐漸好轉。3 月 21 日體重從入院時 63.3 公斤降到 57.5 公斤。以後五個療程都在化療室進行，每次費時五、六個小時，做完後就回家。每次引起的副作用，程度雖有不同，但不外是胸坎縛縛（胸部鬱悶）、口乾、沙啞、頭暈、厭倦等。每次做完後，翌日起都須連續三天注

射白血球生長刺激素，必要時還要輸血或血小板。頭髮、眉毛和鬍鬚一度全部脫落。

所幸，醫師表示：依據檢查結果，五臟六腑眼耳鼻喉都正常，也無B型肝炎帶原跡象，讓我如同吃下一顆定心丸，內子更為我感到欣慰。回想二十幾年來，我從未去過醫院做身體檢查，擔任公平會主委六年間，黃翠蘭祕書每年都很鄭重地安排我到臺大醫院做全身健康檢查，但最後我都沒去，我怕麻煩，更怕檢查結果萬一……。說起來，這種鴕鳥心態實在要不得。

我不想驚擾親友，入院消息儘量不傳出去，但還是有很多人知道，特地表示關心。在住院期間，我堅持不見訪客；出院後在家裡靜養，我也不接電話，不見訪客，雖不近人情，但應該可被諒解。

在療養期間，最關心的莫過於學生的課業，承文化大學與台北大學特准 97 學年度第 2 學期，由小女淳鈺代課[9]，讓我能安心療養。5 月 8 日起，我就親自去上兩校研究所的課。台灣國際法學會會務照常推動，幾次研討會也都到場致詞及主持，並全程參與。彭明敏教授新書《逃亡》出版茶會，也到場參加，並上台致詞。日本北海道大學鈴木賢教授來台，到輔仁大學法律系主講三場演講，我都全程聆聽，並發言。其間也擔任中華民國仲裁協會仲裁人，多次出席詢問庭。

療養期間，雖然身體虛弱，化療副作用令人難受不舒服，但總覺得心靈平靜，思緒雲騫，五個月間撰寫《療養中記事及感懷》及其他文章，共計十萬言以上；2009 年暑假，修訂鄭玉波著《民法概要》、《民法物權》等書。

2009 年 7 月 29 日，鄭安理醫師和往常見我日有起色一樣，露出燦爛的笑容，說道：淋巴瘤已完全消失，已痊癒了，但藥物副作用還會持續一段時間，例如，手腳發麻，胸部鬱悶，身體痠痛，說話較無力，走路有時會不穩，情緒較不易控制，食慾有時會不振等，都是化療後可能發生的現象。醫師特別叮嚀：飲食保持正常，適當運動，不要太勞累，以後定期追蹤檢查。

我能夠獲得痊癒，我想大大小小至少有十六個原因：

一、有電腦斷層掃描、X光檢查等，確定罹患淋巴瘤及病情。

二、醫師發現不能動手術時，立即進行標靶化學治療。

三、有標靶化學治療藥物，對症下藥。

四、安裝周邊靜脈內導管，方便注射藥物及輸血等。

五、肋膜腔積水適時抽取。

六、白血球降低時，有白血球生長刺激素注射劑調高。

七、貧血時，有血液輸血。

八、厭食時，有亞培倍力素補充營養。

九、醫師、護理師都很親切、細心，仁心仁術讓病人無比溫馨。

十、家人悉心照顧，親友不斷關心。內子買了很多醫學書籍不斷研究，仔細研讀醫療檢驗報告，給予我最妥善適切的照料。

十一、注意飲食，吸取充分營養。

十二、適度運動，並撰寫《療養中記事及感懷》，有個「藝量」。

十三、有清靜幽雅舒適歡樂的環境供調養。

十四、我始終抱持樂觀態度，對恢復健康頗具信心。

十五、除罹患淋巴瘤外，五臟六腑眼耳鼻喉均屬正常，亦無 B
　　　型肝炎帶原跡象，經得起化療考驗。
十六、天報以福，運氣好。

今後，我的守則有八：

一、生活起居保持正常。
二、少吃肉類，多吃蔬菜、水果。
三、每天適當運動，增進活力。
四、適當休息，不要過於勞累。
五、有足夠的睡眠，避免熬夜。
六、修心養性，保持愉快的心情。
七、減少應酬，適度參加活動。
八、遵照醫師指示，定期回醫院門診。

2009 年 7 月 29 日，我在《療養中記事及感懷》〈自序〉中寫道：
「人生自古誰無死？我拜今日醫學發達、醫藥進步之賜，在台大醫
院醫療團隊悉心療治下，從鬼門關死裡逃生，實乃不幸中之大幸！
我特別要感謝主治醫師鄭安理教授與總醫師陳怡君醫師。鄭醫師與
陳醫師的仁心仁術、再造之恩，我畢生難忘！我劫後餘生又點燃信
心和希望，迎向已近黃昏的夕陽，順應造化，珍惜性命，把握餘生，
調整腳步，繼續奮鬥下去，我想，燦爛人生猶可期。」

五、　痊癒後一切回復正常

2009 年 9 月 30 日回診，發現化療後，肝臟有 B 型肝炎搗蛋徵兆，
10 月 7 日內科教授黃冠棠醫師會診，10 月 14 日黃醫師開貝樂克給

我服用，效果良好。其後，腫瘤科、內科定期門診，顯現一切正常。毛髮完全長出，比病發時更烏黑、茂盛。2010 年 12 月 15 日黃醫師露出燦爛的笑容說：「依據抽血及照超音波檢查結果，肝功能一百分。」

98 學年度及其後每學期每週上課 10 節，情況良好，從未請假。連續上課 4 節，仍足堪負荷。

學術活動很多，都如常參加，或致詞或主持，均能充分掌握。

2009 年暑假修訂鄭玉波著《民法概要》、《民法物權》等書後，著手整理舊稿，撰寫《民法物權論》乙書；2010 年暑假修訂鄭玉波著《法學緒論》、《民法概要》、《民法物權》、陳棋炎、黃宗樂、郭振恭著《民法親屬新論》。修訂完後，本應繼續撰寫《民法物權論》，但經多方考量後，決定先撰寫《自述》。「生也有涯，學也無涯」，但願天假以年，在乘化歸盡之前，能再完成幾本著作，以全我作為學者之天職。

2008 年 5 月民法親屬編監護章經全面修正，同年暑假我改寫陳棋炎、黃宗樂、郭振恭著《民法親屬新論》〈監護章〉，執筆間不覺心血來潮而寫道：「曾幾何時，愚已垂垂老矣！曠達如愚，有時亦不免哀時光之易逝、悲人生之無常、嘆世事之滄桑，久久不能自已。」冥冥之中似乎已有預感大病即將臨身；接著又寫道：「在不知老之將至間，老已悄悄而至。際此遲暮之年，愚尚有幾本書亟待完成。如今，愚正揹著著述的重擔，仰望已近黃昏的夕陽，跋涉在崎嶇不平的學問路上，雖然氣喘如牛，但路途遙遠，必須加緊腳步，繼續趕路。」現在情境，完全相同。祇是化療後必須注意調養，充

分休息、適當運動很重要。

大病之後，關心台灣前途的熱情，未曾稍減。建立台灣主體性、制定台灣新憲法、打造台灣新國家、台灣加入聯合國，是我一貫的主張；落實民主法治、保障基本人權、維護公義、和平與尊嚴，是我畢生的理想，當然不因一場大病而改變。我一直憧憬著：台灣能夠成為永遠自由、民主、進步、繁榮、安定、和平、幸福、美麗的國度。

我喜愛日本根據曲亭馬琴著《南總里見八犬傳》改編的電影，看過好幾遍，當然也愛讀該書。本書共九輯一〇六冊，描寫日本室町時代末期武將里見義實之女伏姬感應叫做八房的犬精之氣受胎而生的、帶有仁、義、禮、智、忠、信、孝、悌八德之玉的八犬士，於里見家復興之際大活躍之長篇傳奇小說。全書貫穿勸善懲惡的偉大構思，乃江戶時代小說之代表作。作者曲亭馬琴（又名瀧澤馬琴，1767-1848）撰寫本書，花了二十八年的漫長歲月，書成時已七十五歲了。寫作過程中，歷經妻兒罹病死別的悲痛，雙目也幾乎失明，但他沒有向命運低頭，改以口述方式由其兒媳婦代筆，完成後期的作品。

我閱讀、著述時，經常參考日本諸橋轍次著《大漢和辭典》（全13 卷，大修館書店）。諸橋轍次（1883-1982）立下編撰大漢和辭典之宏願，自 1923 年起著手進行，1943 年發行第一卷。其後預定發行第二卷、第三卷，不意 1945 年 2 月 25 日東京大空襲，全部資料化為灰燼，所幸全卷一萬五千頁之校樣殘存三部，1946 年後右眼完全失明，左眼幾乎無法識別文字，但他毫不放棄，堅持到底，終

於在 1960 年完成畢生之志業。1965 年，諸橋轍次獲頒文化勳章。

曲亭馬琴活到八十一歲，諸橋轍次活到九十九歲，都上高壽。

坦白說，我罹患重病後，表面上顯得堅強、瀟灑、自在，其實暗地裡常黯然神傷，覺得前程籠罩著烏雲，心情鬱悶。尤其做過化療的人，感情變得比較脆弱，容易多愁善感，自哀自嘆！此時曲亭馬琴與諸橋轍次處逆境而不氣餒的精神，有如醍醐灌頂，沁入肺腑，使處於低潮的我，很快又找回信心，燃起鬥志，豁然開朗，迎向光明。

六、 依舊活躍於學界與社運界

2011 年 8 月，我辭去文化大學專任教職後，仍兼 6 節課（大學部「民法物權」、「民法親屬、民法繼承」各一班及碩、博士班「財產法專題研究」（上學期）、「家族法專題研究」（下學期））（本來，林恆志系主任要我仍擔任 10 節課，但為我所婉拒。最後他懇託我兼 6 節課）；2012 年真理大學法律學系教授謝杞森（兼財經學院院長）借調行政院公平交易委員會委員，系主任蔡震榮教授請我兼 2 節課（「民法物權」一班，真理上課，均由內子開車接送）。2015 年謝教授歸建，我懇辭兼任教職，適法律學系獲准 104 學年度設置碩士班，系主任吳景欽博士請我擔任原「民法物權」一班外，在碩士班開「民法專題研究」（上學期）。2015 年 11 月底，我向文化大學法律學系系主任許惠峰教授表示兼任到 2016 年底為止，許主任強力慰留。惟不論如何，至遲屆滿七十五歲時一定告別杏壇，喜為閒雲野鶴，怡情自得。

無專職後，我以「自由法學者」自居，但外界習慣稱我是「前○○○……」，其實我也可稱「自耕農」，我在陽明山、彰化故鄉都有農地，實際上也常躬耕；內子是台北市農會士林區農會會員，我則入會為「贊助會員」，並從配偶轉農保。彭明敏教授知我常作農事，有益健康，為我高興，不過還是叮嚀：「有歲了後，猶原要不時用頭殼，昧使乎鈍去。」（年老後，仍舊要多用腦筋，不可讓腦力退化。）老師說他堂兄彭明聰八十五歲時還特地買了一本德文書，一字一句仔細翻譯，以防止腦力退化。

我很幸運，老來病後，依舊常蒙不棄，賜我擔任學術研討會、座談會或國際會議主持人、主講人或貴賓致詞。例如——

2012 年 10 月 27 日，台灣國際法學會假台大法律學院舉辦「第二屆氣候變遷與國際環境法研討會」，奉邀擔任柴田明穗教授、西村智朗教授專題演講主持人。

2013 年 5 月 1-3 日，眞理大學、高雄大學舉辦「第一屆國際暨兩岸學術研討會——行政罰與刑事罰界限問題之探討」，奉邀擔任 Michael Ronellenfitsch 教授、榎木雅記准教授、林裕順教授、蔡庭榕副教授論文發表（德語翻譯：胡博硯助理教授；日語翻譯：黃淳鈺助理教授）場次主持人。

2013 年 10 月 27 日，台灣教授協會假台大社會科學院國際會議廳舉辦「七〇年代東亞風雲——台灣與琉球、釣魚台、南海諸島的歸屬問題」學術研討會，奉邀擔任場次主持人，報告人為陳俐甫、林穎佑、許文堂；評論人為張炎憲、董立文、黃宗鼎等諸學者專家。

　　2014 年，〈台灣人民自救運動宣言〉屆滿五十年，9 月 13 日，彭明敏文教基金會、台灣教授協會假台大社會科學院國際會議廳共同舉辦「台灣人民自救運動宣言」五十週年紀念學術研討會，奉邀擔任場次主持人，報告人為王景弘、陳儀深、謝若蘭、艾美英；與談人為劉世忠、羅致政、鄭仰恩等學者專家。是日會場座無虛席，尤其有不少年輕人熱烈參與，薪火相傳，後起之秀繼之發揚光大──「自己的國家自己救」，令人振奮。〈自救宣言〉出爐時，彭教授四十歲，今年彭教授已登九十嵩壽矣！彭教授邁入高齡後，依舊保持英挺的身材，精神抖擻，積極活躍，洵可喜可賀也。以彭教授對台灣的貢獻，九十嵩壽理應好好的慶祝，但彭教授向來不作壽，大家惟有內心誠摯地默默祝福。

　　楊基銓先生逝世倏忽十載， 2014 年 10 月 4 日，台灣教授協會假台大醫學院國際會議中心舉辦「台灣政治主體性與認同的建立──楊基銓先生逝世十週年紀念研討會」，奉邀擔任主持人，報告人為施正鋒教授與薛化元教授，呂忠津會長致詞，高俊明牧師祈禱，楊媽（台灣國際文化基金會董事長楊劉秀華女士）致謝詞。楊老先生生前親朋好友齊聚一堂，場面感人。《楊基銓回憶錄》（前衛出版社，2000 年 6 月增訂版第一刷）[10] 人手一册，如見故人。與會者讚賞紀念研討會辦得很成功，饒富意義。是日新聞報導張炎憲教授辭世之噩耗，會場瀰漫著哀戚的氣氛。前揭 2014 年 9 月 13 日研討會，中午餐敘，張教授猶談笑風生，詎料 9 月 21 日赴美做口述訪問期間，26 日因心肌梗塞送醫，10 月 3 日於美國費城當地時間凌晨與世長辭，享年六十七歲，哲人其萎，台灣失去一支大柱，真是令人非常不捨。

2015 年 10 月 3-4 日，台灣教授協會假台大社會科學院梁國樹國際會議廳主辦「軍事佔領下的台灣——張炎憲教授逝世週年紀念研討會」，奉邀擔任場次主持人，報告人爲戴寶村、許文堂，與談人爲陳翠蓮、林炳炎諸學者專家。聽衆出席相當踴躍。張炎憲教授重視口述歷史，曾任陳水扁政府國史館館長，對於台灣主體性歷史的建構、二二八事件受害者的平反著有貢獻，大家都很感念。

　　我也不忘社運，以近者爲例，例如——

　　2014 年 3 月 29 日，台灣教授協會安排我以前會長身分到立法院旁濟南路演講。我除了爲太陽花學運加油、打氣外，針對服貿協議包藏禍心、行政院長江宜樺血腥鎮壓抗議學生和群衆，予以抨擊。是時，我講了約十分鐘，突然雷雨交加，我請聽衆避雨，聽衆均堅持原地聽講，令人感動。翌日天氣晴朗，凱達格蘭大道聚集五十萬人黑潮，予馬英九總統當頭棒喝，轟動海內外。在此，我特別要向極力反對 ECFA 到處演講的許忠信教授申致敬意，許教授守護台灣始終不遺餘力，令人敬佩不已。

　　2014 年 7 月 20 日，台灣法輪大法學會假凱達格蘭大道舉辦「燭光悼念會」，我奉邀以台灣國際法學會前理事長、凱達格蘭學校前校長名義到場致詞並持燭光悼念。我除了對法輪大法眞、善、忍的精神，深表敬佩外，針對中共迫害法輪功學員甚至活摘器官，基於人道、人權的立場，予以譴責。

　　2015 年 4 月 17 日，公投護台灣聯盟（公投盟）總召集人蔡丁貴教授，假台大校友會館召開「自由台灣黨」組黨記者會，我奉邀

以台灣教授協會前會長名義當講者。蔡教授於台灣教授協會會長卸任後，籌組「公投護台灣聯盟」並出任總召集人。公投盟長期駐紮立法院周圍，「太陽花學運」時予以強力的協助，受到各界的肯定。現在進而籌組「自由台灣黨」，擬以組織力量，基於台灣民族主義，對內，擺脫外來殖民體制的桎梏；對外，抵抗中國獨裁霸權的入侵，守護自由、平等、民主、人權、公義、法治的文明普世價值，令人敬佩。

同窗邱雅文博士，執業律師，遊刃有餘，投身公益，關心公共事務，2012 年膺任國際扶輪社 3480 地區 2012-3 年度總監。為實踐國際扶輪社年度主題「以服務促進和平」（Peace Through Service），2013 年 2 月 24 日假台大法律學院分別在兩大會議廳舉辦「和平論壇」，邀請我擔任主講人。好友盛邀，我又服膺和平主義，當然歡喜接受。我的講題為「從家庭相關規範談家庭和平」，承大先輩前總監張廼良律師幽默的介紹。我了解，本身家庭和平的人談家庭和平才會引人共鳴，具有說服力。內子認為我很適合談此話題，演講時她也從頭到尾全程聆聽。在會場，邂逅日本東京大學名譽教授陳恆昭博士，他是邱總監的摯友，也是主講人之一，舊識重逢，相見甚歡。當晚，邱總監與夫人蔡玉琴邀請餐敍，大家談得很愉快。

三民書局從民國六十年開始著手編纂、幾乎耗盡公司全部資金、歷經十四年始完成的《大辭典》，擬進行修訂，2014 年 4 月間，徵詢我擔任「法律：法學緒論、民法類辭條」新增或修改工作的意願，我欣然應允。我認為《大辭典》的性質、目的、功能應與日本岩波書店出版的《広辞苑》和三省堂出版的《大辞林》相同，但三民書局要求「比較詳細的解釋」。此項工程於 2015 年 3 月底完成。我又

多了一項歷練。

　　2015 年 5 月 13 日，鈴木賢教授應邀專程來台，蒞臨輔仁大學法律學院作專題演講，講題為「多元家庭對法律的衝擊」，林秀雄教授擔任與談人。承辦人黃淨愉助理教授請我擔任主持人，法律學院師生出席踴躍，會場濟時樓九樓第一會議室座無虛席。鈴木教授準備相當充分，「國語」又講得很流利，頗引人入勝。綜合討論，場面熱絡，欲罷不能。

　　此次鈴木教授來台，已自北海道大學提前退休，轉任明治大學法學部教授，北海道大學授與名譽教授之榮銜。鈴木先生是小女黃淨愉留學北海道大學時的指導教授，林秀雄教授則是明治大學的法學博士，而兩位都是我的摯友，大家同聚一堂，「一期一會」彌足珍貴。[11]

七、　榮登日本大阪大學著名校友：國際名人錄

　　2014 年 7 月 12 日，台灣法律史學會假台灣大學法律學院舉辦「從法律史觀點論祭祀公業條例的制定及施行」研討會，承理事長王泰升教授盛邀，我以名譽理事長名義於開幕式致詞。研討會結束後，與內子受邀參加餐敘，大家歡聚，有說不完的話題。席間，學會祕書林政佑博士生稱我是「日本大阪大學的著名校友、國際名人」，我說：「大阪大學是舊制大阪帝國大學，始於 1869 年創立的大阪醫學校，歷史悠久，人才輩出，我怎麼有此光榮？」他說：「我太太當律師，她想去大阪大學留學，閱覽大阪大學網頁，看到的，師母可上網查閱。黃老師實在非常了不起。」

14 日，內子上網查閱，果然眞實不虛，我十分驚喜。

大阪大學網頁將著名校友分爲 5 類：世界級學者（12 人）、國際名人（7 人）、現任國會議員（3 人）、前任國會議員（8 人）、經濟界聞人（14 人）。

國際名人爲手塚治虫、司馬遼太郎、陳舜臣、公文公、長谷川慶太郎、薮中三十二、黃宗樂等 7 人。[12]

我幾度對內子說：「實在是過分的光榮。」內子則說：「我參你共同生活四十捅年，看你無論是佇學界、社運界抑是佇政界攏無暝無日，拚生拚死；對推動跨國學術交流、擴展國際事務，盡心盡力，我感受眞深。大阪大學將你列做著名校友、國際名人，實至名歸，我嘛感覺足光榮的。」其實，我倒是應該感謝內子，若非她在奉獻教育之餘，悉心操持家務，照顧子女，讓我完全無後顧之憂，我不可能有今日的成就。當然，若非生命中受到諸多「貴人」的提攜、栽培，我也不可能有今日的光榮。

坦白講，對於世間的褒貶毀譽、榮辱得失，我早已不在意，我只求問心無愧而已。不過，當一切看淡之際，知悉被列爲大阪大學著名校友，仍難掩內心的興奮和喜悅。我想，我可將此光榮當作我一生奮鬥的總結，雖然被稱爲國際名人，愧不敢當。

大阪大學是我留學五年，讓我脫胎換骨、美夢成眞的母校，我和內子的結婚儀式也是在大阪大學待兼山會館舉行的，而所生的三個子女都獲有法學博士學位，並都在大學法律學系任教。大阪大學是我永遠懷念和感德的所在，能被列爲大阪大學著名校友，我感到

特別珍貴，可說是我一生最大的光榮。

2015 年 6 月 15 日夜，內子上網瀏覽，發現「國際名人」，增列三位，依序爲盛田昭夫、中村邦夫、竹鶴政孝。[13]

八、　獲贈巨幅「黃宗樂畫像」

我大學同班同學呂圭詮與夫人林英丹經營事業有成，1996 年提前退休後，優游於藝術世界。起初，夫妻皆學繪畫，後來圭詮兄轉向雕塑，而於斯藝大放異采：例如，榮獲 2011 年第 16 屆大墩美術展雕塑類第二名、2012 年全國美術展雕塑類金牌獎；2013 年被授證爲大墩工藝師（Master of Da Dun Arts and Crafts）；2014 年參加第四屆 A.R.T. 台北新藝術博覽會（報名而來的藝術家高達 86 個國家，經嚴選後有 48 個國家地區 280 位藝術家參與），圭詮兄參展 6 件雕塑作品，均被具有藝術眼光的收藏家競相以高價購去，總價上千萬元，打破歷來紀錄，開台灣藝術史上未曾有之奇，轟動藝林。英丹姊也不遑多讓，她獨具藝術天分，學畫五年，畫藝即已到達名家境界。數年前，同窗邱雅文律師主辦同學會，安排我班同學回母校台大法律系參訪[14]，英丹姊致贈兩幅繪畫給台大法律學院，由蔡明誠院長代表接受。我開玩笑說：「這麼美麗雅致的繪畫，眞希望將來也能獲贈一幅。」沒想到這句話，英丹姊一直放在心上。

英丹姊精心傑作（英丹姊繪、圭詮兄提供意見完成的）「黃宗樂畫像」，我和內子於 2014 年 7 月 25 日造府拜領。該畫像將我定位爲「自信豁達的法學家」，畫得十分生動傳神。英丹姊於背面題字曰：「黃宗樂博士肖像記　博士出身彰化縣農家，好學敏求。先畢業於台灣大學法律系、法律研究所，後留學日本大阪大學，獲法

學博士學位。回國歷任輔仁大學法律系主任、研究所所長，台灣大學教授，台灣法學會理事長，台灣教授協會會長，總統府國策顧問、行政院公平交易委員會主任委員。對於法學教育、民主運動、公平交易著有貢獻。夫人王阿蘭爲會計學教授，伉儷情深，育有女與子三人，亦皆博士。鴻儒之家，一門博士，世所欽仰。畫者外子忝爲博士同窗；兩家素有交誼，乃樂爲恭製肖像，同享光榮。　林英丹敬繪贈並記　2014 年 5 月」，隆情厚誼，感銘五內，而畫家的讚美，我欣然接受，雖然明知過獎了。

1　凱達格蘭學校於 2007 年 8 月 25 日、26 日假高苑科技大學舉辦南區「民間領袖與地方發展班」教育訓練，我於 24 日首次搭乘台灣高鐵南下，同仁爲我購買「敬老票」，當我看到車票上「敬老」二字，久久不能自已，我眞的老了嗎？

2　輔仁大學校長黎建球曾邀請我公平會離職後回輔大任教，惟校聘員額很少，我不敢煩擾。至於系聘，聽說與我同齡之甘添貴教授因年齡關係將轉到世新大學，小我四歲之朱柏松教授擬自台大退休轉到輔仁大學，因此我未便提出申請。開南大學董事長黃政哲曾面邀我到開南大學，並提出優厚條件，但我已答應文大，不得不婉謝。

3　佛教有三智，即一切智、道種智、一切種智。一切智是聲聞緣覺知一切法總相的智，總相就是空相；道種智是菩薩知一切道法差別相的智；一切種智是佛通達諸法總相別相，化道斷惑的智，合一切智及道種智二者，故名一切種智。

4　2008 年 7 月初，日本池田維代表及夫人假臺北國賓大飯店國際廳舉行「離任酒會」，我和內子應邀參加。席間特別去向李登輝前總統打招呼。我告訴他剛接任臺灣國際法學會理事長不久，敬請總統多多指教。李前總統站起來，神彩奕奕、滔滔不絕「開示」了足足十五分鐘，讓後面要向他問候的貴賓排列等候。他說：「臺灣國際法學會應多多研究戰爭法、戰時法，開羅宣言是怎麼形成的？其效力如何？戰後國民政府接管臺灣是中國戰區最高統帥蔣介石依照聯合國最

高統帥麥克阿瑟對日一般命令第一號派陳儀將軍到臺北接受日軍投降的，其意義如何？臺灣是否因此就歸屬於中國？1950 年 6 月韓戰爆發，美國總統杜魯門隨即發表聲明，明確指出：『臺灣將來的地位，必須等到太平洋的安全恢復，及對日本和平條約成立後，或者聯合國予以考慮，才能確定。』其意義如何？對臺灣有何重大影響？1951 年 9 月 8 日舊金山對日和平條約規定：『日本茲放棄其對於臺灣及澎湖群島之一切權利、權利名義與要求。』1952 年 4 月 28 日日華和平條約復就此予以承認，均未明定臺灣的最後歸屬，其意義如何？臺灣在國際法上應歸屬於誰？凡此都必須研究清楚。」我答以：「總統是說，臺灣問題是戰爭遺留下來的問題，應該透過戰爭法、戰時法的研究來確定臺灣的國際法上地位？」李前總統說：「臺灣前途，國際法上的論述非常重要。」「臺灣之父」、「民主先生」這一席話有如醍醐灌頂，發人深省。

5　很多人誤以為凱達格蘭學校係民主進步黨黨校，真是張冠李戴。民進黨是有黨校，是 1996 年設立的，名稱為「台灣民主學院」，但由於未積極經營，以致鮮為人所知。據聞，游錫堃擔任黨主席時，起初還不知有黨校「台灣民主學院」。

6　記得，我聆聽後直言：「推展國際交流，需要錢。」陳創辦人說：「錢，我會準備。」因此，我一直確信，陳總統拿到國外的錢（政治獻金），有一部分是要用在國際交流的。在中國無情打壓下，台灣國際處境至為艱難，陳總統對於台灣的自由民主前途，具有強烈的使命感。他總統卸任後，要從事國際交流，反而比擔任總統時方便。他準備一筆錢，在他總統卸任後，從事國際交流，是完全可以理解的。

7　阿扁如果真的有貪污，那絕對是不對的，必須接受法律的制裁，但扁案不論在程序上或實體上確實存在許多疑點，執行上也顯現有羞辱、凌治（ling ti）之嫌。扁案辯護律師鄭文龍在 2010 年 11 月 20 日的一場座談會上曾說：「我是一位普通的律師，當初我認為扁案祇是一般法律案件才接受委任的，我個人沒有政治色彩，不過在辯護過程中，漸漸發覺扁案好像不是法律案件，而是政治案件，今天已完全可以說扁案根本就是政治案件。」其後，鄭律師更為文指出：「馬英九在扁案，先犯了重大的程序正義問題，後又有公然干預個案審判的問題，例如：『扁政權一交出就被境管；扁案未起訴就先逮捕；扁案公然換法官，公然作弊；特偵組教唆辜仲諒偽證作弊；馬公然召見司法院長公然干預審判；最高法院屈服馬意，違反罪刑法定主義，違反五十幾年來一致的見解，

違法讓阿扁入獄。』」（鄭文龍〈阿扁是政治犯，不是貪污犯〉《自由時報》 2013 年 5 月 27 日，自由廣場）。倘若真的是「假司法之名行政治迫害之實」，那就太恐怖了！不幸的是，從媒體的報導顯現政治的介入斧鑿甚深。有識之士慨嘆台灣民主化後司法猶嚴重偏藍，似非言過其實。中國國民黨黨國體制的遺毒有夠厲害的。

陳前總統被關到渾身是病，不成人形，早就符合「保外就醫」的條件，各界亦頻頻呼籲執政當局讓陳前總統保外就醫，但執政當局均冷血以對。直到九合一選舉，執政黨大敗，執政當局才在 2015 年 1 月 5 日准許陳前總統保外就醫，總計在監 6 年又 40 天（2231 天），更證明扁案確實是政治案件。

8 正當要轉院之際，恰巧楊媽（楊基銓老先生夫人楊劉秀華女士，現任財團法人台灣國際文化基金會董事長）打電話給內子說：前國際法院副院長小田滋先生來臺，要安排黃理事長聚會，內子告以我生病及病情，她立即從名片簿找出臺大醫院腫瘤科名醫鄭安理醫師舊名片，直接打手機給他，沒想到鄭醫師竟然親自接電話，鄭醫師了解情況後，馬上指示總醫師陳怡君安排床位，轉院極為順利。楊媽是非常虔誠的基督徒，她說這完全是主耶穌基督的指引，她也說楊基銓老先生在人生最後階段，曾經受到鄭醫師的治療和照顧。住院期間，她數度前來探望，並為我祈禱，又送我維他命丸等，讓我十分感激，也承受不起。

我擔任臺灣教授協會會長時，曾與楊基銓老先生所主持的國際文化基金會合辦「1999 年青年夏令營」，假楊老先生故鄉台中縣清水鎮天極行宮舉行（9 月 3-6 日），他出錢出力，尤其是開幕式專題演講感動所有的學員。我對楊老先生及夫人對臺灣的奉獻和付出，至為敬佩。

9 姚思遠系主任似乎不大放心，他說他數度到教室外面旁聽，發覺淳鈺課講得不錯，與學生互動良好，學期末遂主動打電話給我，希望淳鈺提出申請專任教職，嗣因文大有直系血親不能同時在同系擔任專任教職的規定而作罷。後來淳鈺到東海大學法律系擔任博士教師及其後專任真理大學法律系助理教授，前者因往返勞累，後者因禁止初任教職者到校外兼課，乃婉謝到文大兼任。我和內子對於姚主任的用心和厚愛，一直感念在心。

10 日文版：楊基銓《台湾に生を享けて》（日本評論社，1999 年 3 月第 1 版第 1 刷）。

11 我自 2014 年 10 月 1 日起，為治療前列腺（即攝護腺）瘤，遵照台大醫院蒲永孝醫師處方，每 28 天打一支 Zoladex（一支四千三百餘元）、一支 XGEVA（即

補骨針）（一支一萬一千餘元），均健保給付。不意 2015 年 3 月初，牙周疼痛，而且日益嚴重；7 月 1 日李正喆醫師診斷係因雙磷酸鹽藥物（即補骨針）造成右上顎骨壞死，立即停止打補骨針，嗣經兩度住院，於 7 月 21 日及 12 月 29 日實施腐骨清除術及鼻竇清創術，並拔上門牙。7 月 21 日手術後仍疼痛不止，12 月 29 日手術後才不再疼痛。自 6 月下旬以來，只吃流質食物尤其亞培安素，疼痛難當，說話極不自然，睡不着覺，以致開學後無法上課，幸文大「民法物權」、「民法親屬」，許惠峰系主任惠准由小犬黃國瑞代課；眞理「民法物權」，吳景欽系主任亦惠准由小犬黃國瑞代課。10 個月來，幾乎謝絕一切應酬，尤其是聚餐。茲新年（2016 年）已來臨，切盼早日度過此厄，重新補綴義齒，回復正常生活。蒲永孝醫師是前列腺瘤權威，人很親切，對患者頗關心，我會有此厄，是我的命吧！

2016 年 2 月 3 日深夜，渾身發冷，嘔吐，腹痛甚劇，因「年到節到」，想儘量避免就醫，但情況並未好轉，乃於 5 日傍晚到台大醫院急診部就診，經診斷係急性闌尾炎併腹膜炎，立即進行抗生素治療，26 日出院，幸得痊癒。我對李志元主治醫師醫療團隊的仁心仁術，永遠感恩。

台大醫院醫師都是一流的，不論醫德或醫術，均深受各界的肯定，固不待言。就個人而言，內子王阿蘭的主治醫師謝長堯教授、張金堅教授令人感激歡欣，其後我的主治醫師，從鄭安理教授、黃冠棠教授、蒲永孝教授、李正喆教授到李志元教授，都讓我深刻體會到仁心仁術對患者是何等的重要！生病時遇到良醫、名醫是幸福的！

我 2009 年初罹患淋巴瘤；同年 10 月初發現 B 型肝炎搞蛋；2014 年 9 月初發現前列腺瘤；2015 年 7 月發現上顎骨壞死；2016 年 2 月初罹患急性闌尾炎併腹膜炎等一連串的病痛，飽嚐「病」苦，幸得台大醫院悉心醫治，均獲能痊癒（前列腺瘤須長期治療），我想「苦盡甘來」，應該出運了。我病痛中完成此《自述》，證明腦力、鬥志、信心均未曾稍減。

12 司馬遼太郎與陳舜臣畢業於 1921 年設立的大阪外國語學校，司馬讀蒙古語科，陳讀印度語科，大阪外國語學校於 1969 年改稱大阪外事專門學校，1974 年改制爲大阪外國語大學，2007 年併入大阪大學，成立外國語學部，此二位馳名國際的作家也歸屬於大阪大學。司馬曾於 1993 年三度踏訪台灣，並與李登輝總統對談，所著《街道漫步　台灣紀行》（李金松翻譯、鍾肇政審定之中譯本於 1995 年由台灣東販初版發行）曾風靡一時。陳爲台裔日籍，係司馬之摯友，

父祖之地在台北新莊，他在神戶出生、在日本長大、在日本發展。風格容有不同，但可確定的是，陳舜臣與在高雄岡山出生的黃文雄（台籍）堪稱台灣人在日本文壇之雙璧——多產暢銷作家，洵爲我台灣人之光榮。當然，邱永漢也是佼佼者。

13 竹鶴政孝，實業家、NIKKA WHISKY 之創辦人、SUNTORY WHISKY 之始祖，被稱爲「日本威士忌之父」。曾就讀於 1896 年設立的大阪高等工業學校釀造科，畢業前即進入攝津酒精釀造所工作，1918 年赴蘇格蘭格拉斯哥大學留學。大阪高工後來改制爲大阪工業大學，1933 年大阪工大併入大阪帝國大學，成立工學部，1947 年大阪帝大改稱大阪大學。2015 年，竹鶴政孝與盛田昭夫、中村邦夫繼我之後被列入大阪大學著名校友：國際名人錄。

14 台大法律學系已獨立爲法律學院並遷到台大校總區，人事已非，縱欲重溫舊夢亦不可得，反而徒增鄉愁與懷舊而已。

第七章
家庭生活

黃宗樂與王阿蘭於大阪大學待兼山會館舉行結婚典禮

一、　情定終身

　　人各有因緣，各有造化，各有看法，但一般而言，男大當婚女大當嫁，在人生旅途上，有一位互相扶持、互相照顧的終身伴侶乃是幸福的源泉。抑且，婚姻又負有蕃衍子孫的使命，總統蔣公曾說：「生命之意義在創造宇宙繼起之生命。」洵為至理名言[1]。

　　當然，要找到適當的對象，談何容易！世上不知有多少人為著覓得另一半，而焦心苦慮。難怪我讀大學時，報紙幾乎每天都有刊登「徵婚啟事」，但奇怪的是，女的都要求男的身高須在 170 公分以上。若依此標準，像我身高勉強 165 公分，不就被「打出籠外」，永遠娶不到太太。其實不然，「姻緣註好好咧」，個子再矮小，也不怕娶不到太太。有一條山歌說：「大隻水牛細條索，大漢小娘細漢哥。小娘仔汝上識（bat）寶，細粒干祿卡恔翱（gau go）。」就是在比喻男子短小精悍，猶如小顆陀螺，打起來，爽爽吼（sng sng hau）。因此，我雖然身高勉強 165 公分，但一點都不自卑、不自棄。

　　我長大後，出於男人固有的本性，自然而然地想交女朋友，找個好伴侶。我讀大學部及研究所時，曾經嘗試追女朋友，也曾經有人熱心介紹，對象都不錯，可惜都告吹，我想，是「緣分未到」吧！出國留學後，也曾在熱心人的慫恿下，效法「窈窕淑女，君子好逑」，但僅作試探，點到為止，對方或許不解我意，結果未有交集。在鳴鼓收兵後，正當沈潛研究、心如止水時，姻緣竟悄悄而至，正是紅鸞照命、福至心靈。

　　我台大法研所同班同學翁鈴江，突然寄來一封信說：輔仁大學會計統計學系有一位助教兼系祕書王阿蘭，小你四歲多，生得美麗

大方、賢淑聰慧、溫柔婉約。她想介紹給我，也問過王助教的意思，可先通通信，她特別叮嚀我一定要寫信給王助教。她的好意，我非常感激，不過當時我已決定要交女朋友等拿到博士學位後再說，而且依她的描述，恐怕也可望而不可即，因此遲遲未執筆。幾星期後，我又收到她的來信，催我趕快執筆，不要讓她成為 liar，並強調王助教確實是很理想的對象，要我好好把握機會。我深深感受到她的誠意，當然不能讓她為難，其實也值得嘗試看看；而十二生肖，我屬馬，對方屬狗，「生相有合」，也許真的有緣。我終於寫了一封文情並茂、真摯懇切的長信給王助教。一星期後收到她的回信，字行間流露著誠懇和莊重、善良與體貼。從此魚雁往返，互贈相片，互道衷心。她說，她家世居台北松山錫口街，父王海、母林鳳，初、高中部都讀台北第一女子中學，曾在成功大學肄業半學期，因想家休學重考，考取輔仁大學企業管理學系，畢業後留校擔任會統系助教兼祕書，工作勝任愉快，對教書感到興趣，希望將來能在教育界發展。其間，舍妹、好友陳政雄（趁回國省親之便）曾與王助教會面，都讚美有加，讓我歡喜雀躍。

　　見面的日子終於到來，1972 年暑假我回國省親，首要的事就是與從未謀面的她相見。這是另類的相親，既興奮又浪漫。她親自到機場接我，當我們見面的那一剎那，便感到「就是她／他」。她那雙清澈明慧默默含情的大眼睛，永遠印在我的腦海裡。我被接到她家作客，但見令堂端莊雍容、和善慈祥，長兄、大姊、二姊、妹妹都誠懇親切[2]。畏友戴森雄（當時從推事退下來當律師）也同來沾喜氣，增我光彩。過幾天，我帶她回彰化故鄉與家父家母見面，這是我第一次帶女朋友到家裡，家父家母特別重視其事，熱烈歡迎。她

不嫌我家在偏僻草地，也不嫌我父母是庄腳作穡人，而顯得很歡喜、很敬重。家父家母覺得她「眉清目秀，說話得體，舉止高雅，端莊開朗，只是有點瘦。」結論當然是「真滿意」。不過，她台語腔很重，母親曾經問我：「伊敢是咱的人？」（她是台灣人嗎？），而鄰居聽說她是台北人，有的人訝異道：「你敢交台北人？」[3]一個多月的相處，增進彼此的了解，也更加欣賞對方。在看她的生活照時，她透露她中學大學同學都說她很像義大利明星蘇菲亞羅蘭。

我回日本後不久，她獲得每所教會大學各一名的基督教高等教育師資培育獎學金，輔仁大學助教留職留薪，1972 年 10 月 9 日來日本留學。先到大阪，拜會關西留學生會館台灣留學生，「參逐家熟似」（和大家認識）。老友李文雄笑著說：「老黃的，讚啦！你注定該當食好料的喇。」我再偕她到東京上智大學報到。上智大學是耶穌會所創立的天主教大學，是日本相當有名的私立大學。她讀國際部國際企業研究科，研究國際會計。國際部使用英語，對她來說，遠比日語能够適應。

我們各住一方，彼此鼓勵，她時常打電話給我，我說必要時才打，平常寫信即可，而我則幾乎不曾打電話給她，她才知道原來我是不習慣打電話的人。我偶爾會去東京看她，她也來大阪看我，但總以學業為重。

經過一年多的交往、戀愛，我們情投意合，終於決定互託終身。結婚日期選在 1973 年 3 月 8 日國際婦女節，寓意對女性的尊重及日期好記。首先，家父親自到台北女方家提親，過程順利愉快，事後家父嘗說：「親姆真好腠（thin）親情（chinn chiann，亦有人寫成

親成）。」親情作成，她託她的妹妹訂作新娘禮服寄給她。我們的
婚禮是在大阪大學待兼山會館舉行的，恭請指導教授田中整爾先生
福證，師母也穿著和服蒞臨參加。黃慶連、張溪塗代表男女雙方家
長，林敏雄、許錫美伉儷充當男女儐相，陳政雄擔任司儀，當時在
關西地方的台灣留學生，王世雄、吳福安、張隆義、陳信宏、李勝
彥、王耀鐘、黃友輔、朱敏雄、陳思乾、陳偉識、廖德章、蕭清芬、
曾國雄、賴源河、陳憲博等及田中教授大弟子國井和郎、濱上則雄
教授得意門生加賀山茂都蒞臨祝賀，至今仍令人感激不已。晚上，
假神戶陳政雄熟識的料理店舉行「披露宴」（喜筵），大家歡聚一
堂，相當熱鬧，加賀山茂高歌一曲當時正流行的歌曲〈瀨戶の花嫁〉
（hanayome，新娘），聲調清脆，餘音繞樑。我喝了不少酒，竟把
新娘高高舉抱起來，大家拍手叫好，現在回想起來，有點不好意思。
我們畢生感謝大家的愛護和捧場。

俗語說：「做一擺媒人，較（卡）好食三年清菜」，同窗翁鈴
江撮合我們這對好姻緣，功德應屬不小，深信必有福報。

結婚後依舊各住一方，東京大阪兩地相隔，我們利用連續假日
相聚。後來我從吹田市津雲台的關西留學生會館搬到池田市神田的
民家寄宿，吃住方便，大都是妻來大阪團圓。每次到來，歐巴桑（児
玉マッエ樣）都會加菜，晚餐後，大家一起唱歌，其樂融融。我想
當時留學生中坐新幹線最多的應該是我們夫妻吧！

1974 年 9 月 30 日妻取得上智大學國際企業碩士學位，歸國回
母校輔仁大學企業管理學系擔任講師。我晚一年才學成歸國，兩地
相思，又擔心學位是否能順利拿到，別有一番感受。不過，夫妻經

過別離、患難的考驗，反而能够發現眞愛情，並感到長相廝守的可
貴。

二、　長相廝守

　　厝是咱人的岫（siu，巢），是家庭生活的城堡，「有路無厝」
是人生上大的不幸。有厝眞好，俗語講：「千好萬好，不值咱厝好」、
「千富萬富，不值家己厝」。我誠（chiann）幸運，我一生攏有厝。
翁仔某團圓滯做堆，感情佫好，阮感覺不止仔幸福。

（一）　住忠孝東路六段

　　1975 年 11 月 8 日學成歸國後，住妻在台北市忠孝東路六段、
她娘家自建的、三樓起的連棟式公寓的二、三樓，視野開濶，環境
單純，交通便利。

　　我住進時，即依當時法令規定到轄區玉成派出所辦理流動人口
登記，櫃台警員愛理不理、態度惡劣，另一位警員走過來，很親切
地接去辦，辦好後還說：「歡迎您學成歸國。」後來，我在報上看
到一則新聞：有位警員下班坐公路局汽車回家，坐在身邊的一位中
年男子發出呻吟聲，他發現後立即好心照顧，該男子說下一站要下
車，該警員扶他走到車門，該男子下車後以迅速的腳步離去。該警
員恍然驚覺到被騙了。他摸摸口袋，果然該月份的薪水已不翼而飛。
那位警員不是別人，就是我遇到的那位親切的警員（忘其姓名）。
我看完了那一則新聞後，非常憤慨。「幹！」眞的好心沒好報，而
利用他人的善心善行加害於該他人實在可惡至極。

　　不久我把戶籍從彰化縣溪州鄉遷出，而到台北市南港區戶政事

務所辦理遷入登記，承辦人員登記時，竟將我的名字「宗樂」寫成「宋樂」，還有其他錯誤，我發現後立即請他更正，他居然要我提出證明文件，讓我啼笑皆非，明明是他過錄錯誤（抄錯了），他應該馬上主動更正才對，怎麼反過來要我提出證明文件？真是不可理喻，於是我提高嗓音說：請您主管出來。所主任聽到爭吵聲，從辦公室走出來，問明情況後，並沒有責備該承辦人，請我稍等一下，他拿去叫另一位戶籍員更正。

玉成派出所那兩位警員、南港區戶政事務所那位承辦人與所主任同樣都是所謂的外省人，但服務態度迥然不同。想來，當時許多外省人跟著中國國民黨逃難（有的被強迫）到台灣，思鄉想家卻無法聯絡，倘又不得志或不順遂者，難免有人人格會發生異常，說起來也蠻可憐的，實不忍苛責。

忠孝東路六段的房子，妻一個人住時，只加以隔間，並購置簡單家具。我回國後，依需要，訂作書架、添置書桌及家具，書房加鋪榻榻米，很快就安頓下來。夏天，雖有電風扇，但仍悶熱難當，讀書寫作效率奇差，金世鼎老師光臨寒舍時，建議我裝冷氣。我說：「鄉下農家是不裝冷氣的，我父母也沒裝，想到父母在烈日底下辛勤工作，我怎麼裝得下。」金老師說：「裝冷氣是為了做學問，令尊堂知道一定會催你裝。」翌年元月長女出生，至夏日，天氣酷熱，孩子身上長滿了痱子，在妻的安排下，我們就裝了一台冷氣，同時也在彰化故鄉為父母裝了一台，雖然父母一再說不必裝。

我三個子女都是住在忠孝東路六段時出生，而在挹翠山莊長大的。

（二）　搬到挹翠山莊

在忠孝東路六段住了幾年後，隔壁樓下開了一家小型的塑膠工廠，運作時，臭氣沖天，令人難以忍受，洪遜欣老師蒞臨寒舍時，就建議我早日搬家。可是要找到合適又買得起的房子談何容易！我和妻在輔仁大學附近的泰山鄉找了好幾個地方，但考慮到將來子女就學問題，最後還是鎖定在台北市內，尤其是妻的出生地——松山區（地緣關係，離娘家近，可常回去探望岳母與親友）。有一天偶然到莊敬路底的挹翠山莊，瞥見房屋出售廣告，進去參觀，是七樓起的前後兩棟階梯式建築後棟六樓獨門獨院的全新房子，約六十餘坪，四面皆有窗戶又有景緻，並有供本戶專用的前棟屋頂平台庭院約七十坪，四周青山環抱，俯瞰市區及遠山，視野曠濶，氣勢磅礡，景觀一級棒。我和妻都非常中意，可是價錢超過預算甚多，當時房地產景氣低迷，開價算很便宜，還是買不起。我約好友蘇久雄一起去看，他看了說：「老大，這個房子，買了便一勞永逸。」更加強我和妻購買的決心。幸好，賣主敬重我和妻都在大學任教，同意付總價十分之一都不到的的訂金後，即辦理所有權移轉登記，俾便我向銀行辦理借款；好友郭振恭、陳達雄、蘇光志慨允周轉不足的款項。對於賣主的體貼、好友的幫忙，我和妻永遠感激。第一次置產，妻堅持登記在我名義下，她說：「你來自下港，登記在你的名義下，日後，孩子在你的房子成長，會感受到父親的勤勉與摯愛。」最後，我只好接受她的美意。

新居，賣主都已隔間好了，合當保持原狀，不要再敲敲打打。我們把忠孝東路六段的書架、書桌及家具搬來，再購買廚具、衣櫃，增添眠牀、桌椅、書架等，並裝冷氣，設備就齊全了。而社區有公

車小巴士，戶外停車也很方便。我們於 1985 年 3 月遷入新居，妻把忠孝東路六段的房子移轉登記給她大哥。搬進來後，「眞好滯」，祇是到了夏天，夜間蛙吹攪人睡眠，好在不久就適應了。長輩、親友、同事光臨時，看到新居的格局和景觀，都讚不絕口。吉樑教授還寫了一首詩慶賀，詩曰：「雅築宏開大自然，荷花香裏慶鶯遷。翠巖拱抱鍾靈地，碧水翻騰接遠天。學貫申韓嚴法守，道通孔孟重心傳。從知福慧雙修樂，渾似桃源世外仙。」後來主臥房舖設檜木地板並製作檜木衣櫃，是外甥包學祺的傑作。

（三）　定居陽明山

妻未結婚前受「爸公致蔭」（妻之父親於妻九歲時逝世，遺留許多土地，妻得一小部分）在台北體育館對面的南京東路擁有一筆土地，年輕時，她常築在自己的土地建造有前庭後院的小洋房的美夢，但數十年來卡在毗連的臨大馬路的二筆畸零地，一直無法建築使用，2000 年妻以多年的積蓄與銀行借款，用我的名義買下其中一筆；2001 年另一筆畸零地公開拍賣，妻再以銀行借款，用妻的名義投標，幸而得標。妻便展開她一連串的建屋築夢計劃，但最終發現東鄰的大樓年久失修，西鄰的大樓改變結構，在該二棟大樓間自蓋小洋房，已不適當。由於土地地點絕佳，有幾家建設公司看中了，擬連同毗連的另一筆土地一併買下，俾便整體規劃，興建大樓，其中一家相當積極，一直在接洽中。

國人住公寓，多會敲敲打打，甚至改變結構，尤其是房屋易主，重新裝潢時，敲打得更厲害。我家樓上有二戶，樓下有四戶，每隔一段期間就有人會敲敲打打，尤其是樓上邱姓住戶，更在屋頂平台

加蓋違章建築,並打通屋頂加設樓梯,曾有一次下大雨雨水從樓梯洩下,殃及我家。2003 年該戶出售,11 月間蔡姓新屋主大肆裝潢,不但破壞內部牆壁,而且打掉前後外壁,由陽台外側矮牆裝玻璃窗,擴大使用面積,噪音、震動令人無法忍受,小女淳鈺上樓勸其改善,包工竟用噴蟲劑噴小女,致其眼睛受傷,蠻橫、囂張,真是「無伊法」。妻乃決意儘快將該南京東路的土地賣掉,買一棟與鄰居有一段距離的獨棟透天厝。

於是,我和妻馬上開始找房子,範圍鎖定在陽明山、天母和挹翠山莊。售屋公司及友人介紹了好幾間,我們中意的有六、七間,為慎重起見,「光時去看暗時也去看,好天去看歹天也去看,熱人去看寒人也去看。」俗語說:「皇天不負苦心人」,就在地賣出去錢進來之際,適時於 2005 年 3 月買到看最多次、最中意、本來買不起的那棟房屋。該棟房屋為二樓加底樓鋼筋水泥加強磚造農舍,地基穩固,位於陽明山陽明里,坐北朝南,建物約一百五十坪另有車庫,土地二千三百多坪,北接七星山,南連台北市區,地勢北高南低,南邊地界沿一條向西流的小溪,居高臨下,開潤向陽;環境優美,山巒蒼翠,空氣新鮮,俯瞰市區及遠山,景色迷人。房屋右後側隔巷道鄰接高玉樹先生的別墅,管理員陳生財先生親切、健談,有關房屋及其周圍環境的資訊,大都是他告訴我們的,我們很感謝他。

農舍,屋齡二十多年,已有三、四年無人長期居住(僅屋主偶爾歸宅渡假),內部需要重新裝潢。我們裝潢以樸素、堅固、實用為取向,我們拆除破舊的天花板,直接油漆,不附加木板或其他材料,這樣,樓層空間會比較高敞,也比較不會生蟻蟲;拆除破舊的地板,分別鋪上柚木地板與花崗石地板。門窗全部換新,採用台玻

防光玻璃；衛浴設備大部分保留，磁磚亦不更換；廚房重新規劃，廚具、設備換新；購買眠牀、書櫃、衣櫃、酒櫃、桌椅；訂作鞋櫃、檜木衣櫃、木製書架；安裝電視機、冷氣機；內部牆壁油漆，外部牆壁清洗，整體煥然一新。

　　房屋四周的庭院都須整理。我們割除雜草，門口埕部分鋪植韓國草，以利水土保持，埕尾設一長方形花園種花；龍爿掘二小水池蓄水兼養錦鯉；加鋪二條石板步道；庭院四周加種花木；圍牆加裝安全設施，全部整理後，整潔、翠綠、芳香、幽雅，一片新氣象，欣欣向榮。

　　房屋右前方十五公尺處有一蓄水池，本來我打算填土改為菜園，知道的人都勸我務必保留，理由是：房屋四周為森林，取水不易，有水池蓄水，急難時，才有充分的水源可資利用。我從善如流。水池經清理後，長年保持潔淨的水，每到夏天，下去戲水，既清涼又有益健康，而從池裡欣賞四周青翠的景色，又別有一番風味。內子和孫女千薰最愛。內子晨暮戲水，丰姿煥發，她說：「戲水不但能消暑，而且能使身體苗條。」千薰稍長後，會纏著阿嬤要戲水，她說：「戲水不但好玩，而且會使我長高。」靖雯才牙牙學語時，就吵著說要戲水。當然庭院裡有水池必須特別注意安全；小孩戲水一定要有大人陪伴。暑期，我習慣下午三點多整理環境、修剪花木，天氣炎熱，汗下如雨，衣褲濕透，傍晚收工，下池洗澡，渾身清涼，而環視四周遠近山林，仰望天空晚霞，賞心悅目；偶而與愛孫撥水嬉戲，其樂無窮。

　　偌大的土地大部分為山坡地，有林地，有旱地，已荒廢四、五

年，野草雜樹藤蔓叢生，土地情狀多屬不明；庭院前路旁坡坎垃圾堆積如山，嚴重妨害環境衛生，經雇請工人整理，野草雜樹藤蔓用了兩個多月才大致鏟除，土地情狀才顯露出來，正如前地主所說的，可耕地都是梯田式的旱地，以前都種植柑橘；垃圾清除了十幾卡車猶未完全清除，以後還陸續清除。

　　整理土地，特別注重水土保持與自然景觀。爲能安全、合理使用，於適當處所，鋪設石板步道與平台，並加設西門及車輛出入管制設施；南門大樹下路旁佈置一排半圓形石凳。鑑界後，將大部分地界用水泥柱及鐵網圍起來，以免占用到他人土地[4]。土地上大部分原來就古木參天，竹木茂盛，鏟除野草雜樹後，陸續種植樟樹、牛樟樹、櫻樹、茶花、山茶花、桂花、含笑、樹蘭、樹葡萄、觀音棕竹等各種花木，也栽種菜頭（白蘿蔔）、花椰菜、高麗菜、菜瓜、金針、九層塔等各種蔬菜及柑、橘、桔、檸檬等各種果樹，擁抱大自然，並享受田園生活的樂趣。

　　我附庸風雅，將田園稱爲「蘭園農莊」，乃取妻之名「蘭」字，「蘭園」更寓意世世代代會出好子孫；將農舍稱爲「蘭園九德居」，「九德」學問可就大了。「九德」依古籍，有好幾種意義，我獨鍾《書經、大禹謨》與《春秋左氏傳昭二十八年》之所述，前者謂：「禹曰：於，帝念哉！德惟善政，政在養民，水、火、金、木、土、穀惟脩，正德利用厚生惟和，九功惟敘，九敘惟歌，戒之用休，董之用威，勸之以九歌，俾勿壞。帝曰：俞，地平天成，六府、三事允治，萬世永賴，時乃功。」《國語、周語下》云：「故名之曰黃鐘，所以宣揚六氣、九德也。」後者則謂：「心能制義曰度，德正應和曰莫，昭臨四方曰明，勤施無私曰類，教誨不倦曰長，賞慶刑威曰

君,慈和徧服曰順,擇善而從之曰比,經緯天地曰文,九德不愆,作事無悔,故襲天祿,子孫賴之,主之舉也,近文德矣,所及其遠哉!」抑有進者,我欲用「九德居」、「久得居」的諧音,表示「很久才得到」、「可住得久久長長」二層意義。其後,譚淑珍記者問:「為什麼八德不夠,要九德?第九德是什麼?」我脫口而出說:「八德為仁義禮智忠信孝悌,第九德就是愛。」她遂將我的新居稱為「愛之屋」,揭露於報端。

我以蘭園與九德居為首字,分別題一副對聯,請書法家游國慶博士指正後定案,聯曰:「蘭馥桂馨陽和頌吉,園幽庭雅明道徵祥」、「九如天貺喜常駐,德厚家傳慶有餘」,置於一樓與二樓的門柱上。我又在石雕大師王秀杞公館精選兩塊大石頭,請他刻製兩座石碑,「蘭園農莊」置於西門左前;「蘭園九德居」置於南門左前。「蘭園九德居」所用巨石形狀珍奇稀有,安置時王大師與陽明山建築界聞人葉寬先生異口同聲說:「這粒石頭親像是早就註定該安置者(cia)咧。」

我一向對石獅非常喜愛,恰好友人郭忠聖兄介紹,購買了一對大石獅、一對中石獅置於底樓樓前;我對關刀也很感興趣,恰巧看到一支,買回來插在大石獅旁,氣勢非凡。我對台灣水牛有特別感情,王大師有「農夫駛水牛拖手耙犁田」和「尻脊骿息二隻烏鶖咧膏浴的水牛」石雕,栩栩如生;王大師又有「一對雞公雞母掩護三隻雞仔囝」銅雕,雞與家台語同音,除寓意「起家」外,我與妻恰好有三個子女,意義特別重大,王大師半賣半送;王大師又贈我好幾件石雕藝術品。通通擺設後,與幾幅義賣時買得的繪畫相映,使得新居充滿藝術氣息。

　　我們於 2005 年 8 月 3 日舉行遷入之儀式，是日風和日麗，瑞鳥來庭，鷹揚青天，蘭園遂成為我們家庭生活的新天地。新居原無規劃神明廳，我和妻於底樓書房前部中央設廳堂，2007 年 6 月 16 日安神明、祀公媽，拜請神明永享香火、祖先永享祭祀。挹翠山莊房子，暫時由長女淳鈺、次女淨愉居住（陽明山亦各有房間）。2015年秋，室內全部重新裝潢，內子精選材料，經精雕細琢，堅固美觀，整個煥然一新。妻對我說：「我們不可把裝潢已老舊的房子交給子女，我們要盡我們的能力將房子整修，恢復到三十年前我們年壯、子女幼小，當初遷到挹翠山莊時，挹翠雅築美輪美奐的樣貌，才交給子女，讓子女在挹翠雅築讀書寫作、安居樂業、構築愛巢……，迎向美麗豐富的人生——這是我做母親的最大的願望。」

　　搬到陽明山後，喜為老農老圃，每逢假日，老夫老妻，種菜、種花、種樹，田園生活，自在愜意。閒來徜徉花園樹林之間，賞心悅目，心曠神怡，而蟬鳴鳥唱，蝴蝶飛舞，蜻蜓競翔，松鼠爬躍，更烘托大自然的美妙。有時藍鵲群集，鷺鷥來庭，飛鳥棲息樹梢，一陣驚艷，不禁雀躍心喜。妻偶爾採來桂花、迷迭香、薄荷、肉桂、香椿、芸香泡茶，清香撲鼻，別有一番風味。山中生活自然、簡樸、清靜，使得精神完全舒坦。我寫作累時，隨時走出庭院，賞花聞香，瞭望風景，舒展筋骨。斯時，愛犬迎面撒嬌，並互相追逐耍戲，汪汪叫吠，甚是生動可愛。又見小池，黃金柳、真柏、偃柏與池水相映，錦鯉悠游其間，迷你瀑布潺潺淙淙，真是詩情畫意！

　　陽明山氣候多變化，或天朗氣清，或雲霧嬝嬝，或細雨霏霏，或驟雨霈霈，或潺雨綿綿；或薰風習習，或金風颯颯，或寒風凜凜。至若颱風來襲，狂風怒號，暴雨飄瀉。我身臨其境，時時感受到大

自然的奧妙，面對著大自然的威力輒生敬畏之心。每當明月當空，夜深人靜時，我常獨自佇立陽臺或漫步庭院，仰望太虛，俯視大地，浩瀚宇宙森羅萬象引人遐想、驚歎和禮讚。

2016 年 2 月 24 日（農曆 12 月 15 日）天氣奇冷，子時陽明山開始下雪，清晨起床觀賞雪景，我家屋頂、庭院、四周樹林積雪盈寸，一片銀白，合家歡喜雀躍。這是我和內子在台灣第一次又是在自宅看到雪，極其稀有、珍貴、難得，真是興奮莫名。有道是，「瑞雪兆豐年」，但願應願成真。十點多，內子開車載我到陽明山公園一遊，沿途上山賞雪遊客絡繹不絕，整條馬路大塞車……你看台灣雪景魅力有多大！

俗語說：「一位滯，一位熟」，陽明山山仔后生活機能不錯，從家裡步行十幾分鐘即可到迷你街市，買賣方便。附近又有好幾路聯營巴士，車班多，交通便利。朋友讚道：「鬧中取靜，柳暗花明」，而排水良好，從無泥濘狀況；房屋坐北朝南，地勢又北高南低，冬暖夏涼，「昧食風」，濕氣也不重。因此，不僅僅是「空氣好，風景婿」而已。

農舍前通到新建的「菩方田」圍牆之菁山路 72 巷 20 弄土地屬我家私有，購買時原鋪設之路面部分已毀損，內子於 2011 年 7 月請人修補；農舍南門與石凳群間原鋪設之路面部分已破裂，內子於 2012 年 1 月請人重鋪，完工後整條路頗為平坦、堅固、美觀。

農舍右前方臨小溪，民國五十幾年搭建四十多坪混凝土紅磚寮舍，年久失修，屋頂門窗被颱風吹落，部分牆垣倒蹋，任其荒廢，雜草叢生，形同廢墟，內子一直想修復。恰巧，內子將於 2012 年 2

月1日自輔仁大學退休，可領退休金，她認爲以這筆退休金充當整修費，意義特別深長——化鈔票爲建築，可傳子傳孫，爰依據法令向台北市政府申請修建農業設施——農業資材室（舊有水泥磚造資材室改建）及農業水泥磚造簡易寮舍（舊有水泥紅磚寮舍修建）。

內子興致勃勃，一手規劃——聽取蘇光華建築師及施工者意見，於主管機關許可範圍內，爲適當妥切之設計，從確定建物坐向、選擇建材到選擇花木、種植位置，均加以仔細斟酌後再作成決定。內子請陽明山搭建農業設施專家何德霖工作團隊施工。內子要求：一．農業資材室，於法令許可範圍內，力求堅固美觀；紅磚寮舍支柱採用大枝南方松，矮牆採用清水磚。二．重視水土保持，擋土牆、排水溝，力求堅固安全。三．石板步道依實際需要重鋪。施工後，整地部分馬上種植植被、花木，比原來更葱蘢蒼翠，空氣也更新鮮。主要工程於 2011 年 10 月底完工；11 月 11 日，台北市政府產業發展局大地工程處等相關單位蒞臨會勘，結果認定完全符合規定，准予備查。

2011 年 10 月 14 日，台北市國稅局士林稽徵所會同台北市政府產業發展局等相關單位蒞臨寒舍會勘農舍及農地使用情形，結果認定均符合法令規定，無違建或違法使用情形。當時正值民進黨副總統候選人蘇嘉全農舍新聞炒得沸沸揚揚，主管機關對於農地農用認定標準是否更趨於嚴格，不得而知。不過，我們自信，購買蘭園農莊後，農舍維護原狀使用，並嚴守農地農用原則，勤於種作，農作物欣欣向榮。說實在的，遷居陽明山後，內子和我了解現行法規對於陽明山農民建造房舍及使用土地的限制非常嚴格，可是陽明山卻有許多舊建的與新建的高樓大廈，難怪識者指摘：其中恐怕不少是

政府圖利財團的結果。[5]

　　內子對於植物極感興趣，從小就喜歡在家裡庭院養花蒔草，遷入蘭園農莊不久，即申請加入台北市士林區農會為會員，假日沈浸於田園中，栽花植樹，種菜種瓜，不輸幹練的農婦。她喜愛各種花木，對茶花、杜鵑花、櫻樹、梅樹尤為鍾情，茶花種了一百多種，山茶花種了八十多株，杜鵑花種了五百多棵，櫻樹也種了六、七種、梅樹種了五、六棵。她退休後，又充分利用農用紅磚寮舍（蘭園花屋），栽培花卉，尤其是養蘭，生活於樂趣之中，適意自得。

　　陽明山氣候温和，土質肥沃、潮濕，適宜植物生長，但並非毫無缺點。其一，雜草藤蔓滋生快速，種蔬菜瓜果，必須隨時拔除雜草藤蔓，有時稍不注意，蔬菜瓜果已被雜草藤蔓所掩蓋，其他雜草雜樹亦須定期割除，煞費工夫。其二，竹木茂密，枯枝、枯幹、落葉及割除之雜草雜樹遍地，到處堆積，如任其腐朽，日久恐有產生瘴氣之虞，若加以燃燒又會產生二氧化碳，製造空氣污染（陽明山嚴禁露天燃燒農作生產廢棄物），顧此失彼，動輒陷於兩難；倘予以清理運出，則土地二千三百多坪，高低相差四、五十公尺，枯枝、枯幹、落葉、割除之雜草雜樹山積，費時費力，成本過高，因為這樣，老樹山麻黃、相思樹等大喬木倒了，只好任其就地自然朽腐。其三，整治環境，頗為勞苦，有時還會遭受蚊蟲螞蟻蜜蜂水蛭咬傷或螫傷。不過，瑕不掩瑜，陽明山的確是美麗安適、清幽恬靜的樂土。

　　回首過去，我住在彰化故鄉的時間少，反而住在他鄉的時間多。1975 年 11 月歸國後，一直都住在台北，回彰化故鄉是「有時有陣」。1999 年 10 月底，母親過世；2005 年 8 月，我定居陽明山；2007 年

6月，蘭園九德居「祀公媽」，從此以後就很少回彰化故鄉了。惟不論如何，我對「生於斯長於斯」的故鄉、「歌於斯哭於斯」的老家，不但沒有絲毫淡忘，反而隨著邁入高齡而益加想念。每當思及今日故鄉大半人事已非，總是增添幾許鄉愁、幾許無奈！近年來，我晚上睡覺時常會夢見年輕時候故鄉的種種，尤其是夢見和父親、母親或長兄，在一起工作，或在一起聊天，恍如真實情境。現在唱起〈黃昏的故鄉〉（原曲：赤い夕日の故鄉）、〈媽媽請妳也保重〉（原曲：俺らは東京へ来たけれど）、〈誰人不想起故鄉〉（原曲：誰か故鄉を思わざる）等歌曲，有時還會不知不覺流下淚來！

　　人，說來很奇怪，像我父親，三十一歲時從田尾鄉搬到溪州鄉，兩鄉之間僅一鎮之隔，可是家父往生前特別交待一定要葉落歸根，安葬在田尾鄉溪仔頂的公墓，他說：「許（hia）是我的血跡（hiat jiah， huih jiah，出生之地）。」我伯父生前也是這樣交待。想來，往昔台灣人普遍希望出生之地也是埋骨之地，即所謂落葉歸根，婦女則跟隨丈夫。今日，「血跡」的觀念已隨著時代環境的變遷而趨於淡薄，而「故鄉」的概念又是相對的，對我而言，彰化是我的第一故鄉，台北是我的第二故鄉。因此，我想，新的時代、新的環境，要有新的思維、新的觀念、新的作法。

　　同鄉農村詩人、鄉土作家、環保鬥士吳晟，一生以家鄉為本據為母親台灣打拼、付出，他期望我退休後回故鄉耕讀，奉獻餘生。畏友的呼喚，正中下懷，然因客觀因素，我祇得心繫故鄉，終老陽明山了。吳晟及其夫人莊芳華，生性喜愛大自然，都是愛樹、種樹、護樹家，他將父祖傳下來的二甲土地闢為樹園，取母親之名「純」，稱為「純園」，儘量保持自然生態，絕不使用農藥，深獲我心。我

家「蘭園」在陽明山，不若「純園」在彰化平原，平坦方正，但崇尚自然原則，則無二致。我堅信，尊重生命、愛惜自然、保護環境，是作爲現代人必須具備的條件。

三、　養兒育女

　　每個人結婚後，總是希望生育子女，尤其以往盛行家族主義，避孕又不發達，一對夫妻生五、六個子女，是極平常的事。例如，我祖父母生了六男四女，我伯父母生了六男二女，家父母生了三男二女。

　　我 1973 年 3 月結婚後，夫妻分別在大阪、東京求學；1974 年 9 月內子學成歸國後，夫妻一在大阪一在台北，都沒有懷孕的主客觀條件，俟 1975 年 11 月我學成回國，夫妻團圓，早生子女遂成爲夫妻最殷切的願望。

　　我們夫妻身體健康，生活正常，又無不良嗜好，自信懷胎不難。根據文獻，溫和滋補的漢藥，能營造良好的懷孕環境，我陪內子去松山六安堂蔘藥行拿了幾帖服用。各種有利條件俱足後，內子不久就懷孕了。1977 年 1 月，長女在台北市馬偕紀念醫院出生，命名淳鈺，第一個寶貝，備受寵愛。二十三個月後又懷第二胎，1979 年 9 月出生，命名爲國瑞。內子陣痛時，我和內子搭計程車到台北市長庚紀念醫院，叫到紅色的計程車，我對內子說：「這一胎應該是男的。」內子問：「你怎麼知道？」我說：「紅男綠女、萬綠叢中一點紅，我們攬到紅色計程車，有這個預兆。」出院時，我和丈母娘等去接，大家圍著讚美寶寶，丈母娘說：「此個紅嬰眞誠健康可愛。」當時才二歲半的鈺兒突然說：「爸爸媽媽，我嘛是恁的囝。」丈母娘說：

「此個囡仔那即巧。」家母來台北看孫，爬樓梯時，二步做一步爬，跌了兩次。她見嬰仔嘴䫌（chui phue，喙䫌、喙頓，面頰）紅紅胖胖綿綿，隨即唚（cim，吻）嬰仔的面頰，並説：「嬰仔嘴䫌胖胖愛人唚。」其後又生第三胎，1983 年 2 月在台北市馬偕紀念醫院出生，添一愛女，命名淨愉。本來我們想生兩男兩女，可是子息畢竟難得強求。小時候，母親曾拿我的八字去算命，相命師批：「子息桃園三結義。」我解爲若有準，我命中註定有三個兒子。結果卻生了一男二女，根本無準。但經仔細思考後，恍然大悟，原來是暗示我有一男二女。因爲劉備、關羽、張飛是異姓，兒子、女婿才可能是異姓，同時也暗示三個子女感情會很好、兒子與兩個女婿會情如手足、義薄雲天。

內子爲了生產健康寶寶，懷胎期間，除正常教書、工作外，特別注意飲食、起居，經常保持愉快的心情。內子很自豪，她生了三個活潑可愛的健康寶寶。每次生產，都非常重視做月內（坐月子），必飲生化湯、吃杜仲排骨、麻油雞、麻油腰子等，注意寒暖，避免感冒。三個寶寶滿六個月內都吃母乳，兼吃牛乳，內子說：「六個月內吃母乳，對嬰兒、母親身體健康都有好處。」

子女的出生，讓父母充滿著希望，同時也讓父母深感責任的重大。做爲一個男人，娶某意味著牛擔掛落去了，子女的出生更意味著眞正責任的到來。惟不論如何，養育保護子女，乃爲父母者歡喜承擔的愉快任務。看著寶寶一天一天地長大，心中有說不出的喜悅和滿足，做任何事皆渾身是勁。

我很慶幸娶到一位賢慧能幹的太太。從內子對子女的慈愛、呵

護、犧牲和寬容，印證了母愛的偉大。搦屎搦尿、暗時飯（ann，抱）嬰仔睏、給嬰仔食乳，內子都不辭勞苦，而且甘之如飴。好在三個子女攏眞好育飼。三個子女從讀才藝班、幼稚園、小學、國中、高中到讀大學，需要家長出面時大都由內子出面；必要接送時大都由內子接送。子女的課業、考試、就業，內子也最關心。足以告慰的是，三個子女在成長過程中雖然難免也有叛逆行爲，可是都越大越懂事，學業也不斷地進步。尤其是進研究所後，漸次發揮潛能，正如《詩經》所云：「日就月將，學有緝熙于光明。」

三個子女對於學業都很有主見。她／他們讀法律，都是基於自己的選擇；讀碩士班後，專攻領域也都是自己決定的；拜指導教授也不曾問父母親的意見[6]。我想，培養獨立自主的人格，負起自己責任，是值得鼓勵的。老實說，對於子女的教育，基本上我儘量讓子女按照自己的志趣，發揮自己的個性和能力，我認爲自動自發自立自強最爲重要。我確信，一般而言，人的本性是向善的，正如洪遜欣先生所說的，人類依其固有自立的、自然本性的生命發展原理，通常皆有朝向實現整個人格的自己存在而發展生命的傾向。實際上，在今日社會，即使父母苦口婆心，提供意見或善加勸導，子女也未必會聽從，有時可能還會招致相反的效果。我想，由子女選擇自己要走的路，各顧前途，各求發展，各自承擔成敗，未必是不負責任的父親吧！

不過，做父母的，對於子女的安全、健康、學業、品行、婚姻、職業……，總是會操心、掛懷。爲人父母之後，才切實體會到父母對於子女是安怎操心迫腹（chau sim peh pak）、如何牽腸掛肚。有句話說：「九十歲的老母煩惱（huan lo）七十歲的查某囝。」在父

母的心目中，子女永遠是孩子，即使自身已難保了，依然掛念著子女、呵護著子女。

令我愧怍的是，子女應徵教職，我都不曾幫忙——再怎麼熟識、怎麼要好的朋友，我都不好意思拜託，子女可能會以為我漠不關心。其實我很關心，可是我個性不喜勞煩人，而且拜託幫忙也未必有效，有時可能還會被「加講話」，因此我就順其自然，看子女個人的造化了。所幸，重要的時刻總有「貴人」出現，「有人牽成」，我的子女是有福的。

內子專任教職，又是家庭主婦，之所以家庭與志業得以兼顧，必須感謝阿省與素宜。阿省阿姨，基隆人，曾在我家幫忙兩年，她性情開朗，工作勤快；素宜阿姨，烏日人，嫁台北人（內子遠房的表哥），在我家幫忙三十多年，她性情溫和，很有愛心也很有耐性；她們照顧小孩、煮飯、洗衣、清掃，幫忙甚大，內子和我永遠感激。

現在（2015年秋）子女都已長大成人，淳鈺東海大學法律學系畢業，輔仁大學法學碩士、法學博士，曾任東海大學法律學系博士教師，現任真理大學法律學系副教授；國瑞，中國文化大學法律學系畢業，輔仁大學法學碩士、法學博士，曾任世新大學及真理大學法律學系兼任講師，獲得博士學位後受聘為世新大學、真理大學、國立空中大學兼任助理教授；淨愉，台北大學法律學系畢業，日本北海道大學法學修士、法學博士，現任輔仁大學法律學系助理教授。我與內子現在最大的願望是，三個子女都能安全、穩健地馳騁於學術的康莊大道，對我國的法學教育與法學研究作出貢獻，而且都有幸福美滿的家庭。家父母嘗說：「子女會曉想，知上進，行正道，

有出擢，爸母無比這（che）佫卡歡喜的。」淳鈺、國瑞、淨愉都獲有法學博士學位，都順利謀得大學教職，又受到學生的愛戴，且都陸續有論文發表，又都已完成或將完成婚姻大事，我與內子皆感到無比的欣慰和滿足。

我與內子贈言子女：樂觀開朗，與人爲善；認眞教學、勤於著述；愛護家庭、關懷社會；適當休閒、注意健康。

內子疼囝，國瑞讀碩士班時，就買了一輛 TOYOTA 銀白色 CORONA 轎車給他；淳鈺獲得博士學位到東海大學擔任博士教師，內子也贈與她一輛乳白色 HONDA CIVIC 轎車。現代人以轎車代步很普遍，我叮嚀子女要感念母親的用心，開車務必遵守交通規則，尤其是注意交通安全。

關於親子間的關係，經常會遇到的兩個現象，我想作爲一般論，順便加予敍述：

1. 世上常看到父母賢，而子女不肖，或父母喜爲子女付出，子女却不孝順，也有正好相反的情形。怎會這樣？根據佛理，是業報的結果，即親子間由於前世或累世的善惡業因所招感的苦樂果報，同樣是子女，有的是來還債的，有的是來討債的。而通常是「爸欠囝債，翁欠某債」。做父母的，遇到子女不肖、不孝時，一般會認爲是業報，因此依然不棄不離，愛之教之，無怨無悔。俗語說：「指頭仔咬着逐支痛」，父母對於子女的疼心是一樣的，不會偏心、「大細目」。父母會對需要多加照顧的子女多付出愛心；對忤逆的子女付出更多的心血，也是這個道理。俗語講：「會生得囝身，昧生得囝心」、「父母惜囝長流水，囝惜父母樹尾風」、「父母飼囝無論飯，

囝飼父母算飯頓」，我想，無論子女是否孝順？是否同心？父母對
於子女的愛都是無條件的、一輩子的。

　　2. 近代東方的法律、法律思想悉繼受近代西方的法律、法律
思想而來，在遺產的繼承，也採取男女平等原則，子女對於父母遺
產的繼承，是完全平等的。例如，有一子一女，則遺產由一子一女
均分。可是，台灣習俗上，通常父母的財產大部分都是留給兒子。
我想，這和家庭生活形態、祖先祭祀有極密切關係。因為，台灣一
般家庭生活，大都由兒子、媳婦照顧父母、扶養父母，而兒子、媳
婦又負有祭祀祖先的責任。法律允許父母生前為贈與，亦允許父母
依遺囑處分其遺產，例如遺贈、指定應繼分、指定分割遺產之方法，
不外是在男女平等、子女均分之原則外，允許父母就其財產，依實
際情形與需要，做最適當的安排。我看，有不少已婚婦女，主動拋
棄繼承，其理由亦不外是：結婚後，生活重心都在夫家，對於娘家、
娘家父母鮮有付出，而娘家父母悉由兄弟照顧、扶養，她不該再取
得娘家財產。當然，有朝一日，家庭生活形態改變，祖先崇拜觀念
淡薄，就會有新的發展。

四、　兒子結婚

　　現代人戀愛結婚乃極其正常、普遍的現象。子女長大後不會交
異性朋友，做父母的反而會傷腦筋。當然，做父母的都希望子女能
交到理想的對象。

　　小犬黃國瑞在玄奘人文學院法律學系就讀時，交到一位讀社會
福利學系的女朋友林盈秀，三年級轉到中國文化大學法律學系後，
仍有聯絡；其後考進輔仁大學法律學系碩士班，仍繼續交往；越二年，

她考進輔仁大學社會工作學系碩士班，在一起的時間更多。

內子、淳鈺、淨愉對她有好感，但我考慮較多，曾向內子透露我的看法。不過，自己選擇配偶、自己承擔責任乃近代自由主義、個人主義的當然歸結，若是緣分，有情人終成眷屬，我也樂觀其成，予以祝福。2007 年 8 月初，內子告訴我說：「盈秀好像有身了。」我聽了當機立斷，一則讓有情人終成眷屬，二則讓胎兒順利生下來。我想，胎兒生下來，就能同時得到父母、祖父母的慈愛，才是最幸福的。但願「花無錯開，緣無錯對。」

8 月 19 日正式接見，確認其身家背景，了解其人生觀、家庭觀。我看她蠻清秀伶俐的，身家清白，性格開朗。她表示喜歡孩子，高興當家庭主婦，相夫教子。我相信這是盈秀肺腑之言，她會是一位賢內助、好媽媽、好媳婦。

9 月 16 日到花蓮女家訂婚，內子親妹王阿桂、妹婿胡明炎充當媒人，與內子、國瑞一行四人，由明炎開車前往；姪兒黃士剛與黃子祚從彰化坐火車前往，在女家會合，盈秀的父母親、哥哥、弟弟、阿公熱忱招待，順利完成訂婚儀式，賓主盡歡。

結婚日期擇在 10 月 6 日（尊重國瑞的意見）、婚禮喜筵設在圓山大飯店敦睦廳（尊重內子的決定）。緊接下來，是印喜帖、發喜帖。喜帖要發給誰？該發的未發，恐有失禮節。關於個人私事，我一向低調，就我個人部分，該發的，最後只發不到三分之一。 我想未收到喜帖的都能夠諒解才對。住在中部各縣市的親友，除了舍弟、家嫂外，我都沒有邀請，主要是考慮到往返的勞累，以後可另找機會在故鄉補請，切盼故鄉親友不會誤以為我「目頭懸（高）」。

　　10月4日，國瑞由其高中同窗林文彬君開車去新娘住處將新娘接來蘭園九德居。由於我和內子都要教書，我特別交待國瑞，請林文彬君打開南門大門，迎接新娘入門；先拜神明、祖先，稟告結婚喜事，祈禱神明、祖先賜福保佑。翌日氣象報告，強烈颱風柯羅莎可能襲台，內子與圓山大飯店洽商結果，「婚禮喜筵照常舉行，賓客來多少人開多少桌。」

　　10月6日，強颱來襲，風雨交加，不過當晚出席的貴賓親友將近八成，婚禮喜筵順利舉行。我和內子婉謝賀禮，來賓親友都再三致意。試想，大家冒著暴風雨趕來參加，感謝都來不及了，豈有收禮之理！

　　婚禮恭請彭明敏教授擔任證婚人；陳榮隆輔仁大學法學院院長、張振成社會工作學系系主任擔任男女雙方介紹人；陳繼盛教授貴賓致詞。我要特別感謝諸長輩，尤其是彭明敏資政、陳繼盛資政、吳澧培資政、黃天麟國策顧問及夫人、林菊枝教授、林文雄教授及師母、陳榮宗教授及師母、駱永家教授及師母、楊維哲教授、陳茂雄教授、王寶輝教授等長輩，風雨無阻，蒞臨參加；行政院院長張俊雄先生及夫人未被邀請也在百忙之中特地趕來參加婚禮並致賀詞，令人畢生感激、沒齒難忘。

　　茲將我的〈謝詞〉（台語）揭露如下：

彭老師、陳院長、張系主任、親家、親姆、各位貴賓、各位親朋好友：

　　大家暗安，大家好！

首先，感謝親家、親姆勤儉、打拼將查某囝栽培到受高等教育，佫讀碩士，嫁給小犬國瑞。這幾工，看着盈秀流着依依不捨的目屎，給我深深感受着親家、親姆對盈秀的慈愛佮疼惜。

感謝台灣先知、總統府資政彭明敏教授蒞臨福證，給新郎新娘偌大的祝福佮勉勵，阮感覺無上的光榮。

感謝陳榮隆院長、張振成系主任的介紹，同時給新郎新娘偌大的祝福佮期望。

感謝陳繼盛教授的金口。您的祝賀佮祝福，給阮誠大的鼓舞。

感謝國家最高行政首長、行政院長張俊雄先生佇參時間走相逐、全心全力拼政績的時刻，特別蒞臨祝福這對新人，講偌濟勉勵的話。我並無寄喜帖給張院長，張院長佮夫人的蒞臨給阮意外的喜悅！

佇今仔日天氣非常特別的日子，承蒙各位尊長、師長、至親、好友、親情、同事、同學、芳鄰蒞臨參加國瑞佮盈秀的婚禮佮喜筵，帶給阮無比的光彩，無限的溫馨，阮由衷感謝。

風雨如晦，雞鳴不已，今仔日風雲際會，大風大雨證明逐家攏是風雲人物，未來國瑞佮盈秀的子女嘛可能攏是風雲人物！

早起，國策顧問黃天麟先生打電話給我，講伊的後生結婚時嘛拄着親像今仔日的天氣，結果，結果按怎，逐家知否？結果丁財兩旺，來賓攏大發特發。

國瑞佮盈秀過去受到逐家的愛護、牽教、提攜，非常感謝。今後也敬請逐家繼續鞭策、疼惜、指教，拜託！

　　祝福逐家安康、祝福逐家快樂。感謝！感恩！

　　根據氣象報告，入夜後風雨會更大，幸而喜筵結束時，風雨顯著減弱，賓客親友都能平平安安地回家，我和內子才鬆了一口氣。

　　國瑞與盈秀結婚後，看來夫妻相當和諧、恩愛；和父母住在一起，大致還算孝順。盈秀作為媳婦，也算是「知輕重，照起工」，與淳鈺、淨愉很合得來。

　　2008 年 3 月 9 日（戊子年 2 月 2 日）孫女在台大醫院誕生，命名千薰，帶給全家洋洋喜氣。我在《療養中記事及感懷》寫道：

　　孫女千薰，這段時間恰巧一、二歲大，長得十分聰明活潑可愛。頭圓圓的、頭髮黑黑的、臉方方的、眼睛大大的，嘴巴小小的、鼻子直直的、皮膚白白的、手足渾圓有力。俗語說：「一個囡仔，較鬧熱三個大人。」她牙牙學語，聲音清脆，好奇又好學；學走路，一搖一擺，輕盈靈巧。真好笑神，會主動親近阿公、阿媽，向阿公、阿媽撒嬌，非常惹人喜歡，讓我在療養中獲得莫大的快慰。

　　三、四歲時，早上起床，會主動說：「阿公悾早。」我要出門時，會說：「阿公行路要小心喔！」她小小年紀說話得體，頗有「大人之風」。有一天，我和楊維哲教授閒聊，他問我：「你即久敢攏咧毛孫？」我開玩笑說：「是啊，我的孫是世界上上可愛的。」楊教授說：「你講的是真理。」

　　2012 年 8 月 4 日，國瑞、盈秀又添一千金。我當然渴望生男的，不過既然有做親子的緣分，我做阿公的也歡喜並予以祝福。我和內子贈與二十一萬八千元作為賀禮。俗語說：「三條茄，毋值一粒蟯。」

意思是說，傑出的女性勝過眾多平庸的男人，更何況今日男女平等！當然有男有女，才算齊全，我鼓勵國瑞、盈秀說：「有女必有男，加油！」

　　盈秀在台大醫院生產，母女均安，紅嬰健康可愛。紅嬰，命名靖雯，看她一日一日長大，頭大面圓，活潑乖巧中顯得文靜厚重，我暱稱「gentleman」。她八、九個月後，就懂得和阿公親，我逗她玩時，她會主動把臉貼著我的臉、額頭貼著我的額頭；還未滿一歲，就常常以期待的眼神伸出雙手對阿公說：「抱抱」；一歲半就會主動牽著阿公的手走一步走一步在室內漫步；一歲十個月大時，我坐在矮凳看電視，她偷偷地走到我的背後抱住我的腰部，然後走到我的面前露出天真無邪可愛的笑容；才兩歲多，她很得意的說：「媽媽愛我，爸爸愛我，姊姊愛我，阿嬤愛我，阿公愛我，姑姑愛我，大家都愛我。」實在有够古錐（姻娃）。

五、　夫妻互動

　　我常被邀請在婚禮上擔任證婚人或介紹人或貴賓致詞[7]，我為人祝福時通常會說：「婚姻是一男一女以終身共同生活為目的之全人格的結合關係，而以愛情為基礎。新郎新娘嘉耦天成，婚後必能互信互諒、互敬互愛，同心協力共同締造幸福美滿的家庭，我謹致以無限的祝福。」其實，我和內子對於婚姻及家庭生活的基本認識和態度就是如此。內子嘗說：「夫妻相處之道，最要緊的是懂得尊重對方、欣賞對方。」

　　人皆有個性，我們夫妻亦然，彼此各有個性，不過我們很慶幸的是：有共同的志業——擔任大學教師，奉獻教育，沈潛學術；有

共同的信仰——敬天地，尊神佛，拜祖先；有共同的政治理念——堅持台灣主體性，嚮往民主政治；有共同的愛好——例如，看書，聽音樂，蒔花植樹種菜，擁抱大自然；有共同的人格特質——例如，勤儉、樸實、正直、誠懇，不吝嗇、不刻薄。

　　我和內子家庭觀念都很重，重視家庭，愛護家庭；孝順父母，友愛兄弟，敦親睦族。當然，各方面都要做得很周到並不容易，不過至少「有心」，有道是：「孝字論心不論事，論事萬年無孝子。」我和家父家母「真有話講」，內子更是家母最好的聽眾，家母述說往事，內子都悉心作成筆記。因為這樣，本書有關早年的記事，才有所本。家嚴家慈已去世多年，但每次回憶家嚴家慈生前娓娓敘事的音容，孺慕之情即油然而生；而思及我們未能好好地服侍奉養，就感到非常的遺憾。故鄉祖厝有「祀公媽」，台北我不急著「祀」，因為台北無「祀」，就可趁著過年過節回故鄉拜拜，看母親和親友。家母過世後，內子常存孝思，一直催促我「祀」，遷入蘭園九德居後，催促更殷。我們終於在丁亥年 5 月 2 日「安神明」、「祀公媽」。神漆（sin chat）、神桌、公媽龕、貢桌，都是內子選購的。

　　我岳父非常疼愛內子，不幸在內子九歲時因胃病去世。岳父去世後，岳母便承擔家務，幸得大姊大哥承繼父業，繼續經營。內子對於母親的劬勞、慈愛，永遠感恩在心；對於父親辛勤建立家業、德被後昆，也一直念念不忘。

　　內子除了專任教職外，又須「按家（huann ke）」，管理家庭，照顧子女，比我辛苦多多。她在學校，教學認真，輔導有方，深得學生愛戴[8]；在家裡，則「恔按家」，是不折不扣的賢妻良母。僅就「管

錢」而言，例如，我回國初期，有時正用不足，她就得去「蹌錢（zong zinn）」；購買挹翠山莊的房地產時，錢不夠，也是她去籌措的；父母親在世時，孝養費她都如期備妥致送；三個子女教育費、生活費，她都張羅得很停當；每年申報綜合所得稅，也都由她一手包辦。而我，不管錢，不僅落得輕鬆，而且需用時，她總是二話不說就如數準備給我，我曾經告訴新聞記者說：太太是我的提款機。俗語說：「娶著好某，卡好三個天公祖」，我完全感受得到。

我和內子都有固定的薪資收入，可要用以栽培三個子女，購買挹翠山莊的房地產，起故鄉祖厝虎爿護龍，以及與家嫂合建後落房屋，坦白說，非常不簡單。2005 年購置陽明山蘭園農莊，則大半是內子「爸公致蔭」（我丈人過世時遺有多筆土地，內子得其中一筆），否則我「雙腳夾一粒膦脬」來台北，那有能力購買！由於得來不易，我們都很珍惜。我和內子勠力經營，景物煥然一新，今日蘭園農莊的一磚一瓦、一草一木、一土一石，都有我和內子的智慧、感情和汗水融入其中。我特別告誡子女：祖父母、父母勤儉起家，家產得來不易，務必珍惜、惜福，對母親尤應感恩。

我不會開車，而內子會開車，她自然而然成為我的司機；我不會電腦，而內子會電腦，她有空時也樂意幫我打字；我畏（ui）洽公、辦事，內子會主動幫我處理。世間，頇顢的（han ban e）往往扛著恔的（gau e），真是巧者拙之奴。不過，我埋頭研究，專心著述，內子倒是蠻欽佩的。我也會幫忙做家事，例如泡茶、清掃、洗衣服[9]等。我不是等著太太服侍的人，必要時我會主動伺候太太。我不是男人大沙文主義者，而是男女平等主義者，我想，夫妻彼此之間體貼心至為重要。我把夫妻關係定位為平等互助關係。坦白講，我對

於為人夫者，遊手好閒，不事生產或者動輒施加家庭暴力，很看不起。俗語說得好，「疼某大丈夫，扑某豬狗牛。」

我自認是老粗，但粗中有細。我們婚後彼此的稱呼，內子提議互稱 Darling，起初我覺得過於親暱，也有點肉麻，過後一想，Darling 既時髦也好叫，而內子又喜歡，叫久了就會習慣成自然，我就從善如流了。至今我們仍然互稱 Darling。有一次，林菊枝老師光臨寒舍，也叫 Darling，Darling，好像 Darling 是一般對我的稱呼，大家不禁笑出來。朋友聚會時，我會說笑話，笑話中有不少是黃色的，有時我還會開內子的玩笑，她都不以為忤，甚至隨聲附和，帶給大家歡樂的雰圍氣。我常說：「在我的心目中，太太是世界上最美麗的。」我這樣說不是幽默話或是口是心非或自我陶醉，俗語說：「婿穩無比止，愜意卡慘死。」更何況婚後嫌太太穩，豈不是自尋煩惱？有人問我：「難道你對別的女性都不會有非非之想？」我答道：「當然會，說不會顯然是偽君子。語云：『淫字論事不論心，論心千古無完人。』孔夫子也說：『吾未見好德如好色者也。』更何況我不是聖人！」

男女結為夫妻，以性為基點產生各種關係。《中庸》云：「君子之道，造端乎夫婦，及其至也，察乎天地。」婚姻洵為萬般事物之起點。無論男女，性衝動係天生的本能，所謂「食色性也」、「飲食男女，人之大欲存焉」是也 [10]，夫妻敦倫，乃「天地所設，毋是弟子作孽。」夫妻交合，一則完成生殖的使命，二則滿足性欲的需求。兩情繾綣，陰陽協調，夫妻和合，瓜瓞綿綿，乃夫妻幸福之根源。至若違反自然甚或借助藥物縱慾，則不可取。性愛有肉體的層次，又有精神的層次，雖然隨著年齡而互有消長，惟兩者兼俱才是真正

的性福。我們如是觀，如是作，如是行。

　　內子於 1989 年學開車，取得駕照後，是年買了一輛從美國進口的 TOYOTA 棗紅色 COROLLA 轎車；九年後換新車，即 1998 年買了一輛美國進口的 TOYOTA 黑色 CAMRY 轎車；2012 年退休後，又買了一輛日本原裝進口的 TOYOTA 黑色 LEXUS 轎車。她說：「買LEXUS，雖然價格貴得多，但比較安全、舒適，載你進進出出也比較放心，同時也表示有進步，並對自己數十年的努力給予獎賞；而且 LEXUS 可開十五年，開到我八十歲。」本來我建議買一輛七、八十萬的車就好了，反正已經退休了，開車的機會不多。可是，後來證明內子「殘殘」買 LEXUS 是對的。我看她每次開車都精神奕奕、充滿信心。她退休後，至少年輕十年。

六、　愼終追遠

（一）　親人過世

1. 家父往生（台文）

　　庄腳人大部分攏畏（ui）看醫生、滯病院，家父嘛無例外。台北市長庚紀念醫院診斷是致著（ti tioh）參孫中山先生共款的絕症了後，家父堅持滯家己的厝裡療養，食漢藥佮草藥仔，尾矣才（ciah）麻煩西醫鄭伯勳醫師出診。破病期間，家母、家兄、家嫂、舍弟等悉心照顧，家姊、姊夫亦不止仔照紀綱，我佮牽手利用拜六、禮拜轉去探望；親情朋友、厝邊隔壁三不五時會來關心，家父盡量不（m）勞煩人。

　　家父眞悾忍痛，誠少哼呻，我想是無愛乎家人心苦。家父知影

不久人世時，有一日大孫黃士剛叫阿公，伊忽然間哮出來，講：「阿公無福氣親目看汝娶某。」我聽着嚨喉管煞淀起來。有一工早起，家父拖著沈重的腳步，行去田園邊，我綴佇後尾，發覺家父用依依不捨的眼神詳細看田園，最後目屎煞流落來。我知影，四十幾年來，家父早出晚歸，參田園作伙，靠田園生活，佮田園建立了深厚的感情，伊將要（beh）離去，對伊所摯愛的田園，表示衷心的感謝佮難捨。

家父過身進前，伊對後事交待四項：葉落歸根，希望轉溪仔頂土葬；喪禮免奢易（chhia iah），適當着好；大細三頓着食乎飽，毋通傷（siun，太、過分）悲傷；若有敁着（khap tioh，觸到）遺體，一定要（ai）用米酒洗清氣。

1978年10月25日早起，有一隻大隻雞公跳上神明桌公媽牌邊，這是從來不曾發生的代誌，家父肖雞，是不是家父欲「歸位」的預兆咧？彼一暗，家父病情惡化，家人心內有數，我參舍弟先去歇睏，家兄佮阿蘭隨侍照顧，26日透早四點，我起床，看着家父倒佇眠床陣陣哼吟，阿蘭輕輕咧共（ka）按摩，令人心痛不忍。此時，我恬恬去點香拜天地、神明、祖先，用嚴肅佮悲切的心情祈求：家父若天年未終，保庇伊早日回春。若壽數該盡，特別垂憐，緊共度去。祈求後十幾分鐘，家父靜靜睏去。八點外精神（醒起來），家父叫家兄焚水準備拭身軀，家嫂焚好，家兄捧來幫家父拭。拭好，家父講：徙去大廳。徙鋪好，家父就進入彌留狀態，家人齊聲助念，於十點安詳往生。嗚呼哀哉！風木含悲，曷其有極。家母哭苦：「心肝仔，汝一世人打拼、拖磨，汝爲着家庭，勞心苦戰，儉腸勒肚，照顧大細，老來拄仔會當享受清福，汝煞永別而去，想着眞誠不甘！汝今

（dann）去做仙了，汝就保庇大細平安順序，囝孫興旺發展。心肝仔，汝的恩情阮永遠會記在心內，汝一路好行。我苦也！」

人過身去，上要緊的就是辦喪事。地理師看 31 日是出山（chut suann）的好日子。喪事攏遵照一般喪葬禮俗進行，印象上深的是「入木（入殮）」時，家兄抱頭，舍弟抱腳，我抱腰將遺體下（he）入棺材內。其間有三個 episode：

（1）　家父過氣了後，家母叫家兄「套衫」（張穿壽衣）。於（ti）大廳前簷前腳擺一個籤壺，頂面下一張椅頭仔，家兄腳穿木屐，企在頂面，頭戴篙笠，手持麻索兩端，我將壽衣一件一件反套上（chiun）家兄的手胳頭，套好後，我往前一扭（giu），將套好的壽衣扭出家兄的雙手，家兄落來時將椅頭仔踢倒，表示「腳毋踏汝（清朝）的地，頭毋戴汝（清朝）的天」，因爲滿清入主中國時佮吳三桂約定「漢人生降死不降」。事後，我對家母說：「現代什麼時代了，猶固守這款儀式？」家母說：「恁老父生前定定講：『新例無設，舊例無滅』，汝敢昧記得了？」確實，家父生前，若拄著違背「習俗」的言論抑是（ah si）行爲，就會講這句俗語，可見過去台灣人傳統上眞誠守舊。

（2）　先嚴「入木」了後，隔壁讓的（連熊仔嫂）善意共阮老母講：「胡仔叔穿的壽衣那親像是漳州式的，聽講過去漳、泉拼，仇恨重，人過身去所穿的壽衣，款式也刁工作無相共，今（dann）欲按怎？」原來，清朝時代北斗、田中地區曾發生漳州人佮泉州人分類械鬥，死傷慘重，結寃眞深，連壽衣也各別作無共款的設計，用來鄙相對方。阮祖先是泉州人，壽衣應該去北斗街買泉州式的，

那知家母不知影，煞去田中街買着漳州式的。家母聽了後，心肝茹
鬖鬖（ju cang cang），不知按怎是好。我誠（ciann）誠（cing）懇
稟告家母：「清朝時代分類械鬥，無論是閩、粵（福佬、客家）拼
抑是漳、泉拼，也無論是派系拼抑是異姓拼，攏是歷史的悲劇，早
就應該根除，化解冤仇，携手合作即着。日本時代，嚴禁分類械鬥，
早就不曾俗發生了，而現代壽衣改穿西裝皮鞋愈來愈濟，何況咱祖
先根本無參加械鬥，阮老爸穿漳州式的壽衣表示漳、泉冤仇已經化
解了，泉、漳攏是一家人，應該是好代誌。」家母聽了心頭才開去。

　　（3）　家父過身了後，有一隻鳥透早飛入五間尾（家父的起居
室）歇在書櫃上歇到下午三、四點，攏不驚人，家母說：「恁老父
附身靈鳥，掛念親人，依依難捨。」做法事（司功），最後有一個
招魂儀式，時間已經是深更，孝男孝女孝孫孝孫女等同齊出聲叫：
「烏多桑轉來喔！」「阿公轉來喔！」叫幾聲後，自遠方傳來狗吹
狗螺聲，越吹越近，越近越大聲。在場看做法事的隔壁男仔兄、樹
良仔兄共一聲講：「胡仔叔轉來矣！胡仔叔轉來矣！果然有影有靈
魂。」逐家攏感覺不可思議。

　　庄腳，有喪事，厝邊頭尾攏會主動來幫忙，真有人情味。家父
倒落了後，隔壁樹良仔兄自願負責去田中買菜、款用品，伊講欲報
答胡仔叔過去愛護的恩情。出山彼一日，厝邊隔壁、親情朋友、地
方人士，真濟人來「拈香」。舍弟的指導教授江永哲博士親臨主祭。
我台大法律系同窗陳達雄、謝康雄、周國榮、張繁彥、郭振恭；我
輔大法律系門生黃炳飛、李孟玢、陳國斌、邱駿彥、謝堅彰、魏麗娟、
賈秀珍等也不辭庄腳所在、路途遙遠，從（ui）台北、台中等地趕
來致祭。公祭後，即時發引，往田尾鄉第六公墓，沿途鄭山林等義

警主動幫忙維持交通，車隊準時到墓地，準時落葬。先嚴生前曾講：
「我一生熱愛土地亦自信有好積德，我百年歲後應該會做土地公。」
祈望先嚴會當達成伊的願望，守護伊熱愛的土地。

　　阮叔伯大姊夫進仔（魏和進）是土水師傅，伊用幾若工共先嚴
造佳城，造得眞工夫，伊用先嚴的姓名題「黃家興萬代，胡寶傳世
界」的對聯刻在墓牌的兩爿。伊誠客氣，無論按怎都毋收師傅禮，
伊講：「我欲表示對阮二叔仔一點點孝心。」

　　十幾年後拾骨（拾金），骨頭紅霓（ang ge），拾骨師（土公仔）
講伊眞罕得看着骨頭即呢嫷的。我想，應該參墓壙地幾仔車級配有
密切的關係。拾骨師將骨頭曬乾整理好裝入金斗甕，然後照一般禮
俗儀式將金斗甕請入田尾鄉示範納骨堂。進堂時，囝孫連續喝「進！
進！進！」「發！發！發！」

2. 家兄溘逝

　　家兄黃南（1937-1981）忠厚老實，每天辛勤作穡，生活正常，
無不良嗜好，菸酒不沾，但身體不若家父矯健，偶而會不舒服。辛
酉年四十五歲時，胃痛到田中鎮鄭綜合醫院住院治療，我於 12 月
25 日（舊曆）南下探病，家兄有說有笑，狀況良好，我傍晚就放心
回台北。詎料入門才片刻，即接到緊急電話說，家兄於晚上 10 點多
過世了。噩耗傳來，有如晴天霹靂，無限哀痛。翌日一早即趕回故
鄉，目睹家兄直直躺在大廳，一時情緒崩潰，泣不成聲。因為事出
突然，許多親友非常不捨，又看到七位子女「攏猶未成（chiann）」，
不禁同聲一哭，家嫂更是肝腸寸斷、痛不欲生。長女淑文，從台北
與我和內子坐同一班火車趕回奔喪，她依禮俗，到門口埕前即跪爬

哭著進去，到簷前腳問：「阿爸病好未？」廳內妹妹們答：「阿爸病攏好了。」然後入大廳一起放聲大哭。在場的人看到這一幕，無不心酸落淚。

家兄因胃出血不止而溘逝，鄰居有人說，醫療過程一定有疏失。我則認為一切皆有定數，不能責怪醫師。其實，在過世五個月前，我曾經陪家兄到彰化基督教醫院住院檢查身體，醫師診斷有患淋巴瘤的跡象。家兄溘逝，僅享年四十五歲，生者確實難以接受，不過家兄「真好過身」算是幸福的。

由於母親還在，子女又還年幼，家嫂、六叔等都主張「喪禮簡單就好」，但我強力表示：「喪禮要合乎禮俗，不可過於簡單。我願意分擔喪葬費。」舍弟也附和，六叔說：「既然兄弟也欲鬥出錢就好辦了。」告別式依習俗趕在農曆過年前舉行，安葬於田尾鄉花園示範公墓。我特別交待管理員把墓地整理清潔，墓草保持青翠。墳墓完成之後，我和舍弟帶侄兒士剛、子祚等去墓地舉行「完墳」之禮，士剛回到家急著對他母親說：「媽媽，媽媽，我爸爸的墳墓造得很漂亮喔。」家嫂說：「你爸爸好命，恁阿叔愫疼痛。」

士剛當時才九歲，家兄過世後，他好像忽然長大很多，「加真識（bat）代誌」，不只是士剛，他五個姊姊和弟弟也都堅強起來。

家母慘遭喪子之痛，事後她說：「我生恁大兄時，有去過工夫，相命仙講：『此個囡仔真貴氣。』現在想起來，『真貴氣』是暗示『真歹育飼』。恁大兄會當活到四十五歲，佫結婚生囝，應該是好積德的結果。」

家兄去世後，家嫂守節，茹苦含辛，「成七個子女大漢」，真是勞苦功高。今子女都已長大成人，並完成終身大事，而且都很孝順，家嫂苦盡甘來，福報大矣！尤其，長子士剛，中央警官學校（今中央警察大學）畢業，畢業後回彰化服務，俾便就近事親。在鄉下，當警官是備受尊重的，妻子林芳如又賢慧，並育有二子黃啓衛、黃俊閎。家父家兄在天有知，必定既高興又滿足。

2009 年我罹患淋巴瘤療養期間，家嫂來陽明山探望我時曾經透露一段祕辛，她說：她連續生了三個女兒後，打算不再生了，不過在公公、婆婆的勸導下，又懷孕了，接著又生了兩個女兒，最後才生士剛和子祚。子祚出生後，婆婆還說，至少也要能打一條麻繩（意思是説，至少也要生三個男兒）。我想，老一輩的想法確實有它的道理。現在，家嫂苦盡甘來，安享子孫滿堂之樂，人生不亦快哉！大嫂自己也覺得很慶幸。

3. 家母往生（台文）

家母生我無若久致著胃病，拖十幾年才動手術治療。佳哉！回復良好，身體一日一日健康，食老顛倒老康健，八十五歲以後才漸漸衰弱。1999 年受著九二一大地動的影響，不幸病魔纏身，終尾因為肝病引發心肺衰竭，在 10 月 31 日凌晨壽終內寢。家母病痛期間，家嫂、舍弟、姪兒等親人悉心照顧，家姊、姊夫嘛真關心，我佮牽手利用假日南下探望。在田中建元醫院滯院最後一段期間，舍妹撥工陪侍左右。

家母過身進前幾工，我在台北有真濟代誌要辦。10 月 30 日暗，我準備卜睏時忽然接着舍弟由（ui）故鄉打來的電話，講「母親病危，

正要護送回家。」我伶牽手隨時開車趕轉去故鄉。入門時，家母已經倒佇大廳強卜過氣。阮大聲感謝母親養育、愛護之恩，請母親放心離開，去天堂見阮老爸。家母在 31 日凌晨三點外安詳往生，囝孫圍咧哭（慟哭）。家母彌留時，阮聽着厝裡的雞公大聲啼，家父肖雞，敢是家父來焄家母去咧？

家母往生後，親情朋友陸續來弔唁，林松源、陳聰結、潘榮禮、陳水扁、周弘憲、黃昭堂、李勝雄、林勝利、翁金珠、曾俊、呂秀蓮、吳晟、江昭儀、蔡吉源、林中禮等多位大德先後蒞臨靈堂致祭。二水明世界掌中戲團團主茆明福率團於 11 月 17 日暗以北管奏唱「四郎探母」獻給先慈。

因為九二一大地動發生無若久，而告別式又佫設在溪底自宅，交通無方便，喪禮「從簡」，訃文寄不到一百張，毋拘 11 月 20 日告別式竟然有眞濟人前來弔祭。可能是進前幾工總統候選人陳水扁先生蒞臨致祭，彰化地方電視台錄影連續播放幾仔工，而報紙地方版也有報導的關係。是安爾，11 月 12 至 14 日，台灣教授協會主辦「海內外台灣人國是會議」，開幕式邀請彭明敏教授與陳水扁先生蒞會致詞，由我主持。我嘴鬚鬍鬍，憂頭結面。彭教授致詞時特別提起：「黃會長居母喪，還從彰化故鄉趕來開會，令人感佩。」陳先生知影了後，堅持要到靈前致祭，我再三婉謝，伊猶原於 16 日親赴喪宅致祭佮慰問。當時陳先生拄仔好為著參選總統南北奔波，伊的一舉一動攏是媒體注目的焦點。

告別式，陳聰結先生擔任司儀，蕭家申先生、鄧炳昌先生充當禮生，生平介紹由郭振恭教授擔綱。濟濟的親情朋友、厝邊隔壁前

來弔祭,特別是敬愛的彭明敏教授、吳慧蘭主任、嘉義技術學院胡懋麟校長、台灣教授協會蔡丁貴祕書長(當時我擔任會長)佮陳少廷、林清祥、林東陽、陳錦忠、柯耀庭、陳儀深、石豐宇、李謀監、蕭文鳳等多位教授、台灣礦溪文化學會林松源理事長、台灣區蜜餞工業同業公會莊福松總幹事、崇右企業管理專科學校林金水董事長、嘉義技術學院土木工程學系邱一盛系主任佮全體師生代表多人、中興大學水土保持學系鄭皆達系主任佮江永哲教授、中台灣教授協會廖宜恩會長、彰化地方法院梁松雄院長、台灣大學法律學系陳榮宗教授、輔仁大學楊敦和校長佮陳榮隆教授、溪州鄉公所曾俊鄉長、台灣法律史學會王泰升祕書長(當時我擔任理事長)、台大法律系五十六年畢業同學會邱雅文律師佮謝康雄、林瑞龍等多位同窗、國大代表江昭儀、賴儀松、彰化縣議員李俊諭、王福元、益有我的門生魏大喨法官、李悌愷檢察官、蔡顯鑫檢察官、黃建輝博士、我監修的六法全書、地政法規全書的主編石博仁、蔡志儒等,攏撥出寶貴的時間,無惜路途遙遠,親臨致祭;輓聯、花籃、花圈不計其數,會使得講「備極哀榮」,給(ho)年輕時坎坷歹命的家母眞大的安慰,嘛給喪家無限的溫暖,阮永遠感念在心。

　　告別式結束了後,即時發引,安葬於田尾鄉第六公墓,墓碑刻上「台灣」二字,我想,祖先唐山過台灣,早就在台灣落地生根了,俗語講:「金門毋認同安,台灣毋認唐山。」看着墓碑的人攏感覺眞通,閩客祖先來台,早就在台灣「開基」,認同台灣這塊土地,以台灣為唯一的祖國了。十年後拾金,請進田尾鄉示範納骨堂。

　　有一間電視台策畫製作「台灣喪葬禮俗」影片,透過林松源老師,徵求同意該電視台的工作人員就先慈喪葬實況全程錄影,我參

舍弟、侄子討論結果，認爲對台灣喪葬禮俗教育有正面的意義，除了少部分，攏允准伊錄影。

（二）　清明掃墓

1970 年代，田尾鄉開設花園示範公墓（原地後來改成公園及停車場），設有示範納骨堂，並次第擴建，以應需求。示範納骨堂建得相當莊嚴堅固，環境又很優美，我們家族祖先拾金後，大都請進這裡的納骨堂。每年清明節，大家約個時間、地點（通常是下午二點在土地公像前的涼亭）集合，既省時又方便。我們用水果、餅乾等先拜土地公，再到廣場供桌拜祖先，然後進堂拜地藏王菩薩，一一參詣祖先的金斗甕（後來有火化的，則骨灰罐）。尚未拾金的，則到墳墓掛紙。我和內子秉持「愼終追遠」的美德，清明節掃墓都會從台北趕回故鄉參加。子女長大後，逐漸由子女參加。清明掃墓不僅緬懷祖先，也是敦親睦族的好機會，但願祖先長佑子孫賢。

每年納骨堂堂外堂內人山人海，擠得水泄不通。掃墓者爲表孝思，大量燒金紙銀紙，工作人員忙著清理香爐，並引導燒金紙銀紙。由於金紙銀紙數量太多，特在空曠處設臨時焚燒場，煙火甚旺。邇來，爲了環保，金紙銀紙拜後均用卡車載到人煙稀少的地方去燃燒。燒金紙銀紙是傳統的禮俗，又事關信仰，一時難以廢止，但殊有必要隨著時代進步、環境改變，予以適當調整改進。我想，製作合乎環保又不浪費而具有象徵意義的替代物，不失爲可行的方法。

七、　家有寵物

小孩子大都喜歡養寵物，我小時候也曾一度養過狗和貓。1985

年，搬到挹翠山莊後，內子和鈺兒開始養狗狗，除狗狗外，也養小鳥、兔子、貓咪等。三個子女都很喜歡養寵物，尤其是淳鈺。淳鈺愛狗狗、小鳥、貓咪；國瑞愛狗狗；淨愉愛狗狗、貓咪、金魚。2005 年搬到蘭園農莊後，最多時養了九隻狗、八隻貓。貓咪姑且不表，孩子為狗狗命名，例如孔吉拉、阿狗、阿貓、小黑、狗寶、Naomi、Hero、哲學狗、Lucky、福氣等。其中有買來的，有自家的狗狗交配生的，有領來的，也有自己跑來的。至於種類，則有狐狸狗，有約克夏，有杜賓狗，有土狗，還有其他。Naomi、Hero、Lucky 是大型狗，放在屋外不栓鏈，兼有防盜功能。

　　狗狗、貓咪等寵物，是人類的忠實朋友，靈巧可愛，善解人意，忠心耿耿，惹人喜歡，會帶給飼養者莫大的歡慰。我家有了寵物，增加了快樂的氣氛，養久了就如同家中的一份子，和主人打成一片，守護著主人，當然，狗狗有時難免過於好動、俏皮，讓人喜怒皆非、哭笑不得。也因為這樣，寵物死去或偶爾走失時，會令人難過、傷心。我家狗狗、貓咪死去時，我們都會加以適當的處理。

　　飼養寵物，對於飼養者的精神健康有很大幫助，而老年人飼養寵物能獲得慰藉而增強生存意志。因此，我並不反對養寵物，其實我也很喜歡寵物。祇不過，貓狗如果養了一大堆，則反而會帶來麻煩。例如，（1）照顧費時費力，浪費生命；（2）隨地便溺，會影響環境衛生；（3）有時會影響鄰居安寧；（4）若傳染病菌，會影響身體健康；（5）飼養者被寵物束縛著，很不自由；（6）養太多寵物，在經濟上也是一大負擔。因此，我告誡子女：務必逐漸少養，最後最多以合計不超過三隻為宜。

1　蔣中正總統曾說：「生命之意義，在創造宇宙繼起之生命；生活之目的，在增進全體人類之生活。」

2　阿蘭的父親王海老先生在阿蘭八、九歲時因胃病開刀，出院後希望早日恢復健康，扶養兒女長大，大事補養，結果補養過度而去世。阿蘭說，她父親生前非常疼愛她，常常讓她坐在肩膀上帶她去饒河街市場早餐攤食米糕糜和鹹糜。

3　鄉下人一般對台北人都懷有戒懼的心理，以為台北人是會吃人的。戰後初期，我村村民帶雞、鴨、鵝等到台北去換取物資，曾有人遇到雞鴨被拿進去後關上門始終沒出來的情形，而留下很壞的印象。當時語言不通，顯然是外省人幹的勾當。結果是「黑狗偷食，白狗受罪。」當時有些外省人真土匪，我想本省人不至於那麼惡劣。

4　我們住進不久，園邊和附近的人說，我們占用了別人的土地。我們申請鑑界，結果是我們的土地被別人占用了。

5　茲舉一例，建商在寒舍後方、菁山路旁的山坡地建造占地九百坪、地下三樓、地上六樓（六樓屋頂加設二樓高的鋼筋水泥高架，而樓梯間及水塔有三樓高）之豪宅大樓，掏空十數米深、數百坪寬安山岩岩盤，造成地層移動，地下擋土牆撞擊工事，地動山搖，危害鄰比。該建案建照是民國 88 年（1999 年 921 大地震之年）核准的，2006 年施工，迄於 2016 年 2 月猶未完工。2014 年 5 月間，財經專家謝金河先生目睹開挖山坡地，非常痛心，用開腸剖肚形容；電視亦報導現場山坡地整個開挖，許多樹木都被砍斷的情況。陽明山山坡地准許建造如此龐大的高樓大廈，大肆破壞環境，實在不可思議！據說該建商老闆來頭不小。想來，建商財大氣粗、唯利是圖，官員又貪圖好處，所謂守法、公德心、官箴早就置諸度外了。

6　淳鈺專攻民法，師事陳榮隆教授，完成碩士論文及博士論文；國瑞專攻刑法，碩士論文請黃榮堅教授指導，博士論文請余振華教授指導；淨愉專攻民法、比較法，師事鈴木賢教授，完成碩士論文及博士論文。當然我多麼希望國瑞跟我一樣，研究民法，但他偏偏選擇刑法，莫非是命中註定 !?

7　年輕時，聽家父說：「有人娶媳婦，請人致詞，致詞的人說：『今仔日歹天落雨，路歹行，乎逐家行歹路，實在真歹勢……』，後來這對新人並無幸福，煞一直怪罪致詞的人烏鴉嘴，人結婚，攏嘛該講好話。」我謹記在心。後來，我

有機會在婚禮上致詞，我都嚴守下列五原則：一、避免使用不吉利的字句；二、致詞內容必須針對新人，不可扯得太遠；三、嚴肅但不忘幽默；四、態度誠懇，表情喜悅，聲音鏗鏘有力；五、致詞時間以五至十分鐘為度。我很榮幸，我常被邀請在婚禮上擔任證婚人或介紹人或貴賓致詞，以門生最多，而且連大學同班同學兒女結婚，也常賜我此光榮。值得欣慰的是，每次都能順利達成任務。

8　內子在輔仁大學服務四十餘年。2010 年 9 月 28 日，任滿四十年，於陽明山中山樓接受總統與教育部長的表揚，榮登資深優良教師。輔仁大學校長黎建球也特別頒贈刻有「功在輔仁」的獎座。獎座刻著：「王阿蘭老師服務本校屆滿四十年熱心奉獻澤惠良多特頒獎座以資表彰」等文字。內子於 2012 年 2 月 1 日自輔大退休，同時改為兼任，繼續授課。2012 年 3 月 12 日又以任職滿四十年服務成績優良，獲行政院院長特頒特等服務獎章。

9　搬到陽明山後，為了保持手掌靈活有力，我堅持內衣褲、布鞋、襪子及工作服自己洗——用手洗，不用洗衣機。

10　人，在生理上有三大欲，即食欲、性欲、睡欲；在社會上有四大欲，即財欲、名欲、權力欲、支配欲。人，貴在對此等欲望知所節制，拿捏得宜。

第八章
人生偶得

以美國紐約自由女神像為背景之夫妻照（左起：王阿蘭、黃宗樂）

　　我是現代的讀書人，我自信是現代的知識人，祇是學海無涯，
自知淺學固陋，難稱大雅。不過，在我人生的旅途上，日常生活中，
親身經驗，而有心得或感觸，特引以爲借鏡或借鑑，使我對人生有
更正確的思維和行止者，亦復不少。我想在此拾取數端，略爲揭露：

一、　一枝草，一點露

　　台灣有句諺語：「一枝草，一點露」，在貧苦、惡劣的生活環
境中，家母常常引用這句諺語。是的，人能生下來，就能活下去，
每個人都有一份福氣、一片天地，不論處於如何貧苦、惡劣的生活
環境，只要欲振動（tin tang，做工作、幹活）會扳變（peng pinn，
努力營生），不自暴自棄，總能過日子，總會出頭天。所謂「天無
絕人之路」、「天地無餓死人」、「東港無魚西港拋」，也是這個
道理。清朝時代，一般作穡人、趁食人（than chiah lang），生活困苦，
子女又多，擔心是否能把子女養大。「一枝草，一點露」這句諺語，
有如一帖強心劑，起了很大的鼓勵作用，不知不覺中成爲曩昔台灣
社會最常用的諺語。

二、　一人一途，一家一業

　　家父常説：「一人一途，一家一業」，意思是説，人皆應有一
份工作，有了工作，就要認路（jin lo），安分守己，認眞工作；人
都應成家立業，既已成家立業，就得善予經營，努力生產，不該多
管閒事，惹是生非。我想，如果確能「一人一途，一家一業」，則
人人各安其堵，必然會帶來社會安定、經濟繁榮。

三、 交友必慎，歹人莫交

　　我出外讀書，家母再三叮嚀：「出外靠朋友，朋友當然要交，毋拘昧使得亂交，交著林投竹刺，顛倒會害著家己。交着歹人、損友，會像『鱉焄龜落湳』，乎牽去做歹代誌，一定要謹慎，歹人、損友絕對毋通交。」我聽母親的話，凡是不讀書、頑皮、會欺負人的，我就不交。高中時，讀到《論語》，孔子曰：「益者三友，損者三友：友直，友諒，友多聞，益矣；友便辟，友善柔，友便佞，損矣。」獲得了擇友的標準。我進而認為朋友之間應該互相鼓勵、互相切磋、互相幫助，並以之與朋友互動。我很高興，高中時代和我在一起的朋友，像蘇久雄、鐘守德等都考上大學。我很幸運，迄今我交的攏是關公劉備，不曾交着林投竹刺。社會上，有不少人交友不慎，交到損友、壞人，被牽去做壞事，例如吸毒、賭博、竊盜、搶奪、詐騙、冶遊……，落得悲慘的下場。擇友要謹慎，家父曾告誡我說：「在社會行踏，溜溜鬚鬚，食兩蕊目睭，好歹人著看乎明，生死門著認乎清。」

四、 認眞綿爛，一點一拄

　　家父嘗告誡我說：「讀冊也好，做代誌也好，攏要認眞綿爛，一點一拄。」認眞，謂勤謹不苟；綿爛（mi nua），即專心一意堅持到底之意；每一點每一細節都切實注意到，謂之一點一拄。家父這一句話影響我甚大。我不論做學問或做任何事情，都牢記在心，可說受益無窮。實際上，我從未見過貧憚（pin tuann，笨憚：懶惰）、苟且、草率的人成功。

五、　勤儉，認分，知足

家母嘗說：「勤儉有所補。」「勤儉才有底。」家父也嘗告誡我說：「做人着認分，知足，昧使得無守本分，佫不知滿足。」勤儉、認分、知足，乃一般台灣人之特質或習性。台灣人大都勤儉、守本分，只要生活會當過就滿足了。受父母親的影響，我一向勤勉、節儉，不懶散、不浪費；腳踏實地，不好高騖遠。人欲無窮，而欲壑難填，徒增痛苦，不若知足不辱，知足常樂。澹泊明志，寧靜致遠，無欲則剛，古有明訓。人要知足，是極通俗淺明的道理，但要確實做到，並不容易，而且有時候，不知足反而是積極進取、力爭上游的原動力。我想，同為欲望但有本質的不同，例如求知欲不宜知足，但肉欲、財欲、權力欲則不可不知足。

六、　和氣、好做伙，誠重要

家父嘗說：「做人要和氣、好做伙。安爾生自然着會得人和，有人緣，受歡迎。和氣、好做伙，誠重要。」眾所周知：「家和萬事興」、「和氣致祥」，家族和睦相處，必然萬事興旺；和氣現祥瑞而能享幸福。生意人更標榜：「和氣生財」。俗語說：「千金買厝，萬金買厝邊。」一語道破：好厝邊、好做伙是多麼重要！好厝邊、好做伙、好鬥陣、好相處，肯定會帶來快樂；歹厝邊、歹做伙、歹鬥陣、不好相處，一定會招致煩惱和不愉快。亞里斯多德（Aristotle）說：「人是社會的動物。」基爾克（v. Gierke）說：「人之所以為人，在於人與人之結合。」人生在世必須營社會生活，從而人的本性大都是和善、合羣、好做伙的。生性乖戾、歹做伙、不合羣，可透過後天的修為彌補之；如因後天的環境、習得性而變成乖戾、歹做伙、

不合羣，衹要有心，不難矯正之。總之，吾人營社會生活，應隨時隨地提醒自己、督促自己：「和氣、好做伙。」和氣、好做伙的人是有福的。

七、 誤會、誣賴，要不得

人容易產生誤會，許多隔閡源自於誤會；有的人甚至會賴人（lua lang）、牽拖人（khan thua lang），而造成冤抑。四十幾年前，與我家頗有來往的鄰居有位啞吧女兒厚子，十五、六歲時，某農曆新年初一獨自去田中街裡遊玩，入夜未見回家。我當晚正在她家作客，我們馬上騎腳踏車分頭去找卻始終找不到。家母說：「初一欲暗（beh am，傍晚）我經過四腳亭，看着厚子佇店仔頭咧看人博傲，我招呼伊同齊轉來，伊共我看一下，並無行出來，我就安爾轉來了。欲知我等伊就好。」幾天後，厚子的母親竟然耳孔輕，聽信鄰居的讒言（多少帶遷怒的成分），一口咬定是家母把厚子帶去賣了。厚子是家母所疼愛的孩子，而家母傍晚就回家裡，一直沒再出去，更何況家母是長年不出遠門的誠樸農村婦女，怎麼可能把她帶去賣？不論家母如何解釋，厚子的母親都聽不進去，誣賴到底，眞是「枉屈觀音媽偷食蝦仔鮭」，完全不可理喻。厚子走失，自己又無端受誣賴，與好鄰居彼此關係急速惡化，家母既不甘（m kam）又痛苦。兩年後，終於有了消息，厚子當晚迷路走失，幸被善心人士發見，但因身上沒帶身分證件，啞吧又不識字無法溝通，遂被送進台中市一家慈善機構收容。厚子被父親領回後，馬上來看家母，家母驚喜萬分。水落石出後，厚子的母親當然很尷尬、很愧疚，可是家母平白被冤枉而痛苦了兩年多。厚子後來嫁人，家庭美滿，回娘家時一定會來看家母。

　　這場誤會、誣賴實在太離譜、太可怕了。我想，有不少人都有被誤會、被誣賴的不愉快經驗，我和內子也不例外[1]。人一旦被誤會、被誣賴，即使跳入淡水河也洗不清，而且往往越解釋越糟糕。如何減少誤會？如何不隨便誣賴別人？一旦發生誤會、一旦誣賴別人，如何化解誤會？如何心平氣和聆聽解釋？實在是一門大學問。

八、　守法精神、公德心，不可缺

　　現代民主法治國家，國政必須依法行之。依權力分立原理，立法權由代表民意之立法機關（議會）行使；行政權由行政機關（內閣或總統）行使；司法權則由獨立之司法機關（法院）行使。亦即，在法治主義下，基本上，法律應由代表民意之立法機關（議會）制定，行政機關（內閣或總統）應依據法律執行庶政（依法行政），司法機關（法院）應依據法律審判爭訟。因此，政府必須率先遵循法律、遵照法律、遵守法律，固不待言。至於人民，當然也應遵守法律，違反法律者應受法律之制裁。惟須注意，法律雖由代表國民總意之議會所制定，然實際上不外是政治勢力角逐的結果，從而「議會多數意見」往往成爲「議會多數暴力」之別名。因此，議會所制定的法律，殊難保證其中絕無「惡法」或「不完善規範」。而依台灣實際經驗，在中國國民黨黨國體制之下，尤其是在獨裁威權統治時期，「惡法」、「不完善規範」充斥，人民深受其苦。人民是國家的主人（主權在民），對於「惡法」、「不完善規範」自有權利予以批判，甚至加以抵抗（抵抗權），以促進議會修改惡法，制定完善規範，督促行政機關、司法機關依法、守法。總之，現代民主法治國家，不論政府或人民，都必須遵守法律。縱謂：凡是弊政、亂象的產生，大都由於政府、人民不依法、不守法所致，亦不過言。

可見「守法精神」是何等的重要！我敢說，我擔任公職，悉依法行政，從不踰矩，而作為國民之一份子尤其法學教授，我一向知法、守法，而對於「惡法」、「不完善規範」則予以嚴屬批判，甚至加以抵抗。

不寧惟是，除「守法精神」外，「公德心」亦不可或缺。

社會生活上應遵守的道德，謂之公德，遵守社會生活道德之心，即為公德心。現代社會，人與人之間相互依存關係日益緊密，互動極為頻繁，營社會生活須尊重他人的尊嚴、自由與權利，否則全體社會必陷入緊張、混亂狀態。單就人類生活之環境而言，隨著科技進步、工商業發達，滋生廢棄物、空氣污染、水污染、噪音、振動等公害問題，嚴重妨害生活安寧與品質。雖有相關法律以資規範，但法律有時不周延，政府又往往執法不力，因此除「守法」外，須賴公德心，以濟其窮。

我彰化故居，附近四周都是農田，我學成回國後不久，先後有人來設染織工廠、瀝青工廠，製造空氣污染、水污染，當地居民群起抗議，皆無效果；我住台北市忠孝東路六段時，隔壁樓下開一家小型塑膠工廠，運作時臭氣熏人，令人難以忍受；搬到挹翠山莊後，樓上樓下三不五時就敲敲打打，特別是樓上一家住戶打通屋頂加蓋違建，並破壞結構體，噪音、振動令人不堪其擾，而且帶來危險，不一而足，皆因不守法、欠缺公德心所致。這種祇圖自己方便、有利，不顧他人死活的行徑，實在要不得。為維護優質的生活環境，促進全體社會和諧發展，我深深感到，除守法外，公德心實不可或缺。

　　衆所周知，美麗之島台灣，此三、四十年來，環境污染嚴重、公害事件頻傳、黑心食品氾濫（食品公害），出事時，製造公害、製造、販售黑心食品者，往往強詞奪理、死不認錯，一副「別人的囝死昧了」的嘴臉。更令人扼腕的是，政府有時也刻意袒護，對被害者毫無同理心；抑且，偶有負責人誠實認錯，政府輒將之作爲追究責任之依據，死不認錯者反而占便宜，更助長奸詐、說謊歪風。我想，白賊、奸詐、賺黑心錢、害衆人的奸商、公害製造者，應予以重罰、予以窮化，才合天理正義。遺憾的是，遇到公害（包括食品公害）事件，民國的司法，往往偏袒事業主，而漠視受害大衆的救濟。

　　無可諱言的，長久以來，中國國民黨不僅擁有龐大的黨產、黨營事業，而且擅於經營政商關係，以最近發生的事件爲例，黑心油公害源、千夫所指的大奸商頂新魏家與中國國民黨尤其馬英九總統之間的政商關係，即屢被社會質疑。大統高家又何嘗不是？「頂新門神」說甚囂塵上，我想無風不起浪。

　　另一方面，國人中往往有人亂丟垃圾、隨地吐啖或吐檳榔汁、不守交通規則、在公共場所吸菸 [2] 或大聲喧嘩。這些壞習慣，在日常生活中稍不注意，就會顯現出來，我有時也不例外。我想，只要養成守法精神並保有一顆公德心，這些壞習慣並不難改掉。

九、　守時、守秩序，自我要求

　　我在日本留學五年，親身體驗到日本人確實很守時、很守秩序。他／她們從小就養成守時、守秩序的習慣。聽老一輩的人說，日治時代，台灣人也很守時、守秩序，但到了民國時代，受到中國人習

性的污染，漸漸變成不守時、不守秩序了。是不是眞的是這樣，不得而知，不過國人有許多不守時、不守秩序倒是事實。

我參加會議或宴會，準時到場，曾經多次被消遣說：「你怎麼這麼早就來了!?」遲到反而被認爲正常，抑且遲到的人往往被認爲是大忙人；我買票（車票或入場券等）排隊、上車排隊，曾經被插隊，也曾經被嘲笑何必排隊！我以往常遇到車一到大家就爭著上車、搶座位，尤其是過年過節時。我就曾經幾次上車時被壓擠，錢包被扒手偷了。所幸，爾來國人已大都懂得守秩序，但無可諱言的，若比起日本人，仍有待加強。至於不守時的惡習，還沒有多大改變，亟盼能早日根除。試想，守時、守秩序的人吃虧；不守時、不守秩序的人占便宜，豈有此理！大家都守時、守秩序，必然帶來和諧與效率，全體國人務必加以重視。

十、　關心兒童，感覺眞好

我進輔大服務不久，有天早晨，快步行經台北車站地下道趕著去坐校車，途中忽然有一女孩纏著兜售愛國獎券（我向來不買愛國獎券），我因爲趕時間，斥責了兩句，她驚愕走開。我走了三、四步，頓然萌生不忍之心，一位看來十一、二歲的女孩，如果不是家境困苦，何必一大早就來這裡賣愛國獎券？我隨即快步走過去，叫住她向她買了三張愛國獎券（後來也忘記對），她訝異、疑惑地看著我，同時也露出笑容。此後，凡是遇到孩子兜售東西，我都和藹以對，依情形並予購買。

二十多年前，有一次我坐公共汽車，某站有位三十七、八歲的婦女和一位十二來歲的女孩上車，站在我的前面，不知何故，那位

婦女不斷罵那個女孩，那女孩乖乖地讓她罵，車上的乘客都默不出聲，我發現她們是母女，遂開口說：「妳女兒長得這麼乖巧、乾淨，妳忍心罵她!?孩子也有自尊心，即使有什麼過錯，也罵一下就好了，何況是在眾人面前!?」那位婦女聽後並無不悅，反而說：「感謝您的提醒，謝謝您。」隨著把一隻手搭在女兒的肩上。那個女孩往我一看，露出明朗的面孔，我心情也十分舒暢。

這祇是舉隅，總之，兒童象徵國家社會的未來，我非常關心孩子人格的健全成長及其利益的保護。孩子在成長的過程中，應避免使她／他留下任何陰影。

十一、 求教、請託，適當處理

我學法律，難免會有人請教我法律問題；我當大學教授，難免有人遇到困難時會拜託我幫忙。幫助人是件好事，毋拘若傷好央教（siunn ho iong ka）會衾（hong）看做儑仔（phan a，呆瓜），若無好央教，人就會講「目頭懸（bak thau kuan）」、「激屎（kek sai）」，要拿揑得宜，殊不容易。我回國後十幾年間，常被請教、被請託，有時候真的不勝其煩。我的原則是：可以幫忙、值得幫忙的，我才幫忙；不收取任何費用或報酬。在此僅提幾件：

1. 這是三十年前我還住在台北市忠孝東路六段時的事了。我認識三峽一位國中老師，姊弟妹三人，戶籍上都記載「父不詳」，她說：「我們都想結婚了，但父不詳，對我們的婚事影響很大。我生父已去世數年，請您幫我想想辦法，讓我們姊弟妹能够認祖歸宗。」原來，她們是生父和生母同居所生的，生父生前是一位頗有成就的企業家。我問她：「妳生父在世時有沒有撫育過妳們？」她

說：「我們出生的時候，生父與生母同居，當然有撫育過我們，後來生父離開了，還是定期支付撫養費。」我告訴她說：「那妳可以放心。因為民法規定，非婚生子女經生父撫育者，視為認領，只要有撫養事實，法律上就算已經認領了，戶政事務所當然會准予登記，問題是有無證據？妳嫡母的兒子態度如何？」她說：「證據沒問題，而我大哥對我們不即不離，只是怕我們會分遺產，所以一直不讓我們認祖歸宗。其實，我們只是希望戶籍上父詳，至於遺產我們一點也不爭，生父有留房子給我們，我們生活也都還過得去。」我問明了她大哥的姓名、電話，然後打電話給他，說明我的身分和來意，並把整個情況說得很清楚，他大哥聽後很阿莎力說：「謝謝黃教授，我會出面幫忙，並提出證據，協同我的弟妹去辦理登記。」過後不久，我看到某大報大幅報導此事，她們姊弟妹三人的姓名都出現在報上。新聞是三峽戶政事務所發布的，虛吹如何主動幫忙，讓她們三人認祖歸宗。幹！公務員竟有這樣不要臉的。當天下午，她來看我，她說：「我們看到報紙，發現我們姊弟妹三人的姓名都刊登出來，洩露出我們的隱私，我弟妹都哭了。這種公務員實在太惡劣了，其實在辦理的過程中一再被刁難，是我照您的指教，引用法令，詳細說明，並提出證據，而我大哥也出面表示願意玉成，最後才准予登記的。」我對她們戶籍上父欄載明父親的姓名，感到高興，但對三峽戶政事務所的行徑，感到不齒。

2. 是《民法親屬新論》初版（1987年9月）印行後第三年的事吧！有天上午，我突然接到一通電話，對方是女性，她問：「您是黃教授嗎？您曾共著《民法親屬新論》一書，其中離婚部分是您寫的，是嗎？」我說：「是的，有什麼事嗎？」她說：「我有一件事，

我找遍了有關民法親屬的書，發現只有您寫到，我想只有您能幫忙我。我是否可約個時間去拜訪您，當面說明？」是女性，我有一點躊躇，但還是答應了。當她來訪時，看她蠻潔淨高雅的。她說：「我和丈夫都是國立大學畢業的，結婚後夫妻感情相當和睦，可是不久起了摩擦，而婆婆又介入，後來就協議離婚了。離婚時育有一個女兒，三歲大，丈夫、婆婆堅持孩子一定要留下來，我一點也沒有辦法。過後，我非常思念我的女兒，到離婚夫家懇求讓我看小孩，每次都被拒絕了。我很不甘心，就去閱讀民法親屬的書，發現只有黃教授寫到『會面交往權』[3]，因此我想只有您能幫我的忙，讓我能够探視我的女兒。」我對她說：「夫妻離婚後，不任子女監護之一方，與子女會面交往的問題，外國法律多設有規定，日本民法無明文規定，但學說、判例都加以承認。我國民法未設規定，不過如提起訴訟，我想頗有勝訴的可能，只是訴訟曠日費時，又需要費用，而且會引起雙方激烈的對立，我想如能訴訟外解決，應該比較好，妳是否可以將妳離婚夫的姓名、電話告訴我，讓我和他溝通看看。」她留下離婚夫的姓名、電話就告辭了。幾天後，我打電話給她的離婚夫，說明來意，並分析各種可能的情況及其利弊，結果她的離婚夫允許她定期來他家看她的女兒，問題就圓滿解決了，她十分感激。

3. 這也是三十年前的事了。我坐計程車，運將知道我在大學任教，聊起他的遭遇，他說：「我家住在桃園縣某鄉鎮，兄弟有開計程車的，有做小本生意的，我們祖先留下很多土地，但都被人使用建築房屋，現在形成一條街，土地要不回來，每年還須繳納許多稅金，負擔很重。以前，土地給人使用，都未定期限，地租也很便宜，多以甘藷為標的。我們要求提高地租，都被拒絕了，而且對方

人多勢眾，還曾發布不實消息，說我們是地主、是地方惡霸，並見諸報端。我們兄弟生活只過得去而已，我們想訴諸法律，但請律師打官司，需要很多錢，我曾經遇過一位大學教授，他說給一百萬元，可幫我解決，我只聽聽而已。為了這件事，我買了好幾本相關的法律書，最近買了一本黃宗樂教授監修的《六法全書·民法》，就相關部分，詳細閱讀後，覺得向法院請求增租，很有希望獲得勝訴判決。」我說：「謝謝你購買那本書，我就是黃宗樂教授。」他聽後很高興，希望找個我方便的時間進一步請教我，我不好意思拒絕。一日，他把相關資料（包括新聞報導）帶來，研究結果，要收回土地，困難重重；要請求增租，應無問題。我把增租相關實務見解、學說一一告訴他[4]。後來，他自行寫狀子，提起民事訴訟，請求增租，訴訟好像進行得很順利。以後就沒有再聯絡了，諒必是勝訴了吧！

4. 這也是我住在台北市忠孝東路六段的事。有對夫妻，妻勤勉、守婦道，夫卻喜歡拈花惹草，在外與一位茶店仔查某同居。妻透過友人，請我幫忙。我約她們夫妻來見面。她們把一對兒女也帶來，我看他願意和妻子一起來，應該有救，我說：「恁翁仔某看起來真四配（su phue），佫生一對即古錐的囝仔，應該真幸福即着。」我以這一句話起頭，就開始開破（khui phua，解說、啓發）乎聽。我問他：「將心比心，你若看着牽手的佮別的查甫人作伙佇公園咧散步，你會安怎？」他說：「我會共（ka）扑死。」我一聽之下立即站起來，用力往桌面一拍，他嚇了一跳，問我：「你那即生氣？」我對他說：「我參恁翁仔某根本無什麼關係，只是受朋友的拜託，才出面做公親（kong chin），你竟然講出這款男人獨尊獨大的話。」我沒想到這一聲「當頭棒喝」，竟然讓他感動，切斷了與外面女人

的關係，與太太重歸舊好。

5.　這也是我住台北市忠孝東路六段時的事。有一對夫妻，夫在郵局服務，當郵差，不幸三十多歲就中度中風，而家境又不大好，子女都還小。他的親戚（我的好友）拜託我無論如何也要幫個忙，看郵局能不能雇用他的妻子擔任工友。他們先前有爭取過，但郵局表示有困難。郵局裡面我完全沒有認識的人，很難幫上忙。適巧輔大統計系鄭錦彬老師來訪，無意間我提起這件事，沒想到他說他有位師長在郵局擔任很高的職位，或許能幫忙。透過這層關係，我拜託該郵局高階在法令許可範圍內，盡量設法給這對夫妻方便。由於這位郵局高階的幫忙，他的太太順利成為工友，解決了困境。我想，這應該是一件功德。後來，我這位好友透露，他們曾經去找某位立法委員幫忙，該立法委員說，事成要二十萬元禮金。

6.　二十幾年前，我有位堂嫂從田裡回家，走路時被村裡某青年急駛的機車撞倒，傷得不輕，肇事者都不聞不問，堂兄很怨嘆，打電話給我，要我出面幫忙。我問了肇事者的姓名、電話和撞傷的經過及傷勢。我打了一通電話給肇事者的父親，他聽是我出面斡旋，又說得懇切有理，表示意願帶兒子去看我堂嫂，申致歉意，並負責一切醫療費用，後來一點也沒有黃牛。事情圓滿解決，我堂兄覺得很有面子，特地來台北感謝我。

堂兄特意買了一盒日本最高級、最貴的蘋果禮盒做伴手，我和內子捨不得吃。翌日下午恰巧我六叔和六嬸來我家，內子很高興，欲請我六叔、六嬸吃，打開盒子，切開蘋果，結果內部都已經壞了，六顆沒有一顆可以吃的。我六叔、六嬸說：「奸商欺騙古意的庄腳人，

實在可惡。」其實我當大學教授的好友送給我的日本水蜜桃禮盒也曾經表面看起來好好的但裡面都壞了。水果店的老闆將已經過期的日本蘋果或水蜜桃，用盒子裝得漂漂亮亮的，他知道，買這種禮盒的，都是要送人的，受贈的人發現壞了通常也不便說。他就利用這一點，做起沒良心的生意。順此一提，提醒小心。

7.　最慘的一次是，鄰居某人外出工作被告侵占，求助於我，根據案情應不致於被判刑，我教他在法庭上如何辯白，但他的哥哥（我要好的朋友）還是不放心，竟跪下來（有喝酒）懇求我到法院親自向推事（當時法官的稱呼）說情，我趕快把他請起來。這是違法無理的要求，我佯稱明天就去，他才安了心。翌日我出門假裝到法院，讓他安心。後來法院判決下來，正如我的判斷，宣告無罪，我才如釋重荷。人很難做，遇到這種情形，有時不得不祭出「善意的欺騙」。我有許多朋友、學生當法官、檢察官，但我從來都不曾關說。我想，必須留給法官、檢察官一個純淨的審判辦案空間。

求教、請託，林林總總，形形色色，使我苦惱，使我為難，使我花費不少時間，不過同時也讓我光彩，讓我積德，讓我增加人生閱歷。

後來，我投入民主運動與社會運動，就逐漸不再插（chah）這種事情。我發現對這種事情「熱心」，犧牲很大，尤其是花費時間，有時還會幫助到不該幫助的人。無插了後，偶爾遇到有人請教時，我就介紹他／她去找大學的法律服務社或法律服務中心。

十二、　不怕挫折，只怕氣餒

　　人生難免會遇到挫折、不如意，我當然也是。高中時代，我曾經不長進，輟學一年幹粗活；大學時代，嘗不自量，想交女朋友而踢到鐵板；取得博士學位的過程也曾有過波折；學成歸國後找教職更是不順遂而飽受煎熬，不一而足。我曾經氣餒、灰心、沮喪、悔恨、惆悵。不過，我很幸運，每次都能從陰霾裡、失望中走出來，而迎向光明，找到希望。

　　遇到挫折、不如意，有的人會一時想不開、尋短見，那是天下第一大傻瓜，最不值得。家母嘗說：「蚯蟻都愛命，何況是人？」人為萬物之靈，在現實的存在界享有最優越的地位。人的生命是尊貴的，是獨一無二的，是無可替代的。能生為人，理應好好愛護身體、珍惜生命。《西遊記》第四十九回有這麼一段的敍述：孫悟空請來觀世音菩薩收了通天河的妖邪，還給通天河老黿水黿之第舊舍，團圞老小，老黿感恩不盡，主動載三藏師徒渡過八百里通天河。三藏上崖，合手稱謝道：「老黿累你，無物可贈，待我取經回謝你罷！」老黿道：「不勞師父賜謝。我聞得西天佛祖無滅無生，能知過去未來之事。我在此間，整整修行了一千三百餘年；雖然延壽身輕，會說人語，只是難脫本殼。萬望老師父到西天與我問佛祖一聲，看我幾時得脫本殼，可得一個人身？」三藏答允道：「我問，我問。」那老黿才淬水中去了。這當然是神話，卻很生動地述說：「人身難得」。常言道：「留得青山在，不怕沒柴燒」，活著就有希望，遇到挫折、不如意事，應當往好的方面想，切莫鑽牛角尖，走入死胡同。

　　遇到挫折、不如意，有的人就變得意志消沉，失去了信心、鬥志和勇氣，甚是可惜。《孟子・告子章句下》謂：「天將降大任於是人也，必先苦其心志，勞其筋骨，餓其體膚，空乏其身，行拂亂其所爲；所以動心忍性，增益其所不能。」一般人固然不可能「天將降大任」，但這段話對於遭受挫折、不如意的人，有很大的激勵作用。坦白說，我輟學一年，臉面盡失，前途茫茫，插班精誠中學後，深感機會不再，遂痛定思痛，發奮用功，兩年後終於應屆考上台大。我讀台大時想交班上女同學卻踢到鐵板，更曾被對方在班上公然奚落，使我非常難堪，但我一點也不會憎恨對方，反而自我反省：「我既無顯赫的身家，又無過人的才華，怎麼可能受到富家才女（起初只知是才女，而不知其家富裕）的垂青！她父母親極力反對，毋寧是基於愛護女兒的正常反應，實不難理解。」從此更激勵我努力向上，與妻結婚後，更懂得珍惜緣分，愛護家庭。找教職一波三折，備受煎熬，找到之後，深感得來不易，反而倍加珍惜，嚴守崗位，勉力付出和奉獻。因此，依我個人經驗，挫折、不如意，是十分難得的試煉，讓我益愈堅強起來、振作起來，使我的人生更加充實、更加多彩。

　　1992 年 9 月，我到中國北京開會，坐下榻的大飯店電梯時，錢包被扒手竊去，除證件外，內有台幣五萬多元（準備購買玉環送給家母）。我裝做遺失，立即要求櫃台廣播：「剛才有客人遺失錢包，內有證件及五萬多元台幣，如有人撿到，請送到櫃台，遺失人將致送台幣二萬元酬謝。」扒手百分之九十九點九不可能送還，我當時很懊惱。但冷靜往好的方面想：「扒手也許家裡很貧窮，這筆錢若能讓他養家，未嘗不是一件功德。我回台灣後多寫幾篇論文，五萬

多元很快就能賺回來。」於是心情就開朗了。

想來，人原本就生活在不安與期待、順遂與挫敗、得意與失意、喜樂與悲苦交織之中，起起落落，變化無常，苟能居安思危，不得意忘形，樂天知命，隨遇而安，福慧即相伴而至矣！

十三、 座右銘，功用大

小時候，受到父母親身教（例如，辛勤工作，愛護子女，幫助別人）、言教（例如，「做人着反，做雞着筅」、「直草無拈，橫草無捻」、「三項烏，毋通摸」、「打虎掠賊也着親兄弟」）的薰陶，厚植正確的觀念。人一生下來，就發生父母子女、兄弟姊妹等至親關係，高中時讀《論語》，讀到有子曰：「君子務本，本立而道生。孝弟也者，其為人之本與？」覺得很有道理，遂謹記在心。我做學問，孔子說：「學而不思則罔，思而不學則殆。」父母也嘗說：「有樣看樣，無樣家己想。」使我充分了解到學習、模仿與思考、創造交互為用的重要。《中庸》謂：「博學之、慎思之、明辨之、篤行之。」《荀子‧勸學》謂：「真積力久則入，學至乎沒而後止也。」讓我懂得為學之道。

人，生來具有向上、向善發展人格的天性，但有時難免會怠惰，也容易被外界所誘惑，有必要藉座右銘隨時隨地警惕自己、鞭策自己。我高中輟學一年插班精誠中學高二後，痛感「往者不可諫，來者猶可追。」我重新出發，適巧精誠中學校歌歌詞有：「天賦有厚薄，力學智愚同，精誠開金石，精誠補天工。」予我莫大的鼓舞，我遂定下心來，精誠力學。又讀到《易經》云：「天行健，君子以自強不息。」《昔時賢文》謂：「筍因落籜方成竹，魚為奔波始化龍。」

予我莫大的啓發，從此「堅苦奮鬥，自強不息」成爲畢生不渝的信念。考進台大法律系後，與諸英才同班，令我這個來自私立中學的庄腳囝仔不覺自慚形穢，我更以「積極進取，樂觀奮鬥」爲座右銘，朝夕激勵自己。西方近代哲學之父笛卡兒（Descartes）有句名言：「我思，故我在。」我擔任學術團體、社運團體的負責人時，仿其名言以「我行動，故我成長」勉勵自己，因爲不論學術活動或社會運動，都必須「行動」，有行動，才有收穫，才有成果。

首度政黨輪替，被延攬入閣擔任公平會主委，初次從政，懷著強烈的使命感，我特以「勤、誠、廉、忍」爲座右銘，受益無窮。離開公職後，隨即老之將至，我特以「老，戒之在得，喜之在捨，樂之在拼」爲座右銘。「及其老也，血氣既衰，戒之在得。」孔子有明訓，年老時，自當恬淡寡欲，越單純越好；又年老時，應及時多種福田，能捨則捨，奧妙的是有捨自然心安理得；又年老時，允宜保健養生，而其最有效的方法厥爲老驥伏櫪，繼續打拼，拼出健康，拼出快樂。老來還能拼，還有機會拼，乃人生莫大之幸福。

根據我的經驗，座右銘的指引力、驅動力不可思議，與佛教的「願力」相當，銘記之、恪守之，行之有恒，裨益甚大。

十四、　讀傳寫傳，見賢思齊

我喜愛閱讀名人的傳記，閱讀傳記能獲得許多啓發和借鏡。我因殊勝因緣曾經有幸寫我尊敬的人的傳記、壽序乃至行述、追悼文，例如，〈台灣人民的導師——彭明敏教授〉[5]、〈李鴻禧教授，人與學問〉[6]、〈王仁宏教授，人與行誼〉[7]、〈柯澤東教授，人與事蹟〉[8]、〈陳隆志博士，其人其事〉[9]、〈紀念一位畢生追求完人的法學家——

洪遜欣先生〉[10]、〈洪遜欣先生與人性尊嚴〉[11]、〈陳棋炎教授行述〉
（含於訃告中）、〈台灣法界傳奇人物——林敏生律師〉[12]、〈追
思　陳文成博士〉[13]、〈追思　廖中山教授〉[14]、〈追思戰鬥的法律
人——林山田教授〉[15]、〈少公——我尊敬的良師益友〉[16]等[17]。此際，
須深入了解主人翁之生平事蹟、人格特質、道德文章，往往在不知
不覺中受到薰染。每當深刻體會到主人翁如何力學不倦，鍥而不舍？
如何春風化雨，成德達材？如何苦心孤詣，開創新局？如何心繫公
義，無私奉獻？如何堅持理念，奮鬥不懈？如何提攜後進，成人之
美？不禁令人肅然起敬。我很慶幸有機緣寫我尊敬的人的傳記、壽
序乃至行述、追悼文，讓我從中學到很多東西，尤其是見賢思齊。

十五、　酒色財氣，適中適可

酒色財氣乃一般世人易於迷惑之事物。按原為「酒色財」三者，
其後更益以「氣」，而為四字成語。傳統上認為此四者為害甚大。
酒者毒腸之藥、色者戕身之斧、財者陷身之阱、氣者殺身之刀，人
能於斯四者致戒焉，災禍其或寡矣[18]。沈溺酒色，惑於財慾，動輒
大發脾氣，必食惡果。然而，酒色財氣亦係常人之所需，蓋「無酒
不成筵席、無色路上人稀、無財人看不起、無氣滿被人欺」。因此，
人之於酒色財氣，貴在適中適可、恰到好處。

我父母親不喝酒，我也不喜歡喝酒，留學前，啤酒我只能喝半
瓶，在日本留學期間練到能喝兩瓶。俗語說，「無酒不成筵席」，
應酬尤其是作東時，我往往會開懷暢飲，熱鬧、熱鬧，有時稍不節
制就會喝過頭，因此我曾經醉過幾次，品嘗「人生難得幾回醉」的
滋味。不過，除了夏天偶爾喝點啤酒消暑或冬天偶爾喝點烈酒禦寒

外，我獨自一個人，不論在家或在外，是不喝酒的。我想，無論什麼酒，淺嘗有益，暴飲則有害。「酒醉誤江山」，不可不慎。至於酗酒或喝到酒精中毒，則是穿腸毒藥，自當戒之。又，今日交通發達，為了交通安全，我會告誡酒後不開車、不騎機車，對於要開車或騎機車者，我絕不勸酒。

色是人類與生俱來的本能，所謂「食色，性也」、「飲食男女，人之大欲存焉」是也。好色乃男人之本性，孔子說：「吾未見好德，如好色者也。」齊宣王也說：「寡人有疾，寡人好色。」固然，正常的男女性關係，乃人生之大樂，但不正常的男女性關係或好色過度，則危殆矣！亟應戒之。今日，色情氾濫，肉慾橫流，甚至往往有狼父姦淫其親生女者，世風敗壞到這步田地，令人感歎不已。

我喜歡講笑話，有人說我：幽默、風趣，可是笑話中有百之七十以上與性有關，有時難免會觸及黃色笑話，因此也有人讚歎說：「不愧是黃教授。」笑話是枯燥人生的潤滑劑，講笑話或聽笑話會增進生活樂趣，有益身心健康。只是有趣或肉麻、是樂是淫，往往會因個人的感受而不同，拿捏之間，必須恰到好處。

財者，物資金錢之總稱，財富、財產曰財。財是人類賴以生活的基礎，無財即無以生活，其重要性，不言而喻。而且，錢可通神，「有錢，會使鬼」、「有錢講話大聲，無錢講話人毋聽」、「有錢烏龜坐大廳，無錢秀才通人驚」、「世間錢做人」，西洋也說：「no money, no talk」，金錢之為用大矣！

不過，水能載舟，亦能覆舟，「位尊身危，財多命殆」，腰纏萬貫，有時反而招來禍患。「人為財死，鳥為食亡」，若貪財舞弊，

謀財害命，則貪夫殉財，身敗名裂；「君子愛財，取之有道」，臨財毋苟得，不義之財應一介不取。

我向不貪財，但惜財，不浪費。因職業關係，安貧樂道，知足常樂，沒有閒錢投資或買股票，恬澹自在。儉約，但不吝嗇，不作守財奴，當用則用，該捐則捐，慷慨疏財，雖貧亦富，精神倍感富足。

酒色財氣之「氣」，憤怒也。人會憤怒乃極其自然普遍的現象，相關文字就有好幾個，例如怒、憤、忿、瞋、嗔、恚等；語彙更多，例如氣憤、氣死、氣殺、怒恨、憤毒、憤慨、怒罵、怒恚、忿言、忿詈、瞋訶、瞋喝、瞋詬、嗔怒、嗔詬、嗔睨，不勝枚舉。因此，人該生氣就應生氣、該動怒就該動怒，才是性情中人。不過，「氣死驗無傷」，「怒者逆德」，生氣會失去理智，動怒會惹來禍端，故應戒之。佛教亦戒「瞋」，火大會燒功德林。心平氣和必招來吉祥。

我自知性地較剛烈，易怒，自處之道是：一、儘量不生氣、不動怒；二、一旦生氣、動怒，則適可而止；三、生氣、動怒後就讓它過去，不復掛在心上。

十六、　因果報應，有待省思

人生下來，就有貧富、貴賤、智愚、美醜之不同，而且人又有支配者與被支配者、決定者與被決定者、吃人者與被吃者、害人者與被害者之差別。

台灣諺語有謂：「好心倒咧餓，歹心戴紗帽」、「做惡做毒，騎馬硌硞；好心好行，無衫當穿」、「烏龜食到肥腄腄，白龜餓到嘴開開」，道出世間惡人得意，善人反而失意的現象。

　　伯夷叔齊兩兄弟讓位逃隱，積仁潔行，義不食周粟，而餓死首陽山。孔子獨薦顏回為好學，然回也屢空，糟糠不飽，而卒早夭；盜跖日殺無辜，肝人之肉，暴戾恣睢，聚黨數千人，橫行天下，竟以壽終。操行不軌，專犯忌諱，而終身逸樂富厚，累世不絕；擇地而蹈之，時然後出言，行不由徑，非公正不發憤，而遇禍災者，不可勝數。司馬遷為此而深感疑惑與不平。

　　此等實在現象，佛教悉以因果解釋之。《華嚴經》云：「舉果知因，譬如蓮花，方其吐花，果具蕊中」；《涅槃經‧憍陳品》云：「善惡之報，如影隨形，三世因果，循環不失」；《觀無量壽經》云：「深信因果，不謗大乘」。

　　因果論乃至因果報應說（《妙法蓮華經‧方便品》云：「如是因，如是緣，如是果，如是報。」）強調：「種瓜得瓜，種豆得豆」、「種善因得善果，種惡因得惡果」、「積善之家必有餘慶，積不善之家必有餘殃」，勸人去惡行善（諸惡莫作，眾善奉行），於世道人心，有極其正面的意義，我一向深信不疑。

　　不過，好人快死，歹人長壽；惡人出頭，善人吃虧；品行不端、作姦犯科者，終身逸樂富厚，謹言慎行、潔身自愛者，屢遭災禍諸現象，如一以因果論斷，則殊難令人信服。又，依三世因果說，即前世因，今生果，則顏回命短，盜跖年長；壞人得意，好人失意，皆因前世因而有今生果，亦屬牽強。獨裁者與被迫害者之間、公害製造者與受害者之間、黑心商品製造者、販賣者與被害者之間，倘也說是因果報應，我想任誰都無法接受。若說這是「共業」，不問公平與否，不講是非對錯，不追究罪魁禍首，全體應承受一切後果，

被害、受害都是活該，我想，豈有此理！依因果論，因果報應，不惟報在己身，抑且會報在子孫身上，則與自業自受說法不符。凡此，都不無省思之餘地。再者，今生貧困、殘障、遭受災難既然是果報（前世因造成今世果），是否會使人對貧困者、殘障者、遭受災難者不願伸出援手，而減損人類相互援助之美德？我倒是認為，對貧困者、殘障者、遭受災難者伸出援手，正是行善積德的高尚行為。

十七、　死生有命，生死如一

我從來不曾生病住院治療，2009 年罹患淋巴瘤接受標靶化學治療（第四章四參照），療養了四個多月。在化療過程中，我感到生病是人生淒美的試煉，祇要不一病不起，而能痊癒，生病反而能得到許多體驗和啟示。靜養期間，我躺在床上，思潮起伏，想東想西，但最常在腦中浮現的總是生死問題，於是就對生死問題做了一番思維和觀照。

人大都忌諱死亡、畏懼死亡，但死亡卻是人生必走的路，有道是：「條條道路通死亡。」眾生必死，古往今來，世上未見有不死之人，俗語說：「彭祖走去不死州，也是死。」文天祥有句名言：「人生自古誰無死？」既然有生必有死，凡是眾生都逃不了生者必滅的自然定律，則大限來時，就應該坦然順受，安詳而去。祇是，人死後，究竟是永歸於無，還是人有靈魂，僅肉體物化，而靈魂不滅，繼續存在於另一個世界？所有的宗教皆肯定後者，有謂：人死後，或往生極樂世界，或墮入六道輪迴；有謂：人死後，或上天堂，或下地獄，不一而足，是否真實不虛？我今猶未了悟。又，佛經所稱西方淨土與基督教所稱天堂（天國），如果實有，那麼究竟是否名異而實同，

還是像現實世界各有不同國度？我今亦未了解。至於佛經所謂「不生不滅（無生無滅）」，究竟是否確實存在？是什麼樣的境界？我甚為好奇。惟不論如何，宗教之目的，追根究柢，在佛教，在使信徒死後能往生淨土，不生不滅；在基督教，在使信徒死後能到天國，得永生。

　　根據佛經，生死相續、生死流轉，申言之，眾生為惑業[19]所招，生了又死，死了又生，於六道中生死輪迴，循環不息。以人為例，人死後乘業六趣輪轉，或生於天道，或再生於人道，或生於阿修羅道，或生於畜生道，或生於餓鬼道，或生於地獄道，猶如車輪不停地旋轉，無法脫離生死苦海。唯有佛、菩薩、緣覺、聲聞，能脫離生死，不受六道輪迴之苦，尤其是佛，常住於不生不滅、安樂寂靜的境界中，永不退轉。佛經所云若信實不虛，則我是凡夫，今生死後，不得不依惑業（善惡業）之輕重而生於六道之中，如能生於天道或再生於人道，而不墮入三惡趣，則屬萬幸。幸而佛陀慈悲，哀愍五濁惡世眾生，授與經法，苦心誨喻，當求度世，拔斷生死眾惡之本，永離三塗無量憂畏苦痛之道；教令修善，廣殖德本，往生極樂世界，無為自然，清淨安穩，快樂無極，壽命無限。甚至特開方便法門，祇要聞阿彌陀佛名號，信心歡喜，乃至一念至心迴向，願往生者，即得帶業往生，永不退轉。人死後依佛教儀式，「做功德」，迴向死者，助其往生極樂世界，就是這個道理。我非受戒的佛教徒，但尊奉佛、菩薩[20]，則死後「超度」讓死者離苦得樂，生者安心放心，我並不反對，但簡單即可，而唸的經必須是真經。總之，「有無」不能實證時，祇要無害，允宜寧可信其有，不可信其無，毋通鐵齒（thih khi）、毋通聖（siann）。不過，說實在的，對我而言，即使

得以帶業往生西方極樂世界，微妙安樂，逍遙自在，我也寧願留在此娑婆世界，守衛鄉土，照顧桑梓，永護家園，長佑子孫。

《莊子‧至樂》亦認為生死互為循環，即：「生也死之徒，死也生之始。」亦即，生，是死的承繼；死，是生的開始。然未見其有六道輪迴之說，且以死為至樂。莊子來到楚國，看見路邊有個骷髏頭，就用馬鞭敲它，問它死亡的原因。問後就拿它當枕頭睡了。夜半骷髏頭託夢問莊子說：「你要聽死的言論嗎？」莊子說：「是。」骷髏頭說：「人死了，上沒有國君，下沒有臣子，也沒有四季要料理的事，安然與天地同始終，即使是帝王的快樂，也不能超越過它啊！」莊子不相信，說：「我請管生命的神靈，恢復你的形體，再生你的骨肉肌膚，讓你回歸你的故鄉，和你的父母妻子親戚朋友團聚，你願意嗎？」骷髏頭發愁說：「我怎能放棄帝王的快樂而再去受人間的勞苦呢？」這當然是寓言，不過死後的世界如果這麼美好、這麼快樂，那麼當人面臨死亡時，就沒有什麼好焦慮、好恐懼的了。

療養中也想到，我若未達七十歲就離開，會不會太早了？徵諸文獻，諸葛亮享年五十四、陶淵明六十三、李白六十二、杜甫五十九、韓愈五十七、歐陽脩六十六、蘇軾六十五、柳宗元四十七、劉基六十五、王守仁五十七，均未過七十，但都有偉大的成就，留下不朽的業績。昔時果然「人生七十古來稀。」我此時已滿六十七歲，比起前哲，已該滿足了。不過，現代環境衛生改善，醫學發達，醫藥進步，人的壽命普遍延長，我嘗說：「現在活不到八十歲，自己有責任。」我生來「底子好，根基旺」，而且一向生活正常，無不良嗜好，平時運動量也夠，只是休閒較少。幼年時，父母親曾請相命師為我排八字，相命師批道：「八十有三，其言也

善……」，我一直堅信我在八十三歲以後才會離開世間[21]。不過若天年已盡，縱使未達七十歲，也因死生有命，自當含笑而去。當然，別離摯愛，會深感痛苦；對於家庭之命運，子女之將來，會有所牽掛，也是至理常情。

我病早就痊癒了，現在也已逾七十歲了。說真的，我不覺得也不相信自己已經七十歲了，「老罔老，功夫原在」。可是我是1942年5月生的，的的確確已逾七十歲了，真是歲月不饒人。傍（png，托、依靠）牽手的福氣，近幾年來，蟄居陽明山蘭園農莊，回歸田園，喜為老農老圃，在種作、著述之餘，讀讀佛經，看看古籍，欣賞名家作品[22]，聽聽音樂，看看影片，自在愜意，又有老妻相伴，伉儷情深，而且三代同堂，其樂融融，每天沈浸在幸福、感恩之中，尤其是看到愛孫天真無邪、天真爛漫的笑容，人生亦復何求？[23] 加之，置身蓊鬱靜謐的園林裡，與大自然為伍，但看秋月春風，怡然自得，而對生死問題已經有一定的認識和覺悟，又已留下生平紀錄，更何況三個子女皆知上進，行正道，有出擢，我已無牽掛，足可如陶淵明所言「聊乘化以歸盡，樂夫天命復奚疑」[24] 矣，人生不亦快哉！

佛陀說：諸法因緣生，
　　　　諸法因緣滅。

又說：諸行無常，
　　　是生滅法；
　　　生滅滅已，
　　　寂滅為樂。

當然，除非是患老人癡呆症，或已無意識，或極端厭世，否則

行將往生之人，說不會留戀人世，或者說不會眷念親人，或者說不會掛念家庭，那是假的。又像我一向關心台灣前途的人，對於台灣之命運，我想，到最後一口氣還是會牽掛的。

至於百歲之後，後事，我個人希望一切從簡，不發訃文，不舉行公祭，不收輓聯、輓帳、花圈、花籃，婉謝奠儀、罐頭。家祭簡單即可，盡量不驚動親友。我在世時應享的榮耀都已享了，實在不想為了所謂的備極哀榮，而勞師動眾。我一生受過很多人的教誨、栽培、愛護、關懷、照顧、支持、鼓勵、幫忙和提攜，受過很多人的恩惠、德澤，今生我無法一一報答，就讓我說聲：「謝謝！」關於葬法，我個人希望土葬，可運回彰化故鄉公墓埋葬，十年後拾骨，安置在適當處所。但因關係一家之事，最後以牽手、子女意見為準，我不堅持。例如，台灣習俗是「入土為安」，但爾來逐漸流行火葬，既衛生，又不占土地，且可免去土葬的麻煩，遺骨又好保管。「心肝若好，風水免討」、「好陰地不如好心地」，重要的是「保有一顆善良的心，常存善念，行善積德」，風水地理之說，不必在意。

常言道：「日有所思，夜有所夢。」我屢屢夢見：

壯濶之海，
浩瀚之洋，
美麗之島，
富庶之國，
她生我、育我、養我，予我無限的愛！
我也愛她、敬她、事她，為她奉獻一生。
當我形壽盡時，

那 ——

翡翠般的青山上，

蔥蘢蓊鬱的園林中，

清涼幽靜的樹蔭下，

花木圍繞、視野遼廓之處，

將是我此生最後的歸宿，

我要安息在母親台灣的懷抱裡，

守護著福爾摩沙美麗家園。

我的牽手亦如是。

　　最後，理當爲子孫討個吉利，同時也博君一笑，姑且以我的姓名撰成對聯如下：

黃家和興大吉祥

宗族繁昌福祿長

樂育利他德業彰

1　聽說戰後接收時，中國官員看到財產清冊上有「金槌」一項，即強要交出黃金作成的槌子。因爲中國的接收人員不懂槌子、鐵槌、木槌、hammer，日語稱「金槌（kanazuchi）」。我在公平會服務時，有一次舉行研討會，會後聚餐，該研討會是一位「外省籍」的女同事負責的。我對她說：「辛苦妳了，台灣有句俗語說：『花著插前，毋通插後』，不過我想把花插在後，以後再酬謝妳。」翌日一早，她臉色蒼白到主委室責問說：「主委昨晚說要把花插在後，是什麼意思？讓我整晚都睡不著覺。」我對她說：「就是以後再酬謝妳的意思，我不

是說了！」她還是不釋，恰巧主祕進來，知道後對她說：「要把花插在後，意思是說『以後再酬謝妳』，沒錯。」我又說：「華語不是也說『花要插前頭，不要插後頭』嗎？」她想了一想，才露出笑容說：「那我誤會了。」可見誤會的可怕。要是她沒來責問，一定會一直誤會下去，那就慘了。

2005 年遷居陽明山後，隔壁一棟別墅（我們找房子時被子女看中，但後來買了農舍），仍待售中。內子和我都希望有人居住，因為據說住宅鄰近有空屋不吉祥。後來，內子熟識的人看上那棟別墅，內子就介紹他去找受託的售屋公司負責人，結果順利成交。內子和我都很高興，終於有人要搬進來住了，而且是熟識的人，一定是好鄰居（俗語說：「豎厝着好厝邊，作田着好田邊」、「買厝，買厝邊」、「千金買厝，萬金買厝邊」，好厝邊實在太重要了）。豈知他是為投資而購買的，根本沒打算搬來住，致任其荒廢，令雜草叢生，蛇鼠盤據；他夫人還說內子是為了賺取介紹費才介紹的，其實內子完全出於好意，更希望有好鄰居才介紹的，當然未取任何報酬，真是冤枉！被誤會至此，亦復何言！

2　自己不吸菸、反對他人在公共場所吸菸是件好事；法律要求在菸盒上標明吸菸有害健康也是正確的。不過，爾來，菸盒上都貼上恐怖的警示圖，則未免矯枉過正。不知極力反對吸菸的個人或團體，是否也極力反核？極力反公害？有無去抗爭？

3　1996 年民法親屬編修正，於第 1055 條增訂第 5 項規定：「法院得依請求或依職權，為未行使或負擔權利義務之一方酌定其與未成年子女會面交往之方式及期間。但其會面交往有妨害子女之利益者，法院得依請求或依職權變更之。」

4　2010 年民法物權編修正，增訂第 835 條之 1 規定：「地上權設定後，因土地價值之昇降，依原定地租給付顯失公平者，當事人得請求法院增減之。未定有地租之地上權，如因土地之負擔增加，非當時所得預料，仍無償使用顯失公平者，土地所有人得請求法院酌定其地租。」

5　《民眾日報，83 年 8 月人物 24-25 日》（嗣收錄於《回顧與展望・台灣自救宣言三十週年紀念文集》彭明敏文教基金會印行）。

6　《李鴻禧六秩華誕祝賀論文集・現代國家與憲法》（月旦出版社，1997 年 3 月）（同步刊載於《民眾日報》與《自立早報》，前者自 86. 3. 21 起；後者自 86. 3. 22 起）。其後被收錄於林衡哲編著《廿世紀台灣代表性人物上》（望春風文化事業，2001 年 4 月），林先生編並撰〈編者前言：演說家及自由主義憲法學者　李鴻禧〉。本書「政治人物」載四位：蔣渭水、李登輝、李鴻禧、陳水扁。

7　《王仁宏教授六十歲生日祝賀論文集‧商事法暨財經法論文集》（元照出版公司，1999 年 8 月）。

8　《柯澤東教授祝壽論文集‧千禧年跨世紀法學之演進》（學林文化事業有限公司，2000 年 8 月）。

9　《陳隆志教授古稀祝壽論文集‧民主、和平與人權》（台灣國際法學會，2006 年 12 月），又《台灣國際法季刊第二卷第三期‧陳隆志教授古稀祝壽專號》（台灣國際法學會，2005 年 9 月）。

10　《輔仁法學第 8 期》（78 年 6 月）。

11　《台灣本土法學雜誌第 54 期》（2004 年 1 月），孫森焱補述。

12　《林敏生先生紀念文集》（台灣國際專利法律事務所，1997 年 7 月）（同步刊載於《民眾日報》，86 年 7 月 6-7 日）。

13　《陳文成博士逝世 18 週年紀念集》（台美文化交流基金會，1999. 7. 2）。

14　《一個新台灣人的死與生‧廖中山教授紀念集》（海洋台灣出版社，2000 年 10 月）

15　《台灣法學新課題（六）‧紀念林山田教授》（台灣法學會，2008 年 2 月 10 月）。

16　《啓蒙者　台灣良知　陳少廷先生紀念文集》（荻生文化基金會，2012 年 12 月）。

17　其他例如，〈蕭院長志潔教授六秩華誕壽序〉《輔仁法學第三期》（民國七十七年一月）。〈寧靜致遠　德厚流光——恭賀　張宇恭先生執教三十周年——〉《寧靜致遠　德厚流光——恭賀　張宇恭先生執教三十周年——》（輔仁大學法管學院，2001 年），已如前述。又例如，〈長風破浪　文采風流〉《陳長文教授六秩華誕祝壽論文集‧超國界法律論集》（理律法律叢書，2004 年 11 月）。〈追懷　陳文政教授〉《東海大學法學研究第八期》（民國八十三年九月）等。此外，我讀大二時，母校精誠中學校長畢靜子女士逝世。我曾撰〈哀悼　故畢校長〉一文《精誠中學高中第五屆初中第七屆畢業特刊》（民國五十四年六月），乃我第一次撰寫的追悼文。

18　清、翟灝撰《通俗編》〈婦女‧酒色財〉謂：後漢書、楊秉嘗言曰：「我有三不惑，酒色財也。王禕華川厄辭，財者陷身之阱，色者戕身之斧，酒者毒腸之藥，人能於斯三者致戒焉，災禍其或寡矣。按明人更益以氣，習爲常言，莫知其原祇三也。」

19　惑乃貪瞋痴等煩惱之總稱，因惑而造作種種的善惡業，即惑業。貪是貪愛五欲

（財欲、色欲、飲食欲、名欲、睡眠欲）；瞋是瞋恚無忍；痴是愚痴無明，又稱三毒。此三毒得以戒、定、慧此三學破除之。

20 佛法共分爲三個時期，即正法時期、像法時期、末法時期。現在正是末法時期，佛法轉爲微末，只有教而無行，更無證果者。當今台灣佛教，有些教團想盡辦法，極盡吸金之能事，即顯現末法時期之特徵。我擔任公平會主委時，就曾有幾次，有人私下向我檢舉某某、某某名氣頗大的佛教教團，如同老鼠會，有計劃的吸金。我告以：因爲事涉宗教信仰，且出自信徒自願奉獻，縱使積蓄甚至退休金被吸光了，公平會也沒立場介入。我從一般民間信仰，信奉佛、菩薩，是崇拜佛、菩薩以慈悲心、平等心普度眾生的偉大精神。

21 我在本書數度提及相命，好像我喜歡相命，也相信相命，其實不然。我去相命不會超過四次。俗語說：「相命若有靈，世間無窮人」，即在警戒相命之言不可盡信。我會去相命主要是出於好奇，對於相士之言，如果是正面的，帶有鼓勵性的，我會謹記在心；如果是負面的，帶有危語性的，我就祇聽聽而已。我常告誡人說：凡是相命師或神棍，有意圖藉機騙財、騙色之嫌疑時，必須提高警覺，不要受騙。

2000 年 11 月 25 日，名作家李喬發起成立「台灣全民反迷信協會」，我也是發起人代表之一，並獲選爲理事。本協會係「以破除迷信、端正民俗、提倡正信、合理主義、理性思考爲宗旨。」曾積極活動一段時期，嗣因限於人力物力，不得不終止活動。

22 近幾年重溫或新讀的書有：心經、金剛經、阿彌陀經、無量壽經、觀無量壽經、妙法蓮華經、楞嚴經、華嚴經、地藏王本願經、百喻經、六祖壇經等；四書、老子、莊子、列子、古文觀止、菜根譚等；西遊記、聊齋誌異等；半七捕物帳、福爾摩斯探案等。當代台灣詩人、作家的作品，則比較集中於吳晟、李敏勇、李喬、潘榮禮等的作品。

23 陶淵明嚮往田園生活，而又「不爲五斗米折腰」，四十一歲時斷然辭官彭澤令；英王愛德華八世（Edward VIII）爲了堅持與美國離婚婦女 Simpson 夫人結婚，自願退位，選擇愛情，則我老來能悠然暢寄於蒼翠幽靜的大自然環境中，又有摯愛的牽手相伴，教我如何不心滿意足！

24 這是陶淵明〈歸去來辭〉最後一句，語譯是：「就這樣順著自然的變化走到生命的盡頭，一切聽天由命，自然就會快樂，還有什麼餘慮愁煩呢？」深獲我心。智者了解一切皆有定數，總能隨遇而安，順其自然。

附錄一
舊文重溫

疼惜台灣——台灣教授協會與陳水扁先生共勉

一、 加入聯合國 開創新紀元

因著台灣歷史的發展，我國參與聯合國，已蔚為全民共同的願望，朝野共同努力的目標。

名稱 朝野仍存歧見

不過，執政當局，傾向於以「中華民國在台灣」名義「重返」聯合國，爭取「一國兩席」（一個中國，兩個代表權），為此將籌組「各界支持中華民國參與聯合國行動委員會」，協助政府推動參與聯合國，並預定在三年內提出重返申請。反之，在野勢力，則主張以「台灣」名義「加入」聯合國，堅持「兩國兩席」（台灣是台灣，中國是中國，各代表自己），並促請政府在今年提出申請，其中又以「台灣加入聯合國促成同盟」及「公民投票促進會」的行動，最為積極；「比較法學會」亦於前年成立「國際人格研究特別委員會」，針對台灣加入聯合國問題，進行研究。

以台灣名義新會員國加入

執政當局認為，「中華民國在台灣」是不容否認的事實，拿掉中華民國招牌，不啻宣告中華民國滅亡。但須注意的是，四十多年來，中華民國依存於台灣，已與台灣融為一體；中華民國的名稱在國際上早已行不通，國際社會都把台灣稱為台灣，用「台灣」名義申請加入，名正言順，容易被接受，用「中華民國在台灣」名稱，「外來政權」的意味太重，也很難獲得國際社會的認同。

一九七一年第二十六屆聯合國大會通過第二七五八號決議：「回

復中華人民共和國所有的權利，並確認其政府代表爲中國唯一合法的代表，至於蔣介石代表聯合國及其附屬機構所非法竊據的席位應予排除。」如今要以「中華民國在台灣」名義「重返」聯合國，與中共爭「一國兩席」，法理上旣站不住腳，如果中共順水推舟，亦不無掉入「一國兩制」陷阱之虞；統一前的東西德在聯合國及指向統一的南北韓同時進入聯合國，都是「兩國兩府」（兩個國家，兩個代表權），執政當局實不必拐彎抹角，自我矮化，降格以求。台灣事實上是一個主權獨立的國家，有兩千萬人民及雄厚的經濟力，愛好和平，確能並願履行聯合國憲章所載之義務，以新會員國的地位申請加入聯合國，不但順理成章，而且完全够格。

台灣加入聯合國　無關統獨

　　台灣加入聯合國，與統獨無關，此從西德與東德在同爲聯合國的會員國之下統一的；而一九九一年南韓與北韓同時加入聯合國，亦標榜「加入聯合國，邁向統一路」，即可明瞭。我國申請加入聯合國，中共如果橫加阻撓，則證明所謂「和平統一」其實是餌，眞正目的是「吃掉台灣」；如果膽敢反覆行使否決權，必招致各國反感，而陷於孤立；倘若因此而武力犯台，即成爲國際和平的破壞者，得不償失，所以中共的阻撓並不足懼。最重要的關鍵還是在於朝野是否能群策群力，爭取世界各國的支持。或謂，只要中共從中作梗，欲得到多數國家的支持殊不可能。經查，世界各國與中國建交，包括：美國、英國、日本、義大利、加拿大在內，對中共主張台灣是中國的一部分，大都只表示「認知」、「尊重並理解」或「注意到」而已，而預留「並不承認台灣是中國的一部分」之解釋空間；更何況世界各國愈來愈肯定台灣是獨立於中華人民共和國（中國）之外

的另一個具有人民、領土、政府、主權的國家，因此，只要萬衆一心、
朝野協力，必定會贏得世界各國的支持！

群策群力　進入聯合國

如所周知，政府對於參與聯合國，過去相當消極，今日轉爲積
極，主要是來自廣大民意的壓力，現在政府擬籌組「各界支持中華
民國參與聯合國行動委員會」，但願不是爲因應年底縣市長選舉的
宣傳措施，更不是爲牽制「台灣加入聯合國促成同盟」、「公民投
票促進會」等在野團體而設的。我們爭取進入聯合國，必要多管齊
下、相輔相成，切忌互別苗頭，自亂腳步。

加入聯合國，積極參與國際事務，提昇我國的國際地位，旣然
是朝野一致的強烈意願，則愈快提出申請愈好，提出申請就邁出一
大步，時不可失，籲請政府今年馬上提出申請。如果今年提出申請，
可不計名義，但仍必須以新會員國的身分加入。加入聯合國，開創
新紀元，急急如律令！

（作者黃宗樂現任台大法律系教授、
比較法學會理事長、台灣教授協會會員）
（民衆日報，82 年 6 月 18 日）

二、　本籍制度的廢除與省籍情結的揚棄

省籍問題過去在台灣特別嚴重的原因

地域觀念的存在乃古今中外普遍的現象，本不足爲奇，但第二次大戰後，在台灣所形成的省籍隔閡，則情況極爲特殊，而其形成原因，更是錯綜複雜，一般認爲，其犖犖大者，諸如，封建、腐敗的中國國民黨政府以征服者、戰勝者的姿態君臨進步、文明的台灣，實施高壓統治政策，以占少數的外省人支配占多數的本省人，歧視台灣本土語言，壓制台灣本土文化等等，尤其二二八事件及其後長期的白色恐怖，更加深省籍的猜忌和仇恨。另一方面，法律也推波助瀾，製造外省特權，而成爲省籍對立的幫兇。

法律也是省籍問題的製造者

國民政府接收台灣之翌年，在台灣全面辦理設籍登記，戶籍法上的本籍制度於是施行於台灣。所謂本籍，非指戶籍所在地，而是指籍貫，乃祖籍的同意詞。在比較戶籍法上，以祖籍爲本籍係我國特有的制度，而爲外國法制所不知。依戶籍法舊規定，中華民國人民之本籍，以省及所屬之縣爲依據，子女以其父母之本籍爲本籍，父母本籍不同者，以其父之本籍爲本籍，父爲贅夫者，以其母之本籍爲本籍，父無可考者，以其母之本籍爲本籍……，結果每位國民都被貼上「省籍標籤」。此省籍標籤，在台灣的特殊環境下，遂成爲省籍問題的根源。法律更明定以省籍爲公務人員考試錄取名額之標準，而使外省人在公務人員的考用上占盡便宜（參照憲法第八五條）。這是外省人壟斷政治資源的另一把利器。

省籍問題已隨著歷史的發展而逐漸消失

　　迨至我國被迫退出聯合國,尤其蔣經國總統實施本土化政策後,省籍觀念、省籍區分才逐漸淡化;接著,李登輝總統大力推動本土化政策,就中大量起用本省人擔任要職,透過修憲,實現國會全面改選,並自自由地區(即台澎金馬)選出,政治權力次第轉移到本省人手中,而二二八事件受難者也逐步獲得平反……,至此,原始意義的省籍問題已化除殆盡。而四十幾年來,外省人與本省人生活在台灣,由於交往、通婚、教育、工作關係,民間的省籍問題,除閉鎖的眷區而外,可說早已不復存在。於此情況下,戶籍法上本籍制度的存在反而成為國家認同、國民團結的障礙。

戶籍法也廢除了區別省籍的本籍制度

　　去年六月戶籍法修正,為根本解決省籍問題,消弭省籍情結,避免地域偏狹觀念,加強國家認同,特刪除本籍有關規定,改採出生地登記,規定申請戶籍登記,以其出生地所屬之省(市)及縣(市)為出生地……。本籍制度的廢除意味著因籍別所引起的法律上歧異、不公平將隨而消失。同時也意味著拆除了阻礙台灣民主化、本土化的一道藩籬。當然本籍制度的廢除並不等於省籍情結的消除,省籍情結尚有賴於所有居住在台灣的人同心同德認同台灣、痛惜台灣,方能完全消除。

加緊揚棄省籍情結、凝聚台灣意識

　　本籍制度的廢除,對於台灣的民主化、本土化具有正面的意義,難怪引起中國國民黨保守派的反彈,例如蔣緯國將軍即曾嚴厲抨擊

廢除本籍制度之不當，並強調必須設法恢復。而少數野心政客為維護政治既得利益，更不惜挑起省籍情結，製造族群對立，破壞和諧，致令民眾群起而攻，予以當頭棒喝。

本籍制度既已廢除，凡居住在台灣的每一個人，不問原住民或移民，移民亦不問先後及來自中國何處，都應該了解廢除本籍制度的真正目的，揚棄省籍情結，凝聚台灣意識，共同為台灣前途而打拼！今日在台灣，已無省籍問題，若有也只是「桌頂食飯，桌腳放屎」的少數人故意搬弄省籍情結，製造台灣認同問題而已。所幸，抱持大中國意識，不認同台灣，而甘願充當中共在台代理人者，為數已越來越少，最後終將被台灣民主化、本土化的洪流所淹沒！

（作者黃宗樂現任台大法律系教授、比較法學會理事長）
（民眾日報，82 年 8 月 15 日）

三、　台灣主體性理念與法學

台灣原無所屬，島上土著稀疏，向未建立任何政權，迨一六二四年始有荷蘭殖民政權出現。自此以降，台灣歷荷西（一六二四年八月至一六六二年二月）、鄭氏（一六六二年二月至一六八三年八月）、清朝（一六八三年八月至一八九五年六月）、日本（一八九五年六月至一九四五年十月）、中華民國（一九四五年十月至今）等外來政權的統治。現居台灣的住民，祖先大部分是明、清時代自中國的閩、粵移民而來。第二次世界大戰，日本戰敗，國民政府接收台灣，其後國共內戰，國軍敗退，中華民國中央政府遷設台北，當時約有近兩百萬人自中國大陸各地湧入台灣。

國民黨政府接收台灣後，厲行「祖國化」教育，極力灌輸大中國思想，嚴厲壓制台灣語言及文化。就中，中國對日抗戰時，台灣為日本殖民地，戰後對台灣人猶不放心，而台灣經過日本五十年的統治，其現代化遠超過中國，國民黨政府遂不提日治時期的台灣歷史，縱使提及亦僅止於有利於其統治台灣之一面。

做為台灣人，當然希望自己當家作主，不願受異族統治，但被異族統治的歷史是無法磨滅的。例如，中國歷代，由異族統治者不鮮，元、清即是，但元、清兩代亦是中國歷史的一部分，中國歷史當然包括元、清兩代在內。同理，以台灣為主體而思考時，荷西、鄭氏、清治、日治、各時期都是台灣歷史的一部分，就是神仙也無法改變。

職是，以台灣為主體研究法學時，關於台灣的法制乃至法律沿

革，至少必須溯及於清治、日治時期的法制，尤其日本治台五十年間，確立了近代化的法律制度，而奠定了台灣的現代化基礎，更不容忽視。遺憾的是，在國民黨政府刻意漠視甚至規避之下，有關日治時期法制的研究，非常貧弱，尤其敍述中華民國各法律的沿革時，從來不提日治時期的法規，結果，台灣法制的連續性、整體性遂被切斷、割裂了。

無可否認的，日治時期的台灣法制已相當進步、完備。茲以日治前期（律令中心時期）為例，例如，有關衛生方面的重要法規，就有台灣醫師令（一九一六）、台灣齒科醫師令（一九一六）、台灣藥品取締規則（一九〇〇）、台灣阿片令（一八九七）、台灣傳染病預防規則（一八九六）、台灣傳染病預防令（一九一四）、瘧疾防遏規則（一九一三）、台灣鼠疫病毒污染物處分規則（一九〇八）、台灣鼠疫預防組合規則（一九〇八）、台灣種痘規則（一九〇六）、台灣海港檢疫規則（一八九九）、台灣獸疫預防規則（一八九九）、台灣污物掃除規則（一九〇〇）等；又例如，有關土地方面的重要法規，就有台灣土地收用規則（一九〇一）、相續未定地整理規則（一九一一）、台灣地籍規則（一八九八）、台灣土地調查規則（一八九八）、高等土地調查委員會規則（一八九八）、關於海面之填平與海埔浮洲之填平開墾之律令（一八九九）、關於大租權確定之件（一九〇三）、關於對政府取得之土地大租權之消滅之律令（一九〇三）、關於大租權整理之件（一九〇四）、台灣土地測量標規則（一九一四）、台灣樟樹造林獎勵規則（一九〇七）、台灣林野調查規則（一九一〇）、高等林野調查委員會規則（一九一〇）、台灣保安林規則（一九〇一）、台灣森林令（一九一九）、

台灣公共埤圳規則（一九〇一）、官設埤圳規則（一九〇八）、台灣水利組合令（一九二一）、台灣下水規則（一八九九）、關於在爲供市區計劃上公用或官用之目的預定告示之地域內之土地建物之律令（一八九九）、台灣家屋建築規則（一九〇〇）等，而此等法規均曾確實施行於台灣。因此，如從台灣主體性思考，則敍述現行衛生、土地法規之沿革時，自必回溯前揭日治時期之法規，否則即顯得空虛而不切實際。質言之，基於台灣主體性的理念而思考時，不能忽略日治時期的法制，乃法史學、法社會學的必然要求。

　　如所周知，一九九五年是台灣被日本殖民統治五十年，繼而被中華民國接收統治五十年，恰巧屆滿一百年的關鍵年。台灣歷經此一百年，早已與中國切斷政治上的羈絆，並獨自發展出一套與中國截然不同的思想文化和政經制度。台灣法律制度的現代化，自一八九五年日本領台始政而逐步展開，如今已漸趨於完成。在此歷史的轉捩點，比較法學會本著落實台灣主體性之理念，並塡補過去台灣法制研究之不足，預定於一九九五年十月刊行《台灣法制一百年論文集》，以回顧百年來台灣法制的生成發展。但願一九九五年是台灣歷盡滄桑、否極泰來的轉捩年，從此台灣能以嶄新的面目揚眉吐氣於國際社會。

（作者黃宗樂爲台大法律系教授、台灣教授協會會員）

（台灣時報，83 年 12 月 25 日）

四、　九二一台灣大地震

　　九月二十一日一時四十七分，台灣發生百年來最強烈的大地震。芮氏規模七點三。剎那間，天搖地動，山河變色；受災地區房屋傾圮，道路崩坍，哀鴻遍地，滿目瘡痍。據行政院主計處估計，財務損失高達新台幣三千億元，一萬一千餘人死傷，八萬二千戶房屋損毀，災情之慘重，不堪名狀。

　　面對此一浩劫，政府與民間立即動員全力投入救災行動；海內外同胞立刻有錢出錢，有力出力，心手相連，共同承擔悲痛苦難，「人溺己溺、人饑己饑」精神，流露無遺。九二一大地震震碎了許多人的美麗家園，奪去不少人的寶貴生命，同時也震出了人性中最珍貴的愛與關懷。台灣命運共同體因此而益加堅實、益加強固。

　　在「萬事莫如救災急」的救災過程中，指揮系統稍嫌紊亂，救援工作未能及時全面展開，中央與地方發生齟齬，在在暴露防災救災體系有欠健全，惟遭遇此突如其來的大災難，在平時無充分準備之下，難免會手足無措，心浮氣躁，吾人實不忍苛責，重要的是如何記取教訓，以為前車之鑑。

　　為因應地震災後非常情勢，排除既有法令限制，統合救援力量，總統於地震發生後第五天發布緊急命令，時限以六個月為期，嗣行政院訂定緊急命令實行要點。國家及人民遭受如此慘重的災害，發布緊急命令，以期迅速、有效幫助災民安置與重建，立意固善，惟該緊急命令時效僅六個月，災後重建工作則需要四年以上，而該緊急命令內容又有所不足，且緊急命令本質上較乏制衡與監督，易

啓濫權、獨裁之門，故宜制定「九二一大地震災區重建條例」之類的特別法，以爲災後重建之法律依據。民主進步黨立法院黨團主張仿照日本於阪神大地震後制定「受災地區復興特別措施法」，制定「九二一震災災後復興特別法」，吾人認爲相當可採。惟不論如何，在重建過程中，必須嚴禁黑道介入，嚴防官商勾結，固不待言。

　　台灣，西人稱福爾摩沙，山明水秀，鳥語花香，可惜處於多地震多颱風地帶，乃美中不足。地震、颱風屬於不可抗力，非人類所能抗拒，但防災、救災，則事在人爲。此次大地震，固爲天災，惟死傷、毀損，人爲因素亦不容忽視。假如建築物設計得當、施工確實，不偷工減料，則死傷、毀損絕不至於如此慘重。痛定思痛，務必追究違法建商、追查官商勾結、追查監督體系，不可稍加姑息或寬貸。再者，爲長遠計，應重新整備建築法規，就建築物之設計、施工及管制，徹底加以檢討，而爲詳密之規定，主管機關、建築業者及建築物所有人應切實遵守，尤須切斷官商勾結，根絕偷工減料。其次，應儘速建立完善的防災救災體系，關此，日本災害救助法、災害對策基本法、颱風常襲地帶災害防除特別措置法、大規模地震對策特別措置法等，可供我國立法之參考。至少，胎死腹中之災害防救法，亟應重新審議，充實其內容，使之早日通過。

　　最後須一提者，正當我國遭遇大災難，舉國上下投入救災、賑災行列，世界各國相繼伸出援手之際，中國卻落井下石、趁火打劫，大搞統戰，阻撓外國對我國的救援，台灣人民因此徹底看清中國政府蠻橫、冷酷、無人道的眞面目，國際正義人士亦深感不齒。從此，兩岸關係必將更爲疏遠，「兩國論」、「台灣中國、一邊一國」，隨而水到渠成，任誰也阻擋不了。

現在台灣正加緊災後重建工作，台灣必能很快就站起來，而且打斷手骨顛倒勇！因為台灣充滿著信心與勇氣、愛與關懷。

黃　宗　樂　敬　誌

一九九九年一〇月二三日

（台灣本土法學雜誌第 5 期　卷頭語）

五、　選舉語言與台灣俗諺

> 　　作者應同窗好友邱雅文律師的邀請，於（ti）二千年三月初一，到台北西北區扶輪社第二千〇（khong）一次例會，用台語演講「選舉語言與台灣俗諺」，反應熱烈，有社員建議作者會當印出來給卡濟人看。受著偌大的鼓勵，事後作者作了整理佮補充，期待得到卡濟人的指教。『』內用北京語發音。

　　感謝邱雅文律師的邀請，做今仔日的司比甲（speaker，演講者）。這擺是我第二次來　貴社演講，實在有夠光榮。邱律師是我台大法律系共班的同學，伊向來對我不止仔照顧，我真幸運，我交陪的「攏是關公劉備，無一個是林投竹刺」。

　　頂擺演講會記得是講兩岸關係，這擺毋（m）知講啥卡（較）好？我想佮想，現在拄仔好總統大選選戰白熱的時陣，用「選舉語言與台灣俗諺」做題，應該昧（bue，獪）穩（bai）即著！當然，對選舉我是外行，雖然我定定聽人演講，家己也有咧助講；台灣俗諺我嘛無特別研究，雖然我真有興趣，也曾（bat）看過幾本冊。不過（put ko），「無二步七仔，毋敢過虎尾溪」，我總是昧使得給邱律師漏氣。

　　逐家攏知影，咱祖先冒著生命的危險，渡過黑水溝，來到台灣開墾、討趁、生湠，「唐山過台灣，心肝結歸丸」，咱有今仔日，必須要「飲水思源頭，食果子拜樹頭」，感謝咱祖先的勞心苦戰、慘憺經營。不過（m ko），「講起來，天黑一爿」，「台灣人韭菜命」，向來攏被外來政權統治，被人剝削，被人蹧踏，「眾人食，眾人騎，無人疼」。佳哉，經過濟濟的民主前輩、建國志士的奮鬥犧牲，到

李登輝做總統了後，台灣人才（ciah）慢慢仔咧出頭天。

　　過去，中國國民黨政府這個外來政權，厲行黨化教育，打壓台灣話（台語）。可能是一種反彈，在（ti，於）戒嚴時期，到了選舉，黨外人士就用台灣話演講，台腳聽眾攏徛（khia，豎）甲烏黔黔（o kham kham）；解嚴了後，連中國國民黨的候選人，包括宋楚瑜等所謂「外省人」在內，為著選票，嘛用台灣話抑是濫（lam）台灣話演講。一時之間，台灣話變做上受歡迎的選舉語言。

　　台灣話真嬌，尤其台灣的俗諺是咱祖先智慧、經驗的結晶，隱含著深邃的道理，大部分佫攏有押韻，給人聽得「心涼脾土開」。譬如「一枝草，一點露」、「一個好某卡好三個天公祖」、「一兼二顧，摸蜊仔兼洗褲」、「人若衰，種匏仔生菜瓜」、「先顧腹肚，才顧佛祖」、「做雞着筅（ching），做人着反（bing）」、「魚食露水，人食喙（嘴）水」、「輸人不輸陣，輸陣歹看面」、「直草不拈，橫草不捻」、「心肝若好，風水免討」、「溜溜鬚鬚，食兩蕊目睭」、「天地所設，毋是弟子做孽」、「人情世事陪到到，無鼎甲無灶」、「金門毋認同安，台灣毋認唐山」，真濟真濟。總統大選開戰以來，登輝仙講宋的（song e，指宋楚瑜先生）「捾籃仔假燒金」；鴻禧仙比較阿扁甲連的（lian e，指連戰先生）講「少年放尿濺過溪，老人放尿滴著鞋」；阿扁批評中國國民黨「做一湯匙，食一畚箕」；連的一直講『不可選錯人』，毋通「倩鬼提藥單」，都『非常生動』。

　　恔（gau，賢）活用台灣俗諺，會使講是民主人士演講的「撇步」。在此（ti cia，於者），我舉幾個例給逐家做參考：批評中國國民黨政府這個外來政權，用「乞食趕廟公」、「賊，較惡人」、「人

掠厝拆，雞仔鳥揸（sa，抓）甲無半隻」來形容；批評中國國民黨貪污腐化，講「食銅食鐵」、「有毛的食到棕簑，無毛的食到秤錘」、「石獅食到爛肚」；批評黑金政治，講「做惡做毒，騎馬硌硞；好心好行，無衫通穿」、「有錢烏龜坐大廳，無錢秀才通人驚」、「有錢使鬼會挨磨」、「選舉無師傅，用錢買著有」；批評司法黑暗，講「有錢辦生，無錢辦死」、「有錢判生，無錢判死」、「官司好打，狗屎好食」、「法律千萬條，毋值黃金一條」、『法院是國民黨開的』；對統派人士，批評佢「內神通外鬼」、「食碗內，說碗外」、「桌頂食飯，桌腳放屎」、「割手肚肉給佢食，猶嫌臭臊」，對中國的拗蠻壓霸（鴨霸、亞霸），指責「橫柴夯入灶」、「軟土深掘」，表示「一人一家代，公媽隨人栽（chhai）（拜、祀）」。

　　選舉的時，逐家攏步數盡展，「講甲喙角全波」。宋的選省長時，講「食人一口，報人一斗」、「人在做，天在看」，果然當選了後，全省走透透，做散財童子。毋拘（m khu），「龜腳嘛是龜內肉」，其實『宋省長送錢』，只不過是「開公錢，解私願」、「用別人的拳頭母搥石獅」而已。那知戇直的台灣人，竟然感激歡喜，「貪伊一斗米，失卻半年糧」，家己猶不知影。宋的參選總統，一再講「打拼為台灣」、『天道酬勤』，又佫自命清廉，怨嘆無錢，講佢老母的便所門歹去，無錢通修理，興票案爆發後，逐家才知影原來宋的是挨（A）錢專家，根據報導，伊將眞濟錢匯去美國，伊的後生宋鎮遠在美國居然有五棟樓仔厝，這若是事實，如果在先進國家，早就無面佫選落去矣（a），那知伊竟然「死鴨仔硬嘴箆」、「死龜諍（cenn）到成活鱉」、「無理講到有理」，莫怪李登輝起性地批宋的「棺籃假燒金」、「白賊」、「奸巧」、「夭壽」、「賊

仔變頭家」。對手感覺足奇怪，宋的「龜腳趄出來」了後，明明「菅蓁，昧做得拐仔」、「屎礐仔板，昧做得神主牌」，戇直的台灣人，竟然也有眞濟人「目睭皮（目眉毛），無漿泔」，「角蜂，看做筍龜」，儑儑（gam gam）咧信任伊、支持伊。宋的強調伊是改革者，對手講伊「挨錢」、「白賊」，應該是被改革的，家己講是改革者，「笑破人的嘴」。宋的嘛講欲斬斷黑金，對手講伊是參黑金「共穿一領褲」的，講欲斬斷黑金，根本是「白賊七仔講古—騙戇人」。

連的講伊是「台灣牛」，骨力、好駛。伊「甘願做牛」，爲台灣打拼。伊的對手就反駁講：連的是金牛也是黃牛。伊家伙數百億，來源恰若嘛無彼（hia）單純；伊亂開選舉支票，敢有可能實現？李登輝替伊助選，講連蕭老實，昧曉『作秀』，「天公會疼戇人」，不過（m ko），有人講連的是「阿斗」，爛土敢會糊得壁？連的揹着黑金包袱，眞濟黑金大哥也徛出來佝（thin，挺）伊，對手就講佪「金牛、黑牛、黃牛合合做歸楄（稠）。」連的嘛大聲講欲解決黑金問題，對手就講伊「便所內彈吉他—臭彈」，中國國民黨爲著保住政權，煞佮黑金勾結，引鬼入宅，最後李登輝都無伊法了（a），連的用尻川（腳倉）。連的看勢面愈來愈穩，煞掠狂，講什麼「其他兩組無論叨一組當選，台灣攏會變做問題國家，會發生大代誌。政治、軍事、外交攏會破壞。」莫怪有人譬相「連蕭配」是「練猶話」。

阿扁初次參選台北市長時，一再提醒選民毋通「一個泄尿的換一個滲屎的」，毋通「贏贏傲博甲輸輸去」，給人印象非常深刻。彭明敏選總統時，伊講「阿婆仔生囝，誠拼咧」，後來講李登輝「老番顛」，攏引來責備，講伊「喙快」、「無大無細」。伊做市長，認眞、

有魄力、效率懸、政績好，對手就造話講伊「壓霸」。阿扁選總統，自我定位「台灣之子」，提出「新中間路線」。「新中間路線」是啥麼碗糕？拄開始，真濟人揣無，經過伊詳細解說了後，逐家才漸漸仔聽有，最後得著共鳴佮支持。阿扁堅持台灣主權獨立，承認目前國號叫中華民國，結果獨派有寡人講伊變節承認中華民國，而（a）對手就講「阿扁主張台獨，若當選總統，中共就會打過來」。嘛有人「做三腳褲給伊穿」，叫阿扁喝（huah）「中華民國萬歲」，伊大聲喝「台灣人民萬歲」。阿扁喝出「政黨輪替」，這參台灣俗語「三年一閏，好歹照輪」、「廳頭交椅輪流坐」的意思真倚（ua，偎）。李遠哲嘛講『政黨輪替，愈快愈好』。李登輝看毋是勢，煞氣急敗壞，罵阿扁是「豎仔（術仔）」，講什麼『政黨輪替，台灣會亂，國家會死』；中國國民黨佫進一步陸續廣告，講什麼『政黨輪替，結果會安定輪替為動亂，繁榮輪替為衰退，和平輪替為戰爭』。按呢畫黑漆白，佫用上腳俏（kha sau）的「戰爭牌」、「恐嚇牌」，是毋是中國國民黨已經氣數該盡也（a）咧？

　　許信良講伊細漢就立志做總統，頂擺第一屆總統大選民進黨黨內初選，選輸彭明敏，這擺自開始阿扁氣勢就上好，眾望所歸，伊看已經無可能代表民進黨參選總統，煞「三文急燒——食一口氣」，離開民進黨，自行參選。伊「四兩筅仔（ng a）無除」，叫是會穤抑是會超過門檻（mng kam，制限）咧，那知氣勢愈來愈穤，煞「昧生，牽拖厝邊」，講寡「有孔無榫」、「有綏無捾」的批評阿扁，給人感覺「奇中必有緣故」。「一步差，步步差」，伊若留在民進黨，這陣猶是民進黨的頭兄，伊出去了後，人格破產，路愈行愈狹，實在是「家己捧屎抹面」、「頭殼歹去」。

　　新黨揀（sak）無人，煞去請李敖出來。李敖這個人有人講伊有學無德，學問真飽，卻是紅衫穿歸領，「一支喙親像扑碌磚」咧，什麼話都濺，「六月蚶，開嘴臭」，「夭壽人講夭壽話」，不時講甲昧聽哩半下。伊連學歷嘛講什麼『勃起台灣，挺進大陸，威而剛世界』，有夠阿里不達。有人講伊是『小丑』，我不敢按呢講，不過（put ko），伊參選總統，確實是另類選舉，猶原咧『笑傲江湖』。

　　選戰有真濟「腳俏步（kha sau pō）」，譬喻「耳語」』，耳語「一人傳虛，百人傳實」，非常驚人，有定真有效。向來中國國民黨上佼透過組織，發動「耳語戰術」。譬如「抹黑」，將對手「白白布，染甲黑」，在無啥是非的台灣社會，抹黑也有真濟人相信。這幾年看起來，台灣第一抹黑高手是啥人？著！著是林瑞圖！講什麼「阿扁去澳門開查某」，伊對阿扁烏吐白吐，結局，阿扁「樹身徛得在，毋驚樹尾做風颱」。這擺總統大選，咱看上濟的是「口水戰」，互相指責對方、譬相對手。「三腳貓笑一目狗」、「龜笑鱉無尾，鱉笑龜粗皮」，乎逐家聽甲霧煞煞，看甲花漉漉。其中，中國國民黨連營宋營『兄弟鬩牆』、變面，口水戰上介激烈，「牛椆（稠）內觸牛母」、「家己剖，趁腹內」、「狗咬狗，滿嘴毛」（媒體按呢講），「屎桶，愈撈愈臭」，給逐家大開眼界，實在有夠卸世眾！

　　民主選舉，明確徛（khia）出來支持特定的候選人是真正常的現象，毋拘（m khu），有寡人無家己堅持的理想，參兩方佫攏有交情、有關係，「一爿是溝，一爿是圳」的時，表態支持人是真痛苦的代誌，因為無法度做甲「抹壁雙面光」，一定會得罪其中的一方。我堅定支持阿扁佮秀蓮，是為著確保國家安全、維護台海和平、終

結黑金政治、建立廉能政府、加速社會改革、增進全民福址、促成政黨輪替、確立民主政治，完全毋是為著個人的利益，所以真誠心安理得。

選舉，我希望是『高格調的君子之爭』，儘量用『正面選舉』，尤其是總統選舉，參選人都是一等一的人才，佫卡應該做好示範，『負面選舉』，比如「挖（iah）孔縫」、「抹黑」，往往「教歹囝仔大細」。我認為「選舉是一時的，台灣是永遠的」，咱所關心的是「台灣按怎顧乎好，毋通給中國吞去」、「台灣按怎求發展，通在國際社會徛起」。過去，台灣人為著「拼飯碗」、「顧生活」、「日頭赤炎炎，隨人顧生命」，結果給人批評：「台灣人放尿攪沙昧做堆」。不過（put ko），在中國不斷的打壓、威嚇之下，台灣命運共同體已然形成，「蕃薯不驚落土爛，只求枝葉代代湠」！台灣人若（na）勿（mai）「一皿魚仔全全頭」、「欲乎人扶，毋扶人」，會當腳步徙乎在（chai，站得穩）「尻川勁相倚（ua，偎）」，台灣的前途一定是光明燦爛的。「三人共一心，烏土會變成金」，「同胞須團結，團結真有力」！

被公認是台灣第一名嘴的李鴻禧教授，伊上恔活用台灣俗諺演講，流利的台語，動人的音調，美妙的表情，乎聽眾聽甲「嘴仔開開，耳仔磕磕」。「七月半鴨仔──毋知死活」、「乞食背葫蘆──假仙」、「瘐疴的（un ku e，隱龜的）放屁──彎彎曲曲」、「乞食過溪，行李濟」、「飼老（niau，鳥）鼠咬布袋」、「歹年多，厚狷人」、「歹瓜厚子，歹人厚言語」、「無毛雞，假大格」、「尻川幾支毛，看現現」、「埋無三個死囝仔，著欲做土公仔頭」、「有毛的食到粽簀，無毛的食到秤錘；二腳的食到樓梯，四腳的食到桌櫃」……，

伊將台灣俗語講甲活起來。當然聽眾一定要（ai）聽有、聽識（bat），
毋才（ciah）會聽甲「嘴仔開開，耳仔磕磕」。年輕的一輩，恐驚
著無即（chit，這、此）款經驗。中國國民黨政權打壓台灣話的結果，
害年輕的一輩煞昧曉家己的母語。我非常希望少年人認眞學台語，
台語實在眞媠。

　　我的序大人是庄腳作穡人，雖然毋識（bat）字，不過（m ko）
台灣俗諺識眞濟，我細漢時定定聽著的，譬如「台灣錢淹腳目」、「打
虎掠賊也着親兄弟」、「打斷手骨顚倒勇」、「緊紡無好紗，緊嫁
無好大家（ta ke）」、「大家有喙，新婦無話」、「做娘快，做媌僫」、
「指頭仔咬着逐支痛」、「好駛牛也著工」、「雞屎落土嘛有三寸
煙」、「一樣米，飼百樣人」、「五百人同軍，五百人同賊」、「食
緊損（拚）破碗」、「囡仔人有耳無喙」、「夯羼毋知轉肩」、「芥
菜無剝毋成欉，囡仔無教毋成人」、「倖豬夯灶，倖囝不孝」、「細
漢偷挽匏，大漢偷牽牛」、「也著蓫，也著糜」、「好天著存雨來
糧」、「七尺槌著留三尺後」、「東港無魚，西港抛」、「圓人會扁，
扁人會圓」……我攏學起來。我厝邊的阿伯教我速唸：「樹頂一隻
猴，樹腳一隻狗，狗哮猴也哮，猴走狗也走，毋知是狗驚猴也是猴
驚狗。」嘛教我日本時代形成的俗語：「第一戇，替人選舉運動；
第二戇，種甘蔗給會社磅；第三戇，吃（食）煙歕風；第四戇，哺
檳榔吐紅。」我感覺眞趣味。因爲有這款環境甲因緣，我對台灣俗
諺特別喜愛。今仔日，有機會用台語演講「選舉語言與台灣俗諺」，
親像「鮘仔魚食著皇帝肉——暢甲無鰾」。

　　以上，沓沓滴滴，哩哩囉囉，敬請　逐家多多指教。俗語講「一
句話三尖六角，角角傷人」，若有講了無得當的所在，也請　逐家

多多包涵。今仔日，「有食佫有掠」，眞感謝！感謝逐家！

（2000 年 3 月 1 日，於台北西北區扶輪社第 2001 次例會，

嗣經整理補充）

六、　對等談判　和平發展

陳水扁先生當選中華民國第十任總統後，北京當局氣急敗壞，反獨促統，文攻武嚇，無所不用其極。如何確保台灣主權獨立，改善與中國的關係，正嚴酷考驗著台灣新政府。

一個中國原則，不！

中共堅持「一個中國原則」，逼迫我國總統當選人陳水扁先生表態承認。中共所謂的「一個中國原則」，其涵義既然是「中國只有一個，台灣是中國的一部分，中華人民共和國是中國的唯一合法政府」，我們當然不能接受。兩岸如在中共所謂的「一個中國原則」下，進行談判，絕不是對等談判，而是逼迫我國投降。阿扁指出：「一個中國」可當「議題」來談，但不能當作「原則」或「前提」，是很有智慧的回應。去年七月，李登輝總統提出「兩岸關係是國家與國家，至少是特殊的國與國的關係」的所謂「兩國論」，亦不外在宣示：兩岸關係是對等的關係，兩岸談判必須立於平等的地位。兩國論是我們必須堅持的底線，我們贊同一個中國，但基於史實與現狀，一個中國顯然不包括台灣。

一國兩制，不！

中共主張「和平統一，一國兩制」，所謂「和平」的背後包藏著武力，即不惜動用武力，逼我坐上談判桌，而其目的或結論就是台灣必須統一在中華人民共和國之下。贊成「一國兩制」等於是贊成「被併吞」，我們當然不能接受。而中共既然擺明要以「以民逼官，以商圍政，以通促統」的策略，達成其「和平統一，一國兩制」

的目的，則在我國的國家安全尚未獲得有力保證之前，當然不能輕言開放三通。李登輝總統主張「戒急用忍」，是有其道理的。

向不可能挑戰

阿扁當選總統後，「中國政策」成為國內外最受矚目的焦點。中共揚言「聽其言，觀其行」，美國希望「不要刺激中國，不要製造麻煩」，阿扁則展現前所未有的「柔道」，向中國表達了最大的誠懇與善意，但中共始終未善意回應，甚且態度傲慢，軟土深掘。阿扁既要「維護國家安全與尊嚴」、「追求台海永久和平」，又要面對中共「一個中國原則」、「和平統一，一國兩制」壓力，簡直是向不可能挑戰。筆者深信阿扁總統有足夠智慧與魄力，克服種種困難，化不可能為可能。

對等談判，和平發展

兩岸問題既然必須面對，我們當然願意坐下來談，而既然是「談判」，當然必須「對等」，兩岸談判如必須在中共所設定原則或前提下進行，就不是「對等談判」，我們當然要拒絕。而以對等的地位進行談判時，當然任何議題都可以談，包括一個中國、兩國論、一台一中均可對話。筆者認為，兩岸談判最重要的議題應該是：如何維持亞太地區的和平及安全？如何增進兩岸人民的人權及福祉？如何促進兩岸之間的互補互利？而不是誰投降誰、誰統一誰。為表明我們的誠意和立場，我們似可用「對等談判，和平發展」作為對中國政策的八字真言，來回應中共「一個中國原則」、「和平統一，一國兩制」的主張。

共創雙贏互利願景

中華民國（台灣）自一九九一年終止動員戡亂時期、進行修憲以來，法律上國共內戰已告結束，而經過國會全面改選、總統直接民選、精省凍省等一連串的民主化、本土化結果，兩岸關係已今是昨非，不可同日而語，難怪李登輝會提出「兩國論」。阿扁在競選過程中，一再強調維護台灣的國家安全與尊嚴，而在平等互惠的原則下，願與北京當局展開「全方位對話及談判」；他主張台灣、中國是互不隸屬、各自獨立的兩個華人國家，而把兩岸關係定位為「國與國的特殊關係」，都是不亢不卑、實事求是的提法。現在，代表台灣土生土長的政黨——民主進步黨參選總統的阿扁，既然經過民主選舉程序，被擁戴為新世紀台灣國家領導人，統治台灣長達五十餘年的中國國民黨終於下台，中國國家領導人應該體認到台灣民心的向背，展現「泱泱大國」的風範，共創兩岸雙贏互利的願景，而不是一味恐嚇台灣、欺壓台灣，逼迫台灣向其投降。但願有朝一日，「自由、民主、進步、繁榮」能成為兩岸的共同話題！

（作者黃宗樂為台灣法學會理事長、台灣教授協會會長）

（民眾日報，89 年 5 月 14 日）

七、　台灣站起來，走出去！

「台灣站起來」，這是陳水扁總統就職演說的主題。在整個演說中，稱「台灣」有四十一處；稱「中華民國」有九處，眞不愧是「台灣之子」。其實，我國稱爲「台灣」遠比「中華民國」，自然、貼切、正當、實在。

總統大選時，所有候選人幾乎都強調：台灣是一個主權獨立的國家，台灣成爲大家的最愛。在國際上多年來絕大多數的國家均稱我國爲 Taiwan，而不稱 Republic of China，美國「Taiwan Relation Act」用 Taiwan 而不用 Republic of China；日本稱我國政府爲台灣政府，而不稱中華民國政府；當年李登輝總統訪問新加坡，新加坡政府稱他是「台灣來的總統」；made in Taiwan 的產品暢銷全世界。

然而，「台灣」這個名稱，對國民黨政權而言，卻有如洪水猛獸，在不能使用 Republic of China 或 China 時，也寧可用「Chinese Taipei」或其他名實不符的名稱，就是不用 Taiwan 這個名稱，這是天下一大怪事。直到李登輝總統主政後，才務實地促使中華民國台灣化，而稱中華民國在台灣或中華民國台灣，卸任後，進而稱台灣中華民國，但實際上政府對外仍避用 Taiwan。

五年前，筆者擔任中國比較法學會理事長時，外國人士來訪，對於明明是台灣卻稱中國感到好奇，而學會募款時，往往因「中國」二字而不受青眼，乃提議正名爲「台灣法學會」，幾經提案、討論、壓倒性的通過，被內政部駁回，提起訴願、再訴願、行政訴訟，聲請司法院大法官會議解釋，前後歷經四任理事長，前仆後繼，鍥而

不捨，結果促使立法院內政、司法兩委員會聯席鬆綁，繼而內政部主動解禁，隨後大法官會議也順水推舟作成解釋，終於打破全國性社會團體應冠以「中國」或「中華民國」或「中華」名稱之成規，而還原得冠以「台灣」名稱。

在國際上，Republic of China 常與 People's Republic of China 混淆，而 China 一般指的是 PRC，結果我國在國際上的善舉，往往被歸屬於 PRC；國人出國往往被誤以為是 PRC 去的，而遭到無謂的困擾；從 PRC 偷渡到外國的中國人，硬說是 Taiwan（ROC）去的，而要求遣送回 Taiwan（ROC），不一而足。

職是之故，為了與 China、PRC 有所區別，我國對外允宜以 Taiwan 為名。最近，交通部長葉菊蘭表示，為達到提昇觀光的戰略目標，將建議政府今後對外宣傳時，一律以「台灣」為名，各駐外單位均加列「台灣」字樣，以利國際人士辨識與洽詢業務。這是個很好的想法，希望新政府能夠採納。

在此，吾人也要鄭重建議外交部，除了各駐外單位應加列 Taiwan 字樣外，護照也應重新設計。吾人認為，現行護照封面中文「中華民國護照」字樣可以保留，但英文應改稱「Taiwan Passport」，也就是護照上款用「中華民國護照」字樣，下款用「Taiwan Passport」字樣。至於護照封面中國國民黨黨徽（一般揶揄為車輪牌），應該功成身退，改用其他適當的標誌。此際，應當黨歸黨、國歸國，當然不宜改用民主進步黨黨徽。用中華民國國花——梅花為標誌如何？今日之中華民國，正如李前總統所言，「已不再是中華民國」，而是「台灣中華民國」，梅花又不具台灣之特色。

管見認爲，最能代表台灣的標誌非「玉山」莫屬，因此改用「玉山」圖像最佳。再者，國籍一欄，宜改稱 Taiwan（ROC），出生地，宜以縣市爲標準。

　　台灣不僅要站起來，而且要走出去。台灣要走出去，第一步應該從正名開始，在現階段，中文使用「中華民國」國號，英文使用「Taiwan」名稱，應該是確切可行的辦法，深盼新政府認眞考慮，付諸實施。

　　　　　　　　　（作者黃宗樂爲台灣法學會理事長、台灣教授協會會長）
　　　　　　　　　　　　　　　　　　（自由時報，89 年 10 月 9 日）

八、 為人權而奮鬥──紀念世界人權宣言六十週年

黃宗樂／台灣國際法學會理事長

各位先進、各位同道：大家早安！

　　世界人權宣言於 1948 年 12 月 10 日聯合國大會決議通過，迄今剛好滿六十週年。六十週年為一甲子，日本人稱為還曆，財團法人台灣新世紀文教基金會特別主辦「世界人權宣言六十週年」座談會，意義非常重大。基金會董事長陳隆志教授適巧另有要公遠赴美國，乃吩咐愚主持其事，愚欣然接下此光榮任務。

　　世界人權宣言，正如陳隆志教授所言：在 1948 年通過時，被認為是一種政治性、道德性的宣言，並沒有法律上的拘束力，但是經過六十年的演進，已廣泛被接受為國際習慣法，具有強度的法律拘束力，被普遍認為是各國政府衡量其保護人權進展的標準。在聯合國的體系運作下，世界人權宣言的權威僅次於聯合國憲章，不但大會，而且安全理事會及其他機關也常援引。各種國際法律文件也常引用，例如，歐洲人權公約（1950 年）、非洲團結組織憲章（1963年）、以及三十五國在赫爾辛基簽訂的歐洲安全合作會議最後文件（通稱赫爾辛基協定）（1975 年）等。有些國家的憲法將人權宣言加以採用（全部或一部），在立法時也加以援用，而在司法人權訴訟上，世界人權宣言被很多國家的法院援用引證。

　　近代立憲國家，莫不以保障人權為憲法之至上原理，中華民國憲法亦不例外。遺憾的是，中華民國憲法施行未幾，中國共產黨全面叛亂，為肆應戡亂，旋於 1948 年 5 月 10 日制頒動員戡亂時期臨

時條款，實施動員戡亂體制，迨 1991 年 5 月 1 日始終止動員戡亂時期。更不幸的是，1947 年發生二二八事件，諸多台灣菁英慘遭屠殺；1949 年國共內戰情勢危急，遂於 5 月 20 日宣告戒嚴，此後中國國民黨蔣氏父子獨裁威權統治台灣近四十年，台灣長期籠罩在戒嚴體制、白色恐怖之下，人民之自由權利受到嚴厲限制甚至剝奪，人性受到嚴重扭曲，迨 1987 年 7 月 15 日始宣告解嚴。

　　解嚴後，在民主化的過程中，人民自由、人權的保護，始逐步落實。2000 年首度政黨輪替，本土政黨──民主進步黨取得政權，陳水扁總統在就職演說中，宣示「人權立國」，承諾對於國際人權的維護做出更積極的貢獻；強調將遵守包括「世界人權宣言」、「經濟、社會與文化權利國際公約」、「公民與政治權利國際公約」以及維也納世界人權會議的宣言和行動綱領，將我國重新納入國際人權體系；進而強調將敦請立法院通過批准「國際人權法典」，使其國內法化，成為正式的「台灣人權法典」，並成立獨立運作的國家人權委員會，讓我國成為二十一世紀人權的新指標。陳總統就職後，即積極推動「國際人權法典」國內化，並籌設國家人權委員會及國家人權紀念館，可惜立法院朝小野大，在中國國民黨與親民黨聯手杯葛下無法實現。儘管如此，陳總統主政八年，對於人民自由、人權的保護，大大提升，有目共睹。李登輝總統推動民主改革，贏得「民主先生」之美譽，陳水扁總統推動人權立國，縱令被稱為「人權先生」，亦當之無愧。

　　「講起來天著烏一爿」，2008 年中國國民黨奪回政權後，馬政府卻大開民主倒車，恍如回復戒嚴，一再運用國家暴力，迫害人權，引發國人強烈的不滿，同時也引起國際主要人權團體的關切。馬總

統上台後，立即向動輒以武力威脅，處處打壓台灣的國際生存空間，又不知人權為何物的中國政權傾斜，已呈現矮化我國主權、漠視國人人權之徵兆。中國海協會副會長張銘清來台期間，口出「沒有台獨，就沒有戰爭」的語言暴力，台南市議員王定宇帶頭向張銘清嗆聲，在推擠中張跟蹌跌倒，台南地檢署超快速偵結起訴，求刑一年二個月；中國海協會會長陳雲林來台期間，馬政府禁止國人拿「中華民國青天白日滿地紅旗」，卻允許拿「中華人民共和國五星旗」，更而不當擴張並濫用警察權，限制並侵害人民自由權利，連唱片行播放本土創作音樂「台灣之歌」，也遭警方侵入店內強制禁播，並強要店家拉下鐵門；數百名大學院校的學生在行政院門前靜坐，抗議警方在陳雲林來台期間執法過當，訴求修正集遊惡法，竟遭警察強制驅離；嘉義縣長陳明文因民雄污水下水道工程案，被裁定收押禁見，各界質疑檢方「押人取供」；檢調單位於凌晨六點，未經約談調查程序，就大舉搜查雲林縣政府縣長辦公室及縣長官邸，並立即拘提縣長蘇治芬，經十多小時疲勞訊問後，蘇縣長堅持清白放棄交保，高舉被銬上的雙手步入警車；陳水扁前總統被特偵組聲請羈押，就在是否羈押之裁定尚未作出前，特偵組的法警就將陳前總統「銬上」手銬，陳前總統高舉被銬上的雙手抗議政治迫害；陳前總統的委任律師鄭文龍公開發表當事人在看守所的「心情寫照」，馬上被法務部函送台北地檢署調查，但特偵組常放消息給媒體洩漏辦案內容，違反偵查不公開原則，法務部卻縱容放任；日昨相關單位強制拆除樂生療養院，踐踏最弱勢者的人權；馬總統說明不歡迎畢生追求西藏人民自由、人權，榮獲諾貝爾和平獎，備受世界各國尊崇的達賴喇嘛十四世來台訪問，不一而足，真是罄竹難書。

　　檢調機關辦綠不辦藍，而辦綠又動輒違反程序正義，罔顧司法人權。馬政府因此被譴責濫用檢調、司法權力追殺政治異己，而依世界人權宣言，顯已構成「侮辱」、「歧視」、「迫害」之情事，並違反「凡受刑事控告者，在未經依法公開審判證實有罪前，應視為無罪」之原則。

　　各位先進、各位同道！馬政府主張終極統一必然斷送台灣主權，而現下台灣人民的自由、人權已岌岌可危。馬政府是否暗藏使台灣人權與中國人權一樣爛，俾便促成統一之玄機，愚不敢揣測。不過擺在眼前的是，我們如果不願做中國的政治奴隸，就必須團結一致，為捍衛主權、維護人權而奮鬥到底。

　　今天座談會，第一單元是專題演講，講題為「聯合國與人權保護」，由廖福特博士擔綱；第二單元的議題是「台灣人權發展與國際接軌」，與談人為林峰正執行長、林佳範副會長、簡余晏市議員、周志杰教授；最後，綜合討論。敬請大家合作、指教。謝謝！

　　　　　　　　　　（2008 年 12 月 6 日於外交部外交領事人員講習所）

九、　巍巍玉山　永聖永王 ── 玉山登頂記

黃宗樂／凱達格蘭學校校長

　　玉山為台灣百嶽之首、台灣第一聖山，是台灣之地標，具王者之尊，又是東北亞第一高峰，一向備受崇敬禮讚，令人心往神馳，而陳水扁總統一再稱頌玉山，闡揚玉山精神，更振奮人心。余不才，未登過玉山即以玉山青為筆名矣！

　　玉山之名最初見於 1669 年之《台灣府志》，西人稱為 Mt. Morrison。日本領台後，發現玉山（海拔 3,952 公尺，當時測量為 3,997 公尺）高過日本聖山富士山（海拔 3,776 公尺），1897 年 6 月 28 日，明治天皇遂賜名為新高山，二次大戰後，又恢復原名玉山。玉山，其山高插天外，渾然如玉，山如其名。

　　對於玉山之描述，郁永河《番境補遺》云：「玉山在萬山之中，其山獨高，無遠不見，巉巖峭削，白色如銀，遠望如太白積雪，四面巑峰環繞，可望不可及。」又有攀登者讚歎道：「巍峨中見靈秀，清麗中顯雄奇；冰雪玉山，風華絕代。」「玉山群峰，雄奇峻秀，壯麗崢嶸，重巒疊翠，峻嶺連綿，溪谷深邃，雲海浩瀚，氣象萬千。」

　　翻閱文獻，讀到 1896 年 9 月 28 日，長野義虎中尉從東部八通關登上玉山主峰頂；1900 年 4 月 11 日，鳥居龍藏與森丑之助從西部阿里山登上玉山主峰頂，各創下紀錄，令人感動不已；又看到 1928 年，首批頭戴斗笠、身穿裙子的高女學生攀登玉山主峰的相片，何止驚豔而已！

　　我想登玉山也久矣，惜乎遲遲未能實現，直到最近，福緣始到來。我有幸濫芋凱達格蘭學校校長，參加 6 月 30 日至 7 月 2 日為期三天的凱校第 8 期國家領導與發展策略班「登山、愛山、淨山」玉山戶外教學活動。6 月 30 日早上自凱校坐遊覽車出發，途經水里，參訪玉山國家公園管理處，獲益良多；接近黃昏時抵達鹿林山莊，立即前往參觀鹿林天文台及鹿林山大氣背景站，體驗其奧妙，夜宿鹿林山莊。7 月 1 日清晨從塔塔加登山口首途前往排雲山莊，我一邊注意路況小心登行，一邊隨機觀賞高山美景，說不盡擁抱大自然之振奮；下午 2:30 至 4:00 請楊南郡老師講授「玉山學」，夜宿排雲山莊。楊師扼要介紹玉山之歷史、人文、景觀、生態，師母略作補充，生動有趣。楊師強調登玉山不僅是鍛鍊體魄，更重要的是淨化心靈，深獲我心。傍晚時，下了一場雷雨，洗滌大地。入夜，我獨自漫步小徑，皓月當空，眾星閃耀，萬籟俱寂，大氣冰涼，如置身仙境之中。尤其，這幾天，節食身輕，冥想少眠，格外靈敏自得。

　　7 月 2 日 1:30 分起床，2:30 出發。我以敬畏、謙卑的心興奮的跟隨隊伍，徐徐前進。凌晨月白風清，即使不帶頭燈，也看得見路面。由於昨天傍晚下了那場雷雨，冰雹散落山徑上，4:20 左右，距離主峰約 0.9 公里處，正值凱校隊伍休息時，忽然前面隊伍有人高喊：登山步道積冰太厚，無法前進，請後面隊伍折返下山，我要凱校隊伍稍安勿躁，嚮導安朝明趨前開路破冰，十幾分鐘後，大夥繼續攀爬，全隊 43 人在 5:40 全部登頂成功。

　　是日清晨，風和日麗，晴空萬里，群山翠青。我佇立於玉山之巔，身臨其境，縱目四顧，並聆聽楊師講解，但見：群峰崢嶸，層巒疊嶂；玉山主峰巍然聳立，陡壁危崖，雄偉壯麗，氣勢磅礴，傲

視群峰；東峰陡立千仞，峻峭巉嶮，宛若天壘；南峰山頂尖銳，嵯峨突兀，嶙峋險峻；西峰奇峰特起，林木森森，蓊鬱蒼翠；北峰稜長而緩，秀麗雅緻，山頂雙頭並立，望如駝峰；再望阿里山、秀姑巒山……重巒疊翠，峻嶺連綿，讓人大開眼界，歎爲觀止。若夫氣象變化，雲海奔騰於群峰之間，層巒雲霧繚繞，青濛籠罩，奇幻莫測，更蔚爲奇觀。

凱校隊伍在玉山主峰上滯留近一小時，除盡情賞景外，大夥爭相拍照留念，喜孜孜寫下珍貴的歷史鏡頭，其間亦享受請原住民備好的熱咖啡，浪漫極了。淨山後，我懷著滿足和感恩的心，翩然下山。途中邂逅一塊形狀酷似台灣之玉山板岩，甚是驚喜，Ilha Formosa！返抵排雲山莊整裝、早餐、淨山後，謝山神土地，隨即邁步踏上回程征途。晚上平安回到陽明山家中，山妻說我神彩奕奕、毫無倦容。或許是太興奮或太專注的關係，眞的不但不覺得疲勞，反而感到神清氣爽、心甚舒暢。

有云：「登玉山曉台灣」，我登玉山深深領悟到：巍巍玉山，高聳蒼穹，屹立不搖；巍巍玉山，雄偉壯麗，冰清玉潔；巍巍玉山，群峰並立，諧和共榮；巍巍玉山，孕育萬物，生生不息；巍巍玉山，兼容並包，自然壯濶；巍巍玉山，傲雪凌霜，堅苦卓絕，我想這就是玉山精神，也就是台灣精神。凡我台灣子民，允宜發揚光大之。最後再以〈玉山約章〉最後兩句（改一字），與大家共同勉勵與祝福：「但願，青山永在，綠水長流，更願，心清如玉，義重如山。」

（凱達格蘭會訊第 15 期，2007 年 9 月）

十、　田園記趣並憶親

　　我父母親原住日治時期台中州田尾庄溪仔頂，在我出生前三年，分家遷居於同州溪州庄下水埔，俗稱「溪底」的地方，是不折不扣的窮鄉僻壤，人烟稀少。我父母親瞨耕近三甲的土地，一面開墾，一面耕種，胼手胝足，備極辛勞。當時，土地貧瘠，灌溉不便，農作物經常歉收，生活清苦。住的房子是「草厝仔」，蓋甘蔗葉。庭院，除了「門口埕」有填土外，其餘都是沙礫地，只長些含羞草、埔姜之類的草賤植物。家父在住家四周種木麻黃，目的在防風並區隔內外。木麻黃極耐乾燥及貧瘠的土壤，當時我家鄉的幾條道路兩旁幾乎都種木麻黃，可惜現在已被砍伐殆盡。

　　我從小就常常幫忙家裡和田裡的工作，打掃、挑水、洗碗、煮飯、除草、放田水、牧牛，樣樣都來。而自己最興趣的則是到水溝「戽魚仔」和在庭院種花植樹。當時，耕作不用農藥，水溝裡常有魚可捉，土鯽仔、吳郭魚、鰗鰡（泥鰍），有時也有鱔魚、土虱、鰻。小時候，三不五時就招家弟一起去「戽魚仔」，好回家補養，在生活貧苦的當時，的確是一大享受。種植花木則比較困難，因為旱瘠的沙礫地，花木不易生長，而且要種也苦無苗栽。有一次，和家兄在「厝後壁」種了兩棵「土拔仔」（番石榴），居然枝葉茂盛，果實累累。之後，我曾幾度種「菜瓜」（絲瓜），蔓藤攀爬拔仔樹，「眞恔生」。拔仔花和菜瓜花，小巧美麗，拔仔清香可口，菜瓜細嫩味美，留下兒時甜蜜的回憶。稍長後，出外求學，後來又到日本深造，學成歸國後，在台北就業，雖然老家庭院已有填土，而苗栽也不難取得，但終究無暇回老家享受種植花木的樂趣。今日，老家的庭院

及四周，花木扶疏，綠意盎然，都是兩位姪子辛勤栽培的結果。

一九八五年三月間，時運到來，我和內子在台北市松山區（劃分後的信義區）南邊的挹翠山莊購買房子，恰巧是階梯式建築的後棟，屋前有七十多坪的屋頂平台可以使用，我和內子種了不少花，例如含笑、桂花、茉莉、玫瑰、蓮花、曇花、樹蘭、金桔、黃金葛、九重葛、日日春、白玉蘭、洋玉蘭、梅花、櫻花……，稍具屋頂花園的規模。由於平台的下面是鄰居的住家，我和內子全部用盆栽，避免影響到芳鄰。

二〇〇五年三月間，福至心靈，我和內子很幸運在陽明山山仔后附近買到一個坐北朝南、北高南低的小農莊，二千三百多坪，終於實現了從小以來的美夢──有屬於自己的田園，能够盡情種植花木、擁抱大自然。而內子雖然是台北市人，又是學會計學的，但對植物極感興趣，自小就喜歡養花蒔草，購買農莊，主要還是出於她的主意，自從搬進後，假日她就沈浸於田園中，栽花植樹，種菜種瓜，儼若幹練的農婦，適意自得。

農莊買進時，已荒廢了四、五年，野草雜樹藤蔓叢生，土地情狀多屬不明，經雇請工人整理後，才顯現如同前地主所說的，可耕地都是梯田式的旱田，以前都種柑仔，至於較陡的地方則古木參天，竹木繁茂。大樹最多的是楠木與相思樹，竹子、筆筒樹也不少。而花則以杜鵑、茶花占大多數。姑婆芋、曼陀羅、野薑花、山月桃也到處可見。蕨類更是形形色色，目不暇給。內院，一棵榕樹、一棵雲杉、一棵厚皮香、數棵竹柏、數棵真柏、數棵桂花、數棵茶花，還有數棵櫻樹、數棵緬梔（雞蛋花）、數棵黃椰子、數棵筆筒樹和

一排龍柏、數排杜鵑，極是優美。

　　我和內子搬入後，擬定了長年的種植花木計畫。我們確立了三個原則；（一）特別注重水土保持與自然景觀；（二）花木要多樣化，除觀賞外，也應顧到經濟價值；（三）最好自己種植，必要時才請人幫忙。三年多來，請人種植的有：羅漢松、柑仔、樹葡萄、櫻樹、樟樹、青楓、金露花、茶花、山茶花、杜鵑、偃柏等。自己種植的有：樹蘭、白玉蘭、洋玉蘭、含笑、桂花、九重葛、樟樹、牛樟樹、烏心石、青剛櫟、菩提樹、七里香、春不老、香椿、咖啡樹、杜鵑等。內院，搬進後，又種了樹蘭、白玉蘭、桂花、含笑、菊花、玫瑰花、鳶尾花、粉撲花、金桔、檸檬、大棗、石榴、蓮蕉、七里香、黃金柳、黑松、眞柏、偃柏、黃金扁柏、唐竹、梅樹、茶花等。而石雕大師王秀杞親植一棵楊梅、一棵肉桂於內院，一棵樹蘭於西門邊；園藝家江榮森親植梅樹一棵於內院、一棵於西門邊、十數棵茶梅於內院。

　　現在，不論內院或外苑，花木蒼翠鬱勃，欣欣向榮，而櫻樹、青楓、緬梔（雞蛋花）等落葉樹，隨季節變化，多彩多姿。我和內子閒暇時，徜徉於樹林、花木之間，曲徑通幽，綠草如茵，賞心悅目，神清氣爽，優游自適，尤其是踏上養眞台，遠眺市區及遠山，高樓連綿，層巒聳翠，更令人心曠神怡，得失兩忘！

　　每當節氣推移，或萬紫千紅，百花爭艷，或葱蘢茂盛，翠綠欲滴，總是讓人覺得四季景致各有特色，生機旺盛則一。而蟬鳴鳥唱，蝴蝶飛舞，蜻蜓競翔，松鼠爬躍，更烘托大自然的美妙。內院魚池，黃金柳、眞柏、偃柏與池水相映，錦鯉悠游穿梭於蓮花、荷花、鳳眼蓮之間，迷你瀑布潺潺淙淙；愛犬在草坪上追逐耍戲，汪汪叫吠，

甚是生動可愛！有時藍鵲群集，鷺鷥來庭，飛鳥棲息樹梢，一陣驚艷，不禁雀躍心喜。內子偶爾採來迷迭香、薄荷、肉桂、香椿、桂花、芸香泡茶，清香撲鼻，別有一番風味。山中生活自然、簡樸，使得精神完全舒坦。只是現在依舊忙著教育和著述，又心繫臺灣前途，根本還談不上安享清福、逍遙自在。

遷入之初，幾位打坐有年的朋友來訪，見園林古木參天，周圍都是茂密的樹林，遠離塵囂，清幽、靜謐、隱蔽，莫不稱讚是個靈修鍊氣的好地方。我聞，古往今來，多少修行者為參透宇宙真理、探究人生真諦，或隱居深山林內，或置身荒野林間，摒除雜念，沈思、苦慮，不由得心焉憧憬。我和內子有幸得此幽靜的園林，自當好好整理、多多親近。我們隨著地勢，陸續在高低不平的山坡地，開闢數條林蔭小徑，又以石板鋪設數座平臺，俾便工作、散步和休憩。步道與平臺完成後，確實發揮了很大的效益。每當遇到疑難時，我常在大樹下或平臺上思惟、冥想，心靈平靜安穩，思緒格外清明澄澈，往往有茅塞頓開、豁然貫通的意想不到效果。

我生來「業命」，勤奮惜福，很少休閒，不會打高爾夫，不會打牌，也不會打麻將，但能够腳踏實地，與土地為伍，悠然暢寄，與大自然融為一體，也是另外一個境界，老天對我實在不薄。當然，請別「看阿公食雞肫，脆脆」，種植花木，整治環境，我往往汗下如雨，精疲力盡，蠻辛苦的。有時偶爾因移植時間不宜或種在陽光不足之處而枯萎，心裡就會很難過。所幸，陽明山土地肥沃，水分足够，宜花宜木，極易栽培，而種植花木，興趣盎然，樂在其中，實乃田野生活之一大享受。我種植花木，也領悟到種植花木有九德：（一）保護水土；（二）美化環境；（三）綠化遮蔭；（四）防風

抗汙；（五）淨化空氣；（六）生產花果；（七）鍛鍊體魄；（八）親近大自然；（九）培養人與土地的感情。

　　清晰記得，家嚴辭世前一個月，我和內子回彰化故鄉探病，一天早上他拖著沈重的腳步，走向田園，我跟在後面，發現家嚴以依依不捨的眼神注視著田園，不知不覺地流下淚來。我深深體會到，家嚴四十多年來，早出晚歸，與田園為伍，靠田園為生，不知沾了多少泥土，也不知流了多少汗水，他與田園之間建立了深厚的感情，他將要離去，對他所摯愛的田園，滿懷感謝與不捨。這一幕，人與土地的親密關係，表露無遺。無獨有偶，家慈病篤入院前，每天清晨都還散步去田園，留連環視，低回不已，似乎有訴說不盡的感恩和懷念。是的，大地滋養萬物，又獨厚人類，人理當愛護田園、感謝土地！

（2008 年 9 月 28 日於蘭園九德居）

附錄二
黃教授宗樂博士履歷

黃宗樂接受新聞記者專訪時之神情

1942年5月5日 （壬午年3月21日）	於日治時代台中州溪州庄下水埔四百四十四番地（戰後彰化縣溪州鄉大庄村田中路四號，現爲彰化縣溪州鄉榮光村大同北路四十七號）出生，父黃胡，母黃陳彩鸞之次子
1950 年　9 月	彰化縣田中第一國民學校入學
1953 年　8 月	轉入所屬學區彰化縣下壩（嗣易名成功）國民學校
1956 年　6 月	彰化縣成功國民學校畢業
8 月	彰化縣立北斗中學初級部入學
1959 年　6 月	彰化縣立北斗中學初級部畢業，直升高級部
8 月	臺灣省立復興中學高級部入學
1960 年　2 月	寄讀彰化縣立北斗中學高級部
8 月	失學一年
1961 年　8 月	插班彰化縣私立精誠中學高級部
1963 年　6 月	彰化縣私立精誠中學高級部畢業
9 月	國立臺灣大學法律學系法學組入學
1967 年　6 月	國立臺灣大學法律學系法學組畢業（法學士）
7 月	第十六期預備軍官役（陸軍軍法官）入伍服役
1968 年　7 月	同役滿退伍

9月	國立臺灣大學法律學研究所碩士班入學
1970年 6月	國立臺灣大學法律學研究所碩士班畢業（法學碩士）
10月 1日	獲日本政府獎學金赴日本留學，進國立大阪大學法學部研究
1971年 4月 1日	國立大阪大學大學院法學研究科民事法學專攻博士課程入學
1973年 3月 8日	於大阪大學待兼山會館與日本上智大學臺灣留學生王阿蘭（輔仁大學會計統計學系助教兼系祕書，臺北松山王海先生與王林鳳女士之參女）結婚
1974年 9月30日	妻王阿蘭學成歸國（上智大學國際企業碩士），回母校輔仁大學企業管理學系任教
1975年10月	榮獲大阪大學法學博士學位（學位記第3471號）
11月 8日	歸國，嗣在家自修
1976年 8月 1日	獲聘爲輔仁大學法律學系副教授（教育部副教授證書副字第4993號）
1977年 1月 5日	長女出生，命名淳鈺
1978年10月26日	父逝世，享壽七十歲
1979年 9月13日	長男出生，命名國瑞
1980年 8月 1日	升等教授（教育部教授證書教字第3397號）
1981年 8月	妻王阿蘭升等副教授

1982 年	4 月	登錄律師（加入臺北律師公會），設大乘法律事務所
	10 月 5-9 日	出席「第一屆亞洲家族法會議（九國參加）」（日本加除出版株式會社主辦，日本・東京），報告我國婚姻、離婚法（自翌年起縮小為「亞洲家族法三國會議」，每年輪流在日本、台灣、韓國舉行，迄 2009 年舉辦二十三屆，在二十三屆中，出席十三次，四次擔任主持人，七次擔任報告人；2011 年改組，獲聘為顧問）
1983 年	2 月 7 日	次女出生，命名淨愉
	6 月	註銷律師登錄
	8 月 1 日	獲聘兼輔仁大學法律學系系主任暨法律學研究所所長（迄 1989 年 7 月 31 日，二任六年）
1988 年	6 月 15 日	獲得教育部七十六年度教學資料作品講義類甲等獎
	11 月	發起成立「身分法研究會」，擔任執行工作（舉辦七次研討會後因故而中止）
1989 年	1 月 1 日	膺任中國比較法學會（現名台灣法學會）法律教育委員會主任委員（一任一年）
	8 月 1 日	獲聘為國立臺灣大學法律學系暨法律學研究所教授（迄 2004 年 1 月 31 日），輔仁大學改聘為兼任教授（迄 2010 年 7 月 31 日）（在輔仁大學共專任十三年）

1991 年　9 月	獲聘爲國立中興大學法律學研究所（1999年 2 月法商學院改制爲國立臺北大學）兼任教授（迄 2009 年 7 月 31 日）
1992 年　1 月　1 日	膺任中國比較法學會（現名台灣法學會）常務理事（二任二年）、兼民事法委員會主任委員（一任一年）
7 月 17 日	受聘爲一九九二年民主進步黨不分區立法委員初選賄選嫌疑調查小組成員
10 月	膺任財團法人臺大法學基金會董事（三任九年）
1993 年　1 月　1 日	膺任中國比較法學會（現名台灣法學會）理事長
7 月　1 日	膺任最高法院律師懲戒覆審委員會委員（三任三年）
10 月	發起成立「民法研究會」，擔任執行工作（舉辦七次研討會後因繁忙而懇辭）
1994 年　1 月　1 日	連任中國比較法學會（現名台灣法學會）理事長
5 月	擔任第二次台灣人民制憲會議籌備委員兼司法組召集人，6 月 24、25 日參加制憲會議
5 月 22 日	擔任臺北縣貢寮鄉核四公投學者觀察團（十二人）團長
7 月　9 日	擔任「全民促進單一國會行動聯盟發起人記者會」主持人

7月20日	受聘爲民主進步黨省長黨內初選裁判小組成員	
8月	擔任行政院國家科學委員會委託「民法註釋研究計劃」第一期總計劃主持人（共任三期）	
8月	擔任民主進步黨省長候選人陳定南省政顧問暨法政組召集人	
9月13日	受聘爲「核四公投促進會」（創會會長林義雄）顧問	
10月	擔任「民間司法改革會議」召集委員，翌年3月11、12日參加大會，擔任綜合討論主持人	
11月27日	擔任臺北縣核四公投學者觀察團（三十人）團長	
1995年 3月19日	受聘爲民主進步黨仲裁委員會委員（迄2001年1月26日）	
4月19日	擔任彭明敏競選總統辦公室公共政策委員會召集人	
4月28日	厝任日本獎學金留學生聯誼會常務理事（迄2011年3月）	
6月 8日	受聘爲一九九五年民主進步黨立委、國代初選選風查察小組成員	
6月	被推選爲臺大四六事件資料蒐集小組成員	

1996 年	1 月 13 日	發起成立「台灣日本法學協會」，擔任理事兼祕書長（迄 1998 年 2 月 21 日）
	4 月 9 日	膺任建國會（會長彭明敏）會務委員
	8 月 7 日	受聘為民主進步黨「台灣民主學院」教育委員
	9 月 25 日	膺任建國會執行長（為專心著述，於建國會舉辦「台灣國家發展會議」後懇辭）
1997 年	10 月 6 日	受聘為「全國司法改革會議」籌備會委員
	10 月 18 日	與王泰升教授等發起成立台灣法律史學會，被推舉為理事長（擔任八年）
	11 月 10 日	受聘擔任「集會遊行法違憲疑義聲請釋憲案」聲請人之訴訟代理人，12 月 5 日出席憲法法庭言詞辯論
1998 年	1 月 1 日	膺任台灣法學會（原名中國比較法學會）常務監事（一任一年）
	5 月	擔任財團法人台美文化交流基金會（現名陳文成博士紀念基金會）董事（迄 2012 年 3 月）
	8 月	擔任行政院國家科學委員會委託「東亞地區法律之繼受與發展研究計劃」第一期總計劃主持人
1999 年	1 月	膺任台灣教授協會會長
	3 月 28 日	擔任「328 三浬島事件二十週年反核大遊行」領隊

4月	台灣本土法學（二年後稱台灣法學）雜誌創刊，以黃宗樂名義刊載〈創辦緣起〉（陳忠五博士撰），王仁宏、吳啓賓等八十位法界菁英聯名推薦，並出任總編輯（迄2001年2月）
4月10日	擔任「台灣公民投票行動委員會」副總召集人，參與絕（禁）食 擔任「公投救台灣大遊行—紀念台灣關係法二十週年」總領隊
5月	爲台灣正名，發起籌組「台灣國民黨」（發表「愛莫大於心不死」），被推選爲籌備會召集人（嗣因921大地震、陳水扁當選總統、「中國國民黨」下台而擱置）
7月6-8日	參加「全國司法改革會議」
7月24日	擔任「反黑金、廢國大」大遊行指導委員、領隊
10月31日	母逝世，享壽八十八歲
12月11日	擔任美國舊金山聯合國資源中心董事（任滿一年後懇辭）
2000年 1月 1日	回鍋擔任台灣法學會（原名中國比較法學會）理事長
1月	連任台灣教授協會會長
1月14日	擔任「全民監督黨產改革聯盟」執行長（迄2001年7月23日）

3月17日　「歡欣鼓 5 前進總統府」「一百萬人民站出來！」臺北造勢大會（於中山足球場），帶領「臺灣教授團」及「陳水扁國家藍圖委員會」上台致意

4月16日　擔任「全民怒火廢國大大遊行」總領隊（因國民大會已於稍早前表示將開會廢除國民大會，遂於集合地點：孫文紀念館前當場向群眾宣布取消遊行）

5月13日　擔任「反核四、救台灣」大遊行領隊

5月20日　承陳水扁總統特聘爲總統府國策顧問（任期一年）

7月 1日　回鍋擔任最高法院律師懲戒覆審委員會委員（一任一年）

11月 2日　主持「不應輕言罷免總統副總統資政國策顧問記者會」，代表二十八位資政、國策顧問宣讀「不應輕言罷免總統副總統」共同聲明

11月12日　擔任「非核家園、安居台灣」大遊行領隊

12月25日　擔任「立委減半、國家不亂」大遊行總領隊

2001年 1月 1日　連任台灣法學會（原名中國比較法學會）理事長

1月 5日　行政院張俊雄院長提請陳水扁總統特任爲行政院公平交易委員會第四屆委員並爲主任委員

1月27日　　　　臺灣大學法律學系教授借調行政院公平交
　　　　　　　　易委員會第四屆委員並爲主任委員（任期三
　　　　　　　　年）

2月24日　　　　參加「核四公投、人民作主」大遊行，成爲
　　　　　　　　輿論焦點

4月2-5日　　　出席「2001漢城競爭論壇」，主講我國競
　　　　　　　　爭法之施行及未來展望，並與韓國公平交易
　　　　　　　　委員會委員長晤談

5月20日　　　　承陳水扁總統特聘爲總統府顧問（三任三
　　　　　　　　年）

10月12-21日　率團出席經濟合作發展組織（OECD）競爭
　　　　　　　　委員會第一屆「全球競爭論壇」，主講建立
　　　　　　　　競爭文化；列席OECD競爭委員會我國觀
　　　　　　　　察員申請案審查會，報告我國競爭法及政策
　　　　　　　　發展現況並答詢（翌年1月1日成爲OECD
　　　　　　　　競爭委員會觀察員，係我國成爲OECD觀
　　　　　　　　察員之首例）；拜會法國競爭審議委員會主
　　　　　　　　任委員、OECD副祕書長，並分別與美國駐
　　　　　　　　OECD大使、瑞典駐OECD大使晤談

2002年　5月　5日　欣逢滿六十歲生日，學界刊行「黃宗樂教
　　　　　　　　授六秩祝賀　基礎法學篇　公法學篇（一）
　　　　　　　　（二）　財產法學篇（一）（二）　家族
　　　　　　　　法學篇」六冊論文集，張正修先生提前於
　　　　　　　　2001年8月出版「馬克斯經濟學理論與發
　　　　　　　　展」專書祝賀
　　　　　　　　獲聘爲台灣李登輝之友會顧問（二任六年）

7 月 22 日 -8 月 1 日	率團訪問紐西蘭商業委員會與澳大利亞競爭暨消費者委員會，與該二會主任委員舉行雙邊會談；以臺灣名義簽署臺灣、澳大利亞、紐西蘭三邊競爭法合作協議
2003 年　3 月 20 日	獲聘爲台灣國際法學會名譽理事（迄 2008年 3 月 19 日）
3 月底	奉派兼行政院嚴重急性呼吸道症候群（SARS）防治及紓困委員會委員（5 月 30日補發派令）
9 月 25 日 -10 月　7 日	率團訪問美國聯邦交易委員會與美國司法部反托拉斯署，舉行高峰會議；訪問加拿大競爭局，列席參加加拿大律師協會年會，主講臺灣競爭法之施行與發展現況
2004 年　1 月　5 日	法國競爭審議委員會主任委員來臺簽署臺法競爭法合作協議
1 月 27 日	行政院游錫堃院長提請陳水扁總統特任爲行政院公平交易委員會第五屆委員並爲主任委員（任期三年），本日就任，臺灣大學法律學系改聘爲兼任教授（迄 2008 年 7 月31 日）（在臺大包括借調在內共專任十四年六個月）
11 月 26 日 -12 月　5 日	率團赴歐洲訪問，拜會德國卡特爾署署長、歐盟競爭總署署長、法國競爭審議委員會主任委員，分別舉行雙邊會談；參訪法國財政部競爭、消費暨不正行爲管制總署，舉行座

	談；拜會 OECD 競爭委員會主席，交換意見
2005 年　4 月 26 日 -5 月 6 日	率團訪問紐西蘭、澳大利亞、印尼，拜會紐西蘭商業委員會、澳大利亞競爭暨消費者委員會、國家競爭委員會，分別舉行雙邊會談；出席在印尼茂物舉行的「第二屆東亞競爭法及政策會議」、「第一屆東亞競爭政策高峰會議」，並分別與日本公正取引委員會委員長、印尼商業監督委員會主任委員舉行雙邊會談
2006 年　2 月 5-12 日	率團赴法國巴黎，參加 OECD「全球競爭論壇」會議，接受 OECD「全球競爭論壇」七十多國國家代表對我國進行競爭法與政策同儕檢視，會後於 OECD 總部大廳舉行酒會答謝各國代表及 OECD 官員
6 月 28 日 -7 月　5 日	率團訪問泰國、越南，出席在泰國曼谷舉行的「第三屆東亞競爭法及政策會議」、「第二屆東亞競爭政策高峰會議」，並與日本公正取引委員會委員長舉行雙邊會談；拜會越南競爭行政局局長、越南競爭委員會主任委員，分別舉行雙邊會談
10 月 30 日 -11 月　3 日	應蒙古國會預算委員會主席烏蘭、蒙古公平交易局局長邀請，率團赴蒙古訪問，舉行雙邊會談，在公平交易局主講競爭法的發展趨勢，並簽署競爭法合作備忘錄

2007 年	1 月 26 日	在公平會最後一天上班，全體同仁致贈獎牌稱：「黃主任委員宗樂　施政六年　公正廉明　政通人和　績效卓著　享譽海內外」
	2 月 1 日	獲聘爲中國文化大學法律學系特聘教授（迄 2011 年 7 月 31 日）
	2 月 12 日	獲行政院蘇貞昌院長特頒給一等功績獎章
	3 月 1 日	出任凱達格蘭學校第三任校長（迄 2008 年 5 月 19 日） 受聘爲民主進步黨廉政委員會委員，嗣被推選爲主任委員（迄 2008 年 4 月 22 日）
	3 月 7 日	受聘爲民主進步黨第十二屆總統暨第七屆立法委員黨內提名選舉查察賄選小組召集人
	7 月 2 日	參與凱達格蘭學校第八期國家領導與發展策略班「登山、愛山、淨山」玉山戶外教學活動，首度登上玉山主峰頂
	10 月 16 日	長男黃國瑞與林盈秀小姐假圓山大飯店敦睦廳舉行婚禮及喜筵
2008 年	3 月 9 日	長孫女出生，命名千薰
	3 月 20 日	賡任台灣國際法學會理事長（任滿一任三年，懇辭）
	12 月 20 日	獲聘爲台灣法學會名譽顧問
2009 年	3 月 1 日	獲聘爲台灣之友會顧問（二任八年）
	3 月 4 日	罹患淋巴瘤在臺大醫院接受標靶化學治療（每三週一次，共六次）

	文化大學與臺北大學准由長女淳鈺代課一學期
3月23日	長女淳鈺通過輔仁大學法學博士論文考試
2010年 6月 1日	獲聘爲新台灣國策智庫（董事長辜寬敏、副董事長吳榮義、陳師孟）顧問（迄2012年2月29日，其後獲連聘迄今）
9月28日	妻王阿蘭任教滿四十年，於陽明山中山樓接受總統、教育部長表揚
2011年 3月20日	膺任台灣國際法學會名譽理事（迄今）
5月27日	偕妻赴日本東京參加次女淨愉「尾中郁夫·家族法新人獎勵賞」贈呈式（會場：日本法曹會館）
8月22日	辭中國文化大學專任教職，改爲兼任
2012年 3月12日	妻王阿蘭任職滿四十年服務成績優良，獲行政院院長特頒「特等服務獎章」
8月 4日	次孫女出生，命名靖雯
2013年 12月 5日	次女淨愉通過日本北海道大學法學博士論文考試
2014年 7月12日	知悉被列入日本大阪大學著名校友：國際名人錄，與手塚治虫、司馬遼太郎、陳舜臣、公文公、長谷川慶太郎、籔中三十二等同榮，其後國際名人增列盛田昭夫、中村邦夫、竹鶴政孝
2015年 5月29日	長子國瑞通過輔仁大學法學博士論文考試

　　此外，曾任臺灣海洋學院（現名臺灣海洋大學）海洋法律研究所、中國文化大學法律學系、清華大學科技研究所、眞理大學法律學系兼任教授；內政部、外貿協會貿易人才培訓中心、行政院大陸委員會、審計部、臺北市政府公務人員訓練中心、司法官訓練所、臺灣省政府委託中興大學辦理行政法制研究班講座；考試院高普特考襄試委員、典試委員、召集人；輔仁大學、臺灣大學、中興大學、臺北大學、中國文化大學、政治大學、東海大學、東吳大學、淡江大學、國防管理學院（現名國防大學）、臺灣海洋大學碩士或博士論文口試委員；中華民國商務仲裁協會（現仲裁協會）仲裁人、主任仲裁人等。

跋

我淋巴瘤治癒後,自2009年秋以來,在某意義上,當作一種「藝量」(gi niu,排遣、解悶、慰藉、消遣),着手撰寫《自述》。執筆以來,斷斷續續,增增刪刪,歷經五載有餘,終於完成此《七十三自述》。但願" Your story, Our history ",信實不虛。至於對我個人而言,敝帚自珍,更何況是描述我的人生歷程,奮鬥軌跡!

現今通用漢字字體多樣化。二次大戰前,正式文書悉依楷書,戰後起了變化,日本有日製簡體字,中國有中製簡體字,臺灣則保持傳統,例如,樂,日:楽,中:乐;關,日:関,中:关,使用時,理應依情形,使用各該國現今通用之文字,但實際上很難,尤其是臺灣,原則上使用楷字,但實際上常參雜簡體字,例如,臺灣,現在一般使用「台」字,因此要一致化,幾乎不可能。更何況,電腦打字,各種字體都有,要適當選用一致化字體更是難上加難。此種現象,本書到處可見,敬請 諒察。

我喜愛臺灣諺語。我從小耳濡目染,對臺灣諺語甚感興趣。「一枝草,一點露」、「一樣米,飼百樣人」、「做人着反(ping),做鷄着筅(ching)」、「凡事着存後步」,句句隱含著深邃的人生哲理;「乞食趕廟公」、「官司好打,狗屎好食」、「三腳貓,笑一目狗」、「家己面無肉,怨人大腳川」,極盡諷刺又生動。日治時代,大正三年(1914年),臺灣總督府發行《臺灣俚諺集覽》,臺灣總督府民政長官內田嘉吉為序云:「夫俚諺乃風俗習慣之結晶、民族思想之小照,其言簡其意深。至若經百年之精鍊,則片言藏無量之妙趣,隻語寓無限之諷刺。因此得窺社會風習之根柢,體味地

方民情之極微。」旨哉斯言！我本是臺灣味、鄉土味極為濃厚的蕃薯仔囝，本《自述》自然離不開我所熟悉的臺灣諺語，希祈　讀者諸賢樂為分享。

就成長時期生活回憶，著墨頗深，旨在呈現五、六十年前農村的生活情形及我個人的實際經驗，倘讀後油然生起今昔之感或懷古之情，則喜出望外矣！

我國的國際生存空間在中國處處打壓下，舉步維艱，公平會幸能走出一條生路，彌足珍貴，爰就我在公平會期間參與之國際事務，加以詳述，亦所以藉此感念諸外國及歐盟競爭法主管機關、OECD競爭委員會之友善及我國駐外代表處之協助也。

將法學會、教授協會幹部、六法全書編輯的名單、祝壽論文集執筆者姓名及論文名稱一一列出，以示不忘諸賢的付出、貢獻與恩德。

摘錄日本「教育基本法」、「司法試驗法」，以原文呈現，用以欣賞日文之靈活、高雅、優美。對照 1947 年昭和「教育基本法」與 2006 年平成「教育基本法」、1949 年昭和「司法試驗法」與 2002 年平成「司法試驗法」（2006 年施行），兩法之發展，一目瞭然。而民國與之相比較，顯然相形見絀，簡直不能相比並（pi phing），真令人汗顏。

司法考試，述及考試科目、命題方式、所占分數比例、題數、考試時間等細節，蓋非如此，無法判斷民國與日本，何者為優。

我很慶幸，本書初稿（其實已接近完稿）即獲得高度的評價：

例如，「這本書是一本自傳，是一本，『當你讀完了之後，會要你的家人妻子兒女也讀完的傳記！』」（本書楊維哲先生〈推薦序〉）；「本書的趣旨之一，我認為是，對每位年輕人，表示縱無背景關係，只要靠努力工夫，亦能實現自己的夢。切盼每位年輕人，為實現自己的夢，熟讀此書，將可供參考之點作為資糧，像黃宗樂先生所實踐的，抱持信心，克服種種障礙，達成自己的理想。」（本書加賀山茂先生〈推薦序〉）；「拜讀宗樂兄七十三自述大作處處會心，無限喜愛。」「臺語誠美，諺語尤其傳神又充滿智慧，由大作傳述，由同代臺灣人讀來，真有聽咱的話講咱的生命故事的親切。」（本書呂圭詮先生〈斧正者回響〉）；「大作記事，鉅細靡遺，敘述翔實，映顯學者作學問功夫之紮實。吾兄學貫中西，臺灣禮俗、諺語、佛家經典等等，無所不通，引經據典，文筆洗練，引人入勝，欲窮究竟。」（本書陳文雄先生〈斧正者回響〉）；「宗樂兄以學者本色，為文自述……詳述如何開拓精彩人生大道的過程和成果，鴻文濤濤，並旁徵博引，有別於一般自述、傳記。因此，特具磁吸之功力，引人入勝，堪為典範，和年青人追求學習的標竿，大有益世道人心，積極鼓舞入世、救世精神……」（本書吳鴻徹先生〈斧正者回響〉）；「宗樂兄的《七十三自述》，內容豐富，字字珠璣，恰似一部我們這個年代的歷史、共同記憶，將來出版，必定會受到廣大的回響，茲拭目以待。」（本書莊福松先生〈斧正者回響〉）。諸先生的肯定和讚美，雖然可能是恭維的話，不過可以確定的是：諸先生幾乎都從頭到尾仔細閱讀，而且讀出趣味。這說明了本書可讀性頗高（very readable），有付梓的價值。當然，本書價值如何？最後應由　讀者諸賢評斷，尚乞　不吝賜教。

最後，愚陋如余，竟被誇獎：「像金庸筆下功夫萬底深坑的周伯通。」（聯合晚報96年1月28日〈星期人物〉）。更被稱讚：黃教授學者從政，處理政務，媲美中國漢代名臣黃霸：「霸少學律令，廉明有德，政尚寬和；明察內敏，然溫良有讓；足知，善御衆，處議當於法，合人心。」；擔任閣員後，依舊堅持理念，毅然參加反核大遊行，媲美美國聯邦最高法院法官 William Or·ville Douglas，他於法官任內站出來參加反（越）戰大示威。（本書楊維哲先生〈推薦序〉）；「黃宗樂先生，父母親既非大富豪，亦非政界之要人。沒有所謂生來的背景關係。相貌也完全不是學者的類型。儘管如此，他比別人加倍努力，習得學力，娶到不論誰都羨慕的才貌兼備的女性爲伴侶，而且留學被認爲博士學位最難取得的日本，而取得博士學位。歸國後，也比別人加倍努力，歷任臺灣大學法律學院教授、公平交易委員會主任委員、凱達格蘭學校校長等職，而成爲超俗拔群、功成名就的立志傳中之人物。他將迄今之人生堅苦奮鬥過程公諸於世，對無任何背景關係，但胸懷大志的每位年輕人，給與莫大的希望。」（本書加賀山茂先生〈推薦序〉）；「博學多能之大學者終生愛鄉奉獻、生活成功、生命圓滿，令人由衷敬羨。」（本書呂圭詮先生〈斧正者回響〉）；「宗樂兄貧寒出身，惟一路奮發，發揮我臺灣人的戇牛精神，紮實努力，終能出類拔萃，而於學界、社運界與政界，皆有輝煌的成就，洵堪爲勵志者之楷模。」（本書陳文雄先生〈斧正者回響〉）；「宗樂兄出身鄉下農家，毫無背景，完全是刻苦勵學、自愛、愛鄉土、愛國家的心志，以致於無論學術研究、教學，政治社會改革運動、政務等均獲得輝煌的成就，於國家社會作出重大貢獻，宗樂兄的一生行誼就是一部勵志的活教材。」（本書吳鴻徹先生〈斧正者回響〉）；「宗樂兄敬業樂群、個性溫和、

重情義、講誠信，與之爲同學、爲朋友，實爲榮幸之事。」「宗樂兄之教學熱忱及研究之勤奮，爲大家所欽佩。」「宗樂兄胸襟開闊、態度誠懇、幽默風趣，各種聚會之場合，因其參與，總是笑聲不斷、氣氛熱絡。」「宗樂兄之努力向上，堅持原則，與人爲善，處事圓融，令人感佩，其成就絕非偶然。」「宗樂兄（於公平會主委六年）任內維護交易秩序與消費者利益、確保自由與公平競爭之成果，至爲明瞭，其以學者從政之優良表現，足爲典範，令人敬佩。」（本書郭振恭先生〈讀後感〉）。

2005 年 6 月間，公平會資深科長劉世明在「與同仁有約」的活動中，公開發言說：「我快退休了，我要利用這個機會說出內心話，黃主委是一位有爲有守、敢作敢當、是非善惡分明，也是待人寬厚、幽默風趣、性情中人的好長官。」在場五十多位同仁報以熱烈的掌聲。

立法委員針對高雄捷運案質詢行政院長謝長廷有無施壓黃主委，干涉公平會辦案。謝院長答詢說：「公平會爲依法獨立行使職權之機關，黃主委是德高望重的著名學者，如果我擅加干涉，他會看不起我。」（立法院總質詢）。

我離開公平會時，公平會全體同仁致贈獎牌，上面刻著：「黃主任委員宗樂，施政六年，公正廉明，政通人和，績效卓著，享譽海內外，識者讚稱公平伯，洵實至名歸。」

我離開公平會後，曾任公平會政風室主任、已退休的鍾燕石先生曾數度說：「黃主委擔任首長，以身作則，誠懇待人，很尊重同仁，毫無架子，同仁們自然心悅誠服，實在是無形的最高領導。」會計

室主任許坤茂先生也曾數度說：「我服務公職三十幾年，從未看過機關首長像黃主委這樣清廉的。」

更意想不到的是：被母校大阪大學列入著名校友：國際名人錄，而與手塚治蟲、司馬遼太郎、陳舜臣、公文公等九位名賢同榮；又被維基百科稱爲著名法學家，作爲法學者，有著難以言喻的成就感。

總之，愚多年來的奮勉努力受到多方肯定與過獎，於深感光榮之餘，特誌之於此，以爲本書劃下完美的句點。

（2016 年 3 月 21 日）

國家圖書館出版品預行編目資料

天公疼戇人：七十三自述 / 黃宗樂著. -- 初版.
-- 臺北市：前衛, 2018.05
752面；17×23公分.-- (台灣文史叢書；J206)

ISBN 978-957-801-838-9（精裝）

1. 黃宗樂　2. 回憶錄

783.3886　　　　　　　　　　107003064

天公疼戇人　七十三自述

作　　者　黃宗樂
責任編輯　張笠
封面設計　黃聖文
美術編輯　宸遠彩藝

出 版 者　前衛出版社
　　　　　10468 台北市中山區農安街153號4樓之3
　　　　　Tel：02-25865708　Fax：02-25863758
　　　　　郵撥帳號：05625551
　　　　　e-mail：a4791@ms15.hinet.net
　　　　　投稿信箱：avanguardbook@gmail.com
出版總監　林文欽
法律顧問　南國春秋法律事務所
總 經 銷　紅螞蟻圖書有限公司
　　　　　11494 台北市內湖區舊宗路二段121巷19號
　　　　　Tel：02-27953656　Fax：02-27954100

出版日期　2018年5月初版一刷
定　　價　新台幣800元

*請上『前衛出版社』臉書專頁按讚，獲得更多書籍、活動資訊
　https://www.facebook.com/AVANGUARDTaiwan